U0470476

WORLD HISTORY AND CULTURE SERIES

·世界历史文化丛书·

走近歌德

Goethe-Studien

杨武能◎著

上海社会科学院出版社

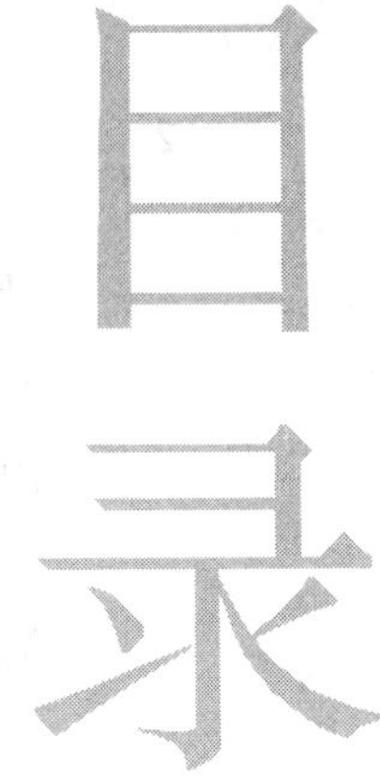

第三辑　《浮士德》面面观

结语 永远的歌德 永远的伟大

——为纪念恩师冯至而作

外编 歌德与中国

上编 歌德与中国

下编 歌德在中国

序

2012年是德国大文豪歌德逝世180周年，对我们来说，这不是时光的远逝而是距离的走近，因此，很高兴应上海社会科学院出版社之约出版我们在21世纪走近歌德的这部《走近歌德》，回顾以往的历程，真是感慨良多，有太多的话要借此机会说上一说。

时光荏苒，人生无常，在《浮士德》开篇《献词》中歌德"哀良朋挚友，一个个都先我而逝"，我在重订旧著时也不免缅怀指导我研究歌德的冯至教授，缅怀我在南京大学的叶逢植、张威廉等恩师，因为没有他们，哪里会有我这个"歌德研究专家"和这部《走近歌德》！

《走近歌德》有自序题名《歌德与我同在》，尽管在结尾处我说"完成这部论文集和翻译了《歌德精品集》之后，很希望能暂停研究和译介歌德的工作……有时间随心所欲地进行写作"，事实却是未能如愿。要说写作倒也出版了两本散文随笔集，可研究和翻译歌德仍旧无法割舍，于是有了增补进这部《走近歌德》的《思想家歌德》、《何只自强不息——"浮士德精神"别解与反思》和《歌德谈话录》译后记《另一个歌德》等文章。但凡了解我国歌德研究状况的同行和读者都不难看出，这几篇文章都言前人所未言，因而具有不可忽视和不可替代的价值，出版眼前这部《走近歌德》，对于纪念歌德180周年忌辰、进一步推动我国的歌德研究等具有多种意义。

旧版《走近歌德》问世后颇受好评，非常荣幸还曾获得国家级的奖项——教育部人文社会科学研究优秀成果二等奖(据说当年外国文学学科没评一等奖)。为此我深深感激担任评委的各位同行专家，要知道我是临申报结束才由四川大学匆忙地补送材料，这些至今我还不知姓名的评委不只宽容地受理了本可照章程不再受理的申请，还给了我一个大奖！说此奖"大"，是我不久前才有的认识；此前我错误地认为它跟我获得的德国奖项相比不算一回事，现在方知道我国的学院升格为大学的必备条件之一，竟是至少获得这样一个国家级奖项。我真叫不知轻重，不谙世事啊，枉自在中国学术界吭哧吭哧干了这么多年！

还须说明一点，作为这部《走近歌德》的外编，我把研究歌德的另一项重要成果《歌德与中国》放在了后面。这是一部研究歌德与中国相互影响、认识和接受的比较文学专著，对于读者来说也可纳入广义的“走近歌德”范畴；两书合一，更有利于广大读者了解、阅读和走近歌德，良有以也。

原《歌德与中国》系我20世纪80年代末的著作，1991年收入三联书店高规格的“读书文丛”出版；2000年，在德国出版了以其后半部分增订成的德文版 *Goethe in China*。因其在歌德研究领域内具有开先河的意义，所以在国内外都受到了高度重视。20年后重印《歌德与中国》于增订本《走近歌德》，同样在 *Goethe in China* 增订的基础上更新和增补的内容也很是不少。在《歌德与中国》的修订、增补过程中，在它即将再版面世之际，笔者同样怀着感恩的心情，缅怀曾指导我写此书的德国著名汉学家德博教授(Prof. G. Debon)，以及为其作序的季羡林先生和勉励我完成写作的钱钟书先生。

作为我的感恩行动之一，可以告慰上面提及的各位前辈先贤的是，10多年来我指导培养了十七八位博士研究生，其中有两人专攻歌德并初有所成，其中之一已经担任由我提议在四川外语学院创建的歌德研究所所长。这样，加上目前国内已成长起来后起之秀，我国歌德研究的薪火庶几有了代代相传、越烧越旺的可能。

最后我还不能不对亲爱的读者也表示真诚的感激，没有一代代广大读者的关注和认可，没有你们不断地来买我读我的译著、论著，我这个歌德研究、译介者也很难有多少作为和建树。在此谨向你们推荐这部新版的《走近歌德》，倒并非这部书凝聚着笔者个人几十年的心血，而是读这部书确实能帮助你走近歌德，走近歌德卷帙浩繁、丰富多彩的作品，走近歌德博大精深、光耀古今的思想和精神。恩格斯称歌德为“德国最伟大的诗人”，拜伦誉他“欧洲诗坛的君王”，在人类思想文化史上，歌德是屈指可数的几位大文豪和大思想家之一，走近他，潜移默化地接受他思想、精神、人格的影响和熏陶，会无形中提高我们，净化我们的心灵，令我们终生获益匪浅。

感想实在是太多，但得就此停笔，以便读者走近歌德，直接和他对话。

杨武能

2011年11月于德国北威州

歌德与我同在

——第一版自序

40 多年前，在那个充满理想、人们还不耻于成名成家的年代，因为受陶行知老夫子培育青年及早成才、服务社会的教育思想影响，同时又认真相信革命导师列宁“苏维埃政权加电气化等于共产主义”的论断，尚在重庆育才学校念初中的我便下定决心做一名水电工程师，为的是将来参加举世无双的三峡水电站的建设。我还天真地幻想于工作之暇坐在大坝顶上吹起自己心爱的竹笛，让悠扬的笛声飘荡在夜色迷人的峡江上空。

谁知初中毕业的一纸体检结果，粉碎了我美丽、幼稚的梦想；几经周折和痛苦彷徨，我终于改学文科，决心做一名被誉为“人类灵魂工程师”的作家。我具体为自己设计了一条先学好外语当翻译家，然后再成为作家的人生之路。在我看来，这条路虽迂回曲折，却实际而保险，要知道自己好歹还有精通外语的一技之长嘛。

忆及前数十年我们的“灵魂工程师”累遭触及灵魂的狼狈、凄惨，目睹当今某些专业作家创作难以为继的苦闷、失落，我常常庆幸自己当年所作的这个选择。

可是，学外语当翻译家的路于我同样也不平坦。由于兄弟般的、牢不可破的中苏友谊不幸破裂，搞俄语的人在 1957 年突然多了，我不得不放弃俄语改学德语。于是离开故乡的俄文专科学校，从山城重庆顺江而下，千里迢迢地到了虎踞龙盘的石头城中，就读于南京大学的德国语言文学专业。然而因祸得福：南京大学德语专业不仅素有做文学翻译和研究的传统，而且教我们的是商承祖、张威廉、叶逢植等一些当时在全国出类拔萃的学者、专家。从二年级开始，老师已陆续在课堂上教我们一些文学名著，其中给我留下最深刻印象的，正是大诗人歌德的一些代表作……

是啊，我永远忘不了在老师们带领下读歌德的情景：《浮士德》和《少年维特的烦恼》尽管在课堂上只能学几个片断，但却读了《五月歌》、《漫游者的野歌》、《普罗米修斯》和《神性》等为数不少的抒情诗，而且读得来十分地专注、痴迷。跟敢于用自己的灵魂和魔鬼打赌的老博士浮士德一样，跟多愁善感、狂放不羁的维特一样，英雄的普罗米修斯也深深打动了我——“我坐在这儿塑造人，/按照我的模样，/塑造一个像我的族类：/去受苦，去哭泣，/去享受，去欢乐，/可是不尊敬你（指宙斯）——/和我一样！”——《普罗米修斯》。还有——“愿人类高贵、善良，/乐于助人！/因为只有这/使他区别于/我们知道的/所有生灵！”——《神性》诸如此类既铿锵有力而又洋溢着人道精神的诗句，都难以磨灭地铭刻在我心中，鼓舞着我在困顿重重的人生之路上前行，潜移默化地影响了我正在形成的世界观和人生观。

由于自己的奋发努力加上师友们的鼓励、帮助，也多亏南大外文系有一个藏书丰富而且对学生也开架借阅的图书室——其时管理德文图书的乃是大名鼎鼎的作家和学者陈铨，尽管他被视为不可接近的“大右派”，学生有问题还是向他请教——，我还在50年代末60年代初便以不止一个笔名和本名，在当时全国唯一的外国文学刊物《世界文学》上连连发表作品，从此开始了研究和译介德语文学的生涯，虽说那时候，我还没能力和也没有胆量，去碰被尊为“欧洲诗坛的君王”和“奥林帕斯山上的宙斯”的歌德。

谁知好景不长！1962年我大学毕业后回到重庆四川外语学院当教师的10多年，国家多灾，民族蒙难，哪儿还能搞什么外国文学的研究和翻译！面对着如嘉陵江水一般流逝的青春，蹉跎的岁月，我，一个已届而立之年的男儿，夜里躺在床上也不止一次哽咽失声，泪流满面。头上罩着“臭老九”和“出身不好”的双重阴影，真不敢想象啥时候还有实现理想抱负之日。

难忘的1978年，北方遥远的天际升起了美丽迷人的希望之星！在一片“提高全民族的科学文化水平”和“人才难得”的呼唤声中，中国社会科学院新组建的研究生院招生了。加之德语文学专业的导师又是我景仰已久的冯至教授，我便迫不及待地报了名，参加了考试。后来听说，老人家硬是排除种种异议，才收下了我这个外地户口的大龄考生。而我，在接获录取通知后，更是怀着破釜沉舟的悲壮决心，置已经取得的讲师头衔于不顾，放弃相对安定和舒适的生活，抛下即将分娩的弱妻和尚在念小学的幼女，带着简单的衣物和沉重的书箱，挤在硬座车里颠簸两天两夜，向着遥远的北京，向着自己的希望和理想奔去。

那时候，中国社会科学院研究生院这所全国文科最高学府虽说连自己的校舍也没有，却仍被大伙儿戏称为“翰林院”，因为它不仅有位高爵显的周扬同志出任院长，而且主要的导师几乎个个都是名闻遐迩的大学者。我的导师冯至教授不只诗名卓著，而且堪称外国文学界的泰斗，于歌德研究方面更是享誉海内外。那些年，我国文坛正在开创一个崭新的局面，特别是外国文学的研究领域更叫五光十色、异彩纷呈，然而我身处学术空气最活跃的北京和中国社会科学院却未受诱惑，仍旧坚持专攻已被视为老古董的歌德。因为我知道，研究歌德不但是我导师本人的长项，而且严格说来中国对这个课题的研究还很不够。其后的20年间，在变换的环境中虽也不免东张西望，我的心思却始终系挂在生活和创作于两个世纪之前的老歌德身上。

今天，在与刘硕良共同主编一套《歌德文集》(14卷)和独自编译一套《歌德精品集》(已出4卷)的同时，继1991年在三联书店出版《歌德与中国》之后，再拿出这部论文集《走近歌德》，让我有机会总结本人近20年，不，甚至可以讲是前半生的学习、工作和奋斗所得，真叫感慨良多！

我首先想到的，是要衷心感激培养自己的国家，感激开创和造就改革开放新局面的国家领导人，感激我各个时期的师长，感激几十年来帮助和鼓励过我的出版界的朋友和其他方面的友好，也感激始终任劳任怨地支持我学习和工作的家人亲属。回顾此生，我这个人算是不幸又有幸，于40岁时终于在历尽磨难之后否极泰来。而我之有幸，在很大程度上也多亏自己阴差阳错地与之结下了不解之缘的歌德，多亏我从他老人家那儿有意无意地受到的启迪、影响和鼓舞。因此，我不后悔为研究和译介歌德而耗费了数十年的时间，大半生的心血。

无疑我是十分珍视自己这部论文集的，虽说它还有许多不尽如人意之处。歌德和歌德的作品与精神实在太丰富、太博大了。著名诗人和歌德研究家绿原曾将歌德比作一棵“参天的大树”，而称自己只是“一个酷爱诗与真的侏儒”，说他“尽管摇不动它的躯干／只能在它的浓荫之下／侥幸拾到一枚两枚熟透的浆果／尝它一口两口，也算满足对它的渴望”。①

我当然更是一个“侏儒”，只不过是站在了前辈的肩上，才得以采摘来这一筐子的“浆果”。如果说它们的颜色和味道还比较新鲜，那都是因为我没有仅仅满足于从地上捡拾，而是还努力亲手从树上摘取之故。须知，集子里论及的几乎所有作品，我自己都翻译了，出版了，而翻译时必须字斟句酌，细细咀嚼，心得、体会应该说胜过多少遍的研读。须说明的是，在世界范围内，歌德研究的成果早就汗牛充栋；我所谓的“新鲜”自然只是比较而言，就我国的研究状况而言。再者，课题本身已如此古老，研究所得似乎也不可能多么地新，不可能多么地现代。特别是我本人写这些文章的目的，仍主要在于引导人们走近歌德，弥补我国广大读者对歌德认识、理解和接受的缺陷，除此并无更高的要求和奢望。

由于这种种主客观的原因，肤浅、谬误和贻笑大方之处在所难免。虽自知不

① 见绿原：《歌德二三事》，《诗刊》1982年3月号。

尽如人意,然而此生有限,进一步的深入研究只好寄望于高明的同行,寄望于也许还有的后继者了。

1999 年 8 月 28 日是大文豪和大思想家歌德的 250 周年诞辰;对于全世界的文化界和思想界,特别是对于歌德的研究者、译介者、出版家以及所有景仰他的人们来说,这无疑将是一大盛事。早在两三年前,歌德长期生活和创作的小小魏玛城,已被选定为 1999 年的"欧洲文化之都"。届时,在德国、欧洲和全世界包括我们中国,都会隆重热烈地纪念和庆祝。这是因为,数百年来只诞生了一个歌德,歌德又不只属于德国,不只属于欧洲,而是属于包括我们中国在内的全人类。

新春伊始,抚今思昔,在作了回顾、发了感慨之后,不禁还想表示几点心愿:一愿这部拙作能在歌德诞辰 250 周年之前及时推出,为歌德这位大文豪和大思想家在我国的进一步接受起到一定的作用;二愿歌德研究和译介能在我国引起更大的重视,要知道歌德的创作和思想对于德国乃至欧洲的影响至今犹存,实在忽视不得,而我们的研究和译介水平实在不高,甚至与某些亚洲国家相比也相当落后;三愿我国的歌德译介和研究后继有人,青出于蓝,因为眼下确已存在后继乏人之虞。

至于我本人,在完成这部论文集和上述《歌德精品集》之后,很希望能暂停研究和译介歌德的工作,倒不是打算开始过莳花养鸟的清闲日子,而是希望有时间随心所欲地进行写作——搞文学翻译和研究却常常身不由己——,而是想试着实现自己 40 多年前的那个梦想。只不过,歌德和歌德的精神,永远与我同在。

1999 年 2 月 5 日　锦水河畔　四川大学

第一辑

走近歌德

人类光明未来的卓越歌者

——歌德的生平、思想和创作

在人类思想文化史的天幕上，约翰·沃尔夫冈·歌德(Johann Wolfgang von Goethe, 1749—1832)无疑是一颗灿烂明亮的巨星。1999年的8月28日，已是他的250周年诞辰。歌德虽然生活在两个多世纪前的德意志大地上，他的精神、思想的光辉却穿越浩瀚时空，照耀着生活于今天的我们，照耀着即将进入21世纪的整个人类。对人类思想文化史作一番客观的检视、分析，像歌德一样的大哲人和大思想家实在不多；他所倡导的"浮士德精神"，可谓浓缩了肇始于16世纪的欧美资本主义时代的时代精神，影响不但至今犹在，并且遍及于整个世界。在德国和德语国家，歌德更是像我们的孔夫子似的被看作民族精神的代表，被看作圣人。他长期生活和工作的小小魏玛城，一个多世纪以来不仅一直享有德国民族文化圣地的光荣，而且早在几年之前，已被欧盟正式确定为1999年的"欧洲文化之都"。

歌德一生辛勤写作，为后世留下了卷帙浩繁的作品，搜集最广的魏玛版《歌德全集》多达143卷，西方的文学史家惯于把他和荷马、但丁、莎士比亚相提并论。但是，歌德不仅仅是一位杰出的诗人和文学家，还是伟大的思想家和哲人；尽管他没有像同时代的德国杰出哲学家那样创建庞大而完整的体系，他高瞻远瞩的思想，却不只影响了一个时代和一个民族。甚至在自然科学方面，歌德也有许多在当时堪称是具有深远意义的发现和创见。

在意大利的文艺复兴时期，曾出现一批既思想敏锐、性格坚毅又学识渊博、多才多艺的艺术家和学者；一身兼为画家、诗人和数学家的达·芬奇可算其中的杰出代表。恩格斯在《自然辩证法》一书中高度评价他们，称他们为"巨人"。[①]200多年后诞生在落后的德意志土地上的歌德，同样是这样一位"巨人"，与达·芬奇相比毫不逊色。而且，在既高瞻远瞩又博学多才、多产而且影响深远这一点上，通观整个人类文化思想史，几乎找不到什么人可以与歌德相比。

---

① 参见《马克思恩格斯选集》第3卷，第445页。

然而，歌德并不是“神”，并不是无因和偶然地产生的“天才”，而是他所处的时代和社会的产儿。在《诗与真》的序言里，歌德自己就说过：“个人不管愿意与否，都为其时代所裹挟、所定性、所造就，可以讲，一个人只要早生或者晚生 10 年，从他的教养和对外影响看，都可能成为完全另一个人……”

在他逝世前一个多月的 1832 年 2 月 17 日，歌德还告诉爱克曼：“归根结蒂，我们都是集体性的人物，不管我们处在什么样的地位……我绝不把我的作品仅仅归功于自己的智慧，而是还归功于除我以外向我提供素材的千千万万的事件和人物。”

故而，在阅读歌德的一部部代表作之前，在深入他的思想和精神世界之前，我们有必要先结合着叙述他的生平，概括地谈谈他生活的时代和社会，介绍一下那些在不同时期对他产生过影响的事件和人物。

1. 市民之子

1749 年 8 月 28 日，歌德出生在德国美因河畔的法兰克福。其时，德国和整个欧洲一样已经受过文艺复兴和宗教改革的洗礼，只是在为祸惨烈的三十年战争(1618—1648)之后，它不幸分裂成为 300 多个小邦，与意大利、英国、法国相比在各方面都显得十分落后了。在这个处于封建割据状态下名存实亡的所谓“德意志民族的神圣罗马帝国”，法兰克福是一座商业发达和享有一定自治权利的“帝国自由市”。

诗人的父亲约翰·卡斯帕尔·歌德是该市一位非常富裕的市民，学问也很好，只是由于出身微贱——诗人的祖父是一名裁缝——，受到贵族社会的歧视，终生未获公职，仅仅花钱从帝国皇帝处买了个皇家顾问的空头衔，在不满和愤懑之余怀着“望子成龙”的强烈愿望，十分重视对儿子沃尔夫冈的教育和培养。他内心充满对子女的慈爱和温情，外表却显出“铁一般的严峻”。

父亲的诱导和严格要求，不但使歌德在家庭教师带领下完成了一般学业，掌握了法、英、意大利以及拉丁文、希腊文和希伯来文等多种外语，而且养成阅读的爱好。歌德 10 岁时已开始读伊索、荷马、维吉尔和奥维德等的作品，还有《一千零一夜》、《鲁滨孙漂流记》以及德国的民间故事书《浮士德博士》，等等，更是十分喜欢。这为他日后的文学创作打下了很好的基础。

另一方面，父亲郁郁寡欢的处境，也很早便引起歌德的注意，使他对世道的不公进行思考，养成了观察生活和遇事问一个为什么的习惯。1775 年 11 月，传来里斯本大地震的消息，才 6 岁多一点的歌德便对容许这一惨剧发生的上帝是否真如教会讲的那样仁慈、公正，产生了疑问。

诗人的母亲是该市市长的女儿，由于家境清寒而下嫁有钱的市民约翰·卡斯帕尔·歌德。她比丈夫年轻整整21岁，性格刚好与他相反，活泼开朗，善讲故事，早早地启发了儿子的想象力，使他对文学产生了兴趣。1757年新年，歌德才8岁，就写了一首贺年诗，献给自己的外祖父母。他15岁时写的一首题为《耶稣基督的地狱之行》的诗长达160行，登载在了故乡的一家刊物上，虽然他自己当时并不知情。这首诗，极有可能就是歌德最早发表的作品。

诗人还有一位非常慈祥的祖母。歌德4岁那年过圣诞节，她专门请人来给孙儿孙女演了一场木偶戏，在孩子们眼前展现出一个奇异的童话世界，使小歌德产生了对戏剧的喜好，此后便尝试着自己演戏、编戏。

1756年，在德国爆发了英国支持的普鲁士和俄国、法国支持的奥地利之间的七年战争。战争中法兰克福被法国军队占领，歌德的家里遂住进来一位法军少尉多兰伯爵。在近两年的时间里，通过伯爵和伯爵带到家里来的艺术家，小歌德不仅接近了绘画艺术，而且常获得赠券去看法国剧团的演出，欣赏到了狄德罗、莫里哀等的名剧。他因此对戏剧艺术更加痴迷，11岁时已自己根据神话编写成一个剧本。

总之，从自己的家庭，歌德为后来的成长和发展获益甚多。他下面的诗句可以看作是对此作的一个总结：

父亲给我强健的体魄，
还有立身行事的谨严，
母亲给我快活的天性，
外加喜欢把故事杜撰。
曾祖父生来爱好美色，
他的幽灵也忽隐忽现；
曾祖母喜欢金银首饰，
这同样流贯我的血管。
所有因素形成
不可分割的整体，
你能说什么是
此人禀性使然。

歌德的这一节诗不无调侃意味，但却坦率而符合实际。

2. 放浪在“小巴黎”

1765 年,16 岁的歌德离开家乡,遵从父亲的意愿去莱比锡大学接受正规教育,学习法学,然而他自己却对文学和造型艺术更感兴趣。在当时盛行的绮靡轻佻的洛可可文风影响下,他写了一些没有多少价值的抒情诗和剧本。在号称“小巴黎”的莱比锡,年轻的歌德像出笼的小鸟似的无拘无束地生活了 3 年,颇过了些放浪形骸的日子,法律没学好,对该校名重一时的一批文学教授,如德国启蒙运动早期的权威理论家哥特舍特和寓言作家格勒特等,也深感失望。不过,收获仍然有,那就是结识了他青年时代的第一位挚友恩斯特·沃尔夫冈·伯里施。

伯里施年轻而富有才华,却不得不以做贵族的家庭教师糊口,因而变得愤世嫉俗,脾气古怪,性格乖僻,以致最后丢掉了差事。他十分器重歌德,不仅用自己优美、工整的书法把歌德的诗汇抄成册,成为歌德流传下来的第一个诗集《安内特之歌》,还认真告诫他:“写诗这件事不意味着用鹅毛笔和墨水在荷兰纸上信手涂抹,时间、才华以及精力都很珍贵,绝不可以虚掷。”伯里施还教歌德对事、对人更多地持批判态度,同时也严格要求自己。后来歌德在《诗与真》中回忆起这位朋友时满怀感激,认为他身上有着靡非斯托的某些气质,既机智聪明,又玩世不恭和尖酸刻薄,是自己的诤友和老师。

除去伯里施这位挚友和诤友,歌德在莱比锡还结交了美术家约翰·米歇尔·施托克和亚当·弗里德利希·奥塞尔。他向施托克学铜版雕刻和蚀刻,向奥塞尔学绘画。特别是身为莱比锡画院院长的奥塞尔,更成为了他艺术道路上的第一位导师,带领他接近以温克尔曼为代表的古典主义文艺美学,从而厌弃了轻佻雕琢的洛可可风格。

随后,年轻的歌德还专程去参观著名的曼海姆博物馆,见识了德国启蒙运动的理论家和旗手莱辛在其理论名著《拉奥孔》中谈及的古典雕塑杰作;去造访遐迩闻名的德累斯登画廊,目睹了伦勃朗等尼德兰现实主义大画家的风采。同时,在莱比锡的剧院里,他还观赏到莱辛的著名喜剧《明娜·封·巴尔恩海姆》,以及法国喜剧大师莫里哀的代表作《伪君子》的演出,大大地开阔了眼界。

另一方面,同当时一般都放荡不羁的年轻大学生一样,歌德在莱比锡也没少干“傻事”。多年以后,他的同学回忆起这位发式独特、穿着怪异的“天才诗人”时,总忘不了讲两件事:一是他在酒馆的墙上题诗嘲笑权威教授,受到校方申斥;一是他在大庭广众之中宣扬“耶稣并非基督教的创立者”,差点引起轩然大波。

当然还少不了谈情说爱:从 1766 年开始,年轻的歌德经常光顾一家酒店,很快就迷上了店主薛恩科普夫的漂亮女儿安娜·卡特琳娜。他昵称她凯特馨,为她写了不少情诗，可后来却发现她对自己并不理解，在他与她的心理和精神之间似乎横亘着一条难以逾越的鸿沟。这可以说是17岁的歌德第一次倾心热恋，然而从中尝到的主要是痛苦。收获也不会没有：由此产生了他第一部完整的剧作《恋人的乖僻》。这个作品虽然从形式到内容还纯粹是一部洛可可风格的牧歌剧，却起到了使歌德恢复内心宁静的作用，让他从此有了一个解除心灵伤痛和不安的累试不爽的办法，如他许多年后在《诗与真》中所回忆：

> 就这样，我染上了一种终生不曾抛弃的癖好，就是把使我快乐和痛苦抑或激动的事情化作一幅画、一首诗，以此了结过去，纠正自己对外界事物的想法，从而获得内心的平静。生性使然，我常常容易从一个极端跳到另一个极端，所以更加迫切地需要有这种能力。我的所有作品，都不过是一篇巨大自白的一个个片段，这本小书（指《诗与真》——作者）就是企图使我的自白变得完整的一个大胆尝试。

对于理解、认识歌德的作品乃至整个创作活动，他的这一段话都可以说是一把钥匙，有着至关重要的导向意义。

身心两个方面的恣情放纵和过度消耗，歌德终于垮了。1768年7月，他严重咯血，病倒在床，一连好多天生命垂危。不得已回到故乡，疗养了差不多一年半才算度过危机，获得康复。在养病期间，受母亲的女友封·克莱滕贝格的诱导，歌德接触到了德国路得教虔信派的原始基督教理论，读了《教会和异教徒史》和《魔法与犹太神秘哲学和接神论大全》之类的神秘主义著作，还搞了些炼金术的试验。这些看似荒唐的活动，一方面舒缓了他心灵的紧张；另一方面为他日后创作《浮士德》和《威廉·迈斯特的学习时代》积累了经历和素材，并激发了他探索自然奥秘和进行科学试验的兴趣。

3. 斯特拉斯堡的春天

1770年春天，歌德病愈后到斯特拉斯堡继续学习。这座当时还属于德国的城市地处南方，与法国交界。它不仅自然风光旖旎，有一座气势恢宏的哥特式大教堂，而且也受到来自法国的启蒙思想之风更强劲的吹拂和影响。在歌德眼里，它那大教堂则是德意志民族艺术的一座伟大纪念碑。

1770—1771年间，斯特拉斯堡的市民常常发现在大教堂高耸入云的钟楼平台上，迎着从阿尔萨斯平野里刮来的阵阵雄风，兀立着一只振翅欲飞的雄鹰。这只鹰就是歌德！

他一次次攀登钟楼，既为了欣赏艺术和亲近自然，也为了锻炼刚刚康复的体魄。他特意立在没有遮拦的钟楼平台上，为的是克服自己常常犯的晕眩毛病。他生来讨厌看令人恶心的东西，却偏偏去上解剖课。他一直怕听嘈杂的声响，却偏偏常跟在军乐队的鼓手身边行进。青年歌德就这样顽强地磨练自己的身体、意志和性格，为的是将来能够成就一番大事业。

年轻的歌德在斯特拉斯堡很快获得了身心健康。不过，他仍然没有多少心思去上法学课，而是把精力花在研究历史、哲学、神学和社会学，并对医学和自然科学很感兴趣。同时，学习之余，他还结识了不少进步的学者和作家。其中，与当时正在斯特拉斯堡治眼疾的赫尔德尔的邂逅和交往，更是作家和诗人歌德一生中的一个重要转折点。

赫尔德尔虽只比他长 5 岁，却已是大名鼎鼎的哲学家和文艺理论家，被公认为当时正在掀起的狂飙突进运动的纲领制定者。在赫尔德尔的引导、鼓励下，歌德阅读荷马的史诗、品达的颂歌等有价值的古典作品，学习莎士比亚的戏剧，钻研荷兰哲学家斯宾诺莎的泛神论哲学，还搜集、整理民谣民歌，从而接近了文学的真正源泉，认识和理解了文艺的本质和意义，找到了自己应该学习和仿效的楷模，彻底摆脱了在莱比锡沾染的洛可可文风，克服了在养病期间所受的神秘主义哲学影响，思想和创作开始走上一条健康、自然和面向现实的正确道路。

不过，对于年轻的歌德来说，向赫尔德尔学习并不轻松。身体上的病痛使他的这位导师脾气变得很坏，歌德常常遭到他靡非斯托式的冷嘲热讽。平素狂傲任性的富家公子这时却表现得虚心、隐忍而有耐性，不能不认为是歌德在待人接物方面的一个近似天赋的优点和长处。正是靠着这样的优点和长处，歌德一生中有过不少的好老师和好朋友，从这些老师和朋友处得到了各个方面的教益、帮助、推动、激励，如此才终于出类拔萃，成为本文一开始说的那样一位可称举世无双的大文豪和大思想家。对这一点歌德颇有自知之明，因此自诩为“集体性的人物”。正是在他这“谦虚”中，我们越发体会到了他的伟大。

歌德，特别是诗人歌德，除了师友之外还有一个获得激励和助益的重要源泉，那就是爱情，那就是他一生中爱过的一个个女性。

在斯特拉斯堡的郊外，有一座宁静的村庄叫塞森海姆。1770 年 10 月，大学生歌德乔装改扮后随一位同学去拜访村里的牧师布里昂，受到主人的热情接待。他先和牧师独自坐在房里交谈，谈着谈着突然眼前一亮，“好似在这乡野的天空中升起来一颗美丽耀眼的明星”，原来是牧师的小女儿弗莉德里克走进了屋子。对这位身材苗条、容貌姣好、性情温柔的农村少女，年轻的大学生一见之下就“心花怒放”，两人很快亲密起来。①

在返回斯特拉斯堡之后的10月15日，歌德写信给弗莉德里克倾诉了对她的爱慕，月底再次骑马去到塞森海姆，受到了姑娘一家的热情款待。这样，两个年轻人都沉醉在青春勃发的爱情里，一直到了第二年的五六月间。他们不只在塞森海姆相聚，而且同游莱茵河两岸的美丽风光，参加大大小小的聚会。在此之前，歌德虽然也曾单恋过故乡一个叫格利琴的比他年长的女孩，也曾在莱比锡和凯特馨相恋过，但真正尝到爱情的甜蜜和幸福这却是第一次。于是，随着自然界的春天的来临，他文学创作的第一个春天也到来了！在火热的爱的激情的驱动下，歌德写了一组被称为《塞森海姆之歌》的抒情诗，其中就有十分脍炙人口的《五月歌》、《欢聚与离别》和《野玫瑰》，等等。

《塞森海姆之歌》不但是年轻诗人真情的流露、迸发，而且是他在赫尔德尔影响下向古典杰作和民歌学习的具体实践，因此有了崭新的风格和音调，既带有民族和民间的特色，也富有诗人个性的音调、韵律，可以称得上是他一生创作的真正起点和里程碑。

> 大地多么辉煌！/太阳多么明亮！/原野发出欢笑，/在我心中回响！
> 万木迸发新枝，/枝头鲜花怒放，/幽幽密林深处，/百鸟啭鸣歌唱。

对于年轻的诗人来说，这在《五月歌》中唱出的生命的春天和自然界的春天真是太美丽可爱啦！

然而好景不长。就在夏天到来时，歌德已渐渐疏远弗莉德里克，并在不久之后完全断绝了来往和书信联系。原因是他发现在自己和这位农村女孩之间，实在还有着教养和习俗方面的种种差异。他不得已抛弃了心爱的弗莉德里克，使这个单纯、善良的少女痛苦终生，以致再无心恋爱和嫁人。歌德自己也深感内疚；他后来一系列作品中的负心男子都遭到了严厉惩罚，少有善终，可以看作是他的自责和忏悔。

在斯特拉斯堡大学学习一年半后，为遵照父亲的愿望取得法学博士的学位，歌德完成了一篇论立法者的责任的论文，可是由于有“基督教的教义并非出自耶稣”等批判教会的提法而未获通过。作为弥补，他经特许在朋友们的帮助下进行了一场关于“法的地位”的答辩，最后总算在8月6日勉强得到一个法律博士的头衔。8月底，歌德离开斯特拉斯堡返归故里，因为没能带回一份“正式打印的论文”

① 参见《诗与真》第10卷。

而令父亲耿耿于怀。可他自己却不以为然,他在斯特拉斯堡得到的已经很多、很多。

4. 狂飙突进的“旗手”

回到法兰克福,22岁的歌德受命成为市陪审法院的律师。但对这个职务他仍然虚与委蛇,4年中只办了20来件讼案,令父亲颇为失望。与此同时,他却积极投身到正在兴起的狂飙突进运动中,成为了运动初期的主将和旗手。

狂飙突进运动大体发生在1770—1785年的10多年间。它得名于年轻作家克林格尔的一部叫作《狂飙与突进》的剧作,可以说是此前席卷整个欧洲的启蒙运动的发展、提高和一定意义上的反拨。它反对一切现存秩序和规章的束缚,鄙弃干枯的理性,以“自然”和“天才”为其口号,实际上是要求感情自由和个性解放。它呼喊“自然”,意在否定社会生活各个方面压迫人性的陈规陋习;它的所谓“天才”,即能够充分发挥自己个性和潜能的特立独行的个人,推而广之,则主张焕发民族精神,在文艺作品乃至思想行为中反对对外国的模仿。

这样一些主张,原本包含着新兴资产阶级反对封建的意识形态和政治要求,但囿于德国的封建势力特别顽固而资产阶级格外软弱涣散的国情,狂飙突进运动缺少经济和政治动力,也很少社会群众基础,仅仅成了一场由部分二三十岁的年轻作家和知识精英参加的“文学革命”和意识形态的运动。尽管如此,这个运动仍具有全德的性质,在德国的文学和思想发展史上产生过不容忽视的巨大影响。

歌德回到故乡后即和一些年轻和富于叛逆精神的作家来往密切,在思想上自然而然地受到他们的促进和影响,使他的创作第一次突破个人生活和感情的狭小范围,增加了强烈的时代色彩。反过来,他又以自己的天才思想和作品,影响了自己周围的朋友,推动了整个狂飙突进运动的发展。

1771年10月14日,他作题为《莎士比亚命名日》的讲演,为狂飙突进运动提供了“文学革命”纲领。稍后,他用6个星期的时间创作了剧本《铁手骑士葛慈·封·伯利欣根》,不但结构一反法国古典主义“三一律”的陈规,而且塑造了一个以暴力反抗现存秩序的“最高尚的德国人”,在1773年一正式出版即引起热烈反响,被誉为狂飙突进运动的第一个重要文学成果。而歌德本人,也成了人们心目中“真正的天才”。

在故乡法兰克福的4年,年轻的歌德真可以算是意气风发,创作成果也十分丰硕。他冬季自由自在地盘旋在溜冰场上,其他季节则无拘无束地在山水和自然间徜徉和漫游,因此获得了一个“漫游者”的雅号。在不惧艰险、风餐露宿的漫游途中，他写出了一系列充满战斗豪情的漫游者之歌。此外，他这段时期创作的《普罗米修斯》、《穆罕默德》、《致驭者克洛诺斯》等格调自由豪放的颂歌，更是洋溢着狂飙突进精神的天才之作。

不过，上面举的那些事迹和作品，只表现了青年歌德刚强的一面。与此同时，在邻近法兰克福的达姆施达特城，他经常参加一些以感伤为时髦的青年男女的聚会活动，自己也读英国的感伤小说，创作自然不免也受其影响。

1772 年 5 月，歌德遵父命到威茨拉尔城的帝国最高法院实习，在那儿狂热地爱上了友人克斯特纳的未婚妻夏绿蒂·布甫，内心绝望而又痛苦。9 月，他终于接受好友默尔克的忠告离开了威茨拉尔，却久久不能忘情于自己的心上人。后来，又遇到一些其他刺激，特别是听到威茨拉尔一个公使馆的青年秘书为单恋朋友之妻而绝望自杀的消息，歌德就再也控制不住自己的情感，用仅仅 4 周的时间写成了书信体小说《少年维特的烦恼》，再次以写作医治心灵的伤痛，获得心灵的解脱。这部小说在 1774 年的秋季书展上与读者见面，当即引起巨大的轰动，使年仅 24 岁的歌德成了当时德国乃至欧洲最享盛誉的作家，成了狂飙突进运动的杰出代表和无可争议的“旗手”。

然而，这位“旗手”很快便扔下手中的大旗，离开狂飙突进运动中志同道合的朋友，因为他已多少觉察出，德国的腐败现实远非一场缺少群众基础的文学运动所能改变。同时还有一个更直接的原因：在法兰克福，他不幸又爱上银行家小姐丽莉，并且和她订了婚；可这是一场痛苦多于欢乐的爱情，也促使他努力挣扎着想要逃脱。结果，软弱的市民青年维特为逃离腐朽庸俗的社会和“返归自然”而开枪自杀了，强悍的铁手骑士也在监狱里高呼着“自由，自由”含恨死去，歌德自己却顽强地活下来，决心逃离故乡法兰克福，去探索另外一条改变现实的道路。

1775 年 11 月，歌德终于丢下他十分讨厌的律师工作，也没有如他父亲希望的去意大利学习考察，而是乘上刚继位不久的卡尔·奥古斯特公爵派来的马车，动身去了魏玛。

5. 恪尽职守的枢密顾问

萨克森—魏玛—埃森纳赫公国约有 10 万居民，面积仅 36 平方英里，只是 300 多分裂的德意志小邦中的一个。它的首府魏玛居民还不足 6 000 人，是一座非常宁静的小城。在卡尔·奥古斯特年满 18 岁主持政事前，公国有 17 年之久一直由他寡居的母亲安娜·阿玛丽亚治理。公国虽然小得可怜，但宫廷的设施、排场、礼仪一样也不缺少，一点都不马虎，而且长期主政的女公爵醉心文艺，在自己小小的宫廷里先后礼聘了为数不少的有影响的作家和艺术家，她儿子也继承了这个传统。歌德去魏玛的时候，著名作家魏兰特、诗人兼作曲家封·艾因西德尔和封·塞肯多夫，以及以“童话之父”著称的穆佐伊斯和《堂吉诃德》的德译者弗·伯尔图赫等已在那里。以后，经歌德举荐，又来了赫尔德尔等文艺界的名流。

不论对歌德个人或是对魏玛甚至对整个德国文化的发展，他之应邀前往魏玛，都是一件意义巨大和影响深远的事情。此事阴差阳错而终于成功，可以说是命运的安排。魏玛决定了伟大诗人歌德26岁以后的整个人生旅程，歌德则帮助小小的魏玛成为辉耀古今的德国文化圣地，成为全欧洲乃至全世界的文化名城。

初到魏玛，歌德还仅仅是作客，除了陪年轻好动、任性贪玩的奥古斯特公爵骑马野游，参加组织宫中的娱乐活动，就没有什么正事。可是，随着时间的推移，比歌德年轻10岁的公爵和他越来越亲密，对他越来越言听计从。歌德本人呢，也为魏玛浓重的文艺气氛所深深吸引，并且发现公爵年纪虽小，却不无抱负，本质就像是“尚在发酵中的名贵的酒”，将来定会有所作为。住到次年2月，歌德已写信给法兰克福的朋友：“我可能要留在此地尽心竭力地起一些作用，时间长短则全凭命运安排。即使只有几年，也总比呆在家里极力有所作为却无所事事要好……公爵对国事满怀热忱，我完全了解他，对许多事情因此完全放心。”①

这段话表明，歌德留在魏玛的初衷确实是想“有所作为”。随着年龄的增长和阅历的丰富，他慢慢抑制住狂热的激情，增加了务实的精神。“有所作为”在他不只意味着施展自己的才能，实现自己的社会理想和抱负，也是一种道德的考验和成长的需要。而小小的魏玛公国，在当时可以讲比较开明，正好让命运安排给歌德做他接受考验和实现理想、抱负的试验场。

1776年6月，歌德正式就任魏玛宫廷的枢密顾问之职，从此便政务缠身，渐渐地把公国的大至外交、军事、财税、林务、矿业、水利、交通，小至防火条例的制定和宫中游乐活动的安排组织等等事情，都通通管了起来。他在两年多以后写道：“我事情多得一塌糊涂……繁忙的压力对心灵大有好处；压力解除了，心灵是可以更加自由地享受生活。但一个人无所事事、舒舒服服，却再可悲不过，最美好的馈赠也会令他生厌。”

又隔了两年多，他写信给友人说：“我的天性逼迫我从事各式各样的活动，即使在最小的村庄和一座荒岛，我同样必须勤勤恳恳，否则便活不下去……”②

---

① 转引自Peter Borner, *Goethe*, S. 55, Rowohlt Verlag。
② 同上，S. 57, 59。

在魏玛从政的这些年，歌德也确实努力作了些改革，但都只能是小修小补，既不能根除大的制度弊端，对他所同情的农民和手工业者也爱莫能助。相反，他倒为无聊的琐事和应酬耗费了不少时间、精力，并且不得不违心地在许多事情上委曲求全，一改自己狂放不羁的本性而变得谨小慎微。尽管如此，歌德仍不免遭到宫中善于搬弄是非和勾心斗角的男女的攻击、暗算。再说，魏玛实在太小了，他在这里的所作所为，也无补于改变德国鄙陋的现实。

当然，收获也不可忽视。亲身参政扩大了歌德的人生阅历，使他这个市民青年不但对宫廷和贵族社会有了深刻认识，对民间的疾苦也多了几分了解，为他日后的创作例如特别是写《浮士德》积累了重要素材。此外，由于分管矿业和林业，他对矿物学、植物学都有所钻研，同时还花不少业余时间研究骨骼学、解剖学、数学、光学和颜色学，等等，并且有了一些在当时来说是重要的发现，促进了他具有唯物主义倾向和进化论色彩的世界观的形成。也可以说，歌德在魏玛的特殊环境和地位上，更快地成熟起来，进入了自己人生的另一个同样十分重要的境界。

然而文学创作却大受影响，作品比前四五年少了许多，已开始的《浮士德》、《埃格蒙特》、《塔索》等剧本都没有完成，仅写了一些抒情诗。这些诗中的相当一部分，是他写给封·施泰因夫人的。

对这位比自己年长7岁的7个孩子的母亲，歌德有着十分复杂的感情，称她是个“了不起的女人”，相信自己和她是“前世夫妻”，命中注定了他要受她“温柔的魔带的羁绊”。事实上，封·施泰因也是歌德在魏玛留下来的一个原因。总的看来，他俩之间的关系少了青春期的爱情狂热，多的是心灵的契合。而且，在两人中应该说是封·施泰因夫人起主导作用，是她影响歌德，使他的内心发生了根本的变化，不但做到了忠于职守、克己奉公，连立身处事也慢慢变得冷静和节制。这些变化自然也反映在创作中，例如著名的诗歌《神性》、《人的局限》、《水上精灵歌》、《对月》，等等，就少了狂飙突进的澎湃激情，多了成年人细致深入的人生思考。

在魏玛一住10年，整天忙于政务和宫廷酬酢的歌德终于感觉累了，烦了。1786年9月3日凌晨，他事先没有通知他称作“小巢”的魏玛的任何人，便改扮成一个画家（亦说商人），化名“缪勒”，离开他正在那儿疗养的卡尔斯巴得温泉，朝着他从童年时代起就十分向往的南方古国意大利奔去。

6. 重获新生

意大利不只有温暖的阳光，热情的人民，更是有着丰富的古代文化遗存的文艺复兴发祥地，历来被欧洲的文化人和艺术家视为自己“根”之所在。歌德的父亲就曾为提高修养到意大利游历，并留下了一部游记。歌德于魏玛出走之前两年写了长篇小说片段《威廉·迈斯特的戏剧使命》，里边有一个神秘的女孩迷娘，她唱的一首内涵丰富、感人肺腑的怀乡曲，实际上就道出了诗人自己对意大利的热烈恋慕和向往。

"在古国的土地上，我感到欢欣而又快乐"——"我青年时代的所有梦想眼下全都变成了活生生的现实"——感到像"每天都在脱一层皮"似的经历着"脱胎换骨的变化"，整个人"从内心深处彻底改变了"，获得了"新生"。类似这样的句子，在他到意大利后写的书信、游记和作品中，真叫比比皆是。难怪歌德流连忘返，在这个阳光明媚的南国一住就是1年零9个月。

在这段时间里，他不但遍游威尼斯、佛罗伦萨、罗马、那不勒斯等文化名城，踏访庞贝古城等处的废墟、遗址，观赏、临摹古希腊古罗马和文艺复兴时期的艺术珍品，而且也了解民情风俗，亲身参加天性乐观的意大利人民的各种节庆活动，特别是1788年2月的罗马狂欢节更给他留下了终身难忘的印象。他还广交艺术界的朋友，提高艺术鉴赏力和修养，自己作画达1 000余幅之多。他还渡海前往西西里岛，悉心考察研究岛上的亚热带植物，在巴勒莫的植物园里为自己提出的植物形变论找到了宝贵的实证，即他所谓的"原植物"。他甚至冒险三度攀登有名的维苏威火山，一直走到火山口边上，直接观察"那冒着蒸汽的、发出嗞嗞声的地狱的大锅"。总之，到了意大利的广阔天地里，歌德一下子又变得年轻、大胆和充满朝气了，与湫隘的魏玛宫中那位圆滑老练、"谨小慎微"的枢密顾问相比真是判若两人。

在文学创作方面，歌德也恢复了活力，完成了反映16世纪尼德兰人民革命的悲剧《埃格蒙特》，把《伊芙根妮在陶里斯岛》的散文初稿修改成了诗剧，《浮士德》和《托夸多·塔索》的写作也有进展。

当然还有热烈的爱情。歌德在罗马等地曾和不止一个活泼爽朗的意大利女子相恋、同居，其中一个被他耐人寻味地戏称作"浮士蒂娜"。他晚年完成的《意大利游记》是他重要的自传性作品，全面记录了他在这个南方古国的经历和感受。他在回魏玛后不久写成的《罗马哀歌》不乏大胆的性爱描写，充满他对与浮士蒂娜等爱侣缠绵相处的幸福回忆；是她们使他恢复了青春的爱的活力。

> 呵罗马，你诚然大如一个世界，可是没有爱情，世界不成世界，罗马不叫罗马。

如此放肆的对爱的呼喊，表明意大利之旅使歌德完全恢复了本性，获得了新生，也重新找到了他作为诗人的自我。因此在不得不准备返回魏玛的前两周，他竟然每天一想起要离开意大利,都会像个孩子似的哭泣。①

7. 家庭生活

1788年6月,歌德回到魏玛,坚决辞去大部分官职,只担任宫廷剧院总监,兼管矿业和耶拿大学的一些事务,以便专心从事写作和科学研究。在两三年里,他完成了诗剧《托夸多·塔索》、长篇动物叙事诗《列那狐》、《罗马哀歌》和《威尼斯警句》。最后这两部组诗,也反映了他个人生活中的一件大事,即与23岁的制花女工克莉斯蒂娜·乌尔庇郁丝的邂逅、相爱与结合。

克莉斯蒂娜·乌尔庇郁丝虽出身微贱,相貌平平,却活泼大方,朴实善良。歌德回魏玛后的一天在花园中散步时与她偶然相遇,不久便成为事实上的夫妻,拿歌德自己的话来说就是:"我结婚了,只是没有举行仪式而已。"

可是对于堂堂大臣和贵族歌德——他已在1782年由帝国皇帝约瑟夫二世封为贵族,回魏玛后仍保留着在枢密院里的职位——,与一个出身下层又缺少教养的女工不明不白地生活在一起,在那个时代真是有失体统的冒失举动,因此遭到了魏玛宫中包括封·施泰因夫人在内的男男女女的大肆攻击。虽然他俩在第二年的圣诞节便有了一个儿子,却一直等到七八年后的1806年才正式结为夫妻。

克莉斯蒂娜一共为歌德生了5个子女,但活下来的仅长子奥古斯特一人。这个平凡的女子对歌德忠心耿耿,平时任劳任怨地操持家务,后来在拿破仑入侵德国时期,她有一次甚至不顾自己的安危,挺身保护了受到闯进家里来的法国士兵威胁的丈夫。然而,她却长期受着贵族社会的歧视,即使在正式结婚以后仍然被排斥在社交生活之外。歌德在魏玛也十分孤独,自然对她充满眷恋和感激之情,在不少作品里留下了对她的纪念,而其中最为人熟知的就是1813年附在一封信里寄给她本人的那首题作《找到了》的小诗。

1816年6月6日,歌德夫人在满52岁那天与世长辞,正卧病在床的诗人欲哭无泪,写了4行挽歌对她表示哀悼:

> 太阳啊,你想冲破乌云,
> 放出光芒,却白费力气。
> 随她我失去了生命的
> 全部获得,唯有哀泣。

---

① 详见本书第二辑之《南国之恋》。

就这样，歌德失去了与自己相伴最久的亲人。而且一生当中，除了少年时代，他可以说都在忙于事业，没有享受到多少亲人的温暖和家庭的幸福。他小时候最亲密的妹妹早在1777年就夭折了，父亲也在5年后逝世。母亲虽然比较长寿，活到了1808年，可是自到魏玛后歌德却难得和她见面。连爱子奥古斯特也在40岁时死在了他的前头。总之，歌德的家庭生活不能算幸福美满。

8. 进化与革命

歌德在莱比锡上大学时，即产生了对自然科学的兴趣，到魏玛后便没有停止过对自然科学的研究，并不断取得一些在当时来说并非不重要的成果，还出版了数量可观的论文和专著。上文已谈到他关于“原植物”的发现。他据此提出“植物形变论”，并于1790年发表了一篇长达123节的论文。在这篇文章里，他试图证明植物从低等到高等全一个样：所有的果、花、叶、茎都进化、发展自唯一的一个基本器官，即种子。在此之前，他曾在自己兼职的耶纳大学研究比较解剖学，并于1784年3月发现了人类的腭间骨——以前人们认为只有动物才有腭间骨——，从而证实了他关于一切生物都有相同的“原形态”和“亲缘关系”的设想。歌德在自然科学特别是植物学、动物学方面的发现和观点，使他成为欧洲在达尔文之前主张进化论的先驱。在观察自然界时，他因此始终坚持唯物的和进化的宇宙观；这在18世纪无疑是相当进步和可贵。

可是另一方面，歌德观察社会问题也机械地搬用进化的观点，因此便成为一个改良主义者；他在魏玛从政时的所作所为，即是很好的证明。特别是对待法国大革命的态度，更暴露了伟大诗人歌德在政治思想方面的这一根本缺陷。

1789年7月14日，巴黎革命民众攻陷象征封建统治的巴士底狱，揭开了世界历史新的一页。消息刚传到德国，所有的进步作家、学者和知识分子无不感到欢欣鼓舞，歌德也不例外。他在1790年3月3日写信给朋友雅可比说，“法国大革命对于我同样是一场革命”，并亲手画了一棵“自由树”。可是，一当雅各宾党暴力革命和专政的实情渐渐为外界所了解，一当革命开始向着莱茵河以东蔓延，除了赫尔德尔、福尔斯特等少数思想特别进步者以外，德国的知识分子几乎全吓坏了，对革命的态度来了一个180度的大转弯；歌德也是如此。如果说，对于他们中的大多数人，这正好表现了德国现实不可救药的鄙陋，表现了资产阶级极端地软弱，那么，对于歌德个人，还应该看到是他受进化论宇宙观和改良主义政治思想影响的结果。

正因为歌德信奉缓慢但有序的进化和改良，对革命中出现的暴力和“混乱”现象便感到厌恶。他甚至讲，他"宁可犯不公正的罪过，也不愿容忍混乱"，并称这是他的本性。1825 年 4 月 27 日，他在与爱克曼谈话时为自己对法国大革命的态度辩护，说："我憎恨一切暴力颠覆，是因为它带来的好处和毁掉的充其量相等而已……我非常高兴看到任何使我们预见到未来远景的改良……任何使用暴力的跃进都令我心里反感，因为它不符合自然。"

出于以上的思想根源，歌德很快就对法国大革命抱着冷眼旁观的态度，随后又写了《大科夫塔》、《市民将军》、《激动的人们》等一些戏剧和诗歌，以宣扬反对暴力革命和主张改良的观点，在自己的著作中留下了不光彩的篇章。

不过，歌德也并非一些人所攻击的那样是"公侯的奴仆"甚或革命的敌人。他自己讲，他"同样不是专制统治的朋友"，并相信每次革命"都不能归咎于人民，而都是政府的咎错所造成"。因此，1792 年奥地利和普鲁士联军进攻法国，妄图推翻革命政权，实现封建复辟，次年又围攻在法国革命影响下成立了德国历史上第一个共和国的美因茨城，这两次战役歌德虽然都随其时已当上普鲁士将军的卡尔·奥古斯特公爵一起亲临前线，成了改变世界历史的重大事件的见证人，并在后来把它们记录在《随征法国记》和《围攻美因茨》这两部自传性的作品里，但他对战事本身却毫不感兴趣。他在战场上很想念家里的爱妻幼子，并且仍旧专心做自己的自然科学研究和试验。他甚至认为"安静地坚守在工作室里，细心地照料科学和文艺的圣火"，以使"和平来临时不至于缺少万不可缺的普罗米修斯之火"才是他的职责，也是他度过政治动乱的"黑夜"的最佳办法。①他这样说也这样做，在法国大革命开始后的一些年，他确实为自然科学的研究倾注了更大的热情，耗费了更多的精力和时间。

9. 挚友席勒

歌德和另一位当时与他齐名的德国大诗人兼剧作家弗里德利希·席勒(Friedrich Schiller，1759—1805)早已认识，但由于误解，彼此在很长一段时间里却敬而远之。直到 1794 年 7 月底，他俩在耶拿的一次自然科学讨论会后作了深谈，才开始结下亲密的友谊。1799 年，为加强与歌德的合作，席勒放弃在耶拿大学的教职，迁居到了魏玛。

两位大诗人结下友谊，正如歌德说的是一件极其"幸运的事"。它不只帮助歌德摆脱了旅居意大利归来后的精神孤立状态，不只使他的创作生命开始了狂飙突

---

① 参见 Peter Boerner：*Goethe*，S. 88。

进时期以来的第二个春天，也不只让席勒的创作和思想发展得到了同样的促进，还造就了整个德国文学长达10年之久的成果辉煌的古典时期。

歌德和席勒先是密切配合，在1795年和1796年共同写出了400多首叫作“赠辞”的针砭时弊的短诗，紧接着又你追我赶地创作了大量流传后世的叙事谣曲，致使1797年成为德国文学史上著名的“叙事谣曲年”。正是在席勒的经常鼓励和督促下，歌德把原本大量花在自然科学研究上的时间和精力重又集中于文学创作，终于完成了早在大学时代便已开始创作的《浮士德》的上卷、长篇小说《威廉·迈斯特》的第一部即《威廉·迈斯特的学习时代》和叙事长诗《赫尔曼与多萝特亚》，使自己的文学声名再次鹊起。

与此同时，在歌德的帮助下，席勒也完成了他后期的戏剧代表作《华伦斯坦》三部曲、《奥里昂的少女》、《玛利亚·斯图亚特》、《墨西纳的新娘》和《威廉·退尔》等。其中特别是《威廉·退尔》，连题材也是歌德主动让给席勒的：为了支持朋友的创作，歌德不仅放弃以瑞士人民争取自由的斗争为内容写一部叙事长诗的计划，而且将自己在瑞士实地搜集的背景材料都提供给席勒，这样才使从未到过瑞士的席勒在剧中把当地的自然风光、人情风俗描绘得真实生动，给读者和观众留下难以磨灭的印象。①

除了可见的作品，两位大诗人在思想上的交流和相互启迪，更取得了影响深远的成果。他们在歌德领导的魏玛宫廷剧院排演自己和莎士比亚等的剧作，以验证共同追求和发展的古典主义风格。他们一道提出以审美教育来完善人性和改造社会的理想，在德国的美学发展史上占有了一席之地。通过这些努力，小小的魏玛进一步成为整个德国的文化中心，又吸引去了许多在国内外享有盛名的作家、学者和艺术家，如哲学家费希特、谢林、黑格尔，地理学家和语言学家洪堡兄弟，作家、诗人和文艺理论家扬·保尔、蒂克、诺瓦利斯和施莱格尔兄弟，等等；还有俄国大诗人普希金和匈牙利杰出的钢琴家李斯特，也曾旅居魏玛，在这个小城中留下了影响和足迹。魏玛作为德国文化圣地的影响经久不衰，甚至远远地超越德国的国界，至今仍受到了整个欧洲乃至世界的崇仰。

人们说，自1794年起，歌德生活中很少有什么事与席勒没有关系。可是在1805年的5月9日，受尽贫病煎熬的席勒猝然与世长辞。自己也正卧病的歌德事后闻讯大为悲恸，说他因此失去了自己“生命的一半”。从此他对什么都不再有心思，并于生前就作好了安排，死后要与自己的好友同穴而葬。

---

① 参见爱克曼辑录：《歌德谈话录》，朱光潜译，人民文学出版社1978年版，第144—145页。

在席勒亡故后的10年里，本已鹤立鸡群的歌德在魏玛更形影孤单，真如失去了生命一半似的经常闹病。加之对拿破仑战争中动乱的时世感到厌憎，遂产生了迟暮的念头，主要作品《浮士德》和《威廉·迈斯特》都写不下去，却开始搜集资料准备写回忆录和自传。

歌德比席勒整整年长10岁，两人的性格、气质、出身、经历、地位以至世界观和思想方法等本来都有很大的差异，但却在渴望光明、追求真理、发扬人道和繁荣德国文学的共同奋斗目标指引下走到一起，结成了亲密无间的友谊，相互帮助、砥砺，相辅相成，至死不渝，实可传为世界文化史上的一大佳话。

10. 憧憬东方　胸怀世界

从席勒逝世至1814年的10年间，欧洲社会急剧动荡。先是随着法军战胜普鲁士、奥地利而宣告了“德意志民族神圣罗马帝国”彻底崩溃和消亡，德国境内的一些小邦也纷纷瓦解，建立起了一个受拿破仑保护的“莱茵联盟”；在这个过程中，一些地方随之实行了程度不等的改革。接着，一部分德国爱国知识分子发动了反对法国占领的所谓民族解放战争，并与俄国的封建势力结盟，终于彻底战败已经称帝的拿破仑，使整个欧洲大陆出现了反动复辟，德国更笼罩在一片黑暗中。

当时，已年逾花甲的歌德作为新兴资产阶级的改良主义思想家，尽管对法国革命引起的社会动荡心存反感，却崇拜拿破仑这位叱咤风云的英雄人物，一度把恢复和建立秩序的希望寄托在他的身上，既不肯参加反法的所谓民族解放战争，更厌恶封建复辟。为逃避眼前这混乱而可悲的现实，歌德一开始把目光转到了往昔，闭门阅读德国中世纪的史诗，欣赏中世纪的绘画，随后干脆把视线移向他认为是和平、宁静的东方，因此而研究起阿拉伯、印度和中国的文学和哲学来，并从中吸取到了思想和创作的营养。

“北方、西方和南方分崩离析，/宝座破碎，王国颤栗。/逃走吧，逃向纯净的东方，/去呼吸宗法社会的清新空气！”歌德置于《西东合集》开头的这4行诗，极其生动、概括地描述出了当时整个欧洲急剧动荡和危机四伏的情景，以及诗人自己对眼前的现实无比厌烦和急于规避的心态。

在此期间，歌德又经历了两次爱情。单恋16岁少女米娜·赫尔茨丽卜的痛苦，使他在60岁时仍以当年写《维特》时差不多的激情，在1809年仅仅用7个星期，就写成了含义深沉的长篇小说《亲和力》。而1814年与玛丽安娜·韦勒美尔的幸福相爱，则更加有力地拨动了他心中的诗弦，使他在1814年开始创作《西东合集》。

《西东合集》是歌德晚年乃至一生最重要的一部诗作，内容和风格都明显地受到阿拉伯文学特别是 14 世纪波斯诗人哈菲兹的影响，题名便说明它是一部由西方作者写的富于东方思想情趣的诗集。它共收长短不等、体裁各异的诗歌 250 多首，依题材分为 12 篇，主要歌颂人生、爱情、美酒，有的抒情，有的叙事，有的富于哲理，有的充满讽喻。在诗中，歌德自己变成了阿拉伯歌者哈台姆，哈台姆美丽的情人苏莱卡则是聪慧而富有诗才的玛丽安娜・韦勒美尔的化身。和在现实生活中一样，他俩心心相印，纵情唱和，相处的时间虽然不长，却带给诗人极大的幸福。

《西东合集》与 1819 年出版。接着，歌德又继续完成他的《意大利游记》和《诗与真》等自传性的作品。

1823 年，年已 74 岁的歌德作了一生中最后一次旅行。在波希米亚（现属捷克）的玛丽亚温泉，他又不幸地坠入了情网，对一位年方 19 岁的少女乌尔莉克・封・莱维佐夫产生了难以抑制的爱情，并且不顾一切地向她求婚。结果当然只能令他失望、痛苦。不过就是这最后一次带来不幸与伤痛的热烈爱情，使歌德很快写成了著名的《爱欲三部曲》。用这个以《玛丽亚温泉哀歌》为核心的组诗，老诗人对自己多恋的一生进行了深入的思考和总结，表达了对于爱欲的割舍和断念之情。

在克服了这感情的最后一次危机，战胜了由感情危机造成的身心病痛之后，年老的诗人很快又拿起笔来继续写作，而且比什么时候都更加勤奋，从而迎来了文学生涯的最后一个丰收季节。

除去阿拉伯文学，歌德从 1813 年开始一直到 1827 年，还大量阅读中国的文学作品和有关中国的书籍，如《好逑传》、《花笺记》、《百美图咏》和选收有《今古奇观》若干篇小说的《中国详志》等，并且从中得到启示，不只写成富有中国情致和格调的组诗《中德四季晨昏杂咏》和其他作品，而且 1827 年 1 月 31 日在和爱克曼的谈话中，作出了“世界文学的时代就要来临”的光辉预言。

以上所述，不管是拒绝参加从狭隘的爱国主义立场出发反对拿破仑的所谓解放战争，还是放眼遥远的东方，研读阿拉伯、印度和中国的文学并认真向其学习，还是在人类历史上第一个明确地提出关于“世界文学”的思想，都表明歌德尽管身处狭小湫隘的魏玛，胸怀却无比广阔，眼光却无比高远。也就难怪他会成为一位“世界公民”，①会写出《浮士德》这样具有世界意义和影响的不朽杰作，会受到整个进步人类的爱戴和崇仰。

① 参见 Peter Boerner：*Goethe*，S. 122，129。

11. 智慧的最后结论

在自己生命的最后8年，夫人、儿子和几乎所有的好友都已先他离开人世，歌德似乎别无寄托，心思完全集中在了自己的文学事业上。1829年完成了《威廉·迈斯特的漫游时代》，1931年《浮士德》第二部大功告成。这两部倾注了他毕生心血的杰作——前者断断续续写了50年，后者写了60年——在问世之初虽不为时人所理解和重视，却无疑是伟大的诗人和思想家歌德留给后世和全人类最宝贵的财富。

《威廉·迈斯特的学习时代》(1796)和《威廉·迈斯特的漫游时代》尽管情节联系不甚紧密，但主人公基本相同，主题思想前后一致，因此被视为一部卷帙浩繁的长篇小说的上下两个部分。写的是一个商人家庭出身的青年在社会上长见识、受教育、淘经验的成长和发展过程，借以表达作者歌德本人的教育主张和社会理想。在德语文学里，它是所谓"教育小说"或称"修养小说"、"发展小说"的最重要代表。

诗剧《浮士德》的内涵更加丰富，情节更加复杂。它与《威廉·迈斯特》有一个共同点，都是借写一个人的发展、追求来探讨人生的价值和理想；不同点只在于它的主人公浮士德博士活动范围更广，从天堂到地狱，从眼前的德国到古希腊，不像威廉·迈斯特始终生活在德国的现实社会。基于此，这两部作品的表现手法也大不一样：从主要倾向看，《浮士德》主要是浪漫主义的，《威廉·迈斯特》主要是现实主义的。

《浮士德》的主人公一生自强不息，经历了对知识、对感官享受、对权势荣华、对"美"的一次次追求，一次次失望，终于在为大众谋福利的事业中获得满足，找到了"智慧的最后结论"，即："只有每天争取自由和生存的人，才配享受自由和生存。"

浮士德的这种积极进取、永远向上、不断追求的精神，应该说是我们人类赖以生存、发展、进步的最伟大和最可贵的精神。他在年满百岁和失明以后所预见的人类未来，在当时虽然带有空想社会主义的性质，却光明而又美好，同样能给人们以信心和鼓舞。难怪革命导师马克思、恩格斯、列宁都非常喜欢读《浮士德》，在自己的著作和讲话中经常援引它的诗句和情节；难怪诗人海涅要称《浮士德》为"德国人世俗的圣经"，革命文艺理论家弗郎茨·梅林要誉它为"现代诗歌的王冠"，还有人要把它视为"欧洲自文艺复兴以来300年历史的总结"，"人类光明灿烂前景的壮丽颂歌"，等等。到了现代，"浮士德精神"已成为自强不息、积极向上、永远追求等人类伟大精神品格的代名词，在全世界激励和鼓舞着一代一代的后来人。

歌德自己在83年的漫长一生中，像浮士德博士一样经历了许多重大的社会历史事件，身边也常有从正面或反面帮助他、激励他的这个那个人物；像浮士德博士一样在个人的生活、思想和感情上饱尝悲欢，在探索之路上同样常常误入歧途，但终于都回到正道，一步一步地前进。时代造就了歌德，歌德也影响了时代。这位在思想文化的海洋中为人类开辟出大片沃土的诗人，这位人类光明未来的伟大歌者，他在孜孜不倦地劳作一生之后，于1832年3月22日在魏玛家中与世长辞了。他的辞世，也意味着德国思想文化史上整整一个时代，即以他为核心和命名的“歌德时代”的终结。

临终之前，伟大的诗人和思想家歌德对守护在旁边的人最后说的，据传仍是一句极富哲理和象征意义的话：“多要一些光！”

是啊，多要一些光！这既是人类未来的伟大歌者歌德本人一生的向往和追求，也是他对后世的嘱托和希望。从歌德逝世至今已过去160多年，世界比他在世时的18、19世纪应该说已光明多了，在许多方面都有了进步，但是离浮士德和威廉·迈斯特的理想社会仍然还很远，还需要人类像浮士德那样孜孜不倦地继续争取和奋斗！

他不是“法兰克福市议员的谨慎的儿子”

——对恩格斯关于歌德评价的一点质疑

关于德国大诗人歌德，革命导师恩格斯曾经讲过一段非常有名的话：“……歌德在自己的作品中，对当时的德国社会的态度是带有两重性的……在他心中经常进行着天才诗人和法兰克福市议员的谨慎的儿子、可敬的魏玛的枢密顾问之间的斗争；前者厌恶周围环境的鄙俗气，而后者却不得不对这种鄙俗气妥协，迁就。因此，歌德有时非常伟大，有时极为渺小；有时是叛逆的、爱嘲笑的，鄙视世界的天才，有时则是谨小慎微、事事知足、胸襟狭隘的庸人……”

这段话出自恩格斯1846年写的《卡尔·格律恩〈从人的观点论歌德〉》。它运用辩证唯物论的思维方法，结合歌德的具体创作实践、生活经历以至秉性气质，对歌德这位复杂而伟大的人物作了深刻的分析和中肯的评价，在肯定歌德是一位“非常伟大”的“天才诗人”的同时，也指出他身上还存在着有时对周围环境的鄙俗气“妥协，迁就”以及“谨小慎微、事事知足、胸襟狭隘”等弱点。恩格斯的这段话以及《卡尔·格律恩〈从人的观点论歌德〉》全文，无疑给如何正确地、一分为二地看待伟大人物提供了范例，值得我们认真领会、学习。我国的理论界和德语文学界，对这篇文章和这段话也的确十分重视。

正因此，笔者就感到有必要指出：在前面引的中文译文中，隐藏着一个并非无关紧要的错误。不仅如此，就连包含着这个错误的那一小段恩格斯的原话，即“在他心中经常进行着天才诗人和法兰克福市议员的谨慎的儿子、可敬的魏玛的枢密顾问之间的斗争”，本身的表述似乎也欠精确。

读过歌德回忆自己青年时代的著作《诗与真》或者别人替他写的较为翔实的传记的人都知道，歌德出生在一个富有的市民家庭里。他的祖父只不过是个裁缝，在流浪到法兰克福后才入赘一位开旅店的寡妇家，靠着做葡萄酒买卖赚了大钱。因此，诗人的父亲卡斯帕尔·歌德年轻时能够上大学，获得了博士学位，并且到意大利游历考察过。但是，在仍由封建贵族占支配地位的所谓帝国自由市法兰克福，卡斯帕尔·歌德尽管富有、博学，却仍因出身微贱而遭受歧视，想在不领薪水的条件下谋取一官半职而不可得，愤懑之下，才在1742年花313个古尔盾(金币名)直接从帝国皇帝那儿买了一个所谓“皇家顾问”(Kaiserlicher Rat)的空头衔，名义上取得了与贵族平起平坐的地位，实际上却永远失去了在市里担任任何公职的可能。诗人歌德在《诗与真》第6卷中写道：

……对于市里的事，我父亲只能以私人的身份表示关切。他对市政方面这种那种失策的愤慨常常溢于言表。再说，我不是看见他经过那么多钻研、努力、游学和受了种种教养之后，到头来仍得过一种我怎么也不希望过的离群索居的孤寂生活么？这一切，形成了压在我心灵上的一个可怕重负……

显而易见，所谓“法兰克福市议员的谨慎的儿子”乃是误译。德文原文Frankfurter behutsames Ratsherrkind中的der Rat或Ratsherr一词，在指人时尽管可以有“参议”、“参议员”和“顾问”等意思，但按照歌德的父亲的实际经历却只能译成“顾问”。因此，整个短语的准确译法似乎应该是“法兰克福一位皇家顾问的谨慎的儿子”。①

至于恩格斯的“在他心中经常进行着天才诗人和法兰克福一位皇家顾问的谨慎的儿子、可敬的魏玛的枢密顾问之间的斗争”这一表述，则把歌德的父亲花钱买“皇家顾问”的空官衔与歌德实际在魏玛当官这两件事相提并论，等量齐观，夸大了前者的意义，给人造成一个歌德出身官宦之家的似是而非的印象。

再者，把“法兰克福的一位皇家顾问的谨慎的儿子”作为与“天才诗人”相斗争的对立面，也可能使人把恩格斯上下文中所指出的歌德身上的种种弱点，归因于他的出身和家庭影响。而这，与实际情况不仅不相符合，而且可以说正好相反。须知，歌德之所以能成为“天才诗人”，除了时代的大前提以外，很重要的一个条件就是他那得天独厚的家庭环境和家庭教养。

首先，富有的家庭保证了歌德一生不曾有过温饱之虞，能长期安心从事文学创作和自然科学研究，在经济上对封建贵族阶级保持着相对独立的地位。这一点，在还不能仅仅以写作换取到衣食的18世纪，可以说是非常非常重要的。熟悉德国文学史的人都了解，与歌德同时代的几乎所有大作家都受过贫穷的熬煎，无法充分施展自己的才能、抱负，他们要么像莱辛、赫尔德尔似的被迫为统治阶级所役使，要么像席勒、棱茨那样早早夭折。郭沫若在《孤鸿——致成仿吾的一封信》

① 除《马克思恩格斯全集》外，笔者所见到的其他中译文也全都误作了“市议员”，最早的如胡秋原发表于1932年《读书杂志》第2期的《马克思主义所见的歌德》一文，在引文中就译的是“Frankfurt市议员之爱子”。

中，就指出歌德和托尔斯泰、泰戈尔等都是属于那种“真正的天才能够得遂其自由的完全的发展”的大作家，因为他们“不是有有钱的父亲，便是有有钱的保护者”。[①]对于歌德来说，出生在一个富有的市民家庭，确实是一大幸事。

其次，歌德的父亲不仅有钱，而且还学识渊博，怀才不遇，因此把希望寄托在自己唯一的儿子身上，精心地、严格地对他进行教育和培养，使他很小就学会了多种外语，养成了读书作文的习惯，8 岁写成第一首诗，10 岁已阅读过《伊索寓言》、荷马史诗、《一千零一夜》以及维吉尔、奥维德和笛福等的作品。从父亲丰富的书画收藏中，年轻的歌德不仅受到古代文化的陶冶，而且也受到资产阶级启蒙思想的熏染。还有他那富于幻想、善讲故事的母亲，一位出身法学家家庭的少妇，[②]同样很好地促进了儿子的文学天赋的发展。

最后，更重要的，歌德家庭的社会政治地位，特别是他那被迫赋闲在家而变得性情孤傲和愤世嫉俗的父亲，更培养了他强烈的市民阶级的阶级意识，使他早早地便对封建等级制心怀不满，造就了他自由不羁的叛逆性格。1755 年里斯本发生城毁人亡的大地震，幼小的歌德因此对上帝的仁慈提出了疑问。稍长他就和城里的下层青年交往，代人编造情书和情诗，险些卷入讼事。16 岁到莱比锡上大学，不仅过着放浪形骸的生活，搞坏了身体，而且临壁题诗讽刺大学里的权威教授，因此受到校方申斥。他还在养病期间钻研炼金术和神秘主义哲学，读《教会和异教徒史》。在狂飙突进运动中，歌德创作了《葛慈》、《维特》和《普罗米修斯》等一系列充满反抗精神的作品，成为那一时期的资产阶级思想解放运动的急先锋……总之，在家庭影响——当然还有时代影响——较为强烈的青少年时代，歌德自由豪放、离经叛道的性格特点和思想倾向十分明显。他之“谨小慎微、事事知足、胸襟狭隘”以及对周围环境的鄙俗气“妥协，迁就”，等等，乃是到了魏玛以后慢慢受环境的影响，特别是在封·施泰因夫人调教下养成的。诚如恩格斯所说，是德国社会的鄙俗气战胜了最伟大的德国人歌德；这既证明了“‘从内部’战胜鄙俗气是根本不可能的”，也证明了德国整个资产阶级的孱弱。

基于以上理由，我认为不能说歌德是“法兰克福市议员（或者说皇家顾问）的谨慎的儿子”，并把它与“天才诗人”对立起来，因为它没有反映出歌德的家庭出身和家庭影响的实际。较准确的说法应为：歌德是法兰克福的一位富裕市民天才的、富于叛逆精神的儿子。

---

① 郭沫若：《文艺论集续集》，人民文学出版社 1979 年版，第 6 页。

② 她的父亲靠着学识和才能当上了法兰克福的市长，然而并非贵族，家庭也比较清寒，因此她在嫁给比自己年长 21 岁的有钱的“皇家顾问”卡斯帕尔·歌德时连陪嫁也没有。

翻译的错误无疑应该纠正，因为它与史实不符，再说纠正也不困难。更重要的问题是应该怎样对待革命导师著作中可能出现的差失呢？我认为正确的态度一是实事求是；二是不以为怪。

至于产生上述恩格斯欠准确的表述的具体原因，最重要的大概有以下两点。

首先，他撰写《卡尔·格律恩〈从人的观点论歌德〉》时歌德才逝世14年，人们对歌德的了解和研究水平远不如现在，一些有关歌德家庭的文献材料恩格斯有可能尚未接触到。附带说一下，出于同样的原因，恩格斯紧接着讲的歌德“愈到晚年，这个伟大的诗人就愈是de guerre lasse（疲于斗争），愈是向平庸的魏玛大臣让步”也不准确。这一失误，已为卢那察尔斯基在其《歌德和他的时代》一文中指出。①

其次，恩格斯写文章的目的在于批驳卡尔·格律恩，不是为了详细地全面地评价歌德，所以对歌德本身的提法就不一定考虑得那么仔细、精确。德国著名文学评论家汉斯·马耶尔就明确指出《卡尔·格律恩〈从人的观点论歌德〉》一文的这个局限，对恩格斯所谓“歌德有时非常伟大，有时极为渺小；有时……有时……”的立论方式提出了异议，说它不符合马克思主义的辩证法，而且恩格斯自己后来也再未使用过。②类似这样的问题，似乎也值得我们很好研究和思考。

最后还想说一说，笔者撰写这篇短文的目的，既不在于挑剔《马克思恩格斯全集》中的个别误译，相反，从一个高水平的翻译集体的这一偶然失误，我倒是进一步认识到：翻译是一件绝非仅仅靠语言知识就能做好的工作，译文要完全没有错误几乎是不可能的，自己作为一个译者，更应该兢兢业业才是；也不在于非议革命导师的著作，如前所述，我相反倒认为，恩格斯在文中对伟大人物进行一分为二的分析评价的精神，值得我们很好学习。

笔者撰写这篇短文的目的，主要是想提醒我们的理论界注意：恩格斯的《卡尔·格律恩〈从人的观点论歌德〉》，正如他自己所说并非一篇全面论述歌德的文章，在文中有些关于歌德的提法的确欠准确和值得探讨，因此不宜视为评价歌德的权威定论，无限制地加以征引，或者甚至抓住个别提法任意发挥。而在我们迄今发表的论著文章中，这种情况却严重存在。就拿歌德的家庭出身来说，不少作者把“法兰克福市议员的谨慎的儿子”这个提法加以引申，有的说歌德的父亲“当过法兰克福的参议员”，“是佛郎克府参议员”，“是法兰克福市参议员，做过皇家顾

---

① 参见卢那察尔斯基：《论文学》，人民文学出版社1978年版，第579页。

② Hans Mayer：*Goethe—Ein Versuch ueber den Erfolg*，Suhrkamp Verlag，1977，S. 103.

问”，有的讲歌德“出身于一个所谓‘世代簪缨’的家庭”，“居于统治地位”，等等，不一而足，并且以此为依据，对歌德进行所谓的“阶级分析”。再如，恩格斯的文章中有一句“歌德写成了《维特》，是建立了一个最大的批判的功绩”，也常常被我们引用；其实这是他为讽刺卡尔·格律恩而讲的一句反话，并不代表他本人的看法。

狂飙·铁手·自助者

——评《铁手骑士葛慈·封·伯利欣根》

《铁手骑士葛慈·封·伯利欣根》(以下简称《葛慈》),是歌德早年完成的第一部重要著作。这出以德国16世纪初的宗教改革和农民战争为背景的历史悲剧,有着鲜明的时代色彩,宏伟真实的场面,一反成规的结构,自然有力的语言。它的出现,不但打破长期笼罩德国剧坛和文坛的沉闷空气,宣告了狂飙突进时代的到来,而且对生活在平庸、狭隘的社会环境中昏昏欲睡的德国民众,起到了振聋发聩的作用。尤其是剧中主人公葛慈所表现的强烈的反抗精神,更一再受到恩格斯的称赞;[①]马克思在批评拉萨尔的《弗兰茨·封·济金根》的同时,也肯定歌德这部剧作对主人公的选择和塑造都是正确的。[②]

这里准备对《葛慈》作一个简单扼要的评介,以增进广大读者对歌德这部名著的了解(我国在20世纪30年代已出版过周学普译的《铁手骑士葛兹》,1984年人民文学出版社又出版了章鹏高、汪九祥的新译本),同时为进一步学习和领会马克思和恩格斯的有关文章和论断,提供一些参考资料和意见。

一

《葛慈》问世于1773年,是一出悲剧。《葛慈》一剧的基本情节和主人公葛慈·封·伯利欣根,并非完全出自歌德的虚构,而是有着一定的史实和生活原型作为依据。葛慈原为德国16世纪时的一名强盗骑士,是马克思所说的一个“可怜的人物”。[③]他早年在战斗中失去了左臂,但装上一条铁打的假臂后仍继续其强盗骑士的冒险生涯,英勇强悍不减当年,并曾一度参加农民起义。早在1770年于斯特拉斯堡上大学的时候,歌德就从皮特尔(Puetter)著的《德意志帝国变迁史纲》

---

① 见《德国状况》,《马克思恩格斯全集》第2卷,第634页;《诗歌和散文中的德国社会主义》,《马克思恩格斯全集》第4卷,第256页。

②③ 《马克思致斐·拉萨尔的信(1859年4月19日)》,《马克思恩格斯选集》第4卷,第400页。

中，接触到了葛慈的一些事迹，随后又读到此人晚年在监狱中写的自传《铁手骑士葛慈·封·伯利欣根的生活纪实》，对这个他认为“了不起的男子”产生了极大的兴趣。晚年，歌德回忆当时的情况说：

> 在他（指歌德早年的导师和诤友赫尔德尔）面前，我小心翼翼地隐瞒着对于某些题材的兴趣，这些题材在我们心中深深扎下了根，正在酝酿发育，以便最后获得诗的形式。它们就是葛慈·封·伯利欣根和浮士德。前者的传记深深感动了我。这位在野蛮、混乱的时代里的强悍而善良的自助者的形象，唤起了我最深的同情。①

但是，接触到素材并产生兴趣，只是决定题材选择的一个具体和显而易见的原因；歌德之写《葛慈》，还有着更深远的考虑。

原来，1766年新建的莱比锡剧院为落成纪念而公演J. E. 史勒格尔的《赫尔曼》一剧，使年轻的歌德产生了这样的想法：“我看出，这样一些剧作在时代和思想意识方面都离我们太远了，于是想在较近的时代找一些重大题材，这就导致我一些年后去写《葛慈·封·伯利欣根》。”②这一段自白表明，歌德决定题材的依据有三点：(1)时代相近；(2)思想意识相近；(3)题材重大。而事实上，《葛慈》一剧的选材，也完全符合他的这三点标准。

作为《葛慈》时代背景的德国宗教改革，被恩格斯称为欧洲资产阶级长期反对封建斗争的3次大决战中的第一次，③是德国历史发展中一个非常关键的时代。歌德的友人摩塞尔在1770年发表的《论武力自卫之权利》一文中说，16世纪乃是德意志民族“表现了最大荣誉感、最身体力行的道德和特有的伟大民族精神的时代”。歌德读过摩塞尔的文章，并且具有相同的认识。而他酝酿和写作《葛慈》的年代，正是狂飙突进运动兴起之际。论性质，这也是一次新兴资产阶级反对封建制度的斗争；论目标，也是为了振奋民族精神，争取国家统一，促进资本主义在德国的发展。因此，在宗教改革和狂飙突进运动之间，不仅是时代特点和思想意识相近，而应该说存在着内在的、紧密的、承上启下的联系。再看剧中围绕葛慈这个人物所反映的激烈阶级矛盾——骑士与诸侯的矛盾、诸侯与皇帝的矛盾、农民与封建主的斗争——，题材也不能说不重大。

歌德出自市民家庭，青年时代成了狂飙突进运动的发起人和中坚分子，思想

---

① “Dichtung und Wahrheit”, das 10. Buch.

② “Biograplnische Einzelheifen”, “Leipziger Theater”.

③ 恩格斯：《社会主义从空想到科学的发展》，《马克思恩格斯选集》第3卷，第390—391页。

上反封建的倾向非常之强烈。他提出的上述三点选择题材的标准，以及照此标准选定的《葛慈》一剧的时代背景和矛盾冲突，都反映了他的鲜明的阶级意识和锐敏的眼光：他既不像《赫尔曼》的作者史勒格尔似的到公元 9 年的条顿森林中去寻找民族传统，也不像后来的浪漫派那样企图恢复中世纪的德国的“黄金时代”，而是以宗教改革时期的反封建精神来鼓舞人们，并借以表达自己新兴资产阶级的社会理想。

二

如果说，青年歌德鲜明的阶级意识和锐敏的眼光已在题材的选择和时代背景的确定上反映出来的话，那么，他作为诗人的天才，则在时代特色的描绘和人物形象的塑造方面得到了充分展现。先谈时代特色。

围绕着全剧的主要情节，《葛慈》在我们眼前展开了一幅德国宗教改革时期广阔而生动的历史画卷。主教宫廷中的豪奢荒淫、尔虞我诈，骑士葛慈家中的忠诚友善、温情脉脉，农民举行婚礼的热闹情景，骑士与官兵的激烈交锋，农民起义的暴烈场面，吉卜赛人的森林露宿，中世纪阴森恐怖的秘密法庭……一个一个真实而富于生活气息和浪漫情趣的画面，真是令人目不暇接。通过这些画面，我们看见了宗教改革时期各种社会力量活动于其中并相互斗争的活生生的德国，一个分裂、动荡、混乱、野蛮、黑暗的德国，一个充满暴力和压迫同时也富于斗争和反抗精神的德国。

在这样一个国家里，包括最高统治者在内的任何人都感到不舒服。我们听见，老皇帝马克西米连一出场就哀叹：

“我很不高兴……我要是回顾过去的一生，就会完全心灰意懒；如此多半途而废的努力，如此多的失败！而这一切一切，原因都在帝国里没有哪个诸侯不妄自尊大，以为可以把他的怪念头看得比我的想法更加重要。”（见第三幕《奥格斯堡》一场；引文系笔者所译，下同）——这是软弱的皇帝在抱怨跋扈的诸侯。

诸侯呢，也自有其不满，他们的代表巴姆贝尔格的主教说：“国内尽管签订了 40 个和平条约仍然是个杀人坑。弗朗肯、史瓦本、上莱因邦和邻近地区一再受到目空一切的亡命骑士蹂躏。”（第一幕《巴贝姆尔格的主教宫廷》一场）

统治阶级尚且如此，下层民众的痛苦和怨恨就更深、更重了：失去了生存基础的骑士一个个铤而走险，沦落为盗；手无寸铁的商人们常常成为劫掠的对象，到处求告却得不到保护；广大农民在残酷压榨下无以为生，只好用剑与火发泄仇恨和愤怒,结果当然是遭到血腥镇压……

总之,歌德让我们看到了一个充满内忧外患的、危机四伏的德国,一个充满惊心动魄的阶级搏斗和奋不顾身的个人抗争的德国。

时代特色的成功描写,使剧本的内容大大地生动起来,为主要剧情和冲突的展开提供了一个真实感人的背景。歌德晚年曾对爱克曼说:“我写《葛慈·封·伯利欣根》时才是个 22 岁的青年;10 年之后,我对自己描绘的生动真实还感到惊讶。”①

可是,我们认为,《葛慈》对于时代背景的出色描写,意义还不仅仅限于再现历史的真实,加强了剧本的感染力而已,它对于歌德创作此剧的狂飙突进时期来说,也具有明显的现实意义。

从发生宗教改革和农民战争的 16 世纪初到掀起狂飙突进运动的 18 世纪 70 年代,其间整整经过了两个半世纪;然而,在这漫长的过程中,德国社会的发展却异常缓慢。三十年战争加剧了分裂割据局面,普鲁士发动的七年战争(1756—1762)更使得民不聊生,把德国变成了强邻的角逐场,民族危机相当严重。恩格斯在《德国状况》一文中描绘 18 世纪的德国,说在那儿“没有一个人感到舒服”,“一切都很糟糕”,“简直没有一线好转的希望”。②

这样一个德国,与《葛慈》中的那个 16 世纪的德国,又何其相似乃尔!不论在书本或在舞台上,德国民众看见对于后者绘声绘色的描写,不免会想到前者,进而抚今思昔,激发起反对封建小邦专制,要求民族统一的强烈情感和愿望。也就是说,在恰当地选择时代背景和题材的基础上,《葛慈》通过鲜明的、成功的、现实主义的时代色彩的描绘,发挥了以古喻今、干预现实的巨大作用。在这个意义上,《葛慈》这部历史剧可以说整个都洋溢着狂飙突进的时代精神。

此外,剧中还有以下一些具体内容,也是狂飙突进精神的生动体现:

(1) 同情农民。在 1832 年发现的《葛慈》初稿即《原葛慈》(*Urgoetz*)中,歌德以较大的篇幅揭示出农民起义原因,在于不堪忍受封建贵族的残酷压迫,形容贵族对农民剥削残害就像“水蛭”、“毒龙”一般凶狠。1773 年的定稿这方面的内容虽有所削弱,但通观全剧,农民对封建主的仇恨甚至起义中的过激行动仍然事出有因,贵族平日飞扬跋扈和把农民不当人的情况剧中仍多有提及。如第五幕一开头,一位农军领袖就愤怒地回忆了贵族欺压农民的暴行。尤其是在起义失败后,

---

① 《歌德谈话录》,朱光潜译,人民文学出版社 1978 年版,第 30 页。

② 见《德国状况》,《马克思恩格斯全集》第 2 卷,第 634 页;《诗歌和散文中的德国社会主义》,《马克思恩格斯全集》第 4 卷,第 256 页。

歌德对农民的惨遭镇压更表示了深刻的同情,通过葛慈手下的一名骑士描写当时的惨状说:"他们——指封建统治者——采用了种种闻所未闻的行刑方法。梅茨勒尔——一位农民领袖——给活活烧死了。成百上千的人被车碾死,被刺死,被砍头,被分尸。整个国家已变成一座出卖人肉的屠宰场。"(第五幕《海尔布隆·牢狱之前》一场)

(2) 推崇处于自然状态的人。例如,自由不羁的吉卜赛人在狂信基督教的中世纪被视为异端,被视为不可接近的下贱种族,歌德在《葛慈》中却大胆表现他们的生活,让观众看到这些处于自然状态的人是多么纯朴善良,乐于助人,忠诚勇敢。受伤的葛慈前往求助,他们的头人立刻回答:"欢迎您!我们所有的一切都供您支配。""为了您,我们可以付出生命和鲜血"。且言而有信,真为救护葛慈、抵抗官兵牺牲了生命。(第五幕《头人的帐篷》一场)

(3) 主张人性自由发展。在第一幕《林中旅舍》一场,穷修士马丁对葛慈抱怨说:"这个世界上有什么好受的哟!可对于我来说,最难受的莫过于不能做一个人。贫穷、贞节,顺从——这三个誓约中每一个都够难受的,全加在一起更忍无可忍……呵,老爷,你们生活中的艰辛与我们这种人的可悲相比又算得了什么呢?我们人借以发展、生长、繁衍的最好欲望,统统被扼杀在想更加靠近上帝的虚妄贪求中了。"——这样的话出自一位教会中人之口,应该说是对违反自然人性的基督教信条的大胆讽刺和有力批判。

(4) 粗犷自然的语言。歌德一反法国古典主义戏剧语言的矫揉造作,也克服了德国启蒙运动舞台用语的说教气,在《葛慈》中使用了来自生活、来自民间的地道德语,使德国舞台上第一次响起了粗犷、自然、有力的声音,令观众感到新鲜,感到振奋。而且,《葛慈》的语言还做到了个性化,切合剧中不同人物的年龄、性别以及身份。在语言运用方面,《葛慈》也体现着狂飙突进的刚强有力的精神,堪作当时德国文学的典范。

三

可是,与上述各端比较起来,歌德在剧中塑造的葛慈这位主人公的形象更加成功,更加集中地体现了狂飙突进的时代精神,更加强烈地表达了一代先进青年的社会理想。

如前所述,历史上的葛慈·封·伯利欣根(1480—1562)只是个没落骑士,只是个以拦路抢劫为生的"可怜的人物";那种称他为"中世纪革命家"和"人民运动的天才领导人”，把他与杰出宗教改革家和起义农民领袖相提并论的观点显然是错误的。①

歌德天才地抓住此人英勇强悍、独立不羁、敢作敢当、不畏强权的基本个性特征，经过艺术加工，把他塑造成了一个“骑士的典范”(剧中人对葛慈的赞语)，一个他所谓的“最高贵的德国人”，使他身上有了许多狂飙突进运动希望于人的理想性格——

他强壮剽悍，英勇善战，虽只有一条胳膊仍令敌人胆寒，是狂飙突进的参加者崇奉的所谓“力的天才”(Kraftgenie)。葛慈身边的许多骑士，如出身下层的雷尔塞和仅有一条腿的塞尔比茨——我们姑且名之为“木脚骑士”吧，都是这样的人物。

他坚信骑士只能听命于“上帝、皇上和他自己”(见第一幕《雅克特豪森》一场)，为维护自己的独立地位坚持战斗，宁折不弯，至死不当诸侯的附庸，是个狂飙突进思想家向往的所谓“独立不羁的个性”(Selbstaendige Persoenlichkeit)。

他忠于皇上，痛恨拥兵自重的诸侯，认为骑士的职责是“驻守边境，抵御豺狼似的土耳其人和狐狸似的法国人……保卫帝国的安宁”(第三幕《大厅》一场)，道出了狂飙突进运动实现国家统一和维护民族尊严的理想。

他生为自由而浴血苦战，死时仍高呼“自由！ 自由!”是个狂飙突进运动参加者一样的反对封建专制，争取个性自由的斗士……

总之，青年歌德非常喜爱这个葛慈，在他身上集中了狂飙突进时代的种种理想性格特征，集中了德国民族的种种优秀品质，希望借他的形象重新唤起德国民众心中的英雄主义豪情，用他的铁手击碎德国民众铅一般沉重的睡眠，使民族精神为之振奋。

葛慈那一只有力的铁手——我们可以毫不夸张地说——，乃是奋发向上的狂飙突进精神的绝妙象征！

不过，歌德尽管喜爱葛慈这个人物，却并未违背本历史真实，无度地把他理想化，忽视他作为一个没落阶级的代表的本质，像拉萨尔之于济金根似的把他美化为一个叱咤风云的革命领袖；而是在剧中令人信服地揭示了他的局限、矛盾以及注定失败的命运——

他作为一个没落阶级的代表，作为一名强盗骑士，在与处于合法地位的诸侯的斗争中，始终居于被动、受审的地位。

---

① 见阿尔泰莫诺夫等著：《十八世纪外国文学史》下卷，上海文艺出版社1963年版，第94、95页。

他立脚已实行罗马法的德国封建专制社会(关于罗马法的传入见第二幕《巴姆贝尔格的主教宫廷》一场),脑袋却留在骑士时代,仍死抱"骑士的价值"、"骑士的荣誉"、"骑士的誓言"等陈腐观念不放,因而一再碰壁,一再上当受骗:受主教骗,受范斯林根骗,受代表皇上征讨他的官兵骗,战斗中总是失败。

他忠于皇帝,皇帝却主张派兵讨伐他;他寄望于皇帝,皇帝也自身难保。

他同情农民,但不理解农民;他不愿违背誓言与农民起义军"同流合污",又被迫不得不当他们的领袖。

他渴望自由,为自由而战;但这自由只是骑士的那种争胜斗勇、拦路抢劫的自由,只是不依附于比他们更强大的封建主的自由,为社会的发展和法律所不容。

他向往国家的统一与和平安宁(第三幕《大厅》一场),但又主张这一切都应像中世纪那样由皇帝在骑士支持下取得;这在已经前进的时代里,只能是无从实现的幻想而已。

总之,作为个人,葛慈忠诚、善良、坚毅、勇敢、机智——如两次拒绝济金根帮助他抗拒官兵,为自己留下后路;但是,他的阶级地位和所处时代却束缚住他的手脚,使他一直陷于进退维谷的可悲境地,最终遭到了毁灭。这就使葛慈这个人物身上同时存在着英雄性和悲剧性,成为了一个充满矛盾的复杂典型。

为了塑造这个典型,歌德除了让他在风云多变的历史大舞台上充分表演,以自己的言行为自己画像以外,还采用了反衬、烘托等手法,让他与众多人物发生关系,通过不同人物对他的态度和看法,从不同的角度塑造他,使他的形象变得丰满而富于立体感,真实生动到了呼之欲出的地步。

那么,对于歌德塑造的这个人物,又该如何评价才算恰如其分呢?

首先可以肯定,葛慈不是革命者;因为他的思想和行动,都是逆历史潮流的。但是,他也并非农民起义的叛徒,或如有的书上讲的,"背弃了起义的农民"——历史上的葛慈确实如此;因为他并未"和农民一起革命",[①]而是迫不得已才参加了起义农民的行列,且目的在于约束农民的过激行动;再说,他在起义军被击溃后负伤被俘,至死并无任何变节行为。

笔者认为,葛慈只是如恩格斯说的一个叛逆者;他的确拿起了武器与社会进行抗争。但是他抗争的目的,仅在于谋取自身的生存和维护自身的独立地位。所以,讲得更确切一点,他就仅是作者歌德所谓的那么个"在野蛮、混乱的时代里强悍而善良的自助者",本质上与历史上的葛慈没有两样。

---

① 《外国文学五十五讲》,贵州人民出版社1980年版,第333页。

四

《葛兹》这部历史剧在描绘时代色彩和塑造人物形象方面的成功，在很大程度上是歌德早年努力学习莎士比亚的结果。读它，我们不仅可以获得艺术上的有益借鉴，而且能加深对马克思和恩格斯所倡导的“莎士比亚化”这样一些问题的认识。因为在写此剧初稿时，歌德的的确确正处于对莎士比亚的狂热崇拜中。他在1771年发表的题名为《莎士比亚命名日》的讲话里说：“我初次看了一页他的著作之后，就使我终身折服；当我读完他的第一个剧本时，我好像一个生来盲目的人，由于神手一指而突然获见天光。”①

所以，他自己提起笔来也极力仿效莎士比亚的风格，彻底摒弃法国古典主义戏剧遵循的“三一律”，“觉得地点的一致好像牢狱般的狭隘，行动和时间的一致是我们的想象力的讨厌的枷锁”。

这些固然是青年歌德不受成法定则约束的狂飙突进精神的表现，只可惜矫枉过正，产生了副作用，“在企图摒弃时间和地点的一致时，也损害了那个更高的一致”，②致使剧本结构松散，场面转换过于频繁，难怪赫尔德尔读过初稿后批评说：“莎士比亚把您给全毁啦。”③

两年后，歌德根据赫尔德尔的意见进行修改，但并没能从根本上克服结构方面的缺点。

然而瑕不掩瑜，《葛兹》在当时的德国剧坛上仍是一部不同凡响的力作，在柏林、汉堡、维也纳等大城市演出后引起了很大的震动。守旧派讥笑它的演出全靠华丽的古代服装取得成功；崇拜法国古典主义的普鲁士国王弗里德利希更咒骂它是“那些蹩足的英国剧本——指莎士比亚的剧作——的可耻摹仿”。④但另一方面，它却受到广大观众尤其是年轻一代的热诚欢迎，狂飙突进的重要代表毕尔格尔自称在读完它⑤以后竟“高兴得几乎发起狂来”。

对于歌德本人，《葛兹》则是早年仅次于《少年维特的烦恼》的最成功杰作，按其意义和影响，应当算作他漫长文学生涯的真正起点。歌德因此十分珍惜它，晚

---

① 杨业治译：《莎士比亚命名日》，《古典文艺理论译丛》第五册，第67页。

② “Dichtung und Wahrheit”, 13. Buch.

③ 这是赫尔德尔写给歌德的一封信上的话。原信未能保存下来，转引自汉堡版 *Goethes Werke* Band 4, S. 483。

④ 原文系法语，转引自上述 *Goethes Werke*，S. 494。

⑤ “Gespraeche mit Eckermann”, 1832. 2. 16.

年在与爱克曼谈话时称它是他“骨中之骨,肉中之肉”。

对于整个狂飙突进运动,《葛兹》也不愧为第一个成熟的果实,在思想倾向、艺术风格以及语言运用诸方面,都起到了决定运动方向的作用,因此被誉为狂飙突进的“军旗”(Panier)。在它问世的一些年,摹仿之作大量涌现,德国甚至出现了一股写历史剧或“骑士剧”的热潮;从同时代的克莱斯特,直到19世纪后半期的大多数自然主义剧作家以至于英国的小说家司各特,都或多或少受过它的影响。①

斐迪南·拉萨尔在《葛兹》出版80多年后写的《弗兰茨·封·济金根》,被作者自称为“五幕历史悲剧”,所选择的时代背景和题材与《葛兹》也差不多。可是,我们把它与《葛兹》这部成功的历史悲剧略加对比,便发现《葛兹》的上述所有优点,都是《济金根》所没有的。它缺少历史剧应有的富于时代特色的背景,在主人公“性格的描写方面看不到什么特出的东西”,因此济金根仅仅只是“时代精神的单纯的传声筒”,只是被任意歪曲成了一个“革命者”,而不像葛兹似的,是个受着时代环境和阶级地位制约的、个性鲜明突出的历史人物。因此济金根的悲剧根源被错误地解释为了他的狡诈,而不像葛兹似的由于自身的阶级局限,在一系列无法克服的矛盾和冲突中必然地走向了覆灭。即如语言运用吧,《济金根》独白多,对话冗长,且用的是生硬的韵文,跟语言自然有力而且个性化的《葛兹》绝难相提并论。

《葛兹》为什么被誉为一部杰作,受到了包括马克思、恩格斯在内的许多有识者的赞誉?拉萨尔的《济金根》为什么为人所不取,遭到了革命导师的严厉批评?从本文对《葛兹》的粗浅分析评价以及将它与《济金根》进行的简单对比中,这些问题似也可以找到一些解答的线索吧。

① 英国伯明翰大学教授、国际知名德国文学研究家罗伊·帕斯卡尔甚至说:“《葛兹》的确是欧洲历史剧和历史小说的先驱。”(见 Roy Pascal: *Sturm und Drang*, S. 319)在笔者看来,这种提法对《葛兹》似嫌过誉,因为莎士比亚写过更多成功的历史剧。

论《维特》与“维特热”

约翰·沃尔夫冈·歌德，德国近代杰出的诗人、作家、学者和思想家。当今世人公认他为继但丁和莎士比亚之后西方精神文明最卓越的代表；恩格斯称他在自己的领域里“是真正的奥林帕斯山上的宙斯”，是“最伟大的德国人”。他一生辛勤写作，在60余年的漫长岁月中完成了大量各类题材和体裁的作品，代表作诗剧《浮士德》更被视为自文艺复兴以来“西欧300年历史的总结”，①人类的自强不息精神和光明灿烂前景的壮丽颂歌，“德国人世俗的圣经”，②欧洲“现代诗歌的皇冠”。③可是，在1832年《浮士德》第二部问世前，也就是说当他还在世的时候，歌德之为歌德，歌德之享誉世界，却在很大程度上由于他24岁时写成的一本薄薄的“小书”——《少年维特的烦恼》。

迄于18世纪70年代，德国文学尽管已出了温克尔曼、莱辛和克洛卜斯托克等有影响的理论家和作家，但与英、法、意、西等国相比尚处于落后地位，有人甚至视德国为“没有文学的野蛮国度”。④是歌德，具体地讲是《维特》，一举改变了这种可悲状态，使一股强劲的“维持热”席卷了整个欧洲；从此，歌德便作为“维特的作者”而受到世人的景仰，德国文学也提高到了与英法等国并驾齐驱的地位。

这《少年维特的烦恼》究竟是怎样一部作品？它何以能产生如此巨大的威力？应该怎样解释“维特热”这一表现了它巨大影响的文学和社会现象？它在我国的介绍和研究情况如何，产生过怎样的影响……

为了探讨这几个在今天仍不无现实意义的问题，本文将对《维特》这部世界名著作一个比较系统和概括的分析介绍。

---

① 冯至等编：《德国文学简史》上卷，人民文学出版社1958年版，第203页。

② 海涅：《论浪漫派》，张玉书译，人民文学出版社1979年版，第55页。

③ 《弗朗茨·梅林全集》第10卷，迪茨出版社1961年版，第59页。

④ 范存忠：《歌德与英国文学》“在十八世纪以前，英国人几乎谁都不知道德国是有文学的。哲学家休谟竟把德国人与俄国人并举，认为野蛮民族”。杨丙辰：《歌德与德国文学》“英国讽刺诗人斯威夫特(Swift)曾骂德国人为‘最愚蠢之民族’，法国人简直断定德国人是无文学上的天才的”(两文均收在宗白华、周辅成编《歌德之认识》一书中，南京钟山书店1932年版)。

一、《维特》与歌德

社会生活是文学艺术的源泉；任何文艺家的创作，都与他所接触的那部分社会生活密切相关。具体讲，一位作家写什么书，怎样写，往往取决于他自己的生活经历和思想情感；歌德尤其如此。晚年，他回顾自己一生的创作时说，他的所有作品“仅只是一部巨大的自白的一个个片断”。《少年维特的烦恼》这部第一人称的书信体小说，则可算是这些“片断”中极为典型和至关重要的一个。它直接而全面地反映了歌德青年时代的生活经历和思想感情；而在歌德一生发展的各个阶段中，他的青年时代(1770—1775)又有着十分突出的意义。要认识歌德，特别是青年歌德，不能不认真读《维特》，倾听他借青年主人公之口所作的“自白”；反之，要深刻理解《维特》，也必须对歌德的有关生活经历进行足够的了解。这样做，不仅可以帮助我们认识作家，理解作品，而且还能使我们窥见《维特》这部杰作形成、产生和取得成功的秘密。

歌德出生在美因河畔的法兰克福城。18 世纪中叶，在处于封建割据状态下名存实亡的“德意志民族的神圣罗马帝国”，这是一座具有相当自治权的帝国自由市。城里手工业和商业已很发达，但仍保持着森严的等级制和其他种种中世纪的封建陋习，如规定平民必须穿不同于贵族的服装以防“僭越”，等等。诗人的祖父是一个从外地来的裁缝，后靠经营旅店起家。诗人的父亲卡斯帕尔·歌德年轻时上过大学，获得博士学位，并曾到法国、意大利和荷兰等国游历。可是，尽管学识渊博，广有家财，他作为一个普通市民仍受着城里占支配地位的贵族社会的蔑视，想以不领薪俸为条件在市政府谋取一官半职而不可得，一气之下便花钱从帝国皇帝卡尔七世处买了个有名无实的皇家顾问头衔。从此他被迫赋闲在家，借收藏书画和用意大利文写游记消磨时日，养成了孤僻、抑郁和固执的脾气。后来，他与家境清寒的市长的长女结了婚，婚后便更多地把精力花在对自己年轻的妻子以及子女的严格教育上。在这样的社会和家庭环境中成长起来的诗人歌德，一方面享受着良好的教养，能过一种无冻馁之虞的悠闲生活；另一方面，也受家庭影响，产生了对腐败的贵族社会和封建等级制的不满。在《诗与真》第 6 卷中有一段话，很可说明他少年时代所受的这种影响：

> 对于市里的事，我父亲只能以私人的身份表示关切。他对市政方面这种那种失策的愤慨常常溢于言表。再说，我不是看见他经过那么多钻研、努力、游学和受了种种教养以后，到头来仍得过一种我怎么也不希望过的离群索居

的孤寂生活么？这一切，形成了压在我心灵上的一个可怕重负……①

1765年，16岁的歌德被送往莱比锡大学学习法律；但他本人的兴趣却在文学和绘画方面。3年后因病辍学，于1770年4月转到斯特拉斯堡继续学习。斯特拉斯堡地处德法边境，不仅城郊自然环境优美，而且比德国其他地区更快、更多地受到法国启蒙运动的新思潮的熏染，是作家、学者以及不满现状的市民青年的荟萃之所。就在这里，歌德结识了当时已蜚声德国文坛的理论家赫尔德尔，在他的引导下读荷马、品达和"莪相"的诗歌，读莎士比亚的戏剧和哥尔斯密的《威克菲牧师传》(1768)等小说，并协助赫尔德尔搜集整理民歌。特别重要的是，歌德在这儿接触到了卢梭的"回归自然"的理论和斯宾诺莎的泛神论哲学。他后来在《诗与真》中写道："对于我起决定性作用，对于我全部思想方式发生巨大影响的思想家就是斯宾诺莎。"②经赫尔德尔和歌德等人共同努力，在斯特拉斯堡掀起了德国自宗教改革以来最重要的一次反封建思想解放运动——狂飙突进运动。

1771年8月，歌德获得博士学位。不久后回到故乡，在父亲督促下开了一间律师事务所。可是他很快地便把事务所丢给父亲经营，自己却常去附近一带的城乡漫游。1772年初经友人麦尔克介绍，他参加了达尔姆施塔特城的一个感伤主义者团体，经常与那些见花落泪、对月伤情的时髦男女一起，沉溺在对于友谊和爱情的幻想中，耽读克洛卜斯托克和"莪相"的哀歌以及斯泰恩的《感伤旅行》(1768)之类的小说。

1772年5月，歌德遵照父命到威茨拉尔的帝国高等法院实习。威茨拉尔是座空气陈腐得令人窒息的小城，帝国法院更以办事拖沓而恶名远播。歌德因此把实习的事抛到脑后，终日悠游于景色宜人的乡间，在那儿"研读荷马、品达等人的作品，干他的天赋、他的思想方式和他的心令他感兴趣的事情"。③6月9日，在一次乡村舞会上，他结识了天真美丽的少女夏绿蒂·布甫，对她产生了热烈的爱慕。但夏绿蒂已经订婚。尽管她的未婚夫克斯特纳和夏绿蒂一家对歌德都十分友善，他仍因失恋而感到痛苦，终于在9月11日不辞而别，回到法兰克福。

关于歌德在威茨拉尔的情况，克斯特纳曾在同年秋天给友人的信中作了如下描述：

……他具有人们所称之为天才的禀赋，想象力之活跃异乎寻常。他的感

---

① 《歌德文集》第9卷，汉堡，1964年版，第240页。

② 同上，第10卷，第35页。

③ 《同时代人通信中的歌德》第1卷，柏林，1979年版，第35页。

情是热烈的。他的思想高贵。他是个很有个性的人。他喜欢小孩子，很会和他们一起玩儿……他想起什么就做什么，不管旁人满意与否，合乎时尚与否，生活方式允许与否。一切勉强都是他所憎恶的……他很敬重卢梭，但不是卢梭的盲目崇拜者……他不进礼拜堂，也不去领圣体，很少作祷告。因为，他讲：“我还没有虚伪到这样的程度。”……①

回到故乡以后，歌德久久未能克服心头的苦闷，以致产生了自杀的念头。他在《诗与真》第 13 卷中写道：“当时我在床边上总摆着一把精致而锋利的小刀，每晚熄灯前都要拿起它对着自己的胸口，想试一试能否把刀尖刺几公分进去。可我这尝试一直没能成功……于是，我决定活下去。”

谁料差不多就在这时，另一个人却把他几经尝试而放弃掉的事完成了。消息传来，歌德大为震惊；因为，自杀者不仅是他早年在莱比锡上大学时就认识的一个叫耶鲁撒冷的青年，出事地点也正好在威茨拉尔，歌德在散步时还常常与他相遇；而且，自杀的主要原因也同为恋慕他人之妻遭到拒斥。这种种情况，不能不令歌德联想到自身的遭遇，对同病相怜的耶鲁撒冷的不幸感觉着切肤之痛。为了解除自己失恋的痛苦，歌德本已决心作一次“诗的忏悔”；耶鲁撒冷的不幸遭遇刚好为他提供了所缺少的素材。不过，这一决心最后形诸文字，却是整整一年半以后。1774 年初，女作家索菲·德·拉罗歇的女儿玛克西米莲娜嫁给一个名叫勃伦塔诺的富商，移居到了法兰克福。前年，歌德从威茨拉尔返回故乡时，曾顺道访问她家，对她颇有好感。如今重逢，两人都甚为欣喜。歌德在当时写给友人的信中说：“玛克丝—玛克西米莲娜的爱称——仍是一位天使，生活纯朴高尚，使人人都乐于和她亲近；而我对她所怀有的感情，就是我目前生命中唯一的幸福……”②

可惜这“唯一的幸福”不久又变成了新的痛苦源泉。勃伦塔诺比玛克西米莲娜年纪大 20 岁，已是有 5 个孩子的鳏夫，除去做生意赚钱以外别无所长，却性情急躁而好嫉妒，自然很快对两个年轻人的交往产生疑忌，以致与歌德激烈冲突。这新的不快，狠狠触动了歌德心灵中旧有的创伤，使他感到更加痛苦。为了彻底医治好自己的伤痛，歌德便终于愤而提笔，开始了《维特》的写作。

关于这部后来震撼了整个欧洲的小说的诞生情况，歌德在《诗与真》第 13 卷中写道：

没过多久，这件事（指与勃伦塔诺的冲突）便使我觉得忍无可忍，一切从

---

① 《同时代人通信中的歌德》第 1 卷，柏林，1979 年版，第 35 页。

② 《歌德文集》第 6 卷，第 520 页。

> 类似的尴尬处境中总会产生的不快，似乎都两倍三倍地压迫着我，我必须痛下决心，才能使自己得到解脱。因苦恋朋友之妻而造成的耶鲁撒冷之死，从梦中把我撼醒，使我不仅对他和我过去的遭遇进行思索，还分析眼下刚碰到的这个令我激动不安的类似事件。如此一来，我正在写的作品便饱含着火热的情感，以致不能再分辨艺术的虚构与生活的真实。我把自己与外界完全隔绝开来，杜门谢客，集中心思，排除一切无关的杂念。另一方面，我又搜索枯肠，重温我最近那段还不曾写出来的生活，把所有有一点关系的材料统统集中起来使用。这样，在经过了那么久和那么多的暗中酝酿以后，我奋笔疾书，四个星期内便完成了《维特》……①

年轻的歌德可谓完全进入了创作的狂热和忘我境内，"就像个梦游者似的，在几乎是无意识的状态下写成了这本小册子"，以致当他最后拿起手稿来进行修改润饰时，"自己也感到十分惊异"。②

了解到这些情况，我们就很容易明白，《维特》一书何以如此情真意切，感人肺腑；它的主人公一个个何以如此血肉丰满，栩栩生动。亲身的经历感受，长久的酝酿准备，按捺不住的创作冲动，"火热的情感"、"集中心思"、"搜索枯肠"——等等这些，就是《维特》的产生过程给我们的启示！

的确，仅仅读作品本身，已经"不能再分辨艺术的虚构与生活的真实"了；两者已有机地融合在一起，成为源于生活而又高于生活、比生活更集中、更典型的艺术的真实。只有在把《维特》这部作品与作者歌德的有关生活经历以及其他背景材料作仔细的对比和研究以后，人们才发现：就主要情节而言，小说的前半部（第一编）大致反映着歌德本人在威茨拉尔的经历和思想感情，维特的兴趣爱好和生活方式都与他有许多相似之处，如能诗会画、热爱自然、耽读荷马、亲近小儿，等等；后半部则主要写的是耶鲁撒冷的不幸遭遇，如在贵族聚会中遭轻侮、在公使馆工作受上司挑剔以及最后自杀身死，等等。而以人物性格论，维特身上既有青年歌德本人乐观、坚毅和热爱生活的特点，也有耶鲁撒冷抑郁、多愁和厌世轻生的倾向。1808 年 10 月，在歌德家作客的法国演员塔尔马问到他与维特这个人物的关系，歌德便告诉客人："对此问题我总是回答，这是两个人合成了一个形象，两个人中一个沉沦了，另一个却活了下来，以便写出前一个的故事……"③也就是说，歌德

---

① 《歌德文集》第 9 卷，第 587 页。

② 同上，第 588 页。

③ 同上，第 6 卷，第 533 页。

是把自己和耶鲁撒冷两者的遭遇和性格合在一起，写出了维特的故事，塑造了维特这个形象。

而为刻画女主人公绿蒂，歌德更是“允许自己借助众多漂亮女性的外貌和性格，虽然她的主要特征都是从我最爱的那一个人身上摄取来的”。[①]歌德“最爱的那一个”指夏绿蒂·布甫；但她在成为绿蒂后，温柔的蓝眼睛换成了玛克西米莲娜明亮的黑眼睛，性格中也掺进了后者不少活泼愉快的成分。至于阿尔伯特，他在小说前半部是那样清高善良、豁达大度，到后半部却变得碌碌终日、感情冷冰，原因是克斯特纳尔已在很大程度上为勃伦塔诺所取代，身上有了更多的市侩习气。

通过以上简单分析，我们看到歌德是如何从现实生活中汲取和选择素材，加工构思情节；如何在概括现实生活的基础上，抓住主要特征，来塑造典型的人物的。在这两个方面，《维特》这部作品应该说为我们提供了不少成功的经验。

诚然，无论故事情节或是人物形象，歌德都作了艺术加工，并添进了一些纯属虚构的但却合情合理的成分；否则，《维特》也就不成其为小说，不成其为艺术品。可是，就其主要情节和主要人物而言，《维特》也可以说是歌德本人早年一段重要生活的写照。

那么，《维特》与歌德的关系，是否仅仅表现在主要情节和主要人物方面呢？

远不止此。

首先，这本“小本”从头至尾，字里行间，无处不打着青年歌德思想感情的烙印，折射着他从时代和社会所受的各种影响。以渗透全书的反封建精神和感伤情调为例，前者显然与他市民阶级的家庭出身和参加狂飙突进运动的经历有关；后者则表现了阅读英国感伤主义文学和在达尔姆塔特城的交往对他的熏染。总之，《维特》全面地反映了歌德的世界观、宗教观、社会观、美学观，等等，拿他自己的话来说，这部“小书”是他“用自己的心血哺育出来的。其中有大量出自我心胸中的东西，大量的思想情感……”[②]在这个意义上，《维特》不啻是一把开启青年歌德的精神世界的钥匙。

其次，穿插在书中的次要场面和人物，不少也间接直接地反映着歌德的经历或者见闻。这儿仅举一例。

维特在1771年7月1日致友人威廉的信中，详细叙述与绿蒂一道访问某乡村牧师家的情景，在读者眼前展现了一幅田园诗般的宁静生活画面。与此同时，作

① 《歌德文集》第9卷，第593页。

② 《歌德谈话录》，朱光潜译，人民文学出版社1978年版，第17页。

者还借维特之口，谴责牧师女儿弗莉德里克（请注意这个名字）的男朋友施密特——一个以自己的乖僻和嫉妒折磨自己爱人的男子。这样的情节和人物，乍看起来似乎纯属虚构，其实，仍为歌德认识绿蒂前的两次恋爱经历的曲折反映：一次是他在斯特拉斯堡与布里昂牧师之女弗莉德里克的热恋，后来他抛弃了这个单纯的姑娘，使她抱恨终生；另一次更早，是他在莱比锡时与酒家女凯特馨·薛恩柯普夫的恋爱，他当时很任性，常常无端地猜忌非难他的情人，致使关系破裂。我们把小说的描写与歌德对这两次恋爱的回忆加以比较，便可看出，维特所访问的牧师之家的情景，大体上就是弗莉德里克·布里昂家的情况；维特对施密特的谴责，在很大程度上就是歌德本身在对待他前两位爱人问题上的自责。①

这个小例子，也说明《维特》与青年歌德的关系多么密切，多么复杂，多么久远。1774 年 4 月 26 日，他在完成《维特》后不久写给友人拉瓦拉尔的信中说，他与维特“同行了 6 年之久而不曾相互亲近。可眼下，我已将自己的种种情感灌注在他的故事中，使之成为一个奇妙的整体”。②

“6 年之久”，几乎就是歌德的整个青年时代！而在《维特》问世后整整半个世纪的 1824 年，歌德因魏冈特出版社印行《维特》的 50 周年纪念版写成了《致维特》一诗。《致维特》系《爱欲三部曲》的第一首，表现了歌德晚年再经受一次新的维特式的苦恼后的沉痛心情，其中有两句更可算是他对自己与维特之间非同寻常的关系的生动概括：“我被选中留下，你被选中离去，你先我而去了，却也损失无几……”

综全节所述，《维特》这部小说的一大特点就是真。故事情节、人物形象、环境场面以及种种细节，大多是从与作者息息相关的现实生活中汲取得来，经过提炼加工而写成功的；主人公维特的思想情感，基本上就是青年歌德自身的思想情感。这高度的真实性，赋予了《维特》以强烈的感染力，构成了它产生巨大影响的前提。

二、《维特》的时代精神和思想意义

上一节论证了，《少年维特的烦恼》直接而全面地反映了歌德青年时代的生活经历和思想情感，是一部以高度真实性为特点的作品。可是能不能因此说，维特就是青年歌德，维特仅仅是青年歌德（或者再加上耶鲁撒冷）呢？能不能因此认为，《维特》这部作品的意义和价值，或者说主要价值，仅限于它是研究歌德这位伟

① 歌德惯于借作品的人物作自我谴责，浮士德、范斯林根、克拉维歌等都是著名的例子。

② 《歌德文集》第 6 卷，第 521 页。

大作家的重要依据呢？

显然不能。过去那种把维特与歌德等同起来，把《维特》当作一部“自传体的爱情小说”，当作“一个意志薄弱者的悲剧”的看法，都不正确。因为，小说主人公尽管有青年歌德和耶鲁撒冷这两个真实的原型，但经过作者天才的笔加工、改造、提高以后，维特已成为一个富于典型性的艺术形象；维特式的追求和烦恼，已不再只是歌德、耶鲁撒冷或者其他某一个人的追求和烦恼；维特不幸的恋爱与社会遭遇，已具有了时代的普遍意义。小说围绕着维特与绿蒂的爱情这条情节主线，展示了社会生活的广泛画面，对德国当时的阶级与阶级，同一阶级中不同类型的人与人之间的关系，进行了深刻的剖析，广泛地涉及政治、宗教、法律、道德以及文化教育等方面的问题。

1775 年，《维特》问世不久，狂飙突进运动的重要成员 J. M. R. 棱茨即指出：“《维特》的功绩在于，它使我们认识了那些我们人人心中都暗暗感到，但却无以名之的热望和感情。”①德国杰出的马克思主义文艺理论家弗朗茨·梅林也说，《维特》“揭开了沉睡在那个时代深深激动着的心灵里的一切秘密”。②近代丹麦大批评家勃兰兑斯讲得更清楚，他说《维特》的“重要意义在于，它表现的不仅是一个人孤立的感情和痛苦，而是整个时代的感情、憧憬和痛苦”。③所有这些论断，都已强调出《维特》所富有的时代精神；本文则准备进一步探讨一下这种时代精神的具体内容，以及它如何具体地在作品中得到了表现。

《维特》出版于 1774 年，其时欧洲正面临着一个历史的转折点。古老的封建制度业已衰朽，资产阶级的时代即将来临。经过启蒙运动，他们的阶级意识进一步觉醒，其中青年一代更是思潮翻腾，感情激荡，对仍然限制和压迫着他们的封建制度极为不满，强烈要求改变不合理的现状。可是，在仍牢牢掌握着强大国家机器的封建势力面前，他们一时尚难直接提出政治制度和权力方面的要求，只好以“个性解放”、“感情自由”、“恢复自然的社会状态”、“建立平等的人与人关系”等口号，来表达对于一个符合他们的政治理想和经济要求的新社会的憧憬。这些口号乃是时代的呼唤。它在法国唤出了 1789 年大革命的杲杲丽日；在德国也引起了一股持续 10 余年的思想解放的狂飙。软弱的德国资产阶级在政治上虽远远落后于时代，在意识形态领域却紧紧跟上了前进的步伐。德国的狂飙突进运动便继承和发展了启蒙运动的思想，特别推崇卢梭关于“返归自然”的理论；荷兰哲学家斯

① 《歌德文集》第 6 卷，第 528 页。

② 《弗朗茨·梅林全集》第 10 卷，第 54 页。

③ 勃兰兑斯：《十九世纪文学主流》，张道真译，第一分册，人民文学出版社 1980 年版，第 22 页。

宾诺莎的泛神论则构成了狂飙突进运动的哲学基础。歌德作为这一运动的发起者和中坚,受卢梭和斯宾诺莎的影响都非常深。

在这样的历史背景和社会思潮中产生的《维特》,它表现的时代精神即是新兴资产阶级变革不合理的社会现实的理想,即是"个性解放"、"感情自由"、"返归自然",等等。就德国范围内来说,它则鲜明地、集中地体现着狂飙突进运动的精神。

《维特》作为一部小说,当然是通过人物的性格、形象和故事情节,来生动而具体地表达思想内容的。下面,我们就结合着分析主人公维特的形象,来谈谈它如何体现了狂飙突进的时代精神,以及有哪些思想意义。

1. 述说了新兴资产阶级所怀抱的理想

小说主人公维特是个出身市民家庭的青年。他思想敏锐,感情丰富,才识过人,是一代觉醒的青年知识分子的典型代表。资产阶级关于"个性解放"、"感情自由"、"平等、博爱"等理想,无不在他的言论行动和待人接物中得到表现,具体化为对于"自然"的无限信仰和崇奉。在小说开头,维特初到瓦尔海姆,我们就看到他热情地讴歌自然,全身心地投入大自然的怀抱。他视自然为神性之所在,以"自然的儿子、朋友和情人"自居,甚至渴望能成为"无所不在的上帝(即自然)的一面镜子"。他亲近处于自然状态的人——纯朴的村民和天真的儿童,自称"离我的心最近的是孩子们"。他重视自然真诚的感情流露,珍惜他的"心"即情感之所在胜于一切,说"我的心才是我唯一的骄傲",因此也同情,不,简直是崇拜那个全心全意爱着自己女东家的青年长工。他主张艺术皈依自然,视"对自然的真实感受和真实表现"为艺术的生命,认为"只有自然能造就大艺术家"。他仰慕来自民间的诗人荷马和"莪相",向往荷马史诗和《圣经》中所描述的朴素自然的先民生活与平等和睦的人与人关系……是的,就连他对绿蒂的一见钟情,一往情深,在很大程度上也出自对自然的崇仰。因为,绿蒂"那么聪敏却那么单纯,那么坚毅却那么善良,那么勤谨却那么娴静",简直像块无瑕美玉似的保持了一个少女全部可爱的自然本性,难怪维特称她是"一位天使",说他对他的感情不只是"喜欢",更不是"想占有",而是"全部知觉和全部感官都充满对她的倾慕"。这样一个少女,就是维特关于自然的理想在人身上的最完美的体现。还有他最后的自杀,也被他视为回归"自然父亲的怀抱"……

维特这种对自然的无限崇仰,淋漓尽致、生动形象地阐发了卢梭和斯宾诺莎的哲学思想和理论,不仅表现着青年歌德本人的世界观、宗教观、社会观、道德观、审美观,等等,而且更重要的,是曲折地反映了新兴资产阶级变革社会现实的要求。因为，拿“自然”的尺度来衡量，当时的社会制度、宗教信仰、法律道德、教育文化乃至生活习俗，等等，没有哪一样是要得的，没有哪一样可以继续存在下去。歌德曾作为主将的德国狂飙突进运动，正是以这种对自然的崇仰作为它的思想体系的精髓。

在欧洲资产阶级反封建斗争的几百年历史中，先进的思想家发起了一次接一次的运动，提出了一个又一个的口号。文艺复兴、宗教改革、启蒙运动以至于狂飙突进运动——这些运动似后浪推前浪，都不断冲击着封建制度的闸门。“人道主义”、“信仰自由”、“理性”、“自然”——这些口号也一脉相承，全为着解除封建制度加之于人精神和肉体上的各式各样的束缚。德国的狂飙突进运动，虽然由于阶级基础薄弱而仅仅局限在思想文化的范围内，没有像法国的启蒙运动似的引起一场政治大革命；但它在倡导人性的解放方面却走得更远。它克服了德国启蒙运动崇尚干枯的理智、抑制个人情感等消极影响，把资产阶级的人道主义理想作了进一步的发挥。狂飙突进的思想家把人看作是自然最完美的创造，看作是一个独立的存在，要求让人的一切自然本性都得到发展。德国学者可尔夫称这种主张为“自然的人道主义”，认为“它是狂飙突进运动的纲领”。①

小说《维特》的主人公所向往的，实际上也是能使人的一切自然本性，包括感情、欲望、才能、智慧，等等，都得到充分表现，充分满足，充分施展。所以，他热情奔放，独立不羁，不愿受任何清规戒律的束缚；所以，他鄙视循规蹈矩、理智冷静、善于克制自己感情和欲望的市民；所以，他反对艺术的一切成法定则，痛恨“及早地筑起堤防来遏止天才的洪流激涨”的绅士；所以，他厌恶迂腐刻板的官吏和矫揉造作的贵族男女……

一句话，《维特》这部小说通过其主人公立身行事的准则和爱憎，把带有狂飙突进时代色彩的新兴资产阶级的理想，即要求人的自然本性全都得到发展的所谓“自然的人道主义”，作了极为生动鲜明和深刻集中的表现。

2. 揭示了新兴资产阶级的理想与社会现实的矛盾

《维特》表达的要求人的自然本性得到全面而充分地发展的理想，无疑是崇高而美好的，不仅在反封建的斗争中有着明显的作用，而且已超出资产阶级的局限。也正因此，它在当时的社会里，根本无法实现。《维特》通过其主人公的不幸遭遇，清楚地揭示出了妨碍资产阶级人道主义理想实现的内外原因。

原因中最显而易见的，莫过于腐朽顽固的封建势力对于人和人性的压迫。法

① 可尔夫：《歌德时代的时代精神》第1卷，莱比锡，1957年版，第32页。

国大革命前的欧洲，除去荷兰和英国，整个都还处于封建奴役的重轭之下，歌德生活的德国更加可悲。在那里，不仅封建等级制度十分森严，甚至有的地方农奴制依然存在。在那里，任何一个小国的国君都掌握着对其臣民的生杀予夺大权，甚至可以像在席勒的名剧《阴谋与爱情》中所揭露的那样，把他们成千上万地出卖给别的国家当炮灰。在那里，任何一个小贵族都可以对出身市民阶级的人颐指气使，不少市民阶级的知识分子不得已而沦为他们的秘书和家庭教师，处于相当于他们的奴仆的地位，这样可悲的命运甚至连当时的一些大作家和大思想家如莱辛也在所难免。直到1772年，在歌德的故乡法兰克福的公共广场上，还重演了一次中世纪的处死“杀婴女”的血腥暴行。在这样的社会里，哪儿容得资产阶级实现其“个性解放”、“感情自由”和“全面地发展人的自然本性”的理想！

维特是个富于自我意识的市民青年，不甘心对人俯首帖耳，自认低人一等，结果在贵族社会中处处碰壁。他虽然卓有才智，却在他当秘书的公使馆中待不下去，因为上司对他的工作、交际以至于写文章的句法、标点，等等，无不吹毛求疵，横加指责。他无意间跻身C伯爵家的聚会，贵族男女便一个个让他饱尝他们那“世袭的傲慢”的滋味，不约而同地要求主人赶他走，然后又把事情张扬出去，闹得满城风雨，使心高气傲的他受到莫大的羞辱和刺激。就连那个除去“一串祖先的名字和可资凭借的贵族头衔”便一无所有的破落女贵族，也以自己的甥女与他交往为耻，使他更是感到痛苦。而造成这一切的原因，都无外乎他是个市民青年。难怪他要发出哀叹：“最令我恼火的市民的可悲处境。”

贵族阶级的歧视，使维特愤懑不平，以致“曾上百次地抓起刀来，想要刺穿自己的胸膛以抒积郁”。

然而封建势力的压迫和扼杀人性，只是妨碍资产阶级人道主义理想实现的外部原因，市民社会发展本身带来的矛盾，才是注定这一理想必然破灭的深刻内因，对造成维特的烦恼、痛苦和不幸，起了更大的作用。

资本主义社会劳动分工的发展，促使了人性的异化；“人”消失了，剩下的只是贪得无厌的资本家和出卖劳动力的工资奴隶。德国资本主义的发展虽远远落后于英法，但所造成的人性的败坏也很严重；“人”同样消失了，剩下的只是小市民。恩格斯在《德国状况》一文中，把当时的德国形象地比作“只不过是一个粪堆”，而德国的资产者“处在这个粪堆中却很舒服，因为他们本身就是粪，周围的粪使他们感到温暖”。①这些身处“粪堆”而感到舒服自在的德国资产者，哪儿有心思和能力

① 《马克思恩格斯全集》第2卷，第633页。

去追求崇高的人道主义理想呢？哪儿能支持和容许他们中的少数先进分子去实现这种理想呢？歌德以至于整个狂飙突进运动的可悲处境就是如此。

小说《维特》用了更多的篇幅，从日常生活中揭示主人公理想破灭的这个阶级内因。

首先我们看到，心性高卓的维特不只被贵族阶级目为异己，就在市民社会中也是个孤独者，处处遭人冷眼、白眼。一些庸俗小市民更对他心怀嫉恨，骂他妄自尊大，对他在贵族聚会中受辱一事津津乐道，引以为快。就连他的好友阿尔伯特和另外两个属于知识分子阶层的人，对他的思想言行也不能理解，难怪他经常对阿尔伯特抱怨说：“甚至在日常生活中也一样，只要谁稍有自由的、高尚的、出人意表的言论行动，你就会听见人们在背后叫‘这人喝醉了！’说‘这人是个傻瓜！’这真使我受不了。可耻啊，你们这些清醒的人！可耻啊，你们这些智者！”

实际上，维特骂的“清醒的人”，都是些苟且偷安和猥琐昏聩的小市民；他自己，才真正是个觉醒者。

其次，再看市民的生活和相互关系，更是庸俗虚伪透顶。他们有的心安理得地为贵族阶级效犬马之劳，有的不知羞耻地冒充贵族，逢人便讲自己的“高贵血统和领地”。他们彼此之间尔虞我诈，“互相抢夺着健康、荣誉、欢乐和休息”，“成年累月所盘算和希冀的只是如何在聚餐时把自己的座位往上移一把椅子”，或者在乘雪橇郊游时走在前面。面对着这些现象，维特不禁惊呼：“这些人真不知怎么成其为人！”

但是，对人性造成更严重败坏的，却是随资本主义的发展而增强的对于金钱的贪欲。在维特周围的人们中，由于争夺财产而相互猜忌、欺骗、坑害以致酿成不幸和仇杀的事例，屡见不鲜，不胜枚举。前面我们说过，《维特》不仅仅是一部爱情小说，不过是爱情构成了这部小说借以表达思想的主线情节，却毫无疑义。因此，我们也只举爱情和婚姻方面的几个例子，来说明人性如何为金钱的贪欲所败坏。

例一：绿蒂曾护理过一位重病的女友。女友临终前当着绿蒂的面向丈夫承认，她曾长期从丈夫开的店里偷钱以补家用；原因是丈夫虽富有却悭吝，婚后30年再未增加给妻子维持家庭用度的钱，尽管他明知一年年家大业大，那点钱早已不够开支。结果，夫妇之间的信任、忠诚和情爱全部荡然无存。

例二：维特与一个青年长工很接近。青年长工热烈而真诚地爱着寡居的女东家，而她对他也非全然无意。但由于她那觊觎她财产的胞弟从中作梗，一对有情人便被拆散了。绝望之下，青年长工杀死了自己的情敌。于是，“从爱情和忠诚这些人类最美好的感情中，滋生出了暴力和仇杀”！

还有，维特与绿蒂的爱情之所以不成功，主要固然是碍于礼法，因为绿蒂已先由母亲许配给了阿尔伯特。但是，在绿蒂方面，却也不无出于实利的考虑。她认为，阿尔伯特的“稳重可靠仿佛是天生可以作为一种基础，好让一个贤淑的女子在上面建立幸福的生活；她感到，他对她和她的弟妹来说真是永久都很重要”。所以，她虽明知自己与维特更加情投意合，失去维特“定会给她的生活造成无法弥补的空虚”，却仍放弃爱情而保持“幸福”，甘为庸庸碌碌、感情冷冰的阿尔伯特之妻，结果也并未得到真正的幸福。这个情节暴露了资产阶级的恋爱和婚姻之间的矛盾。维特呢，也因目睹婚后绿蒂实在不幸福，或者不如他想象的和他在一起那么幸福，因而增加了心中的郁闷和痛苦。

青年男子哪个不渴望着爱，
妙龄女郎哪个不渴望被爱。
爱情是我们最神圣的欲望，
啊，为什么竟有惨痛飞迸出来！①

为什么？上面的3个例子，已从不同的角度作了回答。爱情，这人类“最神圣的”感情和欲望尚且遭到了亵渎和践踏，其他一切更可想而知。读到这里，我们不禁想起革命导师关于爱情、婚姻和家庭的一些有名论断。

《共产党宣言》指出：“资产阶级撕下了罩在家庭关系上的温情脉脉的面纱，把这种关系变成了纯粹的金钱关系。”②恩格斯在《家庭、私有制和国家的起源》一文中说，在资产阶级中“真正自由缔结的婚姻只是例外”，“结婚的充分自由，只有在消灭了资本主义生产和它所造成的财产关系，从而把今日对选择配偶还有巨大影响的一切派生的经济考虑消除以后，才能普遍实现。到那时候，除了相互的爱慕以外，就再不会有别的动机了”。③上面举的《维特》中的3个例子，不正好可以作为革命导师这两段话的注脚吗？

除去爱情、婚姻和家庭关系以外，《维特》中还揭露了市民社会其他方面的许许多多虚伪和丑恶的现象。而正是目睹着这些现象，维特心中一天天增加了破灭之感，以致更加厌世轻生的。如果说，贵族阶级的歧视和压迫，曾使维特愤懑不平，一度想“抓起刀来刺破自己的胸膛以抒积郁”的话；那么，对市民社会的厌恶和失望，更令他痛心疾首，真的“提早结束了生命的旅程”。

---

① 1775年《维特》再版时，歌德于第一编前加了这一节序诗，但在以后各版中没再使用。
② 《马克思恩格斯选集》第1卷，第254页。
③ 同上，第4卷，第78页。

《维特》一书对扼杀人性的封建制度的揭露，无疑是尖刻而有力的；但对败坏人性的市民社会的剖析，却具有更深远的意义和广泛的影响。因为，通过这种剖析，人们可以看清资本主义与生俱来而随其发展还越加严重的痼疾；通过这种剖析，《维特》的意义和影响才未仅仅局限于半封建的小诸侯专制的德国，才使“那些资本主义较为发达的国家的人们，从维特的命运中也立刻体会到：tua res agitur（拉丁语：这讲的就是你）”①诚如卢纳恰尔斯基在为纪念歌德逝世 100 周年作的报告中说：“歌德的生命快结束的时候，他已开始看出资产阶级社会发展所带来的内在矛盾。”②《维特》对德国市民社会的剖析表明，歌德其实早对这种矛盾有了察觉，只是尚不能像晚年那样站在历史和社会发展的高度认清它的实质，而仅能一般地把它理解为“人生的局限”罢了。

综上所述，《维特》揭示了妨碍资产阶级的人道主义理想实现的内外原因，揭示了这一理想与社会现实之间的矛盾。主人公维特以及同时代的所有进步青年的烦恼和苦闷，都产生于这种矛盾之中。这种矛盾，即是恩格斯所说的“横跨在市民的现实和（维特）自己对这个现实所抱的同样是市民的幻想之间的鸿沟”。③

德国学者可尔夫认为，整个歌德时代的德国文学都产生于理想与现实的矛盾；揭露这种矛盾，构成了狂飙突进阶段的所有作品的“中心题材”和“基本主题”。《维特》在市民阶级的日常生活中，深刻地表现了这一“基本主题”；正因此，它成了狂飙突进文学中最有代表性和普遍意义的一部杰作。

3. 对妨碍新兴资产阶级的理想实现的德国社会进行谴责和抗议

恩格斯在谈到青年歌德所生活的那个时代时指出，“这个时代在政治和社会方面是可耻的，但是在德国文学方面却是伟大的……这个时代的每一部杰作都渗透了反抗当时整个德国社会的叛逆的精神……”④尽管恩格斯只举了歌德《葛慈·封·伯里欣根》和席勒的《强盗》作为这些杰作的例子，但《维特》毫无疑问也是这样一部渗透着叛逆和反抗精神的作品；只不过它叛逆反抗的性质和方式，与前述两部杰作不同罢了。也就是说，维特不只是个觉醒者，还是个叛逆者；他虽不能像葛慈和卡尔·穆尔似的拿起武器来与社会抗争，却在广泛的精神领域里对社会发起了挑战。

① 卢卡奇：《歌德和他的时代》，柏林，1953 年版，第 46 页。

② 卢纳恰尔斯基：《论文学》，蒋路译，人民文学出版社 1978 年版，第 581 页。

③ 《马克思恩格斯全集》第 4 卷，第 259 页。

④ 同上，第 2 卷，第 634 页。

与迂腐顽固的贵族男女和浑浑噩噩的小市民相比，维特是一个新型的人，有着完全不同于他们的价值观。贵族阶级的尊荣，资产者的金钱，公使秘书的前程，统统为他所鄙弃；他所一心向往的只是“自然”。他蔑视社会既成的上下尊卑关系，对他的上司公使不肯俯首帖耳，在贵族阶级面前毫无一般小市民的奴颜婢膝之态；他蔑视社会的法律准则，在总管和阿尔伯特面前公开为犯了罪的青年长工辩护，并要求总管“睁一只眼闭一只眼”，让他帮助罪犯逃跑；他蔑视社会的礼教规范，在绿蒂婚后仍挚意爱着她；他蔑视公认的宗教信条，不承认天父和人——自然和自然之子之间存在一位所谓救世主耶稣，甚至认为宗教信仰只是“虚弱者的手杖”，并非人人必须；最后，他明知自杀是一种“叛教”行为，却偏偏在圣诞节前夕自杀身亡……等等这些，都是维特对妨碍他实现自己理想的社会的反抗和叛逆。

关于维特的自杀，历来争论很多，《维特》和它的作者歌德都因此受到了很多的指责。这个问题对于评价《维特》一书的意义，认识主人公的性格，都极为重要，本文因此也准备略加探讨。

自杀之对于维特，主观上乃是一种解脱。在他看来，世界是座“牢狱”，社会是个“囚笼”，人生充满了局限，劳劳碌碌、辛辛苦苦而毫无意义，唯有回到天父的怀抱——自然的怀抱中去，才能得到安适。所以，他“必须怀着美好的信念，宁静的决心，去走这一步”。青年歌德本身也有这样的信念，也有这样的世界观和自然观。因为，在当时腐朽的德国社会里，对于他“除了死亡，再也没有别的门路通往自然”。[①]晚年，歌德仍时时产生这种消极情绪。1786 年，他在写给封·施泰因夫人的一封信上说：“我正修改《维特》，并总是觉得，作者在写完这本小说后没开枪自杀是很失策的。”[②]1816 年 3 月 26 日，他在写给友人泽尔特尔的信中也讲：“我真不明白，一个人在青年时代就觉得世界如此荒谬，却怎么能坚持着在这个世界上继续活了 40 年。”[③]1824 年，他在《致维特》一诗中又哀叹：“你先我而去了，却也损失无几……”

但是，维特的死对于社会来说，客观上却是一种谴责和抗议。马克思在 1846 年发表了一篇叫《珀歇论自杀》的文章，内容是从巴黎警察局档案管理员珀歇的回忆录中所作的有关自杀问题的摘录，以及马克思对它的评注。文章指出，自杀乃是社会机体不完善的症状，在社会发生危机时期，“这种症状更加明显并具有流行

① 卢纳恰尔斯基：《论文学》，第 574 页。
② 转引自汉斯·波姆：《歌德》，柏林，1950 年版，第 66 页。
③ 转引自 H. 恩默尔：《歌德作品中的世界和厌世情绪》，魏玛，1957 年版，第 9 页。

病的性质”。[①]维特这样一个卓有才智、心性高尚而原来又十分热爱生活的青年，他的自杀本身就说明世界的荒谬和社会的不合理。从小说的情节发展可以看出，维特是被社会现实一步步逼着走向死亡的；死亡成了他“最后的出路和希望”，是他逃出那个“牢狱”般的世界的唯一方法。但尽管如此，他在自杀前思想上仍充满矛盾斗争，因为他预感到，在死的帷幕后边“只有我们一无所知的黑暗和混沌”。

此外，书中还有两个细节，特别明显地强调出了维特自杀包含的反抗意义：

(1) 维特自杀前夕读了莱辛的市民悲剧《艾米莉亚·迦洛蒂》，说明他是把自己的行为，与那位为保卫市民的荣誉和反抗暴君而亲手杀死自己女儿的欧托阿多相比的。

(2) 更重要的，是维特早在一年多以前与阿尔伯特进行过的一次谈话中，已把自杀与“一个在暴君残酷压迫下呻吟的民族终于奋起挣断枷锁”的果敢行动相提并论。

当然，维特或者说歌德这种对于自杀的看法，我们今天不能同意。这与他多愁善感、耽于幻想、悲观厌世的性格和心理一样，都反映了德国资产阶级毫无以实际行动反抗社会的软弱可悲状态。但是，另一方面，我们也应看到在德国当时的情况下，维特的愤而自杀还表现了他作为资产阶级中的觉醒者的其他性格特征，即眼光锐敏、头脑清晰、愤世嫉俗以及宁折不弯，等等。正是这样的性格，使他不能和不愿像庸俗的小市民似的浑浑噩噩，苟且偷生；而宁可一死，与腐朽丑恶的社会彻底决裂。应该说，跟那些身处“粪堆而感到温暖的德国资产者”相比，维特的行动又是勇敢的、高尚的。

与歌德同时代的启蒙主义作家尼柯莱不明白这个道理，为纠正歌德的“错误”而写了一部《少年维特的欢乐》，[②]给维特用以自杀的枪中装了一泡鸡血，让阿尔伯特在维特鸡血喷头后主动把绿蒂让给了他，使有情人终成眷属，结果皆大欢喜。读了尼柯莱的这部小说，歌德在给朋友的信中写了两句诗：“仁慈的上帝呵，保佑我们别经历维特的烦恼，尤其别让我们‘享受’他的欢乐吧。”[③]

这两句诗表明了歌德的一个看法，即在当时的社会环境下窝窝囊囊地活着，是比死去更可悲的事。

卢卡奇认为：“维特之所以自杀，是因为他丝毫不肯放弃自己的人道主义的革

① 《马克思恩格斯全集》第 42 卷，第 300—317 页。

② 弗利德里希·尼柯莱(1733—1811)是柏林的一位出版家和启蒙运动参加者，他的《少年维特的欢乐》出版于 1775 年年初。

③ 见歌德 1775 年 3 月致 F. H. 雅可比的信，转引自汉堡版《歌德文集》第 6 卷，第 526 页。

命理想，在理想这类问题上不肯作任何折中妥协。他悲剧中的这一宁折不弯的精神，赋予他的死一种美丽的光辉；就是这种光辉，今天构成此书永不凋谢的魅力。"[①]卢卡奇还认为，维特为了美好的理想而死，是与法国大革命中的英雄们为了同一理想而慷慨就义一样地悲壮的。笔者觉得，卢卡奇对维特自杀的意义似嫌估计过高，因为自杀本身毕竟就是一种有悖自然的消极行为，在今天的读者眼中已不能也不应构成《维特》一书"永不凋谢的魅力"；构成这种魅力的，应该说是维特所追求的全面自由地发展人的一切潜能这一理想本身。

但另一方面，笔者也不赞成把维特的厌世轻生简单地斥为"病态"、"颓废"，等等；因为，正如哈姆莱特的装疯和贾宝玉的出家一样，维特的自杀也是在特定的历史和社会条件下不得已而采取的一种反抗行动。

较之尼柯莱，反动统治阶级及其卫道士们的嗅觉更加灵敏，他们从《维特》主人公的思想言论、立身行事以及最后愤而自杀中，发现了强烈的反叛精神。英国德比郡主教勃里斯托勋爵"骂《维特》是一部极不道德的该遭天谴的书"，说歌德"不该让人走向自杀"。[②]因与莱辛论战而恶名昭著的正教牧师哥泽更认为，《维特》一类书乃是杀死亨利四世的拉瓦雅克和刺杀路易十五的达米安似的弑君犯上者之母。[③]

综全节所述，维特不仅是时代的觉醒者，而且是社会的叛逆者。通过他对现实生活的观察思考、言论行动，不仅述说了法国大革命前欧洲新兴资产阶级怀抱的理想，揭示了这一理想与现实的矛盾，而且对妨碍它实现的社会进行了谴责和抗议。所有这些，都使《维特》一书具有了鲜明而强烈的狂飙突进的时代精神，巨大而积极的思想意义。

三、《维特》的艺术特色

作品的思想内容，决定作品的形式；但只有有了恰当的形式，内容才能得到充分表现。《维特》这部作品的成功，证明了内容与形式的这种辩证关系。

论内容，《维特》既无惊心动魄的故事，也无离奇曲折的情节，写的多半是些日常生活中的现象和事件，以及主人公对这些现象和事件的思考和反应。论格调，《维特》重在揭示主人公的内心，抒写他的情感：或欢欣陶醉，或苦闷不满，或憧憬追求，或愤懑绝望，主观色彩是较重的。这样的内容和格调，显然既不宜于采用擅

---

① 卢卡奇：《歌德和他的时代》，第 55 页。
② 《歌德谈话录》，朱光潜译，第 218 页。
③ 卢卡奇：《歌德和他的时代》，第 50 页。

长表现外部动作和冲突的戏剧与传统小说的写法，也不宜于采用以抒写内心情感见胜但却无法描写琐屑的生活现象的抒情诗形式。青年歌德恰到好处地选取了第一人称的书信小说的写法，让主人公像对自己的知心朋友一样，把他的经历见闻和思想情感直接诉诸读者，很好地做到了形式与内容的协调统一。

诚然，书信体小说这种形式并非歌德首创，而是他从当时在德国很流行的理查森的小说《克拉莉莎》(1748)和卢梭的小说《新爱洛绮丝》(1761)学来的，在他之前，德国女作家德·拉·罗歇也已采用过。问题只在于，歌德把这种体裁用得异常成功，充分发挥了它的优点，而且还有某些发展创造。[①]

歌德把主人公维特致友人威廉和绿蒂的近百封书信以及日记片断，巧妙地编排在一起，煞有介事地在书前冠以“编者”的引言，中间穿插进若干条注脚，结尾再添上一大段“编者致读者”，把一个原本平淡无奇的故事讲得有声有色，娓娓动听。信中时而叙事，时而写景，时而抒情，时而针砭时弊，大发议论，但都神情毕肖，各尽其妙，读着读着，我们仿佛就变成收信者，眼前出现了主人公的音容笑貌，耳际听见了他的涕泣悲叹，思想感情不由得与他产生强烈的共鸣。至于歌德的同时代人，他们的感受就更深得多了。诗人弗斯说：“我觉得维特的痛苦就是我自己的痛苦。”[②]约·格·封·齐默尔曼讲：“读完第一编就使我激动不已，全部心弦都被它拨动而共鸣起来，以致我不得不休息 14 天，然后才鼓起勇气去一口气读完第二编。”[③]

如此强烈的感染力，显然只有在艺术形式下思想内容完美结合的情况下才能取得。

下面具体谈谈《维特》这部书信体杰作的两点主要艺术特色。

1. 强烈的情感，浓郁的诗意，细致入微的心理刻画

略去前后的“编者说明”不计，《维特》的内容纯系年轻主人公一个人的书简和日记片断，而不像一般书信体作品那样是两个以上人物的相互通信——如《新爱洛绮丝》等就是这样——，因此也可看成一部主人公的内心独白。单这种写法特点，就决定《维特》是一部以心理刻画见长的小说。在信中，维特有时冷静地直接进行自我解剖，比如关于他那颗“心”，他就告诉我们：它如何“时时地战栗着”，如何“变化莫测，反复无常”；他如何“把它当成个病孩儿似地迁就，对它有求心应”。

① 勃兰兑斯认为：《维特》“包含了《新爱洛绮丝》的一切优点，却没有它的任何缺点”。见《十九世纪文学主流》第一分册，第 22 页。

② 《同时代人通信中的歌德》第 1 卷，第 73 页。

③ 同上，第 97 页。

他毫不讳言，他的心“是软弱的，很软弱的”，他自己不幸的根源就在于这颗心；但尽管如此，他却视它为自己“唯一的骄傲”。

通过这样的自白，我们不是已经知道，主人公是个何等多愁善感、心高气傲的青年？不是已经预感到，在严酷的社会现实面前，他这敏感而脆弱的心难免破碎么？

但更经常地，歌德是让主人公把自己心中热烈的情感尽量倾泻于读者面前。如在 1771 年 5 月 10 日的信中，他一开始便欢呼：“一种奇妙的欢愉充溢了我的整个灵魂，甜蜜得就像我专心一意地享受着的这些春晨。这地方恰似专为我有同样心境的人创造的，我在此独享着生的乐趣。我真幸福啊，好朋友……”于是，一种置身于美好大自然中的欣喜、温暖、充实、幸福的感情，顿时跃然纸上，感染着读信的人。反之，他在生命即将结束时断断续续写成的绝命书，一开头便悲怆沉痛地宣告：“已经决定了，绿蒂，我要去死……当你捧读这封信时，亲爱的，冰冷的坟墓已经掩盖了我这个不安和不幸的人的遗骸”，接着又表示对生活和爱人的眷恋，恳求绿蒂，“在美丽的夏日的黄昏，你再登上山冈时可千万别忘了我呵，别忘了我也是常常喜欢上这儿来的；然后，你要眺望那边公墓里的我的坟茔，看我坟头的衰草如何在落日的余晖中摇曳不定……”真可谓愁肠百结，哀婉凄绝。仅这两段例子，就很好地说明了《维特》感情浓烈的特点和书信体小说能直抒胸臆的妙处。

歌德还善于通过细节描写，间接表现主人公的情感，揭示他的内心。尤其是维特对绿蒂的一片忠诚，书中的描写更为生动。如舞会被突然袭来的暴风雨打断后，绿蒂带领青年们围成一圈做报数游戏，谁报错了就得吃她一记耳光；我们的主人公打心眼儿里高兴的是，绿蒂给他的两下子“比给别人的还要重一些哩”。一句话活画出了一个痴情少年的内心世界！

再如他每次一接到绿蒂的信就放到嘴上吻，结果弄得满口砂子；以及每次出门和回家都向绿蒂的剪影像道别、问好等细节，也胜过万语千言，表现了维特对绿蒂的衷心爱慕。书中有不少类似这样缠绵悱恻的描写，反映了当时西欧文学中放纵感情的习尚，未必值得我们今天欣赏和仿效；我们举这些例子，只说明歌德如何善于用生活细节来揭示主人公的内心情感罢了。

《维特》中自然景物的描绘也异常成功，全书一开始对大好春光的赞颂尤其富于感染力。可尔夫认为，德国文学是在《维特》中才真正有了“春天”；与其头几页充溢着春的气息的“图画”相比，包括克洛卜斯托克和 Ch. E. 克莱斯特在内的所有人作的春天颂歌都显得黯灰失色。①而且，《维特》的写景状物同样起着烘托情感、

① 可尔夫：《歌德时代的时代精神》第 1 卷，第 29 页。

宣泄内心的作用。请看，维特初到瓦尔海姆正值万物兴荣的 5 月，离开和再回来时已是落木萧萧的初秋，在他行将谢世时更到了雨雪交加的仲冬——这时序的更迭与自然景物的变化，与主人公由欢欣而愁苦以至于绝望的心理发展过程，有多么吻合。

还有荷马史诗和“莪相”哀歌的情节、意境，也恰到好处地安排、穿插在故事的发展线索中，前者的宁静、朴素、明朗，后者的感伤、朦胧、诡奇，都有力地渲染了小说前后两部分不同的情调和气氛，主人公的心境变迁也因此而更明显。“春风呵，你为何将我唤醒？……可是啊，我的衰时近了，风暴就要袭来，将刮得我枝叶飘零！……”“莪相”的这几句哀歌，由行将永别人世的维特念出来，不正是他自己凄怆心境和悲惨命运的写照吗？

上述所有手法，直抒胸臆、冷静自白也好，细节描写、景物烘托也好，都不仅起到深刻细腻地刻画主人公内心世界的作用，而且赋予了《维特》这部小说以浓烈的感情，沛然的诗意，使书中的山川草木（比如维特一再提到的那座井泉）都蒙上了奇异的感情色彩，呼吸着馥郁的诗的气息，显得神奇非凡而引人遐思。人们常称赞《维特》是一篇优美的“散文诗”，看来很有道理。

2. 灵活的结构，精当的剪裁，含蓄有力的语言

《维特》名为长篇小说，实际只有 100 多页，容量不过一个长一点的中篇。但是，它除去写了维特个人不幸遭遇的始末和内心变迁，还展现了从城市到农村、从贵族阶级到市民社会的广阔而复杂的社会生活。如此多的内容，倘使没有适当的结构形式，显然很难装进像《维特》这样一本“小书”里去的。

《维特》的结构非常灵便。它以主人公的经历为线索，把近百封书信串了起来，信与信的内容不一定衔接，写信时间的相隔也有长有短，每封信的内容更可少可多。这样，情节就跳跃式地展开，既省却了许多过渡性的笔墨，也留给了读者以驰骋想象的空间，无形中增大了作品的蕴含。在那些较长的信中，却又不乏对社会生活如实而生动的描写，如维特为农家小孩画像的场面、维特眼中所见绿蒂分面包给弟妹们的场面、乡村舞会和青年男女在一起做游戏的热闹情景、乡村牧师家的宁静生活、维特与绿蒂的月夜林中话别，等等，都是很好的例子。此外，还有对于世态人情鞭辟入里的揭露，那个克扣自己妻子的吝啬鬼的故事，那些腐败发霉的贵族男女聚会的场面，维特与一个妄图在大冷天的野外采到鲜花的疯子的对话，等等，莫不如此。前者宛如一颗颗晶莹圆润的珍珠，后者恰似一粒粒尖锐锋利的金刚钻，一样地都那么美不胜收，悦目耐看。它们彼此虽然并无直接和紧密的关系，但一经主人公的遭遇这根情节主线的金丝串联起来，便疏密有致，交相辉映，构成了一件臻于完美的艺术杰作和精品。《维特》的这种结构实在是灵活巧妙，既重视了线，又照顾了点和面。

《维特》的剪裁极为严格、经济，大至一个事件、一个场面、一个人物，小至一个细节、一泉一石、一木一草，都是为刻画主人公的性格形象和阐明主题思想服务的。且以维特书信中最长的一封和最短的一封为例。

前者是他1771年6月16日给威廉的信，全长不过六七千字，却详述了维特对绿蒂产生爱情的全过程：从素不相识到略有所闻，从略有所闻后无动于衷到产生好感，从产生好感到热烈爱慕以至于神魂颠倒，可谓层层深入，细腻动人，而且还顺带描写了绿蒂的家庭情况、年轻人聚会的活泼场面、暴风雨突然袭来和雨过天晴的壮丽景色，等等。这封内容丰富的信，是全书情节的基础，起着至关重要的作用；说它长，只是相对而言。

书中最短的一封信写于1772年6月16日，"碰巧"——这种表现了作者匠心的"碰巧"远不止此一处——是在写那封最长的信一年之后，它全部只有一句感叹，一句诘问："不错，我仅仅是个世间的漂泊者，仅仅是个来去匆匆的过客！可你们不也如此么？"这一叹一问，道出了维特的多少苦闷、辛酸，宣泄了他对人世的多少绝望、不满！而联系着前边那封充溢着生气的长信来读，更可看出维特一年来的变化有多么大呵！

这同一封信，也可说明歌德语言的含蓄精炼。不过，叙事行文的简洁含蓄这个特点，更集中地表现在"编者致读者"的冷静纪实中。例如，对维特最后一次离开绿蒂后的痛苦情状，书中仅有如下粗线条的交代："他走到城门口。守门人已经认熟他，一声没问便放他出了城。野地里雨雪交加，他一直到深夜11点才回家叫门。佣人发现他头上的帽子不见了，也不敢多问，只侍候他脱下全部湿透的衣服。后来，在临着深谷的悬崖上，人们拣到了他的帽子。"这一段百来字的白描，看似平平淡淡，实则内涵丰富，留下了很多让读者自己用想象去填补的空白，比用一大串诸如"神思恍惚"、"痛不欲生"、"雨夜在危崖深涧狂奔"、"回到家中面色怕人"之类的刻意描绘和渲染，更加形象，更堪玩味。

又如，全书结尾写维特死后下葬的情形，更简洁含蓄到了无以复加："老人和他的儿子们走到维特遗体的后面，阿尔伯特没能来，绿蒂的性命让人担忧。几名手艺人抬着维特的棺木；没有一个牧师来给他送葬。"寥寥数语，隐藏着无数的潜台词，我们读完禁不住会向自己提出一个又一个为什么，把维特与来送葬以及没来送葬的各种人的关系都思考一遍，以致咀嚼回味全书的内容，直到悟出这个似乎漫不经心地写出的结尾的深刻含义。有学者认为，这几句话“就像榔头敲击棺木似地”咚咚有声，“歌德从此以后再不曾写出像这么沉重有力的句子”。①

歌德曾对爱克曼说，《维特》包含着他“大量的情感和思想，足够写一部比此书长10倍的长篇小说”。②从《维特》的结构严谨、剪裁精当和行文含蓄看，歌德这话并非夸大。

上述两方面的优点，再加上丰富多彩的典故、生动新奇的比喻，等等，就使《维特》这部“小书”的形式十分恰当和成功，因此具有了格外巨大的艺术魅力。

四、《维特》的社会影响和历史地位

《维特》写成于1774年年初，同年秋天在莱比锡匿名出版。现在一般流行的是1786年的修订本。与原本相比较，修订本增加了那个不幸的青年长工的故事，把此前显得庸俗而冷酷的阿尔伯特的形象改得和婉了一些，加强了对绿蒂矛盾心情的揭示，对语言也作了一些润饰。③

诚如歌德所希望的那样，他通过写《维特》摆脱了痛苦而狂乱的心境，自称“像办完了一次总告解一样，心里又感觉愉快而自由，因此获得了一种新生活的权利”。④有人说，“维特救了浮士德”；⑤我以为不妨讲，维特救了歌德。试想，要是歌德不曾克服他早年的精神危机，又哪儿来日后的伟大成就？

可是，《维特》这本“小书”产生的空前巨大的社会影响，却是作者万万不曾料到的。

《维特》问世后当即风靡了德国和整个欧洲，“一夜之间，主人公维特便成了几代人崇拜的偶像”。⑥人们不仅争相读它，而且纷纷摹仿主人公的言论思想、风度举止、穿戴打扮，青衣黄裤的维特装于是风行一时。原本冷冷清清的耶鲁撒冷的墓地突然变得热闹起来，成了维特的同情者和崇拜者凭吊和聚会的场所；而“拒不为维特送葬的牧师”，则遭到了千千万万人的唾骂。人们对维特的故事深信不疑，甚至“有几个傻瓜忽发奇想，趁此机会也开枪自杀”，⑦而且在这样做时还把《维特》翻

---

① 弗里登塔尔：《歌德的生平及时代》，德国袖珍丛书出版社1977年版，第164页。

② 《歌德谈话录》，朱光潜译，第17页。

③ 这方面的修改主要集中在第二部分的“编者致读者”中。

④ 汉堡版《歌德文集》第6卷，第588页。

⑤ 可尔夫：《歌德时代的时代精神》，第259页。

⑥ R.勒陶：《少年维特的烦恼》，见《时代文库一百题》，苏尔坎普出版社，第100页。

⑦ 《论浪漫派》，张玉书译，人民文学出版社1979年版，第23页。

开来摆在桌子上,精心地模仿着小说主人公自杀时的姿势……

但对《维特》的问世最感欢欣鼓舞并真正理解它的,却是当时积极参加狂飙突进运动的青年作家。弗·亨·雅可比一口气把它"反反复复读了三遍",施托贝格夫人"很快就背熟了我的《维特》",威廉·洪堡读它"彻夜不眠"。[①]进步诗人舒巴尔特在一篇评论里写道:"我怀着激动的心情坐在这儿,心口怦怦直跳,狂喜而痛苦的泪水滴答滴答地往下淌,因为——我告诉你吧,读者——我刚刚读完我亲爱的歌德的《维特》……读吗?不,吞噬!我想评论它吗?要是我真这样做了,我这人就没有心肝……我宁肯终身贫困,一辈子睡干草,饮清水,吃草根,也不愿失去体察这位多情善感的作家的心曲的机会……"[②]

是否只有青年一代才这么如醉如痴地读这部小说呢?不是,在它的推崇者中,还有德高望重的德国大诗人克洛卜斯托克,还有瑞士神学家拉瓦特尔和德国教育改革家巴塞多夫,以及法国叱咤风云的拿破仑一世皇帝。特别是后者,读《维特》竟达7遍之多,并于1808年在埃尔福特会见歌德时与他畅谈这本书达数小时之久,足见其对它的喜爱与重视非同一般。

反之,封建统治阶级及其形形色色的卫道士则站在反动立场上,视《维特》为大逆不道,诬指它为"淫书"、"危险的书"、"不道德的书"、"该遭天谴的书",等等。牧师们从布道的讲坛上猛烈攻击它;德国的一些地方和丹麦都禁止它发行;它的意大利文译本一出现在米兰,即被教会搜去全部销毁。甚至维特装也变成了危险之物,直到1825年,莱比锡还明令禁止穿这种"奇装异服"招摇过市。

尽管如此,仍阻止不了《维特》的流传和产生巨大影响。在德国《维特》不到两年便重印了16次,各种各样的模仿、改编和戏拟之作也大量涌现,并且搬上了舞台。在民间和市集上,还流传开了一些讲维特故事的说唱和歌谣、俚曲。[③]而在英法等国情况也一样,甚至还有过之。

以上所述,就是文学史家和歌德的传记作者历来津津乐道的所谓"维特热"。现在,本文则准备探讨一下与此几个有关的问题,即:"维特热"究竟是怎么产生的?应该如何看待这一罕见的文学和社会现象?以及我们可以从中得到哪些启示?

---

① 汉堡版《歌德文集》第6卷,第522、526、531页。

② 同上,第524页。

③ 在海涅的《哈尔茨山游记》里,就有一个裁缝边走边唱一首叫《小绿蒂在维特坟头》的歌谣。此外,歌德还写过一首叫"Zelebritaet"的诗,谈到维特的故事在波希米亚一带如何广为流传,"没有哪个城市不表演他的事迹,没有哪家酒馆中不挂着他的画像"。

“维特热”的产生，原因应该说是复杂多样的；但归纳起来，大致为以下两个主要方面：

(1)《维特》一书本身取得了巨大的成功。顾名思义，“维特热”乃是它的成功与影响的表现，那么，《维特》又是以什么取得成功的呢？海涅认为是“由于它的题材”。[①]威廉·洪堡则说：“既不是他的爱情，他的感伤情调，他的绝望心情，也不是归根到底对他的命运的同情深深吸引着我；吸引我的，是他用以包容一切的感受力和思想，他对人类、生活和命运所作的品评，还有美妙的自然描写，直截了当闯进心中来的真情实感，最后再加那不容摹仿的表现手法，细腻入微的性格刻画，以及那如此真实、如此纯净、如此动人、如此富于魅力的语言……”[②]所有这些论断，都有一定道理。

笔者认为，《维特》取得成功的凭借，可以概括为：①故事内容、人物形象和思想情感的高度真实性；②积极的思想意义和强烈的时代精神；③精湛高超的艺术处理。正是这三者的和谐结合，赋予了作品以震撼人心的巨大威力。很难设想，这三者中有任何一点缺少了，《维特》还会成为一件杰作，还能引发席卷欧洲并持续了相当长时间的“维特热”。

(2)《维特》取得巨大成功更重要的原因，是时代本身充满了《维特》中所表现的矛盾和危机。歌德在《诗与真》中讲得好，“这本小册子影响很大，甚至可以说轰动一时，主要就因为它出版的正是时候，如像只需一点引线就能使一个大地雷爆炸似的，当时这本小册子在读者中间引起的爆炸也十分猛烈，因为青年一代身上本已埋藏着不满的炸药……”[③]

的确，如果没有时代和社会的内因，“维特热”可能根本不会产生，或者至少不会来得这么猛烈和持久。因此，对于引起“维特热”来讲，在《维特》这部作品本身的上述三个特点和优点中，它所表现的狂飙突进的反抗精神，所包含的全面自由地发展人性的人道主义理想，又是主要的。正是这种反抗精神和理想憧憬，道出了时代的心声，在千千万万渴望“个性解放”、“感情自由”和不满社会的限制和压迫的一代青年当中，引起了强烈的共鸣。

至于应该如何正确看待“维特热”这个文学现象和社会现象的问题，我们在分析其产生原因时似乎已作了回答。

有人称“维特热”是一种“时代病”或“世纪病”。其实，它只是那个时代所患的

① 《论浪漫派》，张玉书译，第 23 页。

② 汉堡版《歌德文集》第 6 卷，第 531 页。

③ 同上，第 9 卷，第 580 页。

严重疾病的一种病征;病根存在于社会的肌体内,《维特》只是起到了把病征引发出来的作用而已。

有人说"维特热"表现了一种"颓废倾向",甚至称代表这种倾向的维特为"垮掉的一代"的先驱。笔者认为,"维特热"的具体表现多种多样,不能一概斥为"颓废",而且就在某些消极的形式里面,也隐含着不满现状的积极内容。以争穿维特装为例,赶时髦者固然大有人在,借此向社会抗议和挑衅者却也有的是,不然统治阶级不会明令加以禁止。

以上对于"维特热"这一文学史上著名的现象的探讨,可以给我们几点有益的启示。首先我们看到,一部文学作品要真正取得成功,要产生巨大社会影响,就必须做到真实性、思想性和艺术性三者的和谐统一。一切缺少真实性的文艺,一切脱离时代、没有思想的"为艺术的艺术",一切艺术力量贫乏的标语口号式的作品,统统不会真正取得成功,遑论引起巨大的震动。

其次,我们认识到,作为社会生活反映的文学作品,反过来又会对社会生活产生影响,在影响特别强烈时就会表现为"××热"。因此,作家在写作时,完全有必要注意自己作品的社会效果。《维特》刚出版,莱辛就认为书后"还必须有一篇简短、冷静的结束语,以使这部热情的作品多带来些好处,少造成些祸患"。[①]也出于同样的认识,1775年《维特》再版时,歌德才在第二编前加了一节序诗,劝人们勿步维特后尘,而要"做个堂堂男子"。这些都是作家考虑社会效果的先例。

但是,"维特热"也表明,一部作品产生多大的影响和怎样的影响,原因是多方面的,社会和时代方面的原因一般说来更为主要,文学作品往往只起着"引线"的作用。这作用固然万万不可忽视,但也不宜夸大。因此,对文学作品的社会效果的分析,必须实事求是,不能本末倒置,视"引线"为"地雷",把"病征"当作"病根"。

最后,作品的客观效果不一定总符合作家的主观意图,"维特热"之于歌德就是明证。单凭作品的客观效果来判断作者的"居心"和评定其功过的做法未必可取。

随着欧洲进入19世纪40年代的革命高潮,广大青年变成了举着"剑与火"进行斗争的战士,"维特热"也就逐渐消退了。海涅1842年写的《倾向》一诗间接反映出,当时的激进青年已不愿"再像维特那样呻吟,因为他的心只为绿蒂燃烧"。匈牙利革命诗人裴多菲更直截了当地称维特是一个没有骨气的"傻瓜"。[②]年轻的恩格斯在1847年初写成的《诗歌和散文中的德国社会主义》一文中,也把维持仅

---

① 《同时代人通信中的歌德》第1卷,第74页。

② 见裴多菲《旅行书简》第9封信,1847年7月6日。

当作一个“富于幻想的好哭泣者”。

但尽管如此,《维特》这部作品却远远没丧失其意义和价值;不论在歌德一生的创作中,还是在德国文学史乃至世界文学史上,它都占着一个显要的地位。

歌德一生的重要作品,几乎都与《维持》有着内在联系。在体现狂飙突进的反抗精神和矛盾这一点上,《葛慈》与《维特》被称作是“同一枚银币的两面”。[①]雅·米·莱·棱茨认为维特乃是“被钉上了十字架的普罗米修斯”,因为他也是一位在与旧势力的斗争中失败了的英雄。[②]歌德曾称《塔索》是他“骨中之骨,肉中之肉”,却又同意塔索是“提高了的维特”,因为在《塔索》中更尖锐地提出了《维特》的各种问题……到了歌德的代表作《浮士德》,与《维特》的关系就更密切了。两位主人公的形象乍看起来似乎存在天渊之别,事实上维特与浮士德是一对“孪生兄弟”。[③]浮士德也有着维特的烦恼,也感觉他生活的环境无异于一座牢狱,也产生过自杀的念头;“维特则是个浮士德型的人”,[④]也有着浮士德式的憧憬和追求;维特渴望“成为无尽的自然的一面镜子”;浮士德更进一步,决心“把握住无尽的自然”。

总之,歌德的所有重要作品,包括抒情诗和两部《威廉·迈斯特》在内,全部通过一个共同的中心主题与《维特》联系在一起,即都表现了理想与现实的矛盾,渴望使个人从社会的局限中解放出来,获得自由而全面的发展。不同的只是,青年歌德在《维特》中追求的这一伟大的人道主义理想,在现实社会里根本无从实现,只好让他的主人公含恨自戕;晚年,他让浮士德借助于神秘的外力,在幻想的大世界里进行更勇敢的追求,终于获得了“最后的智慧的结论”:“要每天每日去争取生活和自由。才能获得自由与生活的享受……”这就是说,人类只要自强不息,坚持斗争,就能在那个生活着自由人之民的“自由土地上”实现自己的伟大理想。因此不理解《维特》这部书,便不能深刻理解《浮士德》,不能全面理解伟大的人道主义者歌德及其创作。

《维特》是狂飙突进运动最成熟的果实,它的出现给了这一方兴未艾的文学运动以极大的推动。

在德国和欧洲长篇小说的发展史上,《维特》也是一个重要的里程碑。由于莱辛和克洛卜斯托克的努力,德国的戏剧和抒情诗在歌德之前已经取得了相当成就;但小说的创作成果却非常贫乏,即使有也多为消遣性的流浪汉小说和“飘流

---

① 保尔·莱曼:《1750—1848年间的德国文学主流》,柏林,1956年版,第139页。

② 格尔兹:《约翰·沃尔夫冈·歌德》,雷克拉姆出版社1972年版,第96页。

③ 《歌德谈话录》,朱光潜译,第139页。

④ 汉斯·波姆:《歌德》,第54页。

记”式的小说,格里美尔豪生的《痴儿西木传》(1669)虽然比较出色,但卷帙浩繁,且长期被湮没。与歌德同时而稍长的维兰写的长篇小说不少,却几乎都用的是东方异域的和古代的题材。他的代表作《阿伽达》(1766—1767)和格勒特的《瑞典伯爵夫人》(1764)一样,都写得冗长乏味,远离现实,充满了说教气。因此,《维特》可称是第一部直接反映德国现实生活而富于真情实感的长篇小说。它把理查森和卢梭热情奔放、长于心理刻画的特点,与菲尔丁和哥尔斯密对社会生活作现实主义描写的特点结合起来,开了德国近代长篇小说的先河,使欧洲长篇小说登上了一个新的高峰。在揭露社会矛盾和针砭时弊这点上,卢卡奇更称《维特》为欧洲 19 世纪现实主义的“问题文学”的前驱,认为司汤达和巴尔扎克等小说大师都在不同程度上继承了它的传统。在德国,受了《维特》影响和启发的小说更多不胜计,其中最重要的是荷尔德林的《徐倍利昂》(1979—1999)、J. M. 棱茨的《林中兄弟》(1979)、蒂克的《威廉·罗维尔先生的故事》(1795—1796)和伊默尔曼的《一个隐士的纸窗》(1822)……直到托玛斯·曼的《绿蒂在魏玛》(1939),等等。

在本文引言中,已提到《维特》对于整个德国文学发展的划时代意义。卢卡奇甚至认为:“《维特》问世的 1774 年,不只在德国文学史里是一个重要年头,在世界文学史上亦然。

由于《维特》在世界范围内的成功,德国在哲学和文学方面虽然短暂但意义异常重大的霸主地位,以及法国在这两个领域中的领导权的暂时丧失,才第一次明显地表现了出来……”①

总之,《维特》这部“小说”的历史地位不容低估。那反映了它巨大影响的久已消退的“维特热”,时至今日也仍在世界上一些地方掀起余波。20 世纪,法国还 3 次把《维特》搬上银幕。1973 年,东德出版了现代版的《维特》——乌利希·普伦茨多夫的中篇小说《青年维特的新烦恼》,在当时的两个德国都引起了不小的反响。到目前为止,东方的日本已有《维特》译本四五十种之多。②

五、《维特》在中国

相传早在《维特》问世后五载的 1779 年,就有德国人在一艘商船上看见几幅中国绘画,画着维特的故事。又有人自称在中国皇帝的宫中,亲眼见过一些绘有

① 卢卡奇:《歌德和他的时代》,第 52 页。

② 高桥健:(Kenji Takahashi):《日本的歌德研究》,《日本歌德年鉴 1978》。

维特和绿蒂肖像的瓷瓶。这些传说本身虽未可置信，但是，从17世纪初德国已派传教士来中国，18世纪便设立了专门从事东方贸易的机构，传教士和商人们在传教与做买卖的同时也把中国文化介绍到德国并为歌德所接触到等情况看，中国人反过来了解一点德国文学，听到一点在德国乃至欧洲家喻户晓的维特的故事，也并非全无可能。至于后来德国汉学家卫礼贤(Richard Wilhelm)在《歌德与中国文化》一文中讲的情况，就比较可靠了。他写道：“……在广州地方，特别为外国人预备瓷器，所谓客货那类东西，上面的图画是照欧洲人的嗜好绘的，所以画上作维特与绿蒂等人的像……”①据冯至教授讲，他1980年赴瑞典讲学时，就在博物馆中见过类似的中国古瓷器。

总之，歌德在生前已获悉他的维特远游中国的消息，不仅深信不疑，而且引以为自豪，为之神往。下面4句歌德写于1789年的诗，就间接反映这个情况：

德国人摹仿我，法国人读我入迷，
英国啊，你殷勤地接待我这个憔悴的客人；
可对我又有何益啊，甚至中国人
也用颤抖的手，把维特和绿蒂画上镜屏……②

维特来到中国文字可考的最早时间，是清光绪二十三年(1903)。当年7月，上海作新社译印了一本《德意志文豪六大家列传》(亦名《德意志先觉六大家列传》)，其中就有一篇《可特传》(《歌德传》)。译述者为赵必振，所据原书系日本大桥新太郎于1893年所编。《可特传》除较详细地介绍歌德生平和著作外，也谈到了《乌陆特陆之不幸》。这位乌陆特陆并非别人，就是我们的维特。《可特传》中称《乌陆特陆之不幸》为一篇“传奇”，说“其用材料概自(歌德)自己之阅历而来”，并略述了《维特》的成书始末和巨大影响，最后感叹道：“可特之势力，不亦伟哉！”

在与《德意志文豪六大家列传》出版的差不多时间，我国著名诗人马君武已译述了贵推(歌德)的《威特之怨》(《少年维特的烦恼》)中的一个片断，题名为《阿明临海哭女诗》，收在1914年上海文明书局出版的《马君武诗稿》中。译者介绍歌德说：“贵推为德国空前绝后之一大文豪，吾国稍读西笈者皆知之。而《威特之怨》一书，实其自绍介社会之最初杰作也。”紧接着便节译，或者说节写了维特与绿蒂一起读“莪相”之诗的情景，以及诗中阿明哭女的一段。

《维特》在我国真正产生影响，是在五四运动时期。1920年5月，上海亚东图

① 宗白华、周辅成编：《歌德之认识》，第257页。

② 这4句诗系《威尼斯警句》第34首中的一段，全诗的主旨在于表达对卡尔·奥古斯特公爵的感激。

书馆印行了一本《三叶集》，清楚地反映了这种影响。集中收着田寿昌（田汉）、宗白华、郭沫若3人1920年年初的通信数十封，集前由3人各写了一篇短序。田汉的序说："此中所收诸信，前后联合，譬如一卷 Werthers Leiden（《维特的烦恼》），Goethe 发表此书后；德国青年中 Wertherfieber（维特热）大兴！Kleeblatt 出后，吾国青年中，必有 Kleeblattfieber 大兴哩！"①宗白华序说："刊行这本书的动机，乃是提出一个重大而且急迫的社会和道德问题……简括言之，就是'婚姻问题'；分开言之，就是：（一）自由恋爱问题；（二）父母代定婚姻问题……"其实，书中还谈了很多文学和哲学问题，如关于诗歌，宗白华和郭沫若都认为诗人应"多与自然和哲理接近"，"多研究古昔天才诗中的自然音节，自然形式，以完满'诗的构造'"。就从上面这些，已可看出《三叶集》的作者从《维特》中汲取了多少营养。此外，郭沫若在1920年1月18日致宗白华的信中，表示要对歌德的著作"尽量地多多地介绍、研究，因为他所处的时代——'胁迫时代'（狂飙突进时代）——同我们的时代很相近！"

这样，在时代的召唤下，我国终于在1922年出现了《维特》的第一个全译本——郭沫若的《少年维特之烦恼》。《维特》尽管是在问世后整整一个半世纪才来到中国，却仍于正进行着反对封建旧礼教斗争的一代中国青年中找到了知音。不少包办婚姻的受害者与维特同病相怜，被他的故事感动得涕泪交流；一对对决心走自由恋爱之路的情侣，更以《维特》互相赠送，以示自己爱情的忠贞。一时间，"青年男子谁个不善钟情？妙龄女人谁个不善怀春？"的诗句，在广大青年中流传不息，汇成了一片对封建礼教的示威和抗议之声。据老一辈的人回忆，二三十年代我国确实也兴起过一阵小小的"维特热"。

蔡元培先生在《三十五年来中国之新文化》一文中，谈到外国小说的翻译对我国"起于戊戌"的"文学的革新"的推动，具体举出的第一本书就是《少年维特的烦恼》，说它"影响于青年的心理颇大"。②

在《维特》全译本问世后10年，茅盾便把它写进了小说《子夜》里，对揭露大资本家吴荪甫家庭关系的虚伪和刻画吴少奶奶的软弱性格，起到了重要作用。《子夜》是我国现代文学史上的一块丰碑；这块碑上刻着《维特》的名字，也证明了歌德这部"小书"在中国产生的影响。

除郭沫若的译本外，我国在20世纪30年代前后还陆续出过黄鲁不、罗牧、付

---

① Kleeblatt 德文原意为三叶草，此处指3个朋友之间的通信集，即《三叶集》。《三叶集》的性质与影响都很难与《维特》相比；事实表明，在中国并未产生什么"Kleeblattfieber"（三叶热）。

② 《蔡元培选集》，中华书局1959年版，第280页。

绍先等的10个左右译本，译名全叫《少年维特的烦恼》。在所有这些本子中，仍以郭译流布最广，最受欢迎，仅据1932年一个不完全统计，10年间郭译《维特》已由不同书店重印30版之多。

以一部外国文学作品在我国重译、重印次数之多和影响之深之广论，《维特》恐怕是无与伦比的。那么，我们过去对这部作品的研究情况又怎样呢？

解放前，特别是30年代，我国学者已写过为数不多的几篇分析评介《维特》的文章，如宗白华的《歌德的〈少年维特之烦恼〉》①以及柳无忌撰写的《少年歌德》一书和其他歌德传记的有关章节。它们大都详细地介绍了《维特》的产生经过、主人公在生活中的原型、书信体小说的特点和作品的巨大影响；但把主题思想往往错误地解释为“心与脑”的矛盾，“感情与理性”的矛盾，因而认为《维特》是“悲剧人生之表现”，是一部“人格的悲剧”，等等。倒是郭沫若写的《〈少年维特的烦恼〉序引》，指出了书中体现的泛神思想和狂飙突进精神的几个方面，虽说概略，却也中肯。

解放后，关于《维特》的著述更少了。只在德国文学史和一些介绍歌德的文章中附带地谈到这部世界名著。与解放前相反，论者大多运用历史唯物主义观点，强调了作品的社会意义，正确指出了它反映的是觉醒的资产阶级青年与腐朽的封建社会的矛盾。

在革文化命的年代，郭译的《维特》自然成了宣扬资产阶级的“恋爱至上”观念的禁书。但随着我国1978年进入社会主义建设的新时期，歌德和《维特》的译介却受到了比以前更大的重视。从1981年至今，又陆续出版了四五种《少年维特的烦恼》的新译本，其中以人民文学出版社的杨武能译本和上海译文出版社的侯浚吉译本最受欢迎，10多年来几乎年年重印，总印数都早已突破100万册。

进入20世纪90年代，名著重译成风，固然也有一些可敬的同行兢兢业业地推出了有特色、有质量的新译本，但粗制滥造乃至“抄译”即剽窃的情况也时有发生。迄于今日，加上解放前的旧译和在台、港等地出版的周学普等人的新译本，歌德的《少年维特的烦恼》在中国总共已有译本粗略统计已有30多种，远远超过近年来被国内翻译界炒得很热的《红与黑》的译本数量。②

总的来看，我国学者已为帮助读者理解这部世界名著作过许多有益的工作；但与《维特》的重要历史地位和巨大影响相比，尽管译本已经很多，研究却还是初

① 此文收在《歌德之认识》中。

② 关于《少年维特的烦恼》在我国译介及产生影响的详细情况，请参阅本书外编《歌德与中国》。

步的、分散的，也不够深入。本文就是试图在总结前辈已取得成果的基础上，做一些补充和系统化的工作，并在《维特》的思想意义、艺术特色以及“维特热”的产生原因和性质这几个问题上，提出了自己不成熟的看法。

六、结　语

综全文所述，《维特》是一部在真实性、思想性和艺术性三方面都取得了高度成就，达到了三者和谐的优秀作品，曾经在欧洲及我国产生过巨大的影响。这部作品连同表现了它巨大影响的所谓维特热，值得我们认真研究。研究它们，可以加深我们对文学创作的规律的认识，对文学作品与其社会效果的关系的认识；可以促进我们对于伟大作家歌德的了解，对于德国文学史和欧洲文学史的了解，对于中德文化交流和相互影响的情况的了解。

《维特》和“维特热”是一个值得文学工作者进一步研究的课题。那么，对于我国今天的广大读者，这部小说是否也有某些意义和价值呢？

有的。首先，书中所宣扬的要使人的全部潜能、全部自然本性得到充分发展和发挥的人道主义理想，对于我们并没有过时。在一定意义上讲，我们实现“四化”和建设共产主义的目的，不就是要创造能使每个人的全部潜能都得到发挥的社会条件吗？其次，《维特》可以帮助我们，特别是青年读者了解 18 世纪德国和欧洲的社会风貌，了解当时一代青年的感情、憧憬和苦闷。五四时期，《维特》曾深得我国处于反封建斗争中的知识青年的喜爱，通过它，我们也可以间接听见这一代中国青年的心声。总的看来，《维特》这部作品的格调是比较高的，只要注意不受其感伤厌世情绪的熏染，读一读不无好处。

最后，但并非最不重要，《维特》这部世界名著可称一个小小的艺术宝库，深入进去，我们定能采到不少珍珠宝石，获得巨大的艺术享受。

智慧之书　世相之镜

——关于歌德的两部史诗

歌德的文学创作不但卷帙浩繁，而且丰富多彩，样式繁多。除了诗歌、小说、戏剧、散文和游记等今天为人熟知的体裁，他还创作有两部史诗(Epos)，即《赫尔曼与多萝特亚》(1796—1797)和《列那狐》(1793)，同样值得我们注意。它们不但曾经受到歌德自己的珍视，被同时代的作家视为杰作，很好地表现了歌德多方面的文学才能以及他善于向古代学习，向民间学习的长处和特点，而且仍富有相当的现实意义。

在世界文学史上，史诗(Epos)可以讲是最古老的体裁之一，例如古印度的《摩诃婆罗多》和《罗摩衍那》，古希腊的《荷马史诗》，古代德语文学中的《尼伯龙根之歌》，以及我国藏族的《格萨尔王传》等都是。在欧洲范围内，史诗作为一种长期与戏剧并立的长篇叙事体裁，其重要地位是到了 18 世纪才为当时勃兴的长篇小说所取代。

歌德的两部史诗都完成于 18 世纪的最后几年，也即在史诗这种样式已经衰微以后。他这时却来弄这种老古董，又是为什么呢？原因说来很多。

首先，因为歌德从青年时代起，就对文风鼎盛、人的灵和肉都受到充分尊重和发展的古希腊及其文明怀着深深的憧憬。在《少年维特的烦恼》这部早年的成名作里，主人公不是一再地提到古代的盲诗人荷马，并对荷马史诗中描写的一些情景无比向往吗？保存着古代文化遗迹的意大利，承继着古代希腊罗马文明的意大利，不是始终被他视为精神故乡吗？仿照荷马史诗的体裁进行创作，可以说是他在特定情势下对精神家园的一次访问。

其次，1793—1797 这些年，德国和欧洲正处于法国大革命后爆发的战乱之中，身为魏玛大臣的歌德还不得不随他辅佐的年轻公爵出征，目睹种种兵荒马乱和民不聊生景象，身心不堪困扰。这就是上面讲的“特定情势”。它使得歌德越发地向往古代希腊罗马的和谐、宁静。正如他为医治内心的创伤，克服精神的危机，曾经不止一次以写《少年维特的烦恼》这样的作品进行“忏悔”一样，他创作《赫尔曼与多萝特亚》等两部叙事长诗，也是要逃避现实的纷扰，到古代的诗的世界里去求得精神的安宁。一些年以后，为了逃往宁静和谐的东方，他又创作了《西东合集》和《中德四季晨昏杂咏》，也是出于同样的原因。当时，为达到精神上“宁静致远”的目的，在古代以讲述神和英雄的故事为内容因而被视为最高的文学样式的史诗，在歌德看来自然再适合不过了。

再者，由浪漫派诗人弗斯(J. H. Voss，1751—1826)翻译的荷马史诗《伊利亚特》(1793)和《奥德赛》(1781)的出版和广为流传，以及弗斯创作成功被称为“现代牧歌”的史诗体作品《路易赛》(*Luise*)并受到好评，还有歌德自己接触到了下面将会讲的所需素材，并且得到席勒等友好的鼓励、支持，等等，也是促使歌德下决心用史诗的格式进行创作的外因。

细读《赫尔曼与多萝特亚》和《列那狐》，我们发现歌德对古希腊史诗的学习和运用确实十分成功。

两部作品都采取了徐缓、平稳的扬抑抑格六步诗体，章节和段落整严，各个部分具有相对的独立性；叙述用语里充满了独特的形容词和比喻，须要强调的话不避重复，特别是《赫尔曼与多萝特亚》还采用希腊神话中9个缪斯的名字作为主篇名，等等，都很好地体现了古朴、凝重、庄严的希腊史诗风格。只不过旧瓶装新酒，两部史诗都没有再以神和英雄为主人公，而是一部换成平凡的市民，成就了一曲讴歌和平、宁静的家庭生活的“现代牧歌”；一部换成森林王国中的各种动物，成就了一部隐射人类社会、揭露人类种种天生的弱点，特别是鞭挞统治阶级的虚伪、愚蠢和贪婪的动物叙事诗。

至于两部作品的题材和故事内容，它们同样并非歌德自己的创造或者虚构，而也应该讲是他乐于和善于学习的结果。

《赫尔曼与多萝特亚》的故事，主要取自一个叫葛津的人编著的《萨尔斯堡大主教领地路德教徒遭逐和迁徙全史》(1734)。在这部出版于半个世纪之前的书中，记载着德国南部的埃廷领地一个富裕人家的青年慧眼识金，相中了流徙队伍中的一位品貌非凡的姑娘，经过一番周折终于和她结为眷属的故事。歌德在使用这个素材时作了关系重大的改变：故事发生的时间改成了1789年法国大革命之后不久，地点改成了德国中部莱茵河右岸的某个小城，也即歌德故乡法兰克福的附近，而流亡者逃避的也不再是宗教迫害，而是在击溃普奥干涉者后乘胜挺进的拿破仑大军。故事的主人公虽然大致还是那些，然而经过歌德的精心安排，他们之间的矛盾纠葛却富有了更多的典型性和戏剧性：儿子看中了姑娘出众的容貌举止和乐于助人的高尚品行，父亲却一心要给他取一个富有的妻子。父子两人因此争执不下，最后好不容易由一位聪明的神父出面调解和仲裁，才终于达致一个皆大欢喜的圆满结局。

歌德所作的上述改变，特别是时间和地点的改变，赋予了作品以突出的现实意义和鲜明的时代色彩。他之所以这样做，正如他 1796 年 12 月 5 日致好友迈耶的信中所说，是“试图把一个德国小城生活里纯人性的东西，放进史诗的坩埚里使其与矿渣分离，同时从一面镜子里反映出世界舞台上的剧烈动荡和巨大转变”。

歌德以史诗的格调写成的“现代牧歌”《赫尔曼与多萝特亚》确实做到了这点。它让我们以小见大，体察到了法国大革命时代一个德国小城的社会风情；只不过，作者对革命引起的动荡和变更的态度和立场，却显然是消极的。他之所以尽情描绘小城环境的宁静优美，小市民家庭生活的和睦温馨，都为了反衬出革命所引起的动乱的可恶，所造成的流亡的不幸。在史诗的第六歌中，更通过一位老村长之口，直接道出了对革命的失望和反感。

歌德这一常为人们诟病的对法国大革命的消极态度，在《赫尔曼与多萝特亚》里反映得还算比较含蓄，更直接和明显地反映是在稍早完成的剧本《市民将军》和《激动的人们》以及《威尼斯警句》的一些诗句里。例如他曾写道：

> 法兰西的不幸大人先生是该好好思考，
> 然而更应该考虑的还是小民百姓：
> 大人物完蛋了，谁保护民众不遭
> 民众压迫？须知民众已成民众的暴君。

这段警句以及上述作品中表现的对于革命的恐惧情绪，在与歌德同时代的德国知识分子中相当普遍。就歌德而言，可以说是他在德国的鄙陋环境中，在魏玛宫廷的狭隘圈子里所染上的庸俗气的反映。

可是，尽管思想内容有缺点，却并未影响和削弱《赫尔曼与多萝特亚》在艺术上的成功，并未妨碍它成为一部杰作。歌德的这部史诗受到了包括史勒格尔兄弟，威廉·洪堡以及马克思主义的文艺理论家弗朗慈·梅林在内许多杰出人物的推崇和赞赏。奥古斯特·威廉·史勒格尔说它“是一部以大手笔写成的完美艺术品……一部充满着宝贵的智慧和德行的杰作”。弗朗慈·梅林则称赞它虽篇幅不大，却“出类拔萃，有着荷马史诗似的质朴简洁，比那种一味追求猎奇冒险的浪漫主义实在高明得多！”

《列那狐》的故事取自一些几百年来流传在欧洲，特别是荷兰和法国的民间史诗或者叙事诗。这些诗的内容大同小异，其主人公都是一只极端狡猾的狐狸，而狐狸的对手则是一些同它一样在狮子大王统治下的动物，诸如狼、熊、猫、兔、乌鸦，等等，所以也就叫动物史诗(Tierepos)。经过转辗翻译，一部原文为法语的《列那狐传奇》终于在1752年有了比较权威的高地德语(相当于标准德语)散文译本，译者乃是当时富有盛名的文学家哥特舍特(J. Ch. Gottsched，1700—1766)。40年后的1793年，歌德就以此散文本为依据，完成了这部他自谓“介乎于翻译和改写之间”的史诗体《列那狐》。

和《赫尔曼与多萝特亚》一样，《列那狐》同样采用的是扬抑抑格的六步诗体，既基本上保留了民间史诗的格律和韵致，又注意适应德国现代读者的欣赏需要而避免泥古，因此读起来十分地清新自然，抑扬顿挫，琅琅上口。

故事情节完全没有改动，矛盾冲突仍旧围绕着狐狸的被控告、遭审判，以及它一次一次地替自己巧言辩解、化险为夷展开、激化和走向高潮。这个狡猾的坏蛋成功地利用狮子大王的昏庸和贪婪，不但战胜了愚蠢的对手，而且最后平步青云，当上了狮王朝中的宰相。在把这则于人类社会司空见惯的故事娓娓道来的过程中，一个个角色的形象和个性都被刻画得维妙维肖，鲜明生动，令人叫绝。

由于上述的这些优点，歌德的《列那狐》便在德语国家和地区广为流传，几乎完全取代了同一故事的其他版本。

不言而喻，跟世界文学史上所有以动物为主人公的杰作一样，歌德的这部长篇叙事诗也绝非游戏之作，而是富有深刻的寓意，有着永远的文学价值、现实意义和讽喻作用。而且，这样的意义和作用似乎并不限于对歌德时代那个封建落后的德国，也不限于对一小撮的反动统治者，而是也可以用来观察今天的人情世态和社会现象，发现在当今之世乃至我们的周围，仍然活动着一些个狐狸、狼、熊和狮子。要知道，歌德通过《列那狐》这部作品，所暴露和嘲讽的乃是人类身上的某些世代相传的劣根性，某些永远难以更易的弱点。从这个意义上讲，它比起《赫尔曼与多萝特亚》来更可以称作“一面镜子”，无怪乎歌德自己要视其为一部“非神圣的世俗的圣经”，对它异常珍爱，虽然它只是他的“翻译和改作”而非原创。

综上所述，作为歌德一种特定体裁的代表作，《赫尔曼与多萝特亚》和《列那狐》这两部史诗都各有自身的特点、优点和价值。它们不只帮助读者认识一种在世界文学史，特别是欧洲文学史上曾经地位显赫的体裁，而且让读者体验一个特定时代的社会风情，甚而也更好地认识包括我们在内的人类自身。

《威廉·迈斯特的学习时代》:逃避庸俗

1. 迈斯特与浮士德——一对"孪生兄弟"

在歌德数量巨大的文学创作中,《浮士德》被公认为最重要的一部作品。紧接着应该提到的恐怕就是两部以威廉·迈斯特为主人公的长篇小说了,虽然它们远远不像一些抒情诗和小说《少年维特的烦恼》那样广为流传,那样脍炙人口。事实上,《威廉·迈斯特的学习时代》和《威廉·迈斯特的漫游时代》这两部小说,许多方面都近似于诗剧《浮士德》,从一定意义上讲,它们与《浮士德》真像是一个母体同时孕育出来的孪生兄弟。

《漫游时代》留待以后再议,这儿只谈《学习时代》。

1777 年 2 月 16 日,歌德在日记里提到"口授《威廉·迈斯特》",就表明当时已开始了《学习时代》的前身或者说初稿《威廉·迈斯特的戏剧使命》的写作。这分为六部的初稿,后来修改成了 1796 年正式出版的《学习时代》的前四部。1777—1796 年,整整 20 年之久!如果一直算到《漫游时代》完成的 1829 年,这两部小说的创作也延续了 50 余年,和《浮士德》差不多了,也可以说是凝聚着歌德毕生心血的作品。

然而,拿小说《威廉·迈斯特》与诗剧《浮士德》相比,并非仅仅因为它们篇幅的大小,创作时间的长短,以及在歌德文学创作中的地位,等等,都相近似。更加重要的是,它们的思想内涵同样异常丰富,而且几乎完全一致:都探讨的是人生的价值和目的,以及如何实现自我价值、达到人生的目的这些对于人来说至关重要的问题。威廉·迈斯特可以说也是一个浮士德,只不过他活动的范围仅限于 18 世纪末的现实的德国,而不像浮士德似的上天入地,体验了不同时代和不同国度的人生罢了。

再者,这两部杰作虽然思想内涵近似,所采用的体裁、手法和格调也迥然不同,取得的结果和产生的影响也不一样,这同样值得研究者注意。

与《浮士德》一样,《威廉·迈斯特的学习时代》的创作过程,也有当时与歌德齐名的另一位德国大文豪席勒的参与,也凝聚着歌德的这位伟大朋友的心血。从两位大诗人定交的1794年起，到小说完成的1796年年底，也就是在最后长达3年的修改、加工、补充和定稿的关键时期，他们就其情节、结构、人物等曾通信四五十封之多。是席勒第一个读到了小说的手稿。在仔细读过以后，他便主动写信给歌德，在信中不但给予热情的赞扬和鼓励，而且指出了存在的问题，提出了修改的意见，其积极、认真的程度真不亚于自己的创作。特别是1796年7月的四五封每封都长逾千言的信，对小说更是作了细致入微的分析评价，至今仍被视为有关歌德这部杰作的最重要论述。

除了席勒，《学习时代》还受到了与歌德同时代的其他许多作家的关注，其中，德国浪漫派的主要理论家弗里德利希·史勒格尔更是给予了详尽的论述和充分的好评。史勒格尔的这篇评论，本身也成了德国文学理论批评的经典。《威廉·迈斯特的学习时代》更被公认为德语"教育小说"的楷模，不仅对整个浪漫派直至20世纪的霍夫曼斯塔尔和赫尔曼·黑塞等众多的作家都产生了影响，而且使教育小说成为德国文学的传统样式。在论及《学习时代》的成就时，当代著名的歌德研究家特龙茨说，它"始终是歌德在德语长篇小说发展史上的一个特殊贡献"。①

席勒等友好的鼓励、帮助，是《学习时代》完成和取得成功的重要外因。但是，最终使它从"戏剧小说"扩展、提高为"教育小说"，主要还是作者歌德自己阅历的增长、思想的提高、艺术的成熟等内因。

歌德开始写《威廉·迈斯特的戏剧使命》时才27岁，刚刚到魏玛不久。而在其后的近20年里，他在魏玛做大臣和枢密顾问，长期周旋于贵族社会之中，不仅投身小公国的日常政务管理，也力图帮助年轻的卡尔·奥古斯特公爵推行一些社会改良。1786年秋旅居意大利，在这个南方的文明古国一住一年多，对迷娘所歌唱和向往的这个神奇的地方有了实际而深切的体验，并收集了不少文物、艺术品和自然标本。1891年后，他则专心做魏玛剧院的总监，但并非一般地指导或者挂名，而是亲自参与了剧院的建设、管理和演出活动，不仅挑选和编写剧本，选聘和培训演员，有时还登台扮演角色。在他的指导下，魏玛剧院排演过莎士比亚的3个剧本，其中最重要的也正是《哈姆雷特》。所有这些经历，都自然地融合进了小说的情节中，不仅丰富和加深了思想内涵，也使书中的人物、事件、场景变得更加鲜活和典型。

① 参见汉堡版《歌德文集》第7卷，第705页。

2. 富有德国特色的时代产物

《威廉·迈斯特的学习时代》以传统的讲故事的方式展开情节,但却是一部富有德国特色和时代特征的所谓 Bildungsroman 或者 Entwicklungsroman,译成中文可称作“教育小说”,或者“修养小说”,或者“发展小说”。顾名思义,这种小说写的都是一个人受教育和由幼稚到成熟的发展成长过程。当然,这儿的所谓受教育是广义的,并非只意味着在学校里念书,更多地还是指增加生活的阅历,经受生活的磨炼,最后才完成学习和修养。至于学习和修养的结果,却因各人的内在天赋和外在环境的不同而不同;只是也终将像浮士德似的通过种种的迷误而走上正途,认识并且实现人生和自我的价值。

说这所谓教育小说富有德国特色,是因为在 17 世纪的德国文学中,即已产生像格林美尔斯豪生的《痴儿西木传》这样典型的杰作。其后两三百年,同类的小说在德国层出不穷,长盛不衰,其数量之大,时间之长,却为同样产生了许多长篇小说佳作的英、法、俄等国所没有。歌德的《威廉·迈斯特的学习时代》,则被奉为德国“教育小说”最重要的经典。

还有,两部以威廉·迈斯特为主人公的小说的题名,也打上了 17、18 世纪的德国烙印。其时德国处于资本主义萌芽时期,手工业十分发达,手工业行会在社会生活中影响巨大。通常一个手工业者的发展分为三个阶段:1. 跟着师傅学徒的阶段;2. 满师后外出漫游积累经验的阶段;3. 自行开业和当师傅教授徒弟的阶段。歌德原计划多半要写 3 部长篇,相应的题名就该是《学习时代》或曰《学徒时代》、《漫游时代》和《为师时代》。除了题名,小说的内容也反映出德国手工业行会对社会生活的巨大影响,具体的例子就是兄弟会内部的那些规章和仪式(见第七集第 9 章和第八集第 5 章)。

《威廉·迈斯特的学习时代》的故事大致发生在 1770—1780 年的 10 年间。其时欧洲和德国已相继经历了文艺复兴、宗教改革和启蒙运动,进入了一个较之中世纪而言是完全崭新的时代。

在中世纪,神和神的代表宗教统治着一切,人和人性受到严格的限制、束缚。一方面,人处于被动、消极和蒙昧的状态,在精神上完全是神的奴隶;另一方面,人又可以心安理得地接受神的荫庇和指引,像牧人怀中的羔羊似的懵懵懂懂,无忧无虑。因为世界似乎完全已经由神安排定了,是非善恶也自有神来裁决赏罚,人只需听天由命就是。

到了新时代,随着人的解放,理性的觉醒,摆在人面前的问题就是如何认识自己,认识自己与自己生活其中的世界的关系,以及人的价值和人生的意义,等等。要解决这些问题，人不能再像中世纪的学者那样去求神，去钻研和诠释《圣经》，而必须依靠自身，必须增长自己的聪明才智，丰富自己的知识阅历，锻炼自己的性格品质。为此，就有了受教育和提高修养的要求。为认识自己和世界而接受教育，而勇于实践、不懈探索，这可以说是新时代的要求，也是新人的一个主要特征。小说的主人公威廉和浮士德一样，都是这种新人的典型。从这个意义上讲，以《威廉·迈斯特的学习时代》为代表的德国教育小说，堪称为新时代必然产物，自然带着浓重的时代特色。须知，启蒙运动的所谓启蒙，不就是教育的同义词吗？只不过，在包括德国的莱辛、歌德、席勒在内的新时代的思想家看来，启蒙和教育的对象自然不仅仅是个体的人，而是广大的民众，而是整个民族甚至整个人类。

较之表现于体裁样式的民族特色，这部小说的时代特色或曰时代性更具本质意义。时代性不仅贯穿于全书之中，无时无处不有所表现，而且也是我们理清这部小说曲折繁复的故事情节，深入其丰富深刻的思想内涵的路标和线索。

3. “他外出寻找父亲走丢的驴子，结果却得到一个王国”

为达到教育广大民众的目的，须要通过怎样的途径？使用什么样的手段？

在考虑这个问题时，莱辛、歌德、席勒等启蒙思想家都曾寄希望于文艺，都曾希望通过发挥文艺的审美教育作用来纯洁人性，改良社会——这与我们“五四”时期提倡“文学革命”，一些怀有济世救国抱负的先辈投身文艺事业，情况颇有些类似。

一开始，和莱辛、席勒一样，歌德也特别重视在欧洲自古以来就最为大众化，在当时也最易影响民众的文艺形式——戏剧。这就是说，戏剧被视为一种有效的教育手段，剧场成了教育民众的学校。正因此，《学习时代》的前身名为《威廉·迈斯特的戏剧使命》，内容仅限于主人公献身舞台的经历、见闻和心得，只是一部所谓的“戏剧小说”，即古今中外都为数不少的以演员生涯为题材的小说。

莱辛、席勒等启蒙思想家重视文艺特别是戏剧的教育作用，应该说是用心良苦而富有见地，但是把戏剧或者文艺当作教育民众和改良社会的主要手段，实践证明却有失偏颇，没法真正取得成功。大概就基于这样的经验和认识，歌德就在小说定稿的后半部分，让主人公怀着失望的心情离开舞台，走向了更加广阔的生活。于是，他便结识罗塔里奥男爵及其身边的一批以改良社会为己任的有志之士，了解了他们所组织的“塔楼兄弟会”的秘密，接受了该会中被称作“教士”的思想家的开导，最后如愿以偿地与罗塔里奥的妹妹娜塔莉亚——一位精神和性格都美好、和谐的杰出女性结为夫妇,圆满地完成了自己的"学业",度过了自己的"学习时代"。

概括起来,威廉的学习大致经过了两个阶段,即从事戏剧艺术的阶段和投身社会实践的阶段。在前一阶段,他受教育的场所主要是剧场,给他教育的主要是周围的艺人和观众;在后一阶段,他受教育的场所主要是塔楼兄弟会,给他教育的主要是开明贵族罗塔里奥及其周围的男男女女。塔楼兄弟会这个组织,尽管沿用了手工匠人行帮的一些陈规旧习,明显地带着神秘、诡异的封建色彩,但宗旨却富有新时代的精神,从事的也是教育民众、改良社会的事业,如罗塔里奥计划减轻自己佃户的负担,赴美洲建立带有"理想国"性质的居住区,等等,虽属不能真正实现社会公正的空想,但仍不无一定的进步意义。类似塔楼兄弟会的秘密组织,18、19世纪在德国和欧洲颇为不少,例如歌德本人和贝多芬等也曾是共济会的会员。

年轻的主人公失望而懊恼地告别了演艺生涯,因为他觉得自己缺少真正的戏剧天才却执意献身戏剧事业,不仅辜负了想使他成为商人、继承家业的父亲的期望,也浪费了自己几年的宝贵时间、精力和感情,结果遭受了一系列的挫折和失败。但是,当他在去罗塔里奥的庄园的路上不期然重逢曾同舟游览的"乡村牧师",向他流露出了自己对往昔的上述失望和追悔情绪,认为"那段时间我觉得看见的只是一片无边的空虚空白,从中什么也没给我留下"时,实际上一直在暗地里关心和引导着他的这位塔楼兄弟会成员却说:

> 这您就错了;我们的任何经历都会留下痕迹,都会无形地对我们的修养起作用。只不过回顾总结它们,是件危险的事情。我们会因此要么自满懈怠,要么垂头丧气,结果一样地会对将来产生不利影响。最可靠的是只做眼前该做的事情。(见第七集第1章)

从塔楼兄弟会这位被称作"教士"的智者开导威廉的这段话,可以引出该会的"教育理论"和人生哲学,也就是这部小说总的主题思想:即在人生旅途上的所有遭遇和经历,不管是成功或者失败,欢乐或者痛苦,无不对人的修养和成长发生影响和作用;在人与社会接触的过程中,特别是人与人之间发生的种种关系,正面的如亲情、友谊、爱情也好,反面的如敌视、倾轧、欺骗也好,也通通都是能促使人成长、成熟的因素,都能帮助人认识自身、认识他人、认识世界,关键就在于人有无能力对所经历的一切深刻地体验,正确地理解和接受。

根据这种教育理论,"塔楼兄弟会"虽重视人的教育,并为此给自己所关心和暗中引导的受教育者一个个立了形似羊皮古卷的档案,但却不赞成他们回避挫折、失败和迷误，相反倒主张勇敢地投身实践，过一种积极有为的生活。这显然与中世纪的经院教育理论完全背道而驰，是一种带有新时代气息的新的教育思想。和浮士德的精神思想一样，这种教育主张的世界观和人生观基础，都是体现了新兴资产阶级追求的有为哲学。罗塔里奥和雅诺、“教士”等志同道合者，都对自己的主张身体力行，成为了积极有为的新人的代表。

主人公威廉·迈斯特出身富商家庭，禀性善良、正直，自幼便怀着要提高和完善自身的强烈的受教育愿望。小说一开始，他奉父亲之命外出收账却一去不归，先参加筹建一个流浪戏班，后成为一家城市剧院的演员和导演，希望满足自己自幼对戏剧艺术的爱好，实现自己振兴德国民族戏剧的抱负，同时也过一种自由的生活，结果经历了事业和感情上的无数周折和失败。离开舞台后他进入了高雅的贵族圈子，结识一批怀有济世救人理想的有志之士，参加了以改良社会为己任的秘密团体塔楼兄弟会，终于走上积极有为的正路，彻底丢掉了身上的庸俗市民气，完全变成了一个新人。小说结尾时，有人对威廉说了一段话：

> 您不必为过去的事情不好意思，就像人用不着为自己的出身羞愧一样。其实那些时候也并不坏。我现在看见您忍不住好笑：您让我觉得就像基士的儿子扫罗，他外出寻找父亲走丢的驴子，结果却得到一个王国。

这段包含着一则圣经典故的话，被不少学者看作是对主人公整个“学习时代”的总结，虽然具体说的只是他爱情的圆满成功。

学者的这一说法不无见地，但似乎还嫌空泛了一些，窃以为不妨把《学习时代》的整个内容归纳为具体的 4 个字：逃避庸俗。

逃避庸俗，摆脱自己商人家庭的无聊市民生活，既是威廉登上舞台，长期在外浪荡漂泊的初衷，也是他进入贵族圈子、参加秘密会社的动机。逃避庸俗，是新脱离了蒙昧状态的新人进一步自我完善的要求。逃避庸俗的结果，使威廉认识了社会、人生，经受了磨炼，完成了“学业”。尽管演员生涯的自由，贵族社会的高雅，塔楼兄弟会的积极有为，都是与商贾的孜孜为利、庸俗狭隘相对而言，各自都难免有很大的局限；但是，经过了它们的熏染、洗礼，年轻的主人公确实洗心革面，成为了高尚的人。也就难怪，在小说的最后一集，威廉青年时代的好友和妹夫威尔纳在与他重逢时大发感慨，说他“已完全变成了另一个人”。这一对出身和生长环境完全相同的青年，由于分道扬镳，迷恋经商的威尔纳变得越来越庸俗、越来越浑身铜臭味，与逃脱了庸俗、提高了修养、完善了自我的威廉，恰成鲜明对照。

4. 舞台人生 人生舞台

与歌德的其他著名小说如《少年维特的烦恼》和《亲和力》相比,《威廉·迈斯特的学习时代》内容要丰富得多,所反映的社会生活面要广阔得多,人物也更加多姿多彩,可以说是一部真正意义上的长篇小说,即所谓 Roman。不少研究者和评论都对此加以肯定和强调,认为乃是这部作品的成功和杰出之处。

的确,小说内容涉及现实生活的方方面面,可谓社会、经济、宗教、艺术、道德伦理无所不包;这儿只谈演员生涯和戏剧艺术一个方面。因为,小说主人公投身戏剧事业除了想摆脱经商的庸俗小市民的生活,还如莱辛一样抱着革新德国戏剧艺术、建立德国民族剧院的理想,所以他对德国戏剧的现状作了长期、全面的了解、体验和思考,尽管最后理想完全破灭。有关这方面的内容不仅所占比重很大,而且也写得格外精彩,极富寓意,即使单独抽出来作为一部"戏剧小说",也不愧为一部杰作。

古今中外,以演员生涯为题材的文艺作品多不胜计,因为小小的舞台本身即是世界的缩影,大千世界又不过是一座人生舞台;演员和艺人大多四海为家、走南闯北,剧场又与社会保持着千丝万缕的联系。舞台人生与人生舞台常常相互映照,密不可分,写演员生涯因此成了反映社会现实的一条捷径。在小说的第七节第二章,"塔楼兄弟会"的成员雅诺将世态人情与演员生活对比的一席话,可谓富于睿智,入木三分。

但是,古往今来"戏剧小说"尽管多得不胜枚举,在内涵丰富深邃、人物多彩多姿、情节曲折生动和影响深远持久方面,却鲜有可以与《学习时代》比拟者。特龙茨讲:"在世界文学史上从未有过如此成功地描写艺术体验的作品。"①

小说的前五集,也即以《戏剧使命》为基础加工修改成功的部分,更是系统、完整地写了戏剧艺术的方方面面,堪称是德国当时戏剧生活的一部形象直观、色彩斑斓的百科全书。诸如儿童木偶戏的排演、节日民众戏剧演出、杂耍班的广场献艺、业余戏剧活动和宗教戏剧表演,还有流动戏班、宫廷剧团和城市剧院不同风格的演出,还有即兴表演、对台词和彩排的情况,还有剧院经理、导演、演员和提词员的工作,以及音乐伴奏、舞台布景等具体而微的问题,书中都有细致而内行的描述。尤其是关于莎翁名剧《哈姆雷特》的排演,关于剧中主人公的性格、心理和行为的把握,早年曾狂热崇拜莎士比亚的歌德更借威廉之口,发表了异乎寻常地独到、系统、详尽和深刻的见解。小说与此有关的第四集第十二、十五章和第五集第

---

① 参见汉堡版《歌德文集》,第 697 页。

四、五、九、十一章，完全称得上是一篇精彩的“《哈姆雷特》论”。此外，剧院经理赛罗那段论戏剧与长篇小说之异同的谈话，也不无价值和意义（见第五集第7章）。

除了戏剧艺术，书中关于绘画、建筑、音乐等的描写和议论也不少（如在第八集第7章的结尾），就不再一一列举和详述。

《学习时代》这部教育小说尽管内涵丰富、深刻，对艺术问题的探讨深入、细致、详尽，读起来却并不枯燥、乏味，不，相反倒十分引人入胜；这在以思想深邃见长的德语长篇小说中，可以讲颇为少见。之所以如此，是因为歌德这部作品非常讲究艺术性，是因为深刻的思想往往直接而自然地地融入了生动的故事情节中。

在歌德的所有小说里，《学习时代》的结构是少有地严谨，情节是格外地生动、曲折、起伏跌宕，而且悬念一个接着一个，隐约的伏线和神秘的暗示也很多，如迷娘和竖琴老人的蹊跷的行径和身世，演出《哈姆雷特》时自动前来救场的鬼魂和他留给威廉的警告，还有当晚来到威廉床榻上的不速之客，等等，都叫人一直要读到全书结束，才茅塞顿开，豁然开朗。歌德为了将复杂的故事情节编织得错落有致，耐人寻味，真是费了不少的心思。

还有一个小说的情节结构别具匠心的例子：书中第六集《一颗美好心灵的自白》写了一个虔诚、善良的女性的一生，本身可以讲是个独立的、自成一体的中篇小说，乍看起来似乎节外生枝，实际上仍紧紧地扣着人的教育、修养、成长这个全书的主题。只不过，其女主人公为完成自我修养走的是另一条完全不同的途径，即信仰宗教和回归内心，离群索居地进行内省罢了。但正因此，它与威廉的热心从事艺术，积极投身社会改良的实践，形成了鲜明、强烈的对照，起到了丰富和加深中心思想的作用。还不止此，这一集中提到过的一些看似无足轻重的人物，在小说的其他部分特别是后面两章中，还出乎我们意料地占据了显赫的地位，发挥了至关重要的作用。

比起结构和情节的安排来，小说在塑造人物方面的成就还更加令人赞叹。活动在年轻的威廉周围并从正面反面给了他教育的人，真可谓男女老少，三教九流，应有尽有，其数量之多，性格、形象之鲜明，在歌德的所有作品中唯有《浮士德》可比。不同的是，他们绝大部分都出自现实生活，因此血肉丰满；显得超常和带有神秘色彩的唯有迷娘和竖琴老人。而恰恰是这两个与主人公关系密切的人，他们奇异的性格和遭遇，又赋予了这部基调为现实主义的小说以浪漫色彩。

以职业和等级分，《学习时代》的人物主要有商贾、艺人和贵族三类；而在每一类中间，他们又形形色色，各具鲜明的个性。甚至同样身份、同样职司的人也无一雷同，因此往往起到了相互对照和彼此衬托的作用。例如威廉与他青年时代的好友和妹夫威尔纳,虽都出身商贾之家,走的却是完全不同的人生道路,一个越来越情操高尚、抱负远大,积极投身改良社会的事业,一个却越来越庸俗、市侩和唯利是图。同为剧团经理的梅利纳与赛罗,也是个性和作风迥异,一个猥琐卑劣,与其说是从艺不如说是做买卖,一个放浪形骸,艺人的习气分外浓重。至于为数更加众多的男女演员,还有同为贵族的罗塔里奥及其糊涂迷信的伯爵妹夫和玩世不恭的弟弟,等等,也是一人一个模样,叫读者过目难忘。

小说中尤以女性的形象最为光彩夺目,作者歌德似乎对她们怀有偏爱,在塑造她们时注入了特殊的、浓重的感情。拿与主人公先后有过感情纠葛的玛莉雅娜、菲莉涅、特蕾萨和娜塔莉亚来讲,她们要么善良、忠贞,要么乐天、聪明,要么干练、理智,要么气质高雅、心性高卓,没有一个身上不有许多可爱之处。就连她们中最可非议的女戏子菲莉涅,虽然性格轻浮,却绝不势利庸俗,相反倒极其慷慨大度,富于正义感。可以认为,在德语文学的人物画廊中,菲莉涅是个独具特色的典型。出身与地位低下的她与贵族出身的特蕾萨和娜塔莉亚一样,做人行事都独立不羁,迥异于其他一些做男性附庸、受制于男性的传统女性。因此可以讲,她们也是新时代的新人,新时代的新女性。其中特别是娜塔莉亚,在主人公威廉和作者歌德的眼中一直是一位 Amazone,即女中的豪杰或巾帼丈夫,精神、气质不只胜过一般男性,简直可以讲被威廉当作了典范和偶像。也许正因为如此,她更多的是一个理想的、神圣的象征,而不如菲莉涅现实和有血有肉。

《学习时代》尽管人物为数众多,我们可以分为感性的和理性的两大类,前者多为小说上半部所写的菲莉涅这样的艺人,后者多为塔楼兄弟会周围的人物如雅诺和"教士",等等。当然,理想的人最好是具备两者的优点,摒弃他们的缺点,但要做到又谈何容易?所以,在小说中,似乎并没有一个真正理想的人物,即使罗塔里奥和威廉,也仍须在实践中继续受教育和学习成长。

在感性的人物中,迷娘和竖琴老人可谓走到了极端。特别是迷娘,她跟维特和《亲和力》的主人公爱德华一样过分地强调了感情,也认为:"理性是残酷的,心更好。"(第七集第 8 章)。她老是唱着心灵之歌,死于无节制的相思和渴慕。她的世界神秘、悲凉但却极富诗意。而竖琴老人则让我们想起古希腊的命运悲剧。

迷娘和竖琴老人,在歌德的经历中未必有生活的原型,多半只是作者的艺术虚构,只存在于作者的幻想中。其中的迷娘只是反映了歌德本身的渴慕与向往;向往的对象具体地解释可以是欧洲文化的主要发祥地意大利,但是恐怕又不只是意大利。竖琴老人呢,则可以说反映了歌德对人类命运的思考和迷惑,就像《浮士德》、《亲和力》等作品一样。这两个尽管只是出自幻想的人物,却以自己曲折离奇的故事和优美凄清的歌曲，给整个作品增加了不少神秘的色彩和浓郁的诗意。这些歌曲凭着本身的魅力，更是广为流传，成为歌德抒情诗里的精品，世界诗歌宝库中的明珠。关于这两个人物，冯至老师在1943年的一篇文章里写道：

> 在全书里，歌德还以另样优美的心情，穿插一个美妙而奇异的故事，那个迷娘和竖琴老人的故事。有几个《学习时代》的读者不被迷娘的形象所吸引，不被竖琴老人的命运所感动呢？他们的出现那样迷离，他们的死亡那样奇兀，歌德怀着无限的爱与最深的悲哀写出这两个人物，并且让他们唱出那样感人的歌曲。仅仅这两个人物的故事，已经可以成为世界文学中的上品，但它在这里只是一个插曲……①

书中的一个"插曲"已足以成为"世界文学中的上品"，整部小说的巨大价值更不待言了。有人惊叹于《学习时代》内容和形式的丰富、宏大、深邃、严谨，便很恰当地把它比作一部交响乐。

但是，正像一部大交响乐的流传、接受往往赶不上一首小夜曲什么的，这部杰作直至目前在我国的影响不只无法与歌德的其他名著如《维特》、《浮士德》同日而语，甚至也远远赶不上小说中插入的诗歌如《迷娘曲》，等等。可是尽管如此，这部作品在20世纪二三十年代通过片断的翻译，已对我国的文学和政治生活产生过影响，其例证就是抗日战争中从国内一直演到了国外的街头剧《放下你的鞭子》。②

10年前的1988年，业师冯至教授和夫人姚可昆老师终于推出了《学习时代》开笔于抗日战争时期的全译本，弥补了我国歌德介绍的一个重要空白。就像我的学术事业得到了冯至老师的巨大促进和奖掖，使我终生收惠，永志不忘，我在研读和重译此书的过程中，也不时地参考老师的译本，同样获益良多。

---

① 见《冯至学术精华录》，北京师范学院出版社1988年版，第382—363页。

② 参见本书外编《歌德与中国》。

《亲和力》——“含义无穷的艺术杰作”

1774年,年仅25岁的歌德以小说《少年维特的烦恼》震动了德国乃至整个欧洲文坛。事隔35载,在年满60而进入老境的时候,歌德又出版了长篇小说《亲和力》(1809),再一次在德国读者和评论界中掀起了轩然大波。也可以说,在歌德生前,《亲和力》所受到的注意和引起的争论,超过了除《维特》以外的其他所有作品。小说问世的次年,一位友人写信给歌德说:“我从来没有听人谈起什么像谈您这部小说一样地感情激动,一样地恐惧不安,一样地愚蠢荒谬。书店门前也从来没有过这么热闹拥挤,那情形简直就跟灾荒年间的面包铺一样……”①

一方面,《亲和力》获得了一些富有鉴别力和洞察力的作家和评论家的高度赞赏。卡·威·弗·左尔格说:“这是一部含义无穷的艺术杰作”;威廉·格林认为:“它只有歌德才能写出来”;福凯则断定:“这样的杰作,我认为,年迈的大师还从来没有写过。艺术如此精湛、深刻,感情如此热烈、真挚,信仰如此神圣、宁静!我现在比以往任何时候都更加倾心于他。”②

可是,另一方面,《亲和力》这部书却为当时的多数读者所不理解,一些卫道士甚至骂它是“一部不道德的书”,“有伤风化”,而它的作者歌德,也就被斥为“异教徒”,因为他据说在书里竟然为违犯基督教所谓“十诫”第六诫的人作辩护。③

相传在一次社交聚会中,一位夫人告诉歌德,她认为《亲和力》这本小说是极不道德的。歌德听罢沉默良久,然后才冷冷地问答:“很遗憾,它却是我最好的作品。”④

时至今日,人们对《亲和力》的评价虽然都已趋于肯定;但是,具体谈到它的主题和思想内涵,仍旧众说纷纭,莫衷一是。就题材和主题思想而言,《亲和力》可以讲与《维特》确有相似之处;但是老年的歌德毕竟不同于青年歌德,《亲和力》的思

---

① 见汉堡版《歌德文集》第6卷,第690页。

② 同上,第652、660、661页。

③ 第六诫的内容为:“不可奸淫。”

④ 见 *Zeit-Bibliothek der 100 Buecher*, Suhrkamp出版社1980年版,第153页。

想内涵事实上要深沉得多。

歌德在晚年曾经说,他的所有作品“仅只是一部巨大的自白的一个个片断”。《亲和力》也不例外,同样反映了他一个特定时期的生活经历和思想情感。

1807年12月,歌德在老友耶拿出版商弗洛曼家中作客。弗洛曼有一个养女名叫米娜·赫尔茨丽卜。她年方16岁,总是穿着一身洁白的连衣裙,娇嫩白皙的脸上长着一双顾盼撩人的黑色大眼睛,眼神中总是含着忧郁、智慧和幻想,后脑勺上盘着乌黑的发辫,整个人看上去就像初绽的花蕾一般地美丽。在冬日的寂寥中,歌德和随后到来的一位当时算是才华横溢的青年诗人察哈里阿斯·维尔纳尔比赛写诗,可爱的少女米娜自然成了他们崇拜和讴歌的对象。在两个礼拜里,歌德颇为她写了些自己本不喜欢写的十四行诗,不知不觉间,他已忘记这不过是逢场作戏,而真的爱上了米娜。这是歌德20多年来又一次产生了强烈的爱欲,内心激动不已,似乎恢复了青春。然而,这却是一次无望的爱情,只能给他带来痛苦:歌德已经58岁,与姑娘的年龄太过悬殊,而且,他和克莉斯蒂娜于1788年开始同居,第二年便生下儿子奥古斯特,在来耶拿之前不久刚好和妻子正式举行了婚礼。没有别的办法,歌德只能努力克制自己勃发的情感,强忍着痛苦,像以往多次从自己的爱人身边逃走一样,未经告辞便离开了弗洛曼家。

《亲和力》就是在这短暂的冬日爱火中产生的。它的篇幅是《维特》的两倍多,但第一稿仅用7周便完成了。可以想象,59岁的歌德仍和25岁的歌德一样,也是在按捺不住的狂热状态和创作冲动中写成了《亲和力》。

不过,尽管如此,这部小说并非他与米娜那段短短恋情的直接和简单的记载。在弗洛曼家的经历和感受,只提供了契机和刺激,迫使歌德去思考他曾经为之长期苦恼的一些问题。诚如同时代的著名作家亨利·胡斯所说:“在这部书中,歌德把自己丰富的阅历和对人生的观察思考全都写了下来。”①

为了证明这个论断,只需举出一个最明显的事实,那就是小说的4位主人公全都在现实生活中有着自己的原型:美丽、善良、谦逊、乐于助人的奥蒂莉十分像歌德热爱的米娜·赫尔茨丽卜;聪明、冷漠、有决断力而人到中年仍丰韵犹存的夏绿蒂,也酷肖魏玛宫中那位既给了歌德爱和鼓舞,又长期在精神上折磨他的封·

---

① 见汉堡版《歌德文集》第6卷,第661页。

施泰因夫人——她的名字并非巧合也叫夏绿蒂；至于爱德华和奥托上尉，他们两人身上同样都具有作者本人的某些特征，只不过前者热情奔放，主要像创作《维特》时的青年歌德，后者富于理智，更似写《亲和力》时的歌德罢了。

《亲和力》这部小说篇幅不算长，情节也说不上复杂，歌德原本只计划写一个中篇，嵌进他已着手创作的长篇小说《威廉·迈斯特的漫游时代》中去。

说的是一对情侣——爱德华与夏绿蒂历尽波折，到了中年终成眷属。婚后，两人在美丽的乡间过着宁静而幸福的生活。一天，丈夫提出是否邀请他俩年轻时的朋友奥托——一位刚从军队退职回来尚无工作的上尉来家，协助管理他们巨大的庄园。妻子坚决反对这个提议，理由是夫妻间的和谐幸福往往会由于第三者的介入而招致破坏。然而她终究拗不过丈夫。上尉来了，结果不出妻子所料，两个男子很快找到共同的爱好和工作，把她给冷在了一边。为了排遣夏绿蒂的寂寥，爱德华又主张将她在寄宿学校念书的侄女奥蒂莉接回来。对此夏绿蒂同样心存忧虑，担心年轻的侄女会爱上老单身汉奥托。殊不知情况并非如此，奥蒂莉回家不久，4个人之间便出现了意想不到的重新组合：年轻、美丽、温柔的奥蒂莉和热情、豪爽、真诚的爱德华相互吸引，情投意合；贤惠、聪明而丰韵犹存的夏绿蒂与干练、稳重而富于理智的奥托上尉彼此爱慕，心心相印。

日子一天天地过去，4人之间的情感变化越加明显。这不仅表现在日常的大小事情上，而且导致了爱德华和夏绿蒂的婚姻关系事实上的破裂：一天夜里，夫妻两人同床异梦，都下意识地把自己怀抱中的对象当成新的意中人，因而获得了极大的欢娱和幸福。第二天早上醒来，面对着初升的朝阳，两人又一样地内疚，觉得自己已犯下奸淫大罪，既背叛了他们之间的神圣婚约，也玷污了他们对各自的情人的纯洁感情。至此，再也无法保持表面的平静和缄默，情人之间便相互表白了心迹。不同的只是，夏绿蒂和奥托上尉这一对理智而富有节制；爱德华和奥蒂莉，尤其是爱德华却任凭热情的驱使，以致在庆祝奥蒂莉生日时惹出了事端。这时夫妻俩只好摊牌。结果两个男子都离开了家：奥托上尉找到了另外的差事，爱德华却上了战场，以求一死。

夏绿蒂和奥蒂莉开始过着看似平静、实则孤寂的生活。不久，夏绿蒂发现自己有了身孕——这就是她与爱德华同床异梦那个神秘之夜留下的后果。而且更加奇怪和令人骇异的是，孩子生下来了，模样却不像自己生身父母爱德华和夏绿蒂,而像他们各自的意中人奥蒂莉和奥托。这难道是乖戾的大自然在固执地揭露人们的隐私?或者这只是证明了,爱情的神秘力量也即小说中所谓的亲和力,是不可抗拒的呢?

两个女人精心地抚养着这奇怪的孩子,奥蒂莉尤其尽心竭力。她把这当成是对自己的情人爱德华应尽的义务,并以此寄托对他的思念。漫长的冬天过去了,爱德华并没有如其希望的那样战死疆场,而是又回到了他蛰居的别庄。他决心重新安排生活,便说服奥托去请求夏绿蒂同意和他离婚,以便4个人都能按心愿重新合法地结合。不巧夏绿蒂不在家;急不可待的爱德华潜回庄园附近却碰上了奥蒂莉,使她情绪十分激动,于回家途中神思恍惚,将孩子掉进湖里淹死了。面对着孩子的尸体,4个人中最冷静的夏绿蒂才省悟到:

> 有些事情命运固执地作好了安排。理性和道德也好,义务和所有神圣的誓言也好,都休想阻止住它:命运觉得是合理的事情就得发生,尽管在我们看来好像不合理;临了儿它会强行贯彻自己的意志,不管我们怎么反抗都没有用。

基于这样的认识,夏绿蒂同意离婚,然而为时已晚。奥蒂莉深感内疚,一是怪自己破坏了自己心爱的人爱德华和夏绿蒂的婚姻和谐;二是怪自己害死了他们的孩子,因而断然拒绝与爱德华结合。她郁郁终日,瞒着众人不吃不喝,终致衰竭而死。绝望的爱德华学着她的榜样,不久也离开了人世。两人被合葬在小教堂里。小说的在结尾时写道:

> 而今一对情侣就这么并肩长眠。静穆的气氛笼罩着他俩的安息地,欢乐的天使从穹顶上亲切地俯瞰着他们;而将来,假使他俩一旦双双苏醒转来,那又将是何等美妙动人的一瞬哦。

从以上故事梗概,我们得到的第一个印象很可能是:此乃一部爱情小说。

果真如此吗?不,至少不完全如此。

不错,《亲和力》是写了两对男女之间的感情纠葛。但是,爱情仅仅构成了小说的骨架,在这骨架之上还支撑着丰满的血肉,蕴藏着深邃的精神。也就是说,《亲和力》不像一般爱情小说乃至言情小说那样注重情感的抒写,以至于缠绵悱恻,从而感染读者,引起读者的共鸣;相反,倒是对主人公之间激烈的感情矛盾进行冷静的描写和细致的剖析，引导读者思考。因此，整个小说带着强烈的思辨色彩。

至于说《亲和力》是一部“诲淫之作”，更与事实相悖，纯属肤浅和虚伪的无稽之谈。不错，小说的两个主人公是已经以上帝的名义结为合法夫妻，后来又各自爱上了其他的人。但是，小说仅仅叙述了，令人信服地叙述了他们在感情上的变化，而没有任何一点点露骨的、庸俗的男女私情的描写。加之 4 位主要人物都是富有教养、品格高尚而且勇于自我牺牲的人，轻浮、淫荡这样的字眼儿，无论如何也加不到他们身上。其中，尤以奥蒂莉的形象最为可爱：她纯洁、善良、美丽、文静而乐于助人，生前受到众多男子的青睐，死后成了人们心目中的圣女。就连 4 人中最易受人非议的有妇之夫爱德华，歌德也认为“至少是极其可爱的，因为他无条件地在爱”。①在这里，我们不是又听见了维特和青年歌德的声音么？

所不同的只是，在追求个性解放和反对传统束缚——宗教的、法律的、伦理的束缚的道路上，《亲和力》和老年歌德比《维特》和青年歌德似乎更前进了一步，远远地走在了时代的前面。正因此，卫道士们加给小说“诲淫”的罪名，当时的大多数读者不能理解和接受它，也就一点都不奇怪。在谈到这个情况时，德国现代大戏剧家和无产阶级革命作家布莱希特愤慨地说：“唯其如此，我才高兴。德国人都是些猪猡。”②他认为，《亲和力》没有丝毫的小市民气，而同时期的哪怕最成功的德国剧作都是打上了小市民的烙印的，因此《亲和力》算得上一部“伟大的杰作”，他布莱希特可以为这部杰作“唱一支赞歌”。不只布莱希特，还有本雅明等当代的一大批著名理论家，同样给予了《亲和力》以崇高评价。

那么，《亲和力》这部小说究竟有何深义，究竟提出了哪些问题来进行探讨，以致引起人们如此的重视，并在不同时代的不同论者中得到截然相反的评价呢？歌德自己在给朋友的不止一封信中指出，他在小说中放进了，不，“藏进了”许许多多的东西；他希望读者反复地进行观察，穿过“透明的和不透明的帷幕”，最后窥见其中的真义。③他还说过，要真正把握书中的细节安排和人物关系，必须把它认真读上 3 遍。

我们这样做了，果真发现《亲和力》围绕着 4 位主人公的感情纠葛，对恋爱、婚姻及其相互关系等重大的人生和社会问题，进行了深入的思考和探讨。除了通过主人公的思想、行为和遭遇，形象而又委婉地提出问题和解答问题外，歌德还借其

---

① 见汉堡版《歌德文集》第 6 卷，第 641 页。

② 见 *Zeit-Bibliothek der 100 Buecher*，第 153 页，“猪猡”一词原文为 Scheissvolk，此处系意译。

③ 见汉堡版《歌德文集》第 6 卷，第 638—639 页。

他人物之口，直截了当地让不同的观点针锋相对。例如，关于婚姻的约束力这个问题，小说中那个好心肠干坏事的仲裁人(Mittler)认为，“婚姻是一切文明的起点和顶峰”，因此“必须是牢不可破的”。

反之，小说中的一位伯爵却公然宣称，人都乐意扮演新的角色，“在婚姻关系中，不恰当地也仅仅是要求在这充满变换和动荡的世界上实现绝对的、永久的稳定”，因此认为，“每缔结一次婚姻只应生效5年”，5年以后夫妻双方都有权考虑和决定是延长婚约呢，或是各奔东西。这位伯爵所代表的，在当时无疑是一种违反宗教戒条和法律道德准则的惊世骇俗的观点。然而，持这种观点的伯爵，他的一席话不但讲得“得体而又风趣”，在“戏言中包含着深刻的伦理意义”；而且，他还身体力行，未曾离婚就与一位男爵夫人相爱、同居。在小说中，他们是高雅、端庄、快活的一对儿。反之，那位仲裁人却老迈、迂阔、令人讨厌——作者歌德自己显然就十分厌恶这个貌似与人为善的卫道士典型，以致让他在夸夸其谈中无意间断送了一老一少两个人的性命。

这样，通过直接、间接的方式，歌德明确地表示了自己的态度：他显然同情的是爱德华、奥蒂莉和伯爵式的“无条件地爱的人”。上面引的小说结尾的那句话，不只可以视为歌德对于他们的赞颂，而且道出了他希望人们能获得更多的婚姻恋爱自由的理想。因此笔者认为，有的学者所谓“宣扬人在恋爱、婚姻问题上须有所节制，有所放弃和断念，乃是《亲和力》这部小说的主旨”的说法，不符合歌德的创作本意，不符合文本的实际情况。

在歌德时代的德国上层社会，离婚已并非罕见的事，常有朋友以可否离婚的问题去征求歌德的意见，他从无表示反对的时候。《亲和力》一出来，也被某些人简单地看作一部为离婚辩护的书。在现代西方社会，婚姻关系变得如此松散，男女相爱结合更加自由，似乎实现了歌德在《亲和力》里提出的理想，于是不少评论者认定，在歌德的所有作品中，《亲和力》是最富现代意义和超前意识的一部。笔者也认为这种看法不无道理，因为《亲和力》所包含的伦理意识和观念，确实远远超越了产生它的时代。

在这个意义上，《亲和力》堪称是一部伦理小说，但又不仅仅是一部伦理小说。《亲和力》没有停留在爱情、婚姻、家庭伦理问题的探讨上，而是通过爱情与婚姻时常发生矛盾、婚姻因此不能持久等现象，进一步提出了人性和人生的局限问题，并且企图作出自己的解答。

小说题名作《亲和力》是富有深义的。所谓亲和力，原系瑞典化学家白格曼在1774年创造的一个拉丁文术语(attractiones electivae)，译成德文为die Wahlverwandtschaft，意即“选择的亲缘关系”。作为科学术语，它指的是在自然界的不同元素和物质之间，相互吸引和聚合的能力和强度是不同的，当不止两种元素在一起，或在两种原来聚合在一起的元素中又掺入别的元素时，它们之间就会相互进行“选择”，结果总是亲和力更强的聚在一起，亲和力较弱的则自然分开。在我们的小说中，通过主人公之一的奥托上尉之口，对这个化学术语作了十分明白的解释。歌德以此词作书名，赋予它了深刻的寓意，把它所表现的自然现象推演到人与人之间特别男女两性的关系上，也即恋爱和婚姻上。因为对于人来说，“选择的亲缘关系”，就不是血缘的先天的亲属关系，而是后天经过选择而形成的亲属关系，即通常所谓的“姻亲”。在歌德看来，书中4位主人公之间的感情变化和离散聚合，都是由这带有一定神秘色彩的亲和力的强度差异造成的。

爱德华和夏绿蒂本是一对恩爱夫妻，彼此之间的亲和力当然很强，但在碰上了奥托上尉和奥蒂莉后便各自奔向新的爱人身边，原因是他们分别与新来者之一的亲和力更强。于是出现了由亲和力强度差异造成的“选择”和重新聚合。

当然，所谓亲和力，在书中只是一种比喻，一种象征。我们和歌德一样，都不会把人与人之间的亲和力，作纯自然科学的机械的理解；因为，作为万物之灵长的人，毕竟是有理智的。但是，另一方面，人与人之间，似乎又确实存在着类似于亲和力的某种神秘的力量；而这种力量所造成的常常是破坏性的、不幸的影响，又不总是能为理智乃至由理智所创造的诸如宗教戒条、法律准则、道德规范等所抑制和克服。

什么是人与人之间的亲和力呢？可不可以说是遗传、生理、心理、种族、年龄、社会环境以及文化素养等内在和外在的因素，在人们身上造成的性格、气质和审美理想的差异，而由于这种差异，又形成了人与人之间感情交流和心灵契合的不同强度？看来可以说是，但又似乎不完全是，因为其中确实还包含着某些不可理喻的、神秘的东西，某种人所不能控制和抵抗的宿命的力量。

《亲和力》这部小说的深刻和震撼人心之处，正在于向我们揭示了人生由亲和力所注定的一大的局限：就是婚姻的缔结即便并非被动的——爱德华和夏绿蒂在终成眷属前都被迫结过一次婚——，也总免不了带有偶然性乃至一定程度的盲目性；第一次的选择很难就是最佳的选择，更不可能有绝对的和永远的最佳选择。所以，人的终身大事，实际上是由不受或者不完全受他的意志和感情所支配的偶然性也即“命运”所决定。

同时，人受着同样不由他支配的亲和力推动，常常又不能顺从自己的“命运”，于是就生出了无数“千古知音难觅”和“恨不相逢未嫁时”的慨叹，酿成了无数的恋爱、婚姻和家庭的悲剧。

《亲和力》中的4位主人公正是如此，他们两个死了，两个可悲地活了下来，命运都是悲惨的。因此，评论家又进一步认为，《亲和力》乃是一部如古希腊悲剧一样的命运悲剧。当代著名德国评论家瓦尔特·本雅明在其彻底改变了人们对《亲和力》看法的长文《歌德的〈亲和力〉》中，就特别强调小说所表现的婚姻恋爱关系“神秘的”性质。

爱情小说—伦理小说—命运悲剧，至此是否已经穷尽这部左尔格所谓“含义无穷的艺术杰作”的内涵呢？其实未必。

举个例子来说，倘若请西方现代精神分析学派来评论《亲和力》这部书，来分析一下夏绿蒂生的那个奇怪的男孩，他们多半又会作出新的有趣的解释，并且发现在歌德的亲和力和弗洛伊德的力比多以及荣格的类型学说之间，也存在某种联系。

婚姻与爱情发生矛盾，婚姻不能持久，由于婚姻造成不幸和悲剧，这样的问题在人类社会司空见惯，由来已久，而且仍将长久地存在下去。对于问题的产生根源、解决办法以及避免造成不幸和悲剧的途径，不同时代、不同社会、不同民族和不同宗教信仰的人会有不同的认识。在《亲和力》这部小说中，歌德是以十分严肃的态度，探讨了这些重大的人生和社会问题，表明了自己的认识。我们完全可以不同意歌德那带有宿命色彩的亲和力理论，但他关心人类命运和勇于破除陈腐观念、戒律的精神，却令人钦佩。《亲和力》这部小说也有力地证明，歌德是一位超越了自己时代的伟大思想家。

诗人歌德一生多恋。人们常常以他和女性的关系大做文章，颇多微词。就连我国五四时期思想解放的先驱者之一的郭沫若，他虽崇拜歌德，自比歌德，却也对这位“西洋贾宝玉”“只晓得‘吃姑娘嘴上的胭脂’”表示不满。①而事实上，在笔者看来，歌德是受了几分委屈了。诚然，在他漫长的一生中，歌德是有过远比常人为多的“风流韵事”，而且轻率和负心的情况也不止一桩，对此，他在《葛慈》、《克拉维歌》以至于《浮士德》中，都作过所谓“诗的忏悔”。可是，综观诗人整个的恋爱、婚姻经历，应该说他并不幸福。他觅到的知音不多，少数真正的知音如夏绿蒂·布甫和玛丽安娜·韦勒美尔却又不能结合。有的女友如丽莉·薛纳曼和封·施泰因夫人还以自己的任性乖僻，带给了他痛苦。歌德最终娶的只是一位制花女工，她虽美丽、善良、贤淑，对歌德的生活多所关怀、照顾，但在精神上离大诗人和大思

① 参见《三叶集》和《创造十年》。

想家的他却相去甚远。歌德的小说《少年维特的烦恼》、剧本《斯苔拉》和诗歌《西东合集》，等等，都是不幸的或无望的爱情的产物，《亲和力》也属于这类作品。

歌德在小说中借助艺术形象，对恋爱婚姻不和谐的问题，进行了冷静而痛苦的思索。读《亲和力》，我们似乎听见了歌德对自己一生多恋所作的辩解：他是一个“无条件地在爱”的人，年龄和社会地位的差异以及宗教戒条、法律准则、伦理规范，等等，都不能成为爱的障碍；因为，爱不以人的主观意志为转移，而由人与人之间的亲和力所决定，因此可以讲，爱就是命运。

《亲和力》被视为老年歌德的一部杰作，它在艺术表现方面自然也是成功的。前文已指出它那鲜明的思辨色彩。在一部篇幅不长的小说中要做到这一点，就不能没有凝练精辟的语言、生动感人的故事，以及巧妙的细节安排。作者歌德只是事件的冷静叙述者和剖析者，书中主人公是循着一个严格而冷酷的逻辑，一步步接近了不幸和死亡。

《亲和力》和《维特》题材和主题近似，艺术风格却迥异。要想真正理解和欣赏《亲和力》，似乎得花更多的功夫（歌德说“至少读 3 遍”）。在这个意义上，《亲和力》又可以说是一部典型的德国长篇小说。匠心独运的细节安排，逻辑谨严的推理思辨，浪漫主义的神秘色彩和象征性，三者被作者成功地糅合在了一起。

尤其是富于浪漫和神秘色彩的象征手法的使用，可以说是《亲和力》的一个十分独特之处。以化学术语亲和力晓谕两性关系的多方面深刻含义，上文已讲得不少，这儿不再赘述。还有歌德给书中 4 位主人公取的名字，也大有讲究，也有深义存焉。两位男主人公原本同名，即都叫奥托（Otto），只是为免混淆，才常常一个仅称其姓爱德华（Eduard），一个仅呼其职上尉；而两位女主人公即夏绿蒂（Charlotte）和奥蒂莉（Ottilie），她们的名字中同样隐含着 Otto，这个名字的女性形式即 Otte。①甚至还有，夏绿蒂生下来的那个神秘的孩子也取名为小奥托。于是，整个的故事，都可以说是在男女奥托之间发生的事情。不过歌德并非在这里玩字谜游戏，而是在这几个同出一源但性别鲜明的名字中，暗藏了深义。就像亚当和夏娃这两个名字具有了象征和隐喻整个人类的意义一样，在小说中的 Otto 和 Otte 也可以被理解为泛指一切的男人和女人，泛指被分为男女两性的整个人类。因此，

① 关于《亲和力》中人物的称谓问题，还可参阅刘皓明：《启蒙的两难：歌德篇》，《读书》1996 年第 4 期。

《亲和力》给我们讲的乃是带有普遍意义的人的故事，探讨了形成人类命运悲剧的自然而神秘的原因。

从以上分析不难看出，歌德对作品的艺术形式是何等地重视和讲究。大至整个小说的题名，小至主人公们的称谓，无不有助于表现作品深邃的立意和主题。这就是说，即使在一些不起眼的艺术形式中，《亲和力》也如歌德提醒读者的那样，"藏进了"许许多多的东西，值得反复地进行观察，以便穿过"透明的和不透明的帷幕"，最后窥见其中的真义。

还值得一提的是小说的人物塑造十分成功。这不仅指它的4位主人公都个性鲜明，给我们留下了深刻、难忘的印象，就连一些次要人物也形象生动，呼之欲出。作者为此十分纯熟地使用了对比的手法，甚至是多重对比的手法，取得了突出的效果。如小说的中心人物奥蒂莉，我们不但会自然地将她与性格截然相反的夏绿蒂对比，还可以与同龄人露娴妮对比；另一中心人物爱德华，我们不但会将"无条件地爱"的他与理智冷静的奥托上尉相比，还可以与同样爱慕奥蒂莉的校长助理和建筑师相比。通过如此多角度的对比、烘托，人物的形象、性格就更加丰满，更加光彩照人。特别是奥蒂莉这个少女形象的塑造，更是令人赞叹，值得深入研究和细加玩味。

《亲和力》不但帮助我们更好地认识歌德整个的思想、生平和创作，而且也帮助我们理解西方，特别是现代西方恋爱婚姻的伦理观念和思想基础。东西方在伦理观念上的差异无疑是巨大的。也许正由于这个原因，在40多年前即已问世的第一个《亲和力》的中译本——为笔者的恩师冯至先生的恩师杨丙辰先生所译，才没有得到我国读者的理解和重视。在实行对外开放和中西思想文化交流不断加强的今天，重新介绍歌德这部"最富有现代精神"的作品似乎更加必要。

近些年，《亲和力》这部小说尽管也有了不止一种新译本，但遗憾的是研究、评论仍不多见，在读书界引起的反响更是寥寥。也正因此，笔者在结束本文时，想再次强调一下：无论从哪方面考察，《亲和力》都是一部当之无愧的杰作，值得我们充分重视。

自白与自述:歌德的“全身塑像”

——《歌德谈话录》译后漫笔

世界文学宝库珍奇无数、异彩纷呈,在这中间爱克曼的《歌德谈话录》却独具一格,堪称一部价值非凡的佳构杰作。此书德文原题名为 *Gespräche mit Goethe in den letzten Jahren seines Lebens*,照直译出来大致是《与暮年歌德的对话》。包括作者爱克曼本人在内,恐怕谁也不曾料到它会从汗牛充栋的类似著述中脱颖而出;许许多多同样记述歌德谈话和生平的文字都湮灭无闻了,爱克曼这部书却长期广泛流传,成为一部深受文艺界、学术界和普通读者青睐的世界名著,因而也独占了《歌德谈话录》这个既响亮又蕴涵丰富的题名。时至今日,这部书不但在德国家喻户晓,即使在我们时空相距遥远的中国,任何有教养的人都不会不知道爱克曼的这部大作。教育部把《歌德谈话录》列入了给中学生的推荐书目,就足以证明它多么受重视。仅仅靠着这样一本书,作者爱克曼便得以留名青史。

爱克曼何许人,为什么偏偏是他完成了这部作品?

对于此书的产生和成功,歌德本人除了被动地接受“访谈”,是否还主动、积极地做了什么?

《歌德谈话录》究竟是怎样一部作品,为什么具有如此巨大的价值,产生了这么深远的影响?

就诸如此类读者和专家都不会不感兴趣的问题,亦即一些个直接关系到本书的理解和欣赏的问题,笔者准备介绍一些自己掌握的情况,谈谈个人的粗浅看法。

1. 《歌德谈话录》何以偏偏出自爱克曼笔下?

世界上没有什么事完全出自偶然。成就爱克曼《歌德谈话录》的既有一些客观的机缘,更有他种种主观的优越条件。从他这近乎歪打正着的成功,我们真可以获得许多启示。

爱克曼(Peter Johann Eckermann, 1792—1854)出生在普通的农民家庭,虽家境贫寒却勤奋好学,求知欲旺盛,故而能靠自己的努力和好心人的资助念完大学。

爱克曼喜欢文学特别是诗歌，对大诗人歌德更崇拜得五体投地，不但自己的诗歌创作以歌德为楷模，还写了一部主要以歌德作品为范例的诗论。他专程到魏玛拜谒歌德，目的就是拿自己的诗作登门求教。

1823年6月10日，年已75岁的大诗人歌德在自己魏玛的家中，像无数次地接待他的仰慕者一样接待了年轻的爱克曼，并对他留下了一个为人诚恳、勤奋、踏实的好印象。这便决定了时年31岁的小伙子一生的命运，因为年事已高的歌德已在考虑自己的身后事，正留意物色一名适合在将来编辑、整理和出版他遗作的助手。爱克曼的人品、学识和文笔俱佳，在他看来正是再恰当不过的人选。多亏老天帮忙，让这么个年轻人恰恰此时出现在歌德面前！

于是老诗人很快便拿了一些早年的作品让小伙子试着编辑整理，结果令他相当满意。随后经过歌德诚恳的邀请，爱克曼便留在魏玛；后来他又在多次挽留之下一待待了整整9年，直至歌德1832年3月逝世。

在这漫长的岁月里，爱克曼成了歌德家中受欢迎的常客和工作中得力的帮手，不但经常有机会与大诗人和大思想家聚首倾谈，还在相互了解的基础上与这位自己深深敬慕的长者建立了诚挚的友谊。面对年轻的爱克曼，身份和地位极其显赫的魏玛重臣、“诗坛君王”和“奥林帕斯山上的宙斯”一改旧貌，不只慈祥和蔼，而且推心置腹，无所避讳，一打开话匣子就滔滔不绝。爱克曼作为后学、助手和景仰者，对老诗人睿智的谈吐自然更是洗耳恭听，生怕有所遗漏和疏忽。就这样，长时期地在如此难得的良好环境和氛围里，便孕育和诞生了《歌德谈话录》这部无与伦比的精彩杰作。

不过，起作用的当然不只是歌德和蔼、主动的态度，不只是良好的环境氛围。须知除了爱克曼，歌德身边还有过其他一些学识渊博、文笔劲健同时也受到老诗人善待的人，他们却要么没想到做，要么想到了却没能做成这样一件看似并不起眼，然而却堪称不朽的事情。

原因在哪里呢？原因在于爱克曼具备一些其他的人没有的主观条件和优秀品格：

爱克曼生性温和，善解人意，富有观察力，在与人交流时既乐于聆听，也善于提出问题；对于渴望述说的老人来讲，他真是一位求之不得的理想对话者。爱克曼的这些特点和优点也即他取得成功的原因，都充分表现在言行里，凡读过《歌德谈话录》的人都能体会出来。

还有一点更加难能可贵，就是爱克曼非凡的眼光。他一开始似乎就意识到了记录歌德谈话的重要意义，因此不但时时处处格外留心，且能持之以恒，坚持记录整理歌德日常的言谈达9年之久,真可谓一位世间少有的、独具慧眼的有心人!要知道歌德留这个年轻后生在身边原本只是让他做编辑旧作的助手,爱克曼以此获得的报酬看来也不多,所以还得靠教授学生解决生计。所以他待在魏玛不只是生活清苦、忙碌,甚至还牺牲了自己的文学创作乃至家庭生活。可是结果呢,付出当然获得了异常丰厚的回报:爱克曼以他在给歌德当助手期间堪称独特的建树和贡献,在德国的思想文化史上永远留下了自己的名字和影响。

说到爱克曼的建树和贡献,不能不指出他除编辑出版歌德的遗作全集,除写成独一无二的《歌德谈话录》,还激励、催促和帮助歌德完成了自己最重要的作品《浮士德》第二部。甚至可以讲,如果没有爱克曼,很可能也就没有完整的、旷世不朽的《浮士德》!在促使歌德充分发挥创作才能这点上,原本卑微的小人物爱克曼,完全可以和赫尔德尔、席勒等德国思想文化史上的巨人并肩站在一起。

一点启示:在拥有6 000年文明的中国,从古至今也涌现了无数的大诗人、大文豪和大思想家,然而似乎却没有一个像爱克曼这样“伟大的”小人物和助手。就因为没有这样的助手,经过时间长河的无情冲刷、汰洗,我们大文豪和大思想家本该留下的丰富精神遗产逐渐归于无形,已失去和湮灭掉了的真不知有多少!

2. 自白与自述:歌德的“全身塑像”和又一部《诗与真》

顾名思义,爱克曼的《歌德谈话录》应该是以歌德为主体和中心的谈话记录,也即一部纪实之作。它之重要,毋庸讳言,首先在于歌德这个人的重要。歌德身为诗人、作家、思想家以及自然研究者和政务活动家,所以谈话涉及的方面非常广泛。然而歌德首先被视为一位文学家,谈的问题也多涉及文学艺术,此书通常便归入了文艺类的著作。

谈话的时间自1823年6月10日至1832年3月初,也就是歌德在世的最后9年多时间,但是内容却不局限于这段时间发生的事情,还包含大量歌德对往事的回忆,对未来的展望。歌德喜欢把自己一生的创作称作一篇巨大的“自白”,其实爱克曼的这部《歌德谈话录》才是他真实而全面的自白。人们因此视它为又一部歌德“自传”,也有人称其一尊立体的歌德“全身塑像”。

现在的问题是,歌德这部“自传”、这尊“塑像”是否真实可信呢?为回答这个问题,得看一看它产生的具体过程。

歌德本人是谈话的主体,即他亲自参与了“自传”的写作和“塑像”的雕凿,这就保证了它基本真实可信。可为什么讲基本,而非完全呢?因为有以下一些情况——

歌德与爱克曼谈话绝大多数都在他魏玛的家里，但有时也会在散步的路上或者外出的马车中。即使坐在家里吧，爱克曼也并非随谈随记，更不具备今日的录音条件，而多半只能在事后根据简单的日记进行回忆和整理；有时甚至连日记也没有，整理只得全凭记忆，而又并非总是整理得那么及时。

再有，尽管爱克曼很早就考虑到了出版，歌德本人却不同意在自己生前办这件事。到1830年他终于松了一点口，但审阅谈话记录稿的承诺却至死未能兑现。后来人们用新发现的歌德日记对照谈话录，便发现其中的记载难免有一些出入。

由上述两点，便得出了“自传”和“塑像”基本真实可信的判断。

《歌德谈话录》的第一、第二卷出版于1836年，也即歌德逝世已经过了4年。出版后在文艺界反响强烈，也得到歌德的至亲好友认可。这大大鼓舞了爱克曼，于是他第二年开始着手编写第三卷。可是由于前两卷销售不畅等原因，第三卷的辑录、整理和出版竟拖了12年，到1848年才得以问世。这一般都在译介时舍去了的第三卷，不但更多地依靠的是爱克曼本人的回忆，还包含了相当多歌德和爱克曼的瑞士友人索勒(F. J. Soret)辑录的歌德谈话。

在谈话录的出版前言中，爱克曼写道：

> 我认为歌德这些有关人生、艺术和科学的谈话，不仅仅包含着不少的启示，不少无比珍贵的教益，而且作为对他这个人的直接写生，尤其有助于使我们心目中从他丰富多彩的作品里得来的歌德形象，变得更加丰满完整。
>
> 不过我也远不认为这些谈话描绘出了歌德全部的精神。这位非凡的天才人物好比一颗有许多个侧面的钻石，每一面都反射着不同的色彩。正如在不同场合和不同的对象面前他都是另一个人，我也就可以十分谦虚地讲：书里的这个只是我的歌德。

爱克曼这些话的意思是，对歌德这位伟大而复杂的人物很难有完全准确和绝对真实的描绘；他谈话录里塑造的只是“他的歌德”，也即他所见的歌德，他心目中的歌德。这是因为，爱克曼在记录歌德的言谈时必定有自己的取舍，必定有由于崇拜而加入的理想成分，甚至也可能于无意间混杂进了自己的好恶。因此德国学者干脆将爱克曼的《歌德谈话录》与歌德回忆他青年时代的自传《诗与真》相提并论，即是认为在基本真实的前提下也容忍了诗化或美化的不尽真实。

结论仍旧是，《歌德谈话录》“基本真实可信”；它基本上反映了老年歌德的精神面貌和思想观点，确实富有智慧、教益和启迪，值得我们认真汲取。

3.《歌德谈话录》的丰富内涵和巨大价值

也因此学者大都强调《歌德谈话录》是一部“智者之书”,因为它凝聚着大诗人和大思想家歌德的思想和精神,如有学者说它是一座“歌德思想和智慧的宝库”。的确,在书里可以听见歌德以高度凝练、概括和富有个性的语言,有声有色地谈论宇宙、自然、社会、人生、哲学、政治、军事、文学、艺术乃至为人处世、剧院经营管理,等等,也就是如先前的译家朱光潜先生和洪天富先生都着重指出的,这部书相当全面、具体地反映了歌德的宇宙观、世界观、人生观以及政治思想和文艺思想。因此,爱克曼的《歌德谈话录》不但给予广大读者以智慧的营养和思想的启迪,也为研究歌德的学者提供了可称权威的依据。

歌德首先是一位文学家,谈论文学、艺术和美学的时候自然特别多。他在谈话中不只阐明自己对种种文学问题的观点,还经常分析自己的作品,特别是当时正在写作的《浮士德》第二部,为其中一些难解的问题,例如怎样解读《古典的瓦普几斯之夜》、“人造人”,以及怎样看待悲剧的开场和结尾借用基督教的观念和形象,等等,给出了自己的答案。谈话过程延续了八九年,他几乎涉及包括《维特》、《威廉·迈斯特》、《塔索》、《亲和力》等在内的几乎所有主要作品。除此他还没少回忆初入文坛时伯里施、梅尔克、赫尔德尔等对自己的帮助,回忆与挚友席勒在创作中的相互激励,相互切磋,以致有的作品难以说清究竟谁的贡献多一些。因此,《歌德谈话录》又被称作“打开歌德创作之门的一把钥匙”。

除了谈自己的创作,歌德还更多地以同时代人和文学同行的身份,近距离地评价了一系列德国作家和欧洲作家。例如欧洲作家,他经常谈到的有英国的莎士比亚、拜伦、司各特,法国的莫里哀、贝朗瑞、雨果以及意大利的但丁、曼佐尼和西班牙的卡尔德隆,等等。对这些世界级的大作家,他不但具体地分析他们创作的特点和成功之处,还指出其不足——创作和性格的不足。这后一点更加难能可贵,非自己也是世界级的大家所不可为。歌德学识渊博,视野开阔,目光犀利,高瞻远瞩,观察所及常常称得上慧眼独具,识见高卓。一个例子就是他基于对包括对东方文学在内的世界各国文学的关注和了解,在谈中国的明代小说《好逑传》时第一个提出了“世界文学”的伟大构想,在我们这里早已经成为美谈。因此,外国文学特别是欧洲文学的研究者和爱好者,也可视《歌德谈话录》为一部不可多得的辅助参考读物。

还有,歌德自幼学习绘画,热爱造型艺术,长期从事艺术品收藏,因此具有很高的艺术鉴赏力。《歌德谈话录》涉及各类绘画以及雕塑和建筑艺术的内容篇幅不少,现在常常挂在我们口里的“建筑是凝固的音乐”时髦说法,很可能最早是出自歌德之口(1829 年 3 月 23 日)。至于对拉斐尔、鲁本斯、德拉克洛瓦等绘画大师的作品,歌德在谈话里更有不少具体、细致和精到的分析和评说,例如 1827 年 4 月 11 日对鲁本斯的一幅风景画分析,等等,简直就是一篇篇精彩的画论!

再者,歌德不只谈论具体的文艺作品,也经常探讨诸如自然与现实、感性与理性、内容与形式的关系之类的文艺美学问题,同样不乏真知灼见。

中国有句俗语:"与君一夕话,胜读十年书。"说明与长者、智者谈话交流,虚心听取他们的教诲,对增长我们的见识,启迪我们的思维,提高我们的学养和德行,多么地有益,多么地重要。大思想家、大文豪、大诗人歌德可并非一般意义的长者和智者,而是处于人类思想文化史顶峰之上为数不多的巨擘之一。多亏了非凡的有心人爱克曼,他用他的《歌德谈话录》,在卷帙浩繁的歌德著作的边上,另建了一座别开生面的歌德思想、精神的宝库,为后世留下了一份承袭起来比较方便的宝贵遗产。通过他和他的这部书,我们可以与歌德作整整 9 年的心灵交谈和交流,所获得的益处又会有多少啊!

4. 另眼看歌德:不可忽视的可读性和趣味性

《歌德谈话录》的思想意义和学术价值怎么估计都不算高,先贤们也强调得够多了,自朱光潜先生的选本在 1978 年问世以来,已经相当地深入人心。这当然不是说无须继续对此书进行思想和学术研究;宝库中待发掘的珠玉珍玩确实还相当不少,可堪玩味的慧语隽言、哲理智慧还比比皆是。笔者再次只想强调,此书其实也极富可读性,其实也好看得很。

是的,富有思想意义和学术价值的《歌德谈话录》的确非常好读、耐读,非常好看、耐看!它虽说讲了许多有关宇宙人生、文学艺术的重大问题,但却深入浅出,因为都紧密地结合实际,是诗人、哲人、智者无比丰富的亲身经历见闻和所思所感的浓缩、结晶。读这部书,我们不只能认识歌德生活的时代、地域和环境,还会进入他的精神世界,不知不觉间眼界便获得极大的开阔。

例如谈戏剧问题,他便结合自己和席勒的戏剧创作,以及他长期管理剧院的经验。在这中间,有趣的逸闻趣事真是不少。而尤为可喜的是,在书里我们见到一个与自己信赖的助手和忘年之交促膝谈心的歌德,一个走下了神坛的有血有肉、谈笑风生、亲切和蔼的歌德,一个既有人的优秀品质又有人的毛病,既理性、睿智又怪僻乃至迷信的歌德。总而言之,在歌德的这部"自传"或者更准确地讲"自述"中,我们会发现一些他身上常常被忽略了品质,会看见一个在日常生活中平易近人,既平凡又伟大,既风趣又可爱的歌德。因为名为《歌德谈话录》,实则所记并非纯粹是对话,也有老年歌德生活状况和情态的不少描写。

这里仅举几个让我们对歌德刮目相看亦即另眼看歌德的例子:

在人们的心目中,歌德这样的大诗人和大思想家一般都不擅长行政和经济事务,其实不然。不说他做过魏玛管辖甚多的大臣,就讲他长期担任魏玛剧院的总监,就显示出了丰富的管理经验和非凡的经济头脑。1825 年 3—5 月以剧院为话题的很多,不少都对我们极有启发意义。例如他讲:一个剧院要站住脚,必须要排练出一套反复上演、常演常新的保留剧目;剧院绝不能为省钱而让二三流演员挑大梁;剧院要想成功,光有好的演员班子不够,还必须致力于提高观众的修养,拥有一批属于自己的高水平观众;他特别强调必须重视票房收入,认为票房好坏也反映演出的质量。

一般人都有歌德生性浪漫,在男女关系方面轻浮随便的印象,其实并非完全如此。他在讲到如何当个称职的管理者时说自己有两个大敌:一是他太爱才;二是剧院里漂亮女演员众多,也不乏出于各种原因来投怀送抱者,自己一不留神就会堕入情网,失去待人处事的公允和领导者的威信,所以他一直很注意保持与她们的距离(1825 年 3 月 22 日谈话)。这些话虽出自歌德本人之口,但也证明他在男女问题上并不随便、轻浮;他虽一生多恋,却都因为确实对对方产生了爱情。

歌德出身富裕市民家庭,后来身居高位,名声显赫,在传世的肖像画上也衣着讲究,我们便相信他一生乐享富贵荣华。其实也不是啊。一次他在拍卖会上拍到一张漂亮的绿色扶手椅,但是却说:“不过我将很少坐它,或者甚至根本就不坐,因为任何的安逸舒适,原本完全违反我的天性。你瞧我房里没有沙发;我永远坐的是我这把老木头椅子,直到几个星期前才给它加了个靠脑袋的地方。一个家具舒适而讲究的环境,会破坏掉我的思维,使我处于安逸的被动状态。”(1831 年 3 月 25 日谈话)

歌德长期效力于魏玛宫廷,也曾晋封为贵族,许多人都批评过他的“贵族趣味”,甚至骂他是“公侯的奴仆”。可是读了他 1827 年 9 月 26 日的谈话,听他讲:“我并非现在自夸,而是事实确乎如此,在我乃本性使然:就是对于纯粹的王公贵族,如果他们不同时具有人的优秀品性和价值,我从来不存多少敬意。是啊,我对自己的身份处境挺满足,感觉自己很是高贵,因此如果人家要把我变成王侯,我一点不会受宠若惊。在发给我贵族证书的时候,许多人以为我因此会飘飘然了。才不喽,咱们私下说吧,我真是无所谓,一点无所谓!身为法兰克福的富有市民,我们一直视自己如同贵族;手里多了一纸证明文书,并不意味着我在思想品德方面比过去有丝毫长进。”我们大概就会改变看法。

总之，爱克曼的《歌德谈话录》能帮助我们更全面地认识歌德，也发现另外一个歌德。

《歌德谈话录》确乎是一座宝库，还有太多精彩有趣之处等待读者自己去发掘、占有和把玩。在强调它的可读性时，这儿想再说说它的文学价值也就是文学性，因为两者原本关系密切。有关内容方面上边已经讲了不少，只再讲爱克曼流畅、灵动、优美的文笔，也配得上歌德老人深邃博大的思想和隽永雅致的谈吐，与之相得益彰；难怪《歌德谈话录》会博得眼光挑剔的尼采的称赞，说它是“空前优秀的德语作品”(……das beste Buch, das es gibt)。

5. “全译本”问题及其他

凡是认真做过翻译的人都有体会：要理解一部作品，与其阅读5遍，不如翻译一遍。因此翻译完一部书特别是内涵深刻丰富的名著杰作，必定会有不少的心得、体会留下来。上面写出来与读者分享的，正是我本人译完《歌德谈话录》后的一部分心得、体会。

关于《歌德谈话录》的方方面面，可以讲的自然还很多。限于篇幅，仅再顺便交代一下有关此书译本的两三个问题。

1978年朱光潜先生的选译本刚面世，立即成了正跟随冯至老师研究歌德的我最常阅读和引用的一本书。后来我也曾多次动过自己搞一个全译本的念头，但由于先做了其他更急迫的事情，还没等动手，洪天富先生等的两个“全译本”就出来了。如果不是不断有出版社来约我搞新的选本，我是下不了决心再来“炒冷饭”的。

冷饭要炒好实在不容易。特别不容易的是配料和口味既不可能完全不同于前人，又不得不有别于前人，甚至还要超越前人。这是复译或曰重译必须把握的分寸，必须有的追求。与此同时，还要敢于和善于借鉴旧译本的长处；拒绝或害怕借鉴不利于文化传承和积累，只表明复译者缺少自信并且愚蠢。

具体讲，我学习和借鉴朱光潜先生译本的地方很不少。例如目录，我觉得像他那样为每节谈话拟一个内容提要虽然增加译者的工作量，甚至难免有“画蛇添足”甚至“不忠实原著”之讥，但却大大方便了读者和研究者，所以也就学过来了。还有注释，也参考和采用了一些朱先生和洪先生写的，特在此声明并一并表示感谢。我和朱先生的不同，一是如我在前文已提及的，在内容挑选方面比较重视趣味性；二是更加注意译笔的流畅和上口。我这样做，也是希望新译本更容易为包括大、中学生在内的广大读者接受。

再说说“全译本”问题。已有读者指出,《歌德谈话录》在我国原有的洪天富等的“全译本”,事实上都并不全。那么我现在这个在浙江文艺的选本基础上增补成的这个本子,是不是就全了呢?也不是。但并非我不想完整地译介这部世界名著,而是它很难译全。事实上,我们都没找到一个堪称“全”的德语原文本:洪天富先生依据的是原东德柏林建设出版社1955年的本子,我依据的是法兰克福岛屿出版社1981年的版本;应该讲出版社和版本都是够权威和可靠的了,但是所收内容仍各有取舍。不过尽管如此,我却认为它们已经够“全”了,即使是对热衷于了解歌德的读者和研究者,再“全”似乎也没有多少必要。从我上面介绍的版本情况可以看出,时隔10多年才续完的第三卷不但水分不少,而且有些主要出自索勒的文字还与歌德谈话录名实不符。因此我们都没有译第三卷,我呢几经考虑,更删去了一些爱克曼自己的旅游见闻和工作计划。需说明的是,我的翻译除了依据岛屿出版社的贝格曼(Franz Bergemann)选编本,还参照了德国谷滕贝格项目计划(Gutenberg-Projekt)发布在网上的电子文本,并据此作了少量的补充。

第二辑

歌德抒情诗咀华

《塞森海姆之歌》——第一块里程碑

我们曾说，在世界文化思想史的天幕上，德国大文豪歌德乃是一颗永远灿烂明亮的恒星。他不只一身兼为文学家和思想家，即使在自然科学领域内也取得了同时代专攻自然科学的人无法忽视的成就。然而，歌德首先是一位伟大的诗人。从8岁时给外祖父母写第一首祝贺新年的诗算起，在70多年的漫长岁月中，歌德孜孜不倦地创作了长短诗歌2 500多篇，其题材之丰富广泛，风格之多姿多彩，在德国乃至世界文学史上都很少有人堪与比拟。也就难怪英国大诗人拜伦要尊歌德为"欧洲诗坛的君王"。

在我国，通过自郭沫若以来一大批翻译家的介绍，歌德的一些优秀诗作同样得到了广泛传播。为了帮助读者比较系统、深刻地理解和鉴赏它们，笔者不揣浅陋，撰写"歌德名诗赏析"这一组文字。本篇将介绍他在1771年写成的《塞森海姆之歌》；它是歌德一生诗歌创作的第一个重要成就，是他整个文学生涯的真正开端。

歌德时年21岁。在此之前，他已有过两次爱情体验，但过早到来的爱情只带给了他烦恼和痛苦。他已写过不少逢场作戏的抒情诗，自费出版了一本《新诗集》(1769)，但这些诗还带着浓厚的洛可可风，绮靡纤巧，缺少真情实感和新鲜自然的意趣。他作为大学生，在有"小巴黎"之称的莱比锡过了3年花天酒地的生活，结果毁了身心健康，不得不回到法兰克福家中休养。

1770年，康复后的歌德来到斯特拉斯堡大学法律系继续学习。斯特拉斯堡深受国境另一边吹来的启蒙思潮新风的影响，是追求进步、渴望变革的文人学士的荟萃之地。正是在这里，歌德遇到了赫尔德尔——他走上文学正道的领路人。

赫尔德尔比歌德仅仅年长5岁，但已是一位蜚声文坛的新兴理论家，不久后就成了正在掀起的德国狂飙突进运动的"纲领制定人"。在这位严师和诤友指导下，歌德认真地读了荷马、品达、"莪相"的诗歌，读了哥尔斯密的小说，读了莎士比亚的戏剧，学习了斯宾诺莎的哲学著作。是莎士比亚等大师，清除了他在莱比锡染上的洛可可风习，了解了什么是真正的文学；是斯宾诺莎，使他抛弃了在养病时迷恋上的神秘主义和唯心主义哲学，转而亲近泛神哲学和自然神论。特别是在帮助赫尔德尔搜集、整理民歌的过程中，歌德更懂得了民歌的价值，认识了诗歌的本质，明白了好的抒情诗也如民歌一样，应该具备感情真实、自然，格调朴实、明朗这样一些特征。

也就是说，在地处德法边境的斯特拉斯堡，经过赫尔德尔这位杰出的思想家的指点和帮助，歌德的世界观、文学观和审美意识都发生了深刻的转变。而这种转变，便为他日后诗歌创作奠定了正确的理论思想基础。

歌德在精神和心理上完全康复了。不，岂止康复，他应该说比以前任何时候都更加健壮。为了增强体魄，克服一些生理上的弱点，他还顽强地进行各种艰苦的锻炼。他常常去攀登斯特拉斯堡大教堂，常常迎着从阿尔萨斯原野里刮来的阵阵雄风，站在没有护栏的钟楼顶上远眺，以克服晕眩的毛病。他害怕喧闹，却偏偏经常跟在大吹大擂的军乐队旁边穿城而过，以锻炼自己的适应能力和耐性。他对病态和肮脏的东西异常敏感，一见到就会恶心，却偏偏一次次去解剖室看尸体解剖，直到完全习惯。除此之外，歌德还从事多种体育运动，尤其爱好溜冰、骑马和徒步漫游。徒步漫游这一坚持数十年之久的爱好，不仅给了年轻的歌德"漫游者"或"浪游者"的谑称，而且对他的诗歌创作本身也产生了直接而深刻的影响。

在离斯特拉斯堡城数十公里处的郊外，有一座名叫塞森海姆的幽静而美丽的小村庄。村里住着一位叫布里昂的老牧师，他跟自己的妻子和两个女儿一起过着简朴、恬静与和睦的生活。

1770 年 10 月，在一个秋高气爽的日子里，塞森海姆来了两位漫游者，而其中那个衣着寒碜的"神学院学生"不是别人，正是我们乔装改扮了的歌德；他年轻时是经常这样微服出游的。两人一道去拜访村里的布里昂牧师。年轻的歌德对沉静、和善的老牧师及其家人立即产生了好感，觉得这个家庭的情景和他读过的哥尔斯密的小说《威克菲牧师传》的主人公十分相像。尤其是布里昂牧师的小女儿弗莉德里克，更令他一见钟情。

这当儿，她真的走进来了，刹那间，仿佛在这田舍的上空升起来了一颗最可爱的明星……她身材修长而轻盈，仿佛身上没有衣服的羁绊，俊俏的小脑袋上梳着一条金黄色的大辫子，相形之下脖子就显得纤柔了些。她那明亮的蓝眼睛快活地顾盼着，美丽而稍稍有点扁平的小鼻子自由地呼吸着，好似世间没有任何烦恼似的……我一见她就心花怒放，就感觉出了她的全部娇媚可爱之处。

歌德在40年后写成的《诗与真》中如此回忆第一次见到弗莉德里克时的情景和感受。

经过短时间的相处，年轻的歌德便深深爱上了纯朴善良的弗莉德里克。一回到斯特拉斯堡，他立刻给姑娘写了一封热情而含蓄地表白爱慕的信。姑娘也以热烈真诚的爱来回报他。这样，借助着爱神的手指的拨动，一首首动人的情歌便从诗人的心弦上弹奏出来——

我是否爱你，我不知道。
一当我瞅见你的脸，
一当我望见你的眼，
我的心便没有任何烦恼。
上帝知道我是多么幸福！
可我是否爱你，我不知道。①

这首无题小诗，婉约而恰切地表达出了歌德在初遇弗莉德里克时那种犹豫踌躇、焦虑不安然而又充满幸福憧憬的复杂心情。他不知道，这一次爱情是不是又会给他带来痛苦，抑或带来幸福。然而，爱火已在他的心中熊熊燃烧起来，那位住在宁静小村庄里的天使般纯洁、美丽、温柔的姑娘，就像磁石般地吸引着年轻的歌德，使他不顾一切地奔向她——

我的心儿狂跳，赶快上马！
想走就走，立刻出发。
黄昏正摇着大地入睡，
夜幕已从群峰上垂下；
山道旁兀立着一个巨人，
是橡树披裹着雾的轻纱；
黑暗从灌木林中向外窥视，
一百只黑眼珠在瞬动、眨巴。

月亮从云峰上俯瞰大地
光线是多么愁惨、暗淡；
风儿振动着轻柔的羽翼，

① 引诗均系本书作者翻译，有的名诗在重译时，参考了郭沫若、冯至、钱春绮等前辈的译品。

在我耳旁必出凄厉的哀叹；
黑夜造就了万千的鬼怪，
我却精神抖擞，满心喜欢：
我的血管里已经热血沸腾！
我的心中燃烧着熊熊烈焰！

终于见到你，你那甜蜜的
目光已给我浑身注满欣喜；
我的心紧紧偎依在你身旁，
我的每一次呼吸都为了你。
你的脸庞泛起玫瑰色的春光，
那样地可爱，那样地美丽，
你的一往情深——神们啊！
我虽渴望，却又不配获取！

可是，唉，一当朝阳升起，
我心中便充满离情别绪：
你的吻蕴藏着多少欢愉！
你的眼中含着多少悲凄！
我走了，你低头站在那儿，
泪眼汪汪地目送我离去：
多么幸福啊，有人可爱！
多么幸福啊，能被人爱！

从1770年10月至第二年8月，在这将近一年的时间里，歌德记不清有多少次急走奔驰在斯特拉斯堡通往塞森海姆的山道上，记不清经历了多少次像诗中所描绘的欢聚与离别。这首题名就叫《欢聚与离别》的抒情诗，真实地摄下了年轻的歌德急不可待地黄夜奔赴爱人身边的情景，在表现手法上成功地运用了对比和反衬。山间月夜的阴森可怕，正好衬托出了心情的火热和急切。将相聚的幸福欢乐和离别的悲伤难过同时抒写出来，有了反差，给人的感受格外地强烈。妩媚温柔的弗莉德里克，把自己的一颗心完全交给了歌德，使年轻的诗人有生以来第一次享受到了真正的爱情；而随着1771年春天的到来，歌德更是幸福到了极点。他禁不住放开歌喉，唱出了那首脍炙人口的《五月歌》①——

大地多么辉煌！
太阳多么明亮！
原野发出欢笑，
在我心中回响！

万木迸发新枝，
枝头鲜花怒放，
幽幽密林深处，
百鸟鸣啭歌唱。

欢呼雀跃之情，
充溢人人胸襟。
呵，大地，呵，太阳！
呵，幸福，呵，欢欣！

呵，爱情，呵，爱情，
你明艳如朝霞！
呵，爱情，呵，爱情，
你璀璨似黄金！

你给大地祝福，
大地焕然一新，
你给世界祝福，
世界如花似锦。

呵，姑娘，呵，姑娘，
我是多么爱你！
你深情望着我，
你是多么爱我！

① 这首诗还有一个题名叫《五月节》(Maifest)。

我热烈爱着你，
犹如百灵眷爱
那歌唱和天空，
那朝花和清风。

我热烈爱着你，
是你给的青春，
是你给人欢乐，
是你给我勇气

去唱那新的歌，
去跳那新的舞。
愿你永远幸福，
如你永远爱我。

这首在我国也早已广为流传的《五月歌》，是世界抒情诗宝库中一颗光彩夺目的明珠。它感情炽烈，景情交融，从歌颂大自然的春天转入歌颂人类的青春，歌颂青年时代那明艳如朝霞、璀璨似黄金的爱情，歌颂带给了诗人青春、欢乐和勇气的爱人。全篇节奏明快铿锵，语言准确精炼，比喻新颖贴切。诗中充满了阳光、生命、欢笑、歌唱、憧憬、希望，是一首不可多得的自然颂、人生颂、青春颂！

《五月歌》采取的是直抒胸臆的手法。吟诵着它，我们仿佛看见在阳春 5 月，年轻的诗人歌德携带着自己心爱的姑娘，来到阿尔萨斯鲜花如锦的郊原里。应和着百鸟的啭鸣，他忍不住雀跃欢呼，放声高歌。也就难怪它会如此地自然、质朴、清新。也就难怪埃米尔・路德维希要说："这是第一首由歌德写出来的歌德体的诗。从它开始，一种新的抒情诗，一种新的德语，一种新的文学诞生了。"①

然而，塞森海姆这个地方并不总是阳光明媚，到了 7 月底，歌德的心中已罩上阴影，已出现对于那宁静然而平庸的田园生活的不满。8 月 8 日，大学里考试结束后的第二天，他最后一次去会见自己仍然爱着的弗莉德里克。临别，他已经骑上马，才把手伸给姑娘，此时的她如每次依依惜别时一样眼里噙满了泪水，却万万没想到这就是永别。

歌德满怀着内疚，回到法兰克福才写信将自己的决定告诉弗莉德里克。收到

① 埃米尔・路德维希(Emil Ludwig)是著名的歌德传记作者。

信，姑娘的心都碎了；而她的回信，如歌德自己说的，也撕碎了他的心。曾几何时，他还在《五月歌》里写道："愿你永远幸福，如你永远爱我。"多情而温柔的姑娘，纯洁而善良的姑娘，她的确是全心全意地、始终不渝地爱着歌德的啊，然而为此却断送了自己的宝贵青春和终生幸福。[①]

是什么原因促使歌德从自己心爱的姑娘身边逃开？他这样做到底对不对？有没有必要？这些问题准备留待另外的机会去详加探讨。在此只想肯定一点，歌德确实自知做了一件昧心的事，因而悔恨不已。他在《诗与真》中写道："在这里第一次犯了罪，我深深地伤害了那颗最美丽的心，从此我自己便受着绵绵无尽期的悔恨的折磨，痛苦得简直无法忍受……"

少年看见玫瑰花，
原野里的小玫瑰，
那么鲜艳，那么美丽，
少年急忙跑上去，
看着玫瑰心欢喜。
玫瑰，玫瑰，红玫瑰，
原野里的小玫瑰。

少年说：我要摘掉你，
原野里的小玫瑰。
玫瑰说：我要刺痛你
叫你永远记住我，
我可不愿受人欺，
玫瑰，玫瑰，红玫瑰，
原野里的小玫瑰。

轻狂的少年摘下了
原野里的小玫瑰。
玫瑰用刺来抗拒，
发出哀声和叹息，
可是仍得任人欺。

① 弗莉德里克终生未嫁，在父母去世后只得在一家远房亲戚家寄居，在60岁时悄然辞世。

玫瑰，玫瑰，红玫瑰，
原野里的小玫瑰。

这首题名为《野玫瑰》的抒情诗约成于1771年夏天，通常被看作是《塞森海姆之歌》的最后一首。这不仅因为它产生的时间最晚，而且已预示着大学生歌德和乡村少女弗莉德里克之间爱情的不幸结局。艺术上，它显然体现了歌德在赫尔德尔指导下学习民歌的收获，或者更确切地说，就是他在赫尔德尔处读过的一首古老民谣的改作。

这首诗格调如此质朴、自然、清新，节奏如此明快、活泼和富于音乐性，加之在简单的故事情节中包含着深沉的情感，因此经过舒伯特等大音乐家谱了上百种曲调以后，在世界各国广为传唱。唱着它，我们不仅对善良、美丽但却不幸的弗莉德里克深感同情，同时还隐隐听见那“轻狂少年”的痛苦自责。他怎么也忘不了弗莉德里克那饱含泪水的眼睛，忘不了她最后写给他的那封信。他不得不一次又一次地进行他所谓“诗的忏悔”，在后来创作的其他一些诗中，在剧本《葛慈》、《克拉维歌》和《斯苔拉》中，甚至在《浮士德》和晚年完成的《诗与真》中。所有这些作品里的负心人都是不幸的，特别是《葛慈》里的范斯林根和《克拉维歌》的同名主人公，歌德更让他们一个被毒死，一个被剑刺死，足见他的悔恨多么沉痛，多么深刻。①

在塞森海姆这个现在属于法国的幽静小村庄里，年轻的歌德既享受到了，第一次享受到了爱情赐予的最大幸福，又经历了爱情带来的最大痛苦。诗人的心灵和感官受到了剧烈的震撼。由此而写成的《塞森海姆之歌》才如此热烈、真挚、感人，产生了非凡的艺术效果。在歌德一生的诗歌乃至整个文学创作中，《塞森海姆之歌》被视为第一块里程碑。生活在吹拂着时代的自由之风的斯特拉斯堡，与赫尔德尔和弗莉德里克的遇合，像奇迹似的突然使歌德的舌头变得灵活自如，嗓音变得清亮圆润。他从此摒弃了洛可可式的矫揉造作、阿那克瑞翁式的虚情假意、田园牧歌式的恬静淡远，总之，摒弃了一切的陈腐旧调，而找到了自己独特的语言和风格，歌德的风格：质朴、自然、真挚、强烈。

在《塞森海姆之歌》中，诗人歌德第一次展露了自己的天才，第一次发现了他自己。或者再借用埃米尔·路德维希的话说：歌德在塞森海姆第一次写出了“歌德体的诗。从它开始，一种新的抒情诗，一种新的德语，一种新的文学诞生了”。

---

① 此剧全名《铁手骑士葛慈·封·伯利欣根》，写于歌德抛弃弗莉德里克的同年。两年后，歌德将剧本寄给她，并在给朋友的一封信里写道：“可怜的弗莉德里克可以得到一些安慰了，当她知道人们毒死了她那个负心人。”

狂飙突进的号角

——关于《普罗米修斯》及其他颂歌

离开了心爱的姑娘弗莉德里克，歌德心情沉重地回到了故乡法兰克福。作为斯特拉斯堡大学法学系的毕业生，他于当年8月底便获准开设了一家律师事务所。这遂了他父亲的心愿，却很不合诗人本身的志趣。不久，他便把事务所丢给父亲经管，自己却常去城郊作长距离的漫游。因为，“那时候我只有置身于开阔的蓝天下，山谷中，高岗上，田野和树林里，心里才能恢复宁静”；“我习惯了漫游生活，习惯了像个信差似的来往奔走于山岭和平原之间。我经常独自一人或者结伴穿城而过，好像我的故乡法兰克福是一座与我不相干的陌生城市。饿了，就在大街上的饭店里吃一餐饭，吃完又继续走自己的路”。①

就这样，在自由自在然而却充满艰辛的漫游途中，歌德一方面平息缓和了内心的焦躁、紧张和不安；另一方面还用诗的形式记录下自己切身而鲜活的感受，写成了一系列以漫游为题材的诗篇。其中那首诞生于暴风雨里的《漫游者的暴风雨之歌》，歌德自称“一半是胡言乱语”，实则充满了自由不羁、无所畏惧和勇往直前的战斗豪情。②

在写作上述漫游者之歌的差不多同时，1771年年底，歌德还完成了在斯特拉斯堡已开始酝酿的历史悲剧《葛慈·封·伯利欣根》，在剧中塑造了一个反对封建专制、争取个性自由的斗士，一个强壮剽悍、英勇善战的所谓“力的天才”(Kraftgenie)。《漫游者的暴风雨之歌》和《葛慈·封·伯利欣根》一样，都与歌德以前写的《塞森海姆之歌》等情意绵绵的作品形成鲜明对照，表现了诗人性格中刚强有力的一面，标志着他的思想与创作已进入狂飙突进时期。

德国历史上的狂飙突进运动以其主要参加者克林格尔的剧本《狂飙突进》而得名，被视为启蒙运动的继续和发展，是在进步的青年作家和诗人中掀起的一次

① 见歌德:《诗与真》第12卷。

② 此诗很长，不重译。读者可参阅钱春绮先生的译文(收入上海译文出版社《歌德诗选》)。

全德性的思想解放运动。歌德在斯特拉斯堡经过赫尔德尔的开导，接受了狂飙突进的理论和理想，并且强有力地用自己的作品将其表现了出来。在诗歌方面，从内容到形式，最能体现狂飙突进精神的要数《普罗米修斯》等以古希腊的颂歌体写成的自由诗。正因此，歌德后来被文学史家们尊为狂飙突进运动的主将，虽然他早在1775年就已应邀进入魏玛宫廷，实际上退出了这个运动，基本上割断了与其他激进的作家的联系。

在狂飙突进精神高扬的那些年代，年轻的歌德可谓意气风发，豪情满怀。他创作的题材突破个人生活的狭小圈子，构思了一系列以历史上和传说中的伟人或英雄如穆罕默德、凯撒大帝为主人公的剧本。可惜的是只有《葛慈·封·伯利欣根》得以完成，其余都只留下了提纲、初稿或残篇。

颂歌《普罗米修斯》(1774)便是同名悲剧残篇中的一段独白。主人公普罗米修斯是希腊神话里的泰坦族巨人伊阿珀托斯的儿子。为了造福人类，他窃取天上的火种带来人间，触怒了主神宙斯，被锁在高加索山上受尽折磨，但仍不屈服，后为希腊英雄赫拉克勒斯所救。在西方文学中，普罗米修斯成了人们钟爱的不畏强暴、乐于为大众的自由解放而献身的英雄典型。年轻的诗人歌德则借普罗米修斯之口，勇敢地向代表封建统治者的宙斯发起了挑战——

宙斯，用云雾把你的天空
遮盖起来吧；
像斩蓟草头的儿童一样，
在橡树和山崖上
施展你的威风吧——①
可是别动我的大地，
还有我的茅屋，它不是你建造，
还有我的炉灶，
为了它的熊火焰，
你对我心怀妒嫉。

我不知在太阳底下，诸神啊，
有谁比你们更可怜！
你们全靠着

① 宙斯手执霹雳棒，掌管雷电。

供献的牺牲
和祈祷的嘘息，
养活你们的尊严。
要没有儿童、乞丐
和满怀希望的傻瓜，
你们就会饿死。

当我还是个儿童，
不知道何去何从，
我曾把迷惘的眼睛
转向太阳，以为那上边
有一只耳朵，在倾听我的怨诉，
有一颗心如我的心，
在把受压迫者垂怜。

是谁帮助了我
反抗泰坦巨人的高傲？
是谁拯救了我
免遭死亡和奴役？
难道不是你自己完成了这一切，
神圣而火热的心？
你不是年轻而善良，
备受愚弄，曾对上边的酣眠者①
感谢他救命之恩？

要我尊敬你？为什么？
你可曾减轻过
负重者的苦难？
你可曾止住过
忧戚者的眼泪？

① 指宙斯。

将我锻炼成男子的
不是那全能的时间
和永恒的命运吗?
它们是我的主人,
也是你的主人。

你也许妄想
我会仇视人生,
逃进荒漠,
因为如花美梦
并未全都实现?
我坐在这儿塑造人,
按照我的模样;
塑造一个像我的族类:
去受苦,去哭泣,
去享受,去欢乐,
可是不尊敬你——
和我一样!

在这首颂歌中,我——普罗米修斯,被压迫人类的代表和你——宙斯,封建势力的象征之间,形成了尖锐的对立。我被大书特书;我的自立、自主、自救精神,得到了充分的炫示和颂扬,而你的权威和虚伪本质,却遭到了无情的讽刺和蔑视。难怪当时的进步人士将这首诗誉为"狂飙突进的号角",而封建保守势力则斥之为离经叛道:它竟然宣称人不是上帝所造,竟然号召人不要对神心怀敬畏!

欧洲从文艺复兴、宗教改革到启蒙运动,到法国大革命之前的狂飙突进运动,新兴的资产阶级的阶级意识进一步觉醒,反封建的人文主义思潮空前高涨。狂飙突进运动的参加者崇奉所谓"天才",也就是那种独立不羁的、富有创造力的、自然发展的人。从《普罗米修斯》一诗中,我们听见了资产阶级的人的自我意识在高声呐喊。在普罗米修斯这个崇高的形象身上,我们看到了"天才"的耀眼迷人的光辉。

特别值得一提的是,颂歌结尾处的"去受苦,去哭泣,去享受,去欢乐",大声地、明白无误地宣布了一种新的入世的人生观即处于艰苦创业和奋发向上阶段的资产阶级的人生观,与后来浮士德敢于上天入地和"把人间的苦乐一概承担"的精神，即世人津津乐道的“浮士德精神”，可谓一脉相承。

艺术上，这首诗的节奏铿锵有力，格调粗犷，气势豪迈，寓深邃的哲理、崇高的思想于鲜明的形象和生动的比喻之中，因而产生了震撼人心的力量。在歌德一生数以千计的抒情诗中，《普罗米修斯》以富有革命精神和阳刚之美而出类拔萃。进步思想家对此诗大加赞赏。经过舒伯特等谱曲，它被世代传诵。

德国的狂飙突进运动，在国内以哈曼[①]、赫尔德尔为思想领袖，从国外则深受荷兰哲学家斯宾诺莎的泛神论和法国启蒙思想家卢梭的“回归自然”主张的影响。尤其是卢梭的主张，由于恰恰符合资产阶级反抗现存的封建制度、秩序和礼俗的要求以及个性解放的愿望，更成了运动不成文的纲领中的第一项重要内容。歌颂自然、亲近自然、追求与自然的融和，都是狂飙突进的诗人们共同倾向。歌德之热衷于漫游和写漫游题材的诗歌，其原因也在这里。但是，将这一倾向表现得最集中、鲜明而且强烈的，却是《伽尼墨德斯》这首颂歌。

伽尼墨德斯是希腊神话中的美少年，为宙斯所喜爱，被宙斯接上天去做侍酒童子，因而得以永葆青春。诗人歌德创造性地改造这个故事，让自己化身为美少年伽尼墨德斯，对着被视为爱人的春天放开歌喉，纵情歌唱——

你的炽热的注视
令我如沐朝晖，
春天啊，亲爱的！
带着千般爱的欢愉，
你那永恒的温暖的
神圣情感涌上
我的心头，
无限美丽！

我真想张开双臂
将你拥抱！
我愿躺在你的怀中，
忍受思慕的饥渴，
让你的花和你的草
跟我的心紧贴在一起。

---

① 哈曼(J. G. Hamam, 1730—1788)，德国哲学家。

可爱的晨风啊，
请带给我焦渴的心胸
以清凉的滋润！
从那雾谷的深处，
已传来夜莺亲切的呼唤。

我要去了，我要去了！
去向何方，啊，何方？

向上，奋力向上！
白云飘然而降，
白云俯下身来，
迎接热诚的爱人。
迎接我！迎接我！
让我在你的怀抱里
飞升！
让我们相互拥抱！
飞升到你的怀中，
博爱的父亲！

这首诗成功地使用了拟人化或者说拟神化的手法，春天变成了美丽的爱人，大自然变成了博爱的天父，白云是天父的使者，清风、夜莺和自然界的一花一草全都充满了人性或者说神性；而诗人自己，也是充满神性的自然界的一部分，也是自然父亲的骄子。这种手法，恰到好处地表现了歌德的泛神论宗教观和哲学思想。

然而，使《伽尼墨德斯》一诗特别优美动人和不同凡响的，还是它那巧妙的构思和深邃的立意。歌颂自然、亲近自然、渴望与自然融为一体的思想，层次分明地、形象而富有戏剧性地在短短的几节诗中展现了出来，取得了巨大而强烈的艺术效果。尤其是那象征性的结尾，更有画龙点睛之妙，是如此地发人遐思、耐人寻味，不独使我们豁然开朗，一下子明白了诗题《伽尼墨德斯》的含义，而且也获得了美的享受。比起同样的歌唱春天和大自然的《五月歌》来，《伽尼墨德斯》在优美生动和感情炽烈的共同优点之外，还以含蓄和深刻见胜。我们必须发挥自己的想象力，才能真正理解它，欣赏它。而这样做十分地值得。

与写升天堂的《伽尼墨德斯》恰好相反，歌德还有一首《致驭者克洛诺斯》，却写到了入地狱。但这只是表面的矛盾，两首诗以及前面的《普罗米修斯》，从思想到形式都可以说和谐一致，相互补充，构成了一个整体。1774 年 10 月 10 日，歌德把来访问他的前辈诗人克洛卜斯托克送到达姆施塔特城，在驰返法兰克福的马车中即景生情，写下了《致驭者克洛诺斯》这首颂歌。可诗题中的克洛诺斯并非他面前的马车夫，而是希腊神话中的时光之神，亦即宙斯的父亲。[①]在歌德的想象中，他成了操纵人生马车的驭者——

加把劲儿，克洛诺斯！
快策马前驱！
道路正通向山下；
你要是迟疑踌躇，
我便会头晕呕吐。
快振作精神，不惧怕
道路坎坷和颠簸，
快送我奔向生活！

气喘吁吁，
举步维艰，
眼前又要奋力登山！
快向上，别怠惰，
满怀希冀，勇敢向前！

站在高山上眺望，
四野生机一片！
从山岭到山岭，
浮泛着永恒的灵气，
充溢着永生的预感。

道旁凉篷下的荫处
吸引你去休憩，
门前站着一位少女，

① 克洛诺斯原文为 Chronos，歌德误作为 Kronos。

令人一见心里欢喜。
快去饮一杯酒！——姑娘，
请也赐我泡沫翻涌的佳酿，
还有你青春健康的一瞥！

下山了，快冲下山去！
看！红日正西沉！
趁它还挂在天边，
趁雾霭还未从沼泽升起，
趁我衰老没牙的腭骨尚未
上下磕碰，腿脚尚未战栗——

快载我这老眼昏花、
迷惘陶醉的旅客，
身披着落日的霞光，
眼含着翻腾的火海，
向那地狱的黑夜之门冲去！

克洛诺斯，吹响你的号角，
让马蹄得得作声，
使冥府的居民听见：我们来了；
让冥府的主人赶到门边，
殷勤地迎接我们。

很显然，诗里写的不仅仅是歌德在归途中的经历和所见到的自然景物，而是记录了他对人生的思考，只不过他在思考时使用了象征性的诗的语言罢了。人的生命原本就是一种时间现象，所谓没有时间界限的永生纯属宗教幻想和无稽之谈。随着时光的流逝，死亡终会到来。有生必有死，生与死互为前提；死亡是生命的最后归宿，死亡又孕育着新的生命。因此，在诗人的笔下，人生的马车自然便该由时间之神克洛诺斯来驾驭。人生旅程的最后一站，人生的最后归宿，便成了死亡。这是大自然铁的定规，我们任何人都无法更改它，而只能去把握和适应，以使我们的生命更加充实，更有意义。

歌德在诗里描绘的旅途中的五个场景，实则象征着人生的五个境界：

(1)青年时代精力旺盛,前程远大,人生之车像在下坡时一般要不惧坎坷和颠簸,要勇敢地、毫不迟疑地奔向生活;(2)中年时代已尝到生活的艰辛,但仍旧必须奋力向上,满怀希冀,相信人生之车终将登上山顶;(3)进入壮年,事业和荣誉多半都已登上顶峰,人也能高瞻远瞩,对宇宙人生有了明彻的认识,对于他来说,宇宙万物都真正充满了灵气和神性;(4)正如马车不能一个劲儿地行驶,没有休整,人也不能一个劲儿奋斗,没有享受,因此就少不了爱情和美酒;(5)正当可以真正地、尽情地享受生活之时,老已来临。"夕阳无限好,只是近黄昏"。怎么办?趁黑夜尚未到来,快兼程而行,无所畏惧地、豪迈地奔向自己的最后归宿——死亡吧。

值得一提的是,在写成此诗之前的不久,年仅25岁的歌德刚出版了小说《少年维特的烦恼》,一跃而登上欧洲文坛的王座。在这事业与声望都如旭日东升的时候,他心中充满希冀,渴望奔向充实的生活,决心去攀登人生的新的高峰,这些都是很自然的,可以理解的。可与此同时,他在诗中已谈到老和死的问题,似乎就于情理不合而令人费解了。事实是,年轻的诗人这时也并未真的感到老与死的威胁,而只是面对西下的夕阳即景生情,对人生进行了一番哲学思考而已。

事实上,死与生的关系作为一个哲学问题,的确是歌德从青年时代起就在考虑的。在一系列抒情诗中,在《少年维特的烦恼》中,在《浮士德》中,都有关于死亡的精辟的思想。对于歌德来说,死只是回到大自然母亲的怀抱,只是变(Werden);而对他来说,变又构成了发展和产生新的生命的前提。①

至于《致驭者克洛诺斯》一诗的最后两节,把死亡之行写得兴高采烈、威武雄壮,就不仅表现了歌德的上述哲学思想,而且也洋溢着时代的狂飙突进精神,那就是生要充实、美好、轰轰烈烈,死要勇敢、豪迈、高高兴兴。

抒发自己对于包括死亡在内的整个人生的感想,这就是《致驭者克洛诺斯》含蓄、深刻而丰富的思想内涵。

《普罗米修斯》、《伽尼墨德斯》和《致驭者克洛诺斯》3首抒情诗,都产生于德国的狂飙突进运动掀起高潮的1774年,是歌德一生诗歌创作的精华之一。它们所产生的广泛而巨大的影响,使年轻的歌德成了当时德国人心目中的第一抒情诗人。

---

① 在这一点上,歌德的思想与我们面对死亡鼓盆而歌的庄周似有相近之处。

在思想上，3 首诗都充分肯定人的价值、能力以及人生的意义，人成了自然的骄子；而代表压迫者的神——不管是天上的宙斯或地府的冥王，都遭到了蔑视。个性解放和反对封建专制的人道主义精神和狂飙突进精神，得到了热烈的颂扬。

还有，通过这 3 首诗，我们可以充分认识和了解青年歌德积极进取的人生观，了解他那以泛神论为基调的复杂的宇宙观和宗教观。他相信宇宙万物——当然包括人——都充满神性，但却不承认一个特定的、主宰一切的神。对于研究歌德的思想，这 3 首诗无疑有着巨大的价值。

在表现手法方面，3 首诗有着以下共同的鲜明特点：

(1) 作者都创造性地运用了希腊神话的人物形象和典故，像普罗米修斯和伽尼墨德斯，本来就是性格特点鲜明因而在西方受到人们尊重爱戴的英雄。这既赋予诗歌以庄严、崇高的气质，也加深了诗中的寓意。

(2) 一反以往结构严整、音韵节奏优美和谐的格调，也摆脱了质朴清新的民歌的影响，不追求每一节诗的行数和每一行诗的顿数的整齐划一，也不押韵，可谓完全的自由。然而正是这样的无拘无束，很好地适应和表现了个性解放的狂飙突进思想和需要，实现了形式与内容的有机结合。

(3) 作者都成功地使用了比喻和象征的手法，寓对宇宙、人生博大深远的思考于眼前的具体事物，十分耐人咀嚼，寻味。

如果说，歌德在此之前以《塞森海姆之歌》为代表的抒情诗，它们的优点是质朴、自然、热烈、优美的话，那么，《普罗米修斯》等产生于后一阶段(1771—1775)的诗又另有所长，那就是自由、豪放、雄浑、有力。

有人称歌德的历史剧《铁手骑士葛慈·封·伯利欣根》为狂飙突进运动的“军旗”，我们则不妨称《普罗米修斯》等杰出的抒情诗为狂飙突进的号角，因为，正是它们奏出了反对封建束缚的思想解放运动昂扬雄壮的主调！

“新的爱情　新的生活”

——关于“丽莉之歌”

人的生活缺少不了爱情，风华正茂的诗人更是如此。

在忍痛抛弃美丽、善良的弗莉德里克的时候，歌德于《诗与真》中回忆说他曾痛下决心，不再与美丽的异性建立“任何亲密的关系”，免得再坠入情网，给自己和别人造成不幸和痛苦。从斯特拉斯堡回到法兰克福之初，他的确是这么做的。为了克服内心的紧张和焦躁，他经常从事漫游和滑冰等体育活动，并且把心思更多地用到写作上来。可是，他未能坚持多久。爱神对他紧追不舍，而以他的青春年少、生性敏感，又哪能因为有过痛苦的经验便心如死灰呢。

1772 年 5 月，距他离开弗莉德里克的时间尚不足一年，他在小城威茨拉尔又爱上了夏绿蒂·布甫。这是一次更加不幸的爱情，在失恋的痛苦中歌德完成了书信体小说《少年维特的烦恼》(1774)。

这部像诗一般优美动人的作品空前成功，不仅帮助年轻的歌德一跃登上了德国文坛的王座，而且使他跻身上流社会。对于这位《维特》的作者，多情善感的女士们更是格外地钦敬、崇拜，引为知己。

1775 年的元旦之夜，歌德应朋友之约去参加一个家庭音乐会，踏进了法兰克福大银行家薛纳曼豪华的客厅。“时间已经很晚……客人来得不少，客厅正中摆着一架大钢琴，主人家的独生女儿正坐在琴前熟练而优美地弹奏……她的神态还带着一点稚气，弹奏时的动作却轻快而自然。弹完奏鸣曲，她站起来正好面对着我，我们便默默地相互点头致意。接着开始了四重奏……我发现，她很留心地在打量我，把我看个没完没了；而我呢，也趁机饱餐秀色。当四目相视的一刹那，我感到一种强烈而温柔的吸引力……”①

这样，年轻的天才诗人和银行家的掌上明珠便自然地亲近起来，歌德更可以说是一见钟情，立即迷恋上了这位名字叫丽莉的少女。因为她长着一头柔软的淡

① 《诗与真》第四部第十六卷。

黄色秀发，一双媚人的蓝眼睛，身材苗条而丰腴，整个地出落得就不是一般地美、俊，而应该讲是耀人眼目的艳丽。难怪歌德要被她的“魔力”征服；而她呢，也同样情不自禁地爱上了才华横溢的年轻诗人。到了 4 月里，25 岁的歌德与年方 17 的丽莉已正式订婚。然而，他是否从此就找到了安宁和幸福，找到了感情的归宿呢？

对这个问题，歌德在认识丽莉后不久的 2 月份写的一首题名《新的爱情　新的生活》的短诗，已预先作出了回答——

心，我的心，你怎么啦？
是什么使你如此困窘？
完全陌生而崭新的生活！
我已不能再将你辨认。
你爱的一切已不复存在。
你的烦恼也全都消遁，
你失去了勤奋和安宁——
唉，你怎么落到这般窘境！

是那含苞欲放的春花，
是那美丽可爱的清姿，
是那忠诚善良的顾盼
拴住了你，用无穷魅力？
一当我想从她身边飞走，
一当我欲鼓起勇气逃离，
我立刻又会回到她的身边，
唉，腿不由心，身不由己。

那可爱而轻佻的少女
就用这根扯不断的魔线，
将我紧紧系在她身旁，
尽管我十分地不情愿；
于是我只得按她的方式，
生活在她的魔圈中间。
一切俱已面目全非啊！
爱情！爱情！快放我回返！

与丽莉的新的爱情，确实帮助歌德忘记了昔日不幸的爱情和烦恼；但与此同时，却使他失去了好不容易才获得的内心的安宁、创作的热情以及行动的自由。丽莉的魅力就像“扯不断的魔线”一样紧紧束缚住他，强使他去过一种他“十分地不情愿”过的生活，他想逃走、反抗而不可能。这对于热烈向往个性解放的狂飙突进运动的天才诗人歌德，将是何等痛苦呵。与丽莉相爱使歌德的生活完全变了样，也可以说他因此失去了自我。所以他才发出哀告：“一切俱已面目全非啊！爱情！爱情！快放我回返！”

这样的诗句，它与“呵，爱情，呵，爱情，你明艳如朝霞！呵，爱情，呵，爱情，你璀璨似黄金！”相比，真是反差强烈。如果说，前边已分析过的《五月歌》整个充满着欢呼雀跃和幸福陶醉的感情，可以称作是一曲爱情颂、青春颂的话，这《新的爱情　新的生活》，却只有无可奈何的叹息和哀告，应该称作一首爱情怨。

两首诗同样都写对一位少女的眷爱，同样都出自热恋中的歌德笔下，何以竟如此不一样，何以竟一喜一悲？与丽莉的爱情为何令歌德感到如此痛苦？下面这首《致白琳德》，给我们揭示出了重要而又具体的原因——

你为何硬把我拖进，
唉，那富豪之地？
我这好青年不是挺幸福，
在清寂的夜里？

我将自己偷锁进小屋，
躺在月影之中，
如水的月光笼罩着我——
我沉沉地睡去。

我梦见黄金般的时光
和纯净的欢愉，
你的倩影已经铭刻在
我深深的胸际。

难道你还要将我拴在
灯火辉煌的赌台？
难道你还要让我迎合

面目可憎的市侩?

如今我更妩媚的春花
已不开在田野;
天使啊,爱与善和你同在,
自然与你同在。

这首诗写成的时间与前一首差不多。《致白琳德》实际上就是致丽莉,因为在德国早些时候流行而歌德也曾受其影响的安那克瑞翁派的诗歌中,白琳德通常作为心上人的代称。诗里所说的"富豪之地",就是歌德因为丽莉的关系而滞留其中的上流社会。在那里,歌德不是陪她去赶舞会、上剧院、听音乐,就是陪她去逛集市,买小玩物,买小装饰品。还有那"灯火辉煌的赌台","还有那面目可憎的市侩",这一切一切,都令歌德讨厌透了。歌德因此怀念自己的阁楼斗室,怀念这斗室中清寂的美梦。清寂的斗室和灯火辉煌的赌台,形象地表现了歌德与丽莉之间阶级地位的差异。置身于豪华奢靡之地的歌德之所以感到尴尬、痛苦,就因为他是一个有着强烈阶级意识的市民青年,一位在狂飙突进运动中扛举大旗的富于自信心和使命感的天才作家。然而,丽莉天使般的魅力却使他沦为爱情的奴隶,或者如他自己在《丽莉的花园》一诗中所形容的,变成了一头用绸带系着躺在丽莉脚边的笨熊,任人驱使、戏弄。

在这期间,歌德写了一出名叫《克劳迪娜·德·维拉·贝拉》的歌剧,他通过剧中人物——一位义盗之口发出了对于自己处境不满的心声:"你们的市民社会我已忍无可忍!我想工作,可得当奴隶;我想快活,可得受奴役。难道一个还多少有些价值的人,不该逃得远远的吗?"①

歌德真的逃走了。1775年5月,就在和丽莉订婚后一个月,他便接受友人邀请前往瑞士旅游,而实际目的却是想尝试一下能否摆脱丽莉的感情羁绊。他们先到了苏黎世。下面这首《湖上》,就记下了他荡舟苏黎世湖的情景——

鲜的营养,新的血液,
我从自由的天地汲取;
躺卧在自然的怀抱里,
何等地温暖、惬意!

---

① 见 Emil Ludwig: *Goethe*, S. 128, Paul Zsolnay Verlag 1931。

水波轻摇着船儿，
和着荡桨的节拍，
湖岸奔过来迎接，
云峰直插入天际。

眼睛，我的眼睛，你为何沉下？
是金色美梦，它们又袭扰你？
去吧，梦，尽管你色美如金！
眼前也有爱，也充满着生趣。

千万颗跳荡的星儿
在波浪上边闪明，
四周耸峙的远山
正在被柔雾吞饮，
港湾覆盖着绿荫，
湖水中一片金黄
是果实成熟的倒影。

仅仅读第一节和第三节，我们就要说这是一首十分成功的风景诗。它将群山环抱、轻雾缭绕的湖上美景，描绘得淋漓尽致。迎着习习晨风，缓缓行进在星光万点的湖面上，舟中的诗人该是心旷神怡，忘乎所以。然而事实并不完全如此，第二节的 4 句诗告诉我们，他的心仍不时地受到旧梦的袭扰，使他忧郁地低下头去，无心于眼前的美景。为了哪怕是暂时忘却那虚有浮华外观的梦境，忘却那艳丽媚人的未婚妻，诗人提醒自己：“眼前也有爱，也充满着生趣。”整首诗动静结合，明暗相间，有声有色，生意盎然，是德国乃至欧洲自然风景诗为数不多的不朽杰作之一。

《湖上》还有一个特点，就是它以反衬的含蓄手法，道出了歌德对丽莉的想要忘却而不能忘却的深情。

歌德与友人往南走，登上了边境上的圣哥特哈特山，再往前就是他向往已久的文明古国意大利了。他在山顶上长时间地伫立，徘徊。虽然离开法兰克福已两个多月，他却仍不能忘情于丽莉，仍感到她对自己的吸引力。在必须作出的抉择面前，歌德内心充满矛盾，而且可以说自从来到风光旖旎的瑞士以后，这种矛盾的心情就时刻伴随着他。下边这首他在苏黎世湖畔的山上远眺时吟成的短诗《登临》，虽然只有 4 句，却将自己的矛盾心境宣泄无遗，感人至深。

要是我，亲爱的丽莉，不爱你，
眼前的景象将给我多少欢愉！
可是，丽莉，要是我不爱你，
我又怎能幸福，在这里和那里？

是的，要是没有爱情，一个人即使在天堂里也很难找到幸福。7月里，歌德终于下决心离开风景如画的瑞士，回到爱人身边去。可是谁知还没有跨进那拥挤扰攘的古老商埠法兰克福的城门，诗人刚才敞开的胸怀又感到困窘和压抑，心情十分郁悒和懊悔。待到与丽莉见了面，两人之间似乎已出现隔阂。仍然是那些虚伪的应酬和无聊的娱乐，还有那帮随着秋天集市的开始而麇集到丽莉家中来的庸俗商贾，都令年轻的诗人厌恶反感。在给一位朋友的信里，歌德形容自己焦躁和痛苦的心情说："我总觉得自己像只吞了毒饵的老鼠，从一个洞里窜到另一洞里，见水就舐……心里火烧火燎的，实在难受得要命。"在同一封信里还写道："今天午饭后我见到了丽莉……与她无话可说，因此也就什么都没说！要能摆脱这一切该多好……可一想到丽莉真要与我视同陌路，使我无所指望，我又不禁感到战栗……"①

但是年轻的诗人到底还是狠下心来，与自己仍然爱恋着的天使般美丽的少女决裂，于秋天里解除了本来就为双方父母反对的、门不当户不对的婚约。尽管这样，歌德还是经常身不由己地徘徊在丽莉的家门外，偷偷地听她唱他为她写的歌子，仰望着她那掩映在窗帘后的苗条身影。这时期歌德写的有关丽莉的诗歌，例如《秋思》，例如《慰藉》，都饱含着失恋的辛酸的泪水——

秋 思

绿叶啊，愿你更加
肥硕，沿着葡萄架
爬上我的窗户！
双生的草莓啊，
愿你更加饱满、圆莹，
更快地长大成熟！
太阳母亲临别的注望
给你们热力，
晴空中的熏风

① Emil Ludwig: *Goethe*, S. 130.

将你们吹拂，
月亮亲切而神奇的嘘息
使你们凉爽，
我眼中涌出的
永恒的爱之泪，唉，
将化作滋润你们的
盈盈露珠。

慰 藉

别擦去，别擦去
那永恒的爱之泪！
唉，只有在擦而未净的泪眼中，
世界才显得荒凉而无生气！
别擦去，别擦去
那不幸的爱之泪！

不幸的爱之泪，就是失恋的痛苦的眼泪。它是永恒的，要流是流不尽的。话虽如此，歌德毕竟是一个堂堂男子，有着远大的抱负。他并不满足写成和出版《维特》而享有的盛名，又已经开始《浮士德》和《埃格蒙特》等重要作品的创作。他不能再整天以泪洗面，必须振作起来，开始新的生活。可是，在古老的法兰克福，在丽莉的近旁，这是完全不可能的。幸而在此关键时刻，命运之神已为歌德安排了一条新路：经刚刚执政的萨克森—魏玛公爵卡尔·奥古斯特的一再邀请，11 月 7 日，歌德乘着公爵专程派来接他的旅行马车，向着当时人口尚不足 6 000 的宁静小城魏玛驶去。

初到魏玛，歌德在自己和主人心目中都只是一位进行短暂访问的贵宾，因此也就没有什么任务，只是在闲暇时陪着年仅 18 岁的公爵滑雪、狩猎、饮酒作乐罢了。在这里，他虽然已跳出丽莉的魔力圈，虽然不久后又找到了新的爱情和新的生活，但却仍然不能完全忘记那位曾经以身相许的 17 岁少女。①下面这首《狩猎者的晚歌》，写成于他到魏玛的那个冬天，一般都认为表达了诗人对丽莉的眷念——②

① 歌德一生中仅与丽莉正式订过婚。
② 也有人认为此诗是写给封·施泰因夫人的。

无声地逡巡在荒野里，
我给猎枪填好了子弹，
蓦地，你那可爱而甜蜜的
倩影，又在眼前浮现。

你也许正漫步田野和
幽谷，心境宁静、悠闲，
我这转瞬即逝的身影，唉，
可曾再来到你的面前？

从东到西，从北到南，
心中充满忧愁和厌倦，
我在人世上漂泊、流浪，
因为必须离开你身畔。

可是只要我一想起你，
仿佛就看见天上的月亮，
我的心便安适而宁帖，
真不知为什么会这样。

围绕着与丽莉近10个月的恋爱，歌德写了长短抒情诗10多首，这里介绍的是其中最脍炙人口的一部分。歌德生前没有将它们收集起来单独命名，只是后世才将它们统称为“丽莉之歌”。“丽莉之歌”是歌德在1775这个生命转折之年的主要创作，虽然与此同时，他仍在写《普罗米修斯》似的颂歌和即兴的酬酢诗。“丽莉之歌”提供了有力的证据，说明年轻的歌德接受邀请前往魏玛，很大程度上是为了摆脱折磨他长达10个月之久的感情矛盾和精神危机，是为了逃离银行家小姐丽莉那使他失去“安宁和勤奋”的爱的魔力圈，以找回他诗人的自由和自我；而不像我们过去的评论经常说的，他去魏玛就意味着与封建势力妥协，等等。这就是“丽莉之歌”的历史价值。

在艺术上，这些诗又恢复了早期格律严整和音调和谐优美的特点；但与此同时，与《塞森海姆之歌》已有了显著的差别。正如朴实、温柔的乡村少女弗莉德里克和艳丽轻佻的富家小姐站在一起绝不会被人认错一样，两组诗也各有鲜明的个性特色，绝不可能混淆。具体讲，“丽莉之歌”不像《塞森海姆之歌》那样质朴、明朗,充满了欢呼雀跃之情,而是婉转、含蓄,郁积着难言难诉之隐,只是比较起来,似乎意境也显得更深沉,内涵也更丰富,更耐人寻味。尤其是《登临》和《慰藉》这样的小诗,短短几行便抒写出复杂而矛盾的感情,正好表现了大诗人歌德的非凡天才和雄健笔力。

就其本身而言,"丽莉之歌"前后也各具特色。前几首表现的是矛盾、迷惘的感情,其间夹杂着声声的哀怨和叹息;《秋思》等后两首就只剩下了绝望的痛苦,充溢着"永恒的爱之泪"。整个说来,"丽莉之歌"是一组带着苦涩味的杰作,在全世界以爱情为题材的巨大抒情诗宝库中,当占着一个特殊的地位。

此外,这组杰作中的《湖上》和《秋思》两首既写景又抒情的诗,特别引起了笔者的注意。它们也大致是触景生情,却并不缘情写景,让自然景物受诗人情绪的感染,带上人的主观心理色彩,因而保持了相对的独立性。当然,景与情也不是没有关系,只不过这关系并非烘托,而为反衬,如前边在分析《塞森海姆之歌》的《欢聚与离别》一诗时已指出过的。歌德看来经常使用这种手法。仔细品味歌德用反衬手法写成的风景抒情诗,对于习惯于欣赏"感时花溅泪,恨别鸟惊心"一类佳句的我们,无疑可以开阔审美的视野。像他的那首《秋思》,与我们的"秋风秋雨愁煞人"大异其趣,但同样富于凄清的美,同样景中有情,只不过不是我们的诗论经常推崇的情景交融罢了。诗中描写的秋天的充实而明朗,可是在结尾处来了一个情绪的转折;这转折来得如此突兀,与全诗的色调反差如此强烈,以致产生了非同一般的艺术感染力和审美效果。

“愿人类高贵、善良……”

——关于歌德在魏玛头10年的抒情诗

1775年11月初，歌德来到了魏玛。他此行的初衷只是改变一下生活环境，借以把自己与丽莉不幸的爱情彻底忘却，重新振作起精神来，去实现他诗人的抱负与追求：他在此之前已完成《浮士德》第一部的初稿(Urfaust)。至于魏玛之后又往何处去？他却自己也心中无数。他万万没有想到的是，他在第二年年初会下定决心住下来，在这个小公国的小小都城，度过了他一生漫长的50多个春秋。

在这个湫隘、狭小的世界，
不知道是什么使我着迷，
用温柔的魔带将我紧系？
我忘记了，乐意地忘记了
我的命运之路多么奇特；
唉，我感到眼前和远方
都还有等待着我的事业。
呵，但愿作了正确的决断！
而今我充满活力，却别无
选择，只能在寂静的现在
怀着对未来的美好希冀！

这首写于1776年3月附在给友人拉瓦特尔信中的诗，述说了歌德内心的彷徨和惆怅。他刚刚作出的留在魏玛的决断正确么？在这除去滑冰、骑马、打猎、演戏就无所作为的寂静生活中，他又怎样去完成等待着他的事业呢？当然，歌德并不失望，他对未来仍怀着美好的希冀。

那么，诗中所谓将歌德紧紧系在魏玛的“温柔的魔带”又是什么呢？

我认为既可以是魏玛宫廷中崇尚文艺的良好气氛，也可以是施泰因夫人的特殊魅力。

魏玛公国虽说人少地窄，财力有限，但老公爵夫人阿玛丽亚和她刚掌权的儿子却都热心科学和文艺事业，将魏兰特和塞肯多夫等一大批诗人、作曲家、科学家延请到了宫中，久而久之，使小小的魏玛城变为分裂落后的德国的文化中心。对于盛名之下的《维特》作者，他们更是优礼有加，倍予宠信。4 月，公爵将伊尔姆河畔一幢漂亮而幽静的花园住宅赠给了歌德，使他能舒适地生活和写作。6 月，又任命歌德为宫廷的枢密顾问，让他参与政务。10 月，经歌德推荐，他的好友赫尔德尔也被请来魏玛，任教会总监。总之，魏玛的气氛、环境和人事关系，都不是故乡法兰克福可以比的，在当时的德国也难以找到第二个这样的地方，因而使歌德流连忘返。

早在 1775 年 6 月，歌德在一位朋友的手中看见一位陌生女人的侧面剪影像时就曾说过：“看到世界如何反映在这个灵魂里，实在是一件美事。”①年轻的歌德没想到，半年后在魏玛，他就在公爵的陪同下走进了这个女人的客厅。她名叫夏绿蒂，是宫廷御马总监封·施泰因男爵——一个粗俗而好脾气的壮汉的妻子。她生得小巧玲珑，性格温柔而娴静，风度举止高贵而潇洒，模样虽说不上很美，更不如丽莉似的艳丽，但却别有一种风韵。从 11 月第一次见面起，歌德便被她吸引住了。到了第二年 2 月，他已向人承认：“封·施泰因夫人是个了不起的女性，如人们喜欢说的，我已被她束缚住了，桎梏住了。”②

对封·施泰因夫人的倾慕，无疑也是一根将歌德紧紧系在魏玛的“温柔的魔带”。

为了逃脱丽莉温柔的羁绊却又被施泰因夫人温柔的魔带捆住，而且时间仅仅相隔两三个月，这不能不在歌德的心中引起思索。加之她已是一位有夫之妇和生育过 8 个孩子的母亲，他俩的结合事实上已无可能，就连相爱也只会带来痛苦，结局多半将是不幸。这些，自然更使歌德思想上充满了矛盾。1776 年 5 月，歌德写了一首《无休止的爱》，正是他的矛盾心境的真实反映——

迎着风暴，
迎着雨雪，
穿过幽深的峡谷，
越过雾锁的原野，
永远向前，永远向前！
没有休止，没有停歇！

① Emil Ludwig：*Goethe*，S. 159.

② Peter Boerner：*Johann Wolfgang Von Goethe*，1983 年，波恩 Inter Nationes 出版，S. 74。

我宁肯忍受
痛苦的折磨，
也承担不了
如许多的欢乐。
心心相印，
无尽的恋慕，
唉，竟奇怪地
令我痛苦难过！

我该逃走吗？
逃进森林里去吗？
一切都是枉然！
爱情啊，你这
无休止的幸福
你这生命的王冕！

爱情、欢乐、幸福如果太多，如果没有休止间歇，也会叫人承受不了，也会令人痛苦难过啊。但是，人又少不了爱情这“生命的王冕”，想要逃避它的一切努力都将是枉然。这便是歌德的命运，普天下无数多情多恋的男女的命运。

具体说到对施泰因夫人的恋慕，它让歌德预感到的，已不是从与弗莉德里克的爱情中产生的“明艳的明霞”、“灿烂的黄金”和“百灵的歌唱”，也不是由对丽莉的爱所化作的“金色的美梦”和“盈盈露珠”一般的眼泪，而是风暴、雨雪、幽深的峡谷和迷雾的原野。然而尽管如此，歌德仍旧狂热地爱着施泰因夫人，因为在他和这位聪慧、娴静的年长的女友之间，确实存在着心灵的契合。①

事实是，歌德与施泰因夫人的关系维持了 10 年之久，超过了在她之前和之后的任何女友和恋人。也可以说，歌德从来没有像崇拜她一样崇拜过任何人，从来没有哪个女性对歌德产生过像她似的长久而深刻和影响。他称她是自己的“抚慰者、天使、圣母”。他说：“这位夫人对我的重要意义，对我的巨大魅力，我无法另作解释，只能说是心灵的契合。——是的，我们是前世夫妻！”

在这 10 年中，歌德给施泰因夫人写了 1 700 多封书信，也因为她而作了不少的抒情诗；在其中 3 首诗和一些信里，歌德曾以“丽达”这个假名作为施泰因夫人

① 歌德时年 27 岁，施泰因夫人 32 岁。

的昵称，后世便将所有与她有关的诗命名为"丽达之歌"。下面这首《致月亮》(初稿成于1776—1778年间)，是其中最为人称道的一首——

你又将迷蒙的青辉
洒满这幽谷林丛，
你终于将我的灵魂
完全地解脱消溶；

你将抚慰的目光
照临我的园庭，
就像友人的青眼
关注我的命运。

我的心还感觉到
乐时与忧时的回响，
我在苦与乐之间
寂寞孤独地徜徉。

流吧，流吧，亲爱的河！
我再不会有欢愉，
嬉欢、亲吻、忠诚，
一切都已然逝去。

可我曾一度占有
那无比珍贵的至宝！
我现在痛苦烦恼，
就因为再不能忘却！

喧响吧，流下山涧，
别休止，莫停息，
发出淙淙的鸣声，
和着我的歌曲，

不论是在冬夜里
你汹涌地泛滥激涨，
还是在阳春时节
你迂回地流进花畦。

幸福啊，谁能
离开尘世无所怨恨，
谁能拥着一位知己，
和他共同分享

那人所不知的，
人所不解的乐趣，
作长夜的漫游，
在胸中的迷宫里。

这首诗的第一稿写在一封给施泰因夫人的信里。从第一稿中，只保留下来开头和结尾的各两个小节。在前边谈的《狩猎者的晚歌》中，诗人吟唱过："可是只要我一想起你，仿佛就看见天上的月亮"；因而《致月亮》这首诗，实际上也就是致歌德当时恋慕的施泰因夫人。在诗中，"你"——月亮起了一个抚慰者的作用，一如施泰因夫人在歌德的生活里那样。

据研究歌德遗存下来的信函和各种版本的诗集得出的结论，《致月亮》的中间4节是他1788年旅行意大利归来后添加、修改而成的；此时他与施泰因夫人的感情早已破裂。因此，诗人借对流水的描写来抒发的，就不是一般伤逝的情怀，而是自己失去了施泰因夫人的爱情和友谊的悲哀。至于诗的最后两节，始终都可看作是对未来的期望和祝愿。

由于在相隔10年之后作了添加修改，《致月亮》的思想情感就变得丰富而复杂；然而它却并不因此失去了和谐和统一，相反却异常地优美、深沉、动人。读着它，我们自然就会想到歌德在他那伊尔姆河畔的庭园中，独自漫步月下，而对着眼前美丽、清幽的夜色和长流不息的河水，心中涌起万千思绪，禁不住对自己充满苦与乐的昔日和眼下的生活发出了浩叹。

这首因景得情、缘情写景、情景交融的月夜抒情诗，意境深远，音韵悦耳，读者就算不了解它产生的背景和具体的含义，也同样能欣赏它，和它产生共鸣，心灵同样会受到那溶溶月光的抚慰。

当然,歌德之决心留在魏玛,决不仅仅是因为客观上受到了"温柔的魔带"的羁绊,仅仅为了追求舒适的环境和施泰因夫人的爱情;更主要的,是他主观上也希望"在一向过惯了自由不羁的生活之后,也担负一些任务和责任",并且想"试一试当一个大人物对他是否适合"。①

也就是说,他想尝试一下通过从政这条道路,来实现自己改造社会的理想。从 1776 年开始,他在魏玛宫廷中相继接受一系列重要职务,直至 1782 年当了宰相。对歌德之前往魏玛这个弹丸小邦,对他之决定留下来长住并担任要职,他在法兰克福的父亲、朋友特别是狂飙突进运动的同志都极力反对,后来激进的诗人伦茨等更因此与歌德决裂。以歌德的富于头脑和眼光,他自然也不会认识不到自己的抉择是一次冒险;他把自己的赴魏玛从政,比作一次《海上的航行》——

我的船满载货物,等待顺风,
日日夜夜停泊在港湾里;
我与忠实的友人相聚在一起,
用酒浇灌耐心,滋养情绪。

朋友们比我更加不耐烦:
"我们希望你快快启程,
我们祝愿你一帆风顺;
异乡等着赐给你无数财宝,
我们等着拥抱归来的游子,
让他获得奖赏和爱情。"

终于在一天清晨,人声鼎沸,
我们让水手的吆喝声惊醒,
大伙儿往来奔走,忙忙碌碌,
要借第一阵劲风开航启碇。

船帆在风中胀满得像开了花,
太阳引诱我们以火热的爱情;
帆在水上急驰,云在空中狂奔,

① Peter Boerner: *Johann Wolfgang Von Goethe*, S. 68—70.

岸边送来朋友们祝福的高歌，
我欣喜若狂，幻想着返航的
早晨，还有夜空中的颗颗明星。

可是神送来的风变幻无常，
我的船离开了预定的航程；
表面上它似乎任风摆布，
暗地里却想以智谋取胜，
在斜路上坚持向目标前进。

然而从阴沉的灰色的远方，
已隐隐传来风暴的吼声，
鸟儿们被吓得贴水低飞，
舒展的心胸也随之缩紧。
风暴果然袭来，在它的
盛怒面前，水手机智降下船帆，
船像只充满恐怖的皮球，
任风浪摔打、抛玩。

彼岸的朋友和亲人，
站在陆地上仍惊恐莫名：
“唉，他为何不留在这儿！
唉，这风暴！唉，他多不幸！
难道那好人就这么沉沦下去？
唉，他本该，他要能！天神啊！”

可他却立在舵旁，满怀豪情；
他的船听凭风和浪戏弄，
风和浪动摇不了他的心。
他威严地注视着可怕的深渊，
不管是覆没，还是抵达岸边，
都对他的守护神怀着信任。

对于天才的诗人歌德来说，到魏玛做官的确意味着生命的航船被风暴推上了一条斜路。手中虽握着权力，终日却得应付无聊的人和事，无疑有使他忘却自己的使命，失去诗人的自我的危险。但是，在歌德写《海上的航行》的 1777 年，他显然对自己的抉择毫无悔意，认为自己在斜路上仍可达到原定的目标。诗中所谓“对他的守护神怀着信任”，就意味着对自身怀着信任。

这首诗成功地使用象征的手法，表现了歌德从政之初乐观而自信的心境。它最初是写给施泰因夫人的，我们可以将其视为歌德对所有关心他命运和前途的友人的回答。

然而，歌德很快发现，在魏玛这个小宫廷中很难实现自己的理想。他不但无法长期左右年轻的公爵，把他教育成一位开明的君主，而且还得对付宫廷中惯有的阴谋诡计和流言蜚语，参加无数的礼宾应酬，白白地劳心劳力。事实上，他很快就感到了厌倦。这种厌倦心情，委婉而深沉地表现在了他 1780 年写的那首《漫游者的夜歌》里——

所有的峰顶
沉静，
所有的树梢
全不见
一丝儿风影；
林中鸟儿们静默无声。
等着吧，你也快
获得安宁。①

1780 年 9 月 6 日，歌德登伊尔美瑙县境内的基克尔汉峰，傍晚在峰顶牧人小屋的墙壁上题写了这首诗。它寥寥数语，即已将图林根深山密林中日暮时万籁俱寂的静谧气氛描写得淋漓尽致；而结尾一句，则展露了诗人厌倦于驱驰，渴望内心宁静的情怀。须知作此诗时的歌德才 31 岁，正当有为之年，不可能像一位白发老翁一般地厌倦人生，而只是过腻了魏玛宫廷中扰攘不安的生活。

这首诗音调节奏是如此优雅，形式是如此玲珑、完美，意境是如此高远，历来被视为歌德抒情诗中的绝唱。它不仅得到西方各国诗人和读者的珍爱、叹赏，由舒伯特、李斯特等大作曲家谱曲达 200 种以上，而且也深受我国诗人郭沫若、梁宗

① 歌德在 1776 年还写过另一首《漫游者夜歌》。

岱、冯至等的推崇。

梁宗岱在给徐志摩的信中说，这首“篇幅小得可怜”的诗“给我们心灵的震荡却不减于悲多汶(贝多芬)一曲交响乐……因为它是一颗伟大的、充满了音乐的灵魂在最充溢的刹那间偶然的呼气……可是毕生底菁华，都在这一口气呼了出来”。[①]也就难怪，1934 年当梁宗岱出版自己的译诗集时，就以歌德此诗的第一句“一切的峰顶”作为题名。

还有我国当代的著名歌德研究家和诗人冯至，也将《漫游者的夜歌》与李白的《静夜思》相比，认为它们都表达了人类面对某些自然景象可能产生的共同情绪，因而在东方和西方一样广为传诵，撼动人心。

尽管已经厌倦，歌德仍任自己生命的航船在魏玛宫廷的浊流旋涡中颠簸、漂流，直到 1786 年秋天，他实在忍无可忍，才不辞而别，只身旅行到意大利去了。

从 1776 年至 1786 年，歌德在魏玛从政整整 10 年之久。由于客观社会环境的限制，他的政治抱负未能实现，但是仍然不无收获。他不仅完成了一些作品——其中诗歌创作更是成绩显著——，还开始热衷自然科学研究，并且大大地丰富了人生阅历。这最后一点，对他日后完成《浮士德》和《威廉・迈斯特》等巨著，无疑是很有意义的。在 10 年之间，歌德已不再是写《维特》和“丽莉之歌”时那个多愁善感的翩翩少年，而被磨炼成了一个男子，对宇宙人生的思考也变得成熟起来。试读一下他 1783 年写的《神性》这首诗，并请将它与 10 年前的《普罗米修斯》作一番比较——

愿人类高贵、善良，
乐于助人！
因为只有这
使他区别于
我们知道的
所有生灵。

让我们祝福
未曾认识的
预感中的神灵吧！
愿人类酷肖他们

① 梁宗岱:《诗与真》,外国文学出版社 1984 年版,第 34 页。

人的榜样教我们
相信神的存在！

须知大自然
没有知觉：
太阳同样照着
好人与坏人；
罪人与善人头上
同样闪耀着
月亮和星星。

风暴、雷霆，
洪水、冰雹
都恣意肆虐，
匆匆地攫住
这个那个，
不加区分。

还有那幸福
也在人间摸索，
时而抓住男孩
纯洁的鬈发，
时而摸到老者
罪恶的秃顶。

遵循永恒而伟大的
铁的法则，
我们大家都必须
走完自己的
生的环形。

只有人能够

变不能为可能：
他能区别、
选择和裁判，
他能将永恒
赋予一瞬。
只有人能够

奖励善人，
惩罚恶人，
治病救命，
将一切迷途彷徨者
结合成有用的一群。

而我们尊敬
不死的神灵，
好像他们也是人，
也在大范围内做着
优秀的人经常做
和乐意做的事情。

愿人类高贵、善良，
乐于助人！
愿他不倦地
造福行善，
成为我们预感中的
神的榜样！

这首诗名为《神性》，实际上却是对人和人性的赞歌。它告诉我们：人区别于或者说高于其他一切生灵，因为人可以是高贵、善良和乐于助人的，因为只有人才有良知和德行；人并且能区分善恶，用精神的创造将永恒赋予一瞬，做到大自然不可能做到的事情，虽然人也是自然的一部分，同样遵循着"铁的法则"，要走完生的环形；我们之所以相信神的存在，就因为在现实生活中有优秀的人的榜样，也就是说，人按自己的模样创造了神。所谓神性，不过就是理想的人性罢了。

诗中所述的事理简单得不能再简单，语言也明朗、质朴之极，但却引申出和阐明了一种伟大、崇高而深刻的思想：人是万物之灵长，自然之精华，天神的榜样。

《神性》和《普罗米修斯》一样，都洋溢着人道主义的精神。但是，如果说后者富于反抗的激情的话，前者则蕴涵着更多、更深沉的哲理。在《普罗米修斯》中，我们看到的还只是“去受苦，去哭泣，去享受，去欢乐”的自然的人和个体的人，呼唤的还只是人性从神的奴役下的解放；在《神性》里，人就不但应该“高贵、善良、乐于助人”，并且能“将一切迷途彷徨者结合成有用的一群”，也即已经成为有道德的人和社会的人，呼唤的已经是人性的崇高和完善。从这两首诗的比较中，我们可以发现歌德的思想特别是人生观和宗教观的发展。《神性》这首诗，对于我们100年后来读它的现代人，仍未失去教育意义。从一定意义上讲，我们还在努力实现歌德完善人性的理想。而诗人歌德的杰出和伟大，也正在于此。

在魏玛生活的头10年(1776—1786)，歌德的创作成绩主要是大量的诗歌，上面仅介绍了一小部分精华和名篇。这一时期，歌德的阅历大为丰富，思想日趋成熟，为他日后的发展创造了一些必不可少的条件。艺术形式方面，这一时期说不上有多少创新，但却提高和完善了在法兰克福和以前已采用的多种诗体，既写了《神性》、《海上的航行》等颂歌体无韵自由诗，也写了《无休止的爱》、《对月》等音韵优美的格律诗，也写了《漫游者的夜歌》等单独一个小节的短诗。最后这种在西方据认为是歌德独创的着重含蓄和深远意境的诗歌形式，于《漫游者的夜歌》已达到炉火纯青的佳境，成为千古绝唱。

南国之恋

——关于《迷娘曲》和《罗马哀歌》

你知道吗，那柠檬开花的地方，
茂密的绿叶中，橙子金黄，
蓝天里送来宜人的和风，
桃金娘静立，月桂头儿高扬，
你可知道那地方？
　　　　　　　　前往，前往，
我愿跟随你，爱人啊，随你前往！

你可知道那所房子，圆柱成行，
厅堂辉煌，居室宽敞明亮，
大理石立像凝望着我：
人们怎么你了，可怜的姑娘？
你可知道那所房子？
　　　　　　　　前往，前往，
我愿跟随你，恩人啊，随你前往！

我可知道吗，那云径和山冈？
驴儿在雾里觅路行进，
岩洞中有古老龙种的行藏，
危崖欲坠，瀑布奔忙，
你可知道那座山冈？
　　　　　　　　前往，前往，
我愿跟随你，父亲啊，随你前往！

上面引的这首抒情诗，是歌德极为有名的《迷娘曲》。诗题中的迷娘，原是他的长篇小说《威廉·迈斯特的学习时代》中的一位意大利少女。她早年被人拐带到德国,流落在一个跑江湖的马戏班中,备受虐待和摧残,直至13岁时,才被小说主人公威廉·迈斯特——一位富于正义感的青年商人所搭救。在威廉的保护和养育下,迷娘渐渐长成一个可爱的少女,但对自己朦胧记忆里的祖国意大利,仍怀着深深的思恋和渴慕,因而郁郁寡欢,终致夭折。在小说中,迷娘唱过4首述说自己不幸身世和忧伤心情的歌,上面所引即为其中最为脍炙人口的一首。自从1796年小说《威廉·迈斯的学习时代》问世以来,特别是1815年歌德将小说插曲全部摘出来放进自己的诗集之后,这首《迷娘曲》便在德国内外广泛流传,译成了世界上的多种语言,并由贝多芬、舒伯特、舒曼、柴可夫斯基等大音乐家谱曲达百次以上,成为了世界抒情诗宝库中一颗璀璨耀眼的明珠。

《迷娘曲》何以如此成功?它何来那明珠般迷人的光彩和魅力?

首先来自它那丰富、深沉的思想情感的内涵。

诗只短短3节,但每一节都描绘出一幅色彩鲜明、形象生动而又富于浪漫情调的图画,读着读着,意大利那美丽的南方古国便浮现在我们面前。迷娘把自己对故乡山川风物的眷念反复咏唱,情词恳切,倘若读者你是歌中唱的"爱人"、"恩人"和"父亲",想必也忍不住会答应这可怜少女的请求的。而我们根据对小说情节的了解,知道"爱人"、"恩人"和"父亲"这三个不无矛盾的称呼,都只是针对威廉一个人的,便不难体会迷娘对稍长于自己的威廉怀有多么复杂而又深厚的感情;她那唯一一句涉及自己身世的歌词——"人们怎么你了,可怜的姑娘?"——又包含着多少自怨自怜的悲哀和辛酸。读完全诗,我们心中油然生起一股凄凉之感,深深为迷娘那复杂、沉重、悠远的思慕之情所打动。

短短3节诗,要表达如此复杂的思想情感已属不易;然而《迷娘曲》的内涵和意蕴,还远远不止这些。

乍看起来,诗的第一节只写了意大利的自然风物,第二节只写了迷娘童年时游玩过的一幢乡间别墅,第三节只写了她来德国时所走过的一段崎岖山路。可实际上,我们细细玩味之后,才发现诗里并不只是这些具体事物的描绘,也写了古国意大利的灿烂文化和悠久历史。因为那圆柱并列的辉煌厅堂和大理石像,使人不由得联想到以建筑和雕塑艺术为代表的古希腊和古罗马文化,联想到后来的文艺复兴;那云径幽深、蛟龙潜藏的蛮荒山野,使人不由得联想到神话传说中意大利遥远而神秘的往昔。难怪海涅在《从慕尼黑到热那亚的旅行》一书中,要摹仿《迷娘曲》的调子对它发出赞叹:"你知道吗,有支歌写出了整个意大利……"

再者,诗里抒发的也不只是意大利少女迷娘怀念祖国的感情,还融进了诗人歌德自己对阳光明媚的意大利的热烈憧憬。

读过歌德传记的人都了解，他是从童年时代起便对意大利十分向往的。《迷娘曲》初作于1784年。其时这位“最伟大的德国人”（恩格斯语）屈居小小的魏玛宫廷已近10年，他想把仅有10万人口的萨克森—魏玛公园改造成德国的样板的抱负业已破灭，除写了一些抒情诗以外，文学创作也几乎陷于停顿。周围令人窒息的环境、迂腐傲慢的人们早叫他厌恶透顶，还有那位徐娘半老的施泰因夫人也越来越令他感到尴尬。这些都使他更加渴望去南国意大利呼吸呼吸充满柠檬花香的清新空气，踏访踏访那古老国度里遍地皆是的文化胜迹。于是，诗人通过小说主人公迷娘之口，唱出了自己内心深处酝酿已久的感情，所以诗里的背景才这么广阔，思想才这么深邃，情感才这么真挚。

必须说明，歌德对意大利的憧憬和向往绝非无因由，而且也不仅仅是他受自己曾经游历过意大利的父亲影响熏陶的结果。要知道，对意大利怀有这种特殊情感的，远远不止歌德一个，而是整个西方世界古往今来的文人、学者和艺术家。撇开其他历史和宗教方面的原因不讲，单单在14—16世纪的文艺复兴以后，意大利作为欧洲资产阶级近代文化的发祥地，便一直被包括德国人在内的所有欧洲人——特别是知识分子视为自己的精神故乡，视为自己的“根”之所在。作家、艺术家、诗人更是纷纷前去“寻根”、“朝圣”，获取创作的灵感和素材。所以，歌德在《迷娘曲》中抒发的憧憬意大利之情，才能引起广泛而强烈的共鸣。对当时处于封建割据的黑暗状态中的德国来说，它无疑还间接地反映出人们对现实的不满，对光明的向往。

《迷娘曲》一诗思想情感的内涵的确极其深沉，异常丰富；但是，如果没有高超的艺术手腕，如此丰富深沉的思想情感断难以短短3节诗传达出来，产生异乎寻常的感染力。

《迷娘曲》除具歌德抒情诗语言精炼、形象鲜明、感情真挚等共同特点外，突出的优点是还从民歌中汲取了丰富的营养，用语朴实而富于音乐性，因而读起来琅琅上口，谱上曲更是娓娓动听。尤其是每节诗起首和结尾的询问和恳求，反复中又有变化，随内容的加深和情绪的高涨而一次紧似一次地扣动我们的心弦，使之发出强烈的共振，久久的回响。

在我国，经过众多著名诗人和翻译家的翻译介绍，《迷娘曲》同样广为流传。其中，郭沫若曾以不同的格调翻译过两次——笔者重译时便主要参考了郭译——，足见他对这首诗多么重视和喜爱。然而，最早将《迷娘曲》译成中文的并非郭沫若，而是清末民初的重要政治家、学者兼诗人马君武。他在距今90多年前译成的《米丽容歌》既完整而又忠实，很好地传达出了原诗的情调和意旨，堪称歌德的作品乃至整个德国文学的第一篇真正中译（不是那种节述），故而弥足珍贵。

歌德对南国意大利的热烈憧憬，在他创作《迷娘曲》之后两年终于实现了。

1786年9月3日凌晨3时，他坐上驿车，不辞而别，离开他当时正在那儿疗养的卡尔温泉（即今日捷克境内的卡罗维发利温泉），只身前往意大利去了。他轻装微服，自称是个画家，名叫约翰·缪勒。他取道维罗纳、威尼斯、佛罗伦萨，直奔他日夜向往的“世界之都”罗马。

到了罗马，他就以一个普通画家的身份住了下来。他在那儿自由自在地踏勘古迹，欣赏古代的建筑、雕塑、绘画，广泛结交作家、艺术家。其间，他还游览过另外一些名城，渡海参观过西西里岛上的巴勒摩植物园，甚至3次冒险攀登维苏威火山，实地作地质学考察。这时候，他的创作力重新旺盛起来，改写和完成了《埃格蒙特》等剧本，并开始写诗剧《塔索》和巨著《浮士德》的第一部。而且，他作为画家也不是徒有虚名，留下来的意大利写生和素描就有上千幅之多。除此，还有一件重要的事情当然也不能忘记，那就是爱情。在罗马，歌德遇见一位美丽的平民女子，两人很快便热烈相爱。

要想知道在阳光充足、风光旖旎、古迹遍地、人物俊美的古国意大利，我们的诗人歌德生活得有多么充实，多么幸福和自由自在、心满意足，那就请读一读下面这首译诗——

呵，在罗马我感到多快乐，每当想起从前
　那北国灰蒙蒙的日子将我紧紧包裹，
暗淡的天穹沉重地低垂在我的头顶上，
　人没精打采，周围的世界无形又无色。
心怀郁闷，我窥探着一条条黑色的道路，
　自我审视，我静静地堕入了苦思冥索。
可而今啊，明亮的以太①光耀着我的额头，
　福玻斯②召唤出了万千的形象与彩色。
夜晚星光灿烂，四野回荡着甜美的情歌，
　月色照着我，比北方的阳光更加暖和。
我这个凡人多么幸福！难道我是在梦境？

① 即太空、天空、空气。

② 在罗马神话中，福玻斯为日神。

天父朱庇得,你的神宫可也接待过客?
唉,我躺卧在尘埃,伸出双手向你祈求!
啊,殷勤好客的天父,请你将我收留!
我不能告诉你,我怎样来到了你的身旁:
是赫柏[①]抓住这浪游者,带他进了殿堂。
不是你要美人儿,从下界选拔一位英雄[②]?
她出了差错?请原谅!我却因错得福!
还有你的女儿福丢娜[③],她不也是一样!
她一时兴起,给我的礼物竟是位姑娘。
你是真正的神灵吗?呵,那就别把客人
从你的奥林帕斯逐出,让他回到凡尘!——
"诗人啊,你向你处攀登?"请原谅我!
那高高的卡皮托里尼[④]不是你的另一座
奥林帕斯?容我留下吧,天父,赫尔美斯[⑤]
将领我经过开斯堤[⑥]墓碑,悄然走向奥尔库斯。[⑦]

这儿引的是歌德的著名组诗《罗马哀歌》(1788—1790)中的一首。所谓哀歌,只是古希腊罗马诗体之一种,最早和最杰出的哀歌诗人为奥维德和普罗佩茨。它无需押韵,只要求单行六音步,双行五音步,每一首的行数不定。由于格律不十分严格,有的学者便认为它是一种介于抒情诗与散文之间的体裁,而我们则不妨权当其为一种分行排列的散文诗。因此翻译时,我也不勉强去相应地凑顿数,而更多地追求上口,使读者能够朗诵并多少感受到其中的诗意。再者,从内容看,它虽名为哀歌或译作悲歌,实则并不一定表现哀痛和悲悼的情事,明显的例子如我们引用的歌德这首诗,相反倒写的是天堂般的幸福和快乐。

歌德在他的意大利天堂中流连忘返,一住两年,精神和身体都得到了休息,艺术上更重获新生,开始了创作中硕果累累的古典时期。他曾经讲,他到了意大利就感觉如在自己家里一样,而在德国的其他地方,他却只是个"被放逐者"而已。

---

① 在罗马神话中,赫伯为青春女神。
② 指大力神赫拉克勒斯,他后来娶赫伯为妻。
③ 在罗马神话中,福丢娜为幸福女神。
④ 罗马的名山。山上有朱庇特神庙。
⑤ 神使,兼司送灵魂入冥土之职。
⑥ 开斯堤为罗马护民官,其墓碑旁为德国新教徒公墓。
⑦ 罗马神话中之冥王。

1788 年春天，在国内故旧的再三催促下，歌德不得不洒泪告别阳光明媚的意大利，返回北方阴暗、潮湿的德国。在湫溢狭小的魏玛，他遇见的却是比阴郁的天气更加令人难受的冷眼。施泰因夫人与他的关系已完全破裂，只有奥古斯特公爵仍然给予诗人礼遇，虽然他辞去了宫廷中的大部分公职。他的生活变得比去意大利之前更加孤独，心情如像被逐出了乐园的天使一般地抑郁、痛苦，几至不能自持。幸好在 7 月里的一天，他独自在公园中散步，找到了新的慰藉，新的幸福——

在一片树林中
我信步往前行，
无意寻觅什么，
全然漫不经心。

我见一朵小花
开放在那树荫，
美丽如同明眸，
闪亮好似星星。

我欲将花采摘，
花儿发出怨声：
君欲将我摘下，
任我独自凋零？

我将花儿刨出，
连带所有的根，
移它至我家中，
种在美丽园庭。

如今它长生在
一个清幽环境，
依旧枝繁叶密，
依旧花朵茂盛。

这首格调清新的小诗，题名就叫《找到了》。它带着诗人的一腔柔情和眷爱，于1813年附在他从伊尔美瑙发出的信中，寄给了他在魏玛的心爱的女子。这女子便是歌德25年前在公园中邂逅的那个年轻、美丽、善良的制花女工，名字叫克莉斯蒂娜·乌尔庇郁丝。她也跟罗马那位平民少女一样很快与歌德相爱、同居，并为诗人生了一个儿子。1806年，歌德不顾魏玛宫廷中的人们乃至一些朋友的反对，与乌尔庇郁丝举行婚礼，使她成为了自己的合法伴侣。但是，尽管有了她，歌德在回到魏玛的头两三年仍然经常地怀念自己在意大利的幸福生活。特别是身旁这位忠实而温柔的乌尔庇郁丝，更使他时时想起那个同样对他许以身心、同样出身微贱的罗马女郎。在前者的身上，他似乎看见了后者的影子。有两三年之久，眼前的幸福与追怀往事的欣喜在他心中发出交响，使他写成了总题为《罗马哀歌》的20首抒情诗。让我们最后再读读其中最为人称道的第五首——

在古国的土地上，我感到欢欣而又快活，
　往昔和现代同时与我对话，声音洪亮、
美妙；我听从劝告，手不释卷地阅读
　古哲的著作，每一天都有新的收获。
然而夜里，阿摩①却让我忙于别的功课：
　纵然我只得到一半学问，却加倍快乐。
当我偷觑爱人的胸脯，抚摩她的丰臀，
　难道这不是新的学问，新的得获？
我真正懂得了大理石像：我比较、思索，
　观看的眼有了触觉，抚摩的手有了视觉。
纵然心爱的人抢走了我白昼的几多光阴，
　她却用夜晚的欢乐时光加倍补偿我。
我们并不只顾亲吻，有时也理智地交谈；
　一旦她酣然睡去，我便会久久地思索。
还在她的怀抱中，常常我已经诗兴勃发，
　我用我的手指，在她背上轻轻扣出
六步体的节拍。她在酣梦里呼吸轻匀，
　温暖的气息一直流进我深深的心窝。
阿摩挑亮快熄的灯，让我记忆起在古代

① 罗马神话中的爱神。

他曾为三位诗人①，将同样的好事做过。

这首诗之所以引人注目，不只因为它大胆显露地描写了男女之间的爱情——像这种可能被人视为艳诗的作品在歌德那里并不罕见——，而更重要的，是它真实地记录了诗人在罗马(还有魏玛?)的生活，表白了藏在他心中指导自己行动的恋爱观和艺术观。在歌德看来，爱情也是一种学问，其意义不下于读古哲的经典；爱情能加深对艺术的感受和理解，能使他的眼睛和手指感觉更加敏锐。因此，艺术离不开爱情，艺术家的生活中不能没有爱情。因此，歌德在《罗马哀歌》的第一首中唱道："呵，罗马，你诚然大如一个世界；可是没有爱情，世界不成其为世界，罗马不成其为罗马。"

组诗《罗马哀歌》，写了一位艺术家在罗马的生活，其中心内容又是他与那个被诗人唤作浮士蒂娜②的平民女子的恋情，所以也完全可以称为《罗马恋歌》。而认真读一读组诗，特别是上面引用的第五首，我们便可以更好地理解和认识歌德这种在希腊罗马文化圈中具有代表性的艺术观和恋爱道德观，明白诗人一生何以多恋，甚至于为西方现代的爱情心理学和充斥着爱情描写乃至性爱描写的文学，找出一点点文化历史的渊源。

《罗马哀歌》充满了罗马的地方文物、风情，使用了古罗马诗人开创的哀歌体，对古罗马的神话和历史传说旁征博引，罗马和意大利的色彩真是鲜明而又浓重。正因此，一些原本平淡无奇的生活场景就变得绚丽多彩，特别是在我们东方人读来更别有一番情趣，恰似有一股熏风从遥远的南欧古国向我们扑面吹来。

《迷娘曲》唱出了歌德对自己想象中的意大利的憧憬，《罗马哀歌》唱出了诗人对自己生活过的"永恒之城"罗马的思念。两者在内容和格调方面的差异是巨大的，但却有一个明显的共同点，那就是都表达了一位北方的诗人对于南方古国热烈而深沉的恋慕。

---

① 指古罗马诗人卡图鲁斯、提布鲁斯和普罗佩尔提乌斯，他们3人同样都写过热烈的爱情诗献给自己的情人。后人经常将他们的诗合在一起出版。

② 浮士蒂娜(Faustina)显系假名，有女性的浮士德之意。估计歌德当时正创作《浮士德》第一部，心中常以书中的主人公自比，因此也就替自己的爱人取了这个名字。

第二次青春

——关于"古典时期"的其他抒情诗

意大利之行，是歌德生命史上的又一重大转折。在那阳光明媚、色彩鲜艳的南方文明古国，青春之火在即将年满 40 的诗人胸中又熊熊燃烧起来。在创作上，他也随之进入了持续近 20 年之久的又一个兴旺时期，即所谓的古典时期(1786—1806)。

在此期间，不但歌德个人的创作获得了前所未有的丰收，完成了诗剧《浮士德》的第一部、长篇小说《威廉·迈斯特的学习时代》、诗剧《塔索》以及其他一系列重要作品；而且，他与挚友席勒一起，还使整个德语文学登上了辉煌灿烂的、空前的高峰。但是，歌德对于意大利本身的热烈情感，却未能维持多久。1790 年 3 月，在完成《罗马哀歌》一年后，他又奉奥古斯特公爵之命前往意大利迎候公爵的母亲阿玛丽亚，在水都威尼斯一等便等到了 6 月。他的 103 首《威尼斯警句》，就产生于这一段无聊的羁旅生活。其中著名的第四首，已说明诗人对意大利的感情发生了转变——

这就是我曾告别的意大利。大道依旧尘土飞扬；
　外乡人依然受到诈骗，不管他如何抗拒。
德意志的忠诚，您在哪儿都将白白寻找；
　这里只有忙忙碌碌，没有秩序和纪律。
谁都只关心自身，怀疑他人，爱好虚荣，
　就连国家的首脑也同样只知关心自己。
国土虽美，可是，唉，浮士蒂娜已无处寻觅。
　这已经不是我怀着悲痛告别的意大利。

依然是美丽的南国，诗人对它却不再有眷爱之意，这不仅因为挤满游客的威尼斯远远比不上文物鼎盛的世界之都罗马，也不只因为这里没有美丽、热情的浮士蒂娜，相反，在魏玛家中却有他忠诚的爱侣乌尔庇郁丝，有她三个月前才为他生的小儿子奥古斯特，因此诗人的心时刻系念着她们，早已从羁旅的异乡飞回到了他们身边。不，歌德对意大利感情转变的根本原因，还在于他本人的气质和精神。

歌德的气质和精神有一个重要特征，就是渴望不断地更新、发展和变化。他曾把这比作蛇的蜕皮。晚年，他曾对人说："人要想不僵化，就得不断地改变自己，更新自己并使自己变得年轻。"对意大利的热恋只是他生活和思想发展的一个阶段；它尽管十分重要，但一旦过去便已成为一个已经超越的阶段，一张已经蜕去的蛇皮。

《威尼斯警句》的内容，都是歌德随时记录的对一时一事的体验和感想，只不过仍然采用了古罗马的哀歌体。它连同后几年创作的另外一些哀歌和以意大利诗人塔索为主人公的诗剧，都可以说是意大利之行的影响的余波。

在他一生创作的第二个高峰和丰收期，歌德最重要的成就应该说就是本文一开篇所列举的那些诗剧和小说。他创作的诗歌数量不多，除去上述的哀歌和一些叙事谣曲(Ballade)，他只在1795—1802年间写了为数不多的抒情诗。现在我们便来谈谈这些抒情诗，因为它们正好表明歌德如何不断地更新自己，不断使自己青春焕发。

说来奇怪，歌德这个时期的诗歌重又采用了他青年时代使用过的体裁，甚至包括洛可可体或牧歌体，而且所抒写的也多是缠绵悱恻的爱情，仿佛诗人又经历着第二次青春期似的。人们稍不注意，就很容易将这时候的诗混入他写《塞森海姆之歌》阶段乃至更早的作品中去，因为它们实在太像了。作为例子，我们先来吟诵一下他的《早春》——

欢乐的日子，
你们快来临？
送给我太阳、
青山和绿林？

小溪流淌得
加倍地忙碌
还是那草地？
还是那山谷？

蔚蓝的天空！
清新的空气！

湖中悠游着
金色的小鱼。

五色的鸣禽
喧闹在树林；
天国的妙乐
在其间回应。

绝色原野上
百花争吐艳，
蜂儿采花蜜，
嗡嗡复营营。

空气中传来
轻柔的颤动，
花香沁心脾，
催人入梦境。

一会儿吹来
更强劲的风，
转瞬又消失
在那丛莽中。

它却会回到
诗人的胸襟，
缪斯啊，请帮我
消受这幸运！

“告诉我昨天
出了啥事情?”
我的姊妹们啊。
爱人已来临！

明快的节奏，铿锵的音调，对自然、对春天的热烈赞颂，这一切都令我们情不自禁地联想起 20 多年前那首美丽的青春颂《五月歌》！但是，它毕竟不是《五月歌》，它只歌颂了大自然明媚的春光，没有同时歌颂人类更美好的青春，以及那“明艳如朝霞，璀璨似黄金”的爱情。它不再是青春颂，而只是在春天里对于逝去的青春年华的回忆。“还是那草地？还是那山谷？”这两句抒发了诗人对往昔的追怀之情；结尾的“爱人已来临！”一句，则并不反映歌德生活的实际，而只道出了他心中对于新的爱情的向往。

《早春》的整个情调不似《五月歌》那样无限地乐观、欢快，而是已经有了许多的疑问和思索；它使用语言更自由、自如，破句多，不受语法、句法的严格约束——这些在十分相像之中不难发现的明显差异，又标志着恢复了青春的诗人正在脱离青春期，其思想与诗风都在向着成熟的老年转化。

再看下面这首《牧羊人的悲歌》——

在那高高的山顶，
我曾无数次伫立，
身子倚靠着牧杖，
眼睛俯瞰着谷底。

羊群由小狗守护，
我跟随羊儿走去，
转眼已来到山下，
自己也不知怎的。

美丽鲜艳的花朵，
撒满眼前的草地。
我顺手摘下鲜花，
却不知给谁送去。

我站在大树底下，
躲避那急风骤雨。
对面房门仍锁着，
全是一场梦，可惜。

真的有一道彩虹，
飞架在对面屋脊！
可她已离开家门，
去到遥远的异地。

她已经远走他乡，
不定还过海飘洋。
羊儿啊，一切都逝去了！
叫牧羊人痛断肠。

这首牧歌体的情诗，同样没有歌德早年这类作品的绮靡、轻佻，而是写得十分含蓄、质朴、委婉、深沉。明明晓得自己心爱的人儿已经远走他乡，仍然不知不觉地走下山来，不知不觉地像往常一样摘下鲜花准备送给她，都生动地描绘出了热恋中的牧羊人心神恍惚的情态。当他看见恋人居住过的屋子上空升起一道雨后的彩虹，心中不觉又产生出新的希望，但马上却认识到事实是已经人去屋空。这样的曲折婉转，很好地揭示了失恋者复杂的内心活动。一句话，《牧羊人的悲歌》和这一时期的其他许多抒情诗一样，尽管在体裁、题材方面都与歌德青年时代的作品极为相像，但艺术表现却显示出即将进入老年的诗人的成熟。

值得指出的是，歌德这一时期的抒情诗都是纯粹的"艺术创造"，而不像他在此前和此后的作品，多半都记录反映了他自己的生活。他这时既无《早春》中说的与爱人重聚的欢乐，也无《牧羊人的悲歌》里表现的失恋的痛苦，诗中的人物和情节可以说都出自诗人的杜撰。但是据此我们却不能认为，这些诗里便没有歌德，没有歌德的思想情感；倒应该看到趋于成熟的诗人超越了自我，进而表现人类的共通的思想感情，表现任何普通人都有的悲欢离合，以及对春天到来的喜悦，对韶光易逝的哀叹，等等。而且，更加重要的是，我们还应看到，歌德本人的思想情感都隐藏和融汇在了人类共通的思想情感里边，一旦我们体会出来，便觉得更加深沉、感人。例如，在这一时期的诗里，大都弥漫着一种伤逝的忧郁情调，"还是那草地？""还是那山谷？""全是一场梦。""一切都逝去！"——这些都不是偶然的，也并非无病呻吟，而是渐渐老去的诗人的内心情绪的自然流露。是啊，他这时还写过少量直抒胸臆的作品，例如那首受人称道的《无常中的永恒》——

把握住早年的幸福，
唉，哪怕就一个时辰！

转眼间西风拂来，
便会是花雨纷纷。
那赐我荫凉的绿叶，
我怎能为它欢欣？
秋天它很快枯黄，
让狂风刮得漫天飘零。

你如想摘取果实，
那就快摘你的一份！
这儿的刚在成熟，
那儿已新芽萌生；
每一场骤雨过后，
可爱的山谷都会
改变容颜；在同一河中，
唉，你不能第二次游泳。

还有你自己！你面前
磐石般地耸立着
坚固的城垣和宫殿，
你看它们的目光却在变。
曾经热烈亲吻的唇
如今已一去不返，
曾经攀登峭岩的脚
不再和羚羊比赛勇敢。

还有举止温柔的
乐于为善的双手，
还有四肢和躯体，
也全都不似往昔。
曾经用你的名字
呼唤过的一切事物，
都已像一排浪花，

匆匆奔进元素怀里。①

让开端紧连着结束，
融合成一个整体！
要赶在万物之前，
迅速超越你自己！
感谢缪斯赐给我们
两件永恒的珍宝，
就是你胸中的思想
以及你心里的形式。

这是一首富于哲理、耐人寻味的抒情诗。它慨叹人生之无常，赞颂艺术和诗歌之永恒。它直截了当地表现了渐入老境的歌德的思想，反映出他具有唯物主义精神的世界观和人生观。这首诗的艺术特点和审美价值在于运用了许多明白易懂但却优美新颖的比喻和象征，一层深似一层地揭示了一个自然规律，那就是包括人自己在内的世间万物无时无刻不处于变化之中，美丽的也罢，坚固的也罢，有生命的也罢，无生命的也罢，概莫能外，而且最终都将化为元素，回归本原。可是全诗的结尾一节却骤然引入一个转折，使主题思想得到了升华：尽管世事无常，人却有能力于无常中创造永恒，只要他能超越自身那物的平庸，发现神赐予我们的灵性，去创造思想与形式俱佳的诗歌与艺术，去创造永留人间的精神，去创造的不朽的"美"。经过这个转折，诗中便没有了伤逝的悲哀，唯剩下智慧的彻悟。它表现的艺术永存的思想，无论对歌德自己还是对后世，影响都是很大的。从积极的方面看，正是在其支配下，诗人珍惜生命中的一分一秒，直至晚年仍勤奋创作，给人类留下了光辉、巨大的精神财富。

以意大利之行为转机，歌德经历了生命中的第二次青春；但这并不意味着只是青年时代一切的再现与重复，而是在相似中的发展和提高。他的创作如日中天，进入了被称作古典时期的光辉灿烂的鼎盛阶段。自此以后，犹如夕阳西下，诗人的生活和创作都开始进入晚年。不过，这晚年并不糊涂朦胧、无所作为，而是充满睿智、硕果累累；这夕阳西下并不黯淡凄凉，而是辉煌壮丽。

① 西方古典哲学的所谓四大元素为水、火、风、土，这儿指水。

憧憬东方

——关于《西东合集》(上)

《西东合集》是老年歌德最辉煌的一部诗作，不，岂止是老年，在他一生的诗歌创作中，无论从质量还是数量上看，这个集子都可算空前绝后的高峰，体现了歌德乃至整个德语诗歌的最高成就。

《西东合集》主要创作于1814—1815年。在这之前的将近10年中，由于被他视作“自身的一半”的爱友席勒早逝，歌德失去了在创作上相互激励和相互竞争的伙伴，诗歌之泉随心泉一起几乎完全冻结了。除了完成10来首他自己不喜欢的十四行诗和小说《亲和力》(1809)，他主要的精力都集中在写青年时期的回忆录《诗与真》上面。歌德显然已经老了。

然而，在诗人的生命中，注定还有一个冰雪消融、春暖花开的时期。带给歌德这第三次青春，使他的诗歌之泉比以往任何时候都更加激越欢快地流动起来的，是光辉灿烂的东方文明，是他一生中唯一一次在心灵上得到了真正满足的爱情。

对于古老的东方文化，歌德青少年时代已经有所接触，并表现了一定的兴趣。他之特别热衷于了解东方文化，积极地阅读和有意识地学习东方——包括近东阿拉伯和远东中国的文学，却始于1813年。这一年，应该说并非巧合，正是欧洲历史上的一个重要转折点：拿破仑在莱比锡大会战中的失败，带来了封建复辟的黑暗时期。歌德是拿破仑的崇拜者，作为资产阶级的诗人和思想家，尽管表面上与周围的封建势力相安无事，适应妥协，骨子里对于封建制度仍然不会不十分痛恨。眼前欧洲大陆上出现的动乱和历史倒退，更令他反感、厌倦和失望。怎么办？逃走吧。但这一次不能再逃往他已经有些讨厌的近在身旁的意大利，而是要逃往那遥远遥远的神秘的东方——

北方、西方和南方分崩离析，
宝座破碎，王国颤栗，
逃走吧，逃向纯净的东方，
去呼吸宗法社会的清新空气！

让爱情、美酒、歌唱陪伴你，
为恢复青春，将吉赛泉饮汲！①
在那纯朴而正义的国度，
我要深入一代代人心底，
去探寻本源古老的奥秘，
在那儿还能获得上天的训示，
从真主口中，用世俗的言语，②
不会疑惑不解，搔破头皮。

在那儿长者受到尊重，
没有人愿将他人奴役。
我乐于听从对青年的训诫：
信仰要宽广，思想要狭窄。
那儿语言的作用十分重要。
因为是实际说出的言语。③

我要混迹在牧人中，
去绿洲上恢复生机，
随骆驼队漫游四方，
做帔巾、咖啡、麝香交易
我要踏遍每一条小道，
从沙漠前往通都大邑。
为了唤醒沉睡的星辰，
为了令强人胆寒心悸，
向导高高坐在骡背上，
放声歌唱，如痴似迷；
这时，哈菲兹，你的诗抚慰我，
将险峻山道化作平地。

① 阿拉伯传说中的生命之泉，据称饮了可以返老还童。
② 伊斯兰教教义单纯，不像基督教那样有各种诠释。
③ 这几句可理解为要相信神无所不在，要思想单纯、心口如一。

在浴室中，在酒肆里，
神圣的哈菲兹，我都会想起你，
每当可爱的人儿掀开面纱，
鬈发飘散出龙涎香的气息。[①]
是啊，诗人表白爱的窃窃私语。
天女听见也会心生情欲。[②]

不管你们对他心怀嫉妒，
或者甚至破坏他的兴致，
你们要知道，诗人的言语
将围绕天国之门飘荡，
为了求得自己的永生，
会永远轻轻将门叩击。

这首诗题名为《赫吉拉》(Hegire)，阿拉伯语的意思就是“逃亡”。它被置于整个诗集之首，可以看作是引言和序。事实上，它也道明了歌德创作《西东合集》的主旨，那就是逃避眼前那混乱的现实，到纯净的东方去过健康的生活，去更多地享受现世人生的乐趣，从而恢复自己的青春。这首序诗清楚地告诉我们，歌德的东方确切地说只是阿拉伯，而且他在逃亡的途中有一位精神向导。这位向导就是14世纪的波斯（今伊朗）诗人哈菲兹(Hafis，1320年前生，1389年卒)。

1814年，歌德读到了哈菲兹以歌唱美酒、爱情为主要内容的诗集的译本，大为感动，心中生起了对哈菲兹的东方的热烈憧憬，并于同年开始写《西东合集》。也就是说，歌德并未真正长途跋涉，前往阿拉伯，而只是在幻想中开始了东方之旅。

更进一步讲，歌德那“纯净的东方”，那“纯朴而正义的国度”，压根儿就并非现实的存在——现实的阿拉伯和东方在14世纪还处于黑暗的中世纪——，而仅仅存在于诗人的幻想或者说理想中。因此，就其实质，歌德这次的逃亡与以前的历次出逃都不同，只是一次内心的逃亡，只是一次非实在的理想境界的神游；在这个意义上，全部《西东合集》便无异于一篇《桃花源记》。

《西东合集》收了长短不等、体裁各异的诗歌数百篇，依不同题材分为12篇，即《歌者篇》、《哈菲兹篇》、《爱情篇》、《观察篇》、《不满之书》、《格言篇》、《帖木儿

① Ambra，一种阿拉伯香料。
② 天女(Huri)是伊斯兰教信仰的天堂中的永久处女。

篇》、《苏莱卡篇》、《酒童篇》、《寓言篇》、《拜火教徒篇》和《天堂篇》，内容十分丰富和庞杂。细读一下《赫吉拉》这首提纲挈领的序诗，再浏览一下上述各篇的题名，读者已不难想象个中情况。

但是，《西东合集》又是一个和谐而统一的有机体。它之所以能于内容的丰富庞杂和体裁题材的多式多样中做到统一与和谐，靠的是：(1)诗人歌德本身乔装改扮，成了贯穿全书主要角色；(2)全书各篇，都弥漫着浓厚的阿拉伯气氛，有着鲜明的东方风格和色彩；(3)一些重大的主题，比如诗歌、爱情、人生、信仰，等等，在各篇中反复出现，反复抒写，于循环和螺旋状的运行中一步步加深，一步步提高，直到最后形成结晶，出现升华。例如，序诗《赫吉拉》最后两节表现的诗人的自信、自尊以及对诗歌艺术的近乎神化的推崇，在合集的各篇特别是最后的《天堂篇》中，便得到了有力的阐发和尽情的抒写。

还是说诗歌吧。歌德通过精神上的东方之旅，重新找到了作为诗人的自我，迎来了诗歌创作的又一次青春。在《西东合集》中，我们可以发现他写诗的风格乃至对诗歌的观念都有所更新——

尽管希腊人用黏土
捏成各种形象，
对自己双手的孩子
无比喜爱欣赏；

我们却愿将手伸进
这幼发拉底河，
在流动的元素里面
来来回回徜徉。

我要消解心头之火。
歌啊，你便鸣响；
诗人纯洁的手掬水，
水会凝成球状。

这首诗名叫《诗歌与雕塑》，它形象地说明了歌德现在所热衷的阿拉伯东方诗歌，与希腊罗马古典艺术包括诗歌的区别。后者是凝固的、易于把握的、轮廓分明的，前者则是流动的、柔滑的、无定界的，因此看来好像也是无法把握的。30 年前，意大利之行使歌德倾心于希腊古典主义，创作出了《罗马哀歌》等一批不朽诗作；眼下，由于亲近哈菲兹而开始的东方之旅，又使他在诗歌艺术方面有了新的追求，与意大利相联系的过去已如一张旧皮，从诗人身上蜕掉了。有学者认为，歌德的创作正是从《西东合集》起，完成了从古典主义到浪漫主义的转变，这应该说很有道理。

诗中所谓的流动、柔滑、无定界这些水的特性，确实正是歌德的《西东合集》和哈菲兹诗歌的特点。那结尾的两句尤其精辟深刻，值得玩味，说明像水一样的东方的诗艺也并非完全不可把握。

只要诗人有一颗赤诚火热的心，只要他用“纯洁的手掬水”，就会捧得一个圆匀、光洁、透明、晶亮的美丽无比的球体。歌德创作《西东合集》时已经 65 岁，但他仍旧有一颗赤子之心，他对东方的憧憬是那样热烈，对阿拉伯诗艺的追求是那样真诚，他在《无限》一诗中唱道：让整个世界尽管沉沦吧，/ 哈菲兹，我要同你竞争，/ 只有你与我是孪生兄弟。就像当年在与席勒的相互激励下完成了大量杰作一样，在与他精神上的孪生兄弟哈菲兹的竞争中，歌德也写出了能与哈菲兹媲美和超过哈菲兹的好诗。在整部诗集中，确有不少晶莹闪光的水晶球发射异彩，相映生辉。

除去谈诗艺，《西东合集》还有许多描写五光十色的阿拉伯日常生活以及探讨道德伦理、宗教信仰和宇宙人生问题的篇章，因此充满了东方，不，应该说主要还是西方的智慧和哲理。请看《幸福的渴望》这首最脍炙人口的哲理诗——

别告诉他人，只告诉智者，
因为众人会热讽冷嘲：
我要赞美这样的生灵，
它渴望在火焰中死掉。

在爱之夜的清凉里，
你被创造，你也创造，
当静静的烛火吐放光明，
你却被奇异的感觉袭扰。

你不愿继续被包裹在
那黑暗的阴影内，
新的渴望吸引你

去完成高一级的交配。

你全然不惧路途遥远，
翩翩飞来，如醉如痴。
渴求光明的飞蛾啊，
你终于被火焰吞噬。

什么时候你还不解
这"死与变"的道理，
你就只是忧郁的过客，
在这黑暗的尘世。

飞蛾扑火的比喻，无论在东方或是西方，都经常被采用。哈菲兹就有一首诗以它来歌颂为爱情而牺牲："灵魂在爱情的火焰中燃烧，像蜡烛一样光明，我曾以纯洁的心情献身。你不像飞蛾因渴慕而自焚，你就永远不会得救，摆脱爱的苦闷。"从歌德《幸福的渴望》一诗的原稿的最初题名看，他是受了哈菲兹这首诗的启发，有意识地借用它的意境构思，并加以提高和发挥的。

然而，《幸福的渴望》所表达的要不断更新自己，超越自己，为了实现这个理想而不畏艰险、不惧牺牲的思想，却是歌德所固有的，是他那带有进化论特征的自然哲学和以自强不息的浮士德精神为核心的人生观的表现。

再者，歌德这首诗一开头就给人一种神秘的感觉，加之标题中的"幸福"一词在原文中为 Selig，主要指人死后享受天国的极乐，带有明显的宗教色彩，因此有学者认为诗里表现了老年歌德的宗教思想，说他渴望像飞蛾一样投身火中以实现与神的结合。

如此等等，《幸福的渴望》这首诗的内涵真是无限丰富，难怪被视作是歌德抒情诗中最难解的一首。它借用阿拉伯东方的形式外壳和神秘气氛，表现西方诗人歌德的深邃思想和伟大精神，使两者和谐地、有机地融合在一起，成为了一枚可以透视宇宙人生的光彩耀眼的水晶球般的艺术杰作。对于整个《西东合集》来说，它可算是最富典型意义的代表。因为整个诗集也是以东方的艺术形式表现西方的精神思想，也是将东方和西方的诗歌艺术、文化精神、哲理智慧融合在一起。故而，对《西东合集》这个题名的解释，也会多式多样，见仁见智，所谓它是"西方诗人写的东方诗集"，仅是其中最省力和肤浅的一种而已。

除去上述各端,《西东合集》还有一个重要的或者说中心的内容,就是爱情。这爱情由于有实际的生活体验为基础,不像其他内容主要产生于歌德的幻想,而且还得到了响应和回报,就让老诗人写得格外地美好、动人。在原书中,它占的篇幅相当多,笔者觉得有必要用下篇单独给予论述。

共振，心弦和着诗弦

——关于《西东合集》(下)

歌德开始在精神上作他漫长的“东方之旅”的同时，他自身也确实离开魏玛，踏上了旅程。只不过，他旅行的目的地不是被视为“人类之源”的太阳升起的东方，而是西南方的法兰克福以及莱茵河、美因河和内卡河地区，也即他出生的故乡和他度过青少年时代的地方。在回返青春时代这一点上，精神上的旅行和现实中的旅行可谓目标一致。《西东合集》的大部分诗歌，也的确产生于现实的旅途中，有时一天一首，乃至一天数首；而诗人在此期间的经历、感受和思考，自然在诗中得到了表现，只不过都披上了富于异国情调和色彩的外衣罢了。事实上，合集中的大部分诗作都有所依据，有所影射。例如，《帖木儿篇》里那位叱咤风云的东方征服者，就被公认为拿破仑的化身。歌德自己，则变成了那个名叫哈台姆的波斯商人、歌者和情人。

1814 年 7 月 26 日一大早，歌德的马车驶出了魏玛的城门。在清晨的薄雾中，诗人目睹了一幕奇特的自然景象：在他眼前的天空中，出现了一道没有色彩的乳白色的虹霓。于是一种幸福的预感油然升起在诗人心中，并当即被他记录了下来——

当福玻斯和雨云
交媾、拥抱，
就产生五彩虹霓，
把大地照耀。

我看见雾中升起
同样的弧形；
它虽然苍白无色，
却仍属天庭。

所以，快活的老人，
你也别灰心；
尽管你头发灰白，
还会有爱情。

这首题名为《现象》的诗，后来收在《西东合集》一开头的《歌者篇》中。由于它产生在“东方之旅”的酝酿和出发阶段，阿拉伯色彩还不特别地浓，诗中的太阳神仍然是罗马神话里的福玻斯。这首诗之所以引人注目，除去表现手法方面的奇特比喻和大胆联想——这是颇接近阿拉伯风格的——，更重要的是它反映了年满65岁的老诗人的一个重要心态，即他仍然渴望恢复青春，仍然怀着对爱情的憧憬。

歌德用《现象》一诗述说的预感没有错，他的希望和憧憬得到了实现。在法兰克福的老熟人韦勒美尔家中，他遇见了年轻貌美的玛丽安娜。

玛丽安娜原是芭蕾舞演员，14岁时被商人兼作家的韦勒美尔收养，成年后便做了他的房中人。这位具有多方面天赋和外秀慧中的女子，对大诗人歌德怀有深深的景仰和倾慕，在他面前表现得十分地温柔和谦卑。而对于年纪刚刚30的如鲜花盛开的她，本来就渴望爱情的歌德自然也不会无动于衷。尽管相处和接触的时间不长，两人的心弦便开始发出轻柔微妙的震颤与应和，只不过都还秘而不宣，谁也没有任何表露。可是等到第二年春天，当歌德动身再度去故乡及周围地区旅游时，他已如奔赴自己心上人的热恋者一般地激动。还在途中，他便写了一些献给玛丽安娜的诗，而且也为她取了一个美丽的阿拉伯名字，叫作苏莱卡。

韦勒美尔在离法兰克福不远的格尔白缪勒乡下有一处环境优美的别墅。在这儿，我们的哈台姆和苏莱卡朝夕相处了4个星期。两人再也按捺不住内心的激动，于是互诉衷肠，而且都以诗的形式。请听——

哈台姆唱道：

不是机遇造就了盗贼，
它本身就是最大的窃贼；
我心中的爱情残存无多，
它却将它们全部盗窃。

它把窃得的爱情送给你，
我的生活失去了全部意义；
如今我已然一贫如洗，

能否活下去全得看你。

然而，在你的明眸中，
我已感到对我的怜悯，
在你温暖的怀抱里；
我已享受着新的生命。

苏莱卡应道：
你的爱使我幸福无比，
叫我怎么能诅咒机遇；
就算它曾经将你偷窃，
这样的小偷令我欣喜！

哪里还用得着偷窃啊？
你倾心我是自由选择；
我倒是十分乐于相信——
是我自己将你的心盗窃。

你自愿交付我的一切
将带给你美好的偿报，
我乐于献出我的安宁，
我的生命，请拿去！

说什么已经一贫如洗！
爱情不使我俩更富裕？
能将你搂在我的怀中，
什么幸福能与此相比！

如此一唱一和，两人的诗弦便应和着心弦，激烈地、长久地共振起来。男女之间的热烈爱情原本最容易激发起诗兴和灵感，因而在人类的抒情诗宝库中以爱情诗为最多，中外古今都没有例外。何况我们的诗人哈台姆和才女苏莱卡还相互激励，相互启发，甚至相互竞争，两人因而更是诗兴大发，一发而不可收拾。在那宝贵而难得的 4 个星期时间里，他俩可以说完全沉湎和陶醉在一种由爱情的享受和诗歌的创作结合而成的绝妙境界中，可随之而来则是痛苦万分的离别。

1815年9月，玛丽安娜又匆匆赶到风光明媚的古城海德堡，与逗留在那儿的歌德重叙旧情。但是，由于她年前已正式嫁给韦勒美尔，而歌德的妻子克莉斯蒂娜也还健在，两人便不得不在相约永远将爱情牢记心中的情况下，最后忍痛分了手。这期间的种种酸甜苦辣的况味，诸如相聚的幸福、相思的痛苦、重逢的欢乐，以及最后分别的感伤、绝望，等等，统统都化作了一首一首富于真情实感的、优美动人的抒情诗。它们总共50余首——全收在了《苏莱卡篇》中。十分有趣的是，歌德把玛丽安娜写的诗也当作自己的诗一样对待，有的原封未动，有的只略加修改便收了进去，但是都未作说明。直到歌德死后30多年的1869年，才有研究者以确凿的材料，证实了玛丽安娜是《苏莱卡篇》的共同作者，像其中著名的《致东风》、《致西风》等婉丽的佳作，都出自这位被埋没了的女诗人笔下，证明即使论诗才她也足以匹配歌德。①《苏莱卡篇》产生的前前后后，在世界诗歌史上不啻一段美妙悦耳的插曲，一则意味深长的轶话。

《苏莱卡篇》中杰作比比皆是，堪称世界爱情诗中的瑰宝。然而由于翻译介绍不够，它与整个《西东合集》在我国鲜为人知。限于篇幅，只能再介绍一首《重逢》。

竟然可能！明星中的明星啊，
我又将你紧抱在胸前！
那远离你的长夜啊，真是
无底的深渊，无尽的苦难！
是的，你甜蜜而又可爱，
是我分享欢乐的伙伴；
想起昔日分离的痛苦，
现实也令我心惊胆战。

当世界还处于最深的深渊，
还偎在上帝的永恒的怀抱，
他便带着崇高的创造之乐，
安排混沌初开的第一个钟点。
他说出了那个字：变——！
于是响起了痛苦的呻吟，

① 甚至有学者（如当代著名歌德研究家可尔夫）认为，歌德对她的诗的修改有些甚至弄巧成拙之处。

随后便气势磅礴，雷霆万钧，
宇宙闯进了现实的中间。

光明慢慢地扩展开来，
黑暗畏葸地离开它身边，
元素也立刻开始分解，
向着四面八方逃散。
迅速地，在野蛮荒凉的
梦中，各自向广远伸展，
在无垠的空间凝固僵化，
没有渴慕，喑然哑然！

一片荒凉，一派死寂，
上帝第一次感到孤单！
于是他创造了朝霞，
让朝霞怜悯他的寂寞；
它撕开那无边的混浊，
天空呈现出五色斑斓，
那一开始各奔东西的
又聚在一起，相爱相恋。

于是，那相依相属的
便急不可待地相互找寻；
感情和目光一齐转向
那无穷无尽的生命。
攫取也罢，掠夺也罢，
只要能够把握和保持！
阿拉无需再创造世界，
世界的创造者是我们。

就这样，驾着朝霞的羽翼，
我飞到了你的唇边，

繁星之夜用千重封印
巩固我们的美满良缘。
我俩在世上将成为
同甘苦共患难的典范，
我们不会又一次分离，
纵令上帝第二次说：变——！

这是一首内涵丰富深刻的诗。它把男女之间的爱情，把爱人之间的悲欢离合，放在世界形成和万物产生的大背景和大框架中，从宇宙观的原则高度来加以考察和阐释。诗中表现了一种近似新柏拉图主义的宇宙形成的观点，即认为光明与黑暗的一分一合两次行动，是世界和万物产生的原因。诗里所谓元素在西方的传统观念中指土、水、气、火。所有这些加在一起，很容易让人想起我国古代用来解释宇宙人生的阴阳五行之说。正像我们用阴代表女性，用阳代表男性，相信阴阳的和谐结合便形成太极，达到幸福圆满一样，歌德的诗中也以光明与黑暗来代表男和女，认为他们本来就是"相依相属的"一体——在此我又想到不便再引用的《银杏》那首诗，歌德在诗中以实为一体的二裂银杏叶象征情侣——，一旦他们"又聚在一起，相爱相恋"，就创造了美好的世界。因此，诗中说"世界的创造者是我们"，是热烈而真诚的相爱的人，而不是上帝！

真不知道中外古今，还有没有哪一首诗能以如此崇高的思想，如此恢宏的气势，来赞颂男女之间的爱情，来抒写恋人之间的悲欢离合！

在诗中，爱情的象征是五彩斑斓的朝霞。这又使我们想起诗人早年创作的《五月歌》和晚年从事的颜色学研究。在《五月歌》里，他也以"明艳如朝霞"歌唱爱情。晚年的颜色学研究使他相信，色彩是由明与暗即阳与阴的结合产生的，所以，《重逢》中的朝霞作为爱情的象征更加意味深长，更加符合诗中所包含的思想逻辑，而不再如《五月歌》中一样仅仅是艺术表现范畴内的联想或者比喻。

悬挂在天边的明艳、斑斓的朝霞确实十分美丽。它令人产生希望、遐想和憧憬。然而，对于已年满 66 岁的老诗人来说，它可望而不可及。在海德堡，我们的哈台姆和苏莱卡仅仅只享受一周重逢的欢乐，随之而来的离别却更加难堪、痛苦。所以，诗中最后一节的情景仅仅是歌德的幻想或理想。这个理想，他自己虽然不能再实现，却仍然满怀信心和深情地抒写了出来，是因为他相信和希望人类的能够实现。而且，他这样做也真的将自己与玛丽安娜永远地结合在了一起，只不过这是一种形而上的、超现实的结合，一种诗的和心灵的结合；这种心灵的结合，才是巩固的和美满的，堪作世人的典范。

《重逢》的产生尽管有歌德个人经历感受的契机，但却具有远远超出个人情感的涵盖着宇宙人生的意义。这样的诗，毫不夸张地说，恐怕只有老年歌德才能写得出来。这是一位伟大的哲人写的伟大的爱情诗。我们姑且称它为爱情哲理诗。

在结束本文之前，笔者怎么也忍不住还要介绍一下《苏莱卡篇》中最后的一首，同时恐怕也是最美的一首情诗，并且以它和《重逢》为例，来分析整个《西东合集》独特而精湛的艺术手法——

任随你千姿百态，藏形隐身，
最最可爱的，我立即认识你；
任随你蒙上那魔术的纱巾，
无所不在的，我立即认识你。

看青葱的扁柏蓬勃生长，
最窈窕美好的，我立即认识你；
看河渠里清澈涟漪荡漾，
最妩媚动人的，我定能认识你。

当喷泉的水花欢跳向上，
最善嬉戏的，我多高兴认识你；
当云朵的形象变幻无常，
最丰富多彩的，我在此认识你。

看鲜花撒满如茵的草原，
灿如繁星的，多美啊我认识你；
看藤蔓千条伸臂向四野，
啊，拥抱一切的，于是我认识你。

当朝霞开始在山顶燃烧，
愉悦众生的，我立刻认识你；
于是，晴空笼罩着大地，
最开阔心胸的，我随即呼吸你。

我内外感官的一切认识，

最启迪的心智的,我获得通过你;
我用一百个圣名呼唤阿拉,
每个圣名都回响着一个名字,为了你。

哈台姆——歌德用了世间一切最美妙、最可爱、最神圣的事物,来赞美“你”,赞美他的爱人。对于诗人来说,爱情就是他信仰的宗教,爱人就是他崇拜和热爱的上帝。诗中以严整而包含变化的格律,一而再再而三地重复怎么怎么你,使我们读者自然产生一个印象,“你”就是诗人的一切,“你”占据了诗人整个的头脑、心胸;日里夜里,醒里梦里,他都思念“你”、看见“你”。在歌德所写的所有爱情诗中,这应该说是色彩最绚丽、感情最深挚然而表现又非常含蓄的一首。全篇不见一句我多么爱你、多么崇拜你这样的表白,却将钟爱与倾慕之情抒发得淋漓尽致!这首诗像《重逢》一样,也只有老年歌德才写得出来。它们连同《西东合集》中另外一系列杰作,都可算世界爱情诗中的精华、绝唱。

除去前文已指出的阿拉伯东方的异国色彩和神秘气氛以外,以《重逢》和上面这首诗为范例,我们还可以归纳出《西东合集》的以下几点统一的艺术特征:

(1) 阿拉伯式的近乎狂热的激情。这激情在诗中时如喷发的火山,时如飞泻的瀑布,时如汹涌的狂潮,激荡和震撼着读者的心弦,引起共鸣。这激情往往蕴含着宗教的虔诚和哲理的深沉,于是获得一种不可抗拒的神秘魔力,也赋予了《西东合集》以一种特殊的魅力。

(2) 与上一点紧密联系着内容的本质特征相适应,是使用的语言和其他表现手段极尽夸张和渲染之能事。诸如最后一首引诗中之“最……”和“最最……”,以及《重逢》里用世界的创造过程来比附男女两性相爱与悲欢离合,都十分典型。

(3) 语言的格外富于形象性和大量地使用比喻和东、西方的典故。尤其是比喻,更可谓奇特新颖,五彩缤纷,巧喻、妙喻乃至险喻层出不穷,使不少成功的篇章在抒情之中更添一层机趣和智慧的光辉。上面的最后一首引诗,整个艺术构思都建立在隐喻之上,却妙就妙在通篇没有一个“像”、“似”、“如”甚或“是”字。

(4) 最后,十分重要但却极易被忽视的一点,是整个诗集明朗、欢快的近乎戏谑的基调。是的,歌德之乔装改扮成阿拉伯商人和诗人,戴上缠头骑上骆驼,这本身便有做戏的性质。他与苏莱卡谈情说爱,也是明知不能成为现实而假戏真做,以至于弄假成真,既享受到了欢乐,也经历了痛苦。与上面讲的“激情”、“夸张”相结合,这又使诗集中的不少篇什带了幽默和调侃的味道。当然,在戏谑、幽默的背后并不缺少严肃的现实和深刻的思想,正如舞台上杰出的喜剧表演。问题是老年歌德以他高超卓越的艺术手腕,把这两种看似矛盾的因素糅合在一起,成功地创造了《西东合集》这一不朽杰作。

无论就内容或形式，笔者都无法在短短两篇文字里将《西东合集》谈深、谈透。德国另一位伟大诗人海涅曾对它有一段精彩评论，兹摘引于后，以为本文结束：

书中充满了鲜艳夺目的短诗，坚实有力的格言，包含着东方的思想方式、感情方式。全书香气馥郁，情绪火热，犹如一座东方的后宫，到处是浓妆艳抹、柔情脉脉的嫔妃宫娥、灵眸漆黑、纤臂如雪。读者会感到浑身颤栗、心动神摇……有时候读者还仿佛四肢伸展，舒舒服服地躺在一张波斯地毯上，从一把长颈水烟袋里吸着土耳其斯坦的黄色烟草。一个女黑奴手执一把色彩斑斓的孔雀毛扇给他打扇，一个俊俏的小厮递上一杯真正的摩卡咖啡：歌德在此把最令人心荡神迷的人生享乐变成诗句，这些诗句是那样的欢快轻柔、那样的飘忽空灵，不由人感到惊讶，德国语言竟能写出这样的诗句……这本书魅力实在无法形容，它是西方向东方发出的问候。这里面颇有些奇花异葩，肉感殷红的玫瑰花，像精赤雪白的少女酥胸一样的绣球花，诙谐有趣的金鱼草，像修长的人的指头一样的紫色毛地黄，扭曲错结的番红花，悄悄地躲在百花丛中的是娴雅沉静的德国紫罗兰。这个问候的意思是：西方已经厌倦了它那僵冷枯瘦的唯灵主义，又到东方健康的肉体世界去恢复元气……歌德写下了《西东合集》，仿佛他和精神一起投入了唯感主义的怀抱。[1]

这就难怪，歌德的《西东合集》对德国和欧洲的诗坛，都产生了深远的影响。

① 引自《论浪漫派》，张玉书译，人民文学出版社 1979 年版，第 58 页。

潘多拉与缪斯

——关于《爱欲三部曲》

读完前面8篇赏析，大概谁都能体会到歌德的诗歌创作是何等地丰富多彩。不过，以题材而论，仍以爱情诗的数量为最多，而且也最动人、最出色。这是因为，歌德在他漫长的一生中，经历过无数次的恋爱；爱情的悲欢离合和酸甜苦辣，他都有过切身、充分和深刻的体验。故而，歌德的爱情诗，从最早的《塞森海姆之歌》到晚年的《爱欲三部曲》，都写得情真意切，感人肺腑，绝非古往今来充斥诗坛的那些虚情假意、无病呻吟的作品可与同日而语。歌德在1823年9月18日对爱克曼说："我所有的诗都是即兴诗，都受到了现实的激发，在现实中获得了坚实的基础。"对于歌德抒情诗的上述特点，诗人的这段话可以讲是一个很好的注脚。

然而，这里要谈的重点，却是使歌德爱情诗更加耐人寻味和出类拔萃的另外一个特征，即丰富的思想内涵和深刻的哲理性。

例子可谓俯拾皆是，而越是后期的作品，随着诗人体验的加深，思想的成熟，这一特征也越发显著。但是，为说明其一惯性和普遍性，在谈《爱欲三部曲》之前，我们先回过头去看看歌德青年时代写的两节短诗——

青年男子谁不渴望这么爱，
姑娘你谁不渴望这么被爱，
这是我们最神圣的情感啊，
为何竟有惨痛迸涌出来？

亲爱的读者，你哭他，你爱他，
你要拯救他被玷污的声名，
看，他的灵魂在泉下示意你：
做个堂堂男子，别步我后尘。

此乃歌德的书信体长篇小说《少年维特的烦恼》于1775年出第二版时的题

诗。诗中的“这么爱”和“这么被爱”，确切地说就是像小说主人公维特和绿蒂一样地爱和被爱，既真诚又热烈又执着地爱。鉴于小说问世后引发了“维特热”这一时代病，以致有不少人模仿主人公轻生自杀，歌德就感到有必要以题诗来表明自己的观点。在第一节诗中，他以正视现实的态度，揭示了人生的一大悲剧之源，一大矛盾。那就是人人都渴望爱，爱情是神圣的；然而，正是这神圣的爱情却会酿成悲剧，带来不幸。古往今来，人类经历的大大小小的爱情悲剧层出不穷，无以数计；敏感多恋、对爱情热烈追求的诗人自己所遭遇的不幸，所经历的痛苦，也可谓多矣。

问题在于，该如何对待这人生难免的矛盾和不幸呢？正视它是重要的，只有正视才能获得清醒的认识。但仅仅正视和认识还不够，还必须克服矛盾和消除不幸。要做到这些，都需要勇气。因此，在第二节诗中，年轻的歌德对问题作了简单明确的回答：“做个堂堂男子。”

诗总共才 8 行，却探讨了千万年来就存在着的人生大问题，思想虽说不很深刻，却内涵丰富，一针见血，难怪在 20 世纪二三十年代，它经郭沫若译成中文后，在我国为争取婚姻恋爱自由而斗争的青年中广为流传。“青年男子谁个不善钟情？妙龄女人谁个不善怀春？这是人性中至洁至纯；为什么从此中有惨痛飞迸？”[①]这一句句诗由血气方刚的胸中涌流出来，于彼时彼地便汇成了一声声反对封建礼教的呐喊、抗议。

写成《维特》，作了一次他所谓“诗的忏悔”，歌德从痛不欲生的不幸境地中解脱出来了；但是，在往后的生活中，他仍不断地追求爱情，虽然也有过甜蜜幸福的时光，可失望与哀痛却更经常、更多。他继《维特》之后写成的许多作品，不论是剧本《克拉维歌》和《斯苔拉》，还是小说《亲和力》，还是诗歌《西东合集》和《爱欲三部曲》，都直接间接地反映了歌德本人的体验和思想，都是无望与不幸的爱情的产物。

既然失望多于满足，痛苦多于欢乐，那么干吗还要去追求爱呢？对于这个问题，在前面已经评析过的《幸福的渴望》和《重逢》等许多诗中，歌德已作过深入的哲理性思考；而他的长篇小说《亲和力》，更给了一个既明确又带有神秘色彩的答复：爱情是由各人身上存在的所谓“亲和力”决定的，不以人的意志为转移，因而爱就是命运。

1823 年，歌德在忍受和战胜维特式的精神危机整整 50 年之后，他再一次——

---

① 引自《沫若译诗集》，人民文学出版社 1956 年版。

所幸也是最后一次——受到了“命运”的拨弄。这一年的夏天，在风光如画的疗养胜地玛丽亚温泉，歌德碰见了他原已认识的莱维佐夫母女。其时女儿乌尔莉克年方 19 岁，刚长成一个秀丽温柔的少女。这可爱的少女对年已 74 岁的老诗人怀着像对父辈乃至祖父般的爱慕，与他十分亲近。不想这却唤起了歌德心中的爱欲，使它如我国某位大作家讲的“像老房子失火”一般地熊熊燃烧起来，简直无法挽救。以致整个夏天，老诗人都神魂颠倒地追随在两位女士身后，临了甚至托朋友代他公开向乌尔莉克求婚。结果当然不但未能如愿，反而遭到了世人的嘲笑，亲属的白眼。

9 月 5 日，歌德痛苦地离开了自己真诚热爱的少女，从玛丽亚温泉返回魏玛。旅途中，整整有一周之久，他神不守舍，沉默不语；对于他，同坐在一辆马车中的两位随从仿佛不再存在。他眼前只看见自己与乌尔莉克相聚和离别的种种场景，脑子里只翻腾着他一生在波涛汹涌的爱河中沉浮的桩桩往事。这一次的恋爱，给予他的已不再是烦恼和痛苦，而是沉痛乃至惨痛；他感到的不只是失望，而是完全地绝望和断念。

在痛苦之中，世人默然无声，
神给我力量，让我倾诉苦情。

在歌德的诗剧《塔索》中，被视为“变得成熟了的维特”的主人公有这么两句自白，它们确乎可以作为一次次忍受失恋之苦的诗人的自我写照。在颠簸的马车里，老歌德痛未定而思痛，而述说，于是便产生了著名的《玛丽亚温泉哀歌》。

《哀歌》里有最美好的回忆，最热烈的恋慕，最凄惨的离别，最沉痛的怨诉。一回到魏玛，他就将自己关在房中，花了整整 3 天时间来亲手誊清这首长诗。抄诗的纸是精选的，字体也大而讲究。抄好后又自行装订成册，并且秘不示人，不论对自己信赖的秘书还是亲属，就好像保护一件圣物似的。直到一个多月后的 10 月 27 日，老诗人才叫来爱克曼，郑重地向他朗诵这首震撼人心的哀歌。此时，“整个房间都充满着庄严肃穆的气氛……”歌德多么珍视它，可想而知。

当代研究歌德的权威学者 H. A. 可尔夫认为，这首哀歌“也许是歌德写的最优美、最杰出、最感人的一首诗”。根据它诞生的前后情况，奥地利著名小说家茨威格创作成功一篇传奇，题名就叫《玛丽亚温泉哀歌》，对处于命动转折关头的老歌德的形象和内心，作了细腻的描绘和准确的刻画，读来同样十分感人。

《玛丽亚温泉哀歌》构成了《爱欲三部曲》的主体和核心，本身也堪称世界诗苑里的一枝奇葩，只可惜长达 138 行，此处无法抄引。在它产生的前后，歌德还写过一首《抚慰》和一首《致维特》,内容都有联系,因此在1827年被他编起来,成为《爱欲三部曲》这个整体。让我们读一读被颠倒作了第一篇的《致维特》,并分节作一些分析——

万人哀悼的亡灵啊,你又一次
勇敢地来到这人世,
在洒满鲜花的草地上遇见我,
全不惧怕我的注视。
你像活着,在清晨,当朝露
覆盖田野,令我们心旷神怡,
在傍晚,一天的辛劳过去了,
夕阳的余晖令我们心醉神迷。
我被选中留下,你被选中离去,
你先走了——却也损失无几。

1824年3月末,为纪念《维特》问世50周年,歌德应莱比锡书商魏冈特之约替即将印行的纪念版作序。此事勾起了他对往事的回忆,仿佛早已死去的可怜的维特复活了,又来到了他的面前。这节诗最堪玩味的是最后两句:维特死了,得到了万人的哀悼,且保持了青春的形象;相比这下,歌德又经历了许多爱的痛苦,眼下已垂垂老矣,所以慨叹先走了的"却也损失无几"。

这与50年前的"做个堂堂男子,别步我后尘"反差强烈,说明老诗人的心情十分沉痛。何以故?不只因为歌德现在确实老了,主要还因为他对半年以前那次令他完全绝望的爱情仍然记忆犹新。

人生似乎安排得十分美好:
白昼多么喜人,夜晚多么威严!
我们置身于天国般的欢乐中,
尚未曾享受壮丽的太阳,
心中已产生迷乱的追求,
对环境和自身感到不满;
没有什么能相互成全补充,
内心充满光明,外界一片黑暗,
外界的光明却被浑浊的日光遮掩,
幸福常被忽视——哪怕迫在眼前。

如今我们总算明白了！
女性的魅力牢牢地抓住了我们：
年轻人，快活一如健康的儿童，
青春焕发一如春天自身，
惊讶欣喜，不知谁使他这么幸运？
环顾四周，只觉世界属于他个人。
迫不及待，他要奔向远方，
城垣和宫堡都不能将他拘禁；
像群鸟盘旋在高高的林梢，
他也飘飘然，围绕着爱人飞行，
他情愿离开天空，到下界寻找
忠诚的目光，让它将他紧紧吸引。

这两节诗回顾充满着不满与追求的一生，写出了爱情的巨大魅力以及人对爱情的执着追求，为了获得忠诚的爱情，他不惜牺牲天国中的欢乐。然而结果将怎样呢？

可惜警觉得先是太早，后又太迟，
他很快感到飞行受阻，缧绁缠身。
重逢令人高兴，离别令人伤情，
再次重逢令人感到格外幸福，
多少年的相思转瞬得到报偿——
然而阴险地，分别已窥视着我们。

这节诗当不仅仅是写歌德自己与乌尔莉克的悲欢离合，而且指出了人生的一大缺陷和矛盾，与我国古代词人的“人有悲欢离合，月有阴晴圆缺，此事古难全”的感慨是一个意思。既然如此，人能不能干脆别追求爱，拒绝相逢的幸福呢？不能啊。

朋友，你满怀深情，莞尔一笑：
一次悲惨的离别使你遐迩闻名；
我们痛惜你那不幸的遭遇，
你留我们独自将苦乐担承。
我们重又感到莫名的渴慕，
再一次堕入了爱河的迷津；

反复地忍受着痛苦的煎熬，
终将一别——分别等于死亡！
为了躲避分别带来的死亡，
诗人开始吟唱，嗓音多么感人！
深陷在痛苦中，自怨自艾，
愿神给他力量，述说他的苦情。

除非像维特那样悲惨地死去，人活着总得将苦乐承担，总会产生爱的渴慕，终将忍受与爱人的离别，而离别就等于死亡。我们中国人将生离死别相提并论，认为同样地可悲可哀；全人类在这个问题上的感情应该说是相通的，而老歌德则将它明白而深刻地表达了出来。之所以如此，是因为写此诗时，75 岁的老诗人不仅已忍受了与妻子克莉斯蒂娜的死别，与自己年轻时的一个个恋人的死别，还有他的爱友席勒以及许多同时代的作家也大多去世了；而且，半年前他又不得不忍痛与乌尔莉克分手。这次分手，在他犹如最后地告别青春，告别爱情，告别生活的欢乐，以他的敏感、多情和热爱生活，该是感到何等地悲惨和痛苦啊。《致维特》一诗，对人的生离死别之情作了高度哲理性的概括，是伤别题材的世界抒情诗中的一首杰作。

有没有什么战胜痛苦的办法呢？老诗人回答说有，那就是将自己的苦情述说出来，使它成为诗句，成为作品。在歌德漫长的一生中，这个办法屡试不爽；靠着它，靠着这种所谓"诗的忏悔"，他承受住了人生特别是爱情的巨大苦乐，战胜了生活中的一次次磨难，克服了心灵上的无数次危机和伤痛。没有它，世界文学史上就不会有《少年维特的烦恼》等一系列杰作，甚至也不会有大文豪、大诗人歌德。歌德称他的全部作品乃是"一篇巨大的自白"，确有道理。他在经受了最后一次也是最惨痛的一次离别之后，同样靠着尽情地倾吐心声、专注地进行创作的办法，来战胜痛苦与孤独，勇敢而坚强地走完他人生的旅程。

《爱欲三部曲》的第三首题名《抚慰》，不长，故全译全引——

情欲带来痛苦！——谁来抚慰
这损失惨重的、窘迫的心房？
现在何处呢，匆匆逝去的韶光？
徒劳啊，你为自己挑选了绝色美女！
如今你精神抑郁，行事迷茫；
那庄严的世界，已从意识中消亡！

蓦地，音乐驾着天使的翅膀飞来，
亿万种乐音在空中交织、回荡，
深深地渗进了人的灵魂，
让永恒的美在他的全身溢洋：
眼睛已湿润，憧憬在增涨，
音乐与眼泪同样是神的犒赏。

宽慰的心儿于是颤栗地感到
它还活着，还在跳动，渴望跳动；
真诚地感激这丰厚的赏赐，
它乐意将自己奉献，一改初衷。
它感受到了—— 愿永远永远！——
双重的幸福，在音乐和爱之中。

这首诗1823年8月作于玛丽亚温泉，比《哀歌》和《致维特》都早；但出于内容的考虑，歌德却将它摆在了最后。于是，在1927年编辑在一起出版的《爱欲三部曲》中，《致维特》为序曲，提出了全诗的主要思想，定好了全曲的基调；《哀歌》作为主体和展开部，将思想情感作了充分而激烈的倾吐、抒发，使全曲的情绪达到了震撼人心的高潮；《抚慰》恰似尾声，虽然还有感情震颤的余波，但已趋于平缓。

需要说明，这第三首题为《抚慰》的诗原系为波兰女钢琴家希玛诺夫斯卡而作。她曾以她的音乐给了老诗人心灵上的抚慰，使他忘却爱的伤痛，不再沉湎于伤别、伤逝的苦闷中，而是重新与生活和解、亲近，鼓起生活的勇气，增长爱的憧憬，于音乐和爱之中感受到了“双重的幸福”。作为尾声，《抚慰》重复了序曲《致维特》的主题，将以诗歌战胜痛苦的思想作了发挥和扩展，因为在艺术的大家庭里，音乐与诗歌乃是同胞姊妹，在古希腊的传说中同属缪斯女神掌管。

不能请读者吟诵、品赏三部曲的主乐章《哀歌》，终是一大遗憾。权引其23节中的最后一节，以窥其思想内涵的一斑：

适才我还是诸神宠爱的骄子，
如今却已将宇宙和自我失去；
神们试探我，赐我美女潘多拉，
她带来珍宝，可灾祸更多些；
他们逼我去亲她多赐的嘴唇，

然后使我们离散，置我于死地。

潘多拉系古希腊神话中火神用黏土捏成的美女。爱神赐给她魅力，神使赫尔美斯赐给她口才和谋略，宙斯却给了她一只装满灾祸的小盒子。在歌德的诗中，潘多拉就是爱情的化身。由神或命运或人的天性所决定，“我”不能不去追求她；但她给“我”的，不只是珍宝，还有灾祸，而且会置“我”于绝境。谁来救拔“我”，诗歌、音乐、艺术，或者说女神缪斯。这便是《爱欲三部曲》所蕴含的丰富哲理的集中概括。

如果说，《悲歌》直接倾诉诗人对乌尔莉克的恋慕和失恋的痛苦，主要写的是“我”的话，那么，在其后产生的《致维特》中，“我”变成了“我们”或泛指的“人”，则绝非偶然。这意味着，歌德不只要用三部曲总结自己多恋的一生，而且还想为自古以来既赐福于人类又祸害人类的爱欲作出一个解释，为人生的这一大矛盾寻求一个答案。

为爱情所苦恼的朋友，请听从历尽情海劫波的伟大诗人和哲人劝告：“做个堂堂男子”，在艺术、在创造性的劳动和事业中寻求抚慰，获取新的生活的勇气吧！

在艺术风格方面，《爱欲三部曲》与《西东合集》迥然不同，失去了色彩的明朗欢快和语言的幽默机巧，一切都变得严肃、深沉乃至晦涩、朦胧。这固然首先是作品的思想内容使然，但与诗人的年龄和生理、心理状态的变化，恐怕也不无关系。《爱欲三部曲》标志着，歌德已真正进入老境。从此，他成了一个严肃、沉默而富于睿智的老人。除了在孤独中偶尔因回忆过去而有所感触，他对生活已无热烈追求。他要做的事仅仅还有一件，就是完成对人生和宇宙的思索，并将思索所得写进《浮士德》和《威廉·迈斯特的漫游时代》等伟大作品中，遗留给后世。

“暮色徐徐下沉……”

——关于《中德四季晨昏杂咏》

有人认为它是歌德晚年抒情诗创作的重要成果，有人视它为那部只写到阿拉伯的“西方作者的东方诗集”——《西东合集》的补充，有人称它为歌德在写完长篇小说《威廉·迈斯特的漫游时代》之后和开始巨著《浮士德》第二部之前的一个“调剂和喘息”，等等。

笔者在此只想强调以下两点：

第一，风格清新明朗的组诗代表了歌德诗歌创作的谢幕阶段，是诗人清明晚景的生动写照，因此以《歌德抒情诗咀华》为题名的眼前这一辑实在不能不提一提。

第二，《中德四季晨昏杂咏》正是歌德多年来孜孜不倦地学习中国文化的一个可观的成绩，反映了中国文学给予歌德的启迪和影响，反映了歌德对于中国精神的理解、共鸣和接受。正因此组诗受到我们的重视，引起了世界各国学者的研究兴趣，本书外编《歌德与中国》也才有了一篇专文作详细的分析介绍，读者不妨参阅。

……

“智慧的最后结论”

——关于歌德晚年的抒情诗

当一个人走近生命的尽头，眼看着自己垂垂老去之时，他除了抓紧时间完成未完成的事业，奋力地劳作，还会经常地、情不自禁地对往事进行总结和回忆。普通人如此，大诗人兼哲人歌德亦然。在玛丽温泉经历了最后一次失恋的痛苦之后，他不得不承认自己确实老了，于是对人生的享乐完全断念，开始了一个老人的寂寥生活。从此，代替他青年和壮年时代的朋友、情人和妻子，能给他安慰的就只剩下工作和对往事的追怀。

与常人不同的只是，这两者在诗人歌德往往结合在一起，前面分析过的不少诗，《致维特》也好，《中德四季晨昏杂咏》的某些章节也好，都系感怀故人旧事之作。这儿再介绍一首题为《在夜半》的诗，它虽然早在1818年便已写成，却格外为诗人自己所喜爱，并交给友人泽尔特谱了曲。后来，歌德经常吟诵它，吟诵时总是充满了感慨——

当我还是个小小的男孩，
夜里不情愿走过教堂的花园，
去到父亲做牧师的房子，
看满天的星儿美丽地眨着眼；
　　　　在夜半。

当我在人生之路上走完一程，
又身不由己地奔向爱人，
看群星与北斗在头顶上争辉，
我来而复去，幸福销魂；
　　　　在夜半。

到头来是明亮而皎洁的满月

照进了我这幽暗的心灵，
我于是回顾往昔，瞻望前程，
联翩思絮萦绕在我胸襟；
在夜半。

这首诗以虚拟的主人公在同一时辰即夜半月下的不同经验和心境，来概括人的一生，即幼年、中青年和老年，而实际上表现的却是正在进入老境的歌德自身的情感。他也和常人一样——或者说尤有过之——，在那夜深人静、月照窗棂而难以入梦之时，便会回首往昔，瞻望前程，禁不住生出人生短暂、逝者难追的叹息，因而心情幽暗。能给他以安慰的，唯有皎洁的明月而已。这首富于民歌风的小诗的表现手法，类似歌德年轻时写的那首《野玫瑰》，而意境情调却令人想起我国唐宋时代的一些月夜诗。后面这点，即诗人都易于对月伤怀，望月忆旧，大概也表明人类尽管有种族之分，散居世界各地，其感情和心理反应却大同小异。

在歌德晚年的抒情诗中，写月夜和晚景的不在少数；这于老诗人的处境和心情似乎也十分自然。下面我们再读一首《给升起的满月》——

你就要离开我了吗？
适才还与我如此亲近！
浓云遮暗了你的身影，
如今你已完全消隐。

你该感到我多么忧伤，
探头望我，像颗小星！
向我表明还有爱我者，
那远在天边的心上人。

升起吧，明亮而又皎洁！
循着你的轨道吐放光辉！
我的心儿哟痛苦地狂跳，
这夜啊，令人幸福陶醉。

这首诗写成于 1828 年 8 月 25 日，当时歌德即将年满 79 岁。面对着天空中时现时隐的满月，老诗人不禁回忆起 13 年前他在海德堡与自己钟爱的女子玛丽安娜·韦勒美尔幸福相聚和痛苦分别的情景。[①]他俩相约在别后每当月圆之时，都要“相互问候”，与我国诗人的“但愿人长久，千里共婵娟”是一个意思。在《西东合集》中有一首《月圆之夜》，抒写了“苏莱卡”玛丽安娜思念“哈台姆”歌德的情怀。眼下这首《给上升的满月》，反过来倾诉着“哈台姆”对“苏莱卡”的倾慕和惦念。纵使她已经远在天边，音信杳然，但只要想到这个与自己心心相印的人儿的存在，诗人心中的忧伤便减轻了几分，于痛苦狂跳之中又感到幸福陶醉。一个多情善感而年近迟暮的人，他在回忆美好的往事时心情不正是这么复杂而矛盾的么？

在表现手法上，这首诗也把月比拟作人，以月起兴，由月及人。歌德望着升起在天边的月亮，就想起了远在天边的心上人，想起了他俩的誓言。可以说，这亲近过他又离了他但仍依依不舍地探头望他的圆月，就是那多才多情的美丽的玛丽安娜·韦勒美尔的化身。这首诗虽然很短，语言也明白质朴，写的更是人之常情，但却十分耐人寻味。之所以如此，固然主要归功于藏在诗后的“哈台姆”与“苏莱卡”的动人故事，然而表现手法的高超，也不能不说是重要原因。

诗人歌德一生多恋，但恋爱并不构成他生活的全部，他还有另外的理想和追求。同样，在晚年的抒情诗中，他也不仅仅追忆爱的幸福和痛苦，还全面地回顾和总结自己的生活，对人生作深邃的哲理思考。

为此，他在辞世之前3年的1829年年初，便写下了他的《遗嘱》——

任何存在都不会化作乌有！
万有中活动着永恒的精神，
你要于存在中把握住幸运！
存在永恒不灭：须知法则
能将生命的宝藏维护贮存，
宇宙因而装点得美丽喜人。

真理早已被世人发现，
它联合了高贵的心灵；
快掌握那古老的真理！
为它，要感谢那位智者，
他给太阳的姊妹指出轨道，
让它们永远围绕太阳运行。

---

① 参见前文《共振，心弦和着诗弦》。

如今你又立刻反躬自省：
于身内会发现一个中心，
对此没有贤者存在怀疑。
任何法则都不会消遁：
独立的良知一如太阳，
给道德的白昼带来光明。

然后要信赖你的感官，
只要理智能保持清醒，
就不会惑于假意虚情。
你将兴致蓬勃，目明神清，
沉着而又机智地，在世界
欣欣向荣的沃野上行进。

有节制地享受富足与幸福，
让理性时时刻刻伴你同行，
生命它就会真正乐享生命。
于是逝去的将长久存在，
未来的预先已生机充盈，
一瞬间也会变成为永恒。

要是你终于获得了成功，
一种感觉将贯注你全身：
唯有带来收获才算真实——
你要如此检验一切世情，
世事只遵循自己的规律，
你要亲近那少数的精英。

古往今来，哲学家和诗人
都静静地，随心所欲地，
创造自己心爱的作品，
你同样获得最高的恩赐：

做高贵的人们的先知，

乃是最值得企慕的使命。

开宗明义，这首诗肯定了存在的永恒性和法则（规律）的重要性，表明了诗人在宇宙观和认识论方面的基本立场。接着他又以哥白尼发现了日心说为例，说明真理之可以被发现、认识和掌握。依此推之，在人身体内也存在一个作为中心的太阳，那就是独立不倚的良知；人的思想、行事和道德生活，都要围绕良知的太阳运行，才不会失去光明。

再往后，在诗的第四、第五节，更进一步阐明了理智和理性在实际生活中的指导作用，揭示了它们使人目明神清，使生命真正充实和化一瞬为永恒的神奇力量。但是，检验世情或者说真理的依据却并非理性，而是"收获"，即实践的成败。

到此为止，《遗嘱》可以说很好地发挥了歌德的哲学思想，那就是一种以理性主义为指导的富于辩证精神的唯物主义。他既肯定存在永恒，又肯定法则（精神）长存；既重视理性，又重视"收获"（实践）。在19世纪初期，在马克思主义的科学的辩证唯物主义诞生之前，歌德的哲学思想应该说相当先进。因此，在诗的最后一节他作为哲学家和诗人满怀着自豪，以"最高贵的人们的先知"自居，我们也不能不心悦诚服地表示同意。

与上述最后这点相联系，诗中也反映了歌德思想上的一个弱点，那就是轻视民众。他长期生活在魏玛的贵族圈中，渐渐地从狂飙突进时期的亲近"自然的人"——例如儿童和纯朴的农民——，蜕变为"亲近那少数的精英"。因此，他不是乐于做广大人民群众的先知，而只是"做高贵的人们的先知"。歌德世界观的这个弱点，在他后半生相当明显，不只表现在待人接物中，也表现在不少作品里，《遗嘱》仅是其中之一。

《遗嘱》是歌德写的最后一首诗，确实可以看作诗人对自己一生的总结，看作他对后世所作的交待。与他早期乃至中后期的抒情诗包括哲理诗相比，它富于严肃而深沉的思考，却缺少激荡的诗情，有比较明显的理念化和说教性。诗中有那么多的"你要……"、"你要……"读起来，我们仿佛就看见以"先知"自命的白发苍苍的老诗人站在高高的奥林帕斯山上，对世人进行着指点和规劝。

尽管提前留下了"遗嘱"，老诗人并未坐等升天之日的到来。他一如既往地，或者说更加潜心地在完成自己"主要的事业"，即创作《浮士德》的第二部。《遗嘱》是他的最后一首诗，但并不标志着他诗歌之泉的枯竭：《浮士德》不只本身就是一部诗剧，而且其中无数的片断、独白与合唱，事实上都可以看作为优秀的抒情诗。作为例子，先读一首著名的《守塔人之歌》——

生来为了观看,/了望是我使命,/矢志驻守高塔,/世界令我欣幸。/我遥望那远方,/我俯瞰这近景,/上有月亮星辰,/下有林莽鹿群。/我看大千世界,/永远欣欣向荣,/就像我爱世界,/我也爱我本人。/幸福的双眸啊,/你们所见一切,/尽管变化万千,/莫不美妙绝伦!

诗出自《浮士德》第二部《深夜》一场。它歌颂宇宙,礼赞生命,洋溢着肯定现世、热爱人生的乐观精神。同前引《遗嘱》一样,它也宣示了诗人的宇宙观和人生观,也表现了歌者作为“先知”——高瞻远瞩的守塔人也是某种意义上的先知——的自豪感;但是,却不存在理念化的问题,而是将哲理自然地、含蓄地融汇进了诗情画意之中,深藏在了文学语言的后边。正因此,它才能一方面明白如话,言简意赅;另一方面又意蕴丰富,耐人寻味,成为歌德晚年哲理抒情诗中的一首杰作。

《浮士德》是歌德以60年的时间完成的一部旷世不朽的巨著,是他乃至无数前人的智慧的结晶。人们公认它是欧洲自文艺复兴以来300年历史的总结;而我以为,歌德通过《浮士德》这部诗剧,也对自己一生的经历、思考和追求作出了总结。剧中的主人公浮士德,从一定意义上讲就是歌德自身。这个问题相当复杂,有兴趣的读者可参阅本书有关《浮士德》的部分。此处只引老博士临终前的最后一段独白,它可以被认为也是老诗人歌德的“遗嘱”,或者他自己所谓“智慧的最后结论”——

我为千万人开拓疆土,
虽不安全,却可以勤劳自由地居住。
绿色的田野结满果实;
人和畜在新垦地上都感到幸福,
勇敢而奋发的民众垒起高丘,
移居者得到它有力的保护。
任外边狂潮汹涌,冲击岸壁,
里面仍是一片人间乐土;
一当潮水噬岸,冲入堤防,
人们便群策群力将缺口堵住。
是啊,我已完全沉湎于这个理想,
它是智慧的最后结论:
只有每天去争取自由和生存的人,
才配享受自由和生存。

于是少年、壮年和老年人，
不惧风险，在这里度过有为的年辰。
我愿看见这样熙熙攘攘的一群
在自由的土地上生活着自由的人民。
对眼前的一瞬我便可以说：
你真美啊，请停一停！
于是，我有生之年的痕迹
不会泯灭，将世世代代长存。
我怀着对崇高的幸福的预感，
现在已享受那至神至圣的一瞬。

“为千万人开拓疆土”，让“自由的土地上生活着自由的人民”——这是一个何等崇高而美好的理想！它从欧洲传统的人道主义土壤中萌生出来，成长在绚丽然而虚幻的空想社会主义的日影下。在19世纪初，还很难设想它将怎样实现，还多半只是一个“预感”。因而，诗人是让老博士在双目失明后误将死灵为他掘墓当作民众筑坝的情况下，作了如上独白的。这表明，歌德知道，他在诗中描绘的只是人类的未来前景。他也知道，为了实现这美好的前景，人们只有群策群力，每日每时地去争取和斗争，因为“只有每天去争取自由和生存的人，才配享受自由和生存”！

浮士德老博士的最后独白，应该讲才是歌德的真正遗嘱，才是这位人类光明未来的伟大歌者谢幕前最高亢、最辉煌的咏叹。它将诗人一贯奉行的乐观的现世主义，提高到了积极能动的有为哲学的高度；将他对个性解放的追求，扩展成为人类争取自由和生存的努力奋斗。

这样讲，希望不要引起误解，以为笔者已将浮士德——歌德当作人类解放的斗士乃至社会主义者。不，浮士德仍然是以自我为中心，仍然自视为民众的主宰和救世主，而非民众的一分子抑或先锋。这不仅注定了他的理想从根本上讲仍未改变资产阶级人道主义的性质，而且和《遗嘱》一样，也暴露了他世界观中轻视群众的一大弱点。

可是，尽管如此，浮士德——歌德所怀抱的理想依然崇高而美丽，依然发射着千古不灭的灿烂光辉。

艺术风格上，浮士德这段独白也融哲理于诗情画意之中，只是调子更加沉雄豪放，情感更加激越热烈。读着它，浮士德老博士那高大魁梧的形象仿佛便屹立在我们眼前，而在他面对着的远方，正展现出千百万人齐心合力地移山填海，建造人间乐土的壮丽动人的情景。

集歌德一生追求、思考和创造天才之大成的《浮士德》，思想博大深刻，艺术炉火纯青。它之完成，意味着歌德已经给自己的生命作了一个总结。他不久便与世长辞。我们的《歌德抒情诗咀华》本来也可以就此打住，但是为了使读者对这位世界文学史上最伟大的诗人的面貌有一个全面和清晰的认识，后边还有一篇简要的概论，作为尾声和总结。

诗人歌德：前无古人　后乏来者

歌德一身兼为文学家和思想家，即使在自然科学领域内，也取得了同时代人无法忽视的成就，对于文学创作更表现出多方面的天赋和才能，因此常与文艺复兴时期博学多才的"巨人"相提并论，当之无愧地被我们视为一位大文豪。然而，大文豪歌德首先是一位杰出的诗人，特别是抒情诗人，虽然他的《浮士德》和《少年维特的烦恼》等作品，不论过去或现在都更加为人熟知，都在文学史上占据着更加显要的地位。

在长达70余年的创作生涯中，歌德不仅写下了各种题材和体裁的长短诗歌2 500多篇，其中有大量可以进入世界诗歌宝库的明珠、瑰宝，而且他的整个创作都为诗所渗透。例如《浮士德》本身便是一部诗剧，《少年维特的烦恼》更被公认为以散文和书信形式写成的抒情诗。歌德曾将自己一生的事业比成一座金字塔。在这巍峨宏大的金字塔的塔尖上，放着一个花环；这花环，按照法国大作家罗曼·罗兰的说法，就是用歌德自己的抒情诗编成的。对于诗人歌德来说，这个评价可谓中肯而又崇高。

从纵横两个方向上放开眼界来加以考察，歌德作为诗人可谓出类拔萃，异常伟大。德国的或者说德语的诗歌创作，是由于他才发展到空前的高峰，才真正受到了世界的重视。与他同时代的欧洲各国诗人，没有几个取得可以与他比肩的成就，难怪英国大诗人拜伦要尊他为"欧洲诗坛的君王"，并以能与他交换作品为荣。难怪海涅要视他为统治世界文坛的三巨头之一的抒情诗巨擘，与作为小说巨擘的塞万提斯和戏剧巨擘的莎士比亚并立。设若有谁能为世界古今杰出的诗人按成就和影响排出一个顺序来，那么，即使作一个比较保守的估计，在前5位里也绝对不会没有歌德。

也就是说，歌德的诗歌创作不仅在德国，而且在整个欧洲乃至全世界都产生了巨大影响。以思想之深刻博大——请读一读他的《普罗米修斯》、《神性》、《重逢》和《幸福的渴望》，以题材之丰富广泛——请注意他的诗反映了人生的方方面面，以情感之自然真挚——请品味一下《五月歌》、《漫游者的夜歌》、《迷娘曲》和

《玛丽亚温泉哀歌》,以风格之多彩多姿——请比较一下他早年的牧歌体、民歌体、颂歌以及独创的短诗和后来的哀歌体、十四行诗、阿拉伯风的《西东合集》以及中国情调浓郁的《中德四季晨昏杂咏》,还有作品数量之多,创作时间之长,我真想说,像歌德这样的诗人,真可谓前无古人,后乏来者。

这儿须说明一下,歌德除去本文集评析的抒情诗,还创作了大量的格言诗、叙事谣曲(Ballade)和《赫尔曼与多萝特亚》等两部叙事长诗或曰史诗(Epos),以诗体写成的戏剧如《浮士德》、《塔索》等更是成功而富有影响。歌德可以讲几乎使用了诗歌的所有样式体裁。在这一点上,世界文学史上恐怕也很难有谁可与他相比。

进入20世纪以来,歌德的诗歌先后经过马君武、苏曼殊、王光祈、郭沫若、冯至、梁宗岱、张威廉、钱春绮等前辈的译介,逐渐在我国流传开来,并且受到了广大读者的喜爱和重视。郭沫若、梁宗岱和冯至等前辈先后将他与我们的屈原、李白、杜甫相提并论,足以证明即使在欧洲以外更广大的世界上,即使在他逝世一个多世纪之后,歌德同样仍然受到极少有人能与之相比的崇敬。

那么,是什么条件造就了伟大的诗人歌德?他的出现偶然吗?

为回答这些问题而阖眼思考,不禁渐渐坠入了遐思。我仿佛流连于一座花园,那么广大辽阔,那么生机勃勃,好似世界各地的名花异卉都在这儿争妍斗艳,满园姹紫嫣红,芳香扑鼻;繁花丛中固然也这儿那儿长着几棵杂草——如那些为了魏玛宫廷应酬而作的应景诗,那些反映出老年歌德思想偏于保守的警句、格言——,却无损整个花园的美丽和神奇,倒使它显得更加真实和自然。须知,培植这座诗歌大花园的歌德也是人,不是神……

就像自然界的花园需要种籽、土壤、养料和阳光,歌德诗歌的大花园也少不了它们。

生活,就好比一座取不尽、用不竭的种籽仓库。歌德享年83岁,自称高寿对他是一个大便利,其人生阅历之丰富、体验之深刻,都非那些虽说才华横溢却英年早逝的大诗人可比。翻开一部世界诗歌史,面对荷尔德林、海涅、拜伦、普希金、里尔克等短命的天才,我们会发出多少的感叹,心生几多的惋惜!

歌德一生几乎没有停止过诗歌创作。把自己的思想情感用艺术化的、凝练的诗的语言和形式表现出来,从孩提时代开始,就已成为他生存的一大需要。在70多年的漫长文学生涯中,歌德的诗歌之泉几乎从未干涸、枯竭,而是自自然然地涌溢、流淌,虽然有时也会出现滞塞和中断的危机,但危机终究会被克服,迎来一个又一个新的生意盎然、流水欢歌的春天。

尤其让人惊叹的是,常常甚至是在写信和创作小说、剧本的过程中,歌德的诗泉会突然喷涌出来,使正在写的散文一下提高成为了诗——他赠给封·施泰因夫人的许多诗和著名的颂歌《普罗米修斯》,都是这样产生的。1823 年 9 月 18 日,歌德对他的秘书爱克曼讲:"我全部的诗都是即兴诗,它们被现实所激发,在现实中获得坚实的基础。我瞧不起空中楼阁的诗。"这段话很好地道出了歌德的生活与诗歌创作的关系。事实上,歌德的诗歌几乎没有哪一首不是反映着他的一段生活经历;反过来,他的所有重要生活经历又无不在诗中得到了凝聚和升华。

歌德人生阅历之丰富,实非常人可比。他出身市民,后来却封了贵族;他既是诗人、作家,又担当着魏玛宫廷的多种要职;他一生热衷于科学研究和试验,还酷爱漫游和旅行,至于在文艺作品里神游,在幻想遐思中徜徉,更是自小养成的习惯。所有这些,都在歌德的诗歌中得到表现,使他的诗的内容题材变得异常丰富。特别是他一生多恋,从 17 岁至 74 岁,先后倾心于 10 多位女性,而每一次恋爱,都使他给后世留下一大批动人的情诗,其中实在不乏传世的杰作和精品,如脍炙人口的《塞森海姆之歌》、《罗马哀歌》、《西东合集》和《爱欲三部曲》,等等。

讲到此我忍不住再引一首叫作《书》的短诗,因为它产生于诗人对男女爱情丰富而深刻的体验,可以看作是他对自己个人乃至对整个人类爱情生活的总结:

众多书中最奇妙的书,
是那爱情之书;
我曾专心致志将它阅读:
欢乐的篇章不多,
却有整章整章的痛苦。
离别自成一节;
重逢,唉,断简残牍!
一卷一卷的苦闷,
再加上没完没了的长注。
呵,你终于
找到了解脱之路;
谁来解那解不开的结?
相爱者,当他们重聚在一处。

是的,我的老师冯至先生说得对,一部按产生的时间顺序编排的歌德诗选,也就是一部歌德的生活史或者说他的一部诗传。

歌德不仅长寿和阅历丰富,他的诗歌也不局限于对自己的经历作记录和整理。他还如此热爱生活，对爱、对美、对光明、对事业的追求还如此地执着；从这些执着的追求中，又产生出许多的成功与失败、欢乐与痛苦。这些，都在歌德心里引发了理性的思考，同时化作诗的感兴，催出诗的萌芽。也就是说，对歌德这样一位内心充满爱的追求者，生活的种子仓库才会慷慨地敞开大门，任其拣选、索取。难怪，歌德对爱克曼说：

> 世界是那样广阔丰富，生活是那样丰富多彩，你不会缺乏作诗的动因。但是写出来的必须全是应景即兴的诗，也就是说，现实生活必须提供诗的机缘，又提供诗的材料。一个特殊具体的情景通过诗人的处理，就变成带有普遍性和诗意的东西。我的全部诗都是应景即兴的诗……①

这段话，道出了歌德创作遵循的一个重要美学原则，是他入世的人生观在美学思想中的折射，表明他是生活宝库的自觉而积极的发掘者。正因此，歌德以他70多年的生命写成的数以千计的诗歌，加在一起便构成了一个纷繁复杂、五光十色的大千世界：宇宙的恢宏深邃，自然的仁慈博大，时代的风雷雨电，人生的幸福痛苦，还有爱情的悲欢离合，统统得到了表现。正因此，歌德的成功之作才那么情真意切，自然感人，内涵深沉、丰厚。

敏锐的天性、良好的教养和悠久的民族文化传统，是歌德诗歌大花园肥沃的土壤。

德国的近代文化、文学和诗歌，一般地讲是建立在古日耳曼、希腊罗马和希伯来这三大传统之上的。从小熟读《圣经》的歌德，随着年龄的增长，特别是经过在莱比锡和斯特拉斯堡的生活和学习，全面地接近和继承了传统，便使诗的花朵在肥沃的土壤里健康而茂盛地开放起来。音韵优美自然而富于民歌风的《塞森海姆之歌》和《丽莉之歌》，节奏有力、气势雄壮的《普罗米修斯》等颂歌，还有色调典雅、绚丽、浑厚的《罗马哀歌》，等等，都是歌德学习传统的重要成果。

综观德国的民族文化，迄于近代，明显地以哲学、音乐、诗歌见长；而仔细观察，我们又会发现三者在各种文化表现形式中相互影响，相互融合，相互渗透。拿诗歌来说，便常常以哲理为底蕴或者说灵魂，以音乐——以富于音乐美的语言为外形，或者说羽翼。特别是丰富深刻的哲理内蕴，更为德语诗歌传统的一个重要特点。

在歌德的诗歌创作中，这个特点也表现得格外充分。不但他咏叹宇宙、人生

---

① 引自爱克曼辑录：《歌德谈话录》，朱光潜译，人民文学出版社1978年版，第6页。

的诗如《致驭者克洛诺斯》、《漫游者的夜歌》、《神性》、《水上精灵歌》、《无常中的永恒》、《遗嘱》和《守塔人之歌》，等等，有着深邃的哲理；爱情诗如《二裂银杏叶》、《重逢》和《致维特》亦然。就说《重逢》吧，它把歌德与自己情人玛丽安娜之间的悲欢离合，把男女之间的爱情，放在世界形成和万物产生的大背景和大框架中，从宇宙观的高度来加以观察和阐释，认为正像光明与黑暗的一分一合产生了世界与万物，原本便“相依相属”的男女一旦“双聚在一起，相爱相恋”，也创造了幸福与欢乐，创造了美好的世界。因此诗中说，“世界的创造者是我们”，是热烈而真诚相爱的人，而非上帝。世界上恐怕再没有一首诗，能把男女之爱写得如此崇高神圣，如此气势恢宏，如此哲理深刻、丰富。还有那首《幸福的渴望》，也生动形象、言简意赅地讲明了“死与变”的深刻人生哲理。例子不胜枚举。

从这个意义上讲，诗人歌德也是个善于哲学思辨的地道德国人，在自己的诗歌创作中很好地继承和发扬了德国民族文化的传统。而诗人加哲人，文学家加思想家，这正是歌德在世界诗坛上出类拔萃，成为“诗国的哲人”，一句话，是歌德之为歌德的本质特征。

歌德不仅很好地继承了传统，还乐于和善于借鉴、学习，还善于创造和创新。借鉴和学习，为他抒情诗的大花园摄取了充足而多样的养料，使它开出千姿百态的花朵，长满奇葩异卉。创造和创新，则不只使歌德诗苑中的品种更加丰富多彩，而且赋予了它们永远蓬勃、鲜活的生命力和无穷无尽的生机。

在歌德之前，德语诗歌的创作无论内容或形式，可以说都相当的贫乏，在世界诗坛上几乎没有什么地位。除了向自然、清新的民歌学习，年轻的歌德能从本民族的前辈诗人如汉斯·萨克斯和克洛卜施托克那儿继承的东西，事实上是不多的。因此，向外国诗人学习，就显得更加重要。不用讲歌德怎样从古希腊罗马学习颂歌体(Ode)和哀歌体(Elegie)，从意大利学习十四行诗(Sonette)，从英国学习叙事谣曲(Ballade)，等等，这对于欧美的诗人来说也许算不了什么。我们只需看一看他是如何热诚而成功地向处于其他文化圈中的阿拉伯和中国学习的吧。

在歌德的全部诗歌中，《西东合集》可以算得上是最辉煌和引人注目的一部，无论从质或者量方面，它都达到了空前绝后的高峰。这样一部杰作，正是他向14世纪的波斯诗人哈菲兹学习的收获。在《西东合集》中，歌德不仅让哈菲兹做他东方之旅的精神向导，与他比赛作诗，而且自己也变成了一个阿拉伯商人和歌者。整部诗集不仅富有阿拉伯情调、气氛、风格，而且充满着东方的哲理、智慧。

再如我们比较熟悉的组诗《中德四季晨昏杂咏》(1827)，它也是歌德有意识地学习中国诗歌的结果。在组诗中，歌德不仅学习、模仿中国古诗的格调与意境，而且自己也变成了一个陶情诗酒、寄身林泉的中国士大夫。所有这些,都说明歌德的胸怀是多么博大,思想是多么开明,多么善于从其他民族吸取、引进有益于自己的东西。向世界其他民族的优秀文化传统学习,则不仅仅丰富了歌德诗歌的形式和内容,而且自自然然地表现出最伟大的德国诗人对别的民族及其文化的尊重,同时使他的诗中常常洋溢着胸怀博大宽广的人道精神和人类意识。后面这一点即博大宽广的人道精神和人类意识,似乎可以说就是歌德的诗歌能超越时代和国界,在全世界流传,为全人类珍视的根本原因。正是基于此,他的《普罗米修斯》和《神性》等作品才超越时空和文化的界线,影响了包括笔者在内的一代代人。

当然,歌德之能成为歌德,不只因为他善于继承、借鉴、学习,更重要的是他还善于和勇于在继承、借鉴的基础上,永不满足地探索,大胆地创造和创新。原有的诗体、格律他统统都要尝试一下,但又从不满足和局限于任何一种体裁和格律。这样,他的笔下就产生出德语诗歌的上百种新的格律样式,以致“令人担心他70年的诗歌创作几乎穷尽了德语语言和诗歌格律的一切变化和可能;正像他从前辈那儿继承到的东西很少一样,他的后继者也没给德语诗歌的表现形式增加多少新意”。

在艺术形式的丰富多彩这一点上,歌德同样可以讲是超群出众,无论古今都很少有人可与比拟。

尽管歌德诗歌的思想内容和艺术形式不断地发展变化,创造革新,尽管他的创作力有时旺盛,有时衰退,但其精神、资质始终如一,总能让人感受、体会到歌德诗歌的一些本质特点。凭借这些特点,歌德的诗歌创作构成一个整体,构成一个阳光灿烂的世界,而他的每一首哪怕再短的诗,也像一滴水一样反映着七色的阳光和整个世界。然而,要给这些特点以明确的界定和描摹,又几乎不可能;不但不可能,而且常常还会弄巧成拙,顾此失彼,造成对歌德诗歌的损害。因为诗人歌德太博大,太复杂,太深邃。

为证明此言不虚,我们只需再回味一下他那首被后世无数的诗人誉为千古绝唱的《漫游者之歌》。这首诗短短8行,译成汉语不过40个字,所蕴涵的思想、情感却超过了万语千言,在世界诗歌史上,那真是位居“一切的峰顶”。

我把时代的影响放在最后来讲,是因为我认为它格外重要。对歌德的诗歌大花园,时代的影响就犹如花木生长和兴旺所不可缺少的雨露和阳光。歌德生活在一个急剧动荡的时代。他虽然身处鄙陋落后的德国,狭小湫隘的魏玛,却亲历或亲眼目睹了法国大革命、拿破仑战争、德意志民族神圣罗马帝国瓦解、美国独立以及建造第一台火车头和动工开凿巴拿马运河等一系列历史事件,时刻关心着自然科学的进步和发展。拿歌德自己的话来说,这对他是一个极大的便利。还不止此,歌德生活的时代,本身应该说就是一个十分有利于诗歌,特别是抒情诗发展的时代。

16—18世纪,欧洲经受了文艺复兴、宗教改革、启蒙运动的洗礼,人们的肉体和精神已在很大程度上摆脱了神的束缚。待到歌德于1770年前后登上文坛,正值狂飙突进运动在德国兴起。这个文学运动是上述反封建的思想解放运动的继续和发展,在要求人性的发扬方面走得更远。它崇尚天才,返依自然,高唱"个性解放"、"感情自由",反对一切束缚人的制度、规章、教条和它所谓干枯的理性。对于德国诗歌特别是抒情诗的勃兴来说,狂飙突进的时代气氛可谓一个十分难得的条件。正是在"个性解放"、"感情自由"的呐喊声中,在"天才"时代的阳光照耀下,很快成为这个运动初期的旗手和主将的青年歌德才自然地放开喉咙,尽情歌唱,唱出了《五月歌》,唱出了《伽尼墨德斯》,唱出了《普罗米修斯》等热烈奔放、气势磅礴的人性和自然的赞歌。

继狂飙突进运动而兴起的欧洲浪漫主义运动,"重主观而轻客观,贵想象而贱理智,诉诸心而不诉诸脑,强调神秘而不强调常识,既反对新古典主义的清规戒律,也反对后来兴起的现实主义的直白"。①这样的思想倾向,应该说是"个性解放"和"感性自由"的主张的扩展和深化,同样适宜于以情感为生命的诗歌特别是抒情诗的蓬勃生长。事实上,在浪漫主义风靡欧洲大约100年间,便涌现了拜伦、雪莱、雨果、贝朗瑞以及海涅、裴多菲等杰出的诗人;而在以前和以后,在新古典主义和现实主义抑或自然主义时期,称雄文坛的则更多的是戏剧家和小说家。歌德虽与德国本身的浪漫派格格不入,但思想和创作都深受时代风尚的影响。不说他那天上地下、神奔鬼突、任由想象自由驰骋和充满神秘气氛的《浮士德》,就讲他中、后期的主要抒情诗《罗马哀歌》、《西东合集》和《爱欲三部曲》吧,也无不闪射着奇异的浪漫主义的精神光彩。

歌德生性聪颖,敏感好学,具有强烈的事业心和创新精神,本身可称是一位个性鲜明突出的"天才"。但是,很难设想,在一个感情受到窒息、个性受到禁锢、天才受到压抑的时代——不管窒息、禁锢和压抑它们的是宗教,还是道德礼仪规范,是"干枯的理智",还是畸形发展的物质文明和机器——歌德的诗歌之泉仍然能涌流得如此地激越,如此地欢畅,他诗歌的百花园能如此地美不胜收,欣欣向荣!

① 刘半九:《德国的浪漫派和海涅的〈论浪漫派〉》,《论浪漫派》,人民文学出版社1979年版。

这是一幅世界图景,
人们说它美妙绝伦:
它简直就是座杀人场,
也像间单身汉的卧房,
它几乎像一家歌剧院,
像学生们在纵酒欢宴,
它近似于诗人的头脑,
像珍贵的古玩很稀少,
它还像已作废的钞票,
样子看上去绝顶美好。
(朋友,请忍住别笑!)①
每当诗人提起笔写诗,
总受到某个动机驱使,
天下英雄包括亚历山大,
也受欲望驱使你讨我伐。
因此我哪儿也签上大名,
不乐意将来默默无闻。

这首歌德16岁时写的富于调侃意味的短诗,不仅道出了他对诗歌的看法,本身也表现了他作为诗人的天才。我们这儿引用它,则意欲说明歌德其后60多年的诗歌创作,确实堪称包罗万象的"世界图景"——不只是他年轻时片面地理解的那些东西——,而且真正地"精妙绝伦";因此,一如其所愿,歌德作为诗人的名字也就流芳千古,永垂不朽。

综上所述,丰富的人生阅历和体验,良好的文化教养和久远的诗歌传统,积极而富有成效的学习、借鉴和不断创造、大胆创新,崇尚个性、放纵感情和思想解放的时代,再加上本人的秉性、气质与才华,多种主客观有利因素幸运地聚合在一起,为德国、为欧洲、为人类造就出了歌德这样一位杰出的诗人。遗憾的是,这样幸运的遇合在世界文学史上实不多见,百年不遇,于是歌德也就只能像高高站在奥林帕斯山上的宙斯一样,成为一位孤独者。他不但在精神和形式两个方面集欧洲古典诗歌特别是抒情诗之大成,而且标新立异,唱出了自己的音调,并融汇进了东方的和音。不用与平庸之辈进行比较,就说产生于歌德前后的杰出诗人克洛卜

① 括号中引用的是古罗马诗人贺拉斯的拉丁文诗句。

斯托克、席勒、海涅乃至拜伦、雪莱吧，他们在丰富与深刻方面都还与歌德或多或少地存在差距。正因此，我又想重复本文开头说过的话：绝代大文豪歌德首先是一位杰出的诗人；诗人歌德：前无古人，后乏来者。

诗人不喜欢沉默，
乐于将自身示人。
毁或誉随它去吧！
谁忏悔愿用散文；
在诗神静静的林苑，
我们常吐露心声。

迷雾也罢，追求也罢，
痛苦也罢，生存也罢，
在诗里仅鲜花一束；
老迈就如同青春，
失误就如同德行，
在诗里全找到归宿。

在这首题名为《致亲爱的读者》的短诗中，[①]诗人歌德现身说法，告诉我们他为什么成为诗人，他整个的一生与何以与诗歌密不可分，以及他如何在诗里找到自己的精神和归宿。用这样一首诗来结束本文，应该说挺合适。

① 此诗作于1799年，第二年作为他《诗歌集》的序诗发表。

第三辑

《浮士德》面面观

说不完的《浮士德》

德国大文豪歌德的诗剧《浮士德》，是一部旷世不朽的巨著和杰作。它在问世后的近两个世纪里，先在德国继而在欧洲乃至全世界引起了越来越多的重视，不仅一再地翻译成世界各国的其他文字，每一个文化稍微发达的国家和民族都有不止一种译本，研究它的著作、论文也成千上万，汗牛充栋。[①]人们不断地从不同的角度，在不同的时代和文化背景中，带着不同的审美眼光对《浮士德》进行观察；而这部杰作呢，就如同一块硕大的水晶体，随角度、背景和审美眼光的变化而变化，永远闪射着美丽迷人的异彩。正如研究《红楼梦》有"红学"，研究莎士比亚有"莎学"，在世界范围内研究《浮士德》也已形成文学领域里的一个独立学科，被称为"浮学"。

像《浮士德》这样长久地保持着巨大生命力和吸引力的经典作品，在德语文学真是绝无仅有，在世界文学也屈指可数。它是马克思"最喜爱的"一部德语文学著作，被他读得烂熟。马克思早年写过一部命运悲剧《兰尼姆》(未完成)，其主人公贝尔蒂尼就被认为是"《浮士德》里的(魔鬼)靡非斯托非勒司苍白无力但可辨认出来的翻版"。[②]他在自己的论著里还经常引用《浮士德》，或者巧妙地借用书中形象，或者创造性地发挥书中的思想。他特别欣赏靡非斯托冷峻尖刻的嘲讽，曾让这个魔鬼现身说法，帮助揭示金钱、货币"带来邪恶堕落"和"助长异化现象"的资本主义的社会现实。[③]列宁同样非常喜欢《浮士德》。他流亡国外时只带了两本文学书藉，其中一本就是歌德的伟大诗剧。他在西伯利亚的流放地也经常读它。除去革命导师，统治阶级的代表人物如统一德国的"铁血宰相"俾斯麦，也推崇《浮士德》到了无以复加的地步，称他为德国人"世俗的《圣经》"，[④]说只要"带着它，一个人即使终生独居在孤岛上，也不愁缺少精神寄托……"

---

① 参见 *Hauptwerke der deutschen Literatur*, verlegt bei Kindler, S. 182—184.

② 柏威拉尔：《马克思和世界文学》，梅绍武等译，三联书店 1982 年版，第 23 页。

③ 同上，第 104—106 页。

④ 海涅在《论浪漫派》中也有类似说法。见《论浪漫派》，第 55 页。

诚然，对于歌德的《浮士德》，近200年来并非只有推崇和赞美。特别是在歌德逝世后不久的19世纪上、中叶，特别是对诗剧的第二部，批评和贬斥真不算少。甚至有些原本十分景仰老诗人的年轻一代作家如赫勃尔、默里克、凯勒以及海涅，等等，也不完全理解这部巨著，也参加了批评者的行列。但是，时代的前进，研究的深入，渐渐消除了好心人的误解和反动势力（如德国的纳粹"理论家"）的曲解，使《浮士德》像一座深深埋藏在地下的宝藏，终于为越来越多的人所认识和珍视。

《浮士德》对于后世作家的影响，更非同一般。海涅、拜伦、普希金和屠格涅夫等大诗人大作家，都写过类似题材或主题思想的诗剧；平庸之辈的仿作更不计其数。到了20世纪，在《浮士德》启迪下写成的作品仍不断出现，其中最著名的为托马斯·曼的长篇小说代表作《浮士德博士》(1949)，卢那察尔斯基的《浮士德与城》(1918)，高尔基未完成的长篇小说《克里姆·萨姆金的一生》(1927—1937)，以及法国杰出诗人瓦雷里的戏剧片断《我的浮士德》(1940)，等等。在中国，一提起《浮士德》，人们自然会想起文学巨匠郭沫若，因为他不仅是这部世界名著的译者——俄译本则出自著名诗人帕斯捷尔纳克的笔下——，而且本身的诗歌和戏剧创作也深受《浮士德》的影响。①

诗剧《浮士德》分上下两部，共计12 111行，篇幅虽不算小，但毕竟有限。相比之下，它的魅力和影响力，却几乎无限、无穷。何以会如此？原因在哪里？

原因首先在作品本身无比丰富、异常深邃、复杂而又多层面的思想内涵。是的，它是如此地丰富、深邃、复杂而又多层面，以致不同时代和不同民族的读者，人人都可以从中发现一些新的东西，以致一代一代的研究者，对它总是说不完，道不尽。

基督教思想家奥古斯丁(354—530)在其所著《基督教教义》一书中，曾引用下面这首中世纪广为传诵的小诗，来说明、归纳《圣经》诠释工作的繁难和艰辛："字面意义多明了，/寓言意义细分晓，/道德意义辨善恶，/神秘意义藏奥妙。"这个古老的四重意义说，今天仍受到西方现代阐释学的重视，对我们阅读、理解和欣赏一些内涵丰富、深邃的文学作品，也确实不乏启迪、指导作用。试想堪称经典的文学巨著，哪部不是多义的呢？

---

① 关于欧洲文学受《浮士德》的影响，可参阅董问樵：《浮士德研究》，第148—162页。

然而，要想诠释“世俗的《圣经》”《浮士德》，仅有奥古斯丁的四重意义说似乎已经不够；它有着更多更深的含义。

《浮士德》给我们讲述一个“异人”，一个永远不安于现状、永远自强不息的德国男子的故事。他的一生痛苦曲折，但却敢作敢为，豪迈悲壮。

《浮士德》让我们跟随主人公的足迹，时而人间，时而地府，时而天国，时而从现实回到往古，再从往古又返归现实，并面向未来，一路上经历和目睹了无数或黑暗凄惨，或壮丽恢宏，或神奔鬼突，或圣洁和谐的场面和境界。人生世相尽在眼前，七情六欲了解于心。《浮士德》真可谓是一面人生的宝鉴，反映着善与恶、美与丑、光明与黑暗之间形形色色的没完没了的斗争。

人们常讲《浮士德》是对西欧自文艺复兴以来的300年历史的总结，或者更确切地说，是“对西欧启蒙运动的发生、发展和终结，在德国的民族形式中加以艺术概括，并根据19世纪初期资本主义的发展，展望人类社会的将来”。[①]一句话，《浮士德》不仅仅是某个德国男子的故事，而是西欧一个漫长而重要的历史时代的缩影。

《浮士德》是歌德的主要代表作，第一部问世于1808年，第二部问世于1832年，为完成它前后总共花了60年的时间。歌德说过，他一生的创作只是“一部巨大的自白的一个个片断”，《浮士德》无疑是这些“片断”中最典型和最重要的一个。它不仅折射着歌德一生的主要经历，也是诗人兼哲人的他对社会、人生和宇宙的大问题长期思考的结晶。这后一点更加重要，《浮士德》因此成了一部富于哲理的智慧之书。书中到处都是意味深长的警句，光彩照人的思想。从整体上看，它回答了哲学所关心的几乎所有重大问题，诸如宇宙的形成、万物的起源、认识的性质、人生的意义，乃至人类发展的未来，等等。

《浮士德》与歌德本身的生活经历和思想发展关系密切，但作品的主人公并不等于作者，而是一种资本主义上升时期的新人的典型。所谓“浮士德精神”，也可以讲是一种新的文化精神的体现。普希金曾将《浮士德》誉为一部“现代生活的《伊利亚特》”，郭沫若曾称《浮士德》是一部“时代精神的发展史”，[②]都强调了歌德的诗剧在西欧思想文化史上一度所具有的现实意义和现代意义。

不用全部，仅仅上述的几个方面乃至其中的某一个方面，就足以使《浮士德》的思想内涵异乎寻常地丰富、复杂、深邃。也就难怪，诠释、研究《浮士德》，会形成

---

① 董问樵：《浮士德研究》，第34页。

② 见郭沫若：《浮士德简论》，收入人民文学出版社1978年版郭译《浮士德》第一部。

一门专门的学问，世界各国的学者对书中的问题，诸如什么是“浮士德精神”，等等，会仁者见仁，智者见智，不断作出富有新意的解释。至于一个多世纪以来各国文学中出现的大量以浮士德的故事为题材的剧本、小说和诗歌，实质上同样是作家企图作出自己新的解释的尝试。

使《浮士德》成为不朽杰作的不仅仅是内容，它十分独特的艺术形式同样起了重要的作用。换句话说，赋予《浮士德》无穷魅力的另一个因素，是诗剧独特的艺术形式。它同样丰富多彩，复杂多变，而且与思想内涵有着水乳交融一般不可分割的联系。可是正由于它独特、丰富而又复杂，在好些方面就还可能不合我们的欣赏习惯，同样会增加阅读和接受的困难。这儿只粗略地说一说《浮士德》的艺术特点。

首先，《浮士德》是一部诗剧，同时具有戏剧和诗歌的特点。故事情节和人物的思想、情感和个性，主要用对话、独白以及西欧传统戏剧的合唱来表现；而所有的对话、独白和作用很多的合唱，又都以诗体写成，都像诗歌一般地凝练、含蓄和富于暗示性。在这部巨著中，诗体和格律可谓多种多样，并且随着人物、场景、时代的变化而相应改变，语言就显得格外地丰富多彩。以体裁分，《浮士德》中既有古希腊无韵的自由体颂歌和哀歌，又有古希腊悲剧的三音格诗，既有北欧古典的长短格无韵诗，又有浪漫主义的短行诗乃至德国民歌，诸如此类，不胜枚举。至于内容，则或赞颂，或抒情，或叙事，或喻理，或讽刺，或调侃，无所不备，应有尽有，简直令人目不暇接。如此地林林总总，变化有致，整个看来与我国的古典戏曲倒颇多相似之处，只是质地完全不同罢了。

《浮士德》既是“欧洲自文艺复兴以来300年历史的总结”，时间的跨度极大，从德国中世纪即将结束的16世纪，一直延续到19世纪初的资本主义原始积累和自由竞争时期，所应涵盖的历史事件和故事内容非常之多，一部作品不管多么大的篇幅，都无法如编年史似的将它们一一述及。所以，诗剧的剧情极富跳跃性，其间的省略和空白，都需要读者用想象，或者更确切地说用自己原有的历史和文学知识来加以弥补，因此就不像读一般消遣性的通俗小说那样愉快轻松，但却更堪玩味和咀嚼，读者会体会到更多地参与、探索、发现和驰骋想象力、思考力的乐趣。

最后，恐怕也最重要的是，《浮士德》内容深邃、复杂和多层面，即既生动而具体地反映出德国的社会和政治现实，如对格利琴的悲惨遭遇的描写，对德国宫廷生活的揭露，又充满天马行空似的大胆而奇异的幻想，如写浮士德寻找古希腊的美女海伦，与她结合和生子，等等，而且在这些事态世相背后，还隐藏着丰富的精神内容和深刻的哲学寓意。所以，诗剧使用的艺术手法与此相适应，也不可能单纯和统一。总体上讲，《浮士德》的确如作者自称的那样是一部悲剧，但不少场次又是喜剧、闹剧、寓言剧，等等。

人们常讲，《浮士德》在艺术手法上是现实主义与浪漫主义相结合的典范。这是对的，但还不够。笔者认为，还必须大大地强调歌德对于象征这一艺术手段普遍、大胆和天才的运用。

《浮士德》全剧终了时有一首总结性的《神秘的和歌》——

一切无常世象，无非是个比方；人生欠缺遗憾，在此得到补偿；无可名状境界，在此成为现实；跟随永恒女性，我等向上、向上。

无非是个比方！比方就是比喻，就起着象征的作用。这首“和歌”乍听起来确实神秘，实际上却揭示了诗剧在艺术审美方面的主要奥秘：浮士德的整个故事，无非是个比方或者说象征罢了。而深刻的比方和象征，通常都带有无可名状、难以言喻和朦胧的性质。这就更加丰富了诗剧的“寓言意义”和“神秘意义”。像上引“和歌”中的“永恒的女性”究竟象征什么的问题，就很难作出完全明确的、肯定的解答。这样的问题，在《浮士德》中可谓比比皆是，无可回避。

是的，《浮士德》的最重要的艺术特点，是大量地使用象征、典故和比喻。这些象征、典故和比喻，还不局限于一词一语，一时一事，不仅仅涉及人物原型、故事模式、文学意象或某一个局部的思想母题，而是贯穿全书，几乎无所不在。甚至可以讲，整部诗剧，诗剧主人公浮士德博士的整个故事，都是建构在象征、典故和比喻之上。拿人物来说，不只天主、靡非斯托、海伦、欧福良、悭吝、忧愁等虚拟的形象是象征，浮士德、瓦格纳、格利琴以及皇帝宫中和战场上实存的各色人等同样如此。

众所周知，凡是文学作品中的象征、典故或比喻，无不包藏着深厚的民族文化积淀。诗人歌德身为德国人，他的民族文化是欧洲文化的一部分，其来源一般都讲主要有三个：1. 日耳曼民族固有的文化；2. 以《圣经》为主要载体的希伯来—基督教文化；3. 经过意大利文艺复兴得以发扬光大的古希腊罗马文化。在这一大前提之下，《浮士德》中的象征、典故和比喻，同样都根植于这三种对我们来说是异质的文化中间。它们要么取自德国的民间故事或传说，如浮士德博士的故事和魔男魔女在瓦普几斯之夜的传说，要么取自基督教的信仰及其经典，如诗剧开场时至关重要的两次赌赛就与《旧约·约伯记》的两次赌赛有着渊源关系，要么取自古希腊罗马传说，例子更比比皆是，不胜枚举。

对于中国读者来说，欣赏接受《浮士德》这部巨著的困难，恐怕主要也在理解把握书中层出不穷的象征、典故和比喻。

诗剧《浮士德》既有曲折、多变和动人的情节，又富于文化底蕴和哲理思辨，因此不能视作一般揭示社会矛盾的戏剧——虽然它也揭示了若干突出的社会矛盾。从总体上看，《浮士德》可以说是一部以诗体写成的、带有悲剧色彩的象征剧或者寓意剧，是一部诗的哲学或者说哲学的诗。

内容和形式两个方面的丰富、复杂、独特，使《浮士德》成了世界文苑中的一枝珍贵的奇葩，成了屈指可数的几部吸引一代又一代研究者的杰作。但与此同时，对于广大读者，它也差不多成为一部难解的“天书”。普通的欧洲人和德国人已经是如此，生活在另一个文化背景中的中国人更是如此。诗剧的第一部有一个凄美动人的爱情故事作为情节核心，倒还容易阅读和理解；第二部则大不一样，不只一般人读不下去，连郭沫若这样思想敏锐的诗人和学者也是如此：他在1920年前后同样只能欣赏和翻译《浮士德》第一部，然后又过去了26年，待到他的阅历、见识大大丰富了，思想更加成熟了，才自以为能理解第二部的深刻含义，才下决心将它翻译出来。对于这种现象，歌德自己作了如下的解释：

> 第一部几乎纯粹是主观的。一切都产生于较狭隘的、更热情的个人，这种人的半蒙昧状态，也许能讨人们喜爱。但第二部里几乎完全没有主观的成分，所呈现的是一个更高尚、更宽广、更明朗、更冷静的世界；谁要不曾奋斗求索过，有了些人生阅历，谁对它就会一筹莫展。

但尽管如此，我们不应半途而废，置《浮士德》的第二部于不顾，虽然对于中国读者来说，要真正读懂它是难上加难。这就要求我们在开始阅读前作充分的思想准备，有进入深山探宝的地质工作者一般的正确态度。

现代阐释学（Hermeneutik）告诉我们，对一部作品的理解的程度，主要决定于阅读者本身的“先结构”，即所谓“先见”、“先知”、“先有”，等等。拿通俗的语言来讲，就是决定于读者本身已有的文化修养、人生阅历以及阅读欣赏的训练。读者的“先结构”离作者越近，阅读理解的障碍就越少。这儿所说的理解，自然是广义的，多方面的，审美鉴赏也是一个重要方面。至于我们的“先结构”，离生活在18、19世纪的德国大诗人和大思想家歌德是遥远又遥远的。要想阅读欣赏他的毕生心血凝聚成的宏伟巨著《浮士德》，我们别无他法，唯有尽量完善自身的“先结构”。具体地讲，我们必须对诗剧中所涉及的时代、社会、民族、文化传统、宗教信仰乃至神话传说，等等，尽可能增加了解。

再者，要想读懂并且欣赏《浮士德》这部内涵无比丰富的“智慧之书”，除了有严肃认真的态度和一定的知识准备，还必须方法得当。最重要的，似乎是应该遵照先易后难、由表及里这一循序渐进的原则，首先弄清楚《浮士德》的“字面意义”即它的具体故事内容，然后再深入考虑其他方面。当然，这儿所说的易也是相对而言，用诗剧形式写成的《浮士德》的“字面意义”与其说多么明了，倒不如讲仍然颇为费解。下面先给诗剧的结构、内容勾勒出一个轮廓，以方便读者找到深入堂奥的路径门道。

《浮士德》的故事内容并非全部出自诗人歌德的创造。早在16世纪以前，德国就已流传着许多关于浮士德博士以及与他类似的奇人异士的传说。这些传说不仅搜集整理成民间故事书大量出版，编成了木偶戏四处上演，还引起歌德之前的一些杰出作家的注意。例如英国剧作家马洛(Christpher Marlowe)和德国启蒙思想家和作家莱辛(Lessing)等，都曾写过以浮士德博士的传说为素材的剧本。歌德儿时就在市集上看过演浮士德离奇经历的木偶戏，稍长又在父亲的藏书中读到有关的民间故事书，对那位非凡的博士留下了极其深刻的印象。还不满20岁，歌德已决心改写浮士德的故事，并开始构思和安排情节；但他最后完成这项工作，已是82岁高龄。歌德把写诗剧《浮士德》视为自己的“主要事业”，为之倾注了全部的心血。

再者，民间传说中的浮士德也实有其人。在16世纪或更早一点的德国，确曾出现过一位浮士德博士。据传他是个很有能耐的炼金术士，为了获取知识、权力和享受，竟然写血书将自己的灵魂抵押给魔鬼，最后果真被魔鬼抓进了地狱。在普通老百姓眼中，浮士德博士实在是个既神秘又可怕，然而却极富吸引力的人物，所以关于他的民间传说才经久不衰。只不过真正发现他的巨大意义和精神光彩的，是莱辛、歌德等一些本身就思想先进和具有反判精神的作家。因为，16世纪，尽管欧洲大陆上空已映照着意大利文艺复兴的曙光，马丁·路德已发动了影响全欧洲的宗教改革(1512),但是这些资产阶级的思想解放运动,仍未能动摇德国顽固而强大的封建统治,社会仍处在中世纪的黑暗蒙昧状态中。在当时的德国,敢于以非常的手段追求财富、知识、权力和享受的浮士德,真算得上是一位思想先进的离经叛道者。具体地讲,他所从事的炼金术,不是一种为获取财富而进行的原始科学实验么?他将灵魂出卖给魔鬼,不是对宗教这一封建统治支柱的背叛和亵渎么?至于他的冒险精神和义无反顾的勇气,更堪称为创业初期的资产阶级的榜样。

也正因此,对于德国新兴资产阶级的伟大思想家和诗人歌德,传说中的浮士德产生了巨大的魅力。但是另一方面,他对这个人物暧昧神秘的形象特别是最后下地狱的悲惨结局,却非常不满,所以决心加以改写。经过他充实和提高,故事也更加动人,更加富有深义。事实是,歌德的《浮士德》不仅集前人之大成,而且在思想内涵和艺术形式两个方面,都有许多新的创造。

《浮士德》分为两部,第一部共计 24 场,分场不分幕;第二部则为 5 幕 17 场。在第一部的剧情正式展开之前,我们还读到一段《献词》和两个序幕。《献词》大约作于 1797 年歌德正式开始写《浮士德》第一部时。他当时 48 岁,想到自己的“主要事业”屡作屡缀、完成无日,故旧挚友如赫尔德尔等多已谢世,不禁感慨系之;《献词》可以说是作者下决心继续写《浮士德》的抒怀和自励。

《献词》之后紧接着《舞台上的序幕》,也是歌德开始写第一部时加上去的,与剧情本身完全没有关系。实际上,作者只是让 3 个登场人物即剧场经理、剧作家和丑角,各自表明自己的戏剧观。有的研究者认为剧作家就是作者歌德的代言人,看来并不正确。因为,三者的观点各有偏颇:经理只重视上座率和票房价值,丑角只重视演出的娱悦作用,他们都主张尽量投观众之所好,其他则在所不计;剧作家则刚好相反,强调的是表现自己的内心,希望的是作品流芳后世,对眼前的现实和观众不屑一顾,颇有点“艺术至上”和“为艺术而艺术”的味道。我以为,歌德写这个序幕只是让观众或读者在进入诗剧主人公浮士德的奇异世界之前,先看看作者所处的那个时代的实际社会风貌,体验体验在一个典型的德国露天剧场中的特殊气氛。实际上,那儿本身就演出着一场人生活剧。只要细加品味,这《舞台上的序幕》也并不枯燥。

至于下一个序幕即《天庭中的序幕》,就重要得多了。人称之为全部诗剧的总纲,应该说是一点不错的;它对故事或曰情节本身的的确确起到了引导和框限的作用,并与全剧的结尾遥相呼应,是整个故事不可或缺的重要部分。它的中心内容是天上的主宰(天主)与魔鬼靡非斯托之间的一场争论和赌赛,争论的对象则为我们故事的主人公浮士德。他被他们视作世人的代表:魔鬼认为他野心勃勃,好高骛远,永不知足,不会有好下场。天主则相信浮士德在努力追求时即便难免有迷误,即便会暂时坠入魔道,但终将走上正途。两者的看法大相径庭,于是便打赌,由靡非斯托去引诱浮士德,看看他是否会放弃自己高尚的追求,弃善从恶,成为魔鬼的俘虏。天主之所以这样做,是因为他觉得有一个魔鬼在身旁作祟,反倒能刺激和推动贪图安逸的世人不懈努力,起到相反相成的作用。

接着诗剧正式开场:对知识的追求已感厌倦和失望的老博士以灵魂和魔鬼靡非斯托打赌,然后在魔鬼的帮助下回返青春,遨游"小世界"和"大世界",先后经历了对男女之爱,对宫廷中的权势财富,以及对以古希腊艺术为代表的美的追求和享受,结果均未能获得心灵的满足。最后,在围海造田这一征服自然和替大众谋福利的事业中,百岁高龄且双目失明的主人公终于找到了"智慧的最后结论",对眼前的一瞬说出魔鬼一直期待他说的那句决定赌赛胜负的话,"你真美啊,请停一停!"然后心满意足地倒下死了。然而他的灵魂,并没有如约定的那样被靡非斯托抓进地狱,而是由天使们护送着上了天堂,因为"对于爱人之人,爱能指引道路",因为"他永远奋发向上"。于是,被称作悲剧的《浮士德》,有了一个光明、乐观的结尾。

就其故事内容,我们可以把《浮士德》简单地归纳为:一出悲剧,两个赌赛,五种追求。我们在上边说了,浮士德博士被天主和魔鬼看作是世人或者说人类的代表,事实上歌德也是这么看的,我们同样不妨这么看。以此为出发点,我们可以进一步认为,浮士德博士的五种追求——加上他在与魔鬼打赌前对知识的追求——,就象征着人生一个个不同的境界;而其中最有意义和最崇高的追求和境界,即为投身于替大众谋幸福的事业。悲剧主人公获救升天的乐观结尾,就象征天主也即作者歌德对于人类光明未来的预见。《浮士德》的重大思想意义和超越时代和国界的魅力,正在于这积极向上的、富于人类精神的人生追求,正在于这高瞻远瞩和富有现实意义的对于人类未来的预见。

说不完的《浮士德》! 在我们就它的一些重要方面进行比较细致深入的探讨之前,这篇肤浅的短文权当个引子。

历史沧桑的艺术缩影

——《浮士德》的时代精神

为了读懂《浮士德》这部巨著，哪怕仅仅是明了"字面意义"，我们也须下一番功夫才行，因为诗剧的情节太曲折复杂，场面太光怪陆离，所产生和反映的时代离我们也太遥远了。为此，还可以先将剧中主人公的经历作一番整理和归纳。

提纲挈领，我们可以把浮士德博士的故事归结为：一生追求，五幕悲剧。那就是知识的追求或曰知识的悲剧，享乐的追求或曰爱情的悲剧，权势的追求或曰从政的悲剧，美的追求或曰寻美的悲剧，事业的追求或曰事业的悲剧。

读者不难看出，这儿的"五幕"，并非来自《浮士德》这部大悲剧的原场次划分，而是指其一生发展与追求的五个阶段。对于歌德所生活的那个时代的人来说，它们无疑具有相当的典型意义。笔者讲的故事，也就有意识地相应分成了五节。

第一幕：知识的悲剧

黑沉沉的夜色笼罩着舞台，呈现在我们面前的是一间典型的中世纪的书斋。白发苍苍的浮士德老博士自怨自艾、烦恼齐天乃至痛不欲生，因为他尽管一生苦苦钻研，掌握了当时大学里的四大学科即神学、法学、哲学、医学却仍然对宇宙的奥秘不甚了了，对人生的意义蒙昧于心。他说，他为了寻找光明却堕入了深重的黑暗，为追求真理却隐进了可悲的迷惘。这时候的浮士德，不正是中世纪结束前后一个渴望摆脱蒙昧、获取真知的知识分子典型么？他的烦恼痛苦，不正是文艺复兴乃至于启蒙运动初期，处于新旧之交的尴尬境地的先知先觉者的烦恼痛苦么？

是的，浮士德老博士是自己时代即欧洲从中世纪向近代过渡的文艺复兴时期的一位先知先觉者，是科学文化尚未完全摆脱中世纪的迷信羁绊时的一位学者和科学家的典型。他的不幸和悲哀在于，他为追求光明和真理选择了错误的手段，走上了歧路，堕入了魔道，结果所获得的自然只能是迷惘和黑暗。他迷信炼金术和符录，将自己长年累月地关闭在书斋和实验室或者倒不如说丹房中，脱离实际、脱离生活、脱离民众，结果也就被生活所抛弃从而失去继续生活的乐趣和勇气，也就不为民众所理解而被目为奇人异士乃至邪教徒和妖人。在世界的科学发展史上，浮士德老博士这样的奇人真是不少，例如我国东晋时的抱朴子葛洪，似乎也可算在此列。

不过，浮士德老博士有许多不同和优越于一般的中世纪老学究或炼金术士之处。其中最重要的两点就是歌德在《天上序幕》中借魔鬼和上帝之口，从反面和正面指出的：

(1)“他野心勃勃、好高骛远、永不知足”。

(2)“他在努力追求时难免有迷误，即便暂时会堕入魔道，终将走上正途”。这就是说，浮士德既有锲而不舍、永远向上、永不知足的追求真理的精神，又有一颗正直、高尚的心。正因此，他才不满足于已取得的博士、学者、导师的头衔名望，才不因挫折失败而却步，才能从痛苦和绝望中挺起腰板，昂起头颅。为了认识人生的真义，体察那短暂的至美至善的一瞬，他不怕用鲜血与魔鬼签约，为换得靡非斯托的帮助而以自己的灵魂作为抵押和赌注！

作为一个力图冲出中世纪的知识迷雾的先知先觉者，作为一个献身科学和真理的知识分子，浮士德此举真正表现了我不入地狱谁入地狱的大无畏献身精神，令人赞叹和尊敬。也许，正是因为有这样一个惊世骇俗的举动，浮士德才成其为浮士德，他的故事才能由民间传说而演变为大众喜闻乐见的木偶戏，而被众多的诗人作家所改编、改写，最后被歌德写进他的伟大诗剧而永世流传吧。

但是，为了追求真理之光而信赖和委身于魔鬼，为了冲出中世纪知识的迷雾而走一条带有中世纪迷信色彩的道路，又不能不说是一种矛盾和悲哀。正因为如此，浮士德在走出书斋之前的整个故事，才被称作知识的悲剧。在这个悲剧中，也艺术而典型地反映了时代的矛盾和悲哀。欧洲的文艺复兴明明是新兴资产阶级发动的向前看的运动，却不得不穿起古装，掉回头去寻找楷模典范。明白了这点，浮士德的举动似乎又不那么大惊小怪，他的悲剧又并不多么可悲。

第二幕：爱情的悲剧

欧洲文艺复兴的一个重要任务，在于把人从神的绝对统治下解放出来，砸碎套在人身上的禁欲主义的枷锁，恢复人的本性。在欧洲文艺复兴的发源地意大利，人们以欢乐在人间的口号代替了在天国获得永生、在来世享受幸福的宗教信条，渐渐地使纵酒欢歌、谈情说爱从被容忍而变成时尚。这不仅激发了市民阶级生活的乐趣、创业的勇气和积极性，还推动文学艺术的大发展。一种新的文化精神，一种新的世界观和人生观，开始弥漫欧洲，并统治它至今达数百年之久。

魔鬼靡非斯托自然是个深谙世道时尚、人心人性的家伙，在诱使老博士浮士德离开书斋进入小世界以后，他首先以酒色之类的享乐来诳他，以为这样就可以让浮士德说出那句决定他们赌赛输赢的话。然而，狡猾的魔鬼犯了两个错误：(1)他把抱负高远的浮士德博士当作一般的平庸市民；(2)他把北方的德国等同为南方的意大利。

德国尽管也在16世纪进行了宗教改革，在17—18世纪出现了受文艺复兴影响的人文主义思潮以及启蒙运动思潮，但是以教会和贵族阶级为支撑的封建统治仍十分强大，市民阶级则极其软弱无力。几百年来的进步运动都半途而废，有的甚至造成了相反的结果，如宗教改革引起三十年战争造成国家分裂、社会倒退，便是一例。外来的健康的东西常常不是被扼杀，也会变了质。甚至到了年轻的歌德写作《浮士德》第一部初稿的18世纪70年代，整个社会情况和风习与中世纪相比较，也没有本质的不同。

魔鬼带领老博士光顾的奥厄尔巴赫酒店，便具有浓厚的德国色彩。这儿缺少意大利市民的欢快，却多出一份德国容克的鄙俗、粗野，让人一见便想起莱比锡那些常常酗酒斗殴的恶名远播的大学生团体。这样的地方，这样的享乐，不用说只会令老博士厌恶和回避。

但老博士没有回避异性的美色。不但没有回避，还深深地被它吸引，以致在魔鬼帮助下返老还童去追求它。这样，他便邂逅了美丽单纯的少女格利琴，便经历了第二个悲剧——爱情的悲情。这样的悲剧于彼时彼地相当典型；于歌德塑造的浮士德，有它的必然性。

从《浮士德》剧中的一些细节描写可以看出，当时教会对一般市民心灵乃至肉体的控制还多么强有力，社会的伦理道德标准还多么陈腐，小市民的习气又何等盛行。这几样东西结合起来，便扼杀了自由的符合人性的爱情，造成了纯洁善良的格利琴的悲剧。说这样惨绝人寰的大悲剧相当典型，是它在歌德生活的德国确实屡屡发生，不少年轻女子因此惨死在火刑堆上。面对着这一严重的社会问题，与青年歌德同为狂飙突进运动干将的作家瓦格纳写出了影响很大的剧本《杀婴女》(1776)。处理同一题材的“格利琴的悲剧”，更加震撼人心。

说与格利琴的爱情不能使浮士德满足，相反只能造成他的悲剧，除去上述社会原因外，还有他主观的因素。这位博士先生心性高卓、善良诚恳。他不能像靡非斯托那样把男女之爱仅仅看作是感官享乐和肉欲，不能像魔鬼与邻女那样把谈情说爱当成为填补空虚的逢场作戏，不能容忍把爱情降低为送了礼物就“银货两讫"的交易或买卖。因此,他对格利琴爱得真诚。对格利琴的不幸深感内疚和痛苦。他在淫乱喧嚣的瓦普吉斯之夜仍念念不忘他的爱人,他在格利琴神经失常之后还冒险去狱中救她,他在不得抛下她时悔恨、痛苦得昏死过去,都表明爱情在浮士德是严肃而神圣的。格利琴的不幸——还有浮士德本身的痛苦——是时代和社会造成的,人性对爱的渴求本来无可厚非。基于此,某些论者对浮士德"自我主义"的谴责似乎过分苛刻。基于此,我认为说浮士德的第二次追求为"感官享乐的追求",称他的悲剧为"感官享乐的悲剧"也有失允当。浮士德经历的,是一场真正的爱情悲剧。在与格利琴相爱的过程中,因为有一个魔鬼的阴影步步跟着他们,头上又悬着教会禁条和道德舆论的利剑,欢娱的时光短暂得几乎等于没有,结下的苦果却大得难以下咽。可是,在痛苦的煎熬中,浮士德对人生加深了认识,灵魂得到升华,作好了从充满小市民气的"小世界"进入"大世界"的准备。

浮士德与格利琴的爱情悲剧对17—18世纪德国社会的黑暗作了十分有力的揭露和控诉,是诗剧里最富于现实主义感染力的催人泪下的一个片断。它和歌德差不多同时写成的《少年维特的烦恼》一样,堪称整个德国文学中爱情文学的绝唱。

第三幕:从政的悲剧

这一幕的德国特色和时代气氛,比之前一幕还有过之。从靡非斯托带领浮士德进入的那个乌烟瘴气的皇宫,谁都一眼能看出三十年战争后分裂成的300多个德意志小邦的典型:为君者糊涂懵懂,不理政事;为臣者愚蠢无能,祸国殃民;小丑术士之流备受宠信;大主教兼任宰相,左右朝政。结果是民不聊生,内讧不断,奸人横行,骑士沦为强盗,商旅胆战心惊,再加上诸侯拥兵自重,贡赋和税收断了来源,国库已空虚到借高利贷撑持门面的地步。可是,就在这样的危急情势下,君臣们还不忘享乐游戏,各种排场仍竭尽豪华骄奢之能事。这可悲可笑的一切,毫不夸张地说,恰恰就是18世纪德国的政治现实。浮士德被靡非斯托带领到这样一个宫廷来从政,充其量只能是参加一场化装游行似的闹剧而已。而且,在他们到达后宫里所进行的活动,所发生的种种意外,都是受着魔鬼操纵。

能把浮士德的这一经历称作事业的悲剧吗?我看不能。因为在彼时彼地,与那样一些昏聩的人们在一起,为他们的骄奢淫逸效犬马之劳,根本谈不上是什么事业。靡非斯托引诱浮士德来到宫中,显然是希望他沉迷于权势和富贵荣华。至于浮士德,进入宫廷——从原著看——并没有什么明确的指导思想,充其量只是他的总的人生追求中的一个尝试,或者在很大程度上只是填补了格利琴的悲剧给他造成的心灵空虚。所以，对他为宫廷效力的这一段叫人失望的经历，我认为还是就事论事地称之为从政的悲剧为好。他真正的事业的追求和事业的悲剧，将出现在全剧结束时并构成他一生追求的高潮。

这么讲，并不含有丝毫贬低从政这一幕在全剧中和浮士德一生中重要性的意思。对诗剧而言，它不仅是内容和结构两方面一个不可或缺的组成部分，而且最集中、最直接、最深刻地反映了德国的政治现实，揭露了德国的种种社会弊病；《浮士德》这部剧作的其他部分，离德国的现实就不这么近。就浮士德而言，从政这一幕是他认识社会、人生的一个必不可少的阶段，正是为了满足皇帝的享乐，他才被逼着去冥界的群母之国取回宝鼎；正是出于对乌烟瘴气的宫廷、对政治现实的失望，他才更加着迷于那由宝鼎的香烟幻化成的古代幽灵——古希腊倾国倾城的美女海伦，从而导致他那新的、更加高远的追求。

在浮士德从政的悲剧有一些重要的情节，富于近代意味的情节，说明时代已经向前推移，主人公已不像第一、第二幕那样生活在中世纪结束前后或16—17世纪。矿山的开掘、纸币的大量发行、银号钱庄（现代银行的雏形）的兴旺发达，以及在化装游行队伍中人们对财神普路图斯即金钱化身的狂热崇拜，都表明资本主义的威力已经侵入封建统治的大本营。事实是，随着英国特别是毗邻的法国爆发资产阶级革命并取得胜利，在封建势力十分顽固和强大的德国，资本主义萌芽也开始蓬勃生长。可是，资本主义的财神爷不仅会给人们带来欢笑和富足，还会造成争斗与罪恶，甚至引起一场大火灾。当然，资产阶级的革命之火将不会像剧中似的只烧掉皇帝的胡须和游行布景，令上上下下一场虚惊，而是要烧毁封建主义的整个腐朽建筑和黑暗堡垒。这个差异，说明浮士德的从政悲剧毕竟是以德国为主要舞台的；在德国，许多政治运动都虎头蛇尾，形同游戏；在德国，资产阶级就这么软弱，政治现实就这么可笑，可悲！

第四幕：寻美的悲剧

这一幕一般也称作“海伦的悲剧”，包括原剧第二部的第二、第三幕，内容十分丰富，但中心情节主要讲的是浮士德寻觅并与海伦结合的漫长而艰难的过程。和这过程相比，他俩在世外仙境中幸福相处的时光实在短暂得如同一场春梦，随着他俩结合的产物欧福良像彗星般地殒逝，海伦消失了，浮士德寻美之梦也破灭了，留给他的又只是失望和悲哀。

歌德完成《海伦的悲剧》的时间，已是1826年。在此之前，欧洲已经历法国大革命等一系列重大事变，德国——当时还包括奥地利——却一仍其旧，在战败拿破仑之后的复辟年代又成为封建反动势力的一个顽固堡垒，广大知识分子对现实的失望和悲哀心情，不言而喻。逃避现实，向往古代，把对实际事物的追求变成形而上的追求，以虚无缥缈的梦幻代替真实的生活。歌德、席勒曾提倡过美的教育，幻想建立一个所谓美的王国；东方的阿拉伯和中国都充当过歌德逃避现实的避难所；19世纪初出现的德国浪漫派，更把目光转向了中世纪，做起了恢复古日耳曼传统的美梦。《海伦的悲剧》就是在这样的大背景中产生的，它那对于我们来说离奇怪诞的情节，寓意地表现了德国知识分子的精神向往。

歌德不是浪漫派，他那健康的心中容不下黑暗的中世纪。古希腊罗马文化和意大利文艺复兴是欧洲文化的重要根源；比起阿拉伯和中国来，古希腊对他无疑更亲近。海伦是古希腊美的化身，浮士德不畏艰险地追寻她、与她结合，表现了北方的德意志心灵渴望南方温暖明亮的阳光，渴望将古希腊的健康精神引入它病体中的梦想。对于以德意志骑士面目出现的浮士德，我看不一定像某些论者似的说他是德国浪漫派的代表，而以视他为一般德意志精神的化身为好。

至于德意志骑士浮士德与古希腊美女结合所生的儿子欧福良，这手握金琴、永远腾跃、热情奔放、自由不羁的美少年，却真像个浪漫主义诗人。一般都认为，歌德创造这个形象并为他的殒逝而唱的挽歌，意在纪念为希腊的独立献出年轻生命的英国天才诗人拜伦。对这一几乎已成定论的看法，笔者转述一下只是要加强总的论点，即《浮士德》中即使最离奇的故事、最古老的传说，也与产生它的时代和社会现实有着密切的联系。再者，欧福良的缺少生命力和遽然殒逝，我以为也形象地表明让德意志精神与古希腊精神相结合是个非现实的幻梦，到往古寻找理想、寻找美只会是个悲剧，只会落得一场空。当然，在经历寻美的悲剧后，浮士德在精神上又得到进一步提升，等他再回到现实世界时，眼光将更加开阔，心志将更加高远。

第五幕：事业的悲剧

如果说，在上面那如梦如幻、充满往古情调的一幕中，仅仅通过为19世纪“最伟大的天才诗人”（歌德语）拜伦竖立一面纪念碑而加强了现实性和现代性的话，那么，在第五幕里，更加明显、有力的例证可谓比比皆是，说明《浮士德》不仅集中地反映了时代的或影响深远或带有本质特征的重大事件，而且已敏锐地、高瞻远瞩地在思考着整个人类的未来。

我们不能说这一幕里未曾正面描写的伪帝就是在革命胜利后自己也当起皇帝来的拿破仑。但是，从那一场持久而激烈、几乎就推倒了原来皇帝的宝座的大战中,我们似乎可以看见曾席卷欧洲,危及整个封建统治的拿破仑战争的影子。不然,歌德似乎也就用不着将战争本身渲染得那么淋漓尽致,花费那么多的笔墨,而仅仅作为浮士德获得赏封土地的过渡情节,几笔带过可矣。

至于浮士德率领民众征服自然、变沧海为桑田的奇迹,则反映了荷兰成功地围海造地和美洲开掘巴拿马运河的大胆构思;靡非斯托作为船长的言语和行为,则深刻而生动地揭示了随着航运业大发展而兴旺起来的资本主义自由贸易的本质——这些分析,可以说已为学术界公认,不用笔者多讲。值得一提的是,歌德在资本主义发展的鼎盛时期即19世纪二三十年代,已经既看到它创造的奇迹,也看到它引起的苦难,既感到鼓舞、喜悦,也深觉惶惑、忧虑。也正因此,已经功成名就的他才让忧愁吹瞎了眼睛。

伟大的浮士德,永不安于现状、永远心向高远的浮士德,他眼睛瞎了,现实已从他眼前消失。可他头脑里思考着人类的未来,心中更加光明。他所构想出的"自由的土地上生活着自由的人民"的美好蓝图,尽管带有乌托邦的幻想性质,却预示着人类的发展前景,十分难能可贵。

可是,尽管如此,正如浮士德整个征服自然、为大众造福的事业都以为封建皇帝效力为前提,都有造成苦难的阴暗的一面,他心中关于人类的光明蓝图也产生于一个错觉。他把靡非斯托指挥死灵为年已百岁的他掘墓的声音,当成了民众围海造地的劳动的声音,并因而高兴得忘乎所以,对眼前的一瞬说出了"你真美啊,请停一停!"这句生死攸关的话,事实是,他眼前的一瞬既不可喜,也不美好。所以我们说,浮士德对事业的追求仍然以悲剧告终。当然,与前边的四幕悲剧完全不同,这事业的悲剧并不令人伤感、失望,却是异常悲壮的,能给人以鼓舞,使人对人生充满希望,对未来产生美好的遐想。

通过对《浮士德》故事内容的概括总结,我们具体而扼要地分析了伟大诗剧产生的历史背景,指出了它与时代的紧密联系。它那杰出的主人公的一生追求和五幕悲剧,分别反映的正是欧洲从文艺复兴至资本主义蓬勃发展和空想社会主义诞生,也即从16世纪至19世纪上半叶这300年间各个历史阶段的时代的追求、时代的痛苦,以及时代的悲剧。当然,文学作品不是历史教科书,它让我们看见的只能是历史沧桑的艺术缩影,它所表现的只能是时代的精神,而不会是历史和时代的本身和全部。

《浮士德》在缩影历史沧桑、表现时代精神方面,堪称世界文学宝库中登峰造极之作,能与它相提并论的世界名著仅荷马的史诗、但丁的《神曲》和曹雪芹的《红楼梦》等屈指可数的几部而已。恩格斯曾经把但丁称作“中世纪的最后一位诗人，同时又是新时代的最初一位诗人”。①我以为，歌德在富于时代代表性方面是不逊色于但丁的；他那公认为“欧洲 300 年历史总结”的伟大诗剧《浮士德》，也许已使他当得起欧洲从近代到现代这个过渡时期最杰出的诗人的称号。

① 恩格斯：《共产党宣言·意大利文版序言》，《马克思恩格斯选集》第一卷，第 249 页。

贫瘠的土地　天才的硕果

——《浮士德》诞生始末

在前文我们将《浮士德》的内容概括为五幕悲剧，一世追求，并沿用前人的话，称它为西欧自文艺复兴以来300年历史沧桑的艺术缩影。但是，这部巨著毕竟孕育在德国的土壤中，诞生于歌德的笔下，又不会不带有鲜明的民族特性和作家的个性。可以认为，《浮士德》整个所表现的是理想与现实的冲突，是18、19世纪西欧新兴资产阶级的理想与德国的鄙陋现实的冲突。歌德笔下的浮士德，也不同于在前和在后的任何浮士德，而是一个打上了作家本身精神烙印的德国男子。

在歌德创作《浮士德》的18世纪末19世纪初，与德国邻近的尼德兰、英国和法国已相继取得资产阶级革命的胜利，从而开创了一个新的世界。德国尽管也受到一次次外来的革命洪流冲击，但由于本身的封建势力特别根深蒂固、市民阶级格外软弱和缺乏行动能力，整个社会状况仍然可悲之极：

> ……这是一堆正在腐朽和解体的讨厌的东西。没有一个人感到舒服，国内的手工业者和企业主遭到双重的苦难——政府的搜刮，商业的不景气。贵族和王公们都感到，尽管他们榨尽了臣民的膏血，他们的收入还是弥补不了他们日益庞大的支出。一切都很糟糕，不满情绪笼罩了全国。没有教育，没有影响群众意识的工具，没有出版自由，没有社会舆论，甚至连比较大宗的对外贸易也没有，除了卑鄙和自私什么也没有；一种卑鄙的、奴颜婢膝的、可怜的商人习气渗透了全体人民。一切都烂透了，动摇了，眼看就要坍塌了，简直没有一线好转的希望，因为这个民族连清除已经死亡的制度的腐烂尸骸的力量都没有……①

恩格斯对18世纪末处于封建割据下四分五裂的德国的描绘，真是全面而深刻。面对着这一“简直没有一线好转希望”的现实，最感失望乃至绝望的无疑是可

---

① 恩格斯:《德国状况》,《马克思恩格斯全集》第2卷,第663页。

称作民族的先知先觉者的知识分子。自 16 世纪的意大利文艺复兴以来,他们经受过一次次新思想的洗礼,心中怀抱着人道、理性和自由、平等的理想。仰望着邻近的天穹中升起资产阶级革命的杲杲丽日,他们越发感到自己身处黑暗之中,既无法容忍,又毫无出路。在这种情况下,他们只能逃向无限广阔和自由的精神世界,到那里去尽情追求光明和理想。于是,就出现了恩格斯在同一文章中紧接着指出的情况:

>……只有在我国的文学中才能看出美好的未来。这个时代在政治和社会方面是可耻的,但是在德国文学方面却是伟大的。1750 年左右,德国所有的伟大思想家——诗人歌德和席勒、哲学家康德和费希特诞生了;过了不到二十年,最近的一个伟大的德国形而上学家黑格尔诞生了……

恩格斯所描绘的德国状况,在它统一之前的 19 世纪上半叶并无多大变化。他所揭示的社会现实与精神创造看似矛盾实则相反相成的现象,并非偶然的和个别的,也不局限于 18 和 19 世纪的德国文学,而是具有相当的普遍性和规律性。正是在“烂透了,动摇了,眼看就要坍塌了”的德国,康德、黑格尔们建构了耸立千秋的哲学体系的大夏,正是在万马齐喑的黑暗里,贝多芬们创造了一个辉煌灿烂的音乐世界;而与此同时,生活在局促狭隘的魏玛小宫廷中的歌德,也纵目古今,放眼世界,神驰未来,像一个脚踏山岳头顶蓝天的巨人似的,唱出了他的理想之歌,追求之歌,未来之歌。这些歌中最悠长、最雄壮、最美妙的一首,便是《浮士德》。

基于以上分析,我们说歌德的这部伟大悲剧,乃是理想与现实之间的矛盾冲突无法调和的产物。德国的鄙陋现实,乃是它生长、发育的土壤,与欧洲 300 年历史演进的大背景这个生态气候一样不可或缺。意大利、荷兰、法兰西不可能产生悲壮深沉的《浮士德》;16 世纪的英国作家马娄尽管在早得多的时候已用了相同的题材,但他的浮士德远非歌德笔下的那位德国奇男子。正如饥饿的灵魂能无比生动地想象出美味佳肴,越是严寒的北国圣诞节的灯饰越发火红明亮,《浮士德》这颗鄙陋现实生长出的精神之果,也格外硕大、丰美。

世界上的事物是极其复杂的,产生《浮士德》这样一部巨著的根源和条件绝不会例外。以上所讲的时代历史大背景和德国的现实状况,只是问题的两个方面而已。我们在研究和欣赏《浮士德》的时候,常常会情不自禁地问,曾经准备写和已经写了浮士德这同一题材作家非常多,为什么偏偏是歌德完成了其中最伟大的、旷世不朽的一部呢?

仅仅以时代和社会条件,已回答不了这个问题。因为就在与歌德同时代的德国作家中，就有包括莱辛和克林格尔等杰出之士在内的不少人写过以浮士德博士为主人公的剧本和小说。显而易见，歌德之写成功《浮士德》，还有他本身的许多别人不具备或者不完全具备的条件和原因。探索一下这些更加直接具体的原因，也许不仅可以帮助我们认识作家，理解作品，而且还能让我们窥见它形成、产生和成功的奥妙，领会一些文艺创作的规律或原理。

对于歌德之成为天才诗人，对于他之能写成功《浮士德》这样的巨著，他的家庭出身和环境至少有以下三点直接或间接的影响：

首先，富有的家庭保证了歌德不曾有过温饱之虞，使他能早早开始和长期安心文学创作，在经济上对封建贵族保持相对独立的地位。这一点，在仅仅以写作还不能维持生存的时代和国度里，可以说是非常重要的。熟悉德国文学史的都了解，与歌德同时代的大作家几乎都受过贫穷的煎熬，无法充分施展自己的才能，实现自己的抱负。他们要么像莱辛、赫尔德尔似的被迫为统治阶级所役使，要么像席勒、棱茨似的早早夭亡，哪能如歌德一样以数十年的时间、精力和心力去完成一部《浮士德》呢？

其次，学识渊博、怀才不遇的父亲把实现抱负的希望寄托在儿子身上，对诗人进行了异乎寻常的严格教育和精心培养，使歌德不仅早早地陶冶于欧洲以及东方的文化传统之中，而且也受到资产阶级新思想的熏染。

对于歌德来讲，他在莱比锡和斯特拉斯堡两地的经历和交游，对日后天才诗人的成长和崭露头角产生了决定性的影响。正是在吹拂着来自法国的自由、平等、博爱之风的斯特拉斯堡，他结识了堪称他年轻时的导师的理论家赫尔德尔。也在这个时期，歌德开始了创作《浮士德》的最初尝试；不过他之接触到浮士德博士的故事并留下深刻印象的时间，却还要早得多。4 岁那年过圣诞节，外祖母就送给他一套演浮士德戏剧的木偶；稍大一点，他又在家里读了讲浮士德奇异经历的民间故事书，在故乡的市集广场上看过有关浮士德的悲喜剧演出。

最后，歌德的家庭出身和社会地位，特别是他被迫赋闲在家而变得性情孤傲、愤世嫉俗的父亲，还培养了他市民阶级的阶级意识和对封建等级制度的不满，造就了他富于反抗精神和自由不羁的个性。

歌德这从小养成的自由不羁和离经叛道的性格，不仅使他 20 来岁便写出《铁手骑士葛慈·封·伯利欣根》(1773)、《少年维特的烦恼》(1774)和《普罗米修斯》(1774)等一系列富于反抗精神的作品，震动了德国乃至欧洲文坛，成为狂飙突进这一资产阶级思想解放运动的旗手和急先锋，而且使他对浮士德这个奇人异士和与魔鬼为伍者产生了同情心和亲近感，仿佛在他俩之间存在所谓的“亲和力”似的。因此毫不奇怪,他在完成上述作品之后,紧接着便写成了《浮士德》初稿。从此,浮士德的形象使他魂牵梦萦 60 载,就像他在 20 多年后的 1897 年重新开始续写《浮士德》所作的《献词》中描写和慨叹的那样。越接近晚年,《浮士德》的创作越被他视作毕生的"主要事业"。

简言之,在使歌德成为新兴资产阶级的"天才诗人"这一特定意义上,他的家庭出身和环境真正是得天独厚。是它,为歌德完成《浮士德》创作这一非同一般的艰巨事业,奠定了物质条件、文化素养和精神性格等几个方面缺一不可的基础。

当然,仅仅在家庭影响和教育的基础上,还长不出精神的参天大树,结不出天才的丰美果实。歌德之能成为《浮士德》这一划时代杰作的作者,还有一些足令世世代代的文艺家艳羡不已的独特际遇。这儿仅举两个方面的例子。从这些例子中,我们也许甚至能悟出一点产生大作家、大作品和繁荣文艺的道理。

在那个"政治和社会方面是可耻的"、"文学方面却是伟大的"时代里,德意志精神文化的天幕上真可谓群星璀璨,交相辉映。歌德虽然是其中最亮的北斗星,却没有少得到其他大大小小的星斗发射出来的光和热。一生中他与之有交往和思想情感交流的思想家、文学家、艺术家数不胜数,克洛卜斯托克、赫尔德尔、席勒、威廉·洪堡和亚历山大·洪堡兄弟俩以及贝多芬等,只是其中的几位佼佼者。他们相互砥砺,相互帮助,虽然在那个时代,还根本没有"协会"、"学会"、"笔会"什么的来提供便利。要把歌德与文坛友人的幸遇和轶事写出来,差不多可成为一部很有意义的专著。歌德在创作《浮士德》的数十年中,从朋友那儿得到的启迪鼓励和具体帮助真是难以数计。正因此,在《献词》中,他要对友人们表示感激和怀念之情;在逝世前总结一生时,他要坦率、真诚而感人地称自己为"集体性人物",说"我们全都要从前辈和同辈学习到一些东西","我不应把我的作品全归功于自己的智慧,还应归功于我以外向我提供素材的成千上万的事情和人物"。①天才的诗人歌德,恰恰十分善于向前辈和同辈包括古代和其他民族学习,十分善于择友和交友。

在歌德的众多朋友里,值得特别提到的是席勒。他们两人的深厚友谊,堪称世界文学史上的一段佳话,堪作"文人相敬、同行相亲"的一大楷模,细细道来恐怕比我们的伯牙和钟子期的故事还要感人。从 1794 年两人订交至 1805 年席勒逝世的整整 10 年中,这两个原本在身世、气质和精神倾向方面多有差异的人中之杰相互勉励,相互支持,友好竞赛,不只迎来了各自创作大丰收的金秋季节,而且为整

① 详见朱光潜译《歌德谈话录》,人民文学出版社 1978 年版,第 250 页。

个德国文学造成了史无前例的光辉灿烂的古典时期，把两人共同生活的小小的魏玛城变成了德国乃至欧洲独一无二的文化圣地。对于歌德之写成功《浮士德》来说，席勒所提供的助力莫其大焉。从1794年开始，席勒始终关注着歌德仅仅完成了第一部初稿和一些片断的《浮士德》的写作。就这个问题，他俩交换的书信就有数十封之多，更别提两人在一起的交谈和讨论了。一开始，歌德明白承认自己缺少再把实际上停滞了10多年的写作捡起来的勇气，说“将来如果能有什么帮助我把工作做完的话，那显然就是您的参与了”(1794年12月2日致席勒的信)。席勒呢，不只一再热情鼓励歌德，赞扬《浮士德片断》为“肢体不全的赫尔库勒斯”，[①]说它充满了天才和力量。

正是席勒，终于使歌德在1797年下决心续写《浮士德》，而且自己也确确实实地积极“参与”了。大至制定全剧的提纲，小至修改细节和文句，诗剧的创作都同样耗费着忠诚的朋友席勒的心血。歌德对于席勒的建议和意见，常有“不谋而合”之感，非常乐于接受。

然而，歌德在席勒眼中是个易于受情绪支配的人，令席勒担心他什么时候才会中断写作，功亏一篑。席勒因此曾多次私下与歌德的出版商通信，希望找出办法来予以促进。结果歌德还是时辍时作，直至席勒逝世。当听到比自己年轻10岁的挚友遽然离去的消息，歌德失声痛哭，悲恸自己“失去了生命的另一半”。1806年的早春，在席勒的周年祭日即将到来时，他终于完成了《浮士德》第一部付印前的最后修改，不啻是对亡友作了最有意义的纪念。

从那以后，《浮士德》的写作又中断了差不多整整20个年头，直到1825年早春才重新开始。其间，歌德自然积累了续写第二部必需的人生阅历和经验，但不能动笔恐怕也有缺少鼓励和督促的原因。1824年歌德整理出版与亡友席勒的通信集，这件事很可能提醒了他必而加紧完成自己的“主要事业”。但是，歌德能重新开始《浮士德》的写作，并在随后的6年中孜孜不倦地一气将它完成，更大程度上却归功于前一年来到他身边的一个年轻人约翰·爱克曼。

爱克曼聪敏好学，时年31岁，是大诗人歌德的热烈崇拜者。无论年纪、地位或是学识，他都不可能像席勒那样与歌德并肩而立，成为大诗人的亲密朋友。但是他却成了歌德晚年最知心的学生和得力助手。在推动《浮士德》的写作方面，作用和功绩比席勒尤有过之。他不仅仅是笔录和誊写巨著原稿的秘书，而且是寂寞深思的老诗人不可多得的耐心听众和交谈对象。在与这位聪明又有心的年轻学

① 意即未完成的巨著。赫尔库勒斯系希腊神话中的大力神。

者的交谈中，歌德受到的启发该是不少的。[①]难怪诗人自己也说，爱克曼是他“继续写《浮士德》的一个重要原因”。

除去席勒、爱克曼以及本文无法再详细介绍的威廉·洪堡等文坛友好，命运还使歌德幸遇了萨克森—魏玛的公爵卡尔·奥古斯特。这位微不足道的小小公国的微不足道的统治者，颇有点孟尝君的风度。毫不夸张地讲，歌德要没有他和他一家近60年的款待，要不是1775年以后几乎一直生活在魏玛，生活在当时世间少有的既宁静又极富文化气氛的地方，他恐怕也很难成为《浮士德》的天才作者。

伟大的诗剧《浮士德》偏偏由歌德写成，还有一个至少与他本人的出身和际遇同等重要的原因，那就是他体魄和精神健朗，享有当时一般人很少达到的高寿。

在视时间为财富的歌德来说，83年的岁月实在太宝贵，太难得。它不仅给诗人以完成巨著的余暇——歌德写《浮士德》前后整整60载，在英年早逝的无论多伟大的天才都不可设想——，而且，让他有了无比丰富的阅历和深刻的人生体验。歌德在世的18世纪下半叶和19世纪上半叶，正是欧洲历史风云变幻，新兴思潮汹涌激荡和震撼世界的大事件接踵发生的年代。歌德晚年自己便明确地表示：“我出生的时代对我是个大便利。当时发生了一系列震撼世界的大事，我活得很长，看到这类大事一直在接二连三地发生。对于七年战争、美国脱离英国独立、法国革命、整个拿破仑时代、拿破仑的覆灭以及后来的一些事件，我都是一个活着的见证人。因此我所得到的经验教训和看法，凡是现在出生的人都是不可能得到的，他们只能从书本上学习那些世界大事，而那些书又是他们无法懂得的。”[②]

“不可能得到”和“无法懂得”的，自然不只是后生小辈。歌德在80多年的漫长生涯中所经历的重大事件，也远非他列举的那些。丰富多彩的阅历和人生体验，加上敏锐的目光和深刻和思想，就使天才的诗人歌德能够高高伫立在精神的峰巅，纵目古今，放眼世界，展望未来，写出《浮士德》这样一部缩影历史沧桑并且预示着人类前景的不朽杰作。1831年7月22日，即将年满82的歌德终于续写完了《浮士德》的第二部，并在一个月之后将手稿加印封存起来，决定待他去世之后再行发表。自此，老诗人才真正无所思虑地安度他所剩无多的余生。在他看来，“主要的事业”既已成就，今后的岁月只是老天额外的“无偿赠品”，工作不工作都无所谓了。他在辞世前5天的1832年3月17日口授了一封长信给挚友威廉·洪堡，回答后者关于《浮士德》创作阶段的询问。在信中，他回顾自己惨淡经营、呕心

---

① 在爱克曼辑录的《歌德谈话录》中，有关《浮士德》的重要段落比比皆是。

② 《歌德谈话录》，第30页。

沥血60载的情景，表达了他对好友们的感激之情，并对不在生前出版诗剧的第二部作了解释。他称自己写成《浮士德》为办了一件“严肃认真的傻事”，担心在当前这“荒唐而又纷乱”的时代，他“在这项奇异的工作上付出的诚实的、多年如一日的努力将得不到好报”。①这就说明，伟大的歌德自己也知道，他的《浮士德》是一部不同凡响的“奇书”。

事实上，在诗人逝世后一年作为他遗著第一卷出版的《浮士德》第二部，的确未立即引起足够的重视。但随着时间的推移，研究的深入，全世界都有越来越多的人带着发现了瑰宝似的惊喜目光，不断地披览着这部辉煌巨著，将它视之为大文豪、大思想家歌德留给人类的一件无比珍贵的精神财富。

《浮士德》的诞生，本身就是一篇富有情趣和启发意义的故事。诸多不利——或者只是看起来不利——和有利的条件百年不遇地碰巧凑合在一起，造就了“天才诗人”歌德，产生了旷世奇书《浮士德》：在德意志社会现实的贫瘠土壤里，一颗天才的种子凭借着格外旺盛的生命力，再得到有利的天时、精心的维护、充足的养料，便绽开了美丽绝伦的奇葩，结出了丰硕无比的果实。

---

① 详见彼得·伯尔纳：《歌德》，人民文学出版社1986年版，第135—136页。

术士·哲人·人类的杰出代表

——浮士德形象考辨

在插叙了《浮士德》的诞生条件和创作经过之后，我们再回到探讨这部伟大诗剧的内涵上来。应该讲，从笔者对剧情的讲述和随后的概括中，已显露出了作品第二层的意义即道德意义，或者如我们习惯于讲的批判意义。简言之，主人公的五幕悲剧便是五重批判或五个否定：一批判、否定中世纪脱离现实的僵死知识；二批判、否定封建社会特别是教会对人性的扼杀；三批判、否定德国封建朝廷的腐败；四批判、否定对于往昔和"美"的不切实际的幻想和追求；五批判、否定资本主义原始积累的野蛮残酷。当然，批判否定的同时，也颂扬和肯定了主人公永不满足和勇敢追求的精神，颂扬和肯定了他临终前对人生意义在于为大众造福的认识和理想。

至此，我们可以说对《浮士德》这部巨著已有了一个粗线条的概观性的了解，一个总体性的外在的把握。接下来，我们还必须对重要的细部作进一步的观察和剖析，以便深入到作品思想的内涵的里层和底蕴中去。

在笔者看来，《浮士德》这部气势异常宏大、场面空前壮阔、背景无比深远的大悲剧，它最引人注目的细部就是那些活动在剧中的人物。

《浮士德》里的人物实在是林林总总，形形色色，应有尽有。

就现实的人物而言，高贵的有皇帝、宰相、将军、主教，低贱的有贩夫、走卒、工匠、乞丐、农夫，不高不低不贵不贱的有学者、神甫、商贾、地主以及众多市民，等等。

就非现实的人物而言，神圣的有上帝、圣母、天使和在天国中享受极乐的男女老少，邪恶的有恶灵、女巫和瓦普吉斯之夜的男魔女魔，既不神圣也不邪恶的则有更多来自民间传说的山精水怪，有从古希腊复活再生的格莱弗以及司芬克斯等半人半妖的奇禽异兽，有地灵、人造人以及忧愁四姊妹，等等。

现实和非现实的两大类人物加起来数以百计，形象和特性更可称千奇百怪。在世界文学之林中，能像《浮士德》似的在深远的背景和壮阔的场面上活现如此多彩多姿的人物的作品，恐怕只有荷马的史诗、但丁的《神曲》以及我国的《西游记》、《封神演义》等为数不多的几部而已。

在如此众多的人物中,我们当然只能着重考察和分析它的几位主人公,即贯穿全剧的浮士德博士和靡非斯托,在剧中的某一幕起决定作用的人物如格利琴和海伦,以及同样在剧中多次出现并与浮士德形成鲜明对照的瓦格纳,等等。包括靡非斯托和海伦在内,应该说这主要都是些现实的人物,虽然有的戴着魔鬼的脸壳,有的罩着神话的面纱。事实上,也正因他们是现实中存在的,也正因为他们是人,他们才比非现实的精怪和天神更复杂,更值得我们去分析理解。

我们首先拿到读者面前来亮相的,自然是浮士德博士。

在历史上,浮士德确有其人。关于他的生平有种种不同的传说,比较可靠的是:他本名乔治或者约翰·浮士德,1480 年前后出生在德国中部符腾堡州一个叫克尼特林根的小城。他生性聪明,好动脑子,年轻时也可能在大学里学习过医学、神学什么的,后来却成了一名浪迹江湖的医生、占卜人、星象家、魔术师和炼金术士。他四处招摇撞骗,自称得到魔鬼的帮助,能够显示种种奇迹,直至在 1540 年做炼金实验时不慎被炸死。在近代自然科学刚刚诞生、关于鬼神的迷信仍然统治着广大民众头脑的中世纪末期,人们对浮士德这样的奇人异士无疑是既畏惧,又好奇。正因此,自称为博士的浮士德死后,关于他的故事仍然不胫而走,广为流传,而且其他一些与他类似的人的事迹还张冠李戴,附会到了他的身上,使他的形象越来越生动、鲜明,使他的故事越来越离奇、精彩。也就是说,在德国确实有过浮士德,而且不止一个。

浮士德的故事在德国渐渐地变得家喻户晓,10 多年后便开始出现一些记录口头传说而成的手抄本。这些手抄本最初用的是拉丁文,后来又有了德文本,在符腾堡和埃尔福特等地的大学圈子里流传。这种情况,既从一个侧面反映出德国宗教改革时期思想的活跃,同时也预示着社会人心的动荡和不安定。

紧接着,1587 年在美因河畔的法兰克福,便正式出版了一本以浮士德为主人公的民间故事书,题名为《大名鼎鼎的魔术师和术士约翰·浮士德博士的故事》。故事书的出版者名叫施皮斯。他还从宗教改革派的立场出发,从封面到前言再到正文,时时处处都加进一些对与魔鬼为伍的主人公的谴责,对故事书读者的劝诫。就这样他仍心有余悸,因此又在《致笃信基督的读者的前言》之前,加上一篇给两位有权有势的亲密友人的长长献词,以保证此书问世后不会招来麻烦,真可谓煞费苦心。①

① 在约翰·施皮斯印行该书的第二年,迪宾根有两个大学生用韵文新诗编了浮士德的故事,出版后立刻遭到了查禁。

施皮斯编写的浮士德故事迅速流传开来，刚出版的1587年就有了英译本，紧跟着又有了法文和其他文字的译本。英译本被与莎士比亚差不多同时的剧作家克里斯多夫·马洛发现了。他将一段一段松散的故事精炼、加工，写成了一出扣人心弦的悲剧。剧中的主要情节虽说与故事书差别不大，但主人公浮士德博士不再是一个与魔鬼为伍的罪孽深重的狂徒和骗子，而是一位勇敢无畏的追求者：追求认识宇宙和权力。可以认为，马洛的浮士德就是一个欧洲文艺复兴时期博学多能、心性高卓的“巨人”。

和马洛一样，后一个多世纪包括莱辛在内的许许多多有眼光的浮士德题材处理者，都能透过神秘荒诞的雾幕，清除从当时的正统教会和道德伦理立场出发泼在浮士德这个人物身上的污泥浊水，发现他身上隐隐散发出来的精神光彩。从口头传说到民间故事书再到马洛的剧本，都有一个既体现浮士德的非凡性格也最吸引不同层次读者的关键情节，就是主人公与魔鬼签约。因为这样做本身，就意味着向宗教和神权，向社会和传统，向个人自身存在的保守和狭隘，发起了挑战。这样做本身，就表现了那个时代一般人不敢想象的非凡的勇气。至于浮士德将灵魂抵押给魔鬼换来了什么，下场如何，都是次要的了。

歌德的浮士德，自然应该讲也是从200多年来始终活跃在民间，始终游荡在欧洲各地的那个同名怪人脱胎而成的。他在创作诗剧之前，如上文所述，已读过施皮斯的浮士德故事书，看过又将马洛的悲剧反转移植过来的通俗木偶戏。特别是从前者，他确实受到不少启发，择取了一些情节。但是，他的浮士德又大大地超越故事书中的浮士德，两者几乎不可同日而语。为说明这个问题，有必要具体介绍一下施皮斯笔下的浮士德其人其事。

《大名鼎鼎的魔术师和术士约翰·浮士德博士的故事》正文不过100页多一点，译成中文大约七八万字，与歌德的诗剧相比，篇幅原本是很小的。主人公浮士德出生在魏玛附近罗德地方的一个农民家庭，自幼为一位住在威滕贝格的富有的堂兄收养，成了没有后嗣的堂兄的家业继承人。年轻的浮士德生性聪明，堂兄送他进当地的大学学习神学，他轻而易举便获得了硕士学位。

然而这家伙“长了个糟糕、荒唐而又自以为是的脑袋”，不愿当什么神学家和上帝的仆人，而成了一名占星术士、算术学者，并自称医学博士，干起了江湖郎中的营生来。他还擅长巫术，一天深夜在森林中念咒作法，招来了以修士模样出现的魔鬼靡非斯托，约魔鬼第二天午夜12点去自己家里。靡非斯托勉勉强强同意了，但过了两夜才来赴约，因为他事先还须得到魔王的允许。经过了两三次讨价还价的会谈，他们终于用血签订了协议：魔鬼答应满足浮士德的一切欲望；浮士德则放弃基督教的信仰,并在24年后任随魔鬼将自己的肉体和灵魂掳去。

接下来,浮士德便在魔鬼的帮助下,干了一件件令世人震惊并被认为是亵渎神圣教会的事:他动了男女之念,魔鬼便将淫魔变成美女来满足他的情欲;他获得了飞行的本领,于是遍游欧、亚、非各国,到处用魔法为所欲为;在德意志皇帝卡尔五世面前,他让亚历山大大帝及其妻子显了灵;他喜欢与人恶作剧,让骑士头上长出鹿角,叫贪婪的犹太高利贷者自己锯掉自己的脚,使12个大学生相互斗殴;他还经常与魔鬼讨论地狱和天堂的问题,并亲自上天入地,了解实际情况,等等。

在与魔鬼签约后的第二十二年,浮士德发现了一处宝藏,满足了对财富的渴望。第二年,他召来古希腊美女海伦与他同居,生了儿子欧福良;但不久儿子夭折,母亲也随之消逝。与魔鬼的契约行将期满,悔恨不已的浮士德博士立了一份遗嘱,让他的仆人瓦格纳做自己的继承者。满期的那天晚上,浮士德泪流满面地向学生们告了别。半夜里,从他房中传出巨大的喧嚣声和撕心裂肺的呼救声。第二天,人们发现他房里的墙壁上血迹斑斑;浮士德的眼珠和几颗牙齿被抠出来了,尸体扔在了屋外的粪堆上。

按照当时通行的新教信条,编者施皮斯确实经常不忘对浮士德的"恶行"进行批判,并且在最后让他受到了应得的惩罚,以儆戒世人。但与此同时,他又把浮士德的故事讲得有声有色,并且一不注意就流露出赞叹之情,比如说"堕落"的主人公"像雄鹰一样展翅高飞,欲知天高地广",等等,使浮士德这个人物事实上引起了民众的极大兴趣,受到无数有识之士喜爱。

我们的读者只要把上述故事书的内容和歌德的《浮士德》粗略地作一番比较,便可看出两者之间的明显渊源关系以及巨大的本质差异。与故事书相比,诗剧的内容显著地增加了,有了多得多的条理性、现实性,特别是哲理内涵。尤其在主人公浮士德博士身上,我们发现了质的变化。

简言之,故事书中的浮士德是个离经叛道者,是知识、权力、财富和世间享乐的追求者——这样的追求在文艺复兴时期当然是进步的,需要有巨大的勇气。术士、异人浮士德身上最重要的品格,正是他主动与魔鬼打交道的不惜一切代价的大无畏精神。但与此同时,他的性格中却有粗鄙和玩世不恭的成分,行动也常常表现出恶作剧的盲目性,像是真的让魔鬼附了体,成了妖人和魔法师。

歌德的浮士德呢,却始终是严肃、高尚的思想者,始终不曾满足世间能获得的一切享受和荣华富贵,一生不懈地追求的是形而上的真美的一瞬,是富于哲理性的人生的真谛。从本质上讲,歌德的浮士德已从某一时代的离经叛道者,发展成一位超越时代的,对人的存在和宇宙成因等种种根本问题孜孜以求索解的伟大哲人。

对于歌德塑造的浮士德博士这个人物，近200年来真可谓莫衷一是，众说纷纭！

海涅在1832年写的《论浪漫派》中指出："德国人民本身就是那位知识丰富的浮士德博士，就是那位理想主义者……"

尼采从嘲弄浮士德的地灵口中借去"超人"这个词语，创立他的"超人哲学"，在他眼中浮士德博士自然便是个"超人"。

《西方的没落》(1932)的作者施本格勒则以为，浮士德的形象象征着整整一个文化时代——当然指的是资本主义时代；浮士德可以说是"现代欧洲人"——也就是说资产者的典型。

还有学者以纯人性论的观点看问题，干脆称浮士德为"地道的人"，为最完美的人性的理想化身。反过来也有人从"左"的立场出发，把他斥为没有心肝的罪犯、冒险家和大地主、大资产者。

托马斯·曼和当代著名歌德研究家特龙茨等，则非常强调浮士德形象的两重性。

卢卡奇等运用马克思主义观点的评论家，却认为浮士德是整个人类的代表，称歌德的《浮士德》为"人类发展的缩影"。

如此等等，不一而足，不胜枚举！①众多往往反映一个侧面但却不无道理的分析，说明歌德笔下的浮士德形象的确有着巨大的魅力，说明他的精神品格的确丰富多彩，复杂而又充满矛盾。

浮士德这位诗剧主人公，在我们看来，一方面应该说他确实也是歌德所谓的"集体性人物"；因为，他的形象和精神品格，乃是从民间传说到民间故事书，从民间故事书到马洛的悲剧再到市集木偶戏，其间经过了200多年的发展演变，才最后在歌德笔下成熟的。但是另一方面，我们又不能不承认，他仍然是诗人歌德天才的创造；因为经过歌德之手，浮士德这个人物不但形象和精神都极大地丰富了，都起到了前面指出的质的变化，而且还深深打上了诗人自身经历、性格和精神的烙印。

基于这两方面的观察，再结合其在作品中的具体实际，笔者认为完全可以不拘一说，对浮士德这个世界文学中独特而伟大的形象作多层次的分析和认识：

第一个层次，浮士德在很大程度上可以被视作歌德自己的化身，浮士德即歌德。

歌德曾经说过，他的所有作品"仅只是一部巨大的自白的一个个片断"，又承

① 详见董问樵：《〈浮士德〉研究》，第163—177页。

认自己常常进行所谓“诗的忏悔”。他前前后后花了60年才写成的《浮士德》，无疑是诗人总结自己一生的最长、最重要、最全面和最深刻的“自白”和“忏悔”。诗人虽然不像浮士德似的活了整整100岁，但却同样地有过一次又一次的追求，体验了一个又一个的悲剧。具体地讲，诗剧第一部中的浮士德，体现了狂飙突进的精神，是青年时代的歌德；第二部中的浮士德，体现了古典主义和浪漫主义的精神，是到了魏玛以后的半个多世纪里不断变化发展的歌德。诗剧中的其他人物，特别是靡非斯托和格利琴，也是作者依据自己生活中的原型和所闻所见，再加工创造甚至完全创造出来的，与民间传说或故事中的人物已不可同日而语。

至于诗剧那看来曲折离奇的情节，除去改编民间故事书的成分之外，简直可以称作歌德漫长生涯的一面镜子：在诗剧开始时老博士对僵死的知识的诅咒和随后靡非斯托对大学课程的讽刺中，我们分明可以听出莱比锡的大学生歌德的声音。1768年8月至1770年3月，歌德在家养病一年多，不仅接触到神秘主义哲学，认真研读过《教会和异教徒的故事》以及《魔法与犹太神秘哲学和接神论大全》之类的书，而且也像浮士德博士一样进行过炼丹的实验，也曾经是个幻想能接神引鬼的异教徒和“魔法师”。在感人至深、催人泪下的格利琴的悲剧里，不但有狂飙突进运动主将歌德对以教会为代表的封建伦理道德的呵斥，有维特式的对扼杀“人性中最神圣激情”的封建社会的抗议，而且还有负心的情郎歌德的自责和“忏悔”。①

诗剧第二部亦复如此：歌德在魏玛从政，也为使年轻懵懂的小公国国君开心而干过许多无聊的事，例如组织化装舞会、排演戏剧，等等；也为改善公国的财政状况而出谋献策，主持矿山的开采，到后来也随公爵亲临反拿破仑战争的前线，虽然他本人是这位“伪帝”的景仰者。1786年夏天，厌倦了政务的歌德逃到向往已久的意大利，在古希腊罗马和文艺复兴的纯美氛围中获得了新生；1794年与席勒订交后，两人共同致力于美的王国的寻觅和营建，这些逃避现实的对古典美的浪漫追求，统统为如梦似幻、虚无缥缈的海伦悲剧的实际生活基础。诗剧最后一幕里的那位胸怀全人类的目光远大的老博士，可以讲正是阅尽了人世沧桑，为人类的现实和未来进行了苦心孤诣的思考，虽未找到有把握的答案却对光明前景充满着信心的老诗人和老哲人歌德的化身。

歌德笔下的浮士德这个人物变得无比地丰满了，高卓了；一个主要原因，就在

---

① 歌德在斯特拉斯堡上学时与乡村牧师之女弗莉德里克热恋，随后却不辞而别，抛弃了她，造成了她终身的不幸。在不止一部作品里，歌德都进行了“忏悔”。

于历史上的浮士德与现实中的歌德自然地、艺术地融为一体。这是成功地塑造人物的诀窍之一。生活是文艺创作的源泉这个真理，在人类屈指可数的伟大杰作《浮士德》中同样得到了验证。

第二个层次，浮士德是一位德国男子，或者说得更加具体，是一位德国哲人。

浮士德即德国人的观点，最早来自比歌德晚生一点的革命诗人海涅。他举出了浮士德以下特点来充实自己的提法：浮士德博士"知识丰富"，是位"理想主义者"，"他凭借精神最后理解到精神的不足，因而要求物质的享受，恢复肉体的权利"，等等。[①]海涅是早在1832年便作此说的。其时《浮士德》第二部尚未出版，因此他还不可能将自己的这一洞见阐发得十分透彻和全面。

浮士德这个人物诞生在德国的土地上，经受了宗教改革以后两三百年德国历史的凄风冷雨的吹打冲刷，最后成型在"最伟大的德国人"歌德笔下，因而身上自然地集中了德意志民族的一些最本质的特性。我们只要认真审视一下原著的这位主人公，便可以发现——

他尽管内心极不平静，尽管浑身热血沸腾，外表却总是严肃而深沉。全剧自始至终，我们几乎不见他有兴高采烈的时候，他似乎根本不会笑。他似乎总是在深思，总是在捉摸着事物的本义，即使是他在热恋中本该沉浸于欢乐幸福中的时候，即使是他在主持化装游行本该得意忘形的时候，即使是他在统领千军万马本该颐指气使、在与海伦结合本该陶醉于美的享受的时候。是啊，甚至面对着征服大自然的宏伟业绩，他仍在思考，仍然忧心忡忡，以致瞎了眼睛。生长在北方阴郁的天空下的德意志民族，与南方的意大利人和法国人的一个显著性格差异，就是严肃深沉，富有思想，长于思辨。浮士德不正是这么一个严肃深沉的思想者的典型么？

浮士德身上的另一个本质特征，是德国民族一直引以为自豪的所谓"Gruendlichkeit"，即遇事一丝不苟的认真彻底精神。正是凭着这种精神，思想者浮士德才能锲而不舍，穷根究底，上下求索，敢于与魔鬼和地狱打交道，甘冒离经叛道之大不韪。历来人们——包括歌德自己都视自强不息地永远追求为浮士德的最重要品格，在诗剧里也确实是他得救升天的原因。在我看来，正是德意志民族的特性"Gruendlichkeit"，为浮士德这最重要的品格提供了"遗传基因"；它经过培养发育，便成为了自强不息地永远追求的浮士德精神。

一个彻底的、一丝不苟的思想者，面对着宇宙、人生和社会，面对着现实与未来、时间与空间、存在与虚无，总会发出无数的疑问，总会为求得这些疑问的解答

---

① 详见董问樵：《〈浮士德〉研究》，第163—177页。

而冥思苦想。实践验证，这样的人，大多会成为哲学家，或者富于哲学思维的大科学家和大政治家。

古往今来，德意志民族产生的影响及于整个世界的哲学家、科学家、政治家多不胜举。在诗剧反映的历史环境中，浮士德可以说是一身兼为三者——像歌德本人一样——而本质上却主要仍然是位哲人。读者请想一想，他的一生是不是始终都在探索自身存在的意义，探索宇宙万象的成因，探索人类未来的前景呢？浮士德的的确确是一位德国哲人，是一位体现了德意志民族某些优秀品格的佼佼者。

19 世纪末至 20 世纪上半叶，随着德国的统一和军国主义化，一些具有民族主义和帝国主义倾向的学者也曾拿浮士德身上的德国人特性大做文章，把他英雄化和超人化，以证明德意志民族的优越，说浮士德的非凡之处在于“具有占有外界事物和不断扩张的意志”，以此作为侵略扩张的理论基础和精神支柱。这些当然是对歌德笔下的德国伟丈夫的滥用和歪曲。不过，在世界文学的人物画廊中，浮士德这个独一无二的、民族色彩鲜明的形象，并未因此丝毫失去他原有的光辉。

第三个层次，浮士德是现代西方精神文化的象征，是新兴资产阶级的理想化身。

这个源于施本格勒的提法，本身应该说是并不错的，虽然他抹煞了文化和人物的阶级性质，称前者为所谓“德意志文化”，后者为所谓“现代欧洲人”。他把浮士德精神特征归纳为“积极的、奋斗的、克服的”，应该说也颇准确。在西欧走出黑暗中世纪之后的 300 年中，新兴的资产阶级正是凭着这样的精神，“在历史上曾经起过非常革命的作用”，“创造了完全不同于埃及金字塔、罗马水道和哥特式教堂的奇迹”，“开拓了世界市场”，100 年中所造成的生产力“比过去一切时代创造的全部生产力还要多，还要大……”①

德意志民族尽管有自己的文化传统，却与西欧其他民族同样处于古希腊罗马文化和希伯来文化持久而强大的影响之下；浮士德尽管成型于歌德笔下，产生和成长的过程却恰恰包括西欧资本主义萌芽和壮大的时代。由于这两大原因，浮士德就不仅体现了德意志精神文化，也并非什么“永恒的德国人”。反过来，近几百年西欧各国同样出现过许多“浮士德式的人物”，文学家们不断地反复地以这样的人物为主人公，就证明了他的超民族性。而在处于别的文化圈和社会形态的国家，中国也好，印度也好，都没有产生或很难发现浮士德一样的人物，又证明了他的特定文化属性和阶级属性。

---

① 《共产党宣言》，人民出版社 1964 年版，第 26—28 页。

我特别强调浮士德乃是新兴资产阶级的理想化身。因为,歌德在充分展示他“积极的、奋斗的、克服的”精神光彩的同时,还将资产阶级初期的人道主义理想保留了下来,而把冷酷无情、没有良心、寡廉鲜耻等资产阶级的丑恶,尽可能转移到诗剧中的另一个人物——魔鬼靡非斯托的身上。正因此,浮士德身上就有远比普通资产者更多的人性光彩,才能真诚地爱格利琴,为自己造成她的不幸痛悔不已;才能认识到他通过靡非斯托在围海造田时所行的种种不义,以致内疚、忧愁得瞎了双眼;才能在年满百岁之后还“为千万人开拓疆土”,在明亮的心中为人类的未来描绘“自由的土地上生活着自由的人民”这么一幅美景。理想化的资产者已经超越了资产者,浮士德由此又上升到——

第四个层次,他是杰出的人的典型,或如卢卡奇所说的,是“人类发展的缩影”。

宏观地综览人类发展的历史,浮士德曲折坎坷、上下求索、充满失望和痛苦的一生之于它,的确可以称作是一个象征或者缩影。我们在前面谈《浮士德》的时代精神时已详细分析过,诗剧主人公如何从中世纪挣扎出来,经历了封建社会而进入资本主义时代,并在最后出于对眼前现实的不满而产生了对未来的空想社会主义似的预言和希冀。浮士德的的确确如卢卡奇等人所说,几乎经历了——包括在思想上经历了现代人类发展的所有发展阶段。

笔者有一个不妨说是独创的看法,即认为还可以微观地把浮士德视为人类杰出个体的代表,把他的一生和五个追求、五幕悲剧,视为人的生命存在的五个阶段或者五种境界。

具体地讲,前三个阶段每个平凡的人都是要经历的:从牙牙学语,便开始求知;成年以后,便有男女之爱;再进一步,就要报效国家,服务社会,从事某种作为生存基础甚或博取荣华富贵的职业。一般人至此便心满意足了。杰出人物却还要上升到后两个更高的境界:他一是要追求精神上的美的享受,与美结合以实现精神的充实,人格的完善;二是要突破一己的小我,把目光射向全社会、全人类、全宇宙,要突破眼前和现在,预见和关心着人类的前途和未来。

基于以上分析,我们说并非人人都是浮士德,但人人身上都有一些浮士德的因子,都可以努力做一个浮士德。这就是歌德笔下的人物对于我们的现实意义。这就是他可以使不同民族不同层次的读者产生亲近感的原因。

歌德笔下的浮士德,他产生的原因和过程十分复杂;他具有的象征意义和现实意义异常丰富,因此几百年来吸引着一代一代学者去考证、研究、分析。这里远远未能穷尽浮士德的方方面面,读者诸君大可深入细致地研读诗剧原著,提出自己独到的看法。

“否定的精灵”和“恶”的化身

——《浮士德》人物考辨之二

除去诗剧的同名主人公浮士德，另外一个也贯穿全篇、影响全局的重要人物就是魔鬼靡非斯托。在歌德笔下，他的形象异常地鲜明生动，而且同样闪射着深刻而丰富的精神光彩，是诗剧《浮士德》获得巨大成功，在同一题材的众多作品中独领风骚的一个重要原因。我认为，靡非斯托堪称天下之一魔；在世界文学宝库中，没有另外哪个魔鬼的形象能和他媲“美”。我认为，没有靡非斯托在剧中令人叫绝的精彩表演，歌德的《浮士德》便成不了出类拔萃的世界名著和杰作。

在施皮斯1587年出版的民间故事书里，已经存在一个魔鬼，而且名字也叫作靡非斯托非勒斯。不过，他出现时的形象还是一个修士，行事也缺少积极主动性，浮士德一再召他来，提出要与他签约，他都先去请示了鬼王卢齐弗才敢同意。总之，从表到里，民间故事书中的魔鬼靡非斯托比起歌德诗剧中他那位同名兄弟来，实在差劲得很，是个地地道道的配角。

冯至老师1943年初在昆明西南联大作题为《〈浮士德〉里的魔》的讲演，第一次在中国对靡非斯托的意义和作用进行了全面、深入的观察和研究。①他指出，靡非斯托非勒斯这个名字在希腊文里让人联想到靡非斯托非尔(Mephiztophel)，意即“破坏者”或“说谎者”。他说，“《浮士德》里的魔从外表看来，是根据基督教的传统，附加上些北欧的传说”；《圣经》里的魔鬼“能诱惑天使和人，能试探人，控告人，惩罚人；又能引人犯罪，使人成为他的仆人”，因此又被称作“试探者”或“诱惑者”。

以上这些字源考察和民间传说、宗教传说，让我们看见了西方观念里的魔鬼的种种品格和面貌特征。可以讲，所有这些品格和特征，都体现在了《浮士德》的魔鬼身上，然而却又远远还不是他的外表和内涵的全部。正如冯至老师指出，靡非斯托主要“是歌德自己的创造”。

事实上，这个魔鬼形象的思想意义和审美价值，既独特而又异常丰富。这么

---

① 见《冯至学术精华录》，北京师范学院出版社1988年版，第292—312页。

讲，是因他的形象和性格大大超出了我们对于一个魔鬼的想象。他既像是魔，又像是或者讲更像是人；他身上既充满着魔性，又鲜明地表现出许多人性的特点；他既是一个血肉丰满、富于变化的形象，又是某种始终一贯的理念或精神原则的象征；他无可否认地代表着消极的力量，却又经常起着积极的作用。

先说他的外形，那真叫不拘一格，随机应变。他先后是黑色鬈毛狗、漫游学士、容克贵族、宫廷小丑、老丑八怪福奇亚斯、海盗船长和工地上的监工，等等。但他的基本形象或者说本来面目，无论在诗剧中还是舞台上，仍然是一个人，一个嘴脸并不像我们想象的魔鬼似的狰狞可怖，但却十分阴险狡猾、时时带着冷笑的老于世故的中年男子。除去身上散发着地狱里带来的硫磺味儿，有一条腿是马蹄子因而有点瘸以外，他的那副尊容，人世间原本也不难发现。

至于靡非斯托的性格，则突出地表现出冷酷无情、阴险狡诈、玩世不恭、尖酸刻薄、世故圆滑、淫邪贪婪，等等。同样的，他不具有一般人想象中的恶魔那种挖人心、吸人血的赤裸裸的凶残；他的恶劣品性，倒全是我们人类身上存在着的。也可以讲，他虽然并未表现出人类的所有恶德，却集中突出了其中的主要之点，代表了人类恶的一面。因此，他在诗剧开始的“书斋”一场向浮士德作自我介绍的时候便简单干脆地讲，他的本质便是一个“恶”字。

进一步认真阅读原著，观察靡非斯托这个人物我们便可以发现，他上述种种恶的表现并非彼此孤立，互不相关，而是紧密联系，互为因果，互为表里。例如他那自以为是深谙世态人心的结果的玩世不恭，又决定了他待人行事的冷酷无情、尖酸刻薄和世故圆滑。而且，这些恶的表现，在不少时候还会产生好的作用，引出好结果，正如他向浮士德作自我介绍时所说的：“我是那类力量中的一种，它常常想要作恶，结果却行了善。”而这，正是靡非斯托这个人物在诗剧中的主要作用和意义。他时时处处都想破坏浮士德的努力向上和追求，引他走上邪路，结果却刺激和推动了他不息地努力追求，不达到自己的目的绝不休止。我们不可以把靡非斯托简单地、概念化地看成一般的恶魔或恶势力。他的性质要复杂得多，意义和作用也不仅是当作陪衬的配角或反面人物而已。

正因此，我们有必要结合具体的剧情，看一看魔鬼靡非斯托的种种恶的表现，以及它们所造成的正反两方面的结果。

首先，我们考察那最能表现他本质或者说他的魔性的大恶，也就是他对人世的任何痛苦和不幸都无动于衷、冷眼旁观甚至于加以嘲弄的冷漠和冷酷。格利琴被他和浮士德害得家破人亡，身陷囹圄，神经已经失常，眼看就要被处决。面对着这一惨绝人寰的悲剧，他只以满不在乎的口吻冷酷地说了一句：“她并非头一个。”

显示出他与悔恨交加、痛不欲生的浮士德的本质区别：他实在是一个毫无心肝、毫无人性的魔鬼。

又如诗剧第五幕浮士德命令他去说服一对老夫妇迁居，他竟干脆来一个杀人放火，斩草除根，冷酷无情到了没有一点人味。

然而，正是他这样的大恶、极恶的行径，强有力地震撼和刺激了浮士德，使他完成了发展中两个至关重要的转变。前者使他于悲痛中脱胎换骨，离开“小世界”进入大世界；后者使他因为“忧愁”而失明，于现实世界一片黑暗之时进入了更加光明的内心世界。在浮士德漫长的追求途程中，它们称得上两次质的飞跃。

对于魔鬼靡非斯托，玩世不恭是一个很能展示他个性特征，使他区别于其他坏人乃至恶魔似人物的“穷凶极恶”。这种恶，在他与格利琴的邻妇逢场作戏地调情时，在他冒充老博士戏弄虚心求教的年轻学子时，在他变作弄臣、操纵皇帝宫廷内的化装游行、制造一场大火灾的虚惊时，是的，甚至就在他与上帝的赌赛中，都表现了出来。这种恶渗入了他的骨髓，渗入了他对宇宙、人生和社会的看法，使他成为了一个不辨是非、怀疑和否定一切价值的虚无主义者，一个上帝所说的“否定的精灵”。

作为否定的精灵和虚无主义者，靡非斯托冷酷无情地造成了许多的不幸和破坏，是酿制浮士德悲剧的重要因素或者说酵母。但与此同时，这个洞达世情的机灵鬼又极善于将自己的玩世不恭和虚无主义，轻轻松松地表现在说笑调侃和冷嘲热讽中，给浮士德的悲剧染上一些喜剧的色彩。而且，他几乎是讽刺嘲笑一切。如冯至先生所说：“他嘲笑教会，嘲笑三位一体，嘲笑宫廷里的幸臣，嘲笑纸币，嘲笑女人的作伪，嘲笑地质学中的火成论者，嘲笑模仿，嘲笑浪漫派的诗，嘲笑当时流行的骑士小说……”①

在第一部他与年轻学子对话时尽情地嘲笑大学的课程和学习方法，与前边老博士对学问和传授学问的失望诅咒正好呼应配合。他在奥厄尔巴赫地窖酒店唱的那支讥讽宫廷的《跳蚤之歌》，真是妙趣横生，入木三分。这样，便产生了马克思、恩格斯十分赞赏的“靡非斯托式的辛辣讽刺”。马克思早年写过一个题名为《奥兰尼姆》的悲剧，主人公贝尔蒂尼据认为就是“靡非斯托非勒斯苍白无力但仍可辨认出来的翻版”。②马克思还在自己的理论著作中引用靡非斯托的话，例如用魔鬼在《书斋》之二对浮士德作的金钱万能的生动解释，来说明财富的异化和导致邪恶，等等。③

---

① 见《冯至学术精华录》，北京师范学院出版社 1988 年版，第 292—312 页。

② 柏拉威尔：《马克思和世界文学》，梅绍武等译，第 23 页、104—117 页。

③ 见柏拉威尔：《马克思和世界文学》，第 104—117 页。

客观地看，靡非斯托的调侃、讥笑、嘲讽，也构成了对于鄙陋的社会现实程度不等的批判——作者歌德无疑有此意图——，虽然他主观上是冷眼旁观，幸灾乐祸，站在魔鬼邪恶的立场上来看社会现实中的邪恶的。可是也正因为如此，他的嘲讽就格外辛辣，他的批判就切中要害，产生了以毒攻毒似的奇妙功效。

此外还有一个在靡非斯托身上表现得十分突出的恶德，就是寡廉鲜耻的放荡淫邪。这可以讲也是魔鬼的本性之一。基于此，他不懂什么是爱，什么是情，不理解浮士德为何那么挚爱格利琴，对她的悲惨遭遇深感内疚；他只知道发泄和满足淫欲。在第一部的瓦普吉斯之夜，靡非斯托作了淫邪无耻的充分表演。甚至在诗剧结尾天使们来拯救浮士德的灵魂，他的魔鬼图谋眼看要彻底失败的紧急关头，靡非斯托竟然还觊觎天使的美色，大动淫念，结果让天上掉下来的玫瑰花变成的爱的火焰烧得遍体鳞伤，焦头烂额。他临下场前自嘲道：

> 下流的淫欲，荒唐的调情，害得老奸巨猾的魔鬼丢了魂。精明世故的恶魔竟然干这种幼稚痴傻的勾当，他到头来吃亏倒霉，实在是因为太愚蠢。

歌德这样写靡非斯托的下场，笔者着重指出这个魔鬼身上淫邪的恶德，不是没有道理。因为在诗剧中，与淫邪相对应的纯真的爱，被赋予了超乎寻常的重要意义。只要细读一下诗剧的结尾，我们便知道爱在浮士德的得救过程中起了多大作用：因为他是“爱人者”，所以天使们——爱的使者——才从天而降来保护他；接着引导他上升的也是爱，在天堂里迎接他的更是赎罪女子格利琴——他青年时代的爱人。诗剧的结尾简直可称之为一曲爱的赞歌。这儿的爱是那样真诚、温暖、纯洁、神圣，它已不仅仅局限于男女之爱，而是扩大成了对千百万人乃至全人类的博大无私的“泛爱”。

浮士德到了暮年正是一个胸怀着博爱的崇高的人。而那淫邪的靡非斯托，却被泛爱或者说博爱之火烧灼，逼退。这说明爱与淫邪有本质的区别，是划分人与魔的重要依据。魔鬼靡非斯托的淫荡无耻，不仅充分展示了他的丑恶本性，也很好地反衬和烘托出主人公浮士德的善和美。

作为恶的化身的魔鬼靡非斯托，他身上的恶德当然还不止上面列举的冷酷无情、玩世不恭和淫邪无耻这三点，但是仅仅通过对这三点的分析，我们已看出这个人物形象身上的多重思想意义和巨大审美价值。在保留西欧文学中魔鬼传统的试探者、诱惑者、破坏者这些职能的同时，他又兼为主人公浮士德的激励者，社会现实的批判者，美与善的对立面和陪衬。从审美的角度看，这个人物身上真是异彩纷呈，为主人公浮士德的形象乃至整个诗剧增色不少。而这异彩，这美，正好产生于"恶",产生于对"恶"的深刻认识和揭示。在揭示"恶"这一点上,《浮士德》同样是一部不可多得的天才杰作。

世界各国的《浮士德》研究者,历来都很重视靡非斯托这个人物,对他的判断也和对浮士德一样地众说纷纭,莫衷一是。①其中一些较为具体而容易把握的说法,如称他是"恶"的化身、否定的精灵、虚无主义者而又兼有积极作用,等等,上文已结合剧情并以一个"恶"字为着眼点,作了粗浅的解说。下面让我们再结合这个人物产生于歌德笔下的生活基础,介绍和分析另外几种同样具体而有意义的说法,以加深和扩展我们对靡非斯托这个对全局来说举足轻重的角色的理解。

1. 靡非斯托即歌德

1827 年 5 月 3 日,歌德在与爱克曼谈话时非常赞赏法国作家安培尔(J. J. Ampere)对他作品的评论,说道:"关于《浮士德》,他说得也很妙,他指出不仅主角浮士德的阴郁的、无厌的企图,就连那恶魔的鄙夷态度和辛辣讽刺,都代表着我自己性格的组成部分。"②歌德这样讲,实际上就承认了自己与这个魔鬼的血肉关系。

但是,在魔鬼靡非斯托身上,恐怕不仅仅具有歌德本人也有的"鄙夷态度和辛赖讽刺"而已。恩格斯在批判卡尔·格律恩的《从人的观点评论歌德》一书时,称歌德"有时是叛逆的、爱嘲讽的、鄙视世界的天才",说明上述两种性格也是值得肯定的天才的表现。著名的歌德传记作家艾米尔·路德维希却认为,歌德与魔鬼靡非斯托的关系要深刻得多,全面得多。他把自己著的《歌德——一个人的历史》的第一卷题名为《天才与魔鬼》,以表明歌德本身就是一个魔性十足的人物。在这一卷名为《魔鬼》的第四章,路德维希写道:

> ……没有哪个歌德塑造的形象就是歌德本人。他总是把自己体现在两个相互对立的有时甚至是女性的形象身上——为什么这位感受能力主要倾向于抒情和叙事的诗人会趋向戏剧,而且没能完全摆脱它,最深刻的原因也许就在于此。在他内心矛盾特别尖锐的青年时代,他因此也更多地使用戏剧的对白……然而,只是到了《浮士德》里,歌德的这种两重性才淋漓尽致地表现了出来……浮士德和靡非斯托这两个人物充满魔性,但只有他俩在一起,才足以充分表现歌德的魔性。他俩之间的对话,正是沸腾在歌德内心的对话。③

---

① 详见董问樵:《浮士德研究》,第 178—188 页。

② 见《歌德谈话录》,朱光潜译,人民出版社 1988 年版,第 139 页。

③ Emil Ludwig: *Goethe—Geschiehte eines Menschen*, Paul Zsolnay Verlag 1931, S. 107—108.

也就是说，并非靡非斯托身上的某一两种表现也存在于歌德本人的性格中，而是和浮士德一样，他整个儿地就代表着歌德的一个方面或者说两重性中的一重。

我们前面讲过靡非斯托的大恶是冷酷无情。我以为，这个恶同样存在于歌德的性格中；他通过塑造和谴责这个魔鬼，也对自己年轻时的冷酷无情作了“诗的忏悔”。最充分表现靡非斯托冷酷无情的，是格利琴的悲剧。不少研究家都指出，格利琴这个深得马克思在内的广大读者同情和喜爱的女主人公，她的名字来自歌德少年时代的第一位女友；她的故事系歌德对当时不断发生的社会悲剧的艺术加工；可是在她的身上，诗人却表现了对被自己无情抛弃的年轻纯洁的恋人弗莉德里克深深的愧疚。因此，靡非斯托和浮士德关于是抛弃或者营救在狱中忍受煎熬的格利琴的对话，也正是曾经“沸腾在歌德内心的对话”。

在说“浮士德即歌德”时，我们主要举出诗人的实际经历作依据，比较容易把握。在作出靡非斯托也是歌德的判断时，却只能依靠对心理、性格的分析，理解起来就难一些了，但也并非完全虚无缥缈，无从把握。通过浮士德与靡非斯托这两个形象的塑造，诗人完成了对自己人格深刻而全面的剖析。

2. 靡非斯托是 Damon 和歌德周围一些带 Damon 色彩的人的化身

在歌德时代及其前后，欧洲民间盛行一种传说：一些天才人物常常有 Damon 陪伴，并且是在自己 Damon 的帮助下完成了常人不能完成的业绩，取得了超凡的成就。上面歌德的传记作者说到魔鬼时，用的就是 Damon 这个字。歌德晚年对 damon 及有关现象也一再提及，并认为拿破仑、拉斐尔、莫扎特、莎士比亚等都是有 Damon 帮助的天才。稍晚于歌德的海涅在其小说《佛罗伦萨之夜》中，也将意大利天才小提琴家帕格尼尼有 Damon 附体的传说，写得十分生动。但是严格讲来，Damon 这个字不应译为魔鬼或者甚至恶魔，而应译为精灵。靡非斯托应该说就是一个塑造得十分成功的精灵，虽然他体现的性格、思想还更多。歌德本人基于对字义的不同解释，否定过靡非斯托带有精灵的色彩。①因为对于浮士德完成他非凡的业绩和追求，靡非斯托的确起了不可缺少的积极作用。

歌德在青年时代见过一些人，他们虽然不像歌德和上面列举的拿破仑等似的具有非凡的天才，但也极其聪明并在身上或多或少带有 Damon 的色彩。他们本性善良、高洁，洞达世情，却愤世嫉俗，玩世不恭，惯于对人恶作剧和调侃、嘲讽。

① 《歌德谈话录》，朱光潜译，第 235 页。

在歌德看来，他 1765 年在莱比锡结识的伯里施，1670 年在斯特拉斯堡结识的赫尔德尔，1772 年在达姆施达特结识的默尔克，都是带有 Damon 色彩的靡非斯托式的人物。他们都比歌德年长，都阅历丰富，才智超群，愤世嫉俗。从他们那儿，年轻的歌德虽然没有少受奚落、讥嘲之苦，却得到了对他一生的发展来说至关重要的启迪、激励和帮助。其中，因为患眼疾而性情孤僻、怪异的赫尔德尔，更称得上是他的导师和诤友。

对于这几位友人，歌德终生心怀感激，念念不忘，在晚年写的自传和与爱克曼谈话时常常提到他们，多次从积极的意义上指出他们身上的靡非斯托特点。这也再一次证明，靡非斯托已不是传统意义、通常所谓魔鬼或者甚至恶魔，而是带有 Damon 色彩的人。靡非斯托的玩世不恭、冷嘲热讽，恐怕更多地来自他们，而非歌德自身。

3. 靡非斯托也是德国人

这种说法不是来自《浮士德》的研究家和学者，而是来自德国现代作家克劳斯·曼(1606—1949)的一部小说。克劳斯·曼是大作家托马斯·曼的长子。他那部小说的名称便叫《靡非斯托》(1936)。写的是一个饰演靡非斯托的演员赫夫根，在纳粹统治时期靠投机取巧、见风使舵、出卖灵魂而飞黄腾达的故事。[①]为了登上和保住柏林帝国剧院经理的宝座，赫夫根使尽了狡猾、卑鄙的两面三刀伎俩。在克劳斯·曼看来，赫夫根本人就是一个现代的靡非斯托。不仅如此，作者还让帝国总理——一个胖子将军，在现实生活中的纳粹头子戈林——在谈到靡非斯托时说：

> ……这是一个非常好的年轻人！我们每个人不都向他学到了一点东西吗？我指的是：在每个正直的德国人身上，不也有一些靡非斯托的特征吗？如果我们只有浮士德的思想意识，那么我们将会走向何方？那样做正符合我们敌人的愿望！不，不能那样！靡非斯托，这也是一位德意志英雄。只不过，这一点不能向人们明说而已……

真是精彩之论，虽然“正直”啊、“英雄”啊之类的赞词，只表明了纳粹头子和魔鬼之间臭味相投。事实确乎是，在希特勒、戈林等德国纳粹头子乃至更早的军国

① 此书在我国有不止一种译本。据认为，作者借靡非斯托这个形象讽刺揭露的具体对象，就是他以演《浮士德》中的魔鬼而留名德国戏剧史的姐夫演员某某某。获得奥斯卡金像奖的同名电影在我国演出时，扮演靡非斯托的著名演员勃朗道埃尔机锋四出的台词一再激起我国观众的哄堂大笑和阵阵掌声。

主义者身上,靡非斯托对浮士德占了上风;他的冷酷无情、阴险狡诈和好恶作剧,都以战争、侵略、集中营的形式可怕地表现出来,给人类造成了大灾大难。

我们不是常常对所谓"德意志民族之谜"困惑不解吗?不是不明白,为什么同一个民族既养育出了歌德、贝多芬、马克思、爱因斯坦等立于人类文明顶峰之上的大伟人,又产生了希特勒和戈林似的大魔王和众小鬼呢?这个谜最简单的答案就是:整个德意志民族身上,也像在恩格斯所谓"最伟大的德国人"歌德身上一样,都既存在着浮士德的禀性,也潜藏着靡非斯托的特点;区别只在于是前者占上风,或是后者占上风罢了。这在不同的人和不同的时代,都曾有过泾渭分明乃至天壤之别的表现。因此,浮士德是德国人,靡非斯托亦然。

何止德国人身上有两重性呢?世界上的任何民族乃至任何个人都是如此。

4. 靡非斯托是人类恶德的象征

靡非斯托的种种恶劣品性当然不只是德国人才有。其他任何民族,在他们尚未进入理想的共产主义社会,道德还未完善到白璧无瑕时,都必然会不同程度地表现出靡非斯托的某些特征,都会产生出自己的魔鬼。靡非斯托不是自称他的本质是一个"恶"字吗?人除非没降生在世界上,或者降生了也只生活在与世隔绝的真空中,否则便不会完全没有"恶"。在这个意义上,我们每个人也有自己的靡非斯托,都能从歌德在《浮士德》中揭示的人魔关系上看见自身的影子,获得有益的启迪。我们身上的魔鬼或者说"恶"并不可怕,只要我们认识了他,像浮士德似的不让他牵着鼻子走而是反过来控制和役使他,让他激励自己去追求,去奋斗。须知,在一定的条件下,不正是"恶"在起着推动社会发展和历史前进的作用吗?没有原始积累的贪婪、残酷,就没有资本主义的高度物质文明和精神文明。没有靡非斯托引诱、推动,也就没有浮士德的一步步更新自我,升入"灵境"。

当然,在说靡非斯托是人类恶德的象征时,我们是不能完全漠视其身上的特定的阶级性的;这种阶级性,在他充当围海造田的监工时表现得特别清楚。它也就是产生《浮士德》的特定时代必然给他身上打下的烙印。

对于靡非斯托这个艺术形象,各国的研究者还有其他种种解说,有的说法相当玄虚。本文列举的只是较为实在的几种。由于靡非斯托首先是作为主人公浮士德的对立面而存在的,在观察和分析他时最好也联系着浮士德的存在。通过五幕悲剧和一世追求,浮士德的形象变得越来越高大完美。在这个过程中,靡非斯托的恶魔嘴脸同样得到了充分显示,同样在变化和发展,只不过是沿着一个相反的方向罢了。随着浮士德的追求越来越自觉和纯洁，魔鬼便渐渐失去左右他的能力，相反只能受他的左右了。

靡非斯托这个人物体现的思想意义和美学价值太丰富，太繁杂。笔者对他的一个基本看法是：他虽然被称作魔鬼，有着怪异的外表和行径，实际上仍然是一个特定的时代和社会造就的人，是人身上必然存在的“恶”的艺术再现。

最后有必要补充一点：靡非斯托这个魔鬼作为一个艺术形象，除了有基督教信仰的雏形，有民间故事书的样板，有现实生活中的原型以外，还在欧洲文学的传统里找得到他的先驱。不用多举例子，就说英国诗人弥尔顿的伟大史诗《失乐园》中的魔鬼撒旦，在同样具有突出鲜明而又充满矛盾的性格这点上，就可以充当其小兄弟靡非斯托的师傅，虽然产生于歌德笔下的这位老兄青出于蓝，具有了更多的哲理内涵、象征意义和现代意义。可以讲，西方文学较之于中国文学的一大特点和长处，正在于对不同名目的魔鬼成功而妙趣横生的塑造，不断花样翻新的塑造，不管他们是叫撒旦还是靡非斯托，不管他们产生于英国、意大利还是德国。

瓦格纳·格利琴·海伦

——《浮士德》人物考辨之三

除去主人公浮士德和魔鬼靡非斯托，诗剧中值得研究的人物和艺术形象还非常多。这里只是再谈一谈瓦格纳、格利琴和海伦。

瓦格纳通常被视为一个用于与主人公浮士德作对比的学究和书呆子的典型，一个仅仅具有陪衬意义的次要人物。其实，问题并不如此简单。因为这个人物不但同样富于时代的典型性和独立的审美价值，而且也有着自身的形成和演变的历史。

在施皮斯1587年出版的《约翰·浮士德博士的故事》中，已经存在瓦格纳这个形象。他是魔术师和炼金术士浮士德的徒弟和助手，并且按浮士德临死前立的遗嘱，成了他的衣钵继承人。这样，又引出了另一部堪称浮士德故事续篇的民间故事书的诞生。

此书出版于1593年，比有关浮士德的故事书仅晚6年。写的是克里斯多夫·瓦格纳步老师后尘所完成的种种奇行异事，内容可以讲跟浮士德的故事书大同小异。例如，瓦纳格也同样有一个魔鬼做搭档，不同的只是这个魔鬼名叫奥厄尔汉，第一次露面时是只猢狲。总的看来，在民间故事中，瓦格纳和浮士德完全是同一类人，或者说，前者只是后者的翻版而已。

歌德对瓦格纳作了改造、加工，使他发展成了有异于奇人异士和离经叛道者浮士德的另一类人，即歌德在1800年手书的创作提纲中说的“清醒而冷静地追求”的学者典型。对于欧洲脱离中世纪进入启蒙时代的知识阶层来说，瓦格纳不像浮士德那样是一位先知先觉者和超人，不是个天才，不像俘士德似的拥有超人的热情、毅力、憧憬和苦闷，但却更富于代表性和典型意义。根据这一差异，说瓦格纳在诗剧中起着与主人公浮士德进行对比并充当其陪衬的作用，也不是完全没有道理。

但是，有差异也就有相同，而这一相同之处应该讲更加重要，更能体现瓦格纳其人的本质。那就是他和浮士德一样，也真诚地、执着地，以毕生的精力，潜心专注地追求着知识和真理。不同的只是,他走着一条传统的、现实的、循规蹈矩的道路,因而所取得的认识也比较狭窄而已。然而,道路和成就不同,并不改变瓦格纳也是一个渴望认识世界的求索者的本质。德国启蒙运动的思想家莱辛说得好:“使一个人变得可贵的不是这个人掌握了的,或者自以为掌握了的真理,而是他为追求真理而作出的真诚的努力。”①

莱辛的这句话,应该说不只是适合于评价浮士德,对瓦格纳也是一样。由此,我们便指出了这位学究身上常常被研究者忽视的一面,即富于启蒙运动时期的时代精神这值得肯定的一面。至于那种视瓦格纳为“世界观反动的资产阶级意识形态的代表”的论断,就更是走了教条主义的极端,完全没看见伟大的歌德塑造的这个次要人物,也同样具有两重性。②

瓦格纳不是一个贯穿全剧的人物,在诗剧里仅仅短暂地出现过两三次,但又并非可有可无,而是对浮士德的发展起了至关重要的作用。

他第一次出现在第一部称作《夜》的一场,是一个迷恋羊皮古书,脱离实际和谨小慎微的书呆子。但即使这时候,他也已具有“虽然知道很多,却渴望知道一切”的精神。紧接着,是他陪着浮士德来到城外庆祝复活节的民众之中。而正是这次郊游,使老博士恢复了生趣,邂逅了魔鬼,为在“小世界”和“大世界”的遨游作好了准备。瓦格纳的第三次出现,是在第二部第二幕的《中世纪风格的实验室》一场,这时他可以说已是一位成就非凡的学者。他用化学的方法,在烧瓶中造出了一个叫霍蒙苦鲁斯的富有智慧的小人儿。这除了真实地反映出16世纪以后的两三百年欧洲科学界某些人的大胆幻想——按照基督教的教义,以人工的方法造人该是亵渎神灵的——,不是还让我们联想到当代科学所创造的一些奇迹,诸如试管婴儿、仿生技术、人工智能、生物工程和克隆繁殖等等吗?

从第一部到第二部,瓦格纳这个学者的形象有了非常大的发展,可以说已经不那么循规蹈矩、谨小慎微和迷恋书本,已成为当时从事自然科学研究的一位先驱,具有了某些正面典型的意义,虽然他与心比天高的雄鹰浮士德仍然相距甚远,虽然他仍然不能突破自然科学学者狭隘的生活圈子。

再说,也多亏瓦格纳制造的小人儿的引导,浮士德才实现了回到往古的寻美之行,经历了自己人生追求的一个重要阶段。

总而言之,诗剧《浮士德》中的瓦格纳固然是一个次要人物,固然更多地只起

---

① 见莱辛1778年的一次答辩,转引自汉堡版《歌德文集》第3卷,第467页。

② 上述偏颇之论出自原民主德国的硕尔茨教授。请参阅董问樵:《〈浮士德〉研究》,第192页。

着与主人公浮士德作对比的陪衬作用，但本身仍具有其复杂性和发展演变的历史，仍具有不可替代的作用和独立存在价值，作为他那个时代为数更多的“清醒而冷静地追求”对自然和世界的认识的学者典型。

对剧情的发展来说，格利琴（即玛格莉特）比瓦格纳显然更加重要。应该讲她不是一个次要人物，而是《浮士德》第一部的主人公之一。浮士德的人生悲剧的第二幕即“爱情的悲剧”，完全是围绕着她而演出的，可以称之为“格利琴悲剧”。就整部《浮士德》而言，她的不幸遭遇无疑最富于悲剧性，最具现实主义震撼人心和催人泪下的力量。反之，《浮士德》的其他一些部分，如主人公的从政和寻美，却更多地带着闹剧、梦幻剧和寓言剧的性质，要么逗人发噱，要么引人遐想，但不能激起读者和观众心中的悲悯之情。格利琴这个人物的存在和成功塑造，对于统称之为悲剧的《浮士德》来说，意义和作用因此格外重大。

在有关浮士德的民间故事书中，并无格利琴这个富于悲剧色彩的雏形和样板，尽管在他将自己的灵魂抵押给魔鬼后的第十九和二十年，浮士德也放纵情欲，从欧洲各国挑选了 7 个妖艳的女子和她们胡搞。

纯洁、善良、美丽的格利琴的原型来自现实生活中，产生在歌德的笔下，是 18 世纪德国，不，是所有封建桎梏下为真诚的爱情而遭受身心摧残和不幸的年轻女性的化身。这样的女子，在诗剧《浮士德》中除去格利琴还有一个（见《水井旁》一场）；在现实生活中，在不同的时代和国度，更是数不胜数。年轻的歌德曾经深深为当时德国所谓“杀婴女”的悲惨遭遇所震撼，所以还在 1868—1775 年完成的《浮士德初稿》中，就怀着巨大的同情塑造了格利琴这个形象。而且不只是同情；他通过她和浮士德的恋爱和不幸遭遇，还隐约而深沉地表达了对自己在斯特拉斯堡抛弃的痴情少女弗莉德里克的愧疚。正因此，在诗剧《浮士德》形形色色的众多人物中，少女格利琴的形象最真实生动，最血肉丰满，最富有人情味。

为成功地塑造格利琴这个人物，歌德在创造格利琴的形象时至少做到了以下三点：

首先，对于浮士德一见钟情的这位美丽的少女，歌德在突出她的善良、单纯、重情等优点的同时，并未忽略其性格的另一面，即幼稚、轻信、盲从、迷信以及其他缺点。不过，格利琴毕竟只是个生活在 18 世纪德国的小市民姑娘，有这些缺点不足为怪，不会因此减少读者和观众对她的喜爱和同情，相反倒增加了这个艺术形象的说服力和立体感。马克思在回答女儿的提问时就说过，格利琴是他最喜欢的“女英雄”（Heldin 一词在此译作“女主人公”更恰当）。可以认为，马克思喜欢的也是真实而完整的格利琴，即连同她身上的那些难免的、可以原谅的缺点，特别是她的“轻信”。

与前面讲过的浮士德、靡非斯托乃至瓦格纳都不一样,为了全面地、立体地塑造格利琴这个人物,揭示她性格的优点和缺点,诗人没有在纵向上写她的发展变化,而着重于横向地对她一段时间的思想行为作细腻的描绘。这样就在读者面前出现了一个活生生的德国小市民少女,她那么的单纯、善良,那么的软弱和缺少主见,那么的任人和神摆布,真是既可爱、可怜,又可悲、可叹。

恩格斯在 1888 年致英国女作家玛·哈克奈斯的信中说:“现实主义的意思是,除细节的真实外,还要真实地再现典型环境中的典型人物。”①在此之前半个世纪去世的歌德,当然不可能读到恩格斯的这一著名论断,何况他的“格利琴悲剧”成稿时间还要早得多。可是,天才的诗人对女主人公的生活环境的描绘,对她周围的人、事和氛围的描绘,对 18 世纪的德国小市民社会来讲都再典型不过。为证明此言不虚,我们只要想想格利琴的家庭境况,想想那个虚伪贪财的牧师,想想水井旁的多嘴小丽丝所讲的一席话,想想那叫人压抑得几乎透不过气来的大教堂中的可怖气氛就够了。正是这样的环境,造就了格利琴这个典型的市民少女,使得她与浮士德之间的爱情合乎逻辑地只能是一出悲剧。“真实地再现典型环境中的典型人物”,正是格利琴这位女主人公塑造得格外成功,“格利琴的悲剧”格外感人的第二个原因。

再者,在塑造格利琴这个形象时,歌德特别注意了对她的心理描写,揭示了她在初恋过程中复杂的心理变化。通过她在闺房中和在“悲伤的圣母像”前的独白,通过她神不守舍地坐在房中唱的那些凄婉动人的歌子,通过她在教堂中和牢狱里异乎寻常的感受和表现,伟大的诗人向我们展示了年轻而单纯的格利琴变化复杂的心境:她惊异,她欣喜,她憧憬,她焦虑,她矛盾,她恐惧,她自责,她内疚,她神经错乱,痛不欲生,等等,无不刻画得维妙维肖,令人叹服。因此也就难怪,她会被公认为歌德作品里乃至整个德语文学中塑造得最成功的女性形象,会成为德国人民家喻户晓的“女英雄”,200 多年来一直活在大小舞台上(包括市集上的民间木偶戏舞台),活在人们的心里。不,不只在德国,我们中国同样有无数玛格莉特的同情和倾慕者,比如大诗人郭沫若和大翻译家傅雷。②

与诗剧的另外两位主人公浮士德和靡非斯托相比,格利琴有一个显著的不同,也就是她完全生活在狭隘的“小世界”里,是个纯现实的人物。而且,作为一个

① 见《马克思、恩格斯、列宁、斯大林论文艺》,人民文学出版社 1983 年版,第 135 页。

② 在《三叶集》中,记录有年轻的郭沫若和田汉痛哭流涕地诵读“格利琴悲剧”的详情。傅雷用以称呼夫人朱梅馥的昵称,就是格利琴的大名玛格莉特。

涉世不深的少女,她从外表到内心都异常的明净、单纯,仿佛让人一眼便能看透。通过天才诗人细致入微的描绘刻画,她便实实在在地站在我们面前。她便是她,便是那个在18世纪的德国生活和受苦受难的市民少女。在她身上,我们没法像在浮士德和靡非斯托身上一样,发现那么多的象征意义和多么广的涵盖面,分出那么多的层次。她是所谓的"这一个",就是"这一个",只是"这一个"。然而也正因此,她在诗剧中虽然只是"一幕"的主角,却给人留下了异常突出的、难以磨灭的印象。也正因此,她便成了那一类在封建压迫下为爱情牺牲、殉难的年轻女性的典型。这意味着,格利琴这个形象尽管单纯,她的典型意义和审美价值仍然异常巨大。

关于格利琴,我们还得说说她在诗剧中两次非现实的出现。

一次她戴着铁链脚镣,面色苍白地、艰难地行走在瓦普吉斯之夜群魔乱舞的布洛肯峰上。这虽然多半只是对她问心有愧和牵肠挂肚的恋人浮士德的幻觉,却颇具象征意义,使得她那在黑暗势力包围压迫下受苦受难的女性形象更为鲜明,更加突出。

第二次,也是更加重要的一次,格利琴出现在全剧结束时的天堂中,成了带领浮士德的灵魂飞向光明圣母的赎罪女子,成了引导"我们"向上的"永恒的女性"的具体代表。这所谓的"我们",是否意味着人类?这关于"永恒的女性"的思想,是否表现了歌德乐观、向上的人生观和世界观,表现了他对女性的崇拜?诸如此类的问题,都值得我们细加探讨。特别是这个结尾,它不只加大了全剧的"寓言意义"和"神秘意义",仅就格利琴的形象塑造而言作用也非同小可。在此,歌德转而采取浪漫主义和象征性的手法,将单纯、善良提高为圣洁、仁爱,使受苦的女子格利琴变成为美丽而伟大的女性的化身。在这个意义上,综观她在全剧中的地位和作用,格利琴这个形象又可以说并不单纯。

与生活在"小世界"里的市民少女格利琴形成鲜明对比的,是诗剧《浮士德》中的另一个女性形象海伦。她在第二部的第一幕已经出现,只不过当时还只是由一团烟雾幻化出的虚无缥缈的影子,一经浮士德触摸便烟消云散。

可到了第三幕,她却已变成可以与浮士德结合并养育儿子的"实体",成了这一幕的女主角。人们常常干脆称这一幕为"海伦的悲剧"。

众所周知,海伦原本是古希腊神话中的一个无与伦比的美女,是天神宙斯变作天鹅与斯巴达王后丽达交媾所生的女儿。公元前八九世纪由盲诗人荷马记录整理而流传千古的史诗《伊利亚特》,讲的就是由她之被劫而引发的希腊人与特洛伊人之间争战10年的故事。简言之,海伦原本是一个产生于3 000多年前的神话传说中的非现实形象。不过,作为倾国倾城的美女的典型,海伦在西方世界可谓家喻户晓,老少皆知,在随后的漫长岁月中又成了无数文艺作品描绘的对象,成了人们心目中女性美的理想化身。

冯至先生写过一篇内容丰富深刻的《海伦娜悲剧分析》,其中谈到了海伦的形象在16世纪以后的演变和歌德对她的理解及处理:

> ……在16世纪最早记载浮士德传说的"民间故事书"(1587)里,在英国剧作家马娄的《浮士德博士的悲剧》(1592—1593)里,在17、18世纪流传下来的私人日记和上演浮士德戏剧的说明书里,在歌德童年时看到的浮士德傀儡戏里,海伦娜都作为妖媚迷人的女子出现。这是可以理解的,根据中世纪基督教的观点,像古希腊传说中海伦娜那样的女人,迷惑过不少英雄人物,酿成持续十年之久的特洛亚战争,自然要被看作是打扮成美女的妖魔。为了满足浮士德官能享乐的需要,魔鬼靡非斯托非勒斯使海伦娜来到浮士德的书斋,与浮士德结婚,而且大都在浮士德"罪孽"深重、灵魂即将被魔鬼攫走的前夕。歌德在早年本来也打算把海伦娜写成一个淫荡的妇女,作为第一部天真纯朴、惨死狱中的葛泪欣(格利琴)的对立面。后来歌德在1786年去意大利旅行,亲眼看到古代的文物,并在艺术史家温克曼的影响下,对希腊罗马的古典艺术产生了热烈的爱好和崇敬。这种爱好和崇敬成为歌德与席勒交往时期(1794—1805)即德国文学古典时期的特点之一。海伦娜在歌德的计划里发生了根本性的变化,她再也不是浮士德传说中的荡妇,而是美的化身。①

在歌德的伟大诗剧里,海伦既不再是古希腊神话里那个神人共生的绝代美女,也不再是中世纪基督教眼中的淫荡妖妇,而确乎成了"美的化身",成了歌德以及与他同时代无数文人、学者都向往热爱的希腊罗马古典文艺的象征。这一来,海伦这个人物就带上了形而上的理念性、象征性和抽象性。她不像格利琴是实实在在的"这一个"。她的形象和心性都无法具体把握,因此也无法作正面的、直接的描绘。正因为如此,天才诗人反倒显示了非凡而高超的艺术手腕:他用浮士德对她的痴迷追求,用宫中男女对她的评头品足,用合唱歌队对她的热诚赞颂,用守塔人林奎斯因眩目于她的姿容而失职以至于险些丧命的情节,多层次多视角地烘托、映衬,从而表现出了她的难以言表的"美",不但令我们获得十分强烈的"美"的感受,甚至也被"美"所倾倒和震惊。

---

① 引自《冯至学术精华录》,第333页。

但是，尽管如此，诗剧中海伦的形象仍然是虚无缥缈，难于把握，因为她实在只是一种象征，只代表一种理念，而非现实中的一个有血有肉的人物。浮士德与她的结合，只象征地表现出歌德等处于黑暗、丑陋现实中的德国文人对于美好往昔的追怀和梦想罢了。因此也就毫不奇怪，歌德在“海伦的悲剧”这两幕单独印行时曾加上一个副标题：《古典的——浪漫的梦幻剧，〈浮士德〉插曲》。[①]

不过，海伦的形象尽管具有理念性、梦幻性和虚无缥缈的特点，我们还是不能决然地将她划入诗剧的非现实人物，如地灵、“群母”、人造人霍蒙苦鲁斯以及彭涅渥斯河和布洛肯山上众多的妖魔精怪一类。因为她毕竟是人，毕竟有人的思想、感情，有人的快乐、苦恼和不幸；虽然她不是“这一个”，而是一种类型的化身，她的形象和思想情感都具更大的代表性，因而也不易把握。歌德的挚友席勒给了她一个可谓贴切的定性，称她是“一切陷入迷惘的美的形象的象征”。[②]

席勒所用“形象”(Gestalt)这个词意即人物，他所谓的“美丽的形象”实际上指的就是美丽的女性。在西方，女性也称作“美的性”或“美的族类”(das schoene Geschlecht)，因为在以男性为中心的社会看来，似乎她们的特点、价值和力量通通都在于她们形象和容貌的美。至于她们中的佼佼者，那些天生丽质的绝色美人，就不但受到人们的倾慕和崇拜，而且成为男性追逐和争夺的对象，从而酿成许许多多的悲剧和不幸。这些不幸小如格利琴的家破人亡，大至国与国的争战和城邦的覆灭，常常都归罪于无辜者，即处在受支配地位的女性身上。尤其是那些被认为具有倾国倾城美色的女人，那些所谓的“红颜祸水”，像是受着宿命支配似的，更是逃不脱做替罪羊的不幸结局。

在荷马史诗中，绝色美女海伦就被写成为特洛伊战争的直接起因，写成为导致无数英雄——强有力的男性丧生的大不幸的肇始者。自那以后，千百年来人们头脑中和文艺作品里就思考一个问题：美到底是好还是坏，是善还是恶，是幸还是不幸？歌德的《浮士德》也探讨了这个问题。他一方面让基督教的魔鬼靡非斯托，让丑的化身福奇亚斯对海伦大加贬抑，说什么美与德行不能携手同行，美与幸福不能长期并存，等等；另一方面，又让歌德对海伦大加赞颂，并以海伦赦免守塔人、对儿子满怀慈爱等仁德表现，实际上驳斥了魔鬼对于美女海伦的贬抑，给了美是善是恶的问题一个肯定的回答。

然而，美到底是幸还是不幸呢？

---

① 详见《冯至学术精华录》，第336页。

② 见席勒1800年9月13日致歌德的信。引自汉堡版《歌德文集》第3卷，第430页。

对这个问题，歌德在《浮士德》中的回答却是否定的，所以才有了“海伦的悲剧”也即“美的悲剧”或曰“寻美的悲剧”。

这儿的美当然特指女性的美。这儿的悲剧，如前所述应该讲主要由以男性为中心的社会造成，但是作为它主角的女性也不能说全然没有责任。不过，责任并非在女性天生的丽质本身，而在于她们常常对自己的美，对这美的价值、力量和带给他们的命运缺少自觉的认识，从而“隐入了迷惘”，丧失了独立行动和掌握自己命运的能力。魔鬼所谓美与幸福不能长期共存，我们俗话说的“红颜女子多薄命”，都不过表明对这种美因为缺少自学的认识的女性大量存在；《浮士德》中的海伦，正是她们的“象征”或者说典型。

可不是吗，海伦的“迷惘”在剧中表现得真是非常充分：她身为替罪羊而不觉无辜，她身为冯至老师所谓“无罪之罪的承担者”而自认有罪；面对着跪在跟前请求惩罚的守塔人，她只是自叹受命运摆布，因此一而再再而三地引起了男人们的纷争，给世界带来骚动和劫难。正是利用她这种负罪心理，魔鬼和丑的化身乘虚而入，使之轻信其荒话，任其摆布，和浮士德一起再次主演了一出“美的悲剧”。天才诗人歌德对于海伦这个艺术形象的塑造的独到之处，在于摒弃了对其姿容的直接描绘，而只是着力于深刻地揭示她的内心。席勒则画龙点睛地将她的内心特征归结为“迷惘”两个字。从她特有的内心和精神倾向来看，《浮士德》中的海伦确实可算中外古今一切因为美而招致不幸和诟病却缺少自觉和应付能力的女性的象征，确实可算这一类女性的典型代表。

再进一步，我们甚至不妨说海伦还象征和代表着整个的女性；因为作为“美的性”或“美的族类”，她们在以男性为中心的社会中，在真正争得平等和解放以前，所承担的命运和所具有的心理状态，只是表现形式和程度上的大同小异而已。

与诗剧最重要的主人公浮士德和靡非斯托一样，瓦格纳、格利琴和海伦等 3 个人物所包含的意义也是复杂和多层次的，同样“横看成岭侧成峰”，虽然他们只出现于诗剧的局部，只起着帮助浮士德经历其整个人生、完成他一次次的追求的配角作用。他们分属不同的类型，歌德塑造他们的手法因此也各不相同，但却都表现了大诗人的高超手腕和匠心。在德语文学乃至整个世界文学的人物谱中，这几个人物都同样会占据一席之地，因为他们确实是富有代表性和典型意义的艺术形象。

在《浮士德》里，还有一些比瓦格纳等更加次要和出现得更少的人物，如瓦格纳的学生和格利琴的邻妇玛尔塔，等等。歌德对他们着笔很少，却仍刻画得入木三分。拿玛尔塔来说吧，这个庸俗、虚伪、愚蠢的小市民妇女，她绝妙地反衬出格利琴的善良、纯洁、真诚，有着不可忽视和不可取代的作用。此外诗剧里还有一些神秘的形象，一些象征性的、非现实的形象，如像地灵、群母和人造人霍蒙苦鲁斯，等等，他们的意义更为研究者长期争论而莫衷一是，更丰富和加深了诗剧作为一部“奇书”和杰作不可缺少的“寓言意义”和“神秘意义”。

我们不愿把《浮士德》的“细部”即人物的观察搞得太琐碎和玄虚，对过分神秘和不太重要的人物只好暂存不论。但在紧接着分析《浮士德》的哲学内涵的篇章中，我们却仍不免与他们再相遇。

宇宙和人生　预言和寓言

——试析《浮士德》的哲学内涵(上)

恩格斯在《英国状况》一文中指出，只有熟悉德国民族发展的另一个方面即哲学方面的人，才能真正理解诗人歌德的伟大，并且说："歌德只是直接地——在那种意义上当然是'预言式地'——陈述的事物，在德国现代哲学中都得了发展和论证。"①

恩格斯的这段话明白地告诉我们，歌德不只是伟大的诗人和作家，也是伟大的思想家和哲人，只不过他陈述事物的方式并非一般哲学家通常使用的逻辑推理和思辨，而用了文学家的形象思维，仰仗的是作品中的艺术形象和情节，也即恩格斯所谓"直接地"、"预言式地"罢了。

反过来，我们甚至也不妨讲，歌德正因为是伟大的哲人和伟大的思想家，才成为了真正伟大的诗人和作家，才成为了世界文学史上光照古今的巨星。综观德国文学乃至世界文学的全部历史，能像歌德似的称得上伟大思想家的确乎没有几人。

对诗人歌德作如是观，我们自然地会想起他的《浮士德》，想起这部凝结着他毕生心血和智慧的代表作。不，岂止想起。应该讲歌德之为歌德，歌德之称得上伟大的哲人和思想家，主要正是因为他写成了《浮士德》这部旷世不朽的巨著。

歌德没有写过任何专门的哲学著作，更未试图建立自己的体系，对此他甚至可以说抱有反感；然而，在《浮士德》中，他却探讨和回答了德国古典哲学所涉及的种种重要问题。正是丰富而深刻的哲学内涵，构成了《浮士德》宽大厚实的思想意义基础，叫人说不完道不尽。也就难怪，黑格尔干脆称它为一部"绝对哲学悲剧"。②我们呢，为了加深对《浮士德》的认识和理解，就非常有必要从哲学的角度分析这部杰作，有必要揭示出隐藏在它变幻莫测的场面情节和多姿多彩的人物形象背后的"哲学意义"。

---

① 见《马克思恩格斯全集》第1卷，第652页。

② 见黑格尔：《美学》第3卷下册，第310页。

一

“全部哲学，特别是近代哲学的重大的基本问题，是思维和存在的关系问题”。[1]在诗剧《浮士德》中，歌德对这个问题作了形象生动的直截了当的回答。

在全剧开始即《天堂里的序幕》里，诗人便对大自然唱了一曲庄严的颂歌：宇宙恢宏无际，世界光明灿烂，日月星辰、风雨雷霆、海洋潮汐，各自按照永恒的轨道和法则而运动，而存在。这样一个壮丽无比的宇宙和自然界，尽管对于天使和魔鬼都“神秘莫能明”，但确定无疑的已是一个实体，一个物质存在。余下的问题仅仅是“开辟”宇宙的造化之力究竟存在于何处，世界的本原究竟是什么：是精神和意识呢，还是物质？是造物主上帝呢，还是永远运动变化着的自然本身？

对这个问题，诗剧主人公老博士浮士德也苦苦思索，力求解答。在第一部的《书斋》一场，他冥思苦想，重新翻译《圣经·新约全书》中的《约翰福音》，刚翻译第一句便犯了嘀咕：

> 我写上了：“泰初有言！”/笔已停住，没法继续向前。/对“言”字不可估计过高，/我得将别的翻译方式寻找，/如果我真得到神灵的启示。/我又写上：“泰初有意！”/仔细考虑好这第一行，/下笔绝不能过分匆忙！/难道万物能创化于“意”？/看来该译作：“泰初有力！”/然而就在我写下“力”字，/已有什么提醒我欠合式。/神助我也！心中豁然开朗，/“泰初有为！”我欣然写上。[2]

浮士德老博士哪里是在做“翻译”！他完全是在独立思考，力求索解宇宙形成之初造化天地万物的本原究竟是什么的问题。在《圣经·新约》的希伯来原文中，“泰初有道”的道字为 Logos，按照基督教教义可解释为“神的理性”、“创世的原则”和上帝的肉身即耶稣基督；马丁·路德把 Logos 译作 das Wort（言），浮士德一开始也用了同一译法；中文通行本的《圣经》则将 Logos 译成了道。可是，无论怎么译，浮士德否认“泰初有 Logos”，就等于否定了它是造化天地万物的本原，就等于否定基督教关于上帝是造物主的说法。因为《约翰福音》明明白白写道：“泰初有道（Logos），道与上帝同在，道就是上帝。这道泰初与上帝同在。万物是藉着他造的。凡被造的，没有一样不是藉着他造的……”[3]

---

① 见《马克思恩格斯选集》第 4 卷，第 219 页。

② 见杨武能译《浮士德》，安徽文艺出版社 1998 年版，第 63 页。

③ 《圣经·新约全书》，香港圣经公会 1983 年版，第 125 页。

浮士德不仅以否定“泰初有道”否定了上帝造物的说法，而且也不认为能造化天地万物的是属于精神范畴的“意”和难于界定和捉摸的“力”；他的最后结论叫作：“为。”“为”的德文原文为 die Tat。这个词儿于人可以理解为行动、行为和实践；于生物可理解为生存或进化；于自然界包括社会可理解为运动和发展，等等。对于宇宙万物之形成、产生，这个“为”字在浮士德看来再重要不过。由此，便宣示了一种无神论的、强调自然界本身的运动、进化、发展的宇宙观。

可是，在万物伊始的“泰初”，任何进化、发展仍然必须有个基础，有个依托；任何生物和非生命存在仍然必须有个本原。这本原是基督教所谓上帝的意志吗？是唯心哲学的精神或意识吗？是老庄哲学的“无”或“空”吗？这个问题，我们在诗剧第二部第二幕的《爱琴海的岩湾》一场，得到了明确的解答。

瓦格纳造的小人霍蒙苦鲁斯为了追求生命的实体，同时引导浮士德寻找古希腊美女海伦，在途中邂逅了两位古希腊的自然哲学家阿纳克萨哥拉斯和泰勒斯。他俩对宇宙的成因和万物的本原问题争论了 2 000 年，一个坚持火成论，一个坚持水成论。在《浮士德》中，水成论者泰勒斯取得了最后的胜利。只听他无比兴奋地唱道：

万岁！万岁！万万岁！
美和真渗透我的全身，
我感觉无限快慰——
万物都起源于水！
万物都靠水维系！
海洋，请永远统治！
你如不使云雾翻滚，
你如不使溪水丰盈，
你如不让河流延伸，
你如不让大江奔腾，
山野田原会是啥情形？
是你啊，使生命之树常青。
回声（四周一同应和。）
是你啊，孕育新鲜的生命！①

① 引自《圣经·新约全书》，香港圣经公会 1983 版，第 125 页。

水是万化之源，一切都生成于水。姑勿论这个答案是否完全符合科学的真理，但它肯定了世界本原的物质性。从这一点讲，这个答案就是正确的，唯物主义的。

关于宇宙和生命的成因，思维与存在的关系，精神与物质的关系等自然哲学方面的问题，在诗剧《浮士德》中还有另外一些艺术形象和情节，从不同的角度作了陈述和阐明。例如在第一部刚开始的《夜》一场，老博士浮士德怀着对“无限的自然”，对这“一切生命的源泉”、“天地之根本”的热切渴慕，用符录召唤来了地灵。可在这硕大无朋、面目可怖的自然的实际存在面前，久居书斋的老博士却退缩了，战栗了，渺小得如同一条蛆虫。此时，地灵在嘲笑浮士德之余，兀自唱起了对于永远运动、永远新鲜、永远生生不息的大自然的颂歌：

生命的狂潮，
行动的激浪，
我上下沉浮，
我来而复往！
生生又死死，
永恒的海洋，
经纬相交织，
火热的生长，
傍着时光飞转的纺车，
我织造神性生之云裳。①

地灵现形的情节和这一曲颂歌，也“预言式地”或者说寓言式地，表明了一种带有唯物主义和进化论倾向的自然哲学和宇宙观。在这种宇宙观中，至关重要的基本概念是“无限的自然”—“生命的源泉”—“天地之根本”—生命的狂潮”—“生生复死死”—“行动的风暴”—“时间的机杼”，等等；反之，却没有“精神”、“意识”、“理性”之类非自然实际存在的地位。

再如瓦格纳关在书斋内凭智慧和人工造出的小人儿霍蒙苦鲁斯，他由于只是一种精神的产物，所以就只能呆在玻璃瓶里与世隔绝，所以就必须去寻找生命的实体，然后才可变成真正的人。为此，他接受前文说过的水成论自然哲学家泰勒斯和善变的海神普洛丢斯的指点、引导，在撞碎玻璃瓶后变成火苗儿融入了“生命

---

① 《浮士德》，杨武能译，第 499 页。

之源”——大海，接受爱神的化育，并且经历“千万种形式的变化”直到成人。这些情节，于揭示《浮士德》包含的宇宙观和自然哲学同样十分重要。对此，冯至老师早在20世纪40年代就作过详细而精辟的论述，有兴趣的读者不妨找来细细阅读。①

诗剧《浮士德》所表现的上述带有唯物主义和进化论倾向的宇宙观，无疑就是诗人歌德自身的自然哲学思想的反映。他青年时代深受荷兰哲学家斯宾诺莎和德国哲学家哈曼以及赫尔德尔的影响，成了一个泛神论者和自然神论者，在诗歌和小说《少年维特的烦恼》中都对“无限的自然”作过近乎狂热的颂赞。还有，在《浮士德》第一部的《玛尔特的花园》一场里，那段主人公谈宗教、信仰和上帝的话，也把歌德的泛神论倾向表现得十分明显。而泛神论究其实质即无神论。歌德于26岁到魏玛，通过主持公国的矿务而接触到地质学，进而逐渐对自然科学的研究产生了浓厚兴趣。他长年亲手采集矿物和动物、植物标本，一次一次地做颜色学和光学实验。他提出的生物蜕变论(die Lehre der Metamorphose)，使他成了达尔文之前的进化论先驱。因此，也就难怪《浮士德》有那样的自然哲学观，也就难怪恩格斯在《英国状况》中强调歌德的哲人一面时，要直呼他为“无神论者”。

二

除去自然哲学和宇宙观，《浮士德》对哲学的认识论和人生观问题同样地，不，应该说是更加着重地和更加深入地进行了探讨。

这部悲剧篇幅巨大，内容庞杂，头绪纷繁，幻想、现实、神话、历史交结在一起，主人公在魔鬼靡非斯托帮助下时而上天，时而入地，故事情节可谓光怪陆离，场面变化叫人眼花缭乱，目不暇接，思想含义似乎难于捉摸。其实呢，有一条贯穿全剧的红线，抓住它即可提纲挈领。这就是主人公浮士德对宇宙奥秘和人生意义的探索，对真理的追求。他的探索和追求能不能成功？宇宙是可知还是不可知？人生有没有意义？诗剧的主要矛盾冲突，就是围绕着这些认识论和人生观的哲学问题而展开的。

开宗明义，还在《天堂里的序幕》里，这些问题便直接、干脆地提了出来：自称“否定的精灵”的魔鬼作为不可知论和虚无主义的代言者，他一出场就认定理性对于人只不过是“天光的虚影”，全然没有用处，反而会使人更加愚蠢和痛苦，人还是

① 冯至：《论歌德》(上海文艺出版社1986年版)以及《冯至学术精华录》。

浑浑噩噩地活着为好。天主则完全相反，认为“人在追求时难免迷误”，但“即使盲目冲动仍会意识到该走的正路”，只要借助“绵延不绝的思维”，就可以把缥缈摇摆的现象世界把握住。于是，就这个带根本性的认识论方面的分歧，魔鬼和天主打了赌；而诗剧主人公便作为人类的一个代表或者典型，充当了他们赌赛的验证工具和实施对象。

紧接着，魔鬼便找上浮士德博士的门，诱使他和自己签了约。我们不必在此重述这份独特契约的众所周知的内容，而只想讲它又是一次赌赛，而且跟上一次赌赛紧密相关。不过它的内容更加具体，性质已演变为人生观方面的：浮士德相信自己永远不会满足于人世间的享受而放弃追求，无所作为，苟且偷安，哪怕只是短暂的一瞬；魔鬼怀着对人类根深蒂固的轻蔑和怀疑，认为人之所求不过声色犬马、荣华权势而已，浮士德这个在他心目中的狂妄的傻瓜同样也不例外，因此毫不怀疑老博士最终会说出“你真美啊，请停一停！”这句话，沦为他的奴隶。也就是说他们赌的是，一个积极有为、永远追求、自强不息的人生观，一个消极混世、耽于享乐、得过且过的人生观，到底孰对孰错，孰优孰劣。

就剧情而言，第一次赌赛的结果取决于第二次赌赛的胜负；就思想意义而言，诗剧可以说是将哲学中的认识论和人生观这两个问题的探讨紧密结合在一起。这是因为，主人公浮士德是一个知识分子，是一个哲人；他的“有为”，他的人生意义和价值，本身就在于认识宇宙和人生，就在于追求真理。

浮士德的人生观是积极的，向上的；他信奉的是有为哲学。他作为一个人的可贵之处，他之所以被天主称作“好人”、被魔鬼视为“傻瓜”，就在于他把自己这种人生哲学坚持始终，推向极致。

不是吗，诗剧一开始歌德就借魔鬼之口，说出他是一个“野心勃勃”、“好高骛远”、“妄想摘取天上最美丽的星辰”的不知足的家伙。紧接着，他在重译《圣经》时竟然亵渎神圣，离经叛道，以“为”字代替与上帝同义的Logos“道”字，表明他把行动、行为看得高于一切。在经历了半生的追求、四幕悲剧之后，他仍不满足，仍不灰心，仍梦想着“要在地球上大干一番，完成惊天动地的业绩”，并坚持认为：“名声毫无价值，事业重于一切！”经历了一世奋斗和追求，受尽了痛苦磨难，浮士德了解了人生，认识了“小世界”和“大世界”，认识了自然和宇宙，终于得出“智慧的最后结论”，那就是“只有每天去争取自由和生存的人，才配享受自由和生存”。

剧终，年已百岁的主人公在为群众造福的事业中找到了人生的意义，情不自禁地对眼前的一瞬说出了“你真美啊，请停一停！”这句决定命运的话。但是，他的灵魂并未如当初约定的那样让魔鬼掳去，而是被天使拯救上了天堂。在天使们的合唱中，我们知道了浮士德获救的原因："我们能将他搭救，他永远奋发向上。"

浮士德得救了，胜利了！诗剧的这一结尾，明白无误地对上述的两个重大哲学问题作出了回答。这个回答，同时也是对诗剧开始时魔鬼与天主的赌赛作的裁判，其结果是否定理性、蔑视人类和人生的魔鬼——不可知论和虚无主义的化身——输了，而肯定人类对真理的追求、相信"神之子"——人一定能创造自己的幸福的上帝获得了胜利。

总而言之，诗剧《浮士德》宣示的是一种源于对人类存在的肯定，源于积极乐观的、本体论的有为哲学。

这样一种本体论的人生哲学，在歌德可以说根深蒂固，由来已久，贯穿于他一生的思想、行动和创作。例如他青年时代的《神性》和《普罗米修斯》等作品，就把这样的哲学思想表现得充分、强烈而震撼人心。人和积极有为的人生，在这些早期的作品中便受到了热烈的讴歌和赞颂。

三

在诗剧《浮士德》里，还丰富而深刻地蕴涵着分析和认识事物的辩证思维，尽管它们不是借助抽象的概念和逻辑思辨阐释出来，而是运用艺术形象和情节"象征地"、"寓意地"进行表现。之所以能如此，恐怕与德国古典哲学高度发展的辩证法有关。康德以他的"星云假说"，把运动、变化、发展的观点引进了自然界；黑格尔以"凡是现实的都是合理的，凡是合理的都是现实的"这个命题，把辩证思维运用到了人类社会。同样的，在歌德的《浮士德》里，无论人、社会还是自然，都处于不断的运动、变化和发展中；而所有这些运动、发展和变化的原因，又都在于事物本身所固有的矛盾。

以人为例，主人公浮士德便自谓胸中存在着"两个心灵"："一个总想和另一个分离；一个沉溺爱欲，执着尘世，另一个拼命脱离凡尘，向崇高的灵境飞升"——这便是他的内在矛盾。同时，他这种不断向上的"心灵"或者说"精神"，必然受着客观环境的束缚而总是不得满足，这又形成了他与外界社会的矛盾。加之"天主"鉴于人的精神易于弛靡怠惰，贪图绝对的安逸，又造出魔鬼来激发他的努力，于是在浮士德博士身边就有了一个对立面靡非斯托。

正是在上述错综复杂的内外矛盾推动下，诗剧主人公走完了漫长曲折的人生旅程，一个一个地克服矛盾、超越旧我，一次一次地战胜毁灭、获得新生，终于达到了"崇高的灵境"。可以认为，除去最后的光明结局尚属未来的理想以外，浮士德的生活道路确实是人类发展历史的一段缩影。可以讲,没有矛盾和通过斗争对矛盾的克服,人类和浮士德一样,都得不到发展、进步,不断向上。

在诗剧《浮士德》里,辩证地看待事物的精神在靡非斯托身上体现得尤为生动,尤其深刻。他自称“否定的精灵”,明白地供认自己的本质便是一个“恶”字。但是,辩证地看,这否定和“恶”并不等于绝对的消极和坏。恩格斯曾经指出:“在黑格尔那里,恶是历史发展的动力借以表现出来的形式。这里有双重的意思,一方面,每一种新的进步都必然表现为对某一种神圣事物的亵渎,表现为对陈旧的、日渐衰亡的但为习惯所崇奉的秩序的叛逆;另一方面,自从阶级对立产生以来,正是人的恶劣的情欲——贪欲和权势欲成了历史发展的杠杆……”①

歌德对恶的认识与黑格尔可算不谋而合,异曲同工。在《浮士德》的两位主人公浮士德和靡非斯托身上,都有恩格斯指出恶的两个方面的表现。不同只在于程度和侧重,只在于本质的差异。真正集中了恶的品性的,是靡非斯托;通过他,恶的作用和意义被充分地展现在我们面前。

魔鬼靡非斯托正是以“人的恶劣的情欲”,以一般人贪恋的酒、色、财、权等为诱饵,力图使浮士德上当受骗,苟且偷安,不思进取;可结果呢,反倒刺激了他不断上进,促使他一步步超越自己,认识了人生的真正意义。拿魔鬼自己的话来说,他就是那种“永远想作恶结果却总是创造了善的力量的一部分”。作为浮士德的对立面,他明显地起了相反相成的作用。没有他便没有浮士德,正如没有恶便无所谓善。他与浮士德如影随形,浮士德本人身上也有他的影子,就是那个“沉溺爱欲,执着尘世”的拖后腿的心灵。所以,在他俩身上,恶与善并非截然分开,而是彼此渗透,彼此影响。

作为恶的化身,魔鬼靡非斯托在剧中的确起到了“杠杆”的作用,积极而至关重要的作用。离开了他,老学究浮士德一筹莫展,寸步难行,多半只能困死在书斋里;靠着他,浮士德才进入了“小世界”和“大世界”,完成了自己的人生使命,找到了“智慧的最后结论”,升入了“灵的境界”。

再者,魔鬼作为“恶”的化身和“否定的精灵”,也确如恩格斯说的对各个时期陈旧的、日渐衰亡的“神圣事物”,进行了肆无忌惮的“亵渎”。这便是革命导师们大为称道的“靡非斯特非勒斯的辛辣的嘲笑”。

您看,他嘲笑教会的伪善,嘲笑宫廷的腐败,嘲笑大学里的迂腐教条,嘲笑浪漫派死气沉沉的诗歌……他还对资本主义社会金钱的巨大魔力和罪恶,对所谓自

① 《马克思恩格斯选集》第4卷,第233页。

由贸易之与战争和海上掠夺实为“三位一体”，进行了无情的揭露和尖刻的讽刺。例子真叫不胜枚举。这里仅择取富于哲理的两个——

在诗剧第二部第一幕，他当着皇帝的面，把道貌岸然的大主教兼宰相大肆奚落了一番：

听这番高论，先生实在很有学问！
凡摸不着的，您便以为远在天边，
凡抓不住的，您便根本不予承认，
凡算不出的，您便否认真实确凿，
凡没称过的，您便相信分量为零，
凡非您铸的，那金币便不值分文。

在这里，靡非斯托活画出了一个主观唯心主义者的嘴脸，真正是愚蠢而顽固，可笑而又可厌！

再听他在第一部的《书斋》一幕，如何貌似给年轻学子答疑解惑，实则狠狠地嘲笑了名为逻辑的形而上学：

光阴似箭喽，时间真得抓紧，
想节约时间，唯有有条不紊。
亲爱的朋友，因此我劝你
首先选修逻辑学。在课堂，
你的精神将受严格的培训，
恰像穿上西班牙的长统靴，①
一旦将来上了思维的跑道，
就不会东倒西歪，昏昏沉沉，
就不会胡跑乱跳，闯鬼迷路，
而是迈起步来更稳重、谨慎。
随后还要对你反复训练，
养成你按部就班的习惯，
比如吃喝这种一下就成的事，
也必须来它个一！二！三！
须知思维工场如像纺织厂，

① 此处西班牙皮靴是一种刑具的俗名。

出好的产品得有能干工匠；
要脚一踩就牵动万千纱线，
梭子来而复往，急如飞燕，
棉纱悄悄流动着，流动着，
万千经纬交织只在一转眼。
哲学家随后登上讲堂，
向你证明必须这个样：
假设甲如此，乙如此，
那么丙和丁只能如此；
假如甲不存在，乙不存在，
丙和丁也就永远不会存在。
……

值得一提的是，“恶”的化身靡非斯托还经常成为一些深刻哲理的昭示者，例如马克思、恩格斯和列宁都引用过的“理论都是灰色的，生活的金树长青”这句名言，便出自他这个魔鬼之口。今天，它也常出现在我们的文章里。细想起来，这同样符合辩证法。

在伟大的诗剧《浮士德》中，的确处处闪耀着辩证思维的光辉；而靡非斯托这个形象，更是充分表现了歌德本身以及整个时代的智慧的杰作。

“浮士德精神”与西方近、现代文明

——试析《浮士德》的哲学内涵(下)

从上面概略、粗浅的分析可以看出,《浮士德》这部巨著蕴涵的哲学思想可谓包罗万象,博大精深。这样丰富深刻的哲学内涵,当然不是从天上掉下来的,也绝非一个孤立的存在,正如天才诗人歌德和他的不朽杰作《浮士德》,也不会自动地、无因地,产生在18世纪的德意志这块贫瘠的土地上一样。起决定性作用的,应该讲还是时代的大气候和德国周围的大环境。因为,在特定的紧密相连的地理条件下,在同样的历史文化传统中,欧洲各国联系密切、频繁,相互影响强烈、迅速,地处欧洲中心地带的德意志帝国,不但毗邻着瑞士、荷兰、英国、法国等先后领导思想潮流的国家,而且一度还把文明古国意大利包括在版图之内,因而说得上是四通八达、人文荟萃、各种思潮的流传汇聚之地。从这个着眼点看,《浮士德》就不仅仅属于德国,而是属于整个欧洲,不然,它也就不可能成为“欧洲300年历史的总结”。《浮士德》所蕴涵的哲理、所表现的精神,即所谓的“浮士德精神”,也非纯粹的德意志精神,而是整个欧洲文化和哲学传统的延续,是意大利文艺复兴以来300年的欧洲精神的凝聚和结晶。

为了尝试着阐明这个应该讲相当宏大的论题,且容笔者也来个“摸着石头过河”,一步一步地小心前行。

一

我借以支撑自己论点的头一块大“石头”,就是《浮士德》的具体思想内容,就是作为它主要哲学内涵的世界观和人生观,即人们所津津乐道的“浮士德精神”。

“浮士德精神”为什么是块“大石头”,为什么如此重要?

如前所述,诗人歌德之能兼为哲人和思想家,是因为他在自己的作品里,深刻地探讨和回答了一系列有关宇宙、人生的一系列重大哲学问题。但是仅仅指出这点,似乎还不能完全说明歌德作为思想家何以格外伟大,出类拔萃。事实上,歌德之为歌德，本是文学家的他作为思想家之特别受到世人重视和景仰，而且这种景仰历久不衰，应该说还有一个更加重要的、带决定意义的理由，就是他在其伟大的诗剧里，将自己的主要思想浓缩、凝聚成了一个闪闪发光的巨大“宝石”——“浮士德精神”。

一个多世纪以来，人们只要一提起歌德，自然会想到“浮士德精神”；一提起“浮士德精神”，自然会想到大文豪兼大思想家歌德。可以说，鲜明而突出的“浮士德精神”的创立，乃是哲人歌德的主要建树。可以说，正是因为凝聚着这种精神，《浮士德》这部诗剧才在众多同一题材的作品中脱颖而出，独树一帜，在世界文学史上占据着难以被其他作品取代的地位。

“浮士德精神”既然如此重要，它的具体内容究竟是什么呢？

这个问题，一直受到歌德研究者乃至普通读者的关注。国外对此问题的回答可谓异彩纷呈，人言人殊，我们的答案几十年来却似乎失之简单，往往仍然重复辜鸿铭老先生半个多世纪前的用语和提法，称“浮士德精神”就是“自强不息”的精神，云云。今天，无疑已有必要对它作进一步的展开和阐述。

为此，窃以为首先得走出一个误区，既不能希望对一个形而上的、复杂的人文精神取向，也跟对自然科学现象似的下个言简意赅的定义，甚或列出一个什么等于什么的简单公式来。须知，所谓“浮士德精神”，就是诗剧主人公以其一生的奋斗、失败、再奋斗所体现出来的全部人生态度和精神追求，绝非干巴巴的一则公式、一个定义、一句教条所能概括和涵盖。

“浮士德精神”，照我看具有十分丰富的、多方面的内容。小而论之，它涉及个人的立身行事，荣辱观念，理想追求；大而论之，它涉及对社会、对人类、对宇宙的认识和态度。积极乐观，奋发进取，自强不息—永远向上，永不自满自足，不断精益求精—勇于探索真理，不畏艰险，不怕牺牲，上下求索，九死不悔—热爱生活，心系大众，“敢把天下的苦乐承担”，“宏己救人”—以奋斗为乐，为拯救人类而大胆改造自然，征服自然—高瞻远瞩，永远乐观地面向未来……所有这些，不都体现在诗剧的主人公身上，不都可以称作浮士德精神吗？

刚刚与靡非斯托签完打赌的契约，浮士德面对这个只知道以声色犬马之娱诱惑世人的魔鬼，如此展示了自己的抱负和理想：

真正的男子汉只能是
不断活动，不断拼搏。
……
听着，这儿讲的并非什么享乐，

而是要陶醉于最痛苦的体验，
还有由爱生恨，由厌倦转活跃。
我胸中对知识的饥渴业已治愈，
不会再对任何的痛苦关闭封锁。
整个人类注定要承受的一切，
我都渴望在灵魂深处体验感觉，
用我的精神去攫取至高、至深，
在我的心上堆积全人类的苦乐，
把我的自我扩展为人类的自我，
哪怕最后也同样失败、沦落。①

老博士的这段自白，应该讲就是何谓"浮士德精神"的权威解释。

他这样的精神，在《浮士德》产生的年代，在欧洲的启蒙运动时期，在新兴资产阶级登上历史舞台并逐渐成为主角的17、18世纪，正体现着一种新的文化精神，一种新的人生态度，一种不断拼搏、进取，永远追求"至高、至深"，在"把我的自我扩展为人类的自我"的道路上无所畏惧的积极进步的人生观和世界观。

二

阐明了"浮士德精神"是什么以后，有必要明确地指出，这新的文化精神和新的人生态度，这种新的、积极进步的人生观和世界观，正如本篇一开始说《浮士德》不是一个偶然产生的、孤立的存在一样，也并非无源之水，无本之木，而是一棵有着300年树龄的参天大树。这棵树深深地扎根在欧洲的历史里，扎根在它的文化传统中，只是在歌德的笔下，在诗剧《浮士德》里，它变得特别枝繁叶茂、高大挺拔罢了。它本是文艺复兴以后逐渐成长、壮大起来的欧洲新兴资产阶级所具有的精神，本是随着资产阶级的成长、壮大而提高和弘扬了的人文主义和启蒙运动精神，也即迄于19世纪初叶整个新兴资产阶级的积极人生态度和先进世界观。这种人生态度和世界观，在歌德的《浮士德》中，只是"预言式"地、集中地、鲜明突出地体现和汇集在诗剧的主人公身上罢了。

具体讲，意大利文艺复兴时期的人文主义肯定人生，确立了人对于神独立不羁的地位和价值，尊重自然和自然的人性，承认了人的欲望——包括对艺术美和

① 《浮士德》，杨武能译，第90—91页。

异性美的喜好、追求——的正当合理性,使人性获得了解放。

歌德的浮士德则更进一大步。他不只肯定人生,而是要体验、感受、享有人生的方方面面,他说"整个人类注定要承受的一切,我都渴望在灵魂深处体验感觉",甚至包括人生的痛苦,而且永远不知厌足。在神的面前岂止独立不羁,他甚至像歌德的颂歌《普罗米修斯》的主人公一样敢于藐视神,与神平起平坐,甚而至于亵渎神,不但肆意篡改圣经,而且与魔鬼结盟。他不但拼命追求美,而且从往昔和彼岸招来美的化身海伦,与她结婚生子。在他身上,我们看见的不只是人性的解放,而是人性的极度张扬,人身上各种潜能的充分发挥。他不只是尊重自然,亲近自然,而且勇敢地投身于自然的改造。更加难能可贵的是,他身上还显示出资产阶级人道主义精神已开始升华,企图扩展一己的小我为全人类的大我,以实现从追求个人的自我完成到为大众造福……

法国、英国的启蒙思潮视理性高于一切,尊重知识,主张返归自然,倡言自由、平等、博爱,同时却贬抑人的情感。

浮士德不只博学深思,而且是个富有批判精神的思想者,所以能摆脱书本教条的束缚,冲破中世纪僵死的知识的迷雾,为认识人生的真谛而断然逃出牢笼似的书斋,投身现实生活,全身心地去"小世界"和"大世界"中闯荡、体验,经历了人间的种种失败和成功,亲身感受了人类的喜怒哀乐,并以围海造田的宏大工程"为千万人开拓疆土",身体力行地努力实现着自由、平等、博爱的理想,最后终于在临死前获得了对于"智慧的最后结论"的感悟……

人们都说,不厌其烦地说,《浮士德》是"欧洲自文艺复兴以来 300 年历史的总结",但却没有具体阐明"浮士德精神"的内涵,并理清它的文化历史渊源,指出它乃是"总结"的核心内容——这不能不讲是我们过去对《浮士德》研究和理解的一个缺陷。

同样,如果我们只重视对过去的"总结",只注意挖掘"浮士德精神"的历史文化根源,而忽视了它在后世的承袭,对未来的影响,也有失偏颇。须知,回顾、总结固然重要,前瞻却更加具有现实意义。事实上,前述那种体现在"浮士德精神"里的资产阶级世界观和人生观,在后世不但得到了继承、发展,而且影响既大又深广。是的,"浮士德精神"直到今天仍然活着,特别是在资本主义的西方世界,但又不局限于西方的资本主义世界。可以讲,整个西方现代文明,都或多或少,或直接或间接,或正面或反面,受到了它的渗透和侵袭。须知,"浮士德精神"在歌德时代作为一种新的文化精神和新的人生态度,原本就具有强大而持久的生命力,原本就是面向未来的。它不但曾是文艺复兴以后逐渐成长、壮大起来的欧洲新兴资产阶级赖以安身立命的精神支柱,正是依靠着它,资产阶级才能战胜消极保守、代表着业已过时的世界观的封建势力,建立起自己的经济和政治统治,创造出了《共产党宣言》中列举的种种人间奇迹;而且,"浮士德精神"还代表随后欧洲文明的发展方向,因而也影响着后来的整个西方资本主义世界。所以,它长久地得到西方世界人们的认同,以致被誉为"世俗的圣经"。

似乎可以断言:在地球上资产阶级和资本主义制度彻底消亡以前,"浮士德精神"便不会泯灭。甚至在那以后,它也未必完全会消失。因为,"浮士德精神"的某些组成部分原本具有普遍的、永恒的价值,如自强不息的积极人生态度,就并非资产阶级所专有;"宏己救人"①的理想,更已超出资产阶级世界观的范畴,人人都可以和应该努力学习和发扬。而后面这点,正是革命导师马克思、列宁特别喜爱《浮士德》的原因,也正是这部杰作在资本主义世界以外广为流传、影响深远的原因。

三

说"浮士德精神"影响了后来的整个资本主义的西方世界,渗透到了全部的西方现代文明之中,此话听来似乎有些夸大,似乎难以自圆其说。但是,只要认真仔细地作一番考虑、分析,它又并非不可理解。为此,我们首先必须明确:所谓影响,可以是正反两个方面的,可以是直接的和间接的;所谓渗透,则多半隐晦而曲折,必须细加清理和辨识。就这个问题,无疑可以写一部厚厚的专著。笔者没有这样的精力和功力,只能抛砖引玉,提出一些粗浅的看法或者说甚至只是感觉;深入的探讨、论证,就留给我们希望还会出现的新一代歌德研究者吧。

请看,一个半世纪以来,工业革命和政治革命成功后的西方资产阶级,他们并未"躺上软床",而是仍然一个劲儿地创造财富,积累财富,没有一天停止,没有一刻餍足。他们并且不断改进创造财富的手段,革新技术,优化管理,进行科学实验和发明创造。他们进而征服自然,改造自然,不但使地球的面貌日新月异,而且开始探索和开发宇宙,比起浮士德的上天入地、围海造田来,实在尤有过之。他们无止境地追求生活的享受,可谓极尽舒适、豪华、奢靡之能事,浮士德博士的那些享受——不管是金钱、权力和美色的拥有,还是事业的成功——与他们相比真是小巫见大巫。《浮士德》中那些看似神奇的事物,例如魔女"巫厨"中能窥见裸体美女的"宝镜"和使人恢复青春的汤药之类,在他们很早已变成生活中的现实和掌中的

① 郭沫若以此语概括浮士德造福大众的理想。见其《题〈浮士德〉第一部新版》。

玩物……

所有这些比《共产党宣言》列举的人间奇迹更加伟大的奇迹，当然有其产生的经济基础、物质技术条件和社会前提，但是，就上层建筑而言，上述以“浮士德精神”为代表的永远积极进取的人生态度，不是仍然对其产生了举足轻重的作用么？何况，经济基础和物质技术条件乃至制度前提，也同样是人的创造，同样是某种人生态度的产物。

当然，随着时间的推移，欧洲资产阶级和资本主义的发展，“浮士德精神”的影响和作用发生了变化。有意无意地，它某些部分被夸大和绝对化了，某些部分被忽视、阉割或者曲解了，[①]以致产生出消极和反面的影响。到了19世纪20世纪之交，随着资本主义发展进入晚期，以我为中心，自视为超人，利己唯我，声色犬马，纵欲无度，贪得无厌，为达到目的不择手段，殖民掠夺，无度地利用自然资源，破坏生态环境……这些资本主义社会的弊病和资产阶级的恶行，也同样隐隐约约地投影出被夸大、扭曲和滥用了的“浮士德精神”来。

这种现象，不只可以用“真理跨前一步即成为谬误”进行解释，而且也反映出资产阶级世界观本身所固有的矛盾和缺陷。浮士德不是自谓，“我的胸中，唉！藏着两个灵魂，一个要与另一个各奔西东”吗？“浮士德精神”也和世间的万事万物一样具有两面性；它在后世继续发挥积极作用的同时，也产生某些消极影响，应该讲并不为怪。

四

对于西方近现代文明的特征和根源问题，解答很是不少。例如，德国近代大思想家和宗教社会学的创立者马克斯·韦伯(Max Weber，1864—1920)一生研究西方近代文化和近代人的特性和产生的原因，研究西方资本主义的起源，他的答案曰根本原因系所谓“资本主义精神”。在他的名著《新教伦理与资本主义精神》中，他又把这“资本主义精神”本身的根源归之于新教，特别是新教中的加尔文教派所奉行“前定论”教义(Prädestination)。该教派的教徒坚信自己的尘世祸福尚在生前已被上帝决定了，他们作为被上帝挑中注定享受其恩宠的所谓“选民”，在世上只能以努力进取，证实上帝的挑选正确，既以此荣耀上帝，同时也承受、体验

① 关于“浮士德精神”之被曲解、阉割，高中甫学长的《歌德接受史》有详细记述。见该书第167—174、220—222页。

上帝的恩宠。因此，资本家的克勤克俭、兢兢业业地经商办工厂，聚敛财富、发展事业，都超越了功利的考虑，而仅仅出自对永恒的天国之福的追求和希冀。

我们所讲的“浮士德精神”，显然与韦伯源于新教教义的“资本主义精神”南辕北辙，大异其趣。请听在诗剧结尾年已百岁的浮士德面对灰衣女子“忧愁”的一番夫子自道：

我只匆匆奔走在这世上，
任何欢乐都抓紧尝一尝，
不满意的立刻将它抛弃，
抓不住的干脆将它释放。
我只顾追求，只顾实现，
然后又渴望将人生体验，
用巨大心力，先猛冲蛮干，
而今行事却明智、谨严。
对于尘世我已了如指掌，
对于彼岸我不再存希望；
只有傻瓜才会盯着云端，
以为有同类居住在上面！
强者应立住脚，放开眼，
世界对他不会默默无言。
他何须去永恒之境悠游！
凡能认识，便可把握拥有。
他该如此踏上人生旅途，
任鬼魅出没而我行我素，
于行进中寻找痛苦、幸福，
他呀，没有一瞬感到满足！①

在这段概括地描绘和总结他一生行事和思想、对“浮士德精神”加了一个很好注脚的自白中，老博士明确宣示的是一种无神论的、现实而积极的人生观。他认为“只有傻瓜才会盯着云端”，“强者”应立足现世，无须寄希望于彼岸，去所谓的“永恒之境”寻求幸福。

① 《浮士德》，杨武能译，第 663 页。

我国当代新儒家的代表人物梁漱溟先生，在他著名的《东西方文化及其哲学》里，把人类的处世态度和人生观概括为三个类型：(1)西方的，遇到问题都正视它，努力解决它，积极进取，不达目的绝不罢休；(2)中国的，遇到问题不求解决，得过且过，自满知足；(3)印度的，根本无视问题的存在，消极出世，唯望来生之福。

对梁漱溟大师的东西方文化分类和分析定性，早有学者提出异议，它是否完全准确，是否能涵盖人类丰富多彩的文化类型，不是本文要讨论的问题。[①]我这儿引述他的观点，就像上面提到韦伯有关"资本主义精神"和西方文化的理论一样，只是想提供一个从侧面来观察"浮士德精神"及其与西方文化关系的参照。同时我也想说，梁漱溟先生的上述分类和分析，似乎还更加切合以"浮士德精神"为代表的西方处世哲学和人生观的实际。

五

"浮士德精神"尽管根植滋生在西方资本主义世界的历史文化中，发育成长在其兴盛发达的近代和现代，但是它所代表的积极进取的人生态度，并非一直为西方的资产阶级所专有，而是已经成为人类共同的宝贵精神财富。例如东方的日本，在"明治维新"之后不久，歌德的《浮士德》由著名作家森鸥外译成日文，"浮士德精神"便也在日本西化即资本主义化的过程中产生积极影响。

19世纪中叶，清朝闭关锁国的藩篱被外国列强的船坚炮利击碎了，开始了"西学东渐"。继而以"中学为用，西学为体"为纲领的洋务运动，以革新政体为目标的戊戌变法和辛亥革命，都遭到了失败，中国的有识之士这才感到在精神领域革故鼎新的必要和重要。德国大汉学家魏礼贤一针见血地指出，洋务运动失败的原因就在于主事者把西方的先进科技错误地当成了"一个随随便便的没有灵魂的东西"(ein beliebiges seeleloses Gebilde)；这所谓"灵魂"，指的显然就是西方的精神，就是西方的人生态度和世界观。[②]总结改良和革命失败的教训，陈独秀、胡适等五四运动的健将提出"文学革命"和"文学改良"的主张，大声疾呼"今欲革新政治，势不得不革新盘踞于运用此政治者精神界之文学"，并且将《浮士德》的作者桂特(歌德)列为中国文化人应当努力学习的榜样。

---

① 关于这个问题，可参见陈弱水：《梁漱溟与〈东西方文化及其哲学〉》，载罗义俊编著《评新儒家》，第302—312页。

② Richard Wilhelm: *Die chinesische Literatur*, Akademische Verlagsgesellschaft Athenauin, Wildpark-Potsdam 1930, S. 191.

也就是说,在20世纪20年代的新文化运动时期,我国知识分子中的先知先觉者已开始学习"浮士德精神",企图利用它所代表的积极进取的人生观和世界观,来革新我们失于"保守、苟安"的精神文化传统,推进社会的进步、发展。而事实上,从此,在我们这个古老的国度里,"浮士德精神"也确实在不同的时期和不同的人身上,发生了或大或小的影响。例如1932年尽管已经是国难当头,为纪念歌德逝世100周年,北京、上海、广州等地仍举行隆重纪念活动。在沙面的广州俱乐部,连演了两个晚上的《浮士德》片断;在观看演出的600多人中有不少的军官和士兵,而在纪念会的请柬上,印着的正是引自《浮士德》中的著名诗句:"只有每天去争取自由与生活权力的人,才配享受自由与生活。"显然,主办者希望用这句体现着"浮士德精神"的名言,激励自己同胞去为争取和捍卫民族自由和生存权利而战斗的勇气。①

六

综全文所述,在《浮士德》中,歌德提出和阐明了一系列堪与同时代的大哲学家媲美的思想,在继承西欧优秀的文化哲学传统的基础上,创造性地树立了光照千秋的"浮士德精神"。这实在难能可贵,然而同样并不偶然,而是他出身市民之家,自幼受到很好的教养和文化熏陶,享有83岁的高龄,饱尝人生悲欢苦乐,历经时代风云变幻,目睹科技日新月异,以及他既有天才的头脑又勤于实践、敏于思考的结果。歌德作为新兴资产阶级的精神代表,在他用毕生心血创作的《浮士德》中,为自己理想的人和人生,提供了一个富于启发性的样板。

我们高度评价《浮士德》丰富、深邃的哲学内涵,特别地推崇体现在它主人公身上的积极向上的人生观和世界观——"浮士德精神",但这并不意味着它的哲学思想完美无缺。应该看到,《浮士德》的哲学思想,它所表现的人生观和世界观,仍然属于资产阶级精神文化的范畴,其中特别是它的政治哲学,仍不可避免地存在着多方面的局限性。

例如,诗剧主人公尽管对腐败的封建朝廷并不满意,却仍然去适应它,为它效力,替它解决经济危机出谋划策,以举办化装游行满足它无聊的需求。在封建朝廷的生存受到"伪帝"的威胁时,他甚至效命疆场,打败"伪帝",为的只是得到一块海边的封地。就在实现他的造福众生的理想时,他更多地还像个富有人道主义精

① 关于《浮士德》和"浮士德精神"在我国的接受情况,可参阅本书外编《歌德与中国》。

神的开明封建主，充其量是位施恩于民的仁爱贤良的统治者罢了。一句话，他那大方向积极和进步的政治哲学，还有保守、妥协的一面，明显地带着资产阶级人道主义的改良主义性质，离时代所提出的革命要求之间尚存在相当的距离。

这儿我们当然不想跨越时代，奢求诗剧认同无产阶级革命的主张和理想；而仅仅是不满于它对革命——资产阶级革命的态度冷漠。《浮士德》的政治哲学，说穿了也就是歌德的政治哲学。在实际生活中，歌德就像诗剧主人公浮士德一样，也曾效力于封建宫廷，也是个政治上的改良主义者，也对革命（指法国大革命）在行动中和思想感情上都缺少理解和热情。在他的另外一些作品如剧本《市民将军》、《激动的人们》以及某些篇《威尼斯警句》中，歌德对暴力革命和随之而引起的社会动乱的反感表现得更加明显。

歌德政治哲学的保守性，恐怕主要源于他自己的世界观，主要由于他在自然哲学方面是个进化论者。以进化的观点看待人类社会，只相信渐变和改良，他因而厌恶暴力、混乱和革命。其次，德国资产阶级先天的软弱和缺少革命性，也是造成歌德及其《浮士德》的政治哲学局限的原因。还有，歌德一生几乎都生活在小小的魏玛，已成为魏玛宫廷中统治阶级的一员，所受的保守乃至反动的政治影响也不容低估。考虑到如此多的不利因素，对歌德和《浮士德》政治哲学的上述局限，也许就不会感到奇怪了。

然而，瑕不掩瑜，《浮士德》所蕴涵的宇宙观和人生观，它的整体精神取向，毫无疑问是积极的、乐观的、进步的。在光芒四射的“浮士德精神”面前，包括上述政治哲学的局限在内的种种不足，可说微乎其微。

何只“自强不息”!

——“浮士德精神”别解与反思

“自强不息”这 4 个字，在中国差不多已成了“浮士德精神”的同义语。100 年来，中国的歌德学者乃至文学爱好者几乎都用它，或者与它意义相近的词语和说法，诸如永不满足啊，奋发向上啊，不断进取啊，等等，来定义、诠释“浮士德精神”，尽管在不同时代和不同人的具体的解说中，可能有这样那样的侧重和差异。

众所周知，“自强不息”一语出自堪称我国最古老典籍的《易经》。《周易·乾》“象曰：‘天行健，君子以自强不息’”。还有后来的《孔子家语·五仪解》也道：“笃行信义，自强不息。”也就是讲，“自强不息”一语不论是语源或是语义本身，都反映着儒家哲学精神，带有中国传统思想的醒目印记。

也就难怪，“自强不息”这 4 个字，最早是由中国近代思想史上以保守著称的辜鸿铭老夫子用来描述和归纳歌德的精神。在 20 世纪初由洋务派掀起的所谓自强运动中，辜鸿铭可称是一位代表人物。他 1901 年所著的《张文襄幕府记闻》下卷有关于歌德的一节，不但题名叫《自强不息》，而且还明白无误地把歌德的“自强不息”精神和孔子的“仁”联系在一起。①

1922 年五四新文化运动掀起了高潮。这一年恰逢歌德逝世 90 周年，并得到了在今天看来是超乎寻常的重视和庆祝纪念。在为数不少的纪念文章中，有一篇可能是我国最早详细论述《浮士德》的长文，作者署名闻天即张闻天。他在文中指认所谓“活动主义”为“《浮士德》所包含的根本思想”，实际上推崇的同样是诗剧主人公不断进取、奋发向上的精神，但却拒绝引经据典，没有使用“自强不息”这样的成语或曰圣训。不，恰恰相反，他在文末甚至发出了深长的慨叹：“唉！保守的，苟安的中国人呵！”这不但表明，张闻天在“《浮士德》所包含的根本思想”即“浮士德精神”与中国传统人生哲学之间，划了一条鲜明的分界线，还告诉我们他研究和推崇《浮士德》有着十分明确的目的，就是希望用《浮士德》宣扬的“活动主义”，用不

① 参见本书外编《歌德与中国》。

断进取和奋发向上的“浮士德精神”，来改造中国保守、苟安的国民性。也就是说，张闻天心目中的“浮士德精神”，仍然无异于我们今天所理解的“自强不息”。[①]

在20世纪40年代的抗日战争和解放战争中，“自强不息”一语更直接出现在郭沫若的《浮士德》译本里：“凡是自强不息者，到头我辈均能救。”[②]差不多与此同时，冯至老师也“用《易经》里的‘天行健，君子以自强不息’来概括浮士德的一生”。[③] 但与把歌德与孔夫子硬拉在一起的辜鸿铭不同，郭沫若和冯至都紧密地联系眼前的现实，希望从以“自强不息”的人生态度为核心的“浮士德精神”里，寻找中华民族为争取自由和解放而斗争的力量。从此，在这两位堪称我国歌德译介和研究的杰出开拓者的影响下，只要谈到《浮士德》和“浮士德精神”，“自强不息”这个成语或与之类似说法总会出现在我们的口里和文章里。

进入改革开放新时期以后，我国《浮士德》的译介和研究工作有了长足进展，然而对“浮士德精神”的解读一仍其旧，“自强不息”这4个字，仍然作为其同义语广泛使用，方便而顺手地使用，约定俗成地使用。在已故著名翻译家董问樵教授1987年出版的《浮士德研究》一书中，有专章详论“浮士德精神”，虽将其内涵细分为“永不满足形状”、“不断追求真理”、“重视现实与实践”等三个主要方面，认为“三者是不可分割，互相制约的”，但最终的结论仍为：“总括说来，所谓‘浮士德精神’就是不断努力进取的精神，也可以称为自强不息、精进不懈的精神。”[④]

也就是说，近百年来对“浮士德精神”的诠释，在中国总是与“自强不息”一语连在一起，几乎没有什么变化，差不多已成了老生常谈。

以“自强不息”和类似词语诠释和概括“浮士德精神”，自然在原著中不乏文本依据。择要列举，有歌德自己称为浮士德得救“关键”或“秘诀”[⑤]的两行诗：Wer immer strebend sich bemüht，den können wir erlösen(我们能将他搭救，/ 他永远奋发向上)；[⑥]有浮士德与魔鬼打赌的条件，即他不能躺在软床上停止奋斗、追求，并对某一个瞬间说出那句表示满足的话：Verweile doch，du bist so schön(你真美

① 参见闻天：《哥德的浮士德》，载1922年8、9月的《东方杂志》。

② 见郭沫若译《浮士德》第二部，上海新文艺出版社1952年版，第358页。

③ 冯至：《论歌德》，上海文艺出版社1986年版，第4页。

④ 董问樵：《浮士德研究》，复旦大学出版社1987年版，第32—47页。

⑤ 参见爱克曼辑录：《歌德谈话录》，朱光潜译，第244页。

⑥ 《浮士德》，杨武能译，安徽文艺出版社1998年版，第689页。

啊，请停一停！）；[①]有浮士德 Nur rastlos betätigt sich der Mann（真正的男子汉只能是／不断活动、不断拼搏）的表白[②]……如此等等，不一而足，都是以“自强不息”和类似词语概括“浮士德精神”，把“浮士德精神”诠释为一种永不知足、不断奋发和进取的人生态度的有力依据。因此上述对“浮士德精神”的诠释、概括，不是没有道理。不，甚至可以说，在中国特定的社会思想条件下，也只可能这样诠释；能这样诠释，已表明我们的前辈很了不起。

但是，尽管如此，把“自强不息”等同于“浮士德精神”的解读和诠释，由于产生于中国特定的文化、历史和社会语境中，就难免带有浓重的中国色彩和时代色彩。

还有，“自强不息”真能作为“浮士德精神”的同义语吗？它和其他一些表现积极进取精神的词语和说法，真已涵盖“浮士德精神”的全部吗？

不，并非这样，尽管用“自强不息”对“浮士德精神”进行解读、诠释和归纳，凸显了它的一个重要方面，而且在一定的历史时期对推动《浮士德》在中国的接受起过促进作用，对中国国民性的改造产生过正面的影响，但却忽视了——有意或无意地忽视了——“浮士德精神”另一个同样重要的方面，在已经进入 21 世纪的今天便显示出了局限性。

为阐明这一论断，必须首先弄清一个前提，那就是：到底何为“浮士德精神”？

“浮士德精神”，窃以为首先应该分为狭义和广义。[③]

狭义地讲，“浮士德精神”即指诗剧主人公浮士德以其思想品格和立身行事所表现的精神，用“自强不息”一语来概括也只是差强人意而已，因为还忽略了这位性格复杂的人物另外一些同样重要的品格，诸如他的不惧神鬼，他的自视为神之化身（Ebenbild der Gottheit）的人的自尊，以及他那些如歌德在《神性》一诗中所歌颂的“高贵、善良、乐于助人”等品格，总之，忽视了一个“真正的男子”、一个“善人”和“爱人之人”的品格。这些品格，显而易见，也构成了浮士德这个形象的本质特征；归纳起来，它们即为始终一贯地，越来越强烈地表现在浮士德身上的仁爱精神和人道主义精神。如此等等，又哪里是仅仅用“自强不息”一语所能涵盖的呢？

讲浮士德身上的仁爱精神和人道主义精神，当然同样有足够充分的文本

---

① 《浮士德》，杨武能译，安徽文艺出版社 1998 年版，第 87 页。

② 同上，第 90 页。

③ 在这个问题上我和董问樵先生意见分歧，他只承认狭义的“浮士德精神”（见《浮士德研究》，第 33 页）。

依据：

诗剧开幕不久，浮士德便用符咒召唤来地灵，不怕“为此把老命赔上”，并要与蔑视自己的神灵一比高低。[①]接着在与弟子瓦格纳的对话中，他再次自称“神的化身”，“自以为已超越二品天使”，[②]充分表现了作为人的自豪和自尊。随后，他不但对侵入自己书斋的魔鬼毫无畏惧，还企图囚禁他，最后竟然以自己的灵魂为赌注与他签约结盟，把魔鬼变成了自己的奴仆，而目的只是——

整个人类注定要承受的一切，
我都渴望在灵魂深处体验感觉，
用我的精神去攫取至高、至深，
在我的心上堆积全人类的苦乐，
把我的自我扩展成人类的自我，
哪怕最后也同样地失败、沦落。[③]

请注意浮士德此一自白中的整个人类(die ganze Menschheit)这个词组，注意“把我的自我扩展成全人类的自我”这句诗——它们都显示了浮士德自视为人类一份子的自我意识，显现了他那作为人道主义精神重要表现之一的人类意识。

正是因为富有这样的精神和意识，浮士德才那么“高贵、善良、乐于助人”——

为了救治在瘟疫猖獗时期濒临死亡的人们，年纪轻轻的他甘冒自己也“被死神逮住”的危险，事后尽管深受他所救助过的人们的敬重、爱戴，他却因为没有真正免除民众的苦难而愧疚、自责；[④]

他一心追求人生的意义和价值，对声色犬马之娱全然不感兴趣，只醉心于追求更高的理想，是个心性高卓的人；

他对玛格莉特的爱是那样地真诚和纯洁，为自己给爱人造成了不幸而深为悔恨，痛不欲生，骂自己是“上帝厌恶的坏蛋”，“愿承担她不幸的罪责，随她坠入深渊，走向毁灭”。[⑤] 也就是说在对异性的态度上，他与“恶”的化身、淫邪而没有心肝的靡非斯托截然不同，同样表现了善良和高尚的本性；

他不恋俗世的荣华富贵，向往和追求高尚、纯净的美，为此而入地上天，而返回往古；这样浪漫的追求和富于寓意的情节虽然解释可以很多，却无疑也表现了

---

① 《浮士德》，杨武能译，第 27 页。
② 同上，第 33 页。
③ 同上，第 91 页。
④ 同上，第 51—53 页。
⑤ 同上，第 198 页。

浮士德的卓尔不群和高贵；

最后，为了自己产业的完美，在他派魔鬼去动员一对老夫妇迁离家园，不想却伤害了他俩和另外一个无辜者的性命；酿成这样的惨剧虽非他本意，他仍然因而受到良心谴责，以致让“忧愁”吹瞎了眼睛。①这表明他仍保持着人的良知和善良本性；

年满百岁的浮士德，尽管已经双目失明，却一心想着“为千万人开拓疆土”，希望看见“在自由的土地立足的自由之民”，他临终前的大段独白所表现的，哪里仅仅是“自强不息”的精神呢？②和前面引的那节诗一样，它再次凸显和强调了诗剧主人公强烈的人类意识，凸显和强调了他的郭沫若所谓“宏己救人”的人道主义理想。

上述这样一些品格和秉性，这样的意识和理想，这样的人道主义精神，难道不和“自强不息”一样，也是“浮士德精神”的一个重要方面么？

广义地讲，“浮士德精神”应该包括歌德通过浮士德这个人物和他的故事所表达的思想精神，亦即《浮士德》这部巨著丰富而深刻的思想内涵和精神。概括地讲，这同样主要是源于意大利文艺复兴的人本主义思想和人道主义精神。这样的思想和精神，始终一贯地洋溢在歌德的作品中：《维特》要求个性即人性的解放和全面发展；《普罗米修斯》表现人的觉醒，人对神的反抗和人的自尊；《神性》讴歌人的高贵、善良和无所不能；《伊芙根妮》颂扬人道和仁爱的力量；《威廉·迈斯特》探讨高贵、善良人性的养成环境和条件……《浮士德》集所有这些思想和精神之大成，它的故事所表现的思想、精神即广义的“浮士德精神”更是仁爱和人道精神的荟萃与升华，更非“自强不息”一词所能涵盖。

正因为广义的“浮士德精神”异常丰富、博大，诗剧《浮士德》才被誉为“欧洲自文艺复兴以来300年历史的总结”和“人类精神的发展史”，其主人公才被视为人类的代表。在这部伟大的杰作中我们确实处处看见一个大写的“人”，理想的人，维兰特所谓的“人中之至人”(der menschlichste Mensch)。要想概括这样一个人和通过这个人所表现的精神即“浮士德精神”，唯有使用产生于同样历史、文化和社会语境中的那个意蕴极为丰富和深刻的词即 Hunanismus(人道主义)；所谓“自强不息”，充其量只表现了这个词的意蕴之一部分，即人对于自我实现、自我完善的渴望与努力而已。

---

① 《浮士德》，杨武能译，第661—665页。

② 同上，第670—671页。

如此对“浮士德精神”作广义地解说和诠释，同样在《浮士德》中不乏文本依据：

在起着提纲挈领作用的《天堂里的序幕》，人已被靡非斯托称为“尘世的小神”，虽然认为他们仍有些“怪德性”。天主却对人类充满信心，相信“善良人在追求中纵然迷惘，却终将意识到有一条正途”，而浮士德，正是他所挑选出来的“善良人”的代表。[①]也就是说，诗剧一开始便对人的价值和秉性作出了立足于人本主义的肯定。

在诗剧即将结束的《埋葬》一场，通过“天使合唱”中反复出现的“爱”、“慈爱”、“仁爱”等词语和“只对爱人之人，爱能指引道路”这句诗，以及天使用象征“爱”的玫瑰花战胜“恶”的化身靡非斯托，从而拯救了“善人”浮士德等一个个细节，都热烈地歌颂了“善”和“爱”，宣扬了人道主义的精神；[②]

在诗剧结尾与《天堂里的序幕》遥相呼应的《高山深谷》一场，继续出现了“爱的圣地”、“爱的核心”、“爱的使者”、“爱的启示”和“永恒之爱”、“炽烈爱火”等词语，真可谓是爱无所不在，无所不能。这个爱，当然不仅仅指具体的男女之爱抑或亲友之爱，也不局限于抽象的天国之爱抑或基督之爱，而同样指人类之爱，即人与人之间的仁爱、博爱和泛爱。在这儿，以仁爱为核心的人道主义精神，真正得到了极大的张扬。[③]

特别值得一提的是结束全剧的“神秘的合唱”——

一切无常世象，
无非是个比方；
人生欠缺遗憾，
在此得到补偿；
无可名状境界，
在此已成现实；
跟随永恒女性，
我等向上、向上。[④]

这一小节诗，无疑既是浮士德的一生的总结，也是全剧思想和精神的升华。其中最费解、最令人神往的关键词语，是所谓“永恒的女性”(das ewige Weibli-

---

① 《浮士德》，杨武能译，第15、18页。
② 同上，第679、680、682页。
③ 同上，第685—691页。
④ 同上，第698页。

che)。对它的解释历来众说纷纭，见仁见智，比较一致的看法都是它并不特指某个女性，也不仅仅指对女性的爱，抑或带有浓重宗教性质的天国之爱，而是象征由圣母马利亚或者玛格莉特体现的人类赖以生存、繁衍和发展的仁爱精神。这种精神，在女性身上具体表现为善良、温柔、仁慈、宽容、和平、宁静、节制，等等；它在全剧的末尾唱响，一锤定音似的被定格、提升为人类奋发向上的指针和引导，不只再次强调了“天使合唱”表达的“只对爱人之人，爱能指引道路”的思想，还余音绕梁似的把对人道主义精神的颂扬推向了广远的极致。

总而言之，由《浮士德》全剧所体现出来的广义的“浮士德精神”，更加明白无误的是博大的人道主义精神。

是啊，“跟随永恒女性，我等向上、向上”；是啊，“只对爱人之人，爱能指引道路”！人类的自强不息、永不自满、奋发有为这些富有男性特征的品格，必须有天主所谓“温柔的爱之藩篱”给予框限、制约、平衡、呵护，必须有“永恒的女性”，有“善”、仁爱宽容、和平宁静给予节制和指引，这样才能得到好的结果，才能不断向上，向上。反之，没有了节制和引导，自强不息就会蜕变为以自我为中心的自我膨胀，就会异化为自私自利的无度追求，就会蜕变为野心勃勃，欲壑难填，就会为了达到目的不择手段，就会为满足一己的欲望无所不用其极，结果呢，自然只能酿成不幸和灾难。在诗剧中，欧福良的早逝可以说是缺乏节制的追求造成不幸的显著例子；浮士德借居心险恶的靡非斯托之力酿成的灾难和犯下的罪行——为了爱而害死玛格莉特的全家，为了致富而在海上杀人越货，为了得到封地而参与战争滥杀生灵，为了产业完美而烧死无辜的老人——，更不能不说是诗剧主人公的“自强不息”和无限追求的恶性膨胀，脱离了“善”和仁爱精神的制约和引导，在“恶”的支持和支配下必然产生的结果。

同样，在欧洲历史上，奋发进取和自强不息精神作为文艺复兴以来新兴资产阶级的人生哲学，有着明显的进步性，曾经起到了推动社会发展的作用。可是进入 19 世纪，不，甚至更早一些，一当失去了“善”和仁爱的引导，一当没有了“温柔的爱之藩篱”的框限和呵护，一当缺少了宽容、和平、节制，也同样走向了反面，给人类和自然带来了无尽的祸患，巨大的灾难。诸如伴随着资本主义自由竞争出现的掠夺、殖民、贩卖奴隶和世界大战，由无餍足的物质欲望、享乐主义、拜金主义和无节制的征服自然造成的资源枯竭和生态灾难，都是人所共知的例子。特别是近一个多世纪的世界历史进程和眼下人类社会所面临的种种问题，更提供了无数触目惊心的教训，令我们不能不认真思考和反省“浮士德精神”的真正含义，以便回答在今天我们该如何发扬“浮士德精神”这个问题。

在诞生《浮士德》的德国，就笔者所见虽无“浮士德精神”这个术语，却有“浮士德思想”、“浮士德人格”和“浮士德似的人”之类说法。近200年来，不同时期和不同的人对这些类似“浮士德精神”的提法的诠释不像我们一样总是“自强不息”，而是多有变化，有时前后的认识和评价甚至大相径庭。①而对浮士德的积极进取、永不满足，人们早已开始重新审视，笔者近些年就常听见德国朋友用 Ungeduld 和 Übereilung（急躁，操之过急）等词语谈论、评价浮士德其人其事，反映对他已采取冷静、客观的批判态度，而且普遍认为就是浮士德似无节制的追求、进取精神酿成了自己与别人的悲剧，于人类、于自然事实上常常是弊大于利，因此在当今世界已经不值得无保留地提倡和称赞。

是啊，甚至歌德自己，甚至就在《浮士德》中，也已对无节制的追求和不顾一切的“自强不息”，明白无误地表露出了怀疑和保留。这么论断最有说服力的论据，就是主人公一次次追求一次次失败，最后全都演成了别人和自身的悲剧。特别值得注意的还有全剧那意味深长而又颇为费解的结尾：

已经失明的浮士德自以为正带领民众完成伟大的事业，努力在开拓能让“自由之民”勤劳、自由地生活的疆土，事实上却只有一群僵尸在监工靡非斯托驱赶下为老博士挖掘墓穴，他听见锄镐叮当之声竟幻想成民众在努力修筑堤坝，于是在心满意足地说出那句意味着他打赌失败的话后倒地死了。②对浮士德这个近200年来众说纷纭、很难讲是可悲抑或可喜的结局，我觉得真是极富寓意和讽刺意味，表现了歌德对浮士德式操之过急和急功近利的追求不说是批判和否定吧，至少也是有所保留和怀疑。

至于作者使浮士德得救和转败为胜，使整部悲剧有一个乐观、光明结尾的种种安排，诸如象征仁爱的玫瑰花瓣，引导浮士德为代表的人类“向上、向上”的“永恒的女性”，等等，则是从正面表达了对浮士德式的人生追求和人类发展方向的态度。

综上所述，不管是由诗剧主人公的品格、行事所体现的狭义的“浮士德精神”，

---

① 参见 Theo Buck(hrsg)：*Goethe Handbuch*，Verlag J. B. Metzler 1996，Band 2，S. 478—498。

② 参见《浮士德》，杨武能译，第668—671页。

还是由整个诗剧所表现的广义的“浮士德精神”，都不应该仅仅是自强不息和永不自满，而是必须包含另一些内容，一些对物欲横流、竞争残酷、人文精神丧失的当今时代也许更加重要的内容。“浮士德精神”之所以可贵，《浮士德》这部著作之所以不朽，就因为它全面而辩证地展现了主人公“自强不息”与“善”和仁爱这两个方面的品格。任何一个方面都不可缺少，否则《浮士德》就不再成为至今仍举世推崇的《浮士德》，“浮士德精神”也会早已过时，不再为人们津津乐道，成为一代代学者孜孜不倦地研究的课题。

仅仅以“自强不息”解读、概括“浮士德精神”，在我国如上所述有着时代和社会的原因。前辈们的这个诠释虽失之片面，却在近百年来的不同历史时期发挥了积极和进步的作用，实在功不可没。要全面地诠释“浮士德精神”必须有一个条件，那就是为仁爱和人道主义正名，就是要摘掉长期附着其上的资产阶级意识形态标签。这个条件，在改革开放之前的数十年里，众所周知，是完全不具备的。所以我们的前辈歌德学者，如我一开始说的便“有意或无意地”忽视了“浮士德精神”的一个重要方面，即它丰富深刻的人道主义思想。[①]今天不仅条件已经具备，需要也更加迫切对“浮士德精神”予以重新认识，还它以本来面目和全貌，在继续肯定“自强不息”精神的同时也强调其富含的人道主义和仁爱精神，不只对今天的中国人有一定的现实意义，还会加深我们对歌德的整个思想、创作和立身行事的理解，对他在一些重大历史事件和转折关头诸如法国大革命中的消极表现的理解。

附记：1978 年 10 月我有幸考进中国社会科学院研究生院，跟冯至老师学习研究歌德；虽曰“专攻”，实际上对这位大文豪和大思想家的认识十分肤浅，在 3 年中勉强完成了一篇有关《维特》的硕士论文，大量的时间都用于搞翻译了。1993 年 3 月，恩师离我而去了。想着他老人家的教诲，10 年来一直没敢再抛弃歌德，眼下的这篇文字，就是我交给老师的一篇新作业，当然也可看作是对他逝世 10 周年的纪念。

初稿于 1999 年歌德诞辰 250 周年前夕

改定于 2002 年岁尾冯至 10 周年忌辰即将到来之际

原载《外国文学研究》

---

① 董问樵先生 1987 年问世的《浮士德研究》已谈到诗剧的人道主义内涵，指出它“特别强调‘爱’”，但未深入阐明其多方面的表现和重要性，只说“这是值得进一步分析研究的问题”（第 13—14 页），原因大概是时机仍不成熟。

思想家歌德

1. 导言：思想与思想家

人何以能成为万物之灵长？人靠什么区别于其他生物？

有回答曰：人有语言。其实，依我看，语言只是思想的载体；因此，归根结底，人区别和优越于其他生物靠的是思想。

还有一个回答是：人会制造工具。其实，要制造工具，首先得有需要使用工具以及如何制造工具的想法，俗话说，"不怕做不到，只怕想不到"；因此，归根结底，能制造工具的人之优越于其他生物靠的仍然是思想。

从古至今，是思想的萌生、演变、深化、提高，促进了人类本身从原始到现代的不断进化，推动了人类社会从低级到高级的不断发展。正如人区别和优越于其他生物靠的是思想，人本身也以思想而有高低、善恶和贵贱之分：思想高尚、博大、深刻者多为人类的精英和社会的栋梁；思想平庸、低下、浅薄者则组成碌碌终日的芸芸众生。前者即人类精英和社会栋梁，往往都是以自己卓越、超前的思想推动历史发展的思想者乃至思想家。

世间表现人本身形象的雕塑作品不计其数，但最感动我们、获得全世界最广泛认同的只有一件，那就是罗丹的"思想者"，因为它表现了人的本质，表现了人的伟大和人的痛苦，一句话，表现了我们人类自己。歌德伟大诗剧《浮士德》的主人公老博士浮士德也自始至终是一位思想者，也始终在痛苦思索着带有普遍意义的宇宙和人生的大问题，可以视为是人类的一位杰出代表，因此他的痛苦、他的思索、他的追求获得了超越时空的普遍意义，因此诗剧本身便成为了世界文学旷世不朽的经典杰作。还有贝多芬的第九交响曲，也一样因为其高贵、博大、深邃的思想而响彻寰宇，万代流传……

不同领域出类拔萃、领袖群伦的人物，都以杰出的成就对人类的发展作出了贡献，都可能是自己领域的思想家，即部门思想家，如政治领域的政治思想家，文艺领域的文艺思想家，军事领域的军事思想家，科学领域的科学思想家，等等。相对而言，还有一些专门以思考宇宙、人生带有普遍和本原意义的问题即宇宙观和世界观问题为职志的思想家，他们便是职业的哲学家。为便于区分，后者即职业思想家或哲学家又叫元哲学家，前者即部门思想家又叫部门哲学家。

2. “最伟大的德国人”与“歌德时代”

古往今来，德意志民族产生了许许多多的大哲人和大思想家，因此是举世公认的最善于思索的民族。恩格斯称歌德为“最伟大的德国人”，原因当不只是歌德写过《浮士德》和《少年维特的烦恼》等不朽杰作，开创了德语文学的新纪元，更多地还应该在于这位文学家有着杰出、非凡、博大而超前的思想，在于他的思想体现了德意志民族的民族特性和民族精神。“最伟大的德国人”这个称号，非伟大的思想家莫属！

恩格斯在《英国状况》一文中指出，只有熟悉德国民族发展的另一个方面即哲学方面的人，才能真正理解诗人歌德的伟大，并且讲：“歌德只是直接地——在那种意义上当然是‘预言式地’——陈述的事物，在德国现代哲学中都得到了发展和论证。”[①]这就是说，歌德不只是伟大的诗人和作家，也是伟大的思想家和哲人，只不过他陈述事物的方式并非一般哲学家通常使用的逻辑推理和思辨，而用了文学家的形象思维，仰仗的是作品中的艺术形象和情节，也即恩格斯所谓“直接地”、“预言式地”罢了。

反过来，我们当然也不妨讲，歌德正因为是伟大的哲人和思想家，才成为真正伟大的诗人和作家，才成为世界文学史上光照古今的巨星。综观德国文学乃至世界文学的全部历史，能像歌德似的同时称得上伟大思想家者确乎没有几人。须知文学家歌德不仅仅是一位部门哲学家，还是一位元哲学家。尽管歌德没有像康德、黑格尔们似的构建自己的哲学体系，写出一部完整的哲学论著，他却以自己富含哲理的作品乃至言行影响了不止一个时代。特别是由他的一系列作品表现的浮士德精神，更集中体现了整个西方的精神亦即近代资本主义的精神。

就因为有歌德——当然也包括席勒、贝多芬、康德、黑格尔——等一批德意志民族的大思想家和民族精神的代表人物维系着，一次次遭受分裂、身处逆境甚至绝境的德国才得以重新统一，重新奋起，重新跻身世界先进国家的行列。即使在第二次世界大战以后两个德国水火不容、你死我活的年代，所有德国人的心目中仍只有一个歌德；歌德曾长期生活、创作和思考的魏玛，仍被视为整个民族的文化圣地；在德国什么都一分为二的情况下，唯歌德协会仍然只有魏玛的一个，仍然保

① 见《马克思恩格斯全集》第1卷，第652页。

持着统一。也就难怪,当代德国权威的歌德研究家、K. R. 曼德尔科夫要说,歌德“已成为德意志民族同一性的隐蔽中心”。[①]这一显示了思想和精神强大威力的事实,我们也不妨看作恩格斯称歌德为“最伟大的德国人”的重要注脚。

至于“歌德时代”(Goethezeit)这个流行于20世纪的术语和提法,[②]系另一位德国权威歌德研究家 H. A. 可尔夫所创造。它大致包括1770—1830年这半个多世纪,几乎涵盖了德国文学史和思想文化史上影响深远的狂飙突进运动、古典时期和浪漫主义运动,也就是歌德创作与思维能力最活跃、最旺盛的21—81岁这个时期。可尔夫用近30年的时间完成了一部多达5卷的巨著《歌德时代的精神》,[③]为“歌德时代”一说提供了有力的历史依据,构建了坚实的理论基础,阐明了它的丰富内涵和深刻意义。

不过,可尔夫这个“歌德时代”的提法并非完全无所承袭的首创:早在100年前,同为大诗人和大思想家的海涅就说过,歌德的逝世标志着“一个艺术时代的终结”;从一定意义上讲,可尔夫是发挥了海涅的思想,并进行了系统的提高和总结。

还有,恩格斯在《德国状况》一文中,对歌德生活和创作的那个时代所作的精彩、准确的描绘和论述,可以讲也为其定了性,“歌德时代”这个名称已经呼之欲出。我国杰出的美学家朱光潜先生在《歌德谈话录》的译后记里引述恩格斯的有关论述,就频频地、醒目地使用了“歌德时代”这个提法和术语。[④]

如此用一个人的名字称呼整整一个时代,在世界各国的历史上恐怕也不多见;要有,也多半限于极少数曾经影响时代历史进程的叱咤风云的人物,如像君王或领袖之类。歌德身为文化人却享此殊荣——完全与他曾经担任魏玛大公国的宰相一职无关——这本身便证明了他超凡出众、非同一般的杰出和伟大;而歌德作为进行精神创造的诗人和作家,当然主要是思想的杰出和伟大。

对于这个时代,恩格斯著名的定性是:它“在政治和社会方面是可耻的,但是在德国文学方面却是伟大的”;[⑤]德国“这个最屈辱的对外依赖时期,正是文学和哲学领域最辉煌的时期,是以贝多芬为代表的音乐最兴盛的时期”。[⑥]此时在德意志思想文化的天幕上,真可谓霞光万道,星汉灿烂:哲学家康德、费希特、谢林、黑格

① K. R. 曼德尔科夫编:《批评家看歌德》第1卷,导言,慕尼黑贝克出版社1975版。

② Goethezeit一词已收入Gero von Wilpert编著的《文学术语词典》(*Sachwörterbuch der Literatur*),见Kröner出版社1979版,第315页。

③ H. A. Korff: *Geist der Goethezeit*, 4卷,1925—1952。

④ 《歌德谈话录》,朱光潜译,第269—270页。

⑤ 恩格斯:《德国状况》,《马克思恩格斯全集》第2卷,第634页。

⑥ 《马克思恩格斯论文艺》德文版第2卷,第219页,转引自朱光潜译《歌德谈话录》,第270页。

尔，文学家莱辛、赫尔德尔、席勒、荷尔德林、E. T. A. 霍夫曼、海涅，音乐家莫扎特、海顿、贝多芬、舒伯特，自然科学家亚历山大·洪堡以及语言学家兼教育家威廉·洪堡，等等，都已在原本幽暗的德意志苍穹冉冉升起，都是围绕在俨如北斗的歌德前后左右的巨星。

类似歌德时代这样思想文化昌明、鼎盛的时代，即使在整个人类历史上也不多见。①能成为这样一个时代的中心、全面体现其精神者，显然不会只是一位作家或诗人，虽然仅仅作为诗人和作家的歌德也已十分伟大，而必须有更宽广的精神活动领域和更巨大深远的社会影响，必须是一位视野开阔、头脑敏锐的思想家和文化巨擘。歌德正是这样一位思想家和文化巨擘。

综上所述，歌德之所以被称为“最伟大的德国人”，之所以被视为德意志精神的化身，成为维系民族团结、国家统一的无形纽带，他的名字之所以被用来称呼德国思想文化史上最光辉、灿烂的时代，笔者以为主要因为他是德意志民族一位空前博大、深刻而且超前的思想家。

3. 歌德思想概说

(1) 歌德思想的构成、核心和载体。

考察歌德思想的内涵，审视它的特质，我们首先感到惊讶的是它的无比渊博和丰富。

为了全面、系统地研究和解说歌德的思想，有学者写了一部径直题名为《歌德思想》的专著。②朱光潜先生《西方美学史》的德国古典美学部分，依次介绍了康德、歌德、席勒和黑格尔的美学思想；在论述歌德的一章，便称歌德那多达 143 卷的全集乃是“美学思想的一个极丰富和极珍贵的宝库”，“还有待于进一步的发掘”。③其实，歌德待发掘的何止是美学思想，还有涉及面更加广泛和更加丰富多彩的自然哲学、宗教哲学、人生哲学以及社会伦理学，还有其他许许多多方面的精辟思想。也就难怪，年轻的郭沫若要对歌德的“博学而无以成名”发出感慨，说“他有他的哲学，有他的伦理，有他的教育学，他是德国文化上的大支柱，他是近代文艺的先河……”④

前面说过，思想家歌德不只是某一两个领域的部门哲学家，也是一位元哲学

---

① 意大利的文艺复兴时代，我国的百家争鸣时代和汉、唐的鼎盛时期，也许可以算作这样的时代。

② 请参阅高中甫：《歌德接受史——1773—1945》，第 204 页。

③ 朱光潜：《西方美学史》下卷，人民文学出版社 1983 年版，第 410 页。

④ 田汉、宗白华、郭沫若：《三叶集》，上海书店出版社 1982 年版，第 14 页。

家。经过分析,我们发现歌德丰富、博大、深刻的思想有两个核心:一为属于自然哲学范畴的进化论思想,它的形成是歌德长期观察自然和从事多项自然科学研究的结果;一为属于社会哲学范畴的人道主义思想,它的形成不但有赖歌德对社会现实的关注和思考,更源于他对欧洲自文艺复兴以来的人文传统的继承。

进化论和人道主义,不但决定了歌德元哲学思想即宇宙观和世界观的性质,也支配着他所有的部门哲学思想:进化论思想,明显支配着他的政治哲学和宗教哲学;人道主义思想,强烈影响着他的社会政治哲学乃至伦理学和美学思想。

歌德的思想确实异乎寻常地渊博、丰富,为方便计,笔者以为可将他卷帙浩繁、内容驳杂、多达143卷的作品[①]视为其主要载体,并作以下的大致分类:

第一类,文学创作。

歌德以作家和诗人名世,表达思想并受到重视的首先自然是文学创作。歌德一生辛勤写作60余载,诗歌、小说、戏剧、散文、游记、自传等体裁样式全都采用过,作品数量极其惊人。这些作品,特别是他的代表作诗剧《浮士德》,小说《少年维特的烦恼》和《威廉·迈斯特》以及《普罗米修斯》、《神性》、《幸福的渴望》等抒情诗,都富含深邃的哲理。单单一部《浮士德》,两个多世纪来便让一代代学者潜心研究、发掘,出版了无数的专著和文章。[②]还有《少年维特的烦恼》这部脍炙人口的小说,我们过去只强调了它的社会批判意义和反封建精神,忽略了另一个重要内容即它丰富的人生哲学和自然哲学。又如《威廉·迈斯特的学习时代》和《威廉·迈斯特的漫游时代》这两部长篇小说,和《浮士德》一样也表现了积极有为的人生观;第二部中那个奇特的"教育省",更形象地展示了歌德崇尚实践的教育主张和人生理想。在歌德晚年完成的《西东合集》里,像著名的《幸福的渴望》似的哲理诗比比皆是;甚至连一些爱情诗例如那首尚未引起足够注意的《重逢》,其哲理蕴涵同样异常地深刻,异常地丰富。[③]

第二类,自然科学著作。

歌德全集中这类著作与文学作品一样数量可观,也包含着丰富、深刻乃至超前的哲学思想,迄今却几乎完全为我们的研究和译介所忽视了。为说明歌德这类著作的重要,只需看一个事实:是歌德在研究动物植物生成演进的过程中,率先提出了形变(Metemorphose)和类型(Typus)这两个重要思想,创造了这两个术语,并将形态学或形变论(Morphologie)这个学科名称引进了科学史中。歌德的植物

---

① 歌德作品的版本很多,搜集最全的为1887—1920年间出齐的魏玛版(Weimarer Ausgabe),多达143卷。

② 请参阅《宇宙和人生 预言和寓言——试析〈浮士德〉的哲学内涵》。

③ 请参阅前文《共振,心弦和着诗弦》所引《重逢》一诗。

形态学和动物形态学著作里提出和阐发的思想，不仅使他成为了19世纪达尔文之前的进化论先驱，还为斯本格勒的《西方的没落》这部20世纪初的文化哲学巨著提供了方法论基础。①

除了在植物学和动物学(包括骨骼学和解剖学)方面建树卓著，歌德还研究过数学、地质学、矿物学、光学、化学、颜色学，在相关著作中都不乏独到、深刻的思想。即使他有的学说本身——如他企图推翻牛顿理论的《颜色学》——事实证明并不正确，却并非全无价值，相反仍处处闪烁着思想的光彩和智慧的火花。

歌德一生醉心科学实验和研究，十分看重自己在这方面的作为，认为文学和科学两者同样需要人的创造性，对于历史的发展同样十分重要。1816—1817年间，为弄清自己的植物形变论著作在学术界的接受情况，他在搜集整理材料时写下了这样一句话："没有任何地方的人愿意承认，科学与文学两者可以结合起来。人们忘记了，科学原本就发展自文学……"②歌德这一独到、深刻的思想，也证明歌德是一位超凡脱俗的文艺美学家兼自然哲学家。

还值得一提的是，文学与科学的相互结合、相互促进，在歌德身上真正得到了实现。一方面，他的不少文学作品直接以自然科学为题材。例如，在论著《颜色学》里穿插了不少诗歌；他有一首哀歌(Elegie)题名就叫《植物的形变》，等等。再如大家熟悉的小说《亲和力》的书名和情节，都是以当时的化学发现为背景构建起来的；不了解这个背景，便很难真正读懂这部小说。特别是《浮士德》的故事，更糅合了当时有关生命起源和地壳形成的科学论争，自然哲学和宇宙哲学思想更是深刻、丰富到了极点。

歌德研究自然科学不但有多部专著存世，不但影响、促进和渗透了他的文学创作，也可以说已经建立起自己的自然哲学体系。如前所述这个体系有一个中心，就是他重视实践、变化和发展的进化论思想。

正是在这样的思想基础上，歌德并非关起门来潜心于个人的研究和著述，而是同时积极参与科学和社会实践，尤其关心世界范围内科学技术的进步，在晚年对诸如修建巴拿马运河、多瑙—莱茵运河以及苏伊士运河等世纪工程，都表现出了浓厚的兴趣。

第三类，谈话、书信、格言、警句。

除了文学作品和自然科学著作，歌德思想的这第三类载体同样数量可观和重

---

① 请参阅《歌德接受史》，第205页。

② Bernd Witt(hrsg.)：*Goethe-Handbuch*，Band 4/2，S. 781，Verlag J. B. Metzler 1998.

要，其中最著名、影响也最大的是爱克曼辑录编撰的《歌德谈话录》以及《歌德席勒文学书简》。作为作家，歌德也特别喜欢写作警句、格言、赠辞，例如独立成篇的《威尼斯警句》和《格言与反思》(*Maxime und Reflesionen*)，以及在《亲和力》和《漫游时代》中以"日记摘抄"、"观感"形式出现的警句，等等。这一类载体不但同样富含伟大深刻的思想，而且往往还表现得更加直接、集中和突出、鲜明，可以讲浓缩、结晶着思想家歌德的大量智慧。对于博大浩瀚的歌德思想而言，这第三类载体显得数量较小，看似不怎么起眼，但对我们研究者来说，至少与歌德的前两类作品一样不可忽视。

对于歌德著作中的文学作品、自然科学著作和谈话、书信、格言、警句这三类文字，前面只不过挂一漏万地举例作了说明，由此已可看出歌德的思想有多么渊博和丰富。

(2) 歌德思想的特质。

但是，要称为一位伟大的思想家，光是思想渊博、丰富似乎还嫌不够。仅用上面举的例子，特别是用《普罗米修斯》、《神性》、《威廉·迈斯特》和《浮士德》等作品所表现和蕴涵的思想、精神，已可以说明歌德思想的另外一些特质，即它非同一般的高尚、博大和超前。

不是吗，他上述代表作的主人公几乎无一例外的都是胸怀宽广的思想者，都有着思想家的禀赋，同样也经受着思想者的痛苦和磨难。维特的烦恼、浮士德的苦闷，不就是思想者典型的烦恼和苦闷；普罗米修斯的自白、迈斯特的"观感"，不就是发出声音的思想？

上述这些作品，都鲜明地表现了歌德一贯视人类为一个不可分割的整体，把人的尊严和广大民众的幸福看得高于一切的人类意识。那个敢于按照自己的模样塑造人，希望人们和他一样"去受苦，去哭泣，去创造，去欢乐"但却不尊敬神灵的普罗米修斯，体现了一种积极进取、自尊自强的人生哲学，不堪做我们人类的榜样？《神性》中那个高贵、善良、乐于助人，并且能分是非、辨善恶和治病救命的单数的"人"(der Mensch)，显然是思想家歌德头脑中理想的人类，不值得今天现实的人类效仿吗？还有那位为追求人生真谛上天入地、九死不悔、自强不息、立志为千百万人开拓自由幸福疆土的浮士德博士，更堪称胸怀博大的人文主义者的化身，是歌德的"高贵、善良、乐于助人"的人类的典范！

一句话，这些作品和人物所体现的歌德思想，完全当得起高尚、博大这样的赞语。

再看看歌德思想的超前。

和他的自然哲学思想以进化和实践为核心一样，如前所述，歌德的人生哲学和社会理想也有一个核心，那就是欧洲自文艺复兴以来一脉相传的人道主义或人文主义思想。只不过到了歌德这儿，传统的以人为本的思想得到发扬光大，人的含义从个人主义的“小我”扩展为千百万人的“大我”，扩展为整个人类。歌德正因为富有高尚、博大的人道精神和鲜明、强烈的人类意识，所以胸怀特别宽广，眼光特别超前，思想往往突破地域、民族、宗教、国家的界限和时代的束缚，所关心的常常是人类和世界共同的问题。①正因此，歌德思想也具有世界的普适性，为全人类所认同，并且能冲破时光的阻隔历久常新，具有即使在今天仍富有意义的超前性质。

为说明歌德思想的超前性和现实意义，下面就以他著名的“世界文学”构想作一个个案分析。

4. “世界文学”构想与“全球化”

由歌德塑造的“世界文学”这个词，具有内涵丰富、深刻、超前等一系列品质，是歌德思想一个典型而集中的体现。照我看它不仅如朱光潜先生指出的那样是歌德文学和美学思想的重要组成部分，也反映了这位大诗人和大思想家积极进取、充满人文主义精神的世界观，乃是他视人类世界为一个整体的人类意识和世界意识的结晶和升华，其高瞻远瞩的超前性尤其值得重视。

还在马克思恩格斯在《共产党宣言》中提到“一种世界的文学”之前 20 年的 1827 年，“世界文学”(Weltliteratur)一词就已出现在歌德的口中和笔下；在我们中国最为人熟知和称道的，自然是当年 1 月 31 日他与爱克曼的谈话，因为话题是由歌德正在阅读的《好逑传》这部明代小说引起的。②

此一与爱克曼的谈话，远非歌德论及世界文学这个当时尚属崭新概念的唯一一次，也不是最早或最后的一次。在此之前，在他自己办的《艺术与古代》杂志的第六卷第一期中，歌德就曾写道：“……我坚信一种具有普遍意义的世界文学正在形成，而在未来的世界文学中，将为我们德国人保留一个十分光荣的席位……”③随后，在 1827 年 1 月 27 日给友人施特莱克福斯的信中，歌德又写道：“我深信正在形成一种世界文学，深信所有的民族都心向往之，并因此而做着可喜的努力，德国人能够和应该作出最多的贡献，在这个伟大的聚合过程中，他们将会发挥卓越的作用。”④如此等等的事实，说明世界文学这个概念在歌德并非偶然提了出来，而是

---

① 请参阅后文《永远的歌德　永远的伟大》。

② Eckermann：*Gespräche mit Goethe*，Insel Verlag 第 1 卷，1981 年版，第 210 页。

③④ 引自 *Goethe Werke*，Hamburger Ausgabe 第 12 卷，第 362 页。

经过长期、深入的思索，形成了具有丰富内涵的相当系统的思想。①

那么，为什么歌德，或者说恰恰是歌德，首先产生和提出了关于世界文学的伟大思想呢？

客观条件略而不论，只讲歌德个人的主观原因。简言之，就是他有着思想家渊博的学识，宽广的胸怀，超前的眼光，就在于他不是站在狭隘的德国人的立场上观察问题，而是胸怀着全人类和全世界。他说过："作为一个人和一个公民，诗人会爱自己的祖国。然而，他在其中施展诗才和进行创造的祖国，却是善、高尚和美。"他还讲："广阔的世界，不管它何等辽阔，终究不过是一个扩大了的祖国。"②所以他格外关注和重视诸如美国独立、法国大革命以及建造第一台机车这类对整个世界历史进程有积极影响的大事，而对自己国家反对拿破仑的所谓解放战争一点不感兴趣。正因此，歌德虽然生活在分裂落后的德国，困居于小小的魏玛城，目光却能超越德国乃至欧洲的界限，密切关注着全人类的发展进步，并且实际参加因为人类的进步而开始的那个"伟大的聚合过程"——由民族的文学和地方的文学形成世界文学的过程。总之，诗人歌德乃是一个以全人类为同胞、以世界为祖国的胸怀博大的人道主义者，一个事实上的世界公民，同时又是一位深深根植于本民族文化传统中的诗人和思想家。这就是他产生世界文学这一光辉思想的世界观基础，亦即最重要的主观原因。所以，对歌德来讲，产生关于"世界文学"的思想可谓顺理成章，水到渠成。

写到此，我们自然会进一步问，歌德心目中的"世界文学"具体是个什么样子呢？对于这个问题，还是听听歌德自己的回答吧。

1827年，他在《德国的小说》一文中写道："既让不同的个人和不同的民族保持自己的特点，同时又坚信只有属于全人类的文学才是真正有价值的文学，这样，就准保能实现真正的普遍容忍。"第二年，在《艺术与古代》杂志第六卷第二期，他又写道："这些杂志正赢得越来越多的读者，将最有力地促进一种我们希望的具有普遍意义的世界文学的诞生。只是我们得重申一点：这儿讲的世界文学，并不意味着要求各民族的思想变得一致起来，而只是希望他们相互关心，相互理解，即使不能相亲相爱，也至少得学会相互容忍。"到了1830年，歌德已80高龄，关于世界的文学思想仍萦绕在的他心中。在为卡莱尔的《席勒生平》一书写的序言里，他又写道："好长时期以来我们就在谈论一种具有普遍意义的世界文学，而且不无道理：

① 不排除在歌德之前使用过"世界文学"这个词，甚或提出过有关的想法；但是对其进行反复、系统而且深刻的阐述，歌德却肯定是第一个。

② 转引自 P. Boerner：*Johann Wolfang von Goethe*，Rowohlt Verlag，1978年版，第130页。

须知各民族在那些可怕的战争中受到相互震动以后，又恢复到了孤立独处状态，会察觉到自己新认识和吸收了一些陌生的东西，在这儿那儿感到了一些迄今尚不知道的精神需要。由此便产生出睦邻的感情，使他们突破过去的相互隔绝状态，代之以渐渐出现的精神要求，希望也被接纳进那或多或少是自由的精神交流中去。”

歌德对世界文学这个概念的解说，至少包含以下三层意思：

首先，歌德认为“人类取得进步”，“世界和人的生活前景更加广阔”，乃是世界文学得以产生的原因；这与《共产党宣言》把世界市场的形成看作是出现“世界的文学”的前提，基本精神一致。

其次，歌德认为世界文学形成的最起码条件和最重要结果，就是实现各民族之间普遍的容忍。为此，各民族应通过包括文学交流在内的精神交流，学会相互了解，相互关心，相互尊重。歌德这种以容忍为基本内容的世界文学思想，是一种热爱人类、热爱和平的真诚情感在文学观中的反映。它发展了歌德与席勒过去提出的以美育改造人性的理想，将启蒙思想家倡导的不同宗教和教派之间的宽容，扩展为各民族之间的宽容或者说容忍。

再次，歌德坚信，“只有属于全人类的文学才是真正有价值的文学”。也就是说，文学——真正有价值的文学应该为人类服务，被人类所理解和接受。文学的历史证明，这是一个真理。正由于各民族都贡献出了数量不等的这样的作品，世界文学在今天早已成为现实。歌德之所以能写出《浮士德》这样的不朽杰作，之所以能成为各国人民共同景仰的世界大文豪，正是因为他有着为全人类而写的明确意识。因此，歌德心目中的世界文学的第二个含义，就是它不仅仅属于一个地区、一个民族，而是属于全人类和全世界。所以他深信，“诗是人类共同的财富”。

但是与此同时，歌德又讲要“让不同的个人和不同的民族保持自己的特点”，讲世界文学“并不意味着要求各民族思想变得一致”——这就是歌德对世界文学解说的第四层意思。作为一位德国作家，歌德不止一次强调“在未来的世界文学中，将为我们德国人保留一个十分光荣的席位”。正因此在创作实践中，他一方面努力吸收其他民族文学的优点，奉行“拿来主义”，但同时却不放弃自己的传统；他创作的《西东合集》也罢，《中德四季晨昏杂咏》也罢，其基调仍然是西方的、德国的、歌德的。他的浮士德，这位人类杰出的代表，仍然是一个德国男子。总而言之，歌德有关世界文学的思想以及实践，都绝无抹杀民族特点和否定历史传统的意思。

整个看来，歌德关于世界文学的思想，既富于博大、积极、进步、乐观的人文精神，也充满深邃、超前的辩证精神。①

歌德在差不多180年前形成的世界文学构想，已有了近乎于文学、文化领域中的“全球化”思维；他就此提出的一系列观点，诸如为迎接“世界文学”时代的到来而力主各民族之间“实现真正的普遍容忍”，认为民族仇恨乃是“文化水平”低下的产物，希望“让不同的个人和不同的民族保持自己的特点”，亦即在正视全球化、强调世界性的同时仍尊重和保持多样性，等等，不仅其超前性质不说自明，而且对我们思考当今引发了诸多困惑和矛盾的所谓“全球化”问题，仍不无一定的参考价值和现实意义。

歌德大胆而超前的思想不胜枚举。在自然科学领域，除了他那曾经引领时代潮流的形变理论，他在《浮士德》中对Homoculus（人造人）的描写更可谓有趣而惊人，因为不仅让人想到我们今天的试管婴儿，而且在德国已有学者把它与基因工程和克隆人的论争联系了起来。②至于在社会和家庭伦理方面，小说《亲和力》表现的婚姻、恋爱观，在19世纪初超前到了惊世骇俗的地步，而在今天的西方乃至我们这里却正好时兴。

结语：在人类社会产生的思想家中，歌德无疑占有一个独特而显眼的位置。他思想的卓越、深刻，堪与柏拉图、康德、黑格尔等媲美；他的胸怀博大、高瞻远瞩，却几乎无人可及。中外古今，像歌德似的兼为大作家和大思想家者屈指可数，甚至可以讲只有一个，正如“奥林帕斯山上的宙斯”（恩格斯语）只有一个。

由此想到百年来我国包括我本人的歌德译介和研究，主要还只是着眼于歌德的文学创作，忽略了他留给我们的更加丰富、巨大的思想遗产。因此我们仅仅把歌德看成一位作家和诗人而忽略了他是伟大的思想家，这使我们见木不见林，使我们的译介和研究仍停留在作家生平及其作品文本的局部和表面，而没有深入他思想家的本质作总体精神的把握。这不能不说是一个严重的缺陷。在此情况下，比较全面、深入地作思想家歌德这个题目的研究，笔者以为在今天便有了迫切的补课意义。

2003年初稿

2008年改定

---

① 关于歌德的世界文学构想，参阅本书外编的《歌德论“世界文学”》。

② 参见Manfred Osten：“*Drahtlose Traumreise*”，in “*Frankfurter Allgemeine Zeitung*”（《法兰克福汇报》），30. März 2002，Seite 47.

结语　永远的歌德　永远的伟大

——为纪念恩师冯至而作

1999 年是德国大文豪和大思想家歌德逝世 160 周年。[①]作为师从冯至先生研究歌德的及门弟子，我自觉应以这位人类文化史上永远为人景仰的巨星为对象，以冯至老师自称最喜欢也对他影响最大的异国诗人为对象，[②]撰写一篇既含纪念意义又不乏学术价值的文字。然而 100 多年来，学者对歌德的方方面面已经谈得很多，好不容易搜索枯肠，我才拟定出题目，试图探讨一两个看似不成问题的问题，那就是：

（1）歌德为什么伟大？

（2）在即将进入 21 世纪的今天，歌德是否仍然伟大？

这两个对于研究和评价歌德具有总体、宏观意义的问题，我们似乎早已了然，可实际并不如此。因而对它们作出明确而具体的解答，就成了本文努力要完成的任务。

跟古今中外的所有歌德研究者和崇仰者一样，我们谁也不怀疑歌德作为欧洲"文艺复兴以来最后的一个世界性的'通才'"，[③]在人类文化思想史作出过极为杰出的贡献，占据了十分崇高的地位。我们也早已习惯把歌德的名字与但丁、莎士比亚并列，与我国的李白、杜甫、曹雪芹并列，视他的代表作《浮士德》等为世界文学宝库中的瑰宝和经典。我们更牢牢记着恩格斯盛赞歌德的话，坚信他确是"最伟大的德国人"，"最伟大的德国诗人"；确是诗歌王国中的"奥林帕斯山上的宙斯"。因此，歌德是否伟大，对我们自然已不成问题。

可是，要问歌德究竟为什么伟大，回答就不会这么干脆，这么简单。

歌德生活和进行创造性劳作的时代和国度，离我们毕竟太遥远；歌德备受推

---

① 此文原系为纪念冯至老师的 88 寿辰（1993 年 9 月 17 日）而作。不幸的是还在他的生日到来之前，老人家已于 2 月 22 日与世长辞。今收入此文，作为对恩师的纪念。

② 见 1992 年 3 月香港《现代诗报》载冯至先生答该报编辑部主任问。

③ 见绿原：《歌德——文学史上的一颗恒星》，《文汇月刊》1982 年 3 月号。

崇的《浮士德》等不朽巨著，又实在不合我们的文学欣赏习惯和审美标准，让不少作家、评论家读起来也感觉勉强。而尤其令人遗憾的是，恩格斯在他那篇写成和发表于1847年的论述歌德的著名文章中，又囿于论题，只对歌德身上渺小和庸俗的一面作了相当全面和深刻的分析，却几乎完全没有说明“最伟大的德国诗人”究竟伟大在何处——这一片面性的产生，诚如恩格斯所说，“完全是格律恩先生的罪过”。①

由于以上三点以及其他更多的原因，我们对于歌德究竟为什么伟大这一问题既缺少现成的权威性答案，又难于或者说懒于通过钻研思考寻求自己的解答，因而在歌德之为歌德，歌德之为“最伟大的德国诗人”和世界大文豪大思想家这一点上，往往只知其然而不知所以然。

上面这个令人感到遗憾的结论，当然只是概而言之。在我们研究歌德的先辈中，尤其是20世纪二三十年代当中国掀起“歌德热”的时候，自然也有不少人冥思苦想，穷根究底，力图弄清歌德伟大在什么地方的问题。这儿，我只想举一位杨丙辰为例，其他如宗白华、郭沫若、周辅成等一大批歌德研究者和译介者，就略而不论了。

关于杨丙辰先生，今天在我们的德语界知道的人恐怕也已经不多；这应该讲是很不应该的。笔者从一些零星的资料中了解到，他二三十年代任教于北京大学德文系，当过系主任，并且被冯至先生称作自己在北京大学学习德国文学时的“恩师”。②这就是说，杨丙辰先生是笔者恩师的恩师，无疑属于我国正规的大学德语和德国文学教学的开山祖师之列。而且，在教学之余，杨先生还从事著译。仅仅以歌德而言，仅仅就笔者所见，他便向自己的同胞贡献出了长篇小说《亲和力》的第一个完整译本（上海商务印书馆，1942）；在1932年纪念歌德逝世100周年前后，他还发表了不少有见地的论文。因此，在开大学德语专业认真研究、译介歌德和德语文学之风这一点上，杨先生也功莫大焉，值得我们这些后辈在追本溯源时很好地缅怀、学习和纪念。

在杨先生论述歌德的文章中，有一篇题名为《歌德何以伟大?》，探讨的正好是笔者眼前这篇文章所企图回答的问题。它系“为歌德殁后百年纪念作”，可是“因为一个消息底误会，硬要马上出歌德百年纪念专刊”，被提前于1931年发表在北平的《鞭策周刊》第5期里。第二年，经过一点补充，文章又收进宗白华、周辅成编

① 见恩格斯：《诗歌和散文中的德国社会主义》第二部分《卡尔·格律恩〈从人的观点论歌德〉》，《马克思恩格斯全集》第4卷。

② 参见秋吉久纪夫：《诗人冯至访问记》，《中外诗歌交流与研究》1992年第1期。

的《歌德之认识》一书。这本书虽说意义重大，也富有学术价值，编成后却没出版商肯接受，只好由宗白华自费出版，于 1933 年交南京钟山书店发行。可是，人们终于认识到它作为中国第一部系统研究外国大作家的论文集的价值，一次又一次地将它再版、重印。①

在《歌德何以伟大?》一文里，杨先生一开始便指出歌德超出“其他伟大德国人”如俾斯麦、康德、黑格尔以及席勒等至高无上的地位，指出他不仅使全德国而且使全世界“折服崇拜”。紧接着，便提出“他的伟大究竟在哪儿呢?”这个问题。杨先生之所以如此，是因为他“不要再犯着我们马虎的老毛病，而随声附和的瞎捧”歌德——这种态度，今天不也值得我们很好学习么?

对于歌德究竟伟大在哪儿的问题，杨先生随后作了十分细致的分析和具体的回答。他阐发与歌德同时代的德国诗人魏兰特称赞歌德为“人中之至人”这句名言，拿歌德与功业赫赫的“铁血宰相”俾斯麦相比较，与“以他们的哲学奠定近代文化、近代一切理想底基础”的康德、黑格尔相比较，与“富有灿若日月的哲识理想、整个地充满了奋斗向上的精神”的席勒相比较，认为歌德真正的伟大“反而是他极端的、千百兆人们一般的平凡”，因而称他是一个“真真正正的人”，一个“十足的血肉的人”，“具有人生应有的一切矛盾，人生应有的一切长处和种种短处”，等等。

杨先生对歌德何以伟大的问题所作的这个总回答，自然深受西方人道主义思想的影响；但他之强调歌德的伟大寓于平凡，强调他是个“十足的血肉的人”，强调他既有长处又有短处，则表现出鲜明的平民精神和民主精神，表现出一定的唯物和辩证思维的倾向，与恩格斯对歌德的评价也不乏相似之点。由此反观杨丙辰先生，我可以不无几分骄傲地说，咱们这位杨老师不愧是一位接受过五四新文化运动洗礼的开明学者。

至于歌德在平凡中如何显示出非凡，显示出“极端的奇特”和“极端的伟大”，以致鼓舞人们，给予人们以“无限的对于人生的乐观”，对这进一步的问题杨丙辰先生作了三点具体的回答。他认为，歌德之所以非凡而伟大，是因为：

第一，歌德把人类的一切感情、人生的一切酸甜苦辣都完全彻底地“感觉了，经验了，吟味了，”因而对人生的真相、归宿、价值等大问题，都有了至为明了彻底的观念和认识。

第二，歌德自幼注重养成一种宁静和谐的精神，因此能于人生的种种矛盾面前不倚不偏，保持自身心灵的平衡——杨先生认为这是“歌德一生中所最可珍贵

① 详见本书外编《歌德与中国》。

的”精神，“歌德之所以能由一个极平凡庸常的人物一转而为一个极不平凡庸常的伟大的，‘最完全的’，甚至被现代的欧洲人们所视为可以代替了耶稣的人物的原因，就全在于此了”；还认为，歌德的宁静和谐“很有些合于”我们孔老夫子视为“修养上最高目标”的中庸之道，歌德正是愈近晚年，愈将它发展到了“圆满大成的地步”，才成为高山仰止的伟大人物。

第三，歌德具有人类有史以来罕见的创作天才，并且善于运用它把自己非凡伟大的一生的情感、经历、认识记录下来，从而创作出许许多多的不朽作品，把它们贡献给人类，使所有读这些作品的人都产生共鸣，以为歌德说出了“他们心坎中、肺腑中的话”，因此敬爱他，不再仅仅当他是一个诗人，而是视他为“人类的人”——杨先生称这样的人是“超出一切时间性、一切国际性而与人类俱终的‘纯人’”，说歌德正因此而必然受到世界各国人民的崇仰，敬重。

杨丙辰先生在60年前对歌德何以伟大作出的上述三点解释，自然已不能完全为今天的我们所赞同和接受。特别是其中第二点对“宁静和谐”和“中和中庸”的解释和评价，可以说更与我们的马克思主义观点和认识大相径庭，而且也与歌德的实际不相符合。因为我们知道，狂飙突进时期的歌德的性格和精神绝不“宁静和谐”；而他到魏玛小公国以后对于“宁静和谐”的追求，在我们看来恰恰成了这位“最伟大的德国人”因循保守，与鄙陋的社会现实妥协，成为一个害怕矛盾斗争和厌恶革命的庸俗市民的内在精神根源。再有所谓“纯人”的提法，也表现出西方人道主义思想的局限，因为歌德纵有许多超越自己时代和阶级的卓越崇高之处，却仍然十分“不纯”；在我们马克思主义者看来，世界上自从出现阶级，就绝不可能再有什么“纯人”存在。

可是，尽管有这些明显地打上时代烙印的缺陷，杨先生对歌德何以伟大这个问题的回答仍不乏真知灼见。例如，他强调歌德努力去完全彻底地感觉、体验、吟味“人类底一切感情，一切酸甜苦辣咸”的入世精神，认为他由此而认识了人生的真谛，从而才创作出许多的不朽作品，为人类作出了贡献，博得了世人的崇敬爱戴。他还指出，歌德的伟大在于他“超出一切时间性，一切国际性（我们现在称作民族性——作者）”，等等。

在分析歌德的伟大、歌德的价值时，杨丙辰先生异于和优于绝大多数只有皮毛之见的人的是，他坚信造成这伟大和价值的“是歌德一生各方面的生活和经历，其次才能说到他的为世人所珍贵的文艺作品”。杨先生认为，“凡所谓的生活，俱是合形体与精神内外两方面说的”，并且特别重视的是歌德的精神生活，说他的作品都是这精神生活的各个方面的表现而已。

这样,杨先生就抓住了事物的本质,从而避免了人们在译介歌德时常犯的只见作品或者突出作品,不见或轻视作家本人的生活尤其是内在精神的弊病。"他的精神生活底宏富深邃",杨丙辰先生感叹道,"更是一般地超出常人万万倍,巍巍峨峨地站在人群之上,找不出几个可以置放到他的旁边的其他人物来的"。

歌德之伟大主要在他的精神,这就是半个多世纪以前杨丙辰先生得出的正确结论。

整整过去了半个世纪,1982 年 3 月 22 日,新中国的首都北京正举行德国伟大诗人歌德逝世 150 周年的纪念会。在庄严隆重的气氛中,冯至教授作题为《更多的光》的主题报告。以报告的实际内容而论,可以认为现在是轮到杨丙辰先生的这位杰出弟子来继续回答歌德何以伟大的问题了。

在报告中,冯至先生继承自己老师重视内在精神胜于具体创作成就的价值取向,深刻地揭示和分析了歌德的一系列非凡和伟大的精神表现。在揭示分析的准确、深刻和明晰方面,冯至先生无疑超过了自己的老师,做到了青出于蓝而胜于蓝。因为,杨先生只按当时心理学的解说,把人的精神活动能力分作"智力、情感力与意志力",并据此举出歌德的多才、多产、多恋以及意志坚强过人和"严以处己",等等,来证明他精神的非凡和伟大。这样的分析尚嫌生硬、表皮而未脱西方学者评价歌德的窠臼;冯至先生却未予因袭,而是把分析的立足点提到了影响歌德一生的宇宙观和人生观的哲学的高度。

冯至先生把自己的报告题名为《更多的光》,并不仅仅因为这 4 个字是歌德所谓"最后的遗言",被世人广为传诵并赋予了象征意义,而是他要以此来概括歌德非凡的一生的向往追求,概括他丰富多彩的文艺创作——从早年的《五月歌》到晚年的《幸福的渴望》和《浮士德》——所反复体现出的思想、精神。冯至先生认为,"歌德一生所歌咏的,是要有'更多的光'";指出歌德的伟大,在于他不但一生追求光明,歌咏光明,而且还为追求光明而"与外在的和内在的阴暗进行斗争"。冯至先生说:

> 与外界的阴暗斗争,固然不易,与自身内的阴暗斗争,更为艰难,他认为与自我搏斗是一种可贵的德行。他常用蛇蜕皮比喻人到一定时期必须抛弃旧我,获得新生 …… 他也曾用飞蛾赴火比喻人不愿在阴暗处生活,渴望光明,虽焚身于火焰,也在所不惜。①

① 见冯至:《论歌德》,上海文艺出版社 1986 年版,第 182—187 页。

就这样，在一篇不过四五千言的纪念会报告中，冯先生以深入浅出、明白畅达的语言，鲜明、具体、生动的例证，十分准确地道出了德国大诗人、大思想家的伟大精神的最主要之点。这样一种不懈地追求"更多的光"并为此而英勇斗争——包括与自我斗争——，而上下求索、九死不悔的精神，也就是世人一提起歌德就津津乐道的"浮士德精神"；只不过很少有人能像歌德研究家冯至那样，把它与对诗人本身的评价自然而紧密地结合起来，并且阐明它正是歌德的主要精神倾向和伟大之所在。

冯至先生自20世纪40年代开始研究歌德，到今天已经半个多世纪，在著述中论及歌德何以伟大者绝不限于《更多的光》一篇。他1986年出版汇集自己有关研究成果的《论歌德》，为此而精心地撰写了《"论歌德"的回顾、说明与补充》一文，放在书前作为"代序"。其实，我们认真读一读便可发现这篇"代序"非同一般的重要价值；因为在很大程度上，它不啻是先生对自己半生研究歌德的总结。它里面有一些文字，把歌德的伟大说得更加具体，更加详细。

冯至先生在"代序"里说，歌德"博学多能，从他狭隘的环境里放眼世界，吸取古代的文化精华和同时代的哲学和科学的新成就，融会贯通，不只给德语国家而且给全人类作出贡献"，因此称他是当时所谓"世界公民"中最突出和杰出的一个。他说，歌德"气势磅礴，包罗万象，好像咀嚼了全世界文化的英华，敢于向与莱布尼茨同时代的科学泰斗牛顿挑战 …… 钦佩富于反抗精神的拜伦 …… 称赞新建立的美利坚合众国，神游于波斯、阿拉伯的原野，对远方的中国也有一定的理解。他永无厌倦地在精神世界里翱翔，创造出许多名篇巨著，这功绩在人类历史上是不能泯灭的"。

总之，在中国杰出的歌德研究家冯至笔下，那位生活在两个世纪之前的"最伟大的德国人"绝不仅仅是一位大作家、大诗人和自然科学家，更是一位眼观宇宙万物，胸怀全世界和全人类，巍然挺立于天地之间的大哲和精神巨人。

歌德究竟为什么伟大？

主要因为他的精神。——杨丙辰先生和冯至先生这两代中国歌德研究家的回答是一致的，也完全正确。

歌德的伟大精神表现在何处？

两位前辈的回答不尽一致，冯至先生持论富有新意和创意。

在前辈们潜心研究、周密论证之后，问题的解答已十分透彻详尽；我作为两位先生的隔代弟子和及门弟子，很难再有多少独到见解，但却愿循着先行者的足迹和思路，作一些阐发，讲几点感想。

在进入正题之前，请允许我也作一点“回顾”，讲讲我自己是怎样成为新一代的歌德研究者，怎样走到歌德这位在时空两个方面本来离我都十分遥远的精神巨人身边的。

真正的开始应该讲是20年前的1978年。那一年，北方的天空升起美丽迷人的希望之星，为了实现青年时代就立下的做一名文学翻译家的志愿，也为了走出仍旧笼罩在自己头上的“黑狗崽子”的阴影，我不要已经获得的讲师头衔，抛下弱妻幼女，带着破釜沉舟的悲壮决心向北方奔去。非常幸运，冯至先生向我伸出了他那温暖的大手……

我忘不了，那一年10月里的一个早晨，在当时破旧、狭窄的中国社会科学院内通往外文所办公楼左侧的大路上，我不安地站在一群等待研究生复试的考生中，第一次见到了仰慕已久的冯至先生。他拄着手杖，头戴旧呢干部帽，身着旧呢中山装，面带微笑，迈着沉稳的步子向我们走来，自然随和地和一些原本认识他的考生交谈，谈话中对刚逝去的噩梦不时地发出感叹，对正展现在眼前的新的希望迸出阵阵欢笑。稍微有些拘谨的我站在旁边，心里感到几分惊异：大名鼎鼎的诗人和学者冯至先生竟是这么一位蔼然长者！

接下来，在外文所二楼黑糊糊的会议室的里间，我却以轻松的心情接受了气氛本来颇为紧张严肃的口试，原因多半是我对冯先生已有一个和蔼可亲的印象。然而，我不能忘记，我随后是如何忐忑不安地等待着录取通知，或者说，更多的是不录取的通知。因为，我当时不但已届40岁报考研究生的最大年龄，而且是拖家带口的外地考生。须知，对于本身也“寄人篱下”的社科院研究生院来说，外地考生就意味着麻烦和负担。可是尽管如此，我仍幸运地从众多的竞争者中被选中了，录取了。而这幸运，我后来才知道是拜冯至先生之赐：外文所一位老资格的年轻同事向我透露，在取不取我的问题上，当时颇有争议，直到冯至先生愤然表示“他真没地方住就住我的办公室”，才解决了“外地考生”的难题。

我忘不了，进研究生院后，如何在冯先生的鼓励感召下，下决心研究歌德；如何在冯先生指导鞭策下，缓慢地、艰难地在这条今日已显得古老荒凉的长路上前行；如何在难耐的寂寞中经受不住来自各方面的诱惑，不时地心烦意乱，左顾右盼，以至于干出一些急功近利的事情，因此不得不接受我的导师无言无声然而我体会出来却是严厉的批评……

我最忘不了的是，在我研究生学习的第二年，突然从远在数千里外的家里传来噩耗，我辛苦一生的母亲因操劳过度患脑溢血病故了。我眼含热泪，到冯先生家里请他准我回家奔丧，冯先生用他温暖的大手握着我的手，神态严肃而充满同情，但却只说了一句在我听来沉重得不能再沉重的话："希望你还回来！"

我如老师希望地回去了，学完后留在了老师身边继续做研究歌德的工作，并且开始入门并取得一点点成绩。这时我的导师又关心起我的两地分居问题来，并委托严宝瑜先生去北京外语学校为我的爱人联系工作，然而未获成功。两年后，由于我原在单位十二分热情地邀请，也由于继续留在北京工作的条件太苛酷，我决心走了。

随后，带着歉疚，我去见冯先生。哪知我这位一向严肃寡言的导师却对我说："这些年实在难为了你，叫你忍受了许多 Entbehrungen（德语：意为物质、精神、感情等方面的匮乏、困苦）。"言外之意倒有些对我关心帮助不够的自责。

冯至先生平素从不摆出师道尊严的架子，但也绝少有师生之间个人感情的流露，这次一反常态地说出的带个人感情色彩的话，因此震动了我，叫我永生难忘。试问，我在自己导师身边的这 5 年，不是我过去一生中最奋发有为的 5 年，最幸福的 5 年，精神上最富有的 5 年么？诚然，这 5 年中我是失去了一些东西；但得到的，因为先生的指导、教诲、扶掖而得到的，不是更多更多么？在握着先生温暖的大手告别之时，我不由得心中暗暗立下誓愿：我敬爱的导师啊，我一定在您引领过我的道路上走下去，走下去！

而事实上，在往后的岁月中，尽管远离了我的导师，尽管环境发生了许多变化，我仍坚持研究歌德，仍继续神游于这位"最伟大的德国诗人"的世界中，并且克服困难，写出了《歌德抒情诗咀华》和《歌德与中国》两册小书，完成了一些可以告慰现已去世的恩师乃至恩师的恩师的工作。

回到正题，再说说我自己如何认识歌德的伟大。我上面讲，我通过冯至先生得到了很多很多，这是我发自肺腑的实话，千真万确。因为，这不仅仅指知识的长进、学业的成就，而且还指，或者说更重要的是指眼界心胸的开阔，精神境界的提高。这开阔和提高，对我来说不只由于时代的前进，环境的改变，不只由于有机会向冯至先生和其他众多的师友们学习，在很大程度上也与 20 多年如一日地与歌德神交有关。我甚至觉得，冯至先生之为沉静智慧、胸怀博大的哲人型诗人兼学者，恐怕同样得益于他是一位歌德研究家，大半生接近这位精神巨人，洞悉并仰慕他的伟大。古话说，近朱者赤，近墨者黑。我也通过接近冯先生而接近歌德，而逐渐认识自身的渺小、庸俗、卑微，而逐渐增强向上的决心，获得前进的动力。

那么，我心目中的歌德，他究竟为什么伟大，如何伟大呢？

首先我同样要说，歌德伟大在他的思想，在他的精神。这种思想和精神，就是发端于欧洲文艺复兴的人本主义或人道主义，歌德不但全面地继承了它，而且明显地发展了它，使它超越他的时代、他的民族、他的阶级，成为一种更加积极、更加完美的人生观和世界观，成为对于整个世界和人类都有着深远意义和影响的歌德精神即“浮士德精神”。正因此，歌德不是哲学家，却常常被摆在世界最伟大的哲学家和思想家之列，被誉为“现代的苏格拉底”、“魏玛的孔夫子”，等等。①正因此，歌德尽管主要是一个诗人，却不只是一个诗人；尽管毕生主要从事写作，却不是个一般意义的作家。综观世界文学史和人类思想史，能如歌德似的以自己的思想精神对世界产生深远影响的大文豪真是凤毛麟角，少则又少；绝大多数哪怕是世界一级的作家，都不过是一个时代的记录者、描摹者和批判者，或者一个阶级的代言人而已。正因此，歌德也就特别难读难解。

歌德的伟大思想和精神，也即一种积极的面向未来的人本主义宇宙观和人生观，都具体而生动地表现在他的创作中，成为贯穿他一生主要代表作的红线，而且随着岁月的流逝、时代的进步和歌德本人阅历的增加，在不断地变化和发展。

早在狂飙突进时期的诗歌《普罗米修斯》和小说《少年维特的烦恼》中，他便热烈地讴歌人和人生，坚决要求让人性、包括人的感情等得到充分的尊重和发展，勇敢地向神和神的代表——宗教挑战。10 年后，在《神性》、《塔索》、《伊芙根妮在陶里斯》和《威廉·迈斯特的学习时代》里，歌德的人本主义思想从前边的热烈讴歌、反抗、挑战，发展为冷静的理性思考、论证和探索，从而告诉读者人和人性何以可贵，以及该如何去发展、完善人性。歌德以毕生精力完成的最后杰作《浮士德》以及《威廉·迈斯特的漫游时代》，则集他的人本主义宇宙观和人生观的大成，其中所塑造的已不仅仅是某个个体人，而是集体的人和人类的代表，已不仅仅是歌德时代现实存在的人，而是未来的理想的人。

还不止此，歌德还对这未来的理想的人的成长条件和生存环境，作了富于远见卓识的预想和生动有趣的描写。要证明此言不虚，我们再诵读一下老博士浮士德的临终独白，再到威廉·迈斯特的“教育省”里去漫游一番就行了。

在这儿，不能不提一提歌德关于全世界的人都是同类，各国人民应该相互理解、相互容忍的思想；提一提他在这种世界意识和人类意识的主导下，首倡了“世界文学”的主张。

由于以上的原因，歌德的伟大世所公认，备受历代不同阶级和思想倾向的代表人物的赞誉——

---

① 有位同行批评“魏玛的孔夫子”这个比拟性的提法，以为它仅仅出自某个德国教师的文章里，刊登在德中友协不够“学术”的刊物上，算不得“权威”。这位同行似乎不知拿歌德与孔夫子相提并论者大有人在，如辜鸿铭、郭沫若、张君劢、唐君毅，还有杨丙辰和德国大汉学家卫礼贤，等等。

与歌德同时代的英国历史学家托马斯·卡莱尔，在他1832年发表的《歌德之死》中写道："他的逝世宛如日落。太阳所展示的是万物的实体，这位世界诗人则是万物的精神洞察者和展示者。这个人的活动将影响何等深远啊？只要能相信这样一位诗人的存在，对我们这一代人已经是一种奖赏。"①

16年后，恩格斯在《英国状况》一文中说："歌德很不喜欢跟'神'打交道……这种人性、使艺术摆脱宗教桎梏的这种解放，正是他的伟大之处。在这方面，无论是古人，还是莎士比亚，都不能和他相比。"②

尼采在1886年发表的《人性，过于人性》一文中称"歌德不仅是一个善良和伟大的人，而且也是一种文化——歌德是德国人历史上一个没有后继者的插曲"。③

到了1947年，德国现代存在主义哲学的重要代表卡尔·雅斯佩尔斯则讲："歌德不是模仿的榜样，像其他伟大人物一样，他是我们的方向，——但是，他远远不只是方向，因为通过他所宣扬的人性，我们变得更纯净，更清澈，爱得更多更深。歌德是人类的一个代表……"④

在我们中国，近半个多世纪来歌德同样受到许多杰出人物的激赏、称赞。归纳起来，所特别强调的都无外乎歌德身上表现得十分突出的人性和人道精神，超越时代和国界的指向未来的人类精神。

为说明歌德的伟大，我们自然还可以举出许许多多的理由，举出他思想精神、立身行事乃至文学创作和科学研究的许许多多方面，但以上所述却是最根本的，最主要的。其他一切都由此衍化出来，都是他这根本精神的具体表现罢了。

谈到歌德的伟大，我们自然也会想到歌德身上渺小和庸俗的一面，想到恩格斯对他所进行的实事求是和富于辩证精神的评价。他那"连歌德也无力战胜德国的鄙俗气；相反，倒是鄙俗气战胜了他"这个论断，准确深刻地揭示了事物的本质，揭示了"最伟大的德国人"渺小和庸俗的社会根源，揭示了它们的时代性。它又使我想起冯至老师在《"论歌德"的回顾、说明与补充》开篇作为题词所引的歌德的话：

> 最伟大的人物永远通过
> 一个弱点与他的世纪相联系。
>
> ——歌德《格言与感想》

---

① 转引自Peter Boemer：*Johann Wolfgang Goethe* Bonn，Inter Nationes，1983，S. 186。

② 《马克思恩格斯全集》第1卷，第652页。

③ Peter Boemer：*Johann Wolfgang Goethe*，S. 188.

④ 卡尔·雅斯佩尔斯：《歌德和我们的未来》，同上，第194页。

由此，我想似乎可以说，歌德身上庸俗渺小的一面是次要的、时代性的，已随着那个鄙陋的社会成为历史而成为历史，已随着“庸人”和“小市民”歌德——当然，歌德即使作为一个人，也是伟大多于庸俗——肉体的逝去而逝去；而他的伟大作品和包含在这些作品中的伟大思想、精神，却因其自身的超时代性而保存了下来，因其超民族性而为世界各国人民所理解和珍视，并且必将作为人类的共同精神财富而长存下去。

我们中国人因此也一代一代地崇仰歌德，研究歌德，并将继续地崇仰和研究下去。我们在虚心地跨入他的精神世界以后都不能不发出感叹：

啊，永远的歌德！永远的伟大！

1992年8月第一稿

1998年12月改定

外编

歌德与中国

季羡林先生序

最近几年，杨武能同志专门从事于中德文化关系的研究，卓有成绩。现在又写成了一部《歌德与中国》，真可以说是更上一层楼了。

我个人觉得，这样一本书，无论是对中国读者，还是对德国读者，都是非常有意义的，它都能起到振聋发聩的作用。一个民族，一个人也一样，了解自己是非常不容易的。中国这样一个伟大的民族也不例外。在鸦片战争以前，我们根本不了解自己，也不了解世界大势，昏昏然，懵懵然，盲目狂妄自大，以天朝大国自居，夜郎之君、井底之蛙，不过如此。现在读一读当时中国皇帝写给欧洲一些国家的君主的所谓诏书，那种口吻、那种气派，真令人啼笑皆非，不禁脸上发烧，心里发抖。

鸦片战争以后，中国的统治者，在殖民主义者面前，节节败退，碰得头破血流，中国人最重视的所谓"面子"，丢得一干二净。他们于是来了一个一百八十度的大转变，一变而向"洋鬼子"低首下心，奴颜婢膝，甚至摇尾乞怜。上行下效，老百姓也受了影响，流风所及，至今尚余音袅袅，不绝如缕。鲁迅先生发出了"中国人失掉自信了吗?"的慨叹，良有以也。

怎样来改变这种情况呢？端在启蒙。应该让中国人民从上到下都能真正了解自己，了解历史，了解世界大势，真正了解我们民族的过去和现在，看待一切问题，都要有历史眼光。中国人民在世界人民心目中的地位，并不总是像解放前100来年那个样子的。我个人认为，鸦片战争是一个转折点。在这之前，西方人看待中国同那以后是根本不同的。在那以前，西方人认为中国是智慧之国、文化之邦，中国的一切都是美好的，令人神往的。从17、18世纪欧洲一些伟大的哲人的著作中，可以清清楚楚地看到这一点。从德国最伟大的诗人歌德的著作中，也可以清清楚楚地看到这一点。杨武能同志在本书中详尽地介绍了这种情况。

这充分告诉我们，特别是今天的年轻人，看待自己要有全面观点、历史观点、辩证观点。盲目自大，为我们所不取。盲目地妄自菲薄，也决不是正当的。我们今天讲开放，是完全正确的。但是，我们对西方的东西应该有鉴别的能力，应该能够分清玉石与土块、鲜花与莠草，不能一时冲动，大喊什么"全盘西化"，认为西方什么东西都是好的。西方有好东西,我们必须学习。但是,一切闪光的东西不都是金子。难道西方所有的东西,包括可口可乐、牛仔裤之类,都是好得不能再好、不可须臾离开的东西吗?过去流行一时的喇叭裤现在到哪里去了呢?我们今天的所思、所感、所作、所为应该能经得起历史的考验。千万不要重蹈覆辙,在若干年以后,回头再看今天觉得滑稽可笑。我在这里大胆地说出一个预言:到了2050年我国达到小康水平时,回顾今天,一定会觉得今天有一些措施不够慎重,是在一时冲动之下采取的。我自己当然活不到2050年,但愿我的预言不会实现。

这一本书对德国以及西方其他国家的读者怎样呢?我认为也同样能起到振聋发聩的作用。有一些德国人——不是全体——看待中国,难免有意无意地戴上殖民主义的眼镜。总觉得中国落后,这也不好,那也不好,好像是中国一向如此,而且将来也永远如此。现在看一看他们最伟大的诗人是怎样对待中国的,怎样对待中国文化和文学艺术的,会促使他们反思,从而学会了用历史眼光看待中国,看待一切。这样就能大大地增强中德的互相了解和友谊。这一点是可以断言的。

基于上面的看法,我说,杨武能同志这一本书是非常有意义的。难道不是这样吗?是为序。

季羡林

1987年11月30日于南京

引　　言

歌德与中国，中国与歌德——西方与东方，东方与西方，在人类历史发展的进程中，两者走到了一起，产生了巨大的后果和深远的影响。不只是中德或者东西方的文化交流，还有中德两国的文学乃至社会思想的发展演变的历史，都或多或少地反映在了歌德与中国的相互关系中。

100 多年前，德国已有人开始研究歌德对中国的了解认识以及受中国文化影响的问题。后来，其他一些国家的学者也就此题目发表了难以尽数的论文和专著。拿联邦德国著名汉学家、海德堡大学教授德博(Günther Debon)①的话来说，“这方面要研究的问题几乎都研究过了，要讲的话几乎都讲完了”。因此，笔者只准备将前人重要的成果加以归纳总结，系统地介绍给我国读者，并在必要时作一点分析和评论，这样便产生了本书的上篇。

反之，对于歌德与中国的关系的另一个重要方面，即有关歌德及其作品、思想在我国的介绍、研究和影响问题，却迄今未见有深入、系统的考察和论述。不独国内如此，国外亦然。也就难怪，在 1982 年纪念歌德逝世 150 周年前后，笔者发表几篇不成熟的文字，竟在国内外引起注意，应邀参加了在海德堡举行的“歌德与中国·中国与歌德”国际学术讨论会。随后，我又获得洪堡基金会的资助，到联邦德国深入进行同一课题的研究。

歌德与中国的相互关系是一个可以从不同角度在不同层次上进行研究的大题目。读者不难看出，本书着重的是比较文学的所谓影响研究，因此使用的主要是实证的方法，对文学和文学家谈得也比较多。有关的材料和事实是异常丰富的，只不过过去被淡忘了；现在发掘、整理出来，不仅可能使人感到新鲜，感到惊讶，还可能引起我们思考，给我们启迪。试问，有谁想到，在中国共产党的早期领导人中竟有不止一位十分重视歌德？在我们杰出的诗人和作家中，竟有那么多人

---

① 德博(Günther Debon，1921—2005)教授以研究和译介中国古典诗歌和《道德经》著称国际汉学界，从 1966 年开始担任海德堡大学汉学系主任达 20 年之久。

受过歌德影响，与歌德发生过关系？歌德的《少年维特的烦恼》这部小说，竟受到一代又一代读者喜爱，有不止一种中文仿作？歌德作品中的人物竟然改头换面，参加我们抗日宣传的行列？……材料的丰富和富有启发性使笔者禁不住产生一个希望，那就是这本浅薄的小书或许能得到学术界同仁的理解——这当然包括批评和指正——，能为较多的读者所接受，从而引起大家对于类似的研究的兴趣，使不久的将来便有更深刻的著作问世。

在几年来的研究工作中，我得到了前辈学者钱钟书、冯至以及联邦德国德博教授、鲍吾刚教授（Wolfgang Bauer）的指点，同辈学友杨义、张隆溪、赵毅衡等的帮助，特在此表示衷心感谢。

杨武能

1987 年 3 月于重庆四川外语学院

上编　歌德与中国

一、德国和欧洲启蒙运动前后的"中国热"
——歌德认识中国并受其影响的历史文化背景

源远流长的中西文化交流，在16、17世纪之交开始出现了前所未有的高潮。这是由于葡萄牙商人打开了从印度前来中国的海上航路，中西交流较前方便多了。①接着，大批基督教传教士涌来中国，据统计，到1780年为止，仅耶稣会一个教派派遣的神父和一般传教士就达456名之多。②他们大都学识渊博。为了取得明清朝廷和士大夫阶级的信赖，他们在宣传耶稣基督的教义的同时，还有意识地向人们介绍西方的近代科学文化，像意大利人利玛窦、闵明我，法国人金尼阁、杜哈德和德国人汤若望等，都是他们的杰出代表。在他们影响下，我国明清之际出现了徐光启、李之藻、王徵等一批学习和引进西学的著名学者。

然而，中西文化交流这第一次高潮的主要流向，却应该讲是自东而西的。通过传教士们的大量报道、著述和通信，中央之国地大物博、人口众多、历史悠久、文化发达、道德高尚以及康熙时代政治清明的情形，详细地介绍到了西方，使三十年战争前后历经劫难的人们惊羡不已，由此造成了持续近两个世纪的"中国热"。在德国，这"中国热"于歌德出生前后的启蒙运动和洛可可时期，达到了它的顶点。

1. "中国热"的表现

(1) 兴起追求中国时髦的Chinoiserie。

"中国热"最明显和充分地表现在，人们普遍地爱好来自中国的物品，热衷于模仿中国的艺术风格和生活习俗，以致形成一种时髦，即所谓Chinoiserie(汉风)。当时源源传入欧洲的除去早已闻名的丝绸和茶以外，还有瓷器、漆、漆器、糊壁纸、

① 在此之前，从中东经河西走廊或蒙古来中国的陆路充满了艰险，使想来中国的西方人大多要么望而生畏，要么半途而废。

② 参见L. Koch：*Jesuiten-Lexikon*，Paderborn 1934，S. 326。

皮影戏乃至轿子，等等。人们不但从中国大量进口这些东西，还竭力自行仿制，例如1709年在德国迈森，波特格尔(Böttger)终于烧制成了第一窑中国式的瓷器；自那以后，迈森这个地方一直以出产精美瓷器闻名全欧。人们不但引进这些东西本身，还引进使用它们的排场和方式，例如1727年，维也纳王宫中就下了一道懿旨，规定只有皇上的御轿才允许是黄色的，其他官员、贵族的轿子一律为黑色，等等，以通过颜色和造型来区分坐轿人的品级。在德国，也曾时兴过坐轿子，据记载，科隆大主教克勒门斯·奥古斯特(Clemens August)就喜欢像个中国大老爷似的让人抬着去巡视自己的教区；而迟至1861年，纽伦堡的市政府还郑重其事地颁布了一套坐轿子的新规定。①

与此同时，中国园林建筑艺术也在17世纪传入欧洲，先得到法王路易十四的赞赏，1670年在凡尔赛建起了中国情调的特里亚侬宫(Trianon)；随后又传到英国，与重视自然天成、反对雕琢修饰的英式庭园艺术融为一体，形成了中英合璧的新风格。②这种风格很快也在德国流行开来。于是，在波茨坦的无忧宫(Sanssouci)，在慕尼黑的水仙宫(Nymphenburg)和"英国公园"，在卡尔斯鲁厄的橘园以及其他许许多多皇家宫苑和庭园中，都出现了亭、榭、塔、桥等中国式的建筑以及曲径假山。

(2) 热衷于翻译出版关于中国的著述和中国经籍。

然而，人们并不仅仅满足于这些物的方面，还渴望对中国的社会、政治、伦理、道德以及文学等也有所了解。因此，"中国热"的第二个表现，就是大量出版关于中国的书籍，包括传教士的著述、商人的报告和旅行家的游记。除去1298年问世的马可·波罗的《东方旅行记》再次得到印行并引起极大重视以外，新出版的重要著述又有：1. 奉西班牙国王腓力二世派遣于1580年来到中国的奥古斯丁派传教士门多萨(F. L. G. de Mendoza)，于1585年在罗马出版《支那国王述新》，这部书4年后就出版了德文版 *Neue Beschreibung des Königreichs China*；2. 法国耶稣会士金尼阁(N. Trigault)于1615年出版《耶稣会在华开教史》，此书两年后出版了德文版 *Historia von Einfuehrung der christlichen Religion in dass große Königreich China durch die Societet Jesu*；3. 意大利耶稣会士卫匡国(M. Martini)于1654年出版《鞑靼战争史》，次年又出版了《中国新地图》(*Novus Atlas Sinensis*)；4. 1665年，出版了荷兰人诺依霍夫(Neuhof)的《使华游记》，这部书附

---

① 详见 A. Reichwein：*China und Europa*，Berlin 1923，S. 41。

② 与此自然天成的风格相反，欧洲原本更加流行的巴洛克园林讲究的是布局对称，树木则人为地修剪成了几何图形，可作此风格样板的有巴黎凡尔赛宫的大花园和维也纳的美泉宫(Schönbrunn)，等等。

有许多他自己绘制的铜版画插图，使西方人对中国第一次有了直观的认识；5. 1677 年，德国耶稣会士基尔歇尔（A. Kircher）用拉丁文出版了《中国图志》（*China Monumentis illustrata*），此书内容更深刻，插图更丰富，被誉为"17 世纪的中国百科全书"；6. 1696 年，法国耶稣会士李明（L. D. Le Comte）发表《关于中国目前状况的新观察报告》（*Nouveaux mémoires sur l'étatprésent de la China*），此书译成德文出版题名为《今日中国》（*Das heutige sina*）。①

在大量印行这些西方人自己的著述的同时，人们也开始翻译介绍中国的经典。最先出版的是耶稣会士英托塞塔（P. Intorcetta）用拉丁文翻译的《大学》（1662）和《中庸》（1673）。接着，比利时耶稣会士柏应理（P. Cou et）又重译了这两部典籍和新译了《论语》，收在他著的《孔子哲学》一书中（此书出版于 1680 年后不久，所用语言也是拉丁文）。1711 年，在布拉格印行了拉丁语的《中国六经》（*Sinensis imperil libri classicl sex*），除收柏应理上述 3 种译著外，还收了比利时耶稣会士卫方济（F. Noel）新译《孟子》、《孝经》和《三字经》。总的来看，17、18 世纪被介绍到西方的，还只限于在中国占统治地位的儒家的经籍。

这里特别值得一提的是法国耶稣会士杜哈德（J. B. Du Halde）的《中国详志》（*Discription géographgue, historigue, chronologigue, politigue et physigue de l' Empire de la china et de la Tartarie chinoise*）。这部 1735 年在巴黎出版的 4 卷对开本巨著，不仅如原文题名所标示的那样包含着有关中国地理、历史、政治、民俗、科技等方面的丰富内容，而且还收进了译成法文的元曲《赵氏孤儿》和《今古奇观》的 4 个短篇小说以及十几首《诗经》的诗。也就是说在《中国详志》里，欧洲人第一次直接读到了中国的文学作品，虽然它们的翻译都不怎么好，特别是《诗经》的那些诗，拿陈铨的话来说更叫"闹得一塌糊涂"。②继《中国详志》之后，1761 年又出版了英国商人韦金生（J. Wilkinson）翻译、白尔塞（T. Percy）润色的《好逑传》；白尔塞是以在美国刊行英国的《古诗笺存》著名的杰出作家，经他润饰的译文相当不错。此后，到了 19 世纪初，还出了英国人托姆斯（P. P. Thoms）翻译的《花笺记》（1824）和法国人锐慕萨（A. Reémusat）翻译的《玉娇梨》（1926）。所有这些在中国文学中充其量只能算二流乃至三流的作品，在欧洲曾经十分流行，歌德也全都读过。

---

① 关于这些著作的详细情况，可参阅：U. Aurich: *China im Spiegel der deutschen Literatur des 18. Jahrhunderts*, Berlin 1935; E. H. V. Tscharner《China in der cleutschen Dichtung》, München 1939。

② 见 Chen Chuan（陈铨）：*Die chinesische schöne Literatur im deutschen, Schrifttum*, Inaugur-Dissertation, Kiel 1932，此书中文题名为《中德文化研究》，商务印书馆 1936 年版。

这些介绍中国的书籍以及中国经典与文学作品的大量翻译出版和流传，产生了广泛而深远的影响，不只增进了人们对中国的了解和认识，还唤起了不满现状的学者文人对于远在东方的文明礼仪之邦的无限钦敬和渴慕。由此便导致了"中国热"的第三个表现，那就是在 17、18 世纪的启蒙运动和洛可可时期，出现了许多积极研究中国思想文化，主张与中国进行文化交流和虚心向中国学习的重要思想家和学者。

(3) 积极研究中国的思想精神、文化学术和社会现实。

德国启蒙运动早期的代表人物托马修斯(Ch. Thomasius, 1655—1728)，他在 1689 年以前就读了柏应理出版的《孔子哲学》以及收在里边的《大学》、《中庸》和《论语》，并且对儒家的哲学思想作过详细的评论。但他还说不上对中国哲学有深刻的认识，因此对之评价也不很高。

真正对中国的思想文化有深入研究、对中国称赞备至的是莱布尼茨(G. W. F. V. Leibniz, 1646—1716)。早在 1666—1667 年在纽伦堡学习的时期，他已接触到了诸如基尔歇尔的《中国图志》之类的出版物。他还通过朋友，向一位叫缪勒(A. Müller)的也可能是欧洲最早的汉学家提出了一系列关于中国语言文字的问题。1669 年，莱布尼茨已发表第一篇谈论中国的文章。1687 年，他读到了《孔子哲学》这部书，对孔子十分钦佩。但作为莱布尼茨一生中的重要转折点，则是他 1689 年在罗马遇见从中国回来的耶稣会传教士闵明我(C. Ph. Grimaldi)。从闵明我的口中，莱布尼茨自称"得到了许多关于中国皇帝本人以及他那非常进步的人民的十分可贵的消息"。通过与闵明我的交往，莱布尼茨心中燃起了对于有关中国的新知识的越来越强烈的渴望。他阅读了一切能得到的有关中国的书籍，潜心钻研中国的经典。1692 年，闵明我接受康熙的邀请，再次动身前往中国，以便接替已故南怀仁(F. Verbiest)原任的钦天监监正的职务。他刚离开罗马，莱布尼茨已寄出一封长信，向他提出了 30 个有关中国的问题，涉及的内容可谓无所不包。从此，莱布尼茨与闵明我以及其他许多传教士书信往来不断，直至 1705 年他们之间的关系才渐渐疏远。

1697 年，莱布尼茨用拉丁文出版了著名的(*Novissima Sinica*)《来自中国的最新消息》(亦译《中国近事》、《中国新事》)。①这部在当时极受欢迎、很快便获得再版的书，收集了关于中国的报道、通信和文献(如 1689 年的中俄尼布楚条约)，以及

① 此书已由北京外国语大学海外汉学研究中心译成汉语出版，并于 2005 年 7 月 30 日—8 月 1 日配合其首发式在北京举办了"莱布尼茨政治思想与《中国近事》学术研讨会"。

一些当时在欧洲难得一见的图片资料，如西安府的大秦景教流行碑、北京的观象台和穿着清朝官服的汤若望（Adam Schall）的画像等。特别值得注意的是在序言中，莱布尼茨将中西文化进行对比分析，指出西方长于思辨哲学、理论科学以及军事技术，中国长于伦理哲学、政治哲学、礼义道德；认为中国（Tschina）和欧洲乃是人类文明发展的两个高峰，只要两者结合起来，便可达到最完美的和谐，实现世界的大同；强调西方要向中国学习，在学习许多具体的东西之前，首先要学习中国的实践哲学和养身之道。他说："鉴于欧洲的道德沦丧的情况日趋严重，简直没个尽头，我就觉得几乎有必要将中国人的传教士请到我们这儿来，向我们传授自然宗教的教义和实践，正如我们派人去向他们传播启示的教义一样。因此我想，设若选一位贤明的人来作裁判，要他判定的不是3位女神中哪位最美，而是判定哪一国的人民最优秀的话，那他一定会把金苹果扔给中国人的，因为我们仅仅只在一个非人力的方面，即在我们神赐的对于基督的信仰这一点上，才优越于他们。"①

经过莱布尼茨这位大学者的积极宣传和推崇，中国成了人们向往的理想乐土，康熙皇帝——《来自中国的最新消息》第二版加进了白晋（J. Bouvet）绘的他41岁时的肖像——就成了人们景仰的贤明圣君，儒家哲学就得到进一步的介绍和传播。

作为莱布尼茨的后继者，克里斯蒂安·沃尔夫（Ch. Wolff，1679—1754）这位德国启蒙运动的大思想家以创立理性主义的理论体系而著称于世。他在研读了儒家的经籍以后，对其重理性、重实践的教育思想和教育制度极为赞赏，对其"以德化民"、"爱民如子"的政治主张和国家哲学十分推崇。他相信，只要实践这些思想和主张，便可挽救颓败的世风，祛除时弊，而不是如当时流行的观点所认为的那样只有等待上帝的恩典和拯救。1721年，他在接受哈雷大学副校长职务的典礼上作题为《中国的实践哲学》（*De Sinarum Philosophia practica*）的报告，大胆地阐明了自己的上述观点。为此，他被当局斥为"无神论者"，不但失去了大学副校长的职务，还被驱逐出哈雷市。但是沃尔夫的《中国的实践哲学》却流传开来，引起了极大的注意，1740年又由其他人从拉丁文译成德文出版，在整个欧洲产生了巨大影响。因为，在这篇报告中，古老的儒家哲学在西方第一次得到了系统、全面和详细、深入的阐述。②

在全欧洲范围内，还有伏尔泰和狄德罗这样伟大的启蒙思想家，也是中国文

---

① 关于莱布尼茨与他大力推崇中国文化和积极促进中西文化交流的情况，详见 B. F. Merkel：*Leibniz und China*，Berlin 1952；以及陈修斋的《莱布尼茨》（1994）等中国学者的著述。

② 详见 Tscharner：*China in der deutschen Dichtung*。

化思想的热情景仰者和传播者。伏尔泰视孔子为自己的思想的先驱，认为他是“自然的原始启示”的化身，说他认识了“最高的存在”的意义，因而也完成了一个人在世上所能完成的最伟大的业绩，自称“我非常专心地读了他的书，在这些书中谈的都是最纯净的道德”。[①]狄德罗称孔子为“中国的苏格拉底”，甚至将孔子置于这位古希腊哲学家和柏拉图之上。一次，他在海牙和人谈到中国的古代贤哲时说：“荷马是个糊涂蛋，普利琉斯（古罗马学者）是个大傻瓜，中国人才是最可敬的君子。”[②]至于伏尔泰还将我国的元曲《赵氏孤儿》改编成《中国孤儿》搬上欧洲舞台，则也早已是众所周知的中西文化交流史上的一段佳话了。

（4）假中国人之名杜撰讽喻现实的“中国文学”。

欧洲17、18世纪出现了一大批以中国为题材或假托中国人之名写的各类文学作品。

远在17世纪的巴洛克时代，就有不少文学作品写到中国，例如被誉为“德语诗歌之父”的奥皮茨(M. Opitz)的长诗《歌颂上帝的战争》(1628)，开德国流浪汉小说先河的格里美尔斯豪森(H. J. Ch. V. Grimmelshausen)的《痴儿西木传》(1669)，以及葡萄牙人平托(F. M. Pinto)的《平托奇遇记》(1671)和英国人希德(Th. Head)的《扬・彼鲁斯流浪记》(1672)等模仿《痴儿西木传》的作品，都是其中较有名的。在这些作品中，对中国的描写大多出自作者的想象，目的仅是满足读者对中国的好奇而已。

真正以中国为题材并且有事实为基础的作品，是洛恩施坦(D. C. V. Lohenstein)的《阿尔米琉斯》(1689)和哈格道恩(W. Hagdorn)的《艾全》(1670)。这两部卷帙浩繁的小说，都主要取材于卫匡国(Martini)的《鞑靼战争史》(1654)，写的是明末清军入关前后的事。如在《艾全》中，就具体写到了李自成起义、吴三桂勾结清兵从北京赶走李自成以及崇祯皇帝之死，等等，只不过李自成被丑化为残暴的叛贼，吴三桂却变成一位英雄的“骑士”。这两本书写的尽管好像是中国，实际上仍充满了巴洛克时期的游侠骑士小说的思想和情调，作者追求的只是冒险、艳遇、异国风情等给人以消遣的因素。

到了17、18世纪之交的启蒙运动时代，文学家的注意力随之转到了教化和讽喻时事方面。1721年法国启蒙运动思想家孟德斯鸠出版《波斯人信札》，在“信”中常常借中国旅行者之口对本国的弊政进行讽刺批评。由此引出了一系列诸如此

---

①② 转引自 Aurich：*China im Spiegel der deutschen Literatur des 18. Jahrhunderts*。

类的讽喻性“旅行书简”。[1]在德国第一个写这种“书简”的是法斯曼(D. F. Fassmam),此人系腓特烈·威廉一世身边讲笑话的弄臣式小官,他那长篇累牍的“书简”题名为《奉钦命周游世界的中国人》。

十分有趣的是在众多缺少真正文学价值的“旅行书简”中,还有普鲁士国王、腓特烈·威廉一世的儿子腓特烈二世(Friedrich II., 1712—1786)的大作。腓特烈二世在德国的历史上可谓功业赫赫,世称腓特烈大帝,因此他于 1760 年发表的《费费胡游欧书简》也格外受人青睐。这位“大帝”崇拜法国,所以“书简”系用法文写成。“书简”共计 6 封,都是主人公在旅途中向中国皇帝作的观感报告,内容涉及宗教、民俗、警务、政治等诸方面,而重点在于批评讽刺罗马教廷和教会。如在第四封信中,费费胡写道:“您的帝国是多么幸运啊,陛下,它有一个宽容而务实的、没有统治别人的欲望的教会!”又如在第五封信中,费费胡和一个葡萄牙朋友一起参观罗马的圣彼得大教堂,看见教皇竟然为人们用于征战的头盔和宝剑祝福,大为惊诧和不满。腓特烈二世的“书简”是匿名在科隆发表的,目的主要在发泄对于罗马教皇的不满,因为教皇在七年战争(1756—1763)中支持了他的对手奥地利。

与讽喻性的“旅行书简”同时盛行的还有所谓“道德小品”和“道德故事”。这类作品跟我国旧时代街头艺人说唱的“善书”颇有些相似,都是用当时欧洲人想象中道德高尚的中国的故事或寓言,去劝喻世人提高自己的德行。

以写“道德故事”出名的作家中有一位叫菲费尔(G. K. Pfeffel),他的代表作《寓言与故事集》系一首首短诗,宣扬的多半是儒家的孝悌伦常观念。试译其中一首《母与女》,以见一斑:

在中国,人们敬重白发,同时也
相信“黄荆棍下出好人”的道理。
一次一位 80 岁的老母亲责打
女儿,一个 60 岁的不成器的孩子。
女儿大声恸哭,泪如雨下。
母亲问她,为何这么痛哭流涕?
须知,我以前打得更狠、更重,
却从未听见你如此痛苦悲泣。
是啊,母亲,你说得太对了,

---

① 在英国,18 世纪时也出现了这样的“中国书简”,其中最有影响的为哥尔斯密的《世界公民》。

女儿哽咽着回答，唉——！正是
见你年老体衰，胳臂没劲儿，
我心中才感到格外痛楚，哀戚。

菲费尔在诗中极力夸大中国人的孝道，同时又相信某些从中国回去的旅行者的说法：这孝是靠棍子培养成的。

另一位写"道德故事"的作家叫塞肯道夫（F. V. Seckendorf）。他的代表作《命运之轮》（1783）写到老子和庄子，并且讲述了庄周化蝶的故事，值得引起注意。因为在此之前，人们只知道孔孟和他们的儒学，提到老庄或许以该篇为首。再者，整篇故事的说教气也不如同类作品明显，相反倒饶有诗意，这点似乎也像《庄子》。遗憾的是我们不知道《命运之轮》如何会有这些特点，以及从什么渠道了解了庄周化蝶的故事。①

如果说"道德故事"以教育老百姓为主的话，那么，同时出现的所谓"国事小说"（Staatsroman）就该是劝谏统治者了。最有名的"国事小说"作者为哈勒尔（A. V. Haller），他的第一部作品《乌松》（1771）写的是一个蒙古王子成长为既富有德行又勇武超群的贤明君主的过程。王子谨记中国古哲的教训，在执政后袭用了中国古代的许多好的典章制度，国力大增。晚年，乌松国王又以同样的办法培养孙子伊斯马尔，使他成为自己的继承人。在小说中，中国成了一个理想的国家。

但是，哈勒尔也知道《乌松》中的理想国不可能在欧洲出现，书中所包含的教诲和所推荐的典章制度难于为德国人所接受，于是又写了《阿尔弗雷德——盎格鲁撒克逊人的国王》（1773）。这部小说同样有很多关于中国的内容，主人公阿尔弗雷德被塑造成了德国的乌松。

在德国文学史上还有一位远比哈勒尔有名和重要的作家维兰特（Ch. M. Wieland），他也写过一部"国事小说"《金镜》（1772）。在"序言"中，维兰特假称小说出自一位不知名的中国作家"祥夫子"的笔下，他自己只是译者和出版者。小说采用《一千零一夜》的一个接一个讲故事的形式，充满了富于中国哲理的对话。小说着力宣传孔夫子的"礼"的巨大作用，宣传重实践、讲恕道的理性哲学和理性宗教。小说关于中国的内容多得自杜哈德的《中国详志》，有学者认为它也受了《赵氏孤儿》的影响。②这部小说对德国四分五裂的可悲现状多所讽喻，在一部分统治者中产生了很大影响。正因此，维兰特被魏玛公国请去当了年轻公爵卡尔·奥古斯特

---

① 在《中国详志》里收有庄周化蝶的故事，可能为塞肯道夫所采用。

② 详见 Erich ying-yen Chung：*Chinas Gedankengut in Goethes Werk*, Mainz 1977。

的老师，先歌德几年到了这个萨克森小邦中。从风格看，维兰特的小说已经有了洛可可的特征，其表现之一就是使用了一些中国的词语作为装点。

除去小说外，在诗歌、戏剧、歌剧乃至芭蕾和皮影戏等文艺形式中，也产生了许多以中国为题材的作品。如德国著名的作曲家格鲁克（Ch. W. Gluck，1714—1787），就曾不止一次地为洛可可风的“中国”歌剧和芭蕾谱曲。

综上所述，17、18世纪德国和欧洲掀起的“中国热”有三个主要表现：(1)在物质的方面追求中国时髦，形成了模仿中国工艺风格的Chinoiserie；(2)精神方面追求有关中国的知识，大量出版传教士等人关于中国的著述和中国经典（主要是孔孟哲学）的译本；(3)中国成了人们心目中的理想国，产生了许多研究和推崇中国的学者和著作，出现了许多写中国、美化中国、假中国人之名讽喻时政的各种样式的文艺作品。那么，欧洲当时为什么会产生如此大规模的“中国热”呢？

2. 出现“中国热”的原因

原因当然是很复杂的。要而言之，大致为以下三点：

(1) 历史、政治和社会原因。

欧洲尽管自宗教改革（1512）起算是结束了黑暗、蒙昧的中世纪，但是由此而产生的教派之争更加尖锐、激烈，德国、法国、英国无不受其困扰，尤其是在德国土地上进行的全欧性的三十年战争，更使欧洲特别是德国四分五裂，民不聊生，人心动荡。格里美尔斯豪森的小说《痴儿西木传》，就反映了当时欧洲社会的情况。这时候，耶稣会士们传送回来正处于康熙盛世的中国的消息，一个和平、统一、强大的东方帝国，一位勇武、博学、开明的年轻君主，一国勤劳、忠厚、礼让的人民，自然引起欧洲人无限的钦慕和向往。这是基本的历史和社会原因。

(2) 哲学、精神和思想原因。

作为维持这一东方“王道乐土”稳定的正统儒家思想，重理性、重实践、重教化，讲仁爱、讲孝悌、讲忠恕，以人类大同为崇高理想，这些正好与欧洲启蒙运动思想家提倡的理性主义、宽容精神和实现世界和谐统一的理想相吻合，也就难怪会出现像莱布尼茨、沃尔夫、伏尔泰、狄德罗那样热情推崇、积极宣传孔孟学说的伟大启蒙思想家，也就难怪儒家哲学会迅速传播，深入人心。这是深刻的精神和思想原因。

(3) 物质层面的原因。

5 000年的古老文明，的确产生出了不少精美而实用的日常必须的器物和工艺品，一经传入就引起了自认为历史短根基浅的欧洲人的羡慕、追求和摹仿，出现了所谓 Chinoiserie(汉风)。这是直接的物质方面的原因。

自然,在“中国热”高涨的过程下,也出现过“盲目引进”的情况,如放弃车马改坐轿子,而且还要讲究中国式的等级、排场,就是一例。也出现过“食汉不化”的情况,例如在仿瓷上将中国的石榴画成了洋葱,形成了所谓“葱采式”;在文学作品中生硬地加上中国名称、使用汉语词汇,等等。也出现过认为“中国的月亮比欧洲圆”,把中国说成是没有压迫、没有苦难的“王道乐土”,过度地将中国理想化和美化的情况,具体的例子在那些“道德故事”、“国事小说”中比比皆是;而狄德罗贬低自己的老祖宗荷马和抬高中国人的言论,更算得上妄自菲薄的典型了吧。

自然,在蓬勃的“中国热”面前,有数不清的赶浪头、趋时髦、坐着轿子风光风光的浅薄之人;但是,也不乏为了国家、民族乃至全人类的未来而积极主张学习中国,倡导和促进中西文化交流的先知先觉者,如莱布尼茨一样的有识之士。我们不能无视和抹杀前者造气氛、造声势的作用,更应尊重和铭记后者开拓道路、领导潮流的功绩。

17、18 世纪弥漫欧洲的“中国热”,一直到法国大革命前夕的狂飙突进运动时期才渐告消退。因为这时人们已摒弃“干枯的理性”而追求个性解放和感情自由,西方资产阶级共和国的理想已代替东方“王道乐土”的幻想。加之在中国做买卖不顺利的欧洲商人带回去的充满怨毒情绪的报告,已经逐渐改变了中国和中国人在欧洲的形象。尽管如此,中国仍然没有完全失去吸引力,研究中国、翻译中国作品、写“中国”小说、诗歌、戏剧的遗风影响仍然存在。这方面一个突出的例子就是歌德,以及与歌德同时代的赫尔德尔和席勒。

二、歌德——“魏玛的孔夫子”

德国人尊崇歌德为“魏玛的孔夫子”,意在说明这位大诗人和大文豪思想深刻、学识广博,以及对后世产生了巨大而深远的影响;笔者袭用此一比喻性质的提法,并不意味着可以将两位先哲或者说伟大的思想家等量齐观,而只是为了指出歌德与中国的关系的一个重要方面而已。

1886 年,也就是说在歌德逝世已经半个多世纪以后,在德国莱比锡出版了著名学者彼德曼的《歌德研究》①一书;在这本书中,他第一次提出了歌德与中国的关系问题来进行研究。自此,这个问题便引起人们注意,相继又出现了奥里希(U.

---

① Woldmar Freiherr von Biedermann: *Goetheforschungen*, Neue Folge, Leipzig 1886.

Aurich)、常安尔(E. H. v. Tscharner)、卫礼贤(R. Wilhelm)、施泰格尔(E. Steiger)、狄特玛尔(Ch. W. Dittmar)等重要研究家。

我国于1932年纪念歌德逝世100周年前后，也发表了不少谈歌德与中国关系的文章，而集大成者，则为商务印书馆1936年发行的《中国文学研究》一书。这本书是作者陈铨在德国撰写的博士论文①的中译，书里的一个主要内容，就是探讨歌德受中国纯文学的影响。此后，我国发表的有关文章，在材料方面都很少能超出陈铨这本专著。近年来，各国学者又有一些新的收获，其中旅居德国的中国学者Yang En-lin和Chung Yin-yen(Erich-hung)的研究尤其引人注目。

这里仅据掌握的资料，扼要地探讨和论述歌德与中国的关系的几个问题。

1. 歌德对中国文化的接触和了解

前面谈到17、18世纪德国和欧洲的"中国热"，介绍了歌德与中国发生关系的历史前提和社会背景。在这个大的前提下和大的背景中，便衍生出歌德接触了解中国和中国文化的可能性、必然性和局限性。

歌德的父辈显然也受过"中国热"的影响。在美因河畔法兰克福的诗人故居，二楼的主厅名字叫"北京厅"，厅中陈设着中国式的描金红漆家具，蓄着八字长须的彩色小瓷人，墙上挂的也是印有中国图案的蜡染壁帔。在同一层楼的音乐室里，摆着一架仿照中国家具风格制作的古老风琴，琴盖上绘有一幅典型的中国风景画：山水、杨柳、宝塔、垂钓，一派中国乡村的静谧气氛。这就是说，歌德还在孩提时代，已开始不自觉地受到中国文化的濡染。

歌德在莱比锡上大学的年代(1765—1770)，严重地受过当时欧洲流行的洛可可风气的影响，这是毋庸置疑的事实。现在有学者认为，在建筑艺术、家具制造和园庭布置等方面表现出来的奇巧轻灵、华丽雕琢的洛可可风，又受"汉风"特别是我国的明代生活方式和艺术格调的影响，②因此可以说，歌德在莱比锡时期同样不自觉地间接受了中国文化的影响。

17世纪后半期，由于莱布尼茨等大思想家的积极倡导，孔孟哲学开始在德国引起注意，到了18世纪的启蒙运动中，更得到广泛传播，备受推崇。据歌德遗留下来的一则拉丁文日记推断，他1771年在斯特拉斯堡学习法律时，已通过卢梭接触到了中国的哲学，可能读过诸如《大学》、《中庸》、《论语》、《孟子》、《孝经》等中国

① Chen Chuan: *Die chinesische sehöne Literatur im deutschen Schrifttum*, Inaugur-Dissertation, Kiel 1932. 此书中译本在台湾出版时即叫《中国纯文学对德国文学的影响》。

② 参见《Neues Großes Volkslexikon》Band 8, S. 217。以及《Das neue China》1979年第四期，第28页。

经典的拉丁文译本。①

然而,年轻时的歌德并不喜欢他周围这些“中国式”的或洛可可式的东西,对他读过的中国经典除写了一则短短的日记外也没有留下更多的印象。因为此时的德国正进入狂飙突进运动时期,整个社会风气已起了变化,而歌德深受启蒙思想家法国的卢梭和德国的莱辛等人著作的影响,以及他在莱比锡学习时过从甚密的该市艺术学院院长画家奥塞尔(A. F. Oeser)美学观点的影响,欣赏的是意大利文艺复兴式的单纯、素朴、宁静、伟大的风格,而“坚决反对涡卷形装饰和贝壳装饰以及离奇古怪的艺术趣味”。②青年歌德曾对家中“一些有涡卷形花饰的镜框加以指摘,对某些中国制的壁衣加以讥评”,结果引起了父亲的不快。③

1775 年,因写了《少年维特的烦恼》而名声大噪的歌德应邀到魏玛,做了卡尔·奥古斯特公爵的朋友、导师和臣僚。这不仅对诗人歌德一生的发展有重要意义,对他与中国的关系亦然。因为魏玛虽小,却有着浓厚的文艺气氛,而且和德国的所有小邦宫廷一样,也是亦步亦趋地学习法国,受以倾慕中国文化著称的法王路易十四影响很深,在赶中国时髦这点上同样不甘落后。例如,“富于中国智慧的”小说《金镜》的作者维兰特就被请去当了太傅,还有以写“道德小品”《中国的风化导师》闻名的塞肯道夫也是魏玛宫中的常客。在这样的环境中,歌德接触和了解中国文化的机会增多了,看法也随之发生了转变。

1736 年出版的法国耶稣会士杜哈德编纂的《中国详志》,在魏玛公爵的宫廷中颇为流行。歌德在 1781 年肯定已读过此书,证据是他在同年 1 月 10 日的日记里写上了“呵,文王!”这样一句话;文王在《中国详志》里一再被提及,这句话则表露了作为魏玛宰相的歌德对于“以德化民”的“理想君主”的“羡慕惊叹”。④《中国详志》是一本介绍“中华帝国”的地理、历史、政治以及科技文化等等的百科全书式的巨著,内中还收有元曲《赵氏孤儿》和包括《吕大郎还金完骨肉》等 4 篇出自《今古奇观》的短篇小说,以及十几首译得“一塌糊涂”的《诗经》里的诗。同年 8 月 11 日,歌德动笔将《赵氏孤儿》的故事改编成悲剧《哀兰伯诺》。这个悲剧几经修改,时辍时作,一直到 1806 年还是未能完成,颇令歌德感到遗憾。⑤

---

① 歌德提到的就是 1711 年布拉格印行的《中国六经》(*Sinensis Imperii Libri Classici sex*)。事见 E. Beutler, *Goethe und die chinesische Literatur*, *Das Buch in china und das Buch über China*, Frankfurt 1928。

② 详见刘思慕译:《歌德自传》上卷,人民文学出版社 1983 年版,第 316 页。

③ 同上,第 364 页。

④ 中外学者一般都持此说,唯德博(G. Debon)另有看法,认为歌德可能是从《中庸》的译本中知道了文王。详见 G. Debon《O Ouen Ouang!》打字稿。

⑤ 参见 *Goethe Werke*, Hamburger Ausgabe Band 5, S. 648—651。

1781 年 8 月 28 日，为了庆祝歌德 32 岁的生日，魏玛宫廷中的人们用迈宁根公爵格奥尔格从巴黎带回来的中国皮影，演了一出名为《米涅华的诞生、生平和业绩》的中国风格的戏。为此戏作曲的，就是上面提到过的塞肯多夫。为什么单单演中国皮影？当然是为了投合歌德在内的人们的喜好。

同样，在魏玛生活一段时间以后，歌德对他曾经讽刺过的“中国庭园”也喜欢起来了，1776 年搬进伊尔姆河畔的别墅时也在园子里建了一所中国式的用苔藓盖的小屋，作为他体验安静与孤寂的“隐居处”。还有在歌德参与设计的魏玛公园中，也有中国式的拱桥和圆顶亭子。①

又如，在歌德的私人收藏品中，有了一把精致的中国纸伞、一个装着火绒的小漆盒、一个面带微笑的坐着的小石人儿和两枚乾隆通宝，等等。他于 1786—1788 年间旅行意大利，对在那不勒斯等地的博物馆中见到的中国工艺品大加称赞。

1796 年 1 月，歌德与席勒在通信中曾讨论一本中国小说，这就是最早翻译成德文的中国长篇小说《好逑传》，但估计歌德当时尚未读完，②也不十分重视。

1797 年 12 月 6 日—1798 年 11 月 10 日，歌德曾从魏玛公爵图书馆长期借阅一本叫作《外国，特别是中国的历史、艺术和风俗新鉴》③的书，并从中抄了一段《一位中国学者和一名耶稣会士的对话》，送给席勒。歌德觉得这段对话“有意思极了”，使他“对于中国人的睿智获得了很好的认识”。所谓中国学者乃是一名僧人，与他对话的即 16 世纪来华的著名耶稣会传教士利玛窦。

1813—1819 年，歌德对于中国的兴趣剧增，大量借阅中国书籍的译本及有关中国的游记和外交人员的报告。仅据他在魏玛公爵图书馆一处借书的登记进行统计，④歌德在此期间涉猎的有关中国的图书不下 44 种，内容包括历史、地理、文学、哲学，其中有的书如《马可·波罗游记》还一借再借。

1817 年 9 月 4 日，歌德读了元杂剧《散家财天赐老生儿》，同年 10 月 9 日写信给友人克纳伯尔说：“我们一谈到远东，就不能不联想到最近新介绍来的中国戏剧。这里描写一位没有香烟后代不久就要死去的老人的感情，最深刻动人。”⑤

---

① 图见 Erich Chung：*Chinesisches Gedankengut in Goethes Werk*，S. 118。

② 见陈铨：《中德文学研究》，第 16 页。

③ *Neupolierter Geschichts*，*Kunst-und Sittenspiegel auslandischer Völker für nehmlich der Sinesen*，Nürnnberg 1670。此书作者为 Erasmus Francisci。

④ 歌德还曾在耶拿大学图书馆和耶拿皇宫图书馆借过同类的书，可惜具体情形已无资料可考，只有在魏玛的借书登记保存了下来，由艾丽舍·冯·柯伊德尔整理出版了《歌德借书目录》。

⑤ 参见《中德文学研究》，第 82 页以及 *Goethe Werke*，Hamburger Ausgabe Band 12，S. 302。

1818 年，歌德在汉学家克拉普洛特(Heinrich Julius von Klapproth, 1783—1835)[①]指导下学习过一段时间中国书法，并向图书馆借来中文手稿和印刷字板(Druckstock)进行观摹。后来，他还在魏玛宫中当众表演过写中国字。不少学者认为，他的《中德四季晨昏杂咏》第一首最后一句的 Zug in Zügen，就反映了歌德练习中国书法的感受；Zug 即笔画(Schriftzug)，Zug in Zügen(笔画套笔画)则道出了汉字结构的复杂错综。[②]

1827 年，歌德与中国文学发生了多方面的关系。1 月，他再次阅读《好逑传》，这次不仅仔仔细细读完了，而且在 31 日与爱克曼的谈话中对中国文学的特点作了认真的分析，指出"诗是人类的共同财富"，预言"世界文学的时代已快到来"。2 月初，歌德接连花了好几天时间研究和阅读中国诗体小说《花笺记》，并将附在后面的英译《百美新咏》中的《薛瑶英》和《梅妃》等 4 首诗转译成德文，当年就发表在他自己出版的《艺术与古代》杂志第六卷上。在为这几首诗写的未刊登的引言里，歌德称《花笺记》为"一部伟大的诗篇"。[③]5 月，歌德又读了中国另一部小说《玉娇梨》的法译本，并在书上写了很多评注。就是在《花笺记》和《玉娇梨》的启发下，歌德在同年 5 月和 8 月，成功创作了他著名的组诗《中德四季晨昏杂咏》。8 月，歌德还读了法国人大卫(M. M. Davis)选译的《中国短篇小说集》；这个集子计收《今古奇观》里的小说 10 篇，其中 4 篇原已包括在《中国详志》内。

以上所述，就是百年来各国学者锲而不舍，发微索隐，精心研究考证出来的歌德与中国和中国文化直接接触的事实。依据这些事实，我们便可以进一步研究他对中国的了解、认识以及受中国文化的影响等等问题，并引出实事求是的结论。

2. 歌德心目中的中国形象

从以上事实中我们首先可以看到，歌德与中国的关系并不限于一时一事，而是久远和多方面的。由于时代风气所致，他青少年时代就不知不觉地在客观上受过中国文化的熏染，虽然主观上并不欣赏；随着年龄和阅历的增加，他对中国和中国文化慢慢地注意和重视起来，研究的兴趣也越加浓厚。其中有两个年代又特别引起笔者注意，那就是 1813 年和 1827 年。

---

① 对于笔者在此称克拉普洛特为汉学家，有一位华裔德籍学者提出过批评，笔者的《汉学家克拉普洛特及其他》就是对他的回答，有兴趣的读者可以参阅拙作《三叶集》，四川文艺出版社 2005 年版，第 540 页。

② Günther Debon: *Goethes Chinesisch-Deutsche Jahres-und Tageszeiten in sinologischer Sicht*, in: *Euphorion*, Band 76/1982, S. 32.

③ 见陈铨:《中德文学研究》，第 30 页。

在欧洲历史上,1813年乃是一个重要的转折点:拿破仑在莱比锡大会战中的失败,带来了封建复辟的黑暗时期。歌德是拿破仑的崇拜者,作为资产阶级的诗人和思想家,不管表面行事上如何力求与周围的封建势力相安无事,适应妥协,他在骨子里对于封建制度仍是十分痛恨的。对于战前欧洲大陆上出现的社会动乱和战后紧接着到来的历史倒退,歌德感到厌倦了,失望了,他在《西东合集》首篇题名为"Hegire"(阿拉伯语,意即:逃亡)的诗中写道:"北方、西方和南方分崩离析/宝座破碎,王国战栗,逃走吧,逃向纯洁的东方,去呼吸宗法社会的清新空气……"

也就在1813年的11月10日,歌德给他在魏玛的友人克内伯尔(C. V. Knebel)写了一封信,把他的上述心情表达得更清楚:"最近一段时间,与其说是真想干点什么,不如说是为了散散心,我着实做了不少事情,特别是努力地读完了能找到的与中国有关的所有书籍。我差不多是把这个重要的国家保留了下来,搁在了一边,以便在危难之际——像眼下正是这样——能逃到它那里去。即便仅仅在思想上能处于一个全新的环境中,也是大有益处的。"

1813年以前,歌德与中国文化的接触一般是无意识的或带有偶然性的,对中国的事物并未表现出特殊的兴趣和赞赏:他1770年到斯特拉斯堡后很快就厌弃了受"汉风"影响的洛可可文艺;完成到意大利的旅行后还写过一首题为《罗马的中国人》的短诗,[①]对他认为是"病态的""汉风"进行讽刺;除上述的一则拉丁文日记外,歌德在其他地方从未提到过自己读过孔孟的著作;他虽于1781年动手按《赵氏孤儿》改写《哀兰伯诺》,但终于未能完成;他1797年第一次读《好逑传》,但却读不下去,更未作肯定的评论。然而,1813年以后的情形便大不一样了:他不仅大量和长期地借阅有关中国的书籍,而且翻译中国的诗歌,对于所接触到的中国的一切都赞颂备至。

在歌德个人的思想发展中,由于时代历史的原因曾于1813年前后出现一个转折,这是早有定论的;上述歌德对于中国的态度的明显变化,是否也可作为这一转折的佐证呢?看来可以。也就是说,歌德对于中国的态度的转变,与其自身的思想发展有着密切的关系:后者乃是前者的前提。

再说1827年。我们知道,1827年是歌德一生创作中最后一个兴旺时期的开端;在这最后6年中,他完成了《威廉·迈斯特》第二部和《浮士德》第二部。就是在1827年5月18日,差不多在创作《中德四季晨昏杂咏》的同时,歌德重新又着手完成自己中断了的"主要事业"——写作《浮士德》。[②]此其一。

---

① 此诗作于1796年,本意主要在回击让·保尔(Jan Paul)对他的《罗马哀歌》的指摘。

② 参见 *Chronik von Goethes Leben*, Insel-verlag Leibzig, S. 78。

如上所述,1827 年是歌德接触中国文学作品最多的一年,不但一本一本地认真阅读,而且精心研究,且看他 1 月底至 2 月初的部分日记①:

1 月 31 日。爱克曼博士。关于中国诗的性质。

2 月 2 日。研究中国诗。

2 月 3 日。《花笺记》。晚上自修,继续读《花笺记》。

2 月 4 日。晚上,《中国的诗》。

2 月 5 日。同约翰谈《中国女诗人》。夜里继续研读中国文学。

2 月 6 日。抄写《中国女诗人》。

2 月 11 日。晚上向爱克曼博士朗诵中国诗。

这些日记的内容虽然简单,却也足以说明歌德对《好逑传》等中国文学作品绝不是抱着猎奇或欣赏的态度,随便浏览浏览,而是专心致志,有他的目的。这目的就是学习和吸收别国文学的可取之处,因为"好的东西只要有用,就必须借鉴"。②此其二。

现在我们所要考虑的问题就是,在大量认真研读中国文学作品与重新开始完成自己的"主要事业"这两件看来并非偶然碰在一起的事情之间,是否存在着某些联系呢?应该说是有的。歌德要么是有意识地向中国文学作品学习,吸取其可取之处,以便更好地完成他的"主要事业"(歌德是在前一年的 2 月 11 日的日记里第一次使用这个词来称呼自己的《浮士德》创作);要么是无意识地从中国文学中获得了启示或者说灵感。无论怎么讲吧,在歌德最后几年的创作中,是会有中国的影响存在的;至于具体是怎样的影响,后文将进行专门的探讨。

从歌德接触中国和中国文化的具体事实中,我们还可以看出他对中国的了解,比之当时欧洲的一般人乃至一般学者都要多得多。1827 年 1 月 31 日他与爱克曼之间有关《好逑传》的那一场对话,足以证明这点。他告诉爱克曼,中国的小说并"不像你想象的那么怪","人们的思想、行为和情感几乎跟我们一个样,我们很快会觉得自己跟他们是同类"。爱克曼问,《好逑传》"也许是他们最杰出的小说之一吧"?"才不哩",歌德回答,"他们有成千上万这样的小说,而且早在我们的祖先还生活在莽莽森林里,就已经有了"。③

过去,我们在分析这两段话时常得出匆忙的结论:歌德仅仅读到《好逑传》一

---

① 转引自《中德文学研究》,第 131 页,以及 G. Debon: *Goethes Chinesisoh-Deutsehe Jghres-und Tages Zeiten in sinologischer Sicht*, in: *Euphorion*, S. 29。

② 《歌德谈话录》,杨武能译,四川文艺出版社 2008 年版,第 134 页。

③ 同上,第 133 页。

类的少数二三流作品而能有如此正确的见解，足见他是一位伟大的天才。笔者现在固然也不否认歌德有其超过常人的洞察力，但他关于中国文化和历史的正确见解，却应该讲主要是认真阅读有关中国的书籍和中国文学作品的结果，其中包括像《中国详志》和《马可・波罗游记》之类富于知识性的书。

但是，歌德对于中国的了解和认识尽管比欧洲当时一般的人要多得多，要深刻得多，本身却并不十分正确和全面。因为，对于中国这样一个远在东方的历史悠久、幅员辽阔的伟大国家，对于中国丰富多彩而又完全属于另一个体系的思想文化，是不可能通过一些书本上的知识所能很好理解的，更何况这些书本身就可能给人以片面的甚或虚假的知识和信息。问题在于，歌德所接触到的究竟是怎样一些性质的书。

歌德接触到的第一类有关中国的书，是外国人写的介绍中国的游记和报道，如《马可・波罗游记》和《中国详志》等。这类书固然包含着关于中国历史、文化、风土人情各方面丰富的知识，但作者大多为来华的旅行家、传教士或者外交官，观察问题的方法和角度多半有偏差。通过这种第二手的资料，歌德是难以看到一个真实的中国。

对于歌德之认识中国和中国的思想文化来说，更重要的是第二类书，即中国本身的哲学和文学著作。然而受着文化交流水平以及欧洲本身在启蒙运动时期的思想倾向的局限，歌德所接触到的这一类书也只反映了中国思想文化的一个侧面，即孔孟的儒家思想。《大学》、《中庸》、《论语》、《孟子》这些儒家经典自不必论；我们只需再简单分析一下他所读过并大加赞赏的文学作品。

最先为歌德读到并赞赏的为元人纪君祥所撰杂剧《赵氏孤儿》。故事梗概是奸臣屠岸贾处心积虑要杀害忠臣赵盾一家，进而弑君篡位。为救赵家的最后一个婴儿，屠岸贾的家将韩厥自刎身亡；赵家的义仆程婴不但牺牲了自己的亲生儿子，而且忍辱负重，抚养赵孤；程婴的好友公孙杵臼则代替程婴让屠岸贾杀死。赵孤长大成人后报仇除奸，屠岸贾一家被满门抄斩。这个剧本十分突出和动人地表现了一个“义”字。

第二部受到歌德称赞的也是一部元代杂剧，即武汉臣所著《散家财天赐老生儿》。写的是财主刘禹年老无子，为了不绝香烟后代，先是向穷人散钱，以求上天给以子嗣；待到侍妾小梅为他生了儿子后，又将财产分为三份，女儿、侄儿和自己的儿子各得一份，以息财产继承权利之争，所谓“疏财留子”。孔孟之道有所谓“不孝有三，无后为大”，剧本《老生儿》所极力宣扬的就是一个“孝”字。

再有就是最受歌德赞赏的《好逑传》、《花笺记》和《玉娇梨》等几部明清时代的小说。正如陈铨所说，这几部书虽然都在所谓“十才子书”之内，实则价值不大，唯有《好逑传》在结构和男女主人公个性的塑造上有某些特点。[①]它讲的是官家公子铁中玉与官家小姐水冰心在患难中相互救助，彼此产生了爱慕之情，但尽管如此，两人同居一室却“五夜无欺”；后来双方父母作主让他们结合，他们始而不从，后来不得已才“名结丝罗以行权，而实虚为合卺以守正”，以避“先奸后娶”之嫌。他们婚后果然微言四起，结果由皇帝皇后出面令宫人对水冰心进行检查，证明她确系贞身。这样，铁水两人才既成就了好事，又保全了名节。这样一部小说，可算把“男女授受不亲”的孔孟礼教渲染发挥到了极致，难怪其作者自命为“名教中人”了。《玉娇梨》和《花笺记》在情节与艺术风格方面虽有别于《好逑传》，但同为才子佳人小说，思想倾向也没有差异，这里就不再赘述了。

总之，歌德所读过的中国文学作品，包括这里未一一作具体分析的《吕大郎还金完骨肉》等 10 篇《今古奇观》小说，在思想倾向上统统都超不出孔孟之道的“礼”、“义”、“仁”、“孝”这样一些范畴。也就是说，不管在文学中还是在哲学中，歌德所看到的都只是一个儒家思想所统治的中国，孔夫子的中国。[②]

然而，在中国的历史上尽管长期以儒家思想居于统治地位，中国在事实上却绝非仅仅是孔夫子的中国，与孔子同时的老子的道教思想以及汉代以后传入的佛家思想，在中国特别是民间的影响同样是非常大的。中国人的思想和生活方式在不同时代和不同阶层中呈现出不同形态；而反映现实生活的文学作品也就各式各样。我们在上述宣扬孔孟之道的《好逑传》等作品之外，还有许多更加有价值的非孔孟之道和反孔孟之道的戏剧、小说和诗歌，只可惜歌德未能接触到罢了。

由于这种接触和了解的片面性，歌德对于中国的认识就很难正确和全面。且看他所描绘的中国的形象：

> 在他们那里一切都更加明朗，更加纯净，更加符合道德。在他们那里一切都富于理智，都中正平和，没有强烈的情欲和激扬澎湃的诗兴……在他们那里，外在的自然界总是与书中人物共同生活在一起。人们总是听见池子里的金鱼在泼剌剌地跳跃，枝头的小鸟儿在一个劲儿地鸣啭，白天总是那么阳光明媚，夜晚总是那么清朗宁静；写月亮的时候很多，可自然景物并不因其改变，朗朗月华在他们的想象中明如白昼。还有房屋内部也精致、宜人得一如

---

① 《中德文学研究》，第 19 页。

② 西德著名汉学家鲍吾刚(Wolfgang Bauer)认为，歌德平生只有一次接触中国佛道思想的机会，即在读前述《一位中国学者和一名耶稣会士的对话》的时候。

他们的绘画。例如，“我听见可爱的姑娘们的笑声，随即看见她们坐在纤巧的藤椅里”。这情景立刻让人觉得美不胜收，因为藤椅必然使你联想到极为轻巧，极为纤细。而且故事里随时穿插着无数典故，援用起来恰似一些格言。例如讲到一位姑娘的双脚是如此轻盈、纤小，她就是站在花上，花也不会折掉。又讲一个青年男子，德性和才学都很出众，所以30岁时便获得了和皇帝谈话的恩宠。还讲到一对情侣，双方长期交往却洁身自好，一次不得已在同一间房里过夜，仍旧只是以交谈打发时光，谁也不曾碰一碰谁。类似的无数典故，全都着眼于伦常与德行……①

这样一幅图画看起来似乎很美和很明朗，但却并没有反映出现实的中国；它只存在于孔孟的说教中，存在于“名教中人”之类的孔孟之徒杜撰的才子佳人小说里。如果歌德有机会读到《金瓶梅》、《红楼梦》或者《牡丹亭》，他就绝不会再说什么中国一切都“更合乎道德”，“没有强烈的情欲”；如果他读过《西游记》或《聊斋志异》，他就再不会认为中国总是鸟语花香、“阳光灿烂”、“月白风清”；如果他知道在所谓“道德和礼仪”的祭坛前，牺牲了多少像林黛玉和贾宝玉似的青年男女，他就绝不至于再欣赏中国姑娘轻盈的金莲，以及《好逑传》中铁中玉和水冰心之间那种“贞洁自持”。歌德对中国的认识是错误的，而由此所得出的结论更加成问题。他说：“正是这凡事都严格节制，使中华帝国得以历数千年而不衰，而且还会这样继续维持下去。”②我们说，靠着“这种在一切方面保持严格的节制”，靠着孔孟的“礼仪和道德”，得以维持几千年之久的不是中国本身，而是中国长期的封建制度。相反，历史已经证明，中国要想长存，要想发展，就必须破除那样的“礼仪和道德”，顺应历史潮流，奋发进取，不断实行变革。

写到这里，有必要说明，笔者绝无意于苛责生活在100多年前的德国大诗人歌德，而是试图客观地指出歌德对于中国的了解和认识并不全面和正确这一事实；而促使笔者这样做的，是我们应该认识到，在引述歌德有关中国的言论特别是那些赞扬之词时，也不能不加以分析，而不能一味地加以肯定，甚而至于忘乎其行，沾沾自喜。

歌德对于中国的片面认识，固然主要是因为他受时代和环境的局限，无法全面地了解中国的政治、历史和文化思想所致；但是以他这样一位欧洲资产阶级革命时代的大思想家，却赞赏维系中国封建制度的孔孟思想体系的“礼仪”、“道德”、“节制”，等等，又不能不说与他本人晚年政治思想保守的一面有关。他在前文引

①② 引自《歌德谈话录》，杨武能译，第133页。

过的“Hegire”一词中自我表白，他是厌恶身边充满矛盾、斗争和动乱的现实，才“逃向纯洁的东方”，为的是“呼吸宗法社会的清新空气”；他在晚年常常讲什么“断念”(Enfsagung)，什么“放弃”(Resignation)，这与孔孟之道的“中庸”和“节制”的意义是颇为相近的。在《好逑传》、《花笺记》和《玉娇梨》等小说中，歌德看见了如他所描绘的那么一幅明朗、和谐、合乎道德的社会图画，在那儿没有他厌恶的矛盾、斗争和动乱(有矛盾也总会得到圆满的解决)，只有阳光灿烂、花香鸟语、月白风清，与他想象中的“纯洁的东方”完全一样，因此加以赞赏。然而这样一幅社会图画，这样一个“纯洁的东方”，在现实中并不存在，只存在于孔子和歌德自己的理想中。

3. 中国文化对歌德的影响

在德国，歌德干脆被人称为“魏玛的孔夫子”[①]；在中国，从郭沫若开始，不断有人将歌德与孔子相提并论。[②] 如果以歌德与孔子一样同为对后世产生了深远影响的一代大思想家，而且歌德在晚年与孔子的思想还产生了许多共鸣而言，那样称呼和那样对比又未尝不可。再者，两位大哲人在思想上的共鸣或一致之处，也不仅仅限于“节制”和“中庸”这些消极的方面；他们都主张有为哲学，对现世人生极端地肯定，信奉人道，不信鬼神。

子曰：“未知生，焉知死？”(《论语》《先进》)。歌德也说：“不要老是憧憬遥远的未来，于此时此地发挥你的大才。”[③]

子曰：“未能事人，焉能事鬼？”(《论语》《先进》)而作为歌德化身的浮士德，他也在为广大民众谋福利中，在事业中找到了人生的真谛，反过来魔鬼靡非斯托则只能供他役使而已。

在《浮士德》第二部和《威廉·迈斯特》第二部结尾时所表现的乌托邦理想，与孔子以“仁”为核心的大同主义理想，不是也有某些类似之处吗。

还有一件事在德国的学者中间引起了很大的兴趣和注意，那就是歌德在《威廉·迈斯特的漫游时代》中关于所谓教育省的描写。在这个“教育省”里，对青少年实行一种“三敬畏”(dreifache Erfurcht)的教育，即一敬畏在自己之上者天，而天的化身和体现者就是父母、老师和首长；二敬畏在自己之下的地；三敬畏在自己周

---

① 见 Hans Ewers：*Goethe—der Konfuzius von Weimar*，in：*Das Neue China*，Nr. 4/79，S. 28。

② 郭沫若将歌德与孔子相提并论，见《三叶集》，第12—15页；此外张君劢、唐君毅等也以《歌德与孔子》为题写过专论。

③ 此系《中德四季晨昏杂咏》最后一首诗中结尾的两句。

围的同类，也就是说在对人处世时不能只顾自己，而要大公无私。①在这个教育省里，一切都井然有序，例如不同教育程度的学子所穿衣服的式样和颜色也不同，向人行礼的姿势动作也不同。②在这个教育省里，学童们在从事集体活动时总是唱着歌，每种活动都有特定的歌曲相配合，从而变得既愉快又协调。在这个教育省里，重视从实践中学习，每个学童都得学习一种有用的本领，或耕耘，或畜牧，或行医，或演奏乐器，或雕刻绘画……读到这样的描写，一般德国人多半会惊叹于歌德奇异而丰富的想象力，可我们却极自然地要想到我们的"大成至圣先师"。那"三敬畏"的头两敬畏的对象，加在一起不正好是写在"至圣先师"神位前那块小牌子上的"天、地、君、亲、师"5个字么，在歌德那里只不过是把次序稍微颠倒了一下而已。那第三敬畏的要求则差不多相当于"仁"。那秩序井然、充满歌声的教育区，也与重视礼仪、处处弦歌的山东曲阜的情形，不无某些类似。尽管歌德与孔子所要求学生掌握的"艺"或"术"在种类的多少和性质方面不一样，但在强调实践和"因材施教"这点上却又一致。生活在相隔2 000多年的不同时代的孔子与歌德之间，教育思想竟会出现这样的巧合！？

儒家重理性、重实践、讲恕道、讲仁爱的教育主张和以孝悌为核心的伦理思想，如前所述，在德国是深得莱布尼茨和沃尔夫等启蒙思想家赞赏的。到了歌德这一代人，中间尽管经过了狂飙突进时期的曲折，孔子在人们心目中的大哲人和大教育家的地位仍然没有动摇。1724年，法兰克福出版了毕尔芬格(Bülffinger)编辑的拉丁语《孔子格言》(*Specimen doctrinae veterum Sinarum moralis et politicae*)；1794年，舒尔泽(Ch. Schultze)又出版了德文的《孔夫子的格言与警句》(*Aphorismen oder Sentenzen Konfuzius*)，"子曰"可谓进一步普及到了民间。与歌德同时代而且关系极为密切的一些作家如维兰特、赫尔德尔和席勒，都在一定程度上受过歌德的影响或启迪：维兰特写过《金镜》等富于中国哲理的小说；赫尔德尔晚年亲手从拉丁文转译了《中庸》的前15节，收在他编辑的刊物Adrastea(报应女神)中，并且还出版了一本反映孔子嘉言懿行的故事集《日常的楷模》(*Exempel der Tage*)；席勒则在1795年和1799年，相继创作了两首名为《孔夫子的箴言》的诗。而歌德年轻时在斯特拉斯堡读过《大学》、《中庸》、《论语》、《孟子》、《孝经》和《三字经》后，虽然还不欣赏，却在日记里写下了"年长者的学校，不变的持中，年幼者的学校，智慧之书"这样一些字句，说明对儒家的教育主张至少还是留下了比较鲜明的印象。所谓"年幼者的学校"，看来是指《孝经》而言。至于老年歌德，便

①② 见汉堡版《歌德文集》第八卷，第155、149页。

明白无误地对孔子倡导的孝道极为赞赏，称元杂剧《老生儿》最深刻动人。

鉴于上述情况，我认为歌德非常可能直接受到了孔子教育思想的启发或影响；他那《威廉·迈斯特的漫游时代》中的“教育省”，也就是一所歌德理想中的“年幼者的学校”。

早在20世纪30年代初，著名德国汉学家卫礼贤已指出“中国道德底出发点和他(歌德)的人类教育底出发点的相同”，并且把歌德在《威廉·迈斯特》中的话和《孝经》具体对照，认为它们十分相似；只是说“至若他有没有见过《孝经》，则吾人现尚不能断定”。①

也在《威廉·迈斯特的漫游时代》中，嵌有一个题名《50岁的男人》的中篇小说。它第一稿发表在1821年，在1827年定稿出版时，内容尤其是结尾都作了明显的修改。这一改变，特别是小说女主人公希拉莉坚决拒绝与自己所爱而又是她的母亲要她嫁的青年结为夫妻，照彼德曼·奥里希和常安尔等研究家的看法，显系受了歌德所十分喜爱的《好逑传》的影响。而事实上，歌德在修订《50岁的男人》的期间，的确脑子里是装着《好逑传》的。② 不过，也有研究家如狄特玛尔反对这一推断。她反对的主要理由是，希拉莉和水冰心虽同为拒婚，但动机却完全不一样，水冰心是避“先奸后娶”之嫌，是出于对世俗礼教规范的顾忌；希拉莉则由于自己的感情还不适应小说结尾时情况出现的转折。也就是说，前者是外因，后者是内因。

已经有了定论，被认为是在中国文学影响下产生的作品有两种，即悲剧《哀兰伯诺》和组诗《中德四季晨昏杂咏》。

《哀兰伯诺》只写成了两幕。1828年歌德在与友人奥古斯特·村·马尔迪茨谈话时说：“我也对这个片段怀有偏爱；如果我愿意赠给德国人一出好戏，我就应该在这条路上继续走下去。可叹的是一个人能开始的事如此多，能完成的事如此少！”③

《哀兰伯诺》在主要剧情方面显示出受了《赵氏孤儿》的影响。主人公哀兰伯诺相当于赵孤，他在还是婴孩时父亲被妄图篡权的李库斯所暗害，自己后来却被杀父的仇人错当作亲子抚养成人。从哀兰伯诺在不知情的情况下立下的誓言看，这个剧如继续往下写，他也有可能像赵孤一样报杀父之仇。

《哀兰伯诺》与《赵氏孤儿》在情节上的近似，最早为W. V. 比德曼所指出。现在又有人认为，它的某些个细节，如亲子离散多年后相逢虽不认识却自然产生感

---

① 见卫礼贤：《歌德与中国文化》，收宗白华编《歌德研究》，中华书局1936年版，第283页。

② 见Ch. Wagner-Dittmar：*Goethe und die deutsche Literatur*。

③ 见汉堡版《歌德文集》第5卷，第651页。

情共鸣以及凭身上的痣瘢或伤疤认出丢失的孩子等，又和《今古奇观》的小说《吕大郎还金完骨肉》大同小异。这篇小说的德文译名为《喜儿》(*Hi Oehr*)，也收在《中国详志》中，可能与《赵氏孤儿》一起同时为歌德所读到。①

不过，《哀兰伯诺》在形式、格调和艺术处理上却与中国戏剧没有任何共同之点，而是以古希腊悲剧为楷模，其主要人物的姓名和身份等都是从古希腊悲剧家欧里庇德斯一出散佚了的悲剧的残篇中借用来的。

与《哀兰伯诺》相比，组诗《中德四季晨昏杂咏》的中国因素就要多得多，情况也更复杂，所以百余年来吸引了无数的研究者。在德、美等国，人们已将这14首诗进行了逐首逐段甚至是逐字逐句的分析，以找出中国对这组诗的影响。如前所述，《中德四季晨昏杂咏》的主要部分，都是1827年5月，歌德在读《花笺记》和《玉娇梨》这两部小说以及《百美新咏》中的一些诗歌的同时或稍后写成的；从组诗的题目本身以及诗的内容都可明显看出，他是把自己阅读所得的印象和感受，与自己当时的所见、所闻、所思、所感融合在一起，借景抒情，托物咏志。应该讲，诗中的中国因素和德国因素是不容易截然分开的。

总之，歌德一生与中国发生过多方面的接触，但由于时代和本人思想的限制，他对中国的认识不可能是全面的，晚年思想与我国儒家哲学发生了许多共鸣，创作也有不少受中国文学影响的表现。

此外，还必须指出，由于歌德在德国民族文化思想形成和发展中的崇高地位，中国文化通过对他的影响，也进而影响了整个德国。我国的哲学特别是孔孟哲学，如果说是由于莱布尼茨的提倡而得以在德国流传的话，那么，中国的文学则在很大程度上是由于歌德的重视和赞赏，因而才开始为德国乃至欧洲所刮目相看的。在歌德以前，有人甚至怀疑平庸如《玉娇梨》这样一部小说乃是法译者锐慕萨假托中国人的名义所著，说什么“一个像中国那样受人鄙弃的民族，不可能产生这样的杰作”。②在歌德之后，德国人对中国文学的兴趣和重视普遍增加，不但大量翻译中国的小说、戏剧、诗歌，还对中国的戏剧进行改编和仿作，整个汉学的研究也得到了发展。

三、歌德和他的著名组诗《中德四季晨昏杂咏》

有人认为它是歌德晚年抒情诗创作的重要成果，有人视它为那部只写到阿拉

① 见 *Das Neue China*, Nr. 4/79, S. 30。

② 参见《中德文学研究》，第27页。

伯的“西方作者的东方诗集”——《西东合集》的补充，有人称它为歌德在写完《威廉·迈斯特》第二部之后与开始《浮士德》第二部之前的一个“调剂和喘息”……诸如此类的看法，都并非没有道理。然而，组诗《中德四季晨昏杂咏》之所以为人瞩目和引起世界各国研究者的巨大兴趣，主要还因为它是歌德多年来孜孜不倦地学习中国文化的结晶，反映出了中国文学给予歌德的启迪和影响，反映出了歌德对于中国精神的理解、共鸣和接受。

以德国的歌德研究家 W. V. 彼德曼开其端，100 多年来，已有不知多少学者对组诗进行了详尽而细致的分析和研究，希图寻找出其中的中国因素。这种做法，对于西方人来说实为必要，对于我们中国的读者却显得多余；因为，只要认真地读一读组诗的译文，我们每个人都会有切身的感受，都能在稍加思考之后作出自己的判断。归纳起来，这感受和判断大致就是“似曾相识”。也就是说，《中德四季晨昏杂咏》的中国味道是相当浓的。这里只交待一下组诗产生的时间、环境和重要契机，可能会有利于读者更好地理解和欣赏。

1.《中德四季晨昏杂咏》诞生始末

组诗包含长短抒情诗和格言诗 14 首，大部分都写成于 1827 年的五六月间。当时歌德已届 78 岁的高龄。他在终于完成了长篇巨著《威廉·迈斯特》第二部的艰辛创作之后，丢开在魏玛城中的琐屑事务，于 5 月 12 日来到他坐落在伊尔姆河畔的花园别墅中小憩。时值春光明媚，远离尘嚣的园子里一派蓬勃生机，诗人不禁心旷神怡，流连忘返，便在那里住了下来，一直到 20 多天后的 6 月 8 日才回魏玛。①晨昏月夕，花鸟草木，美好大自然的神奇变化激起了歌德的遐想，引发了他的诗思。或即景生情，或托物言志，或借景抒怀，一首一首情真意切的诗歌便从老诗人的心中涌泉般地流了出来。

组诗产生的时间和环境两个方面，更加重要的是时间。因为 1827 年，如前所述对歌德与中国的关系而言至关重要。在这一年，他重读了《好逑传》，并在与爱克曼的谈话中对中国文学发表了很好的见解；②他新读了《玉娇梨》和《花笺记》这两部明代小说以及附在《花笺记》后边的《百美新咏》的一些诗，他不仅读，而且将

---

① 歌德在 5 月 24 日写给他朋友泽尔特的信中说：“告诉你，亲爱的朋友，我礼拜六，5 月 12 日完全是身不由己地来到了我下边的花园里，唯一的想法就是在这儿散散心。谁知此地春光美丽无比，我感到惬意极了，不想留也就留了下来，直到今天耶稣升天节还呆在这儿。近些日子我一直在写作。我希望其他人也和我一样生活愉快。”转引自 Erich Chung：*Chinesisches Gedankengut in Goethes Werk*，S. 212。

② 参见《歌德谈话录》，朱光潜译，第 133 页。

其中的 4 首诗译成了德文。[①]值得注意的是，这一切都发生在歌德写《中德四季晨昏杂咏》之前的两三个月内。《玉娇梨》、《花笺记》的男女主人公在庭园中的花前月下邂逅相爱，以及白大人、吴翰林、苏御史等“日日陶情诗酒”的场面和情景，于他都还历历在目；《梅妃》、《开元宫人》等七绝五律，以及诗体小说《花笺记》和另外两本小说中大量序诗、引诗的韵律和音调，都还回响在他耳畔。因此，歌德在开始写组诗时，可以说是刻意在模仿中国诗歌的格调，以表现中国的精神和情趣。正因此，组诗的题名一直都干脆叫《中国的四季》(*Die chinesischen Jahreszeiten*)；直到后来经过修改补充，在 1830 年正式发表时，才更名为《中德四季晨昏杂咏》(*Die Chinesisch-Deutschen Jahres-und Tageszeiten*)。这一更改大概表明，歌德已意识到诗中包含着他本人的大量思想情感乃至经历体验，也就是说渗进了不少德国的成分，再不能仅仅称作“中国的”了。

那么，在这 14 首中国格调的抒情诗中，又隐晦曲折地反映出了德国大诗人歌德的哪些经历和思想情感呢？

2.《中德四季晨昏杂咏》的思想情感内涵

我想，主要有以下三个方面：

(1) 歌德于 1775 年应邀到魏玛，辅佐年轻的卡尔·奥古斯特公爵，历任公爵的枢密顾问、宰相、大臣、剧院总监，备尝政务辛劳和人事的烦扰，但是于国于民并无大补。歌德在写组诗之时，对魏玛小宫廷中的俗务琐事和社交酬酢可以说已经极为厌倦。组诗的第一首和第十二、十三首，都表现了他这种疲于为政和向往宁静、向往自然的情怀。

(2) 歌德一生多恋，晚年依然如此。如 1814—1815 年，他与玛丽安娜·封·韦勒美尔相爱，这一情况就反映到了 1819 年出版的《西东合集》中。1823 年，歌德在卡尔温泉和玛丽亚温泉又爱上了乌尔莉克·封·莱维佐夫。此时诗人已 74 岁，乌尔莉克年方 19，这样的爱情除去相思之苦以外当然不会有任何结果。面对着满园春色、盛开的百花、成双的孔雀，老诗人不禁又心旌动摇，思恋自己曾经热恋过的女子。组诗的第二、第三、第六、第七首，似都隐隐流露着这样的情感。

(3) 到了晚年，歌德的抒情诗也如他的代表作《浮士德》一样，常常对人生、宇

---

① 详见张威廉：《中德文化交流史上的一段佳话——歌德为开元宫人续诗》，《文艺报》1992 年 10 月 24 日第 6 版、《南京大学学报》(哲学人文科学版)1992 年第 4 期。

宙的大问题进行思考，因而充满了哲理和智慧，如组诗的第十和第十一首，就是很好的例子，这是一个方面。另一方面，年已 78 岁的老诗人在思考人生之时，不免也产生迟暮和孤单的慨叹：好友席勒、赫尔德尔以及狂飙突进时期乃至古典时期的其他许多同代的作家都已谢世，唯他一人硕果仅存。组诗的第九首，就可以说是歌德的自况。但是歌德并不消沉，因为他认识到了“世间还有常存的永恒不变的法则”，所以决心在“匆匆离去之前”，“在此时此地发挥（他的）才干”。正是本着这样的认识，歌德在写成组诗后不久，又集中精力去从事自己的“主要工作”：写《浮士德》的第二部。

了解了歌德写作《中德四季晨昏杂咏》的时间、环境和种种契机之后，就请读一读组诗的译文。在进行翻译的时候，我参考了冯至老师 20 世纪 30 年代的旧译和钱春绮先生的译本。

一

疲于为政，倦于效命，
试问，我等为官之人，①
怎能辜负大好春光，
滞留在这北国帝京？②
怎能不去绿野之中，
怎能不临清流之滨，
把酒开怀，提笔赋诗，
一首一首，一樽一樽。③

二

白如百合，洁似银烛，
形同晓星，纤茎微曲，
蕊头镶着红红的边儿，
燃烧着一腔的爱慕。

早早开放的水仙花，

---

① “为官之人”的原文为 Mandarin。此词专用于清朝的官员，通常译为“满大人”。

② “北国帝京”原文为 Norden（北方，北国），一般研究者认为指北京，也有人认为指处于歌德作诗的花园北边的魏玛宫廷。

③ 原文为 Schaale（碗，盏）。

在园中已成行成排。
好心的人儿也许知晓，
它们列队等待谁来。

三

羊群离开了草地，
唯剩下一片青绿。
可很快会百花盛开，
眼前又天堂般美丽。

撩开轻雾般的纱幕，
希望已展露端倪：
云破日出艳阳天，
我俩又得遂心意。

四

孔雀虽说叫声刺耳，
却还有辉煌的毛羽，
因此我不讨厌它的啼叫。
印度鹅可不能同日而语，
它们样子丑叫声也难听，
叫我简直没法容忍。

五

迎着落日的万道金光，
炫耀你情爱的辉煌吧，
勇敢地送去你的秋波，
展开你斑斓的尾屏吧。
在蓝天如盖的小园中，
在繁花似锦的绿野里，
何处能见到一对情侣，

它就视之为绝世珍奇。①

六

杜鹃一如夜莺，
欲把春光留住，
怎奈夏已催春离去，
用遍野的荨麻蓟草。
就连我的那株树
如今也枝繁叶茂，
我不能含情脉脉
再把美人儿偷瞩。
彩瓦、窗棂、廊柱
都已被浓荫遮住；
可无论向何处窥望，
仍见我东方乐土。②

七

你美丽胜过最美的白昼，
有谁还能责备我
不能将她忘怀，更何况
在这宜人的野外。
同是在一所花园中，
她向我走来，给我眷爱；
一切还历历在目，萦绕
于心，我只为她而存在。

八

暮色徐徐下沉，
景物俱已远遁。

---

① “它”指落日。在这首赞颂爱情的诗中，成双的孔雀成了情侣的象征。小说《花笺记》便有“孔雀双双游月下”句。

② 东方是太阳升起的地方。在欧洲文学中，情人常被比作太阳。

长庚最早升起，
光辉柔美晶莹！
万象摇曳无定，
夜雾冉冉上升，
一池静谧湖水，
映出深沉黑影。

此时在那东方，
该有朗朗月光。
秀发也似柳丝，
嬉戏在清溪上。
柳荫随风摆动，
月影轻盈跳荡。
透过人的眼帘，
凉意沁入心田。①

九

已过了蔷薇开花的季节，
始知道珍爱蔷薇的蓓蕾；
枝头还怒放着迟花一朵，
弥补这花的世界的欠缺。

十

世人公认你美艳绝伦，
把你奉为花国的女皇；
众口一词，不容抗辩，
一个造化神奇的表现！
可是你并非虚有其表，
你融汇了外观和信念。
然而不倦的探索定会找到

① 此诗上半阕写的是眼前的实景，下半阕写的是歌德想象中的中国的月夜。

“何以”与“如何”的
法则和答案。

十一

我害怕那无谓的空谈，
喋喋不休，实在讨厌，
须知世事如烟，转瞬即逝，
哪怕一切刚刚还在你眼前；
我因而堕入了
灰线织成的忧愁之网。——
“放心吧！世间还有
常存的法则永恒不变，
循着它，蔷薇与百合
开花繁衍。”

十二

我沉溺于古时的梦想，
与花相亲，代替娇娘，
与树倾谈，代替贤哲；
倘使这还不值得称赏，
那就召来众多的僮仆，
让他们站立一旁，
在绿野里将我等侍候，
捧来画笔、丹青、酒浆。

十三

为何破坏我宁静之乐？
还是请让我自斟自酌；
与人交游可以得到教益，
孤身独处也能诗兴蓬勃。

十四

“好！在我们匆匆离去之前，

请问还有何金玉良言?”——
克制你对远方和未来的渴慕,
于此时此地发挥你的才干。

3.《中德四季晨昏杂咏》的中国因素

读完这 14 首诗,可以看出其受中国文学和文化思想的影响,也就是诗中包含的中国因素,表现在以下几个方面——

首先,十分明显的表现是艺术形式,即所有 14 首诗都那么简短严整,而且多为 8 句一首、4 句一阕;使用的语言也都异常精练、简约,极其耐人咀嚼和寻味。这些,使人不禁想起我国的古典诗歌,尤其想起律诗和绝句。在此我们不能排除一种可能,即歌德是有意识地摹仿他阅读和翻译过的《百美新咏》中的那些诗的格律。读过《浮士德》和《西东合集》的读者都知道,歌德是十分乐于和善于向别的民族的文学学习的。在《中德四季晨昏杂咏》中,歌德的同一优点得到了充分的表现。

其次,同样非常引人注目的是,这些诗格调恬淡、明朗、清新,“没有飞腾动荡的诗兴”;感情的抒发含蓄、委婉,常常采用比兴的手法,寄情于风、月、花、鸟,“没有强烈的情欲”。这些诗的情调、意境使人想起歌德在读《好逑传》后所想象的中国风情,[①]想起《花笺记》和《玉娇梨》里的不少描写,其中的好几首(如第一首和第六首)真分辨不出是小说中的场面,还是诗人自身的经历、感受。至于第八首“暮色徐徐下沉”,中外学者都一致认为是最中国味儿十足的;尤其是它的下半阕,更像一幅中国水墨晚景图,疏淡清雅,寓静于动,人的心境与大自然的景物变化做到了融合一致,相互印照。

在思想和情趣方面,组诗的中国因素也是不少的。第一、第十二首“陶情诗酒”、“寄兴林泉”的中国士大夫式的闲情逸致不必细论,就在第十、第十一、第十三和第十四等几首中,也隐隐闪烁着中国的智慧。歌德相信世间存在永恒的法则——道,主张入世的有为哲学;尽管我们不能妄下结论,说他是受了早年读过的孔孟经典以及杜哈德的《中国详志》等书籍的影响,但却至少可以讲,歌德的思想与中国的精神有许多共鸣。

最后,歌德还特意使用了一些中国词语,如 Mandarin(满大人)和 Schaale(碗、盏),诗中出现了一些中国的特有的事物或意象,如垂柳、孔雀、碗盏、满大人之类,

---

① 参见《歌德谈话录》,第 133 页。

也加强了组诗的中国色彩。

当然，综观全诗，中国因素和德国因素是自然而紧密地融汇在一起的。正因此，歌德的《中德四季晨昏杂咏》才不失为德语古典诗歌的一个佳作，才被视为中德思想文化交流的美好象征。

四、歌德论“世界文学”

在《共产党宣言》中，马克思和恩格斯明确指出“资产阶级，由于开拓了世界市场，使一切国家的生产和消费都成为世界性的了……旧的、靠国产品来满足的需要，被新的、要靠极其遥远的国家和地带的产品来满足的需要所代替了。过去那种地方的和民族的自给自足状态和闭关自守状态，被各民族的各方面的互相往来和各方面的互相依赖所代替了。物质的生产是如此，精神的生产也是如此。各民族的精神产品成了公共的财产。民族的片面性和局限性日益成为不可能，于是由许多种民族的文学和地方的文学形成了一种世界的文学”。①由此可见，“一种世界的文学”或者简言之世界文学的形成，乃是开拓世界市场的必然结果。

1. 歌德不同时期有关“世界文学”的论述

歌德在晚年也已经预见到了这一发展。还在《共产党宣言》问世之前 20 年的 1827 年，世界文学——歌德用的也是 Weltliteratur 这个德语复合词，就出现在了他的笔下和口中，而在中国最为人们称道的，又数当年 1 月 31 日他与爱克曼的那次谈话，因为话题是由歌德正在读的我国明代的小说《好逑传》引起的。歌德告诉爱克曼，“中国人在思想、行为和感情方面和我们几乎一样，让我们很快就感到他们是我们同类的人”；又说，中国小说“和我写的《赫尔曼与窦绿苔》以及英国理查生写的小说有许多类似的地方”。接着，歌德又具体分析了中国小说留给他的印象，然后下结论道：“我越来越认为，诗（Poesie，概言文学——笔者）是人类的共同财富，而且正成百上千地，由人在不同的地方和不同的时间创造出来……因此我经常喜欢环视其他民族的情况，并建议每个人都这样做。一国一民的文学而今已没有多少意义，世界文学的时代即将来临，我们每个人现在就应该为加速它的到来贡献力量……”②

---

① 《马克思恩格斯选集》第 1 卷，1972 年版，第 254 页。

② 《歌德谈话录》，第 33 页。

上述与爱克曼的谈话反映了歌德的远见卓识和博大胸怀。然而，这并非他论及世界文学这个当时是崭新的概念的唯一的一次和最早的一次。在此之前，歌德在他自己办的《艺术与古代》杂志的第六卷第一期中就写道："我从一些法国报刊援引这些报道，并非仅仅想让人们记起我和我的工作，而是有一个更高的目的，我想先提它一下。那就是，我们在哪里都能听见和读到关于人类取得进步的消息，关于世界和人的生活前景更加广阔的消息。这方面的全面情况，无须我研究和细说；我只想使我的朋友们注意到：我坚信一种具有普遍意义的世界文学正在形成，而在未来的世界文学中，将为我们德国人保留一个十分光荣的席位……"①随后，在 1827 年 1 月 27 日给友人施特来克福斯的信中，歌德又写道："我深信正在形成一种世界文学，深信所有的民族都心向往之，并因此而做着可喜的努力。德国人能够和应该作出最多的贡献，在这个伟大的聚合过程中，他们将会发挥卓越的作用。"②至于在与爱克曼那次著名的谈话之后，歌德还对自己关于世界文学的思想有许多阐述和发挥，这儿就不一一摘引。

但是，仅仅上述事实已可说明，世界文学这个概念在歌德并非偶然地被提了出来，而是经过长期的深入的思索，形成了具有丰富内涵的相当系统的思想。

2. 歌德何以能第一个提出"世界文学"的伟大构想

不排除在歌德之前可能有人也使用过"世界文学"这个词，甚或提出过有关的想法；但是，对其进行反复、系统而且深刻的阐述，歌德却被公认是第一个。

为什么歌德，或者说恰恰是歌德，产生了关于世界文学的伟大思想呢？

客观上讲，诚如歌德自己在前述为《艺术与古代》杂志撰写的文章中所说，是"人类取得进步"及"世界和人的生活前景更加广阔"，为世界文学的形成创造了必要的前提；而主观上，歌德虽然生活在分裂落后的德国的小小魏玛城，目光却越过德国乃至欧洲的界限，密切关注着人类的发展进步，并且实际参加了因为人类的进步而开始了的那个"伟大的聚合过程"——由民族的文学和地方的文学形成世界文学的过程——，所以，对歌德来讲，产生关于世界文学的思想就十分自然。这儿想就主观方面的原因再谈几句；因为，比起处于相同时代、相同条件下的众多作家和思想家来说，歌德的优点的确是非常突出的。

歌德享有 83 岁的高龄，所处的是一个政治风云急剧变化、科学技术日新月异的时代，经历了美国独立、法国大革命、拿破仑战争、欧洲封建复辟，目睹了英国制

①② 引自 *Goethe Werke*，Hamburger Ausgabe，第十二卷，第 362 页。

造出第一台火车头和铁路在欧洲敷设以及美洲动工开凿巴拿马运河等具有世界历史意义的事件。歌德的伟大之处就在于，他不是站在狭隘的德国人的立场上来观察问题，而是胸怀着全人类和全世界。他说过："作为一个人和一个公民，诗人会爱自己的祖国。然而，他在其中施展诗才和进行创造的祖国，却是善、高尚和美。"又说："广阔的世界，不管它何等辽阔，终究不过是一个扩大了的祖国。"①所以，他格外关注和重视诸如美国独立、法国大革命以及建造第一台机车这类对整个世界历史进程有积极影响的大事，而对自己国家反对拿破仑的所谓解放战争一点不热心。后者，使他受到自己同胞的众多指责。歌德为自己辩解说，他并不仇恨法兰西这个"世界上最有文化教养的"民族；而"一般说来，民族仇恨是个怪东西。你会发现，在文化水平最低的地方，民族仇恨最强烈。可也有一种文化水平，在达到它以后民族仇恨便会消失，在一定程度上人民已处于超民族的地位，视邻国人民的哀乐为自己的哀乐。这种文化水平正适合我的个性。我在60岁之前，就已坚定地立于这种文化水平之上了"。总而言之，诗人歌德乃是一个以全人类为同胞、以世界为祖国的胸怀博大的人道主义者，一个事实上的世界公民。这看来就是他产生世界文学这一光辉思想的世界观方面的原因。

歌德是一位深深根植于本民族文化传统中的诗人和思想家。他自幼受到自己家道殷实而无所事事的父亲的精心培养，学会了拉丁文、希腊文、法文、英文、意大利文乃至希伯来文等多种语言，10岁时已开始阅读伊索、荷马、维吉尔和奥维德的作品以及《浮士德博士》等德国民间故事。由于信奉路德教，他也熟读《圣经》，从中汲取了许多智慧。从青年时代起，他更热衷于近代和现代德国作家以及英国、法国作家的作品，克洛卜斯托克、莱辛、莎士比亚、哥尔斯密以及莫里哀等都是他学习的榜样。可以说，歌德很早就了解了以古代希腊罗马文学、希伯来文学以及古日耳曼文学三者融合而成的德国文学和西方文学的全貌。在一般人看来，这应该已经很了不起了；歌德却全然不感到满足。随着对世界历史和现状的眼界日益宽广，他的文学兴趣也在发展。对于阿拉伯文学，他不仅仅停留在小时候已经读得烂熟的《一千零一夜》——关于这部故事集对歌德的影响，美国学者卡·摩姆逊出版了一部分量不小的专著②——，他还研读波斯诗人的诗集，从而进入了近东世界。他还读过古代印度梵文诗人迦梨陀莎的诗剧《沙恭达罗》和其他印度文学作品，对它们倍加赞赏，并留下了赞《沙恭达罗》的著名短诗。到了60岁以后的晚

① 转引自 P. Boerner：*Johann Wolfgang von Goethe*，Rowohlt 出版社 1978 年版，第 130 页。

② K. Mommsen：*Goethe und 1001 Nacht*，Suhrkamp Verlag 1981.

年，歌德又涉猎和倾心于远东的中国文学，因而完成了对于人类几个最主要和最发达的文学的了解。换言之，整个世界的文学都在他的视线之内，他有可能比较它们，找出差异，但却发现了更多的共同之处。不仅如此，他还博采众长，致力于将不同民族的文学融和起来，在1819年完成了“西方诗人写的东方诗集”《西东合集》，在1827年完成了《中德四季晨昏杂咏》。而他那如今已成为文学宝库中的瑰宝的《浮士德》，更从希腊罗马古典文学、《圣经》、德国民间传说以至印度的《沙恭达罗》等不朽作品中吸取了多种营养。因此可以说，当歌德1827年首次提出世界文学这个概念的时候，世界文学的现实已存在于他的心目中，已通过他而得以实践。这或许就是歌德能产生世界文学这一思想的文化素养方面的原因。它比起世界观方面的原因来，似乎更重要；因为在一般情况下，一个人的世界观很大程度上取决于他的文化素养或者如歌德说的“文化水平”。而歌德的博学多识和高瞻远瞩，在马克思主义诞生前的19世纪初是无人堪与比拟的。

人类的进步和科技、文化的发展使世界文学概念的提出有了客观的可能；而上述两个个人主观方面的优越条件，就决定了提出它的恰恰是歌德，而不可能是别的随便什么人。

对于世界文学形成的原因，马克思恩格斯在《共产党宣言》中依据经济基础决定上层建筑的唯物主义原理，明确指出是世界市场的开拓；这一论断具有科学的确切性。从歌德的有关论述中可以看出，他心目中的世界文学形成的原因就是“人类的进步”和各民族的眼界的开阔，从而增进了相互的交流和了解；在此基础上，不同地区、不同民族的人们产生了同类感，发现了不同文学在基本方面共同性。[1]因此是不是可以认为，歌德的关于世界文学的思想是基于一种明确的人类意识，所以更具有实践性和普遍意义呢？我想可以。

与此相联系，歌德的世界文学的概念的内涵，也是比较丰富的。

1827年，他在《德国的小说》一文中写道：“既让不同的个人和不同的民族保持自己的特点，同时又坚信只有属于全人类的文学才是真正有价值的文学，这样，就准保能实现真正的普遍容忍。”

第二年，在《艺术与古代》杂志第六卷第二期，他又写道：“这些杂志正赢得越来越多的读者，将最有力地促进一种我们希望的具有普遍意义的世界文学的诞生。只是我们得重申一点：这儿讲的世界文学，并不意味着要求各民族思想变得一致起来，而只是希望他们相互关心，相互理解，即使不能相亲相爱，也至少得学

① 歌德在与爱克曼谈话时特别以中国人和中国文学为例。

会相互容忍。”

1830年，歌德已80高龄，但关于世界文学的思想仍萦绕在他脑中。在为卡莱尔的《席勒生平》一书写的序言里，他说：“好长时间以来我们就在谈论一种具有普遍意义的世界文学，而且不无道理：须知各民族在那些可怕的战争中受到相互震动以后，又回复到了孤立独处状态，会察觉到自己新认识和吸收了一些陌生的东西，在这儿那儿感到了一些迄今尚不知道的精神需要。由此便产生出睦邻的感情，使他们突破过去的相互隔绝状态，代之以渐渐出现的精神要求，希望被接纳进那或多或少是自由的精神交流中去。”

3. 歌德“世界文学”构想的丰富内涵

歌德对世界文学这个概念的解说远不止上面引的几点；但仅从这几点，我们可看出以下三层意思：

首先，歌德认为世界文学形成的最起码和最重要的结果，就是实现各民族之间普遍的容忍。为此，各民族应通过包括文学交流在内的精神交流，而学会相互了解，相互关心，相互尊重。歌德这种以容忍为基本内容的世界文学思想，是一种热爱人类、热爱和平的真诚情感在文学观中的反映。它发展了歌德与席勒过去提出的以美育改造人性的理想，将启蒙思想家倡导的不同宗教和教派之间的宽容，扩展为各民族之间的宽容或者说容忍。歌德生活在分裂落后的德国和战乱频繁的欧洲，一生历经沧桑，在晚年对世事的认识更深刻，才能提出这样的思想。通过世界文学，通过文学交流使各国人民相互理解、相互尊重、相互容忍，这一思想应该说在今天还没有过时，或者说永远也不会过时。

其次，歌德坚信，“只有属于全人类的文学才是真正有价值的文学”。也就是说，文学——真正有价值的文学应该为人类服务，被人类所理解和接受。文学的历史证明，这是一个真理。正是由于各民族都贡献出了数量不等的这样的作品，世界文学在今天早已成为现实。歌德之所以能写出《浮士德》这样的不朽杰作，之所以能成为各国人民共同景仰的世界大文豪，正由于他有着为全人类而写的明确意识。因此，歌德心目中的世界文学的第二个含义，就是它不仅仅属于一个地区、一个民族，而属于全人类和全世界。他深信，“诗是人类共同的财富”。

但是，与此同时，歌德又讲要“让不同的个人和不同的民族保持自己的特点”，讲世界文学“并不意味着要求各民族思想变得一致”。作为一位德国作家，他不止一次强调“在未来的世界文学中，将为我们德国人保留一个十分光荣的地位”；他认为，在世界文学形成的过程中，“德国人能够和应该作出最多的贡献”，“发挥卓越的作用”。他同时又尊重其他民族的文学的特点和长处，在与爱克曼的谈话中对它们津津乐道。在创作实践中，他努力吸收其他民族文学的优点，奉行拿来主义，但却不放弃自己的传统；他创作的《西东合集》也罢，《中德四季晨昏杂咏》也罢，其基调仍然是西方的、德国的、歌德的；他的浮士德，这位人类杰出的代表，仍然是一个德国男子。对于中国文学，歌德是十分推崇的，坦然地承认“我们的远祖还生活在原始森林的时代”，中国已有了像样的文学作品。但是，他又认为不应拘守包括中国文学在内的某一特定的外国文学，奉它为楷模，如果一定要有楷模，那“就要经常回到古希腊人那里去找，也就是回到自身的传统中去找”。总而言之，歌德有关世界文学的思想以及实践，都绝无抹杀民族特点和否定历史传统的意思。恰恰相反，越是具有民族特色和悠久传统的如中国文学、印度文学和阿拉伯文学，就越得到歌德的重视。一部《浮士德》使我们确信，歌德是一位很懂得辩证法的哲人和思想家；研究他关于世界文学的思想，加深了我们的这一信念。

应该说明一下，歌德并没有写一篇专文来郑重其事地论述世界文学，他的有关思想都散见于书信、谈话和文章中。他并未对世界文学下一个精确的定义；世界文学之于他只是一种理想，一种憧憬。这个世界文学的概念可以认为还相当模糊；而唯其模糊，它的内涵就更加丰富，不同的研究者尽可以对它作出不同的解释和生发；唯其模糊，它又具有更大的适应性，可以让不同民族、不同时代的人都接受、继承和发扬。在当今这个仍然战火纷飞、仍然存在民族歧视和民族仇恨的世界上，还需要通过文学交流来增进人与人的相互理解，增进人类的共同认识，增进相互宽容的精神。

1827 年是歌德与中国文学发生关系最多的一年，也是他最早和最经常谈论世界文学的一年。这中间并不仅仅存在一个简单的巧合，而是有着必然的逻辑联系。通过接触中国文学——虽然只是肤浅的接触，歌德事实上完成了对当时存在的世界各主要文学的了解。阅读《好逑传》等中国作品，为他世界文学的思想的产生提供了最后的契机。对此，我们有理由感到骄傲。但是，如果以为，歌德唯独重视中国文学，特别重视中国文学，那就是一个不符合事实的误解，而本书的读者，又极易产生这样的误解。事实上，歌德重视的是一种具有普遍意义的世界文学。晚年的歌德也无异于一种精神隐士，他从狭隘鄙陋的德国逃向广大的世界，从猥琐丑恶的现实逃向美善的文学，世界文学这个概念寄托着他对人类的未来的理想，成了他精神的归宿。

歌德关于世界文学的思想，既富于博大、积极、进步、乐观的人文精神，也充满深邃、超前的辩证精神。

歌德在差不多 180 年前形成的世界文学构想，已有了近乎于文学、文化领域中的“全球化”思维；他就此提出的一系列观点，诸如为迎接“世界文学”时代的到来而力主各民族之间“实现真正的普遍容忍”，认为民族仇恨乃是“文化水平”低下的产物，希望“让不同的个人和不同的民族保持自己的特点”，亦即在正视全球化、强调世界性的同时仍尊重和保持多样性，等等，不仅其超前性质不说自明，而且对我们思考当今引发了诸多困惑和矛盾的所谓“全球化”问题，仍不无一定的参考价值和现实意义。

下编　歌德在中国

一、百年回眸：歌德在中国的译介、研究和接受

德国人摹仿我，法国人读我入迷，
英国啊，你殷勤地接待我这个憔悴的客人；
可对我又有何用呢，连中国人
也用颤抖的手，把维特和绿蒂
　　　　画上了镜屏？

这一节诗引自歌德的《威尼斯警句》，[①]写成的日期为1789年。一点不错，是歌德自己在谈歌德的影响，讲具体一些，在谈那曾经席卷整个欧洲但令歌德本人并不十分高兴的"维特热"。只不过，关于中国人似乎当时就已经感染上"维特热"一说，却无疑是一个误解。那时在闭关锁国的清政府统治下，完全不可能产生什么"维特热"。歌德产生误解的原因只在于轻信了这样一个传说：1779年，有人在一艘从东印度驶回德国停靠在荷尔斯坦地方的格吕克施塔特港的商船上，看见了几幅据认为是中国的玻璃镜画，画着歌德的小说《少年维特的烦恼》男女主人公维特与绿蒂的故事。就算确实存在这样的玻璃镜画吧，那么制作它的中国工匠也不大可能了解维特和绿蒂为何许人；他们极有可能是按外国客商的要求依样画葫芦。而这些德国商人呢，自然是很懂得以维特的浪漫史，去迎合家乡的顾主们的口味的。[②]

另外，在歌德的一则日记里，曾提到有一个中国人去拜访他。遗憾的是对这个中国人我们一无所知，也就无法把他的访问看作中国认识和接受歌德的开始。

---

① 此诗主旨在于表达对厚待自己的魏玛大公卡尔·奥古斯特的感激之情，故而以"对我又有何用？"作为反衬。请参阅《杨武能译文集》第7卷《迷娘曲·威尼斯警句》第三十四之二。

② 参见卫礼贤：《歌德与中国文化》，收入宗白华编《歌德之认识》，中山书局1939年版，第257页，以及乌尔曼(Richard Ullmann)《歌德在中国——评〈施特拉〉在新近中国舞台上的一次公演》，载《东亚展望》1932年第6期。

尽管还在16世纪末，利玛窦、闵明我和汤若望等耶稣会传教士已经来到中国，他们在传播基督教义的同时也带来了西方的先进科学，开始了所谓西学东渐，只不过在相当长时间里，这西学还只限于天文、物理、数学、建筑学一类的实用科学技术。后来，随着在罗马教皇与耶稣会传教士之间爆发的“礼仪之争”，后者在中国的活动遂告中止，[①]因此，西方社会科学和文学的传入中国时间便推迟了许多。事实上我们之知道歌德，比歌德知道中国晚了一个多世纪。那是在清政府天朝上国的迷梦和闭关锁国的藩篱，被鸦片战争中列强的炮火彻底动摇和震破，随之开始了更大规模的西学东渐以后。

下面按不同的历史时期及其先后顺序，对歌德在中国的译介、研究和接受情况，作一个概略的回顾。

1. “洋务运动”和中国人对歌德的最初了解

所谓洋务运动，今天看来实际上是一次迫不得已的、有限度的改革开放。发起运动的为一批开明的官员和知识分子。鸦片战争的失败和屈辱，使他们痛苦地认识到了自己国家的落后，特别是在科学技术和军事装备方面的落后，认识到了要抵御外侮，重振国势，就必须放下天朝上国的架子向“洋鬼子”学习；但是却不愿因此变更国本，放弃传统。于是以李鸿章和张之洞为首的洋务派提出了“中学为体，西学为用”主张，具体做法即为在继续尊孔读经，维持封建意识形态和皇权统治的同时，采取了一系列学习西方列强发展实业，富国强兵的措施：(1)在上海和武汉等大城市兴办新式的兵工厂，例如李鸿章创办的上海江南制造局。(2)1862年在北京建立了中国第一所外语学校同文馆；同文馆一开始教英语，1871年开始有了德语。[②](3)派遣政府官员出洋考察，一开始主要去欧洲和美国。(4)选送官员和士绅子弟出洋留学，等等。

(1) 李凤苞和他的《使德日记》。

在奉派出洋的大员中有一位李凤苞(1834—1887)。他早年在同文馆学习过英语，属于李鸿章的忠实追随者之列。初为江南制造局编译，后来奉派担任旅欧留学生总监，1878年(光绪四年)至1884年升任驻德公使，并兼管奥地利、意

① 所谓“礼仪之争”(Ritenstreit 或 Akkomodationsstreit)，指的是17、18世纪在华耶稣会传教士如利马窦等人乡随俗，尊重和容忍中国人敬奉祖先和孔孟的习俗，引发了以罗马教皇为首的基督教旧势力的异议和反对，争论的结果是利马窦等原本赢得了中国朝廷和士大夫阶层好感的做法遭到教皇禁止，导致了基督教在华传教的失败。

② 详见熊月之：《西学东渐与晚清社会》，上海人民出版社1994年版，第301—317页。

大利和荷兰3国。他后来出版了一部《使德日记》,在1878年11月29日作了如下的记载:

> 送美国公使美耶台勒之殡……美国公法师汤谟孙诵诔曰:"美公使台勒君,去年创诗伯果次之会……(台勒)以诗名,笺注果次诗集,尤脍炙人口。"……按果次为德国学士巨擘,生于乾隆十四年。十五岁入来伯吸士书院,未能卒业。往士他拉白希习律,兼习化学、骨骼学,越三年。考充律师,著《完舍》书。二十三岁,萨孙外末公聘之掌政府。编纂昔勒诗以为传奇,又自撰诗词,并传于世。二十七岁游罗马、昔西里而学益粹。乾隆五十七年与于湘滨之战。旋相未马公,功业颇著。俄王赠以爱力山得宝星,法王赠以大十字宝星。卒于道光十二年。①

为了减少阅读理解这一段颇为有趣的文字的难度,有必要对其中的某些词语进行简要的今译和解释:美国公使美耶台勒即为以翻译《浮士德》闻名的Bayard Taylor;"德国学士巨擘"和"诗伯"果次显然就是大诗人歌德,而《完舍》书就是歌德的著名小说《维特》。来伯吸士书院应该叫莱比锡大学,而歌德攻读法律的城市士他拉白希则为斯特拉斯堡。聘请歌德前往任职的萨孙外末公即是萨克森—魏玛公爵卡尔·奥古斯特,昔勒显然就是歌德的挚友席勒。乾隆五十七年与于湘滨之战,应为歌德随同魏玛公爵一起参与反法同盟的联军征讨拿破仑的法国,所谓湘滨,恐怕是将Campagne(战役)误认成了以盛产香槟酒闻名的法国地方Champagne。李凤苞只会英语,所以便把"歌德"、"维特"译成了这个样子。此外他对歌德生平的介绍还有好些年代和事实的差错。但是尽管如此,据钱钟书先生考定,这却是中国文字里第一次有关歌德的记述,仍然十分珍贵。

在评论这件事时,钱钟书很幽默地说:"事实上,歌德还是沾了美耶台勒的光,台勒的去世才使他有机会在李凤苞的日记里出现。假如翻译《浮士德》的台勒不也是驻德公使而又不在那一年死掉,李凤苞在德再待下去也未必会讲到歌德。假如歌德光是诗人而不也是个官,只写了《完舍》书和'诗赋'而不曾高居'相'位,荣获'宝星',李凤苞引了'诔'词之外,也未必会再开列他的履历。现任的中国官通过新死的美国官得知上代的德国官,官和官之间是有歌德自己所谓'选择亲和势'(die Wahlverwandtschaften)的。"②

很显然,李凤苞之与歌德,还只是一次偶然的邂逅,谈不上对这位德国"诗伯"

---

① 引自《使德日记》(收入商务印书馆发行、王云五主编《丛书集成》初编),第37页。

② 引自钱钟书:《汉译第一首英语诗〈人生颂〉及有关二三事》,《国外文学》1982年第一期。

有多少了解的。而在最早选送出洋留学的青年中，有一位名叫辜鸿铭(1856—1928)，他也许才算得上是第一个真正懂得一点歌德的中国人。

(2) 辜鸿铭和他的《张文襄幕府纪闻》。

在19世纪下半叶我国掀起的洋务运动中，辜鸿铭是引人注目的一位。“他自称‘生在南洋，学在西洋，婚在东洋，仕在北洋’”。他1857年7月18日出生于当时为英国占领的马来西亚威尔斯王子岛(今天叫槟城)，父亲辜紫云，母亲为葡萄牙人，当时取英文名字叫作汤生(Tomson)。1867年，辜鸿铭随其义父英国橡胶种植园主布朗前往苏格兰，14岁时被送往德国学习科学。后回到英国，于1873年考入爱丁堡大学文学院攻读西方文学专业，1877年以优异成绩获得文学硕士学位。同年，辜鸿铭进入歌德曾经就读并获得法学博士学位的德国莱比锡大学学习，后获得土木工程文凭；接着又去法国巴黎大学攻读法学。他先后在英国、德国、法国和意大利生活学习达14年之久，熟练地掌握了英、德、法和拉丁等多种西方语言。

辜鸿铭在德国还曾就读于耶拿大学和柏林大学。耶拿的近旁即是魏玛，他因此经常前往这座歌德长期生活、创作并且长眠在那里的小城怀古朝圣。年轻的辜鸿铭十分景仰歌德，有人曾看见他的屋子里挂着歌德的画像。德国著名学者阿尔封斯·巴克特(Alfons Paquet)在回忆这位中国学子时写道：

> 他是第一个我可以用地道的德语与之交谈的中国人，我们谈中国和德国。他给我讲他到过魏玛；他在魏玛的公园中碰见一个12岁的男孩，正在读一本粉红色封面的小开本的《李尔王》。可是德国，这个有着强大的舰队和强大的社会民主党的国家，它是否还和从前一样地从古老的魏玛获取光明呢？……我平静地回答说：在当前这个人满为患、难保不会倒退到一种乐观的野蛮状态的德国，歌德是开始有些过时了。①

也就是说，辜鸿铭不只了解圣地魏玛对于德国的意义，而且能用纯熟的德语和德国人谈论歌德，并为当时走上了军国主义道路的德国已经背离歌德精神感到忧虑。由此可以推断，他在德国时肯定读过不少歌德的作品。证据是他在自己的著作和言谈中除了喜欢援引孔孟，也经常援引歌德，以致Alfons Paquet称他在惯于引经据典这点上也是个“地道的中国人”。从他的引文可以推断出来，他涉猎过的歌德作品至少包括《浮士德》、《少年维特的烦恼》、《威廉·迈斯特的学习时代》、《诗与真》、《格言与感想》以及不少的抒情诗和哲理诗。

---

① 见辜鸿铭著《中国对欧洲思想的抗拒》的德文版前言，耶那狄德利希斯出版社1921年版。

在中国近代思想文化史上，辜鸿铭是以特立独行著称的大学者和大翻译家，被誉为一位“文化怪杰”。他之所谓怪，就在于“精通西学而极端保守”，一心一意地坚守着中国传统的儒家传统，对西方的精神和思想顽固地抱着否定和拒斥的态度，被人讥讽为“狂儒”。因此，他的两部驰名中外的著作便一名《中国人的精神》(即《春秋大义》)，一名《中国对欧洲思想的抗拒》。然而就是这样一位被英国著名作家毛姆誉为“中国孔子学说的最大权威”的老顽固，却对歌德一点也不拒斥。岂止不拒斥，拿丹麦大评论家勃兰兑斯的话来说，他还“崇拜歌德，尊他为欧洲的最高人物”。[①]这个明显的矛盾，看来正好体现了辜老夫子最本质的特征以及他作为文化人最重要的贡献。

早在1898年，辜鸿铭就精心翻译和出版了《论语》(*The Discourses and Sayings of Confucius*)英译本，并给了它一个副标题《一个援引歌德等人的思想进行诠释的特殊译本》(*A special Translation with Quotations from Goethe and other Writers*)，以此表明世无二道，中西一辙，他对歌德和孔子一视同仁。曾与辜鸿铭合作翻译出版《论语》法文本的法国学者弗兰西斯·波里(Francis Borrey)评价他说：“他也是人文主义者，罕见的人文主义者，因为他接受了东方圣贤和西方圣贤——特别是歌德——的教诲。”[②]

辜鸿铭援引歌德的例子还很多。1901年，他在任湖广总督张之洞的秘书和幕宾期间出了一部《张文襄幕府纪闻》，卷下有一节题名《自强不息》，文中说：“‘唐棣之华，偏其翻尔，岂不尔思，室是远而。’子曰：‘未之思也，夫何远之有？’余谓此章即道不远人之义。辜鸿铭部郎曾译德国名哲俄特自强不息箴，其文曰：‘不趋不停，譬如星辰，进德修业，力行近仁。卓彼西哲，其名俄特，异途同归，中西一辙，勖哉训辞，自强不息。’可见道不远人，中西固无二道也。”[③]这位“西哲俄特”就是歌德；所谓自强不息箴，就是歌德一则仅有4句的所谓“温和的”警句或曰讽刺诗(Zahme Xenie)的中译。值得注意的是，辜鸿铭随后用一句现成的中国古训即自强不息[④]来概括这个警句的思想内涵，并将其视为“西哲俄特”的伟大精神。而这种精神，也正是“不断努力进取”(immer strebend sich bemuht)的浮士德精神；所以从此以后，自强不息这4个字就不断出现在我国论述《浮士德》和浮士德精神的

---

① 勃兰兑斯：《辜鸿铭论》，林语堂译，见《中国人的精神》黄兴涛、宋小庆中译本附录(海南出版社1996年版)。

② 参见吴晓樵网上博文《辜鸿铭与歌德》。

③ 引自雷晋辑：《清人说荟·初集》，1928年扫叶山房石印本。

④ 《周易·乾》彖曰：“天行健，君子自强不息。”又《孔子家语·五仪解》：“笃行信道，自强不息。”

文章中，成为了浮士德精神的同义语。

辜鸿铭在用英文写成的《中国人的精神》和《中国对欧洲思想的抗拒》这两部代表作中，更没少引证歌德。《中国人的精神》开宗明义地以歌德的一节诗来作为全书导论的题词，随后又反复引用在序言和正文里："世存两种和平的强权：公理正义，适度得体。"

辜鸿铭酷爱歌德富有哲理的类似话语，表明他与其所包含的思想产生了强烈的共鸣，或者正如19世纪的丹麦大批判家勃兰兑斯所说，在他看来这句诗"正好可以作为中国精神表现"。[①]

还有原书后面附录的第一篇文章《群氓崇拜教或战争与战争的出路》，也是如此。[②]在文中辜鸿铭甚至引用了以下一节歌德长期受到非议的诗句，因为它表现了诗人对民众的暴力和专政的忧虑和反感：

法兰西的悲剧，大人先生们是该考虑！
然而，民众自身应该考虑得更多一些。
大人物打倒了，谁又来帮助民众抵御
民众？否则一些民众将把另一些奴役。[③]

这一节诗，照一般理解确实反映了歌德趋于保守的政治观点，因此也就得到了号称老顽固的辜鸿铭的赞同和欣赏；但是，在和笔者一样经历过"文革"群众专政和红色恐怖的苦难岁月的中国人看来，诗里却也蕴含着独到的见解和宝贵的智慧，甚至可以说是屡经历史证明了的真理。

此外在谈到宗教信仰问题时，辜鸿铭还引用了浮士德对玛格莉特表白自己的泛神论或者说自然神论观点的两句话："头顶，天不是浑然穹隆？脚下，地不是平稳凝定？"[④]

辜鸿铭从浮士德的一大段表白中间孤零零地摘引出这么两个设问，意在证明人们应该信仰和"服从的是心中的上帝"，"宗教的生命与灵魂"则寓于孔子所提倡的"君子之道"，却使人感觉得突兀，不无断章取义之嫌。然而，也正因此，可以看出随时引证已在很大程度上成为他行文的一个风格乃至癖好，更何况大名鼎鼎的"西哲俄特"和浮士德的话本身已分量不轻呢。

---

① 勃兰兑斯：《论辜鸿铭》，载 *Miniaturen*，柏林 Erich Reis Verlag 1917 年版，第 332 页。

② 附带说一下，黄兴涛和宋小庆合译的《中国人的精神》(*The Spirit of the Chinese People*, 1915)很见功力，唯有这两则歌德警句虽有德文注释，但可能都是从英文转译的吧，因此有失准确。

③ 这首表达了歌德对法国大革命的思考和保留态度的短诗，系他《威尼斯警句》之第五十三。

④ 参见《中国人的精神》，第 65 页；《浮士德》，杨武能译，广西师范大学出版社 2003 年版，第 159 页。

总而言之，辜鸿铭身为洋务派首领张之洞的亲信，以思想保守著称于海内外。他接受的是西方教育却顽固维护中国旧传统，并"以子之盾御子之矛"，用从西方学来的知识对西方的思想进行"抗拒"。他之自己受西方教育也好，熟读歌德的作品和崇拜歌德的思想也好，其出发点和指导思想都是"中学为体，西学为用"。他援引歌德只是为了加强自己的论点；他翻译歌德的"自强不息箴"只是为了用"西哲俄特"的思想精神，来印证东哲孔子的"力行近仁"主张，证明"异途同归，中西一辙"，"中西固无二道也"。

以拒斥西方思想自行标榜和著称于世的辜鸿铭，他之特别推崇歌德，之积极接受歌德的思想特别是浮士德精神，正如勃兰兑斯一针见血地指出，是因为"他看见孔子的精神和学说在几千年后又重现在了歌德身上"。对于歌德及其倡导的浮士德精神来说，这真是一个可悲的误读和误解，但也并非完全没有一点道理。因为，在孔子与歌德之间，包括郭沫若、张君劢、唐君毅等在内的不少中国学者都认为，确实存在不少相似的地方。

辜鸿铭精通德语，能直接地、毫无困难地读歌德作品的原文，且本身是一位哲学家，所以能从比较深刻的哲学和社会思想的层面上宏观地认识歌德，接受歌德。相比之下，王国维和鲁迅对《浮士德》的接受，从我们能搜集到的极少的材料判断，还多半只限于文学的层面。

晚年，辜鸿铭尽管以政治立场保守著称，被视为顽固不化的清朝遗老，学贯中西的他却受聘为蔡元培任校长的北京大学教授，并以上述《中国对欧洲思想的抗拒》、《中国人的精神》等著述以及他翻译成英文的儒家经典，在一段时间里风靡了西方的知识界，几乎成为了中国思想界的代表。德国极富影响的汉学家同时也是他著作的译者卫礼贤教授，称赞他是一位智者(einen geistigen Kopf)；英国著名作家毛姆来华访问，也像个小学生似的诚惶诚恐地到北大拜见他。[①]丹麦大批判家勃兰兑斯也十分重视辜鸿铭，称他为"那位高贵的、富有教养学识的中国人"，并且写道：

> 他像卡莱尔一样，在所有欧洲人中最看重歌德。[②]他认为，在历经数千年的中断间隔之后，孔子的精神和智慧，又在歌德的身上完美实在地复活了……可以断定，从根本上讲，歌德是唯一一位让辜鸿铭产生了深刻印象的德国人。[③]

---

① 参见《中国人的精神》，第297—306页。

② 卡莱尔(Thomas Carlyle, 1795—1881)是苏格兰散文家和历史学家，辜鸿铭就读英国爱丁堡大学时有幸受教于他。他本身就景仰歌德并与歌德有交往，还成功地翻译了歌德的长篇小说《威廉·迈斯特的学习时代》，辜鸿铭受他影响也很早便喜欢上了歌德。

③ 勃兰兑斯：《论辜鸿铭》，载 *Miniaturen*，柏林 Erich Reis Verlag 1917 年版，第327页。

至于辜鸿铭自身,也可以说是在中国积弱积贫的那个时代唯一受到西方人尊重景仰的中国学人。他倡导东方特别是中国的文化精神产生了如此重大的影响,以致在西方学界有不少人认为"到中国紫禁城可以不看,却不可不看辜鸿铭"。对于我们后来的中国人,尤其值得注意的是辜鸿铭之赢得人家的敬重,不只在于他博学多识,更在于他对自己民族传统思想文化的坚守,也就是作为文化人面对现实中强势文化时的自尊自重。

2. 戊戌变法、辛亥革命和歌德作品的早期中译

1894—1895 年的中日甲午之战,使李鸿章为首的洋务派用购买来的先进德国军舰装备的北洋水师遭到覆灭,宣告了洋务派"中学为体,西学为用"主张的失败。这给了中国人一个教训:革新、改良不能见物不见人,工厂要人来管理,武器要人来操纵,而人又受政治制度和思想意识支配,所以要想"富国强兵",就不能光学西方的科学技术和船坚炮利,还必须引进人家先进的社会政治思想和精神文化,以实现政治体制的改良,民族精神的更新。

基于这个认识,便由以康有为、梁启超为首的一批知识分子,掀起了以推动君主立宪为目的的变法维新运动。在这一对外开放新风潮涌起的 1898 年前后,翻译、引进西方文化和科学著作之风便盛行起来,并在具有变法维新思想的知识分子中出现了以严复为代表的一批翻译家。他们跟同样也做翻译的辜鸿铭反其道而行之,不是为了抗拒西方的精神、思想而将四书五经译成英文,而是把包括文学艺术在内的西方人文社会科学著作译成中文,以便学习、掌握西方先进的政治制度和精神文化。

在戊戌变法这一规模更大、更加深入的西学东渐过程中,德国和欧洲最伟大的诗人和思想家之一的歌德自然也开始受到关注。例如:梁启超研究屈原就曾以歌德为参照,认为屈原的《招魂》"这篇名作的结构和思想,都有点和噶特(歌德)的《浮士达》(《浮士德》)相仿佛"。后来又说:"《招魂》……的思想,正和葛德的《浮士特》剧本上一样。《远游》便是那剧的下本……是写怀疑的思想历程最恼闷、最苦痛处。"①

然而 1898 年的变法维新运动很快便失败了。失败的原因在于推动维新的知识分子自身没有任何力量,完全受制于清皇室的腐败政权,把全部的希望都寄托

① 见《中国韵文里头所表现的情感》,《饮冰室合集·文集之三十七》,第 129 页;《饮冰室合集·文集之三十九》,第 55—68 页。

在了一位软弱无力的年轻皇帝身上，一经以慈禧太后为首的保守势力出头反对，便前功尽弃了。

吸取戊戌变法失败的教训，孙中山先生领导同盟会发动彻底推翻帝制的民主革命，并在1911年取得了成功。就是在这一革命的前后及其影响下，歌德开始得到了翻译介绍。

(1) 马君武——中国第一位歌德翻译者。

第一个将歌德译成中文的，是清末民初的重要学者、政治活动家和诗人马君武(1882—1939)。马君武1901年留学日本，1906年回国。因参加同盟会的革命活动遭到清政府追捕，又流亡到德国，在柏林大学攻读冶金专业，不但精通了德语，还获得了工学博士学位，是我国自有留学生以来第一个取得科学博士学位者。除了德文，马君武还精通日文、英文，一生著译相当丰富。1914年6月，作为《南社丛刊》第九集由上海文明书局印行的《马君武诗稿》(石印本)，就收有他译的《威特之怨》(《少年维特的烦恼》)的一个片断和《米丽容歌》(今译《迷娘曲》)。

《马君武诗稿》的作者在"民国二年癸丑五月廿八日"写的自序中说，集子里收的诗文"殆皆为壬癸间所作，十年前旧物也"。据此推算，也就是在这位革命者流亡日本的1902—1903年之间。马君武选译了《维特》主人公所念的"欧心之诗"(莪相的诗)中阿明哭女一节，题作《阿明临海哭女诗》。他在译文前简单介绍了作者贵推(歌德)，称他"为德国空前绝后一大文豪，吾国稍读西籍者皆知之。而《威特之怨》一书，实其自绍介社会之最初杰作也"。

对于威特与沙娄(绿蒂)一起读诗并因之大为激动感伤的情况，马君武仅作了十分概略的节述，译诗本身也删改得非常厉害，基本上应该算是节述而非翻译了。

比较起来，《米丽容歌》的译文则完整而忠实，在相当程度上传达出了原诗的情调和意旨。作为歌德的作品甚至整个德国文学的第一篇真正中译(不是那种节述)，这首诗是非常珍贵的。兹录《米丽容歌》于后，以供研究和赏鉴——

君识此，是何乡？园亭暗黑橙橘黄。
碧天无翳风微凉，没药沉静丛桂香，
君其识此乡。归欤归欤，愿与君归此乡。

君识此，是何家？下撑楹柱上檐牙。
石像识人如欲语，楼阁交错光影斜，
君其识此家。归欤归欤，愿与君归此家。

君识此，是何山？归马识途雾迷漫。

空穴中有毒龙蟠，岩石奔摧水飞还，

君其识此山。归欤归欤，愿与君归此山。

这首古雅的译诗在《马君武诗稿》中从右到左支行排印，分段不分行，没有新式标点；却十分超前地、十分艰难地排上了德文原文作为对照。因此有不少排印的错误，如将《米丽容歌》(*Mignon*)误作了《米丽客歌》，等等；特别是德文，错误更比比皆是，因此难得地留下了冯至老师认真标注出错误的手迹和符号。

还须说明的是，《马君武诗稿》中的《米丽容歌》虽然排有德文进行对照，但最初即1902年前后翻译所依据的外文估计还是日文，因为在流亡日本期间译者精通日文而充其量只是粗通德语；但是，不排除在正式刊行之前，马君武又用后来留学德国精通的德语，对译文作了细致的修订和润色。由此可见，这首译诗的诞生过程，也曲折坎坷而富有特殊的意义，可以作为诗人马君武革命生涯的佐证。

除了歌德，马君武还翻译过席勒的著名剧本《威廉·退尔》，英国诗人拜伦的长诗《哀希腊》以及卢梭、雨果的作品，在译介达尔文、斯宾塞等人科学著作方面也有所建树。因为他本身就是一位诗人，译诗也特别富于诗的韵味。在我国早期诗歌翻译者中，马君武被认为自成一家，备受文学史家们的称赞。①

继马君武之后，我国另一位著名诗人苏曼殊(1884—1918)也译过歌德的诗。歌德读了印度古代梵文诗人迦梨陀娑的诗剧《沙恭达罗》大为感动，曾写过几首诗来赞颂它；苏曼殊在1910年以前译了其中咏叹该剧女主人公的一首。译诗云：

春华瑰丽，亦扬其芬；

秋实盈衍，亦蕴其珍。

悠悠天隅，恢恢地轮，

彼美一人，沙恭达纶。②

苏曼殊这首以四言古体译成的短诗《沙恭达纶》，在忠实原文的“信”字上虽不无可以挑剔之处，但在富有韵味和诗情的“雅”字上却异常成功，因而脍炙人口，一直流传到了今天。

---

① 请参阅吴泰昌：《不以诗人自居的诗人——马君武》，《文汇月刊》1982年第二期。

② 歌德诗的原文为：

Sakontala

1791

Willst du die Blüthen des frühen, die Früchte des späteren Jahres, Willst du, was reizt und entzückt, willst du, was sättigt und nährt, Willst du den Himmel, die Erde mit Einem Namen begreifen, Nenn' ich Sakontala dich, und so ist Alles gesagt.

同样以文言文译歌德诗的还有王光祈和应时。他俩都译了歌德的著名叙事诗《魔王》(*Erlkönig*)。把两者的译文和原诗作一番比较，可以认为无论是王光祈的《爱尔王》还是应时的《鬼王》，都译得相当忠实、畅达。只可惜不知道它们的准确发表时间；①仅据系用文言译成这点来看，也该是比较早的，多半在“五四”以前吧。

(2)《可特传》——第一部中文歌德传记。

就在歌德的作品开始译成中文的差不多同时，也有人注意到了向读书界介绍歌德本人。1903 年(清光绪二十九年)的 7 月，上海作新社印行了一本《德意志文豪六大家列传》(亦名《德意志先觉六大家列传》)，内中即有长达 5 000 多字的《可特传》(《歌德传》)一篇，对歌德的生平、著作及在文学史上的地位，都作了相当详细的介绍。如关于《乌陆特陆之不幸》(《少年维特的烦恼》)在当时的巨大影响，便讲：“此书既出，大博世人之爱赏，批评家争为恳切之批评，翻译家无不热心从事于翻译，而卑怯之文学者，争勉而摹仿之。当时之文学界，竟酿成一种乌陆特陆之流行病。且青年血气之辈，因此书而动其感情以自杀者不少。可特氏之势力，不亦伟哉!”此即我国文字有关“维特热”的最早记述。可惜的只是，《德意志文豪六大家列传》这部在中国首先介绍歌德的著作，仍系由日文移译过来的，原作者为大桥新太郎，译述者为赵必振。通过《可特传》，中国人可算第一次对歌德有了较为全面的了解。

在这里顺便提一下，在歌德译介，不，乃至整个西学东渐的初期，曾经有过一座重要的桥梁或者说中转站，那就是我们位于东边大海中的小小的邻居日本。这个岛国由于明治维新而先行实现了西化，而且政治、军事、产业、文化和意识形态等都西化得相当彻底，所以在引进西洋先进的学术思想和文学艺术方面已远远走在前面。所以，继当年洋务派成立的同文馆之后，为了就近吸取先进的西洋学术文化，戊戌变法时期又成立了专门教授和翻译日文的东文馆。赵必振译的《德意志文豪六大家列传》，仅仅是无数从日文翻译或转译过来西学书籍而已。而具体到歌德及其作品，更可以讲早期几乎都是经过日本这座桥梁来到了中国。这个论断，将在下文中一再得到证明。论据中最有力的一点是，郭沫若、田汉、成仿吾等中国早期的歌德敬仰者和译介者，和比他们更早一些的马君武一样，都系留学日本的学生，都在日本学会了德文，并且在日本开始了翻译活动。

---

① 这两首译诗系从友人钱春绮手中传抄得来，据他说原书已在“文革”中损失了。

(3) 王国维:《红楼梦》与《法斯特》之比较。

也在辛亥革命之前的这个时期,中国人在自己的著作中论及歌德的也多起来了。

王国维在他 1904 年写的《红楼梦评论》中,将曹雪芹的《红楼梦》和歌德的《浮士德》相提并论,称它们都是“宇宙之大著作”。他写道:“在欧洲近世之文学中,所以推格代(歌德)之《法斯特》(《浮士德》)为第一者,以其描写博士法斯特之苦痛及其解脱之途径最为精切故也。若《红楼梦》之写宝玉,又岂有异于彼乎?”

王国维如此推崇歌德及其《浮士德》,应该讲并不奇怪。这一方面反映了他早年受德意志精神文化的影响,尤其是叔本华的悲观主义哲学的影响;另一方面也表现了他与《浮士德》在精神和情感上的共鸣,而引起这共鸣的,多半就是让歌德描写得“最为精切”的浮士德博士上下求索的痛苦,一个孤独的思想者的痛苦。王国维他自己,恐怕也同样长期经受同样的痛苦煎熬,却无法像浮士德一样寻求到解脱之途径。

就在发表《红楼梦评论》的同一年,王国维还在《教育世界》杂志上发表过《德国文豪格代希尔列尔合传》(歌德、席勒合传)一文,开篇即发出“呜呼! 活国民之思潮,新邦家之命运者,其文学乎!”的慨叹。[①]由此可见,王国维对歌德、席勒的推崇,出发点和后来的陈独秀、张闻天一样,也已经是欲以德国大文豪所体现先进思想启蒙民智,振兴国家。

比王国维稍晚一些,鲁迅先生也对歌德有所论述。他在留学日本时写的《人之历史》和《摩罗诗力说》这两篇文章,都一再提到瞿提(歌德),在前文中称他为“德之大诗人”,说他“邃于哲理”,“识见既博”,“思力复丰”,充分估价了他所创立的《形蜕论》的重要意义;在后文中更誉之为“日耳曼诗宗”和“德诗宗”,并谈到了他的代表作《法斯忒》(《浮士德》)。[②]

紧接在鲁迅先生之后,在清光绪三十四年(1908)的《学报》杂志第一卷第十期上,发表了仲遥的《百年来西洋学术之回顾》一文,更概括地介绍了歌德及其著作,说“歌的(歌德)为客观的诗人。其为人有包罗万象之慨。故其思想亦广大浩漫,如大洋之无垠。而其文章,则感兴奔流,一泻千里”。

以上所述,为我国介绍歌德及其作品的最初情况,其特点是人们对德国最伟

---

① 原载 1904 年 3 月《教育世界》第 70 号,见佛雏校辑:《王国维哲学美学论文散佚》,华东师范大学出版社 1993 年版,第 299 页。

② 鲁迅还在后来的《致〈近代美术史潮论〉的读者诸君》(1929)一文中,将歌德、尼采、马克思相提并论,都誉之为伟大的思想家。

大的诗人歌德尽管推崇备至，但还谈不上有深入的了解和研究，作品的翻译也属一鳞半爪，尚未引起一般读者的注意，可以视为歌德在中国之接受这部宏大交响乐的前奏，真正精彩的展开部分还在后面。因为与此同时，在懂得外文和有机会接触到西方文艺的知识分子中，歌德的影响正日渐增强和扩大起来，一些人已开始作全面深入地介绍和研究歌德的酝酿、尝试和准备。这预示着一旦出现有利的社会条件，一个波澜壮阔的高潮就将到来。

3. 五四运动和我国介绍与研究歌德的第一次高潮

如同洋务运动和戊戌变法先后都遭到了失败，1911 年爆发的辛亥革命尽管推翻了清政权，结束了在中国已维持 1 000 多年的封建帝制，却未能完成反帝、反封建的民主主义革命任务，国家的权力仍然掌握在封建军阀及其背后的帝国主义列强手里，旧礼教的沉重枷锁仍然束缚着人们的头脑和精神，思想感情和立身行事仍然缺少自由，于是在中国先进的知识分子中便酝酿和掀起了五四新文化运动。运动的首要任务在于对广大民众进行科学与民主的启蒙，打碎残留在人们身上的精神枷锁，实现人们思想、感情和个性的解放，真正完成精神和文化领域内的民主主义革命。为了宣传五四新文化运动的主张，早在 1919 年运动爆发前两年的 1917 年，北京、上海等地就创办了 400 多种新的杂志报纸，作为这一运动的旗手和先锋的陈独秀(1880—1942)就写了著名的《文学革命论》，发表在他主编的《新青年》杂志上。他在文中指出，我国“政治界虽经三次革命，而黑暗未尝稍减”，主要原因就在“盘踞吾人精神界根深底固之伦理，道德，文学，艺术诸端，莫不黑幕层张，垢污深积”。他因此大声疾呼：

> 今欲革新政治，势不得不革新盘踞于运用此政治者精神界之文学。他满怀激情地宣告：“欧洲文化，受赐于政治科学者固多，受赐于文学者亦不少。予爱卢梭、巴士特之法兰西，予尤爱虞哥、左喇之法兰西；予爱康德、赫克尔之德意志，予尤爱桂特、郝卜特曼之德意志……”他问：“吾国文学界豪杰之士，有自负为中国之虞哥、左喇、桂特、郝卜特曼、狄铿士、王尔德者乎?”

陈独秀所说的桂特就是歌德；他所发出的呼吁，也很快引起反响。例如，1920 年即紧接在五四之后由上海亚东图书馆出版的一本《三叶集》，便对他最后提出的在中国是否有人自诩为桂特这个问题，作了明确的回答。

五四运动的另一位先锋和主将，是后来同陈独秀一样担任了北京大学教授的胡适(1891—1962)。他也在 1917 年而且还比陈独秀早一个月，在《新青年》上发表了他著名的《文学改良刍议》，提出了自己比陈独秀激进的革命论的温和的改良主张。其时他还在美国留学，但是早已开始思考文学革新、改良的问题。胡适同样景仰德国的伟大诗人桂特(歌德)，特别佩服的是歌德深邃的哲学思辨能力。他认真研读了前文述及的《马君武诗稿》，认为诗稿中的38首译诗以歌德的《米丽容歌》最为成功、感人。①

经过陈独秀、胡适等先知先觉者的提倡和推动，五四运动逐渐深入。在这个过程中，西方文化文学的引进更见力度，影响也更加直接、显著，歌德也随之开始在中国深入人心。五四运动第二年出版的一本《三叶集》，即显示了歌德在中国年轻知识分子中的巨大影响。

(1)《三叶集》——第一次"歌德热"的先声和前兆。

《三叶集》收田寿昌(田汉)、宗白华、郭沫若3人1920年1—3月的通信数十封，书前附有3人各写的一篇短序。

田汉的序说："写信的时候，原不曾有意发表出来。后来你来我往，写的多了，大体以歌德为中心……"又讲："此中所收诸信，前后联合，譬如一卷 Werthers Leiden(《维特的烦恼》)，Goethe(歌德)发表此书后，德国青年中，Wertherfieber(维特热)大兴！Kleeblatt(《三叶集》)出后，吾国青年中，必有 Kieeblattfieber(《三叶热》)大兴哩！"

宗白华的序说："刊行这本书的动机，乃是提出一个重大而急迫的社会和道德问题……简括言之，就是'婚姻问题'；分开言之，就是：一、自由恋爱问题；二、父母代定婚姻制问题……"

郭沫若则干脆从"哥德之《浮司德》中"译诗一节，"即以代序"。

宗白华、郭沫若、田汉这3位被列入中国"浪漫的一代"的作家和诗人。

郭沫若没有写序，却印上自己的一节译诗：

两个心儿，唉！在我胸中居住在，
人心相同道心分开：
人心耽溺在欢乐之中，
固执着这尘浊的世界；
道心猛烈地超脱凡尘，
想飞到更高的灵的地带。
唉！太空中若果有精灵

---

① 参见吴奔星、李兴华选编：《胡适诗话》，四川文艺出版社1991年版，第12、16页。

在这天地之间主宰，
请从那金色的霞彩中下临，
把我引到个新鲜的，灿烂的生命里来！

像上面这样谈论和赞赏《浮士德》及其作者歌德的段落，在《三叶集》中实在太多。

仅上面摘引的这些内容，已可说明3位通信者受了歌德多大影响；而田汉所谓他们的信“大体以歌德为中心”，也是一点不假的。

首先，3人在信里交换了对歌德的看法和评价。

他们不只谈到歌德及其创作在文学史上的地位，也谈到他的人生观、宇宙观乃至于作诗的习惯和对待恋爱婚姻的态度，等等。如郭沫若1月18日致宗白华的信，以4页多的篇幅，论证歌德“是一个将他所具有的一切天才，同时向四面八方，立体地发展下去”的所谓“人中之至人”，①并把他与孔子相提并论，将他们在各方面的活动和成就作了对比，最后得出结论说，“他有他的哲学，有他的伦理，有他的教育学，他是德国文化上的大支柱，他是近代文艺的先河……他这个人确也是最不容易了解的。他同时是 Faust，Gott，Übermensch（浮士德，上帝，超人）；他同时是 Mephistopheles，Teufel，Hund（靡非斯托非勒斯，魔鬼，狗）”。但归根到底，“哥德是个‘人’……是‘人中之至人’……”

又如在2月16日致田汉的信中，郭沫若更明白地指出，“哥德的一生只是一些矛盾方面的结晶体，然而不失其所以‘完满’”。

郭沫若的这些看法，都可算当年我国知识分子对歌德作的最为详尽、最为深刻的评论，值得我们重视。

其次，信中反映了他们热心阅读歌德的作品并为之倾倒的情形。

他们不只读他的代表作《浮士德》和《少年维特的烦恼》，还读他的《诗与真》和其他传记，甚至也读了他的自然科学著作如《植物形变论》。田汉称《诗与真》为“自叙传的告白文学之白眉”。宗白华说读了《浮士德》中的《献词》和《天上序幕》这两段译诗，便消去了他“数日来海市中的万斛俗尘，顿觉寄身另一庄严世界”。郭沫若则认为：“海涅底诗丽而不雄。惠特曼底诗雄而不丽。两者我都喜欢。两者都还不足令我满足。”那么谁的诗才令他满足呢？歌德！因此，他“狠想多得哥德底《风光明媚的地方》”（指《浮士德》第二部第一幕）一样的诗来痛读，“令我口角流沫，声带震断”！我们这位“东方未来的诗人郭沫若”（宗白华在致田汉的信里如

① “人中之至人”（der menschlichste Mensch）是与歌德同时的德国大诗人维兰特对他的评价。

此预言),对 80 多年前生活在西方的德国大诗人歌德真可谓钦佩之至了! 难怪他和宗白华都认为,“诗人底宇宙观以 Pantheism(泛神论)最宜”,就像歌德那样;诗人应“多与自然和哲理接近”,“多研究古昔天才诗中的自然音节,自然形式”,就像歌德那样。

这儿再举郭沫若 3 月 3 日致宗白华信中的一个十分感人的例子——

经过宗白华介绍,郭沫若与他在日本的朋友田汉也结下了友谊。两人在通过一段信以后,田汉便去拜访郭沫若。他们不但一道谈诗论文,同游风景名胜,还一起阅读歌德:

> 午后我们读了《浮士德》的前部。寿昌喜欢 Strasse(街头)至 Marthens Garten(玛尔特的花园)诸幕,我喜欢的是 Am Brunnen(井旁)以后。我看我们两人嗜好不同,也是我们两人境遇不同的地方。我读 Zwinger(内外城墙之间的巷道)一节,我莫有不流眼泪的时候。

郭沫若甚至就此写了一首题名为《泪之祈祷》的诗,诗前以歌德的诗句“有谁感觉到啊/我五内如焚/痛彻骨髓”(Wer fühlet / wie wühlet / Der Schmerz mir im Gebein?)为题辞,诗的第一节和最后一节都是:

泪之祈祷

Wer fuehlet,

Wie wuehlet

Der Schmerz mir im Gebein?

Goethe

狱中的葛泪卿(Gretchen)!

狱中的玛尔瓜泪达(Margarete)!

要你才知道我心中的凄沧,

要你才知道我心中的悔痛。

你从前流过的眼泪儿……

流到我眼里来了。

流罢! ……流罢! ……

温泉一样的眼泪呀!

你快如庐山底瀑布一样倾泻着罢!

你快如黄河扬子江一样奔流着罢！
你快如洪水一样，海洋一样，泛滥着罢！
……

狱中的葛泪卿！
狱中的玛尔瓜泪达！
你从前流过的眼泪儿，唉！
流到我眼中来了。
我……我……我也想到狱中去！

郭沫若这首诗笔者在摘引时略有删节，但仍可看出诗人的感情是如此冲动，而原因就是如他自己所说，他在读《浮士德》时联系到了自己的“境遇”。这就意味着作为《浮士德》接受者的他，已经把自身的思想感情融入了作品，把自己变作了的作品中的一个角色。为什么会有这样的接受方式？前引描绘了时代背景的宗白华序可以是一个间接说明；直接的回答，则可在“浪漫的一代”特别是自称像歌德一样信奉“主情主义”的郭沫若的个性和气质中获得。

十分可喜的是，当时我们年轻的作家和诗人并没有止于耽读《少年维特的烦恼》，耽读《格利琴的悲剧》这些歌德狂飙突进时期的作品，没有沉溺于感情的放纵、发泄，以致老在那儿哭哭啼啼、以泪洗面，而是立下了要把歌德所有的杰作介绍过来，并在自身的创作中以歌德为榜样的宏愿。

以郭沫若为代表的“浪漫的一代”对《浮士德》的接受方式，在五四时代应该讲很有代表性，所以才会出现连德国人也感到吃惊的“维特热”。在这个意义上，郭沫若等对《浮士德》的接受又好似一面镜子；在这面镜子中，可以看见以放纵感情、张扬自我为其特征之一的五四时代。郭沫若在《三叶集》里指出，他们所处的这个时代与德国的“胁迫时代”——狂飙突进时代——很是相近，应该讲不无道理。

很显然，如此专注地投入了整个身心和情感阅读歌德的作品，不只会对阅读者的思想观念留下深刻的影响，而且也必然会给后来都成为中国新文学缔造者的郭沫若、田汉、宗白华3人的创作，提供直接有益的借鉴启示和可资效法的榜样楷模。也就不奇怪，郭沫若如此倾慕歌德的时期，正是他在宗白华主编的《时事新报》副刊《学灯》上大量发表新诗的时期；他当时创作的《凤凰涅槃》等诗作之所以那么雄伟瑰丽，富于哲理，显然在很大程度上应归因于从《浮士德》这部“雄丽巨制”中获得了启发和灵感。

还有《三叶集》收的最后一封信，记录了郭沫若和田汉两人在日本同游太宰府的一段趣事，意义也非同寻常，值得细加玩味。

话说两人上山后，在茶店中饮酒闲谈，一会儿“便醺醺然有酒意。想替 Goethe 和 Sehiller 铸铜像(郭老写此句时大概想到了魏玛那座歌德与席勒并肩而立的著名塑像)，出庙寻写真师(照像师)，问市中人，云在庙中。入庙遍寻不得。彼此相扶依，蹁跹梅花树下，不禁放歌”：

写真师！写真师！
我们在寻你！我们在寻你
哥德也在这儿！
许雷(席勒)也在这儿！

你替他们造铸铜像的在哪儿！
我的诗，你的诗，
便是我们的铜像，便是宇宙底
写真诗！

在这里，年轻的郭沫若直截了当地把自己比作歌德，把田汉比作席勒，说明他当时的确是以歌德为楷模；而他与田汉后来的文学发展道路，又实在与歌德和席勒有不少相似之处，令人不能不感到惊奇。

这段引文，这个史实，在我看来就是以郭沫若为代表的一批年轻有为的中国文学家，对陈独秀提出的是否有人有勇气成为中国的桂特(歌德)这个问题，作出的明确回答。

再次，3 位通信者相互支持，相互勉励，打算对歌德进行全面深入的研究和介绍。

为什么介绍？郭沫若回答说：“我想歌德底著作，我们宜尽量多地介绍，研究，因为他处的时代——‘胁迫时代’——指狂飙突进时代——同我国的时代很相近！我们应该受他的教训的地方很多呢！”

如何介绍？郭沫若和田汉都主张“多纠集些同志来，组织个‘哥德研究会’，先把他所有的一切名著杰作，和关于他的名家研究，和盘翻译介绍过来，做一个有系统的研究”，“预备过一两年的工夫，会把全部的哥德，移植到我们中国来呢”！

介绍研究的目的是明确的——“洋为中用”。抱负也不小——“和盘翻译介绍”，“有系统的研究”。于是，3 人便分别拟定了介绍和研究的课题：宗白华写一篇题为《德国诗人歌德的人生观与宇宙观》的论文；田汉译《歌德诗中之思想》一文，并写一本《歌德传》和"做一篇《歌德与雪勒》(歌德与席勒),述他二人之生涯交谊与著述梗概";郭沫若则着手或准备译《浮士德》和《少年维特的烦恼》……所有这些题目,除田汉的《歌德传》和《歌德与席勒》外,后来也都完成了。

《三叶集》以上三个方面的内容,说明它的的确确是"以歌德为中心"的,说明在中国进一步对外开放的社会语境里,尤其是在经过了五四洗礼的先进知识分子阶层,歌德已经深入人心。《三叶集》这本问世于60多年前的小书,目前已不易为一般读者接触到,重视的人看来更少,但却是一部十分珍贵的文献:它不仅记录了郭沫若等3位中国现代杰出作家早年思想发展的轨迹,而且对研究中西特别是中德文学交流的历史,研究歌德在中国的接受特别对中国新文学发展初期的影响,更提供了重要的、稀罕难得的实证和依据。

为说明这重要与稀罕,仅以一桩不易为人注意的史实为例:现在通用的"歌德"这个译名,可以断定也是在《三叶集》中首先由田汉使用的——多数情况下他在书中用的是发音相同的"哥德"。而在此前后,歌德在我国还曾有过"果次"、"俄特"、"可特"、"贵推"、"瞿提"、"瞿德"、"哥的"、"高特"、"桂特"、"据台"、"戈忒"、"勾特"、"葛德"、"珂德"等一系列的名字。这些名字有的念起来与原名相去甚远,显系从其他文字辗转翻译过来的;有的念起来感觉怪异。结果经过时间和广大读者的选择,终于胜出并获得了长久生命力的还是田汉译的歌德。

仅从译名的变迁,我们是不是也可看见,在把歌德这位德国大诗人迎来中国的漫漫长途中,先辈们曾作过何等艰辛的探索和尝试!在那初创阶段,自然不免会有失误和幼稚的表现——如把《三叶集》比作《维特》就不尽恰当,称歌德为果次、瞿提、勾特也有些滑稽——,而且对于歌德的认识,整个说来还受着外国学者特别是日本学者的明显影响。但尽管如此,先辈们仍可谓成就斐然,功不可没。

《三叶集》的出版,可以看作是介绍和研究歌德热烈兴旺的新阶段即将到来的先兆。这个阶段持续近10年之久,到1932年歌德逝世100周年纪念时,便形成了空前的高潮。新阶段及其高潮之所以到来,略而言之,有以下原因:(1)我国新民主主义革命的发展和新文化运动的深入,迫切需要介绍更多的外国先进思想文化,歌德尤其青年歌德的思想和创作,正好能适应我国当时反封建的时代要求。(2)先后成立的文学研究会和创造社,都积极从事外国文学的介绍,特别是后者,事实上部分地起到了始终未能成立的"歌德研究会"的作用。(3)前一阶段即从20世纪初至五四时期的酝酿、准备、摸索、尝试,已经开花结果。(4)五四运动后第三年的1922年,适逢歌德逝世90周年纪念,这又为加紧研究和介绍这位大诗人提供了难得的契机。

在这一年即歌德逝世90周年纪念的中国报刊上，颇出现了一些值得注意的有关歌德的诗文；其中上海《时事新报》的《学灯》副刊，于歌德辞世纪念日次日即3月23日，集中刊登了西缔(郑振铎)的《歌德的死辰纪念》、愈之(胡愈之)的《从〈浮士德〉中所见的歌德人生观》、谢六逸的《歌德纪念杂感》以及冰心为纪念歌德而作的《向往》一诗，名副其实地称得上是一个歌德纪念专号。1919年，宗白华主持的《学灯》刊登了郭沫若译的《浮士德》3个片断，在介绍歌德的伟大诗剧入中国的工作中带了头，这次同样得风气之先，在中国报刊中第一家有意识地组织了对歌德的纪念。

同年8—9月，上海商务印书馆出版的《东方杂志》以3期1万多字的篇幅，连载了闻天的一篇题为《哥德的浮士德》的长文。

(2) 张闻天论《浮士德》和“浮士德精神”

这篇长文作者署名“闻天”。“闻天”就是我们敬爱的张闻天同志。以笔者迄今掌握的资料判断，该文恐怕就是中国人写的最早一篇研究《浮士德》乃至歌德作品的长篇论文了。而且不只最早，不只有分量，还相当地系统、全面，并不乏理论的深度。文长1.5万余字，细分为五个部分：(1)歌德与浮士德；(2)浮士德的来源；(3)浮士德第一部的概略；(4)浮士德第二部的概略；(5)浮士德中所包含的根本思想。而在《哥德的浮士德》之前，中国人对《浮士德》尚无专文论述。鲁迅先生在《摩罗诗力说》和《人之历史》两文中虽提到这部作品，但仅限于片言只语；郭沫若在《三叶集》里讲得稍多一点，也不过随感式地议论；其他关于《浮士德》的文字，则都很难说系统、深刻、全面。

再看文章的内容本身，也自有一定价值。作者把《浮士德》摆在欧洲的时代精神和文化发展的大背景上，摆在与歌德个人的生活、思想和个性的具体联系中，来理解这部内容庞杂的巨著，引述资料颇为丰富，故事概括基本符合原著，种种的提法即在今天专门研究歌德和《浮士德》的人眼中，也不是“皮毛之论”。

上述各点，以及中国最早的一篇关于《浮士德》乃至歌德的论文系出自一位后来的无产阶级革命家笔下这一事实本身，都赋予了此文以文化思想史和中德文化交流史上的重要意义。这是它值得重视的一个方面。

另一个方面，这篇文章反过来又是研究张闻天生平和思想发展，乃至研究中国近代思想史的一份有价值的资料。[1]过去我们一般只了解，闻天同志毕生从事革

① 除了张闻天，早期的共产党人中还有陈独秀、瞿秋白，民主主义者中还有马君武等都曾十分景仰歌德，不能不说是一个研究中国近代思想史值得注意的现象。

命，在马列主义理论和经济学方面造诣很深。《哥德的浮士德》却告诉我们，他不仅学识广博，富有文学修养，外文水平还相当高——当时他多半也在日本留学——，否则，在当时尚无《浮士德》中译本的情况下，他是绝难读懂这部以深奥著称的诗剧的，更别提研究和评论了。

当时22岁的张闻天在文中写道："一切伟大的艺术家都有锐敏的感觉和洞察的直觉。他们把他们所观察到的，所感觉到的，经过了他们的个性的溶化，更受了他们内部的迫切的表现的冲动，用了某种方法表现出来的东西，就是他们的伟大的艺术品。所以任何艺术家的作品中间都是以时代为背景而以作者的个性为中心的。"这段话，对什么是文艺作品的本质这个问题，不是作了符合唯物主义反映论的正确回答吗？

他又在分析歌德主张的"活动主义"时说：

> 他觉得自然界是永久的在活动，人生也永远是在活动。但是他更进一步说：这种活动是二种相对的，或是相反的势力的冲突的活动：善与恶，美与丑，向上与向下，施与受，收缩与膨胀，阴与阳，动与反动等等诸势力的活动，世界上一切复杂的样式都是拿这些势力为经纬而织成的。又讲：世界不是盲目的乱动的。他（指世界——笔者）也有一定的目的；那就是进步，就是向善，也就是向圆满。

这里张闻天讲的固然是歌德的主张，但又何尝不是他自己的看法呢？在全文结尾，他发出了深沉的感叹："唉！保守的，苟安的中国的人呵！"

这慨叹表明，张闻天赞赏歌德富于辩证精神的"活动主义"，赞赏表现在浮士德身上永不自满、永远追求的自强不息精神，完全是出于对中国人因循守旧、苟且偷安的不满，并且想借助浮士德的"活动主义"即有为哲学，来改变中国人这愚昧落后的精神现状。

也就是说，张闻天是理性地从哲学的层面上来接受《浮士德》的，但是却又与同样这样做的辜鸿铭泾渭分明；他目光向前，为的是克服因循保守，辜鸿铭的目的恰恰相反。他同时也融入了自身的思想情感，把自己面临的现实摆进了作品中，但是也有别于郭沫若等"浪漫的一代"；他摆进去的是"大我"，是整个中华民族，想要改变的是中国人保守、苟安的国民性，而不是放纵个人的情感，追求一己的个性张扬和解放。

当然，闻天的《哥德的浮士德》也难免有局限。他当时似乎还缺少明确的阶级观点和社会发展观点，在分析《浮士德》的时代背景时，只谈了思想文化方面，忽略了经济、政治、阶级和阶级矛盾方面。但尽管如此,《哥德的浮士德》这篇长文乃是中国《浮士德》接受史上的一个重要标志,价值不容低估。

还值得一提的是,张闻天除了撰写有关《浮士德》的论文,还动笔翻译过它的一个片断,那就是诗剧第一部的最后一场“狱中”。“文革”浩劫之后张闻天在政治上得到了平反和恢复名誉,他早年文学活动也受到了关注,上述论文和翻译都收进了新出版的《张闻天文集》里。

张闻天的思想转化、发展过程,在中国20世纪二三十年代的先进知识分子中间应该具有相当的典型意义,不只是我们研究歌德在中国之接受的宝贵材料,恐怕就是研究中国的共运思想史乃至整个社会思想史,也无法忽略和回避。

(3) 郭沫若译《少年维特之烦恼》与“维特热”。

也在1922年,还发生了一件比张闻天发表《哥德的浮士德》影响更加广泛、更加深远的事,那就是郭沫若译的《少年维特之烦恼》的问世。不,影响岂止超过张闻天的论文,应该说影响空前,在中国的歌德接受史上具有划时代的意义:一如当年在德国和欧洲,《维特》这本“小书”就像一枚投到了火药桶里的炸弹,在沉闷的中国知识界特别是青年读者中引发了一场大爆炸,大震撼。它的作者歌德随之名声大振,此前在古老、落后的中国只是少数知识分子和诗人们的歌德,随着郭译《维特》的出版和流传而成为了广大读者特别是年轻一代的歌德!

郭译《维特》于当年4月由上海泰东图书局出版,是歌德重要著作在我国的第一个全译本。郭沫若在《三叶集》中回忆,1919年还在日本学医时,他已在课余动笔翻译歌德的这部小说。1921年短时间回到上海,经友人的劝导、鼓励,他又开始继续翻译,不幸却因生病耽搁了下来,结果还是回到日本以后,才于同年秋天一边继续学业,一边最后完成了课余翻译《少年维特之烦恼》的工作。跟他这时的诗歌创作一样,他翻译《维特》使用的汉语也是白话文,这无疑对译本的流传起了巨大的作用。

据同时代人的评论看,郭沫若的译笔在当时的人读来不但十分畅达,而且极富文采与情致。例如上海《时事新报》1924年11月24日的副刊《学灯》,载有同时代的作家肖裕芳的《读了〈少年维特之烦恼〉以后》,对郭译《维特》加以赞赏。

除此译文本身具有近乎原著的感人情致,郭译《维特》还在书前冠有长达13页的译者《序引》,书后附了详细的注释,所以一问世即风靡了读书界。一代处于反封建斗争中的中国青年,欣喜地在《维特》中找到了知音;不少包办婚姻的受害者,与书中主人公同病相怜,让维特和绿蒂的故事感动得涕泪交流;一对对热恋中的情侣则以《维特》互赠互勉,以表示自己爱情的忠贞。一时间,“青年男子谁个不善钟情，妙龄女人谁个不善怀春”的诗句，便在广大青年口中传唱开来，汇成了一片反对封建礼教的示威和抗议之声。

例如有位后来当了南京师范学院副教授的女青年沈尉德，读过《少年维特之烦恼》后大为感动，给自己取了个笔名叫“维特”。

还有少数爱情生活遭受挫折和压抑的青年，也如维特似的愤世嫉俗，以致萌发了自杀之念（如后文将提到的作家曹雪松）。

总之，随着郭译《维特》的流传，就跟一个半世纪以前在德国和整个欧洲一样，在我国也迅速掀起了一股来势不小的“维特热”。

“维特热”不仅感染青年读者，而且影响着文学本身。蔡元培先生在《三十五年来中国之文化》一文中，谈到外国小说的翻译对我国“起于戊戌”的“文学的革新”的推动，具体举出的第一本书就是《少年维特之烦恼》，说它“影响于青年的心理颇大”。①

“维特热”在文学界的表征之一是继郭沫若之后，其他人也纷纷翻译《维特》，接着又出版了黄鲁不（1928，龙虎书店）、罗牧（1931，北新书局）、傅绍先（1931，世界书局）、钱天佑（1936，启明书局）、达观生（无出版年月，世界书局）、陈韬（缩编本，《中学生》杂志）等一些译本，书名全都叫《少年维特之烦恼》。在所有这些本子中，仍以郭译流布最广，最受欢迎，据不完全统计，在1922—1932年的10年间，郭译《维特》已由不同书店重印50次以上。以一部外国文学作品在我国流传之广、影响之大和重译重印次数之多论，《维特》可以说是无与伦比的。

比起翻译介绍的盛况来，更有意义的也许是《维特》对我国作家的思想和创作产生的影响。众所周知，郭沫若自己就承认在思想上与它产生了种种共鸣，特别是受了它所包含的“主情主义”和“泛神思想”的熏染。除此而外，还有一些鲜为人知，但却不无研究价值的例子：

1925年1月，商务印书馆出版了郑振铎主编的《小说月报丛刊》第十八种，内收两篇小说，其中一篇名叫《或人的悲哀》。作者为当时一位富有才情的著名女作家黄庐隐（黄英）。这篇《或人的悲哀》，从名称到体裁，从内容到情调，都无异于中国的《维特》，只不过现代化了和中国化了，而且内容缩减了许多。

1928年，最先印行郭译《维特》的上海泰东图书局还出版了一部题名《少年维特之烦恼》的剧本，更是一个明白无误的由《维特》改编成的4幕悲剧，改编者为青年作家曹雪松。

---

① 《蔡元培文集》，中华书局1959年版，第280页。

还有一件事也许更有意义，更能说明《维特》在中国的巨大影响：

1932年，即郭译《维特》问世后10年，茅盾就把它写进了长篇小说《子夜》里。一本读得破旧了的《少年维特之烦恼》和一朵夹在书里的枯萎的白玫瑰花——这是女主人公吴少奶奶赠予自己青年时代的恋人雷鸣的定情之物——，先后3次出现在小说中，对刻画吴少奶奶及雷鸣这两个人物，对揭示20世纪二三十年代我国一部分青年的复杂心理状态和软弱性格，起到了画龙点睛的作用。

对上述3个文学界受“维特热”感染的显著例子，下文将专节详述。这里让我们先弄清楚一个更带普遍意义的问题，那就是《少年维特之烦恼》这本小书，为什么会在我国产生如此巨大的、多方面的影响呢？

歌德原著的文学魅力和郭沫若的传神译笔固然都起了很大作用，但更主要的原因却在时代，诚如歌德当年在分析《维特》之所以引起巨大震动时所说，“主要就因为它出版得正是时候”。

郭译《维特》在我国的问世同样“正是时候”！正如郭沫若在《三叶集》中指出，中国的五四时代与德国一个半世纪前的狂飙突进时代十分相似；五四时代的“一个重大而且急迫的社会和道德问题”，正是宗白华在《三叶集》的序中讲的“婚姻问题”即“自由恋爱问题”；反对包办婚姻，已成为当时一代青年争取个性解放、反抗封建束缚的重要内容。因此，《维特》这部以主人公的不幸恋爱遭遇为情节主线的小说，便格外吸引他们的注意；小说主人公狂热地追求个性解放以至于宁折不弯、以死抗争的精神和性格，便格外赢得了他们的同情。

顺便说一说，德语文学赢得中国读者特别是新时期以前年轻读者青睐的，除了歌德的《维特》还有施笃姆的中篇小说《茵梦湖》，还有席勒的剧作《阴谋与爱情》。这3部作品从情节看都同为爱情悲剧，从格调看都同样文笔优美，都表现了缠绵悱恻的情感，都饱含着激情以至于悲情。这样的作品都得到中国读者喜爱，应该讲绝非偶然，而是它们正好符合我们民族的文学传统、审美取向和欣赏习惯，也刚好适应我们一定时期充满悲情的时代气氛和社会心理需要。特别是郭译《维特》诞生前后的时代，年轻人精神上受到各方面的沉重压抑，渴望获得感情自由、个性解放，阅读和创作《维特》式的悲情作品，便成了他们释放内心积郁的一种方式。

这样的情况，这样的效果，以郭沫若个人而论，不但反映在他本身的文学创作中，也折射在他历经曲折而成功地翻译《少年维特之烦恼》这一事实上。可以设想，他在翻译时也投入了情感，也进入了角色，也对主人公的烦恼、痛苦和不幸感同身受，再借助本人作家的才情和文笔，如此一来，《维特》的郭译本不感人才怪呢！

总而言之，《维特》的成功移植中国，“维特热”在中国之兴起和蔓延扩散一点也不偶然，而是多种复杂的因素不无幸运地凑在一起所促成的，这些因素缺一不可，但其中最重要的如歌德所言是时代，起主体或主导作用的照我看却不能不说是译者。试想，如果当年不是天才的诗人郭沫若，而是换成其他什么人第一个翻译《少年维特之烦恼》，这本“小书”能在中国一夜成名，家喻户晓么！

言归正传，郭译《维特》取得的惊人成功和广泛流传，“维特热”的不断扩散，大大激发起人们对歌德这位作家的兴趣，而且也和当年在德国和欧洲一样，歌德的名字从此长期与《维特》这本小书联系在一起，“维特热”遂发展成了“歌德热”，兴起了这位德国诗人在中国接受的一个高潮。一时间，对他作品的翻译、介绍和研究，便呈现出风起云涌之势。在抗日战争爆发前，歌德的重要作品除一两种外，几乎全都翻译过来了，特别著名的甚至不止一种译本。计有：

1.《浮士德》4 种：(1)莫甦的全译本(1926，启明书局)；(2)郭沫若译第一部(1928，上海创造社出版部)；(3)周学普全译本(1935，福建永安东南书局)；(4)顾寿昌译本(无出版年代，上海北新书局)。此外尚有不少片断翻译或译完了未能出版的本子(如张荫麟的译本)。2.《威廉・迈斯特的学习时代》3 种：(1)伍蠡甫的英汉对照节译本《威廉的修业时代》(1933，上海黎明书局)；(2)伍光建译《威廉迈斯特》(1939，上海商务印书馆)；(3)余文炳节译本《迷娘》(郭沫若校，1932，现代书局)。3.《列那狐》2 种：(1)君朔(伍光建)译《狐之神通》(1926，上海商务印书馆)；(2)郑振铎译《列那狐》(无出版年代，开明书店)。4.《诗与真》2 种：(1)张竞生节译本《歌德自传》(1930，世界书局)；(2)刘思慕译《歌德自传》第一部(1936，生活书店)。此外郭沫若也译过，但未出版。5.《歌德谈话录》2 种：(1)曾觉之译《高特谈话》(1935，世界书局)；(2)周学普译《歌德对话录》(1937，商务印书馆)。6.《歌德诗选》多种：(1)郭沫若、成仿吾译《德国诗选》(主要为歌德作品，1927，上海创造社出版部)；(2)张传普(张威廉)译《歌德名诗选》(1934，现代书局)；(3)梁宗岱译《一切的顶峰》(内收歌德诗 8 首，1934，上海商务印书馆)。除此而外，《铁手骑士葛兹》、《克拉维歌》、《史推拉》、《哀格蒙特》、《塔索》、《兄妹》等剧本，以及叙事长诗《赫尔曼与窦绿苔》、组诗《中德四季晨昏杂咏》和《释勒(席勒)与歌德通信集》，等等，也分别由周学普、汤元吉、胡仁源、冯至、张德润等翻译出版。剩下未译的仅《威廉・迈斯特的漫游时代》和《亲和力》两部长篇小说。

4. 1932 年歌德百年忌辰与第二次“歌德热”在中国的兴起

毫不夸张地说，在 1932 年歌德逝世 100 周年前后，我国文艺界对这位德国大诗人已经是非常热了。

早在1931年，大概是由于报道欠准确，热心的人们把国外纪念歌德的筹备活动误当作纪念已经开始，便匆匆忙忙地提前行动起来，北平、上海的各种报刊纷纷发消息、登文章不算，出纪念专号和特刊的也不少。在此前后，刊登有关歌德的文章最多者数《北平晨报》、《清华周刊》、《鞭策周刊》、《大公报》、《读书杂志》和《现代月刊》；上海的《小说月报》也已收齐出纪念专号的稿子，不幸却为“一·二八”的战火所焚毁。后来，这些在报刊上发表的大量文章经过挑选，分别编成了《歌德之认识》和《歌德论》两个文集。

(1) 歌德研究:《歌德论》与《歌德之认识》。

《歌德论》在1933年由上海乐华图书公司出版，系陈淡如选编，收文18篇，并附有歌德年谱，内容不可谓不丰富，但也有少数肤浅、牵强之作。所辑文章中有一篇胡秋原写的《马克思主义所见之歌德》，颇值得注意。这样讲不只因为作者胡秋原(1910—2004)乃国民党元老，被视为该营垒的一位重要学者和思想家，还因为文章本身的价值:在这篇文章里，中国读者第一次知道了年轻的恩格斯和马克思对歌德的评价，以及弗朗茨·梅林等马克思主义文艺理论家对歌德的评价。在其后的半个多世纪里，恩格斯马克思有关歌德的评价成为了中国人认识理解歌德的准绳和坐标，为歌德研究者及其著作所反复引用。

较之《歌德论》，《歌德之认识》内容更加全面、丰富，因此也更加可观。诚如编者宗白华在“附言”中所说，它已“成功为一部较为完备，有系统的‘歌德研究’”。

《歌德之认识》将所收20多篇文字编成了五大部分，即:(1)歌德之人生观与宇宙观;(2)歌德之人格与个性;(3)歌德的文艺;(4)歌德与世界;(5)歌德纪念。

拿其中的第四部分《歌德与世界》来看，就有杨丙辰的《歌德与德国文学》、范存忠的《歌德与英国文学》、徐仲年的《歌德与法国文学》、德国汉学家卫礼贤(Richara Wilhelm)的《歌德与中国文化》、陈铨的《歌德与中国小说》、唐君毅的《孔子与歌德》和郑寿麟的《歌德与中国》等，可谓包罗万象，琳琅满目，仅题目就令人瞩目，忍不住要作披览。此外书前尚刊有冰心在纪念歌德逝世90周年时作的《向往》一诗，以及歌德本人的画像;书后则附录了有关魏玛纪念歌德百年忌辰的盛况以及苏联的各种纪念活动的报道，还有一篇魏以新编写的歌德生平。

《歌德之认识》的编者署名宗白华、周辅成。宗白华时任南京中央大学教授，是前文多次提到过的我国研究、介绍歌德的一位元老;后来成为北京大学哲学系教授的周辅成，当时只是清华大学哲学系的学生，然而编选这部著作的创始者偏偏是年纪才22岁的无名的他，而不是大名鼎鼎的宗白华老前辈。

周辅成在《歌德之认识》的序文中回忆，他精心编好了这部内容充实、意义重大的文集，拿着稿子却找不到出版的地方，尽管他自己甚至还有他已经成名的四川同乡巴金都曾为此四处奔走，八方游说。最后，他不得已找到南京的宗白华教授，宗教授毫不犹豫地施以援手。

《歌德之认识》的"宗白华附言"说："巴金先生在上海很热心地向几个大书店接洽此书的出版事，终于没有圆满的结果；殊堪惊异。"最后只好由宗白华要回去自行出资在南京付印，为此他从自己的腰包里掏出了300多银元即超过一位教授月薪的一大笔钱，也自行于1933年委托钟山书店发行销售。这样一来，宗教授付出的就不只是金钱了，还有时间与精力。"附言"写道："全书各文的校勘，也由我在南京负责。惭愧我向来不善此事，所以每页亲自校勘到五六次，结果还难免有错字或标点符号的误刊。再版时自当改正。现在附一勘误表。这是要请各位作者与读者的原谅。"

宗先生是我国美学界成就卓著、建树巨大的前辈，涉及歌德最为人称道的是他慧眼识英才，早年在主编《时事新报》副刊《学灯》时发现和提携了"东方未来的诗人郭沫若"，发表了初出茅庐的歌德翻译者郭沫若的不少处女译作；可是，今天人们不大了解，他作为我国早期研究和译介歌德的倡导者和组织者，功绩也是不可泯灭的。此外，他本人还精心撰写了不止一篇论述歌德的文章，如收在《歌德之认识》里的《歌德之人生启示》和《歌德的〈少年维特之烦恼〉》，等等，都有相当的分量与价值。

对于这样一位建树卓著、德行高尚的先行者，岂止是他希望的"原谅"而已，我们真该永远感谢他，好好地学习他还有周辅成先生的榜样才是啊！

说到这里，不能不特别讲讲文集所收贺麟先生的文章《歌德处国难时的态度》。贺麟是我国研究德国哲学的权威和著名的黑格尔专家。他文章题目中的"国难"两字，具体就歌德而言，指的是拿破仑军队在1806年10月16日占领魏玛，以及在此前后占领了德国相当多的领土；但是对于中国读者，更多地却会引起对时局的联想。贺麟详细地叙述了歌德在上述"国难时期"的遭遇和见闻，最后得出了一个结论：歌德对自己的祖国忠贞不贰。因为贺麟认为，当一帮王公大臣们在胜利挺进的法国入侵者面前仓惶逃走了的时候，歌德却无所畏惧地独自留在魏玛，勇敢地代他们履行了职责。在贺麟笔下，诗人歌德成了一位爱国者，一位恪尽职守的官员。

贺麟这样做，显然是想以歌德为榜样——实际上未免有美化歌德之嫌——，一方面鼓舞自己的哲学界和文艺界同道；另一方面也影射、鞭策在日本侵略者面前望风而逃的政界和军界当权人物。

贺麟先生和他纪念歌德的文章，不又是一个中国知识分子忧国忧民，在做学问时也不忘记现实并善于"洋为中用"的例子！

《歌德之认识》初版后，1936年更名为《歌德研究》，作为中国文化丛书之一由中华书局再版；1976年台北天文出版社又重排了这本书。宗白华在中华书局版的序言中说，希望有"作家研究"的姊妹书相继问世。这似乎表明，此书在当时乃是同类著作的第一部；而且直至目前，它在海内外都还有一定的影响。翻翻这部《歌德研究》或者《歌德之认识》，我们仿佛尚可窥见当年前辈们热心介绍和研究歌德的盛况。

以上的事实说明，在郭译本《维特》问世到抗日战争爆发的10余年间，歌德在所有外国作家中似乎是最受中国文学界和读书界重视的一位；莎士比亚、巴尔扎克、普希金等都是后来才超过了他。①

作这样一个在今天显得突兀的论断，至少有以下三个依据：

1）在所有外国作家中，歌德被译介得最多，重要的代表作几乎都有了译本，如果把它们集中起来出版，差不多已构成一个多卷本的歌德文集，世界文学的其他一些大作家却远远无此荣幸。所以郭沫若在1944年仍在抱怨：还有许多世界文学杰作没有被我们译成中文。例如在中国生活着非常多的穆斯林，可却没有一本汉语的可兰经。至于欧洲的文学经典，翻译过来的也只是极少的一部分。早听说有人翻译了《神曲》，但迟迟未见译本出版。莎士比亚的作品译成汉语的只有三五种。除他之外还有巴尔扎克、左拉、莫泊桑、托尔斯泰、陀思妥耶夫斯基、契诃夫、易卜生等还没有翻译过来……他们的全集要问世，看样子还遥遥无期啊。②

显而易见，郭沫若没有提到歌德。身为歌德译者、曾经自诩为中国的歌德的郭沫若，不大可能单单把自己最喜爱的诗人给忘记了；根据上文列举的歌德作品那许许多多中译本，这位德国诗人确实是在中国译介得已经相当多的例外。

2）学者对歌德的关注也最多。除了《歌德论》和《歌德之认识》这两个论文集，还出版了不少研究歌德的专著：胡愈之的《但丁与歌德》（上海商务印书馆，1925），柳无忌的《少年歌德》（北平北京书局，1930），徐仲年的《歌德小传》（女子书店，1933），张月超的《歌德评传》（神州国光社，1933），黎青（廖尚果）主编的《歌德》（商务印书馆，1937），等等。

---

① 有兴趣的读者不妨参阅戈宝权的《莎士比亚在中国》（见外国文学教学参考资料第一册，福建人民出版社）和程代熙的《巴尔扎克在中国》（载《读书》1980年第六、七期），以作比较。

② 详见郭沫若：《关于"接受文化遗产"》，《创作的道路》，重庆文光书店1947年版，第28—39页。

除了专著还有论文，情况也大致是这样。1932 年北京图书馆出版了一册《文学论文索引》，收录了自清光绪三十一年(1905)至 1930 年年底发表在中国重要报刊上的所有论文和文章，其中计有论及歌德 36 篇，易卜生 16 篇，泰戈尔 16 篇，安徒生 11 篇，巴尔扎克 8 篇，托尔斯泰 7 篇，莎士比亚 3 篇，但丁 1 篇。歌德仍然遥遥领先，最受青睐。

3) 歌德是唯一一位享有与孔夫子，与广大中国人心目中这位圣人相提并论殊荣的外国诗人和思想家。把他俩摆在一起进行比较、讲他俩等量齐观的著名中国人很多，他们属于不同的意识形态和政治营垒，既有辜鸿铭也有郭沫若，还有张君劢以及唐君毅，等等。除此而外，歌德在中国还常被比作最敬仰的诗仙李白，例如梁宗岱和许思源都写过以《歌德与李白》为题的文章。①

上述三点和其他一些事实，都证明在 20 世纪的二三十年代，歌德的确曾经是在中国最受欢迎的外国诗人。

(2) 纪念歌德逝世 100 周年：北平、上海、广州，不同的环境，不同的基调。

有必要回顾一下 1932 年歌德逝世 100 周年，在我国各地举行的纪念集会和演出活动的情况。这些情况，由于年代久远，又经过了长时间的战争，保存下来的有关材料已经不多，今日关心和知道的人就更少了。因此特别感谢斯洛伐克的著名汉学家马利安·加里克(Marian Galik)！1976 年，在魏玛举行的第三届亚非文学理论问题国际学术讨论会上，他宣读了题为《歌德在中国：1932》的论文。②是他根据当时存放于民主德国波茨坦中央档案馆里比较齐全的资料，率先介绍了当年我国北平、上海、广州三大城市的歌德纪念会的详情——

北平的纪念会于 3 月 22 日晚间在德国领事馆举行。那天晚上碰巧华北地区出现近乎全月食，有人就说这是老天爷也在为伟大的德国诗人吊丧。到德国领事馆参加纪念会的有大约 340 位中国客人，其中不乏京剧大师梅兰芳、北京图书馆馆长袁同礼和著名哲学家张君劢这样的文化界知名人士。其他一些国家的外交使节也出席了纪念会。会上，曾在德国师从诺贝尔奖获得者鲁道夫·欧肯教授(Rudelf Eucken)的张君劢博士，代表中国方面作了题为《歌德与孔子》的发言。哲学家张君劢认为，歌德与孔子之间有许多共同之处，两者都倡导乐观哲学，都主张积极有为，都生来就对 Logos(理念)感兴趣……不同只在于歌德较多地倾向于"肉体的享受"，孔子更倾向于"精神的完满"。

① 见梁宗岱：《李白与哥德》，《诗与真·诗与真二集》，外国文学出版社 1984 年版，第 109—115 页。

② 本书作者更要感谢加里克教授，因为本节叙述主要的参考文献，就是他所作报告的英文打印稿。

显而易见,张君劢的讲话强调的是传统,是过去,尽量地避免接触中国的现实,按照加里克的理解,这和北平整个纪念会的气氛和基调是一致的。须知在纪念会请柬上印着的一节歌德诗句,也是号召人们要忘记眼前:"别徒劳地追逐过往云烟!它不能给你们任何启迪。到往昔中去寻找有为者,它已化作永恒而美好的业绩!"

之所以有这样的基调,加里克认为,并不仅仅因为北平是一座富有文化传统的古城,而是主办纪念会的德国方面显然不希望涉及中国的政治和时局,这也是容易理解的。

与北平相反,广州的纪念活动时代色彩十分浓重,主办者似乎是有意识让人们在纪念歌德时也别忘了祖国面临着危难和灭亡的现实。这不仅仅表现在,600多位参加纪念会的中国人中有军官和士兵;就在纪念会请柬上,印的也是"只有每天去争取自由与生活权利的人,才配享受自由与生活"。显然,主办者希望用这句体现着浮士德精神的名言,激励自己的同胞去为争取和捍卫民族的自由和生存而战斗。会后,在沙面的广州俱乐部剧场,还连演了两个晚上的《浮士德》片断。

至于上海的纪念会,那更是笼罩在一派战争气氛中。因为仅仅在两周前,即从1月28日至3月初,上海曾经就是战场;蔡廷锴将军率领的十九路军,就在这里为抗击日本侵略者进行过殊死的战斗。临了爱国将士因后援不济而撤退,城市遭到了日军包围,眼前空气中还弥漫着硝烟的气味。可就在这样的情况下,留在孤岛上海的文化工作者仍尽可能地为纪念会作了充分的准备。在如期举行的会上,不仅致了辞,还有内容丰富的演出,与会者聆听观赏了诗剧《浮士德》的合唱,戏剧《葛慈·封·伯利欣根》的片断,以及歌德名诗《在一切的峰顶上》的朗诵。最后这首诗,加里克教授说,正好可以作为上海这座前线城市里暂时得以恢复的宁静的象征。

综上所述,在民族危机深重的1932年,全中国人民和文化工作者还如此尽心竭力,以出专刊、开纪念会和编文集等种种方式纪念歌德,足见他在中国和全世界一样,多么为进步的人们所景仰,所尊崇!

相比之下,中国的官方和政治人物却对纪念歌德完全缺乏兴趣和热情,不但没有主持任何像样的正式纪念活动,连应有如仪的应酬似乎也给免了。例子只举一位俞大维先生,他名义为中国驻德国柏林使馆的商务参赞,实际却是国民党政府与德国国防部之间的联系人,他被南京外交部委派为出席魏玛歌德纪念会的中国政府代表,却懒得亲自到场,仅仅派人送去一个花圈了事。

5. 抗日战争和解放战争时期的"歌德热"余波

歌德逝世100周年纪念后,我国的歌德热开始逐渐消退。首要原因是日本帝国主义加紧侵华,民族危机日益深重,1937年爆发了全面抗战,文化人和出版社流离转徙,面临着的是生死存亡的问题,大多无心或无力再研究译介歌德。随后到来的解放战争时期,国家继续经受着血与火的洗礼,人们也无暇顾及包括歌德在内的外国文学了。及至适逢歌德诞生200周年的1949年,新中国正处于临产前的剧烈阵痛中,原本更加应该大肆庆祝的歌德诞辰便无声无息地过去了。再说,以歌德对法国大革命和德国人民反抗外来统治的斗争的态度,当时也很难再获得我国的爱国和进步文化人的同情,也就是说,他在精神上已与我们疏远了。

可是尽管如此,歌德在这个时期并未被完全忘记,"歌德热"余温犹在。

从翻译的角度看,歌德的主要作品几乎都已介绍过来。所以,在1937—1949年的第三阶段,翻译出版的歌德著作显著减少,较重要译著只有杨丙辰译的《亲和力》(上海商务印书馆,1942),郭沫若的《赫尔曼与窦绿苔》(重庆文林出版社,1942)和《浮士德》第二部(上海群益出版社,1947)等。

(1) 冯至和他的《歌德论述》。

在研究方面,这一阶段最重要的成果要算冯至的专著《歌德论述》。此书在1948年由南京正中书局出版,为朱光潜主编的正中文学丛书之一种,收作者1941—1947年间撰写的论文6篇。冯至在《序》中说:"这几篇关于歌德的文字,不是研究,只是叙述,没有创见,只求没有曲解和误解。"又讲:"作者最感缺欠的是:这里谈到歌德的晚年,而没有谈到他的少年;谈到维廉·麦斯特的《学习时代》,而没有谈到《漫游时代》;谈到歌德东方的神游,而没有谈到他的意大利旅行;谈到他的自然哲学,而没有谈到他的文学和艺术的理论。"

的确,《歌德论述》这部论著从内容来讲是不够全面,诚如作者指出"不能把整个的歌德介绍给读者";但"不是研究"、"没有创见"云云,却纯系作者自谦之词。即如书中所收《〈浮士德〉里的魔》、《从〈浮士德〉里的"人造人"略论歌德的自然哲学》和《歌德的晚年》等篇,比起前人的研究来不只题目更细致,立论分析也更深入严谨,比较好地道出了老年歌德的思想特点,很有创见。再如《歌德的〈西东合集〉》和《歌德的〈维廉·迈斯特的学习时代〉》两文,更论了前人之未论。

这里附带说一下,后一篇本是冯至为其所译《维廉·迈斯特的学习时代》作的序言,译稿也已在1944年交商务印书馆排印,后因时事动荡耽误了出版;解放后冯至教授自认为译文已经"陈旧",不肯再交给出版社,致使该译著长时间有序无书。

《威廉·迈斯特》在我国一直没有完整和理想的译本，也不像《浮士德》和《维特》那样为人所熟知，但仍通过曲折隐蔽的渠道，对我国的文学以至于政治生活产生了意想不到的影响。

《威廉·迈斯特》是一部德国传统的所谓教育小说，分上下两大卷，上卷为《学习时代》，下卷为《漫游时代》，写的是主人公在社会上受教育、淘经验和成长发展过程，借以表达歌德本身的教育主张和社会理想，极富于哲理性；但作为一部长篇小说，情节却不够紧凑、集中，整个故事很难引人入胜。可是，在上卷《学习时代》里，有一个叫迷娘的神秘人物，她的故事却曲折动人，极有魅力和浪漫色彩；尤其是她唱那支怀念故国、通常译为《迷娘曲》或《迷娘歌》的歌曲，更是哀婉悱恻，感人肺腑。

关于这个出生意大利却流落在德国的迷娘，冯至在《歌德的〈维廉·迈斯特的学习时代〉》里写道："在全书里，歌德还以另样优美的心情，穿插一个美妙而奇异的故事，那是迷娘与竖琴老人的故事。有几个《学习时代》的读者不被迷娘的形体所迷惑，不被竖琴老人的行动所感动呢？他们的出现那样迷离，他们的死亡那样奇兀，歌德怀着无限的爱与最深的悲哀写出这两个人物，并且让她唱出那样感人的诗歌。仅仅这两个人的故事，已经可以成为世界文学中的上品……"

所以，有的人不译全部《威廉·迈斯特》，仅译迷娘的故事（如前述余文炳的《迷娘》）。《迷娘歌》则被视为世界抒情诗宝库中的一颗明珠，在我国为马君武、郭沫若、梁宗岱、钱春绮等一译再译，在全世界有贝多芬、舒曼、柴可夫斯基等为它谱曲达百次以上，在各个国家广为传唱。

然而，谁又料到，这位迷娘后来竟走上中国的街头，参加了我们抗日宣传的行列！①

从迷娘的故事到独幕剧《眉娘》再到街头剧《放下你的鞭子》，这中间既留下了几个不同时代的足迹，也凝聚着许多人的智慧的结晶。

也是田汉，他在1935年写过一出话剧叫《回春之曲》，剧中插有一首女主人公梅娘唱的歌，即经聂耳谱曲后至今还被人们经常演唱的《梅娘曲》。笔者不敢断言，田汉写此歌词时有意识模仿了歌德的《迷娘歌》；但是，他是受了后者的启发乃至影响的，却几乎可以肯定。《梅娘曲》和《迷娘曲》，两者题名小异大同；形式也极相似，都是整整齐齐的3节诗，每节7行，仅全诗结尾一句略有变化；情调俱为不同程度的哀伤缠绵；手法一样是女主人公对男主人公直接倾诉情怀；基本内容都是

① 详见后文《中国话剧舞台上的歌德》。

对往昔和故乡的忆念……要讲区别，只是《迷娘歌》的思想内涵更丰富深邃，《梅娘曲》则单纯明朗一些罢了。

(2)《海上述林》与瞿秋白翻译《歌德与我们》。

另外还有一个事实，也值得在这儿提一下，那就是继陈独秀和张闻天两位无产阶级革命家之后，瞿秋白也与歌德发生了关系。

1936 年，为纪念瞿秋白遇害，鲁迅先生编辑出版了《海上述林》。这部文集由所谓"诸夏怀霜社"校印。在它的上卷中，收了一篇《歌德与我们》，原文出自 1932 年 3 月 22 日的苏联《真理报》，是当时的苏共领导人之一的加米涅夫为纪念歌德百年忌辰而撰写的，译者正是瞿秋白。估计这篇文章是他早些时候——很可能在 1932 年——就翻译出来并发表过了的，这次只是因为鲁迅认为它仍然有价值，才入选《海上述林》，并随这部在中国翻译文学史上占有一定位置的译文集而传承下来，引起了包括笔者在内的后人的注目和重视。

至于加米涅夫的《歌德与我们》这篇文章本身，拿今天的眼光来看，主要论点还是可取的，只不过在一些提法上也表现了过激的"左"的倾向。例如，歌德简单地被判定为"富有的贵族的儿子，韦马(魏玛)的总长，法国大革命的敌人"，显然不符合实际情况。类似的"左"的看法，在我们后来对歌德进行评价时，恐怕也产生过不利的影响的。

(3) 陪都重庆的歌德诞辰纪念。

随后的 10 多年，在 1937 年全面展开的抗日战争和紧接着的解放战争中，文学工作者有了更加紧迫的任务。但尽管如此，歌德和《浮士德》在中国并未被完全忘记。在陪都重庆，当 1942 年 8 月 28 日歌德诞辰 193 周年到来时——在今天看来其实并不是一个非纪念不可的日子——，仍举办了不止一个纪念会。在当天的"歌德晚会"以及 9 月 12 日由文化抗敌工作委员会举办的歌德诗歌朗诵会上，都由郭沫若作题为《关于歌德》的报告。他主要分析了《浮士德》丰富的思想内涵和鲜明的时代精神，指出："《浮士德》这部书最完整地把歌德思想具象化了，把歌德自己六十年间的社会情况统统反映在里头了。浮士德的移山平海，建立共和国，正是反映德国社会。浮士德的苦闷就是当时社会的苦闷，而这个共和国也是市民阶级心理的满足，在想象里幻想去安慰自己。浮士德个性的发展里，也可以找到歌德自己的个性是如何向外发展……"①报告之后，朗诵了包括《浮士德》第一部开始

---

① 转引自姜铮《人的解放与艺术的解放》，时代文艺出版社 1991 年版，第 278 页；详见 1942 年 4 月 15 日出版的《笔阵》第 8 期和同年 9 月 13 日的重庆《新华日报》。

时老博士的独白等诗歌。出席纪念晚会的,还有当时在重庆的郑振铎等进步文学艺术界的代表人物。

再说说郭沫若,因为对于《浮士德》在中国之接受,他作为译者,影响实在太大了;作为接受者,又十分地典型。

抗战胜利以后,上海群益出版社终于在1947年11月出版了郭沫若翻译的《浮士德》第二部。第一部和第二部的翻译出版之所以整整相隔了20年,"主要的原因,在前有好些机会上我已经叙述过,是壮年歌德乃至老年歌德的心情,在第二部中包含着的,我不大了解——否,不仅不了解,甚至还有些厌恶……"郭沫若在同年5月25日写的《第二部译后记》中如是说。

那么为什么20年后,又用"不足40天"就把第二部译出来了呢? 郭沫若回答是:"那是我的年龄和阅历和歌德写作这第二部时(1799—1832)已经接近,而作品中所讽刺的德国当时的现实,以及虽以巨人似的努力从事反封建,而在强大的封建残余势力的重压之下,仍不容易拨开云雾见青天的那种悲剧情绪,实实在在和我们今天中国人的情绪很相仿佛。就如像在第一部中我对于当时德国的'狂飙突进运动'得到共鸣的一样,我在第二部中又在这蜕变艰难上得到共感了。"因此,他对歌德和浮士德又产生了"骨肉般的亲情"。①

郭沫若的这两段自白雄辩地证明:

1) 文学翻译家作为影响和接受之媒介,本身也有接受的问题,首先是一个接受者。郭沫若年轻时只愿也只能翻译《少年维特之烦恼》和以格利琴的悲剧为主要情节的《浮士德》第一部,就是因为在与狂飙突进时代相近似的五四时期,他个人的处境、阅历和思想、情趣,都使他只能和只愿接受这类以反封建的个性解放为诉求的作品;直到经历了20年的人生历练——在郭老更是血与火的革命和战争的洗礼——,他自己也从围绕着个人的"小世界"飞升到了包容着国家、民族乃至人类生死存亡问题的"大世界",才接受和翻译了《浮士德》的第二部。这同时也说明,郭沫若对待翻译的态度十分严肃,绝非为译而译,更不是为了追名逐利;作翻译在他和创作一样也是内心的需要。

2)《浮士德》这部作品确实是非同一般地难读、难解,难以接受,确如本文一开篇讲的那样是一部"天书";博学、睿智如郭沫若尚且花了20年来积累阅历和知识,才能完全理解和接受它,遑论一般的读者。为了能理解、接受和欣赏《浮士德》这样的作品,大量有关的知识和丰富的人生体验,断断不可缺少。

---

① 郭沫若:《浮士德》《第二部译后记》,新文艺出版社1952年版,第374—375页。

3）由于上述原因，要想使《浮士德》这样的巨著和智慧之书得到广大读者的理解、喜爱和接受，仅仅有译本，哪怕是多个成功的译本，也远远不够，还必须有学者致力于它的研究，并且拿出深入浅出的研究成果来，把所需的知识和人生体验介绍给读者，从而提高他们接受的能力和阅读的兴趣。而这，于《浮士德》和歌德乃至整个德语文学在中国的接受至关重要，但遗憾的却恰恰是一个薄弱环节。

以上事例，便证明在抗日战争和解放战争时期，我国的歌德热尽管已经过去，但影响之余波犹存。特别是歌德通过其塑造的迷娘这个人物，对我抗战宣传作出间接贡献这一事实，更可成为中德文化交流史上的又一佳话。它生动地告诉我们，文学的影响可以逾越的阻隔而发生，可以克服文化的差异和意识形态的限制而存在；在各国文学之间，有着大量相互渗透的明沟暗渠，尽管它们可能十分细微，十分曲折，但却总是畅通，无所阻碍。

6. 歌德在新中国

（1）前16年受到冷遇，"文革"中受到贬斥。

新中国成立，为外国文学的介绍和研究开辟了广阔的天地。可是，在解放后的前10年，与五四运动至抗战爆发的第二阶段相比，与莎士比亚和巴尔扎克等其他外国大作家相比，歌德却似乎遭到了冷遇。除由上海新文化出版社和北京人民文学出版社重印了郭沫若的旧译《浮士德》、《少年维特之烦恼》、《赫尔曼与窦绿苔》和《沫若译诗集》（内收歌德抒情诗10余首），新译的仅是一些零散篇章，分别收在伍蠡甫编的《西方文论选》、钱春绮译的《德国诗选》及其他几种书刊里。至于研究，也只有少量文章散见于报刊，有分量的论著一部也没有。

造成这种局面的原因是多方面的：客观上，歌德的思想感情离我们已然不如五四时期那么近了；主观上，解放后不少老专家另有重任，剩下的翻译和研究力量一度又集中到东德文学方面去了，而且，对歌德这位外国古典作家的认识，也存在某些脱离实际的"左"的倾向。具体地讲，歌德不仅受到他的"反动家庭出身"和"政治历史问题"之累，而且在一次次批判资产阶级思想的运动中，他的《维特》也被贴上"宣扬恋爱至上的腐朽人生观"，被打入了冷宫。

10年浩劫，歌德也不幸因属于封资修之列而受到唾弃，研究和介绍歌德简直成了"罪行"，以致梁宗岱教授的《浮士德》译稿被一把火"批判"掉，钱春绮先生的《浮士德》译稿被送进造纸厂变成了纸浆，商承祖教授更赍志以殁，未能实现写一部《〈浮士德〉研究》的夙愿。还有冯至、陈铨、张威廉、张月超等老歌德专家，都不同程度受到了迫害；就连解放后身居要职的郭沫若、田汉，同样未能幸免。

(2) 打倒“四人帮”与重新发现歌德。

“文革”结束后，国家总的形势是百废待兴，包括歌德译介和研究在内的外国文学工作，情况也逐渐好转。为解除广大群众的文化饥渴，人民文学出版社抓紧重印了郭沫若译的《浮士德》和《少年维特之烦恼》。然而仅仅重印旧译已满足不了群众急剧增长的精神文化需要，该社很快又出版了朱光潜选译的《歌德谈话录》和王以铸译的《歌德席勒叙事谣曲选》等新译。其中特别是著名美学家朱光潜先生的《歌德谈话录》，更引起了热烈反响，很快就有刘半九（绿原）和程代熙等撰文评介，使人们对歌德的思想尤其是文艺理论的兴趣和重视显著增加，在一段时间里，在文章和讲话中征引歌德言论和语录几乎成为一种时髦。

进入20世纪80年代，随着对外开放和思想解放运动的深入，人们引进外国文学的视野更加开阔，翻译、介绍、研究西方现代派的理论和作品不再是禁区，相反成为了时尚。与此同时，在介绍经典作家方面原有的一些禁忌也开始打破，具体到歌德的译介，位高权重的郭老不再是只能顶礼膜拜的权威，他已经流传半个世纪的旧译也不再被视为不可逾越的顶峰和终点。于是，人民文学出版社就率先在1981年出版了拙译《少年维特的烦恼》。不久，上海译文出版社也推出了侯俊吉的《少年维特的烦恼》新译本，以及钱春绮先生重译的《浮士德》以及上下两卷的《歌德诗选》；复旦大学出版社出版了董问樵教授新译的《浮士德》，等等。这些新译本都大受欢迎，不断重印、再版，迅速为歌德在中国赢得了难以计数的新读者。

研究方面，同样也勃发出生机。不只老专家冯至重新振笔，写出了《海伦娜悲剧分析》、《歌德与杜甫》和《谈歌德的格言诗》等论文，他的学生高中甫、范大灿、杨武能，等等，也开始拿出研究成果；此外，程代熙的《歌德谈艺术规律》以及张月超、董问樵等论述《浮士德》的文章，都已陆陆续续问世。粗略统计一下，1976—1981年在报刊上发表的评介歌德的文章已有30篇左右。

还值得一提的是，从1978年开始，冯至、董问樵等老专家已开始培养歌德研究的新生力量，到1981年这批学生毕业时，就至少通过了3篇研究歌德的硕士论文。笔者有幸成为这批研究生之一，所完成的是一篇题名为《论〈维特〉和“维特热”》的硕士论文；这篇论文很荣幸地获得了省一级政府的奖励。一批具有硕士头衔的、经过正规训练的新生力量正式登场，乃是歌德在中国的接受史上一件破天荒的事情，因为它标志着歌德接受的一个新时期的到来。

总而言之，“文革”结束后短短5年，由于实行改革开放的政策，开展思想解放运动，重视提高全民族的精神文化修养和素质，中国的歌德译介和研究无论从哪个方面衡量，都取得了较前20多年大得多的成绩。至此，中国人不只重新发现了歌德，而且为其译介、研究和接受的新高潮的到来，为一次新的“歌德热”在中国的蓬勃兴起，做好了精神、物质特别是人员方面的准备。

(3) 歌德150周年忌辰与新的“歌德热”。

1982年适逢歌德逝世150周年。在这一年里，发生了许多值得记述的大事，仅择要列举几件：

3月20日，中国作家协会、中国人民对外友好协会、中国外国文学学会、中国笔会中心联合在北京举行隆重集会，纪念歌德逝世。出席纪念会的除了首都北京的文学艺术家、翻译家、歌德研究者和各界名流，还有两个德国以及奥地利、瑞士的大使，还有中国人民对外友好协会等有关政府部门和人民团体的代表。

纪念会开始，对外友协会长王炳南首先致词，称“歌德在欧洲的文化思想史上，是继但丁和莎士比亚之后又一位举世钦仰的杰出人物”，“不仅仅属于德国，属于欧洲，也属于全世界，属于全人类”；歌德的不朽杰作“是全世界人民共同享有的宝贵财富”，无论现在和将来，都“会不断地给我们以智慧、力量和鼓舞”。

接着，中国作家协会副主席、外国文学学会会长冯至教授作了题为《更多的光》的主题报告，介绍了歌德的生平和创作，指出歌德的伟大与主要倾向在于一生“追求光明，与外在和内在的阴暗进行斗争”；冯至在分析了歌德与中国的关系后赞扬“歌德是中国人值得尊敬的精神的朋友”，他那“要更多的光”的遗言也曾鼓舞为争取光明和自由而斗争的中国人民。

冯至报告的这个主题思想，同样由著名画家高莽为纪念会设计的精美请柬反映了出来。这绿底的请柬正面饰着老年歌德的金色线描头像，里面则印有一段浓缩着浮士德精神的歌德语录：

> Über allen anderen Tugenden steht eins：das beständige Streben nach oben，das Ringen mit sich selbst，das unersättliche Verlangen nach grösserer Reinheit，Güte und Liebe.
>
> 在一切德行之上的是：永远努力向上，与自己搏斗，永不满足地追求更伟大的纯洁、智慧、善和爱。

报告结束后，由演员登台朗诵了歌德的《普罗米修斯》、《二裂银杏叶》、《自然与艺术》和《暮色徐徐下沉》等著名诗歌，演唱了用他的诗谱写的《野玫瑰》、《魔王》、《跳蚤之歌》等歌曲，压轴的节目则是著名指挥家李德伦指挥中央乐团演奏贝多芬的《艾格蒙特序曲》，以及 Paul Dukas 根据歌德的叙事谣曲谱成的谐谑曲《魔术师的徒弟》。整个纪念会气氛庄严、肃穆、热烈，给人留下了一个满怀激情地走向光明未来的深刻印象。

3月22日当晚和25日晚上，驻北京的西德和东德大使馆分别举行了纪念歌德忌辰的招待会。

除了北京，3月22日上海复旦大学也集会纪念歌德，由歌德翻译家董问樵和德国哲学专家蒋孔阳两位教授在会上作了报告。

接下来的6月初，冯至教授率代表团到西德海德堡，参加加拿大麦吉尔大学教授夏瑞春(Adrian Hsia)和海德堡大学教授德博共同发起的"歌德与中国·中国与歌德"国际学术讨论会，代表团成员除了冯至，还有南京大学教师叶逢植，北京大学教师范大灿，社科院外文所研究人员高中甫，以及刚从研究生院毕业不久的区区。

需要强调一下，这是中国的歌德学者第一次出国参加国际学术交流，因此颇受各方面的重视。举个例说，为了与各国同行交往交流时不显寒碜，我们不但领制装费改善了形象，还获准一律用上了教授的头衔，尽管当时只有冯至老师名副其实，叶、范两位老师或许也只是副教授。

在研讨会上，中国的歌德研究者提出了7篇论文，受到了与会的德国、美国等国同行不同程度的好评。我们一行会后受到了德中两国有关机构的热情招待，在德访问旅行了一个星期，其间自然也拜谒了歌德在法兰克福的故居。

1982年在歌德的介绍和研究方面所取得的成果，同样比以往任何时候包括一度出现"歌德热"的1932年为多：上海译文出版社出版了钱春绮的《浮士德》新译本和两卷本《歌德诗选》，侯俊吉的《少年维特的烦恼》新译本，钱鸿嘉等译的《歌德中短篇小说选》；北京人民出版社出版了钱春绮的《歌德抒情诗选》和杨武能新译的《少年维特的烦恼》，不久又出版了冯至和姚可昆合译的《威廉·迈斯特的学习时代》，刘思慕重译的《诗与真》；上海复旦大学出版社出版了董问樵的《浮士德》新译本。再有，北京出版社出版了解放后第一部歌德传记——高中甫著的《德国的伟大诗人——歌德》。至于报刊上发表的论文和文章，更是难以计数，其中值得特别一提的是绿原的长诗《歌德二三事》，[①]可称为一篇用诗写成的论文，内容丰富深刻，感情真挚热烈。此外，在广播和电视上也多次安排了纪念歌德的节目。

在中国，1982年这个"歌德年"无论从哪方面看都盛况空前。这样，以纪念歌德忌辰为契机，不仅使歌德在中国完全恢复了原本受到敬重的地位，使他的作品重新赢得了人们的读者，而且一时间成为了人们注意的中心。在历经战乱和"文

① 载《诗刊》1982年3月号。

革”前后极“左”路线摧残的中国，一个译介和研究歌德的新高潮，一次新的“歌德热”便顺应时势，自然而然地兴起。

在此过程中，还发生了一件应该记入史册的大事：

1983年春天，从4月15日至22日，在北京大学，举行了为期一周的德语文学研讨会，实际上主要是歌德讨论会。这在中国同样可以称作破天荒第一次，来自全国各地的50多位歌德研究者、翻译者和敬仰者济济一堂，除去冯至、张威廉、董问樵、张月超、钱春绮、严宝瑜等早已享有盛名的老专家，更多的则是如笔者似的初出茅庐的新生力量和后继者。会上共宣读了30多篇论文，内容涉及歌德研究和译介的方方面面。这次研讨会的成功举行，不仅实现了郭沫若等先辈“多纠集些同志来，组织个歌德研究会”的心愿，也有力地推动和促进了研究、译介和接受歌德的新高潮到来。

7. 社会主义市场经济条件下歌德之译介和接受

接下来的一些年，随着邓小平同志“实践是检验真理的唯一标准”、“不管白猫黑猫，抓着老鼠就是好猫”等理念的更加深入人心，经济工作真正成为了所有工作的中心，原来被视为资本主义的市场经济逐渐代替了深受苏联影响的计划经济体制。旧的桎梏打破了，中国的经济建设取得了巨大的成绩和飞速的发展，整个国家的面貌日新月异。在这样的形势下，人们的思想进一步解放，文化领域中的各种条条框框和限制措施也逐步打破获得放宽，例如，不再单纯和片面地强调文学为政治服务，文学翻译作品的出版也不再按国家计划规定仅仅为少数出版社垄断，加之又有了雄厚的物质经济基础，一个外国文学翻译、出版的大繁荣时期随之到来。

(1) 第二次“歌德热”。

1982年的歌德忌辰150周年正好赶上这一繁荣兴旺时期的开头，由其引发的新一轮“歌德热”因而迅速升温，到1999年歌德诞辰250周年时便达到了高潮。在这社会主义市场经济取得决定性胜利，国家的经济和文化建设突飞猛进，社会的面貌和人的精神面貌一样发生了翻天覆地变化的10多年里，歌德的译介和研究也空前活跃，取得了超过以往任何时期的喜人成就。现今据笔者个人掌握的资料，列举出1999年之前出版的一些重要论著、译著和编著。论著主要有：

冯　至：《论歌德》，上海文艺出版社1986年出版。

董问樵：《浮士德研究》，复旦大学出版社1987年出版。

杨武能：《野玫瑰——歌德抒情诗咀华》，北岳出版社1989年出版。

杨武能:《歌德与中国》,三联书店 1991 年出版。

姜　铮:《人的解放与艺术的解放——郭沫若与歌德》,时代文艺出版社 1991 年出版。

高中甫:《歌德接受史》,社会科学文献出版社 1993 年出版。

杨武能:《走近歌德》,河北教育出版社 1999 年出版。

余匡复:《〈浮士德〉:歌德的精神自传》,复旦大学出版社 1999 年出版。

需要说明的是,较之 20 世纪三四十年代,所有这些论著都不只内容更加系统和深入,而且研究的题材和方法也有所创新,如董问樵和余匡复都以专著的形式和篇幅,集中研究了歌德代表作《浮士德》,杨武能和姜铮则以比较文学的理论和方法,对歌德与中国的关系进行了研究。这里值得一提,杨武能的《歌德与中国》乃是国内外第一部对歌德与中国的相互关系作双向研究的专著,而以前的类似著作,如陈铨先生的《中德文化研究》和钟英彦的 *Goethe und China*,等等,所涉及的都仅只是歌德受中国文化影响这一个方面。

至于译著,要一一罗列出来就太多了,现在只能归纳起来择要地说一说:

1982—1999 年,仅《浮士德》就先后出版了钱春绮、董问樵、樊修章、绿原、杨武能等的全译本达 5 种之多;此外尚有梁宗岱翻译的第一部。至于《少年维特的烦恼》,新译本更层出不穷,举不胜举,几乎每一个省乃至行业的出版社都搞出了自己的《维特》本子,全国加在一起至少有二三十种之多。《亲和力》也出了高中甫、谢百魁、董问樵、杨武能、高年生等的四五个译本。至于诗歌,除钱春绮和杨武能选译的两种较系统和齐全的本子外,同时还有其他一些篇幅较小的选本;戏剧则有韩世钟的《歌德戏剧三种》,以及钱春绮、章鹏高、王克澄等的《歌德戏剧选》,以及王克澄的《歌德中短篇小说选》,张荣昌、张玉书的《歌德席勒通信集》,等等。顺便说一下,在译介歌德著作的同时,还翻译和出版了多种歌德传记,例如 Emil Ludwig 的《歌德传》(*Goethe-Geschichte eines Menschen*),天津百花文艺出版社 1982 年版;Hans-Jürgen Geerds 的《歌德传》(*Johann Wolfgang von Goethe*),北京商务印书馆 1982 年版;以及 Peter Boerner 的《歌德》(*Johann Wolfgang von Goethe*-in Selbstzeugnissen und Bilderdokumenten dargestellt),北京人民文学出版社 1986 年版,等等。

这个阶段歌德作品的译介,除去数量超过包括 20 世纪二三十年代的任何历史时期,还有以下两点值得称道:

第一,此前歌德作品在中国只出版有零散的、单本的翻译,到这个阶段进入高潮的歌德诞辰 250 周年前夕,则几乎同时出版了好几种多卷集,即:杨武能一人选译的4卷《歌德精品集》(安徽文艺出版社1998年版),上海译文出版社出版的6卷《歌德文集》(1999),人民文学出版社出版的10卷《歌德文集》,以及杨武能、刘硕良主编的14卷《歌德文集》(河北教育出版社1999年版)。前两种《歌德文集》都是出版社汇总其历年来的出版成果,加以整理、编排而成;最后这种即河北教育出版社推出的14卷本,不只选收的作品最齐全和几乎都是新译,而且系专为纪念歌德诞辰而特别地、精心地规划和选题,几乎动员了全国的歌德译介力量,经过了数年的努力才完成的,因此可以说真正弥补了我国自译介歌德100年来没有一套歌德文集的遗憾,可以称为中国第一套真正意义上的歌德文集。

第二,这个阶段出版了一些从来不曾有过译本的歌德代表作,填补了歌德译介的重要空白。例如:《威廉·迈斯特的学习时代》有了冯至、姚可昆以及张荣昌、杨武能的3个全译本,《威廉·迈斯特的漫游时代》有了关惠文、张荣昌的各一个译本,《意大利游记》也由赵乾龙全文翻译了出来,歌德的文艺理论文章则有了一个罗悌伦译成的选本,歌德的自传作品《诗与真》,则在刘思慕的本子问世半个多世纪后,由魏家国完成了一个新的译本。所有这些新译,除去冯至、姚可昆的《学习时代》和关惠文的《漫游时代》系人民文学出版社出版,其他全都收在了河北教育出版社的14卷《歌德文集》中。

以上这些具有规模的歌德文集,无一例外地都硬面精装,印工讲究。特别是河北教育出版社的版本,每一卷配有铜版精美插图,设计装帧更是豪华而又典雅,完全达到了歌德作品的国际出版水平,因而受到了欣然为之撰写序言的前国际歌德协会会长魏尔纳·凯勒教授的称赞。这样的出书质量和出书规模,是歌德在中国的破天荒头一次,不只证明在诗人诞辰前夕一次新的、规模空前的"歌德热"已经达到高潮,不只终于实现郭沫若等先辈在《三叶集》中表达的把歌德"一切名著杰作""和盘翻译介绍过来"的心愿,而且也告诉人们,与出现前一次"歌德热"的20世纪的二三十年代相比,中国的发展进步实在惊人,中国社会已经发生了翻天覆地的变化。

(2)一个个案:《浮士德》在中国之接受。

说到中国社会翻天覆地的变化,它在歌德的接受史上还有另一个反映。

一些年以前,无论在国内还是海外,只要一谈到歌德在中国的接受,人们津津乐道的总是《维特》和"维特热",绝少涉及歌德更重要的代表作《浮士德》。那是因为,这部长达12 111行的伟大诗剧不仅有着丰富、深邃和多层面的内涵,艺术手法也复杂多变、奇异独特,并且大量使用蕴藏有深厚民族文化积淀的象征、典故和比喻,致使《浮士德》既成了世界文苑中的一朵奇葩和一部智慧之书,也成了一部对于欧洲人乃至德国人都难以解读的“天书”。加之作为欧洲文化组成部分的德国民族文化，本身有着多源和多元的性质，对于中国完全是一种异质文化，因此《浮士德》在中国人读起来就更是难上加难，在中国的传播和接受便不能不经历一个曲折而漫长的发展过程。因此在很长一段时间里，《浮士德》只是极少数知识精英的《浮士德》；广大读者特别是年轻人只能耽读《维特》，对《浮士德》只好望而却步。如此一来，《浮士德》在中国的接受也就难以成为热门研究题目，以致直到歌德诞辰250周年之前的漫长岁月里，在中国便没有出现比较系统、深入的相关研究。

《浮士德》是歌德以60年的人生阅历和心血铸就的一部旷世不朽的杰作，素享“德国人世俗的圣经”、欧洲“现代诗歌的皇冠”、“西欧自文艺复兴以来300年历史的总结”、“人类自强不息精神和光明前景的壮丽颂歌”等美誉，在德国和世界文学史上占据着几乎可称是至高无上的地位。因此，在歌德自身的全部文学创作中，《浮士德》具有无与伦比的重要性，堪称歌德经典中的经典，代表作中的代表作，以其作比较系统、深入的个案研究，可以收到窥一斑而知全豹的功效，笔者则意欲以此作为观察百年来歌德在中国之接受的实例和总结。

是的，《浮士德》在中国之接受的确是一面镜子，不仅浓缩了歌德在中国之接受的奇异景观，还反映出近百年来中西文化碰撞、交流的一个重要侧面，还折射出我国不同时期的社会风云变幻，可以作为我国近百年来社会思想发展史一个不无意义的参照。前文已经述及洋务运动、戊戌变法、辛亥革命、五四运动以及抗日战争和解放战争时期的《浮士德》接受概况，详略不等地分析了辜鸿铭、陈独秀、王国维、鲁迅、张闻天、郭沫若、冯至等杰出知识分子对《浮士德》这部著作的独特理解和接受，已经述及的这里不再重复，而只需重申和强调：在上述各个历史时期，《浮士德》在中国始终不过是极少数知识精英的《浮士德》。

还可以补充几个上述历史时期之后的例子，以说明中国的知识精英对《浮士德》的喜好与接受：

在中国20世纪的知识界有一位名闻遐迩的傅雷（1908—1966），他堪称中国首屈一指的法国文学翻译家，不仅是公认的译介巴尔扎克的权威，还翻译了罗曼·罗兰的《约翰·克里斯多夫》以及其他一些重要作家的代表作，因此去世后享有了出版以本人名字冠名的译文集的殊荣。可是这位与德语文学和歌德并无直接关系的大翻译家兼作家，同样对歌德及其《浮士德》怀有发自内心的尊崇和喜爱，因此昵称自己的爱妻朱梅馥为“玛格莉特”；这“玛格莉特”——傅雷自己解释说——就是《浮士德》第一部的女主人公的名字。傅雷这么做是否意味着他也自视为一名浮士德呢？可惜的是他已不能自己回答这个问题：在所谓“文化大革命”

爆发的 1966 年，不堪受辱而性格倔强的傅雷就带着他的“玛格莉特”，双双自尽身亡。

又过了 20 多年，在北京权威的《文学评论》1988 年第二期，刊登了一篇题名为《刘再复现象批判——简论当代中国文化思潮中的浮士德精神》的长文，作者为陈彦谷、靳大成。笔者引用此文为例只是指出“浮士德精神”在我国产生影响的历史事实；至于对文中的观点，不妨仁者见仁，智者见智。

我认为《浮士德》的译者郭沫若和前面谈到的张闻天，也应该属于中国第一代具有浮士德精神的中国知识分子之列，因为他俩都各自在文章中呼吁以浮士德精神改造中国的国民性，尽管后来他们也一样转而信奉了马克思主义。他们一为《浮士德》的翻译者，一为《浮士德》的评介者及研究者；翻译者和研究者对于原著和原作者来讲，首先也是接受者，而且他们的接受更加直接，也更加重要。这是因为，广大读者的接受往往以他们的接受为前提，并处于其有力的影响之下。所以研究翻译者和研究者的接受情况，便格外的有意义。

产生于我国沧桑巨变的不同时期的 10 多种《浮士德》译本，它们几乎每一种都有自己形成的历史，都隐藏着一个个感人肺腑、发人深省的故事。郭沫若、梁宗岱、钱春绮、董问樵、绿原、樊修章以及笔者翻译和接受《浮士德》的经过和情况，后文将作详述。这里只想强调，进入改革开放的新时期以来，随着越来越多的新译本和研究著作问世，便给《浮士德》在中国为更多的人接受，创造了条件。

就因为创造了条件，才可能在 1994 年春天，由德国歌德学院北京分院发起和支持，中央实验话剧院在中国破天荒第一次把《浮士德》搬上了舞台，而且是连同在舞台上表现难度很大的第二部一起。这对于《浮士德》在中国的接受来说，应该讲是一件值得大书特书的收获和成绩。它标志着《浮士德》真正开始走向民众。对于此剧的演出，后文将详述和评论，这里不再重复。

也因为创造了条件，阅读和欣赏《浮士德》这部智者之书的人才慢慢多起来了，曾经长期热衷于《维特》、感染上“维特热”的中国青年，才开始亲近《浮士德》，也从这部巨著中吸取智慧、勇气和力量。这些青年的一个代表，可以是后文将要讲到的著名电影演员陈冲。从热衷《维特》到亲近《浮士德》的这一变化，表明今日的中国人不愿再如海涅说的“像维特一样嘤嘤哀泣”，而是要学习浮士德的自强不息精神，以便振兴中华，创造美好的生活。也就是讲，跟随中国社会的变革和时代的前进，歌德在中国的接受也有所变化，有所前进。

《浮士德》在中国百年接受史，远非一两页文字所能说完道尽。《浮士德》这样的巨著原本常读常新，每一个时代和每一种形态的社会都提供了不同的接受语境，每一个研究者、翻译者、演出者和读者都有为自己的"先结构"所决定的接受和阐释视角，所以各人的心中便有各人的《浮士德》，所以对不朽杰作《浮士德》的接受阐释也永远不会完结。本节择取和陈述的，只能是极少数典型的人物和实例罢了。

(3) 市场经济条件下的"维特热"，大发展中的浊流——"向钱看"。

中国改革开放的深入发展，促使市场经济逐步确立并取代计划经济，形成了具有中国特色的社会主义市场经济。就是在这个前提下，才出现了上文所讲的出版大繁荣，才爆发了新一轮的"歌德热"。然而，事情总是两面，有阳光也就有阴影，有成绩也就有弊端。崇尚竞争的市场经济的阴影和弊端，就出版业而言，在于逐步打破出版范围划定和选题垄断之后，因"一切向钱看"而出现了无序竞争；就歌德在中国之接受而言，突出的表现则为曾经火热的"维特热"，在20世纪90年代演变为来势凶猛的《维特》翻译出版热。

上文说过，几乎每一个省乃至行业出版社都搞出了自己的《维特》译本，全国加在一起至少有二三十种之多。为什么如此？因为我和侯峻吉的《维特》译本自1981年初版以来累累重印、再版，总印数都超过100万册，给出版它们的人文社和译文社赚了不少钱，其他的出版社自然也想分一杯羹，却又碍于所谓专有出版权而不得不找人搞自己的新译本。要在短时期内搞出这样多的新译本，很显然已经超过我们德语界的实际翻译能力，也超出了出版社的编辑和审稿能力，结果除少数几种确系由认真负责的、有水平的同行所完成，因而也具有自身特色和存在价值以外，绝大多数的所谓新译本都只能是要么粗制滥造，要么滥竽充数。更有甚者，其中还不乏名曰"新译"实为抄袭和剽窃的本子。

在这史无前例的《维特》翻译出版热中，拙译作为继郭沫若译本之后在新中国最早问世也最为流行的本子，有幸而又不幸地受到各方面的关注最多，遭到抄袭剽窃的次数也最多。翻译文学出版家李景端发表过一篇抨击"抄译"、剽窃现象的专文，所列举的头一个剽窃侵权受害者，就是拙译《维特》。[①]为立此存照，并且增加一点儿阅读的兴味和实感，兹摘录一段有关这个问题的旧文：《劫贼心态初窥：从钟会盛到黄甲年》：

> 湖北一位热心读者来信说，我译的《少年维特的烦恼》遭到了剽窃，并从老远寄来一本某某文艺出版社收入其"世界文学名著新译"系列的赃书，封面上堂而皇之地印着"译者"的大名：黄甲年。

---

① 见《文汇读书周报》1998年4月4日。

把这“新译”和本人的拙译对照一番，不禁悲从中来。倒不仅仅因为自己的精神劳动横遭劫掠，而是想到又不知有多少善良的爱书人将受到愚弄蒙蔽，想到炮制和推销这类伪劣赃书的竟多数是我们的省部级大出版社，想到在我们的文化人和准文化人中，竟有如此多为了区区名利而良知泯灭的败类和窃贼！

自1981年出版以来，拙译《维特》遭到剽窃以及其他近乎剽窃的侵权和劫掠已不止一次。有时翻翻手边这堆伪劣“文化”产品，把玩着一本本的这类“奇书”，却不想有了一点意外的收获，那就是窥见了形形色色、老老少少的窃贼们的心态。

我遭遇的第一类窃贼的杰出典型大名“钟会盛”——请记住这个显然并非本名却不同凡响的名字！此人不仅胆大妄为，而且颇有眼光，因此得风气之先。早在借“重译”之名——当然不包括某些可敬的同行们真正意义上的新译——行抄袭剽窃之实的现象屡屡出现之前的1992年，他就抛出本“新译”《少年维特之烦恼》，于是一时间，我国人口第一大省的大小书摊上便充斥着这本封面红粉艳俗的“小书”。明明定价2元6角，却在地摊上以1元的贱价大量甩卖。如果德国大文豪歌德看见一定会气死！

忍不住买回一本“钟译”进行研究，果然是本东拼西凑起来的“歪书”：正文剽窃上海译文出版社的侯浚吉译本，只在开头改了不多几个字；“附录”照搬拙译的“后记”，只将其4个小标题中的第一个略加改动，代替“后记”两字充作了篇名；封面和“引言”前都不加说明地印上郭老韵《维特》的名句“青年男子谁个不善钟情，妙龄女人谁个不善怀春”，而且书名也以郭老“之烦恼”代替了我等“的烦恼”，正所谓你中有他，他中有你！……

近几年来，出于众所周知的原因，外国文学翻译特别是有利可图的名著翻译，更成了被侵权的重灾区。但另一方面由于知识产权意识逐渐深入人心，有恃无恐的窃贼相对少了。像本文开始提到的黄、马两公，他们尽管胆大而笨拙，为掩盖自己也明知的丑行却多费了点心思，所以将拙译从头到尾“校改”一通，虽然结果并不理想，时常欲盖弥彰，弄巧成拙。令人惊诧的倒是，他们竟蠢到像其前辈“钟会盛”一样，连并不能以“复译”作幌子的“后记”和注释也偷，而且手法如出一辙……

由于受到社会舆论和翻译界的谴责，《维特》的翻译出版热以及随之而产生的粗制滥造、滥竽充数以至抄袭剽窃现象，很快成为过去，只给歌德在中国的接受史留下了怪异而令人遗憾的一笔。

(4) 1999年歌德诞辰250周年在中国。

与1982年的歌德忌辰相比较,17年后的歌德诞辰250周年纪念,由于社会、经济条件大有改善,理当更加盛大、隆重,然而实际情形却只差强人意。一个重要原因是享誉海内外的歌德专家、中国外国文学学会会长、中国作家协会资深副主席诗人冯至(1905—1993)不在了,原本由他领军的德语文学界影响力大大降低。因此,北京的纪念活动虽仍应有如仪,面面俱到,由任全国政协委员的德语文学研究会会长叶廷芳作主题报告,请著名作家、全国作协副主席王蒙致了辞,可是规格规模完全没法与不久之后的普希金纪念相比。

当然,北京的纪念活动也有一个值得称道的亮点,就是紧接着移师昆明举行中国第二次歌德研讨会。因为邀请了几位德国歌德研究家,如魏玛歌德纪念馆的前馆长舒马赫教授等与会作报告,与中国同行交流切磋,是一次真正意义的国际学术会议。

除去北京,还有成都也由四川大学文学院、外国语学院、四川作家协会等共同举办了歌德纪念会。在隆重热烈的有川大校领导和省市各界知名人士数百人出席的大会上,四川作协副主席和著名诗人杨牧热情洋溢地致了辞,曾师从冯至专攻歌德的笔者作了主题报告。报告结束后朗诵了多首歌德名诗,演唱了以歌德的诗谱成的歌曲,演出了歌德诗剧《浮士德》第一部的《花园》等片断。

在德国和欧洲,1999年是名副其实的歌德年,庆祝和纪念诗人诞辰的活动更是丰富多彩。笔者有幸分别应德国歌德学院和魏玛国际歌德协会的邀请,先后出席了魏玛的"《浮士德》译者工场"和埃尔福特的"国际歌德翻译研讨会",感受良多,收获很大。

随着20世纪最后一个歌德年的逝去,歌德在中国接受的第三个高潮逐渐接近尾声。在这以改革开放为背景和条件的10多年中,中国人译介和研究歌德的成绩空前巨大。

小结:

从歌德的名字出现在李凤苞《使德日记》的1878年算起,到1999年歌德诞辰250周年,综观这100多年来我国社会风云变幻,经历了一个个急剧变化的历史时期。在这所有的历史时期,都曾有过歌德的影响存在。歌德的影响不仅限于诗人、作家等知识精英,也遍及广大知识分子和人民群众。歌德的影响不仅限于文学、哲学,还表现在社会、政治、意识形态乃至经济方面:20世纪二三十年代兴起的"维特热",随着《放下你的鞭子》走上街头参加抗战宣传的《迷娘》,"文革"中歌德的彻底遭否定到排斥，改革开放后人们热衷的对象从维特逐步转变为浮士德，市场经济条件下一度泛滥的新“维特热”即《维特》翻译热，等等，所有这些或积极或消极的情景和画面，都将载入我国文化思想史和中德文学关系史的史册。

二、歌德与中国现代文学

1.《维特》与中国书信体小说

和当年在欧洲一样，歌德在中国影响最强烈、最深远的作品，仍然是《少年维特的烦恼》这部书信体长篇小说。作家周而复写过一首赞中德文化交流的七律，其中有“歌德烦恼逐云来”句，记的就是《维特》当初在我国流传的盛况。田汉径直将自己与宗白华、郭沫若合著的通信集《三叶集》比作《维特》，并希望在中国也能像在德国兴起“维特热”一般兴起“三叶热”，则表明当时的青年文学家对歌德的这部小说是何等崇仰。对于我国的现代文学，《维特》的影响表现在好多个方面，这里先谈它对我国现代小说发展的促进和推动。

我国传统的长篇小说都是所谓章回体，而短篇小说也大都以“某生者某地人也……”作为开头。笔者不敢断言，我国在《维特》传入以前绝对没有作过写书信体小说的尝试。但是，在《维特》传入以后，特别是在郭沫若的译本问世从而引发“维特热”以后，我国便涌现了一批西洋式的书信体小说，这却是事实。郭沫若的《落叶》(1926)和《喀尔美萝姑娘》(1926)，许地山的《无法投递的邮件》(1923)，蒋光慈的《少年飘泊者》(1926)和《一封未寄的信》(1926)，王以仁的《流浪》(1924)，冰心的《遗书》(1923)，王思玷的《几封用S.署名的信》(1924)，向培良的《六封信》(1925)，潘垂统的《十一封信》(1927)，以及庐隐的《一封信》(1924)、《愁情一缕付征鸿》(1924)和《或人的悲哀》(1924)，等等，都是紧跟在郭译《维特》出版后问世的一些书信体小说中较著名的。

上面列举的这些作品，看来都直接间接地在一定程度上受了《维特》的影响。作如是观，有以下几点理由：(1)它们都产生在“维特热”于我国大兴的那些年，它们的作者极可能也受到了感染，得到了启发。(2)它们的形式全为主人公写给某个知己者的信函，恰似一种内心独白，这与《维特》基本相同；而西欧其他著名的书信体小说如英国理查生的《克拉莉莎》和卢梭的《新哀露绮丝》，则是几位主人公的相互通信。(3)它们的主人公也跟维特差不多，或者是世界上的“漂泊者”，或者是失恋者，或者是多余人。(4)它们的主要情节也多为主人公的不幸际遇，特别是爱情遭遇。(5)它们的情调都是低沉哀怨、缠绵悱恻的。(6)它们的主题思想多带有批判社会的愤世嫉俗倾向。(7)它们的结局也往往是主人公的自杀,要不就是绝望地出走,总之都是悲剧。一句话,这些小说的形式、格调、内容,与《维特》的相似之处是太多了。

为了把问题谈得更清楚,我们不妨再具体分析一下郭沫若以及庐隐的几篇小说。

作为《维特》的译者,郭沫若更容易或者说更难免受到歌德的书信体小说的影响,这是自不待言的。在《维特》译序中,他盛赞《维特》是一部散文诗,自称与作者歌德在五个方面发生了共鸣。如果说我们在他的两篇小说与《维特》之间发现了某些亲缘关系,那是不奇怪的。

《落叶》的主要情节是:年轻的日本姑娘菊子是一家医院的护士,她爱上了到医院来实习的中国留学生洪师武。洪师武虽然也爱她却不能接受她的爱情,因为他是一个"旧式婚姻制度的牺牲者",并且自以为已身患不治之症。失恋的痛苦和对周围的庸俗的人们的厌恶,使年轻的女主人公弃国出走。回到上海,深感内疚和悔恨的洪师武一病不起,在临终之前把姑娘写给他的信全托付给了自己的朋友。朋友在信前加了一段前言,然后全数发表出来,就成为《落叶》这篇小说——其构想与《维特》极为相似,不同的只是具体的情节。

与《落叶》相反,《喀尔美萝姑娘》则是已婚的男子"我",爱上了一个单纯善良的卖喀尔美萝——一种日本风味食品——的贫苦少女。由于爱情无望,"我"在小说结尾时离家出走,准备去东京结束自己的生命。

郭沫若的这两篇书信体小说(此外还有《叶罗提之墓》),当然都绝非对《维特》的简单仿作,所以情节方面还有不少差异;但是,受《维特》的影响却无可否认。这种影响,除去前文列举的理由已证明了的以外,还有另一个表现,那就是这两篇小说和《维特》一样,也带有相当程度的自传性,也是作者一种特殊形式的"自白"和"忏悔"。

众所周知,郭沫若本人就是个"旧式的婚姻制度的牺牲者"。在日本留学期间,他与年轻的日本护士安娜相爱进而同居,因而深感内疚。在与田汉通信中,自称是比"不良少年"更胜许多的"罪恶的精髓"(见《三叶集》)。郭沫若写成了《落叶》,大概也会像青年歌德在《维特》完成时一样,心灵上得了解脱吧。

如果说郭沫若的《落叶》等小说在情节和结构方面还与《维特》有较多差异的话,那么庐隐的《或人的悲哀》无论从哪方面讲,都与《维特》更像了:整篇小说由主人公亚侠致友人(相当于《维特》中的威廉)的书简组成,仅在结尾加了一则"亚侠的表妹附书",其作用相当于《维特》中的"编者致读者";亚侠临死前的 12 月 25 日那最后一封信，也如维特似的断断续续写了 5 天；书中也提到一位盲诗人，使人想到《维特》中的荷马。特别是主人公亚侠，她也同维特一样卓有才智，多愁善感，热爱自然，追求个性解放，厌恶社会的虚伪，因此也就不容于社会，从日本回来后便绝望轻生，最后投身美丽的西子湖，在大自然的怀抱中找到了归宿。把《或人的悲哀》和《维特》对照起来读，甚至可以发现文句也有不少相似之处。当然，《或人的悲哀》也并非对《维特》依样画葫芦式的仿作，而是有着明显的中国特色和现代特色，作者庐隐本人的个性也表现得很清楚。加之两篇小说之间尚存在一些一目了然的差异，如《或人的悲哀》篇幅小得多，只是一个短篇；情节未以爱情为主线，而是更突出了主人公与社会的矛盾和对社会的不满；主人公亚侠与作者本人一样乃是一位女性，等等。但是，两篇小说的亲缘关系仍然是很清楚的。也就难怪，《或人的悲哀》问世不久，即为某些致力于中德文化交流的人士所瞩目，由汤元吉译成德文，与原文对照着连载在上海出的《德文月刊》第一卷第四至九期上。在众多的中国小说中，一般很难得译载中国现代文学作品的《德文月刊》偏偏选中了《或人的悲哀》，应该讲是很能说明问题的。须知，这篇作品本身，就在当时也不算影响很大啊。再看《或人的悲哀》的德文译名 *Ein Menschenleid*，意为一个人的痛苦或一个人的烦恼，与《维特》的原名 *Die Leiden des jungen Werther* 已有些相近；而在收了《或人的悲哀》的《小说月报丛刊》第十八种后面的版权页上，编者为它译了个英文题名 *The Sorrows of a Certain Youth*，意即某一个青年的烦恼，这与《少年维特的烦恼》及其英文译名 *The Sorrows of Young Werther* 可就更像了。总之，毋庸置疑，《或人的悲哀》受《维特》的影响还更多一些。

《或人的悲哀》的作者庐隐原名黄英(1899—1934)，是我国 20 世纪二三十年代一位颇具才华和影响的女作家，文学研究会会员。她在短暂的一生中作品相当多，擅长写小说，尤其是书信体和日记体的小说。她一生坎坷，善感多愁，思想激进，在个性方面，与小说女主人公亚侠不无相似之处。

《维特》对我国 20 世纪二三十年代涌现的书信体小说产生过重大影响，这恐怕是无可怀疑的了。蔡元培先生在《三十五年来之中国新文化》一文中，谈到外国小说的翻译对我"起戊戌"的"文学的革新"的推动，具体举出的第一本书就是《维特》，也不是没有道理。《维特》至少推动了对我国现代小说的一种新样式的探索和发展，并且取得了丰硕成果。前文列举的那许多书信体小说，大都有一定的思想意义和艺术价值，其中好几篇选进了《中国新文学大系》小说集里，称得上我国新文学早期的佳作。当然，《维特》的影响也有消极的一面，那就是上述作品的情调一般都比较低沉，《少年飘泊者》或许算个例外。

2.《子夜》妙用《维特》

在中国现代文学史上，茅盾的长篇小说《子夜》可算是一部有着里程碑意义的重要作品。它真实地、生动地描绘出了中国20世纪30年代初危机四伏、矛盾错综的社会风貌。民族工业家吴荪甫与买办资本巨头赵伯韬的相互倾轧，吴荪甫与其他民族工商业者之间的大鱼吃小鱼，吴荪甫工厂里工人们反对剥削压榨的斗争——这些交织在一起构成了小说情节的主线。但是，与此同时，作为小说的另一个重要内容，还同样生动、深刻地揭示了吴荪甫家庭里及其周围的人与人之间错综复杂的关系。在这巨大的"关系网"中，小说女主人公吴少奶奶林佩瑶又处于中心地位。为刻画这个人物，揭示她与自己丈夫貌合神离、同床异梦的关系，《子夜》巧妙地利用了比它早10年出版的《维特》。

《子夜》直接写到《维特》的有以下三个场面——

场面之一：一次，吴少奶奶从前的恋人雷鸣借到吴公馆吊丧而吴荪甫外出之机，单独来到她房中。雷鸣："吴夫人！明天早车我就离开上海，到前线去；这一次，光景战死的份儿居多！这是最后一次看见你，最后一次和你说话；吴夫人！这里我有一件东西送给你！"

雷鸣从衣袋里抽出一本书，他双手捧着，就献到吴少奶奶面前。

这是一本破旧的《少年维特之烦恼》！在揭开的书页上，有一朵枯萎的白玫瑰！

原来，这是吴少奶奶在5年前的学生时代，送给雷鸣的定情之物。她一把抢过书，惊惶地看着雷鸣。雷鸣苦笑着又说："吴夫人！……我这终身唯一的亲爱的，就是这朵枯萎的白玫瑰和这本书！我在上前线以前，很想把这最可宝贵的东西，付托给最可靠最适当的人儿——吴夫人！我选中了你！我想来你也同意！这朵花，这本书的历史，没有一刻不在我心头！5年前，也是像今天这么一个不寻常的薄暮，也是这么一个闷热的薄暮，我从一位最庄严最高贵最美丽的人手里接受了这朵花——这是我崇拜她的报酬；这本书，《少年维特之烦恼》，曾经目击我和她的——吴夫人，也许你并不反对说那就是恋爱！可是穷学生的我，不敢冒昧……现在你一定明白了那时候为什么我忽然在我所崇拜的天仙面前失踪了：我是到广东，进了黄埔！我从广东打到湖南，我从连长到团长……我在成千成万的死人堆里爬过！几次性命的危险，我什么东西都丢弃了，只有这朵花，这本书，我没有离开过！……我这次上前线去，大概一定要死！——吴夫人，却是这本书，这朵枯萎的花，我不能让它们也在战场上烂掉！我想我现在已经找到了最适当的人，请她保管这本书，这朵残花——吴夫人！我有机会把这段故事讲给你听，我死也瞑目了!”

最后,是笼里的鹦鹉的一声怪叫,惊醒了偎抱在一起的情人,吴少奶奶抱着那本《少年维特之烦恼》飞跑到自己卧室里,倒在床上,一股热泪顷刻湿透了洁白的绣花枕套。①

笔者不厌其详地节述吴少奶奶与雷鸣分别5年后重温旧情的场面,并不仅仅因为它为流行于我国20世纪20年代青年男女中的“维特热”,提供了一个难得的典型的例证;而更因为这一情节的设置,特别有发人联想的作用,它使读者一下子就了解了《子夜》女主人公的过去和现在,了解了她的教养和气质,了解了她与吴荪甫是怎样一种婚姻关系。

自从那本破旧的《少年维特之烦恼》留下来,就日夜陪伴在她身边,打破了这位曾自比绿蒂的吴府少奶奶内心的平衡,使她醒里梦里都看见她那血战在前线上的“维特”,她与丈夫之间的隔膜更加深了。

场面之二:一天,她的妹妹林佩珊闯进她房间,把她从昏睡中惊醒了过来。妹妹和她谈自己择偶问题。当妹妹说:“老是和一个人在一处,多么单调!你看,你和姊夫!”吴少奶奶听了吃惊地一跳,脸色也变了。两件东西从她身旁滚落到沙发前的地毯上:一本破烂的《少年维特之烦恼》和一朵枯萎的白玫瑰花。吴少奶奶的眼光跟着也就盯在这两件东西上,痴痴地看着,暂时被林佩珊打断了的啮心的焦扰,此时是加倍顽强地在揉她,箍她。

接着,妹妹又说,如果她遵照姊夫的意志嫁给了她不爱的杜学诗,而不能嫁给她爱的范博文,那就将“结婚的是这一个,心里想的又是别一个,——啊,啊,这是多么讨厌的事呀!”林佩珊的话道出了中国的“绿蒂”的苦衷。等妹妹一走,两粒大泪珠终于夺眶而出。然后她垂头看地毯上的那本破书和那朵枯萎了的玫瑰花,一阵难以抵挡的悲痛揉断了她的柔肠……②

“结婚的是这一个,心里想的又是别一个”,这话说得多么直截了当。吴少奶奶从她反复读的《维特》中领略到的也是同一个意思,只不过书中表达的方式要含蓄委婉得多,富有诗意得多。《维特》这本破书的反复出现,大大精简了《子夜》描写吴荪甫夫妇与雷鸣三者关系的笔墨,丰富了小说的意蕴。

场面之三:小说结尾,吴荪甫投机失败,自杀又下不了狠心,仓促决定上牯岭去“休养”。他跑进自己房里,看见少奶奶倦倚在靠窗的沙发上看一本书,便告诉

① 摘引自《子夜》第三章。

② 详见《子夜》第六章。

她，要她准备当晚就动身去“避暑”。

少奶奶猛一怔，霍地站了起来；她那膝头的书就掉在地上，书中间又飞出一朵干枯了的白玫瑰。这书，这枯花，吴荪甫已是第三次看见了，但和上两次一样，我们这位“阿尔伯特”此次又是万事牵心，竟然没注意到。吴少奶奶红着脸，朝地下瞥了一眼，惘然回答：“那不是太急促了么？可是，也由你。”

《子夜》的这个结尾真可谓神来之笔！吴荪甫3次对妻子耽读《维特》视而不见，是比《维特》中的那位丈夫阿尔伯特还宽宏大度呢，还是为了投机赚钱竟至忘记了关心自己年轻貌美的妻子？但不管是什么原因，这样的丈夫都是不讨人爱的，心性敏感的“绿蒂”就更不用说了。还有那“红着脸”，那“惘然回答”，那“也由你”，更含蓄、微妙地揭示出了女主人公的心理、性格：中国的“绿蒂”毕竟懂得什么叫“授受不亲”，什么是“三从四德”，她尽管十分讨厌自己的丈夫，十分不情愿上牯岭，却仍然只得说：“也由你！”

关于《维特》在《子夜》中的作用，细细分析起来还可以讲很多话。特别是小说的那个结尾，可以说是非常重要而又耐人寻味的。这里只作一个提示，以使《子夜》研究者和读者注意一个事实：《维特》之在《子夜》中一再出现绝非偶然，而是作者的匠心安排。

《子夜》是中国现代小说史上的一座丰碑。在这座碑上镂刻着《少年维特之烦恼》的名字，此一事实与作为我国新诗的真正开端的《女神》中也留下了歌德的影响①一样，意义不容低估。

中国现代小说利用《维特》及其影响者绝不止《子夜》一部，在林语堂的《京华烟云》中，同样能看到年轻主人公迷恋《维特》的描写。

3. 中国话剧舞台上的歌德

五四运动以前，中国的戏剧舞台上上演的都是京剧、昆曲等传统戏曲，话剧，一段时间还称作“新剧”或者“文明戏”，完全是舶来品，其面貌和演出方式都打上了发源地欧洲深深的烙印，在初始阶段特别受到了丹麦戏剧家易卜生等的影响。至于话剧这个名称，则由同为中国戏剧运动先驱的田汉在南国社率先使用；在他和他的同事们看来，传统戏曲和西方戏剧的区别并不在于文明不文明，而在于内容和形式存在差异。

在中国，剧作家歌德受到的推崇远远赶不上易卜生、莎士比亚、席勒、霍普特

---

① 详见后文《郭沫若与歌德》。

曼和布莱希特，也没有他自己作为诗人、小说家和思想家所具有的崇高地位和巨大影响。可尽管如此，我们仍无法忽视歌德在中国戏剧舞台上的存在。

（1）《史推拉》在北京、杭州和广州的演出。

歌德是一位杰出剧作家，一生写出过许多成功的剧本。可是在中国，根据目前掌握的资料，在 20 世纪 90 年代之前，中国只完整地演出过一部歌德的剧作，那就是《史推拉》。这个剧本由 20 世纪 20 年代在德累斯顿和慕尼黑留学的汤元吉译成了汉语，分别于 1927 年、1929 年、1931 年和 1932 年在北京、杭州和广州上演。由于在杭州饰演女主角史推拉的是一位当时的名演员，演出颇为轰动，连续上演了一些天。

1932 年歌德百年忌辰，《史推拉》在广州公演，演员都是当地一所话剧学校的学生，“一群中国南方的年轻革命者”，虽说一个个在舞台上表现得挺卖劲儿，演出却不成功。应邀观看演出的乌尔曼博士（Dr. Richard Ullmann）回忆说：“如果不讲很是可笑的话，那也完全没有效果。”因为演员“根本感受不到激情——他们压根儿不懂什么激情！……年轻的中国‘史推拉’纯粹是个多愁善感的醋坛子”。

不过，乌尔曼博士对演出本身尽管大失所望，却从纪念活动得出了一个乐观的、高瞻远瞩的结论：“晚会纪念的是歌德，而不是《史推拉》这出悲剧。西方的心灵悲剧还不是他们所能理解。他们的追求本应获得圆满的成果，只可惜欲速不达，还必须做长期的艰苦努力。然而正是这无结果的努力，显示了他们深入洞察西方精神世界的坚强决心。也许他们已经不只道听途说，而是真正在内心深处领悟到了，歌德属于西方精神世界最明亮的星辰。”①

除去《史推拉》，仅只于 1932 年在北京、上海和广州上演过《浮士德》以及《铁手骑士葛慈·封·伯利欣根》的片断。

尽管如此，歌德对中国现代戏剧的影响却显而易见。因为在话剧运动发展早期，最重要的剧作家不是别人，正好是对歌德十分崇拜的郭沫若。他在《创造十年》中明确地说：“我开始做诗剧便是受了歌德的影响。”此外，郭沫若还在其他文章中承认，也是在歌德的感染和启迪下，他才养成了创作历史剧的偏好。结果，中国便有了自己最杰出的现代历史剧剧作家。

（2）曹雪松的剧本《少年维特之烦恼》。

上海泰东书局 1928 年出版的剧本《少年维特之烦恼》，明白无误地是根据小说《维特》改编出来的。这出 4 幕悲剧的编者曹雪松在自序中说：“将《少年维特之

① 详见乌尔曼（Richard Ullmann）：《歌德在中国——评〈施特拉〉在新近中国舞台上的一次公演》，《东亚展望》1932 年第 6 期。

烦恼》改编成剧本，数年前我便有这个计划。所以这个计划没有实现，是因为实在有种种困难……我自信确是一个‘维特狂’的青年，在我失恋的初年，我曾几次想抱着这本《少年维特之烦恼》跳入吴淞江中，到泉下的世界去和不幸的维特做同病相怜的朋友……我的初意，本主张单采取《少年维特之烦恼》中的‘事实’，而大部分参加进我个人的‘虚拟’，对话和词句完全另行改造。但后来一想原著中有些对话是很紧凑，而词句的丰蕴美妙，更非常人所能及……与其画蛇添足，恣意臆造，还不如直直爽爽地借用对话和词句……”

读了这段自白，再研究一下改编成的剧本，可以看出曹雪松为编好此剧是煞费苦心的；而以当时的条件来说，这本书的印刷装帧更十分讲究，封面由丰子恺设计，书前冠有歌德的像、编者曹雪松的小照、女主人公原型夏绿蒂·布甫的画像以及原著小说的插图3幅，再加上赵景深的序、作者自序和献词，等等。所有这些情况都说明，改编者、出版社以及文艺界的一些人士，对这部有一个响亮题名的剧本十分重视。然而遗憾的是，剧本本身却改编得不成功，也不可能成功。原因是《维特》的内容根本不适合用戏剧的形式来表现；歌德正是看到了这点，才放弃了最初写剧本的打算，采取了书信体小说的形式。再者，改编者完全忽视了原著丰富的社会内容，如批判腐败的封建制度和庸俗的市民社会、要求个性解放，而单独保留了维特个人生活中的不幸，将其完全处理成了一个“三角恋爱的悲剧”，就更是对于原著的曲解和阉割。改编者原是个有过两次失恋经历，而且每次“都是扮演三角恋爱悲剧中的主角”的青年。他编这个剧本，目的多半在安慰自己，解脱自己。剧本对原著已有的哀怨和缠绵悱恻的情调，作了进一步渲染；但另一方面，它读起来有时又引人发笑，给人一种不伦不类的感觉，原因是它保留了主要人物原来的名字，却又添加了不少中国的色彩，如绿蒂身边就多出来一个叫“香儿”的丫头，等等。

据应邀作序的赵景深先生1982年12月15日来信称，曹雪松曾经是上海大学的进步学生，此外还写过几个作品，其中有一部书信体小说，但“不能算是有影响的作家”。又讲《维特》可能“在上海大学演出过”。

《少年维特之烦恼》这个剧本，总的来看没有多少文学价值，在戏剧文学史上也说不上有什么地位，只能被看作是20世纪20年代文学青年受歌德影响的一个实证。时过境迁，它很快就被人遗忘了。而有趣的是，在我所搜集到的《维特》剧本上，还留下了一位看来是过后不久的读者的毛笔批语，于青年歌德像旁批的是“英气勃勃”，于自称“多愁多病”的曹雪松像旁批的是“萎靡不振”，并且将“此书敬献给我至爱的念念不忘的寒妃”这一献词中的“寒妃”圈掉，改成了“中华民国的青年”，足见对改编者及其剧本非常不满。但是，尽管如此，对于研究歌德在中国之接受和影响来说，这个剧本连同它上面的批语，又是不可多得的珍贵资料了。

(3) 从《迷娘》到《眉娘》到《放下你的鞭子》。

在中国现代文学和戏剧史上，真正占有重要地位而又反映了歌德影响的，是《放下你的鞭子》(以下简称《鞭子》)。

《鞭子》来自歌德。确切地讲，来自歌德的长篇教育小说(Erziehungsroman)《威廉·迈斯特的学习时代》中那一段关于迷娘(Mignon)的故事。这个故事先是田汉在20世纪20年代改成了独幕话剧《眉娘》，30年代初再经陈鲤庭、崔嵬等进一步民族化、大众化、现实化，在演出的过程中又经无数的演员、导演不断地修改完善，成为了著名的广场剧《放下你的鞭子》。虽屡经改动，故事的基本情节仍然没有变；在《鞭子》的主要人物身上，仍可窥见迷娘等原型的影子——

迷娘，一个幼年时被人拐带到德国后流落在一个马戏班里的意大利少女，在《鞭子》中演变成了她父亲卖艺汉假称"从苏州买来的"卖唱女子香姐；虐待迷娘，想以迷娘当摇钱树的马戏班主，演变成了鞭打香姐，想靠香姐挣钱糊口的卖艺汉；富于正义感、挺身庇护迷娘并为其赎身的商人之子威廉·迈斯特，则发展成了具有爱国热诚和阶级觉悟的青年工人，是他从围观的群众中站出来，喝令卖艺汉："放下你的鞭子！"至于歌德原著中所包含的人道主义思想，更升华成反抗异族压迫的爱国主义精神了。

从30年代初到抗日战争胜利，《鞭子》在中国的大地上演了10多年，从抗日前线百灵庙演到大后方的穷乡僻壤，从上海的"大世界"演到山西省八路军总部的所在地，演到延安的宝塔山下，演到哪里哪里就响起"打倒日本帝国主义！""打倒卖国贼！""打回老家去，不当亡国奴！"的口号。彭雪枫、杨尚昆同志和傅作义将军，都曾和战士群众一起观看《鞭子》的演出。在当年参加过《鞭子》演出的进步演员中，就有崔嵬、金山、凌子风、陈强、丁里以及王莹、陈波儿、张瑞芳、叶子、王苹等我们熟悉的名字。其中特别是王莹，她1939年冬随新中国剧团到新加坡巡回演出，因成功地扮演香姐而引起轰动，当时也在那儿的徐悲鸿、郁达夫多次观看了演出，郁达夫前后写了3篇文章称赞她的表演艺术。徐悲鸿也怀着难以抑制的激动心情，以正在街头演出的王莹为模特儿，精心绘制了一幅题为《放下你的鞭子》的油画。这幅珍贵油画，后来在日寇占领新加坡前夕和占领期间，又得到陈嘉庚等爱国华侨的保护；解放后，周恩来总理多次关心地问起此画的下落。①随着王莹，《鞭

---

① 详见萧阳：《徐悲鸿的名画〈放下你的鞭子〉》，《人民日报》2007年7月26日。近日从网上得知，2007年4月7日，《放下你的鞭子》在香港苏富比拍卖，成交价高达人民币7128万元，不仅大幅刷新了徐悲鸿油画的拍卖纪录，而且创下中国油画的世界拍卖新纪录，足见其珍贵。

子》又到了美国各地，又到了白宫，在美国总统罗斯福夫妇、白宫高级官员和各国驻美使节前进行演出，为争取世界人民支持我国的抗日战争起了很大作用。解放后王莹回到国内，受到了周恩来总理特别的关怀。

《放下你的鞭子》的改编和演出以及在国内外引起的巨大反响，足以写成中国现代戏剧史和中国抗日战争史的一章，其中有着无数生动感人、可歌可泣的故事。[①]从 Mignon（迷娘）到《眉娘》再到《鞭子》，其间灌注了无数剧作家、艺术家和演员的汗水、泪水和心血，而“饮水思源”，我们也不能忘记德国的大诗人歌德。

(4) 中国的靡非斯托是位女士。

可是歌德作为剧作家正式登上中国舞台并产生影响，还是实行改革开放以后的事。1994 年 5 月底 6 月初，在中国历史上第一次上演了歌德最重要的作品诗剧《浮士德》。上下两部在一个晚上演完，演出时间约 3 个小时。须知《浮士德》是一部连德国人也难以理解的“天书”，在当今中国这样搬上舞台，无论对导演、演员还是对观众，都无异于一个巨大的挑战。

发起和资助演出的是由著名汉学家阿克曼担任院长的北京歌德学院，剧本翻译为时任该院中方副院长的李健民。演出单位为中央实验话剧院；导演由中国戏剧界以富于探索创新精神的林兆华以及任铭担任；负责舞台美术设计的是薛殿杰。笔者看了特意从剧院索取来的录像，认为演出对《浮士德》的接受和阐释不但现代——如自始至终在幕间添加了一个摇滚乐队的演唱，以制造现代气氛和间离效果，等等——，还富有中国特色，巧妙地运用了我们不少传统的形式和手法，如用白色幕布后活动的影子表现复活节热闹的群众场面，解决了原著的不少表演难题。

特别值得一提的是，让实力派女演员娄乃鸣来扮魔鬼靡非斯托，更使阐释多了些中国传统哲学的意味，把靡非斯托与浮士德之间玄妙而又复杂的相反相成关系，演绎成为稍有知识的中国人都看得懂的阴阳关系，也凸显了魔鬼形象和性格的阴毒一面。只不过如此一来也产生一个问题，就是靡非斯托这个西洋魔鬼淫邪好色的本性，就无法像在德国舞台上一样，让一位中国女演员用一些近乎猥亵的动作表演出来了。

演出当然难免有缺点，而最显著的缺点是一二两部的演出硬压缩在 3 个小时里，不得不丢失的东西实在太多太多。大概还由于经费限制，原著的宏伟壮丽、光

① 详见田汉：《中国话剧艺术发展的径路和展望》，《中国话剧运动五十年史料集》；何延、曾立惠、曲六乙：《崔嵬和〈放下你的鞭子〉》（见《崔嵬传》）。

怪陆离以及时间地域的大跨度，等等，似乎都未能表现出来。

据媒体的反应看，对于这次带实验性的演出，观众和专家有褒有贬，争论异常激烈，但应该说不足为怪。重要的是中国人终于完整地上演了《浮士德》，填补了歌德接受史乃至中德文化交流史的一项空白。

三、郭沫若与歌德

郭沫若与歌德，歌德与郭沫若，这两个光辉的名字在中国是紧紧连结在一起的。郭沫若在长达60余年的文学生涯的各个发展阶段，都与西方的“诗坛君王”(拜伦语)歌德有着这样那样的关系。研究这种关系，无论对认识这两位大文豪本身，还是对了解中德两国间的文化交往，都有重要意义。

1. “歌德翻译家”郭沫若

郭沫若从事翻译工作的时间延续近30年，解放后校订旧译的时间还不计算在内。据戈宝权同志估计，他出版的译著多达30余种，总字数超过了300万字，与鲁迅先生不相上下。他不但译过西方的歌德、席勒、雪莱、高尔斯华绥，也译过东方的莪默·伽亚谟、迦梨陀娑和泰戈尔；他不但翻译诗歌、戏剧和小说，还翻译文艺理论以至于马克思主义的经典著作。但是，作为翻译家，郭沫若主要的贡献还在于介绍了德国的伟大诗人歌德。

郭沫若翻译出版的歌德作品计有：诗剧《浮士德》，书信体长篇小说《少年维特之烦恼》，叙事长诗《赫尔曼与窦绿苔》，抒情诗10多首。此外，他在1936年还译了歌德的重要传记《创作与真实》(即《诗与真》)，但没有出版。

在郭沫若的全部30多种译著中，最有价值的无疑为《浮士德》。为写《浮士德》，歌德耗尽了自己毕生的精力和智慧，前前后后共花去60年的时间，因此视它为自己的“主要事业”。郭沫若为译这部巨著同样呕心沥血，克服了重重困难，历时30年之久才最后完成，完成后也“颇感觉着在自己的一生之中做了一件相当有意义的事”。①郭沫若的感觉没有错：《浮士德》被誉为“西欧自文艺复兴以来300年历史的总结”，“现代诗歌的皇冠”(弗朗茨·梅林语)，在欧洲和世界文学史上几乎占据着至高无上的地位，诚如戈宝权同志指出：“不要说郭老的全部翻译，他就是

① 《浮士德》第二部译后记。

只译一部歌德的《浮士德》,也就很了不起。"①

若论影响,郭沫若的所有译著中又推歌德的《少年维特之烦恼》为最大,不,岂止在郭沫若个人的译著中,就在解放前译成中文的全部外国文学作品里,郭译《维特》的影响也无与伦比。它不只在20年代的青年读者中造成了"维特热",而且给予我国现代文学的发展以重要影响。

总之,作为"歌德翻译家","郭沫若也就很了不起";或者可以说,翻译歌德取得的巨大成就,也构成他全部文学成就的一个重要部分,虽然还不是主要部分。因此,有些《作家传》之类的工具书只字不提郭沫若在文学翻译特别是介绍歌德方面的工作,应该讲是一个很大的欠缺。

反过来再谈歌德。

随着时间的推移,由郭译《维特》在我国引起的"维特热"进一步发展成了"歌德热",到1932年歌德逝世100周年前后,我国对歌德的翻译、介绍、研究都出现空前的高潮。如前所述,在20世纪二三十年代,我国文学界和读书界最欢迎和推崇的外国作家不是莎士比亚,不是巴尔扎克,也不是托尔斯泰,而是歌德。而歌德之来到中国,在中国之享有如此崇高威望,除去他本人的确伟大、的确值得敬重这个自不待言的前提外,在很大程度上应当归功于郭沫若对他作了适时的、成功的翻译介绍。

是否适时,我以为非常重要。要做到适时,译者就必须有锐敏的眼光和高尚的旨趣。有无这样的眼光和旨趣,应该说是区分翻译家和翻译匠的重要标志。1920年,郭沫若在译《维特》和《浮士德》第一部之前,就明确说过:"我想歌德底著作,我们宜尽量多地介绍,研究,因为他处的时代——'胁迫时代'(按:指狂飙突进时代)——同我们的时代很相近!我们应该受他的教训的地方很多呢!"(《三叶集》)此后,在《浮士德》的译后记和其他文章中,郭沫若又一再表示过同样的看法。这就告诉我们,他译《维特》和《浮士德》绝非信手拈来,为译而译。我国一度兴起的"维特热"以至"歌德热"证明,翻译家郭沫若的眼光的确是锐敏的,他译歌德的目的也达到了。歌德在谈到席卷欧洲的"维特热"时讲得好,"这本小册子影响很大,甚至可说轰动一时,主要就因为它出版得正是时候"。这句话同样可以用来说明郭译《维特》和《浮士德》为什么受到热烈欢迎。试想,它们如果不是"出版得正是时候",不是正好出版在反封建精神高涨的五四时期,而是到了三四十年代的抗日战争和解放战争中才问世,又哪儿还能引起巨大的反响?

① 《谈郭沫若与外国文学的问题》,《郭沫若研究论集》,四川人民出版社1980年版,第307页。

说郭沫若适时地翻译了歌德，这恐怕不会有多少人不同意。但讲他翻译得成功，毋庸讳言，私下里则有不少同志表示异议：有的怀疑郭译《维特》是否错误百出，有的提起郭译《浮士德》就摇脑袋，有的甚至把这部巨著在中国不为一般读者欢迎的原因归之于"译文太差"。对这个复杂而有争议的学术问题，我觉得有必要抱着实事求是的态度，比较具体和详细地探讨一下。我自己的观点是，尽管郭沫若翻译歌德的几部作品译文水平参差不齐，影响有大有小，但总的说来仍是成功的。

郭沫若非常重视翻译工作。他说："翻译家要他自己于翻译作品时涌起创作的精神"，"要有创作精神寓在(译作)里面"，"对于该作品应当有精深的研究，正确的理解，视该作品的表现和内含，不啻如自己出"(《论文学的研究与介绍》)。因此，他"差不多是在一种类似崇拜的心情中"翻译了《浮士德》；对他来说，"那时的翻译仿佛自己在创作一样"。他为《维特》和《浮士德》写的长篇的序和跋文，都证明他对这些作品确有"精深的研究，正确的理解"。他翻译《浮士德》第二部时参考了多种中外译本，两次校改，两次润色，译完全书后"几乎像生了一场大病，疲劳一时都不容易恢复的"(《浮士德》第二部译后记)。这些正确的主张和严肃认真的态度，使郭沫若具备了译事取得成功的重要条件。现在的问题在于实际效果怎样。

《少年维特之烦恼》应该讲译得相当出色；否则，哪能使千千万万男女青年为之感动？时代相似和原著感人固然是主要原因，但译文太差也是不行的。笔者重译《维特》，曾参照郭译进行校订，发现郭译中真正的错误(所谓黑白错误)并不多，更说不上"错误百出"。对于当时来说，十分难能可贵的是，郭沫若对原著没有任意进行添加和删削(这在今日的港台译本中还屡见不鲜)，而是一句一句、老老实实地译了出来。不错，今天读来，郭译《维特》是失去情韵了，但这主要因为它译成于整整60年前，随着时代的变化，我们的语言和文风都发生了巨大的变化。别的不讲，就说书名中的"少年"一词，原文为jung，相当于英语的young，在我们的习惯上早已该改成"青年"才对了。可是，在郭译之后的近10种译本，包括新近才出版的拙译在内，仍无法改"少年"为"青年"，因为郭译《少年维特之烦恼》早已深入人心。这就是说，郭沫若译的《维特》相当成功。

我也曾特意对照歌德原著，将郭译《浮士德》从头至尾细读了一遍，发现翻译中的黑白错误，同样不很多，第二部中更少。为了适应原著诗体的各种变化，他把我国的五言、七言、自由诗、歌谣体甚至于"百子歌"等，统统都用上了，可谓煞费苦心。整个说来，《浮士德》译得相当有诗意。但十分遗憾的是，他也犯了某些做文学翻译的大忌。这也许与他对翻译标准掌握不当，甚至和他在前文引述的翻译主张中过分和片面地强调了“创作精神”，而忽视了翻译毕竟不是创作，翻译必须受原著的制约有关吧。这种制约不仅限于思想内涵，还包括艺术风格以及时代气氛和民族色彩，等等。郭译《浮士德》一个很明显的毛病，就是在不少地方破坏了原著的民族色彩，行文中出现了许多中国味儿太浓的词语，诸如“梨园”、“嫦娥”、“周郎”、“胡琴”、“做么哥”、“紫禁城”、“户部尚书”、“得陇望蜀”、“人之初，性本善”、“不管三七二十一”，甚至于“骂了梅香，丑了姑娘”之类。而且，郭译还用了不少带四川地方色彩的词，什么“江安李子”(指四川江安县产的李子)、“封都天子”(指阎王，四川封都县在民间被视为鬼城)，什么“燕老鼠”、“襤龙”、“阴梭”、“作鼓振金”，[①]等等。这些四川方言中常用的词，即使在上下文中也不太好懂，就算懂了又给《浮士德》加添了一点儿“川味儿”。再者，确如郭沫若自己所说，译文中“有不少勉强的地方”；但这更多地为翻译诗剧的客观困难造成，这里就不再细讲了。

可是，尽管有一些十分触目显眼的毛病，郭译《浮士德》的成就仍是主要的。笔者用当年译本中较优秀的周学普先生的译本与它作过比较，发现两者各有千秋：周译更平实易读，郭译更富于诗意。

至于《浮士德》在中国之未为广大读者理解，主要原因则在于原著的内涵过分丰富，表现手法与我们的传统欣赏习惯不同，牵涉的历史、宗教、哲学乃至歌德生平的背景知识也太多。以郭沫若的博学深思，为理解《浮士德》第二部尚需要30年的阅历，一般人哪能轻易读懂。这种情况不只在中国，在欧洲乃至德国也一样。海涅曾告诉法国人，他们如果不通晓德语，就不可能领略歌德的诗有多美；当代德国文学评论家汉斯·马耶尔也说，“歌德的伟大是与他的语言紧紧联在一起的”。言下之意都是，歌德的诗根本不可译，《浮士德》尤其如此。这种看法是否完全正确，无需我们深究。但它至少说明，译歌德特别是译《浮士德》是很难很难的。了解了这些情况，再想想郭沫若是在多么艰苦的条件下译出《浮士德》，看看他已达到的水平，就不能不承认他译得相当成功，对其不足也就会客观地、历史地作出估计了。

在郭译歌德的所有作品中，我认为最成功莫过于抒情诗。他真正实践了自己“神韵译”的主张，[②]因此留给我们的10多首歌德译诗至今仍每首都能琅琅上口，极富情致。至于《赫尔曼与窦绿苔》，则纯粹“为技术修养起见”而译，影响很小，就略而不论了。

---

① “燕老鼠”即蝙蝠，“襤龙”指流氓，“阴梭”意即悄悄跑掉，“作鼓振金”意即煞有介事，认认真真。

② 1920年，郭沫若为田汉的译作《歌德诗中表现的思想》译了几首歌德的诗，并于“附白”中提出了“神韵译”的主张。

郭沫若与歌德这两位大文豪，他们通过前者对后者的翻译介绍而相得益彰。倘使没有译歌德，翻译家郭沫若的成就便大为减色；倘使未经郭沫若翻译，歌德在中国的形象便远不会如此光辉、高大。

2. 郭沫若所认识的歌德

郭沫若接触到歌德的最早时间为1916年，随后对歌德的了解逐渐增多，认识也逐渐加深。在郭沫若的著作和言谈里，论及歌德的地方可谓比比皆是，只需撮要摘引，便可给他心目中的歌德形象勾画出一个清晰的轮廓。

总的说来，郭沫若对歌德的认识，是随自己思想的发展而发展的，大致可以划分为三个时期——

初期：从1916年在日本学习德文时读到歌德的作品，到1924年翻译河上肇的《社会组织与社会革命》一书。

这一时期，他关于歌德的言论特别多，其中又以他与田汉和宗白华的通信集《三叶集》里最为集中和典型。在1920年1月18日致宗白华的信中，他将歌德与孔夫子相提并论，赞赏歌德道："他有他的哲学，有他的伦理，有他的教育学，他是德国文化上的大支柱，他是近代文艺的先河……他这个人也是最不容易了解的。他同时是Faust，Gott，Übermensch(按：浮士德，上帝，超人)；他同时是Mephistopheles，Teufel，Hund(按：靡非斯托非勒斯，魔鬼，狗)……我看孔子同歌德他们真可算是'人中之至人'了。他们在灵肉两方面都发展到了完满的地位。"在2月16日致田汉的信中又说："歌德的一生只是一些矛盾方面的结晶体，然而不失其所以'完满'"。

1932年，郭沫若在《〈少年维特之烦恼〉序引》中说"歌德是个伟大的主观诗人"，盛赞他"扛举德意志文艺勃兴之职命于两肩"，"有如朝日初升，光熊熊而气沸沸，高唱决胜之歌，以趋循其天定的规辙"。

同年，在《〈鲁拜集〉小引》中，郭沫若又热情颂扬歌德所谓的"坚决地生活于全，善，真"中，说他"把一己的全我发展出去，努力精进，圆之又圆，灵不偏枯，肉不凌辱"，赞叹道，"这便是至善的生活，这便是不伪的生活……"

"至善"，"圆之又圆"，"有如朝日初升"，"完满"，"德国文化上的大支柱"，西方"近代文艺的先河"，一句话"人中之至人"——年轻的郭沫若对于歌德的钦敬与崇拜，真可谓到了无以复加的地步！

为什么会如此呢？主要原因恐怕是郭沫若早年受庄子和惠施的影响信奉泛神论哲学，所以对同为泛神论者的歌德一见倾心，倍加崇敬。可是，随着对社会的黑暗和人生的痛苦体验日深，特别是经过俄国十月革命和深入发展的五四运动而接触到社会主义思想以后，郭沫若便抛弃了泛神论，疏远了歌德，对歌德的认识也产生了一个一百八十度的大转变。

中期：约从1924年翻译河上肇《社会组织与社会革命》一文，至1942年撰写《〈少年维特之烦恼〉重印感言》。

在《创造十年》(1932)中，郭沫若回忆自己1924年初思想上“感受着一种进退维谷的苦闷……从前的泛神论的思想，所谓个性的发展，所谓自由，所谓表现，无形之间已经遭了清算。从前在意识边沿上的马克思、列宁不知道几时把斯宾诺莎、歌德挤掉了，占据了意识的中心”。自此以后，他对歌德已批判多于赞扬，厌憎代替了崇拜。他批判歌德的言论最典型莫过于下面这一段：“歌德可以令人佩服的地方，是在他的努力，但他的成绩也实在有限。他和他同国同时而稍稍后出的马克思比较起来是怎么样？那简直可以说是太阳光中的一个萤火虫！他在德国是由封建社会转变到资产社会的那个阶段中的诗人，他在初期是吹奏着资产阶级革命的一个号手，但从他做了限马公国的宰相以后，他老实退回到封建阵营里去了，他那贵族趣味和帝王思想实在有点熏鼻。诗人海涅骂过他，说他只晓得和女人亲吻。——用《红楼梦》上的话来表现时，便是只晓得‘吃姑娘嘴上的胭脂’，他老先生的确是可以称为德意志的贾宝玉。”

显而易见，郭沫若心目中的歌德与早期相比已经判若两人。

郭沫若对歌德的新认识，有了从发展的观点和阶级的观点评价历史人物的因素，无疑是思想上的一个进步，这是我们首先应该看到的。但是，我们也不能忽视另外一方面：正如他初期通过日本和西欧学者的著作，受了因袭的唯心主义观点的影响，视歌德为“人中之至人”，对歌德崇拜得无以复加一样，他如今又把歌德贬低得一钱不值，从一个极端走到另一个极端，同样缺少一分为二和历史唯物主义的观点。

郭沫若对歌德有失偏颇的评价分别产生于20年代初和30年代初，他本身思想还在发展和成熟中，因此并不足怪。但是，有的论者今天却全面肯定他中期对歌德的认识，并以此证明郭沫若超出了歌德，这就欠妥了。要知道，郭沫若自己后期对歌德的认识又有所改变。

后期：大致可以从1942年算起。

当年7月，他在为《少年维特之烦恼》新版写的《重印感言》中，除盛赞《维特》是一部“有价值的书”，“永远年轻的”书，是一部“青春颂”外，还说道：“歌德，我依然感觉着他的伟大。”请注意这“依然”两字！它看来意味着郭沫若对歌德的认识又有了一个转折。在此之前他要么像在《创造十年》中那样贬低歌德，要么像在《赫尔曼与窦绿苔》的《译者书后》(1936)里似的对歌德只字不提。在此之后，他关于歌德的言论又多一点了，总的说来看法比较稳重，肯定和赞扬又代替了批判。

1944 年 2 月，他在《题(《浮士德》)第一部新版》中说："歌德有自知之明，知有相反之二种精神，斗争于其心中，而力求其调济，宏己以救人。虽未脱净中世纪之袈裟，但糜其毕生之精力所求得者，乃此理念之体现而已。体现之于文，体现之于人，进而求其综合统一。——日尔曼族未听此苦劳人之教训，误为狂兽所率领而群化为虎狼；毒性所播，并使它族亦多效尤而虎狼化。人类在如海如洋血泊中受难，因而于苦劳之人体念倍感深切。——人乎，人乎，魂兮归来!"——郭沫若这一段话，对歌德"宏己以救人"的人道主义理想作了极其崇高的评价，以致认为德国乃至世界范围内法西斯主义的猖獗，都是因为"未听此苦劳人之教训"。

为什么会有如此巨大的变化?

郭沫若自己在《浮士德》第二部《译后记》中回答："主要的原因，在前有好些机会上我已经叙述过，是壮年歌德乃至老年歌德的心情，在这第二部中所包含着的，我不大了解——否，不仅不大了解甚至还有些厌恶"，可是，随着年龄和阅历的增长，"作品中所讽刺的德国当时的现实，以及虽以巨人式的努力从事反封建，而在强大的封建残余的重压之下，仍不容易拨开云雾见青天的那种悲剧情绪，实实在在和我们今天中国人的情绪很相仿佛。就如像在第一部中我对于当时德国的'狂飙突进运动'得到共鸣的一样，我在这第二部中又在这蜕变的艰难上得到共感了"。因此，他对歌德又产生了"骨肉般的亲谊"。

从郭沫若的以上自述可以看出，他对歌德的认识经过一个曲折后又加深了一步。而这种新认识一直为他保持着；1956 年在《谈文学翻译工作》(《沫若文集》第十七卷)一文中，他又讲过类似的话。

综观郭沫若对歌德的认识，是经过了从崇拜到厌恶再到亲切这样一个发展过程的。在郭沫若，这证明了他阅历的增长，思想的成熟；在歌德，这反映了他本身的复杂性，说明"他这个人确也是不容易了解的"(《三叶集》)。因此，在评价郭沫若对歌德的认识时，也不能简单化，也不能以片面的、停滞的观点看问题，否则就有失允当。

还须指出，在中国老一辈的作家中，郭沫若的上述歌德观恐怕是相当典型的，因此值得认真加以研究。

3. 歌德对郭沫若的影响

郭沫若在思想和创作中所受歌德的影响，是多方面的和持久的，主要集中在早年，即他对歌德十分推崇的五四时期。总的看来，有三个方面的表现值得注意——

第一，郭沫若的最后决定弃医从文，在一定程度上可归因于歌德的影响。

不错，郭沫若从小就有文学的倾向，这是主要的；但是，辛亥革命后他抱着"科学救国"的幻想坚持学医，尽管两耳重听学习非常困难。是1916年与德国文学特别是歌德的接近，又把他"用力克服的文学倾向助长了起来"；而当他起了弃医从文的念头时，浮士德又来鼓励了他。在《创造十年》中，他回忆当时的情况说："1919年的暑假，我早就想改入文科，但反对最激烈的便是我自己的老婆……因为有了她的反对，于是乎我的迁怒便是恨她甚至唾弃一切科学。歌德的浮士德投了我的嗜好，便是在这个时候。"又说："在1919年的夏天，我零碎地开始作《浮士德》的翻译，特别是那第一部开首浮士德咒骂学问的一段独白，就好像出自我自己的心境。我翻译它，也就好像我自己在做文章。那场独白的译文在那年《学灯》的双十节增刊上发表过……"

第二，郭沫若早年的创作思想受歌德的影响相当深。

在1922年作的《〈少年维特之烦恼〉序引》中，郭沫若称歌德为"伟大的主观诗人"，对他"以狮子搏兔之力，以全身全灵之力以谋刹那之充实，自我之扩张"的精神，极为赞赏。并具体列举了自己思想上与歌德的五点共鸣：第一，主情主义；第二，泛神思想；第三，对于自然的赞美；第四，对于原始生活的景仰；第五，对于小儿的推崇。所谓共鸣，实际上也就是影响，因为它至少会使产生共鸣者思想感情上原有的倾向增强起来，如郭沫若因接近歌德而更加信奉泛神论就是例子。

郭沫若早年关于文学创作的言论和主张，无不反映出了歌德的影响和启迪。他说，真诗、好诗应当是"我们心中的诗意诗境地纯真的表现，命泉中流出来的Strain（音乐），心琴上弹出来的Melody（曲调），生底颤动，灵底绝叫"；他认为，"诗人底宇宙观以Pantheism（泛神论）为最适宜"；他决心，"一方面多与自然和哲理接近，以养成完满高尚的诗人人格；一方面多研究天才诗中的自然音节，自然形式，以完满'诗底形式'"（均见《三叶集》）。他个人乃至创造社从事文艺活动的主张，都是"本着内心的要求，以图个性的发展"（《创作的道路》）。这就难怪在郭沫若早期的作品特别是《女神》中，感情是那么热烈奔放，思想是那么博大开阔，处处都有一个与宇宙融为一体的巨人式的自我。诗人"赞美我"（《我是个偶像崇拜者》），"赞美我自己"，"赞美这自我表现的全宇宙的本体"（《梅花树下醉歌》）；"我把月来吞了，我把日来吞了，我把一切的星球来吞了，我把全宇宙来吞了。我便是我了！”（《天狗》）“我效法创化底精神，我自由创造，自由地表现我自己”，“我有血总要流，有火总要喷，不论在任何方面，我都想驰骋！”这样一些“主情主义”的表现，这样一些泛神论的倾向，这样一些“自我之扩张”的追求，笔者并不武断地认为都来自，或者说仅仅来自歌德的影响；但是，可不可以说，它们的强烈表现，都与郭沫若年轻时读歌德、译歌德、钦敬和崇拜歌德有关，歌德至少是在不同程度上助长了它们呢？我想可以。

还必须说明，不论是“主情主义”，还是泛神论思想，还是“自我之扩张”，这在五四时期都是追求个性解放的表现，有着积极的反封建的意义，与个人主义的自大狂断然不可等量齐观。随着时代的发展，这种“自我之扩张”在歌德演变成了浮士德式的“自强不息”和“宏己以救人”的追求，在郭沫若更上升为了为“大我”、为人民求解放的崇高理想了。

第三，在创作方法上，郭沫若受歌德的影响也不容忽视。

他曾在《三叶集》中说：“海涅底诗丽而不雄。惠特曼底诗雄而不丽。两者我都喜欢。两者都还不足令我满足。”但是与此同时，他却“狠想多得歌德底《风光明媚的地方》①一样的诗来痛读，令我口角流沫，声带震断！”显而易见，《浮士德》在他看来是雄而且丽的。在另一个地方，他还把《浮士德》归之于那类在诗人心海中掀起大波大浪的洪涛而成的“‘雄浑’的诗”，犹如屈原的《离骚》，李杜的歌行，但丁的《神曲》，弥尔顿的《失乐园》，等等。

值得注意的是，郭沫若对歌德如此倾倒并着手翻译《浮士德》的1919—1920年，正是他的“诗的爆发”期，他收在第一部和最重要的一部诗集《女神》中的多数诗篇，都是在此期间写的。因此，这些作品雄浑的风格、奇丽的想象、宏伟的背景、非凡的形象、富于象征性和哲理性的立意，一句话，那个充满着理想、洋溢着热情的狂放恣肆的浪漫主义风格和手法，就不可能没受歌德特别是他的《浮士德》的影响。

下面再看歌德的影响，在郭沫若的哪些具体作品中表现了出来，以及他自己如何看待这种影响。

他在《创造十年》中把自己做诗的经过分成三个阶段，并称第三阶段为“歌德式”的。他说：“我开始做诗剧便是受了歌德的影响。在翻译了《浮士德》第一部之后，不久我便做了一部《棠棣之花》……《女神之再生》和《湘累》以及后来的《孤竹

---

① 指《浮士德》第二部第一幕。

君之二子》，都是在那个影响之下写成的。”在他自己列举的这几篇作品中，受影响最多最明显莫过于《女神之再生》，可以说，从风格、立意到主题思想，都莫不与《浮士德》有关系。试看诗剧一开头，便引用了《浮士德》第二部结尾的“神秘之群合唱”；其最后一句“永恒之女性，领导我们走”，更点明了全剧的主题。须知这儿所谓“女性”，无外乎温柔、和平、美好的象征，在歌德原著中具体则指浮士德死后所皈依的“光明圣母”，追随着光明，走向和平、美好的未来——这不正是《女神之再生》所要表达的思想吗？所不同的只是，郭沫若使用我国古代的神话传说，实现了诗剧内容的民族化，“光明女神”也就变成“要去创造个新鲜的太阳”的众女神了。再说诗剧中穿插合唱，全剧结尾让“舞台监督”登台向观众致词等手法，同样也是受了《浮士德》启迪的结果。到了稍后的《孤竹君之二子》，就更明显地按《浮士德》的《舞台上的序幕》的格式，于剧前加了一段“序语”①，让“作家”通过与“同志”对话，说明自己写作“古事剧”（历史剧）的想法，同时直言不讳地告诉观众，他写历史剧是受了歌德的影响。

可是，郭沫若如何评价歌德对他的这些影响呢？

起先，他在《创造十年》中说翻译《浮士德》给“他留下了一个很不好的影响”，使他成为了“韵文的游戏者”；后来又进一步讲，“我从前做过一些古事剧或小说，多是借古人的皮毛来说自己的话。这层也就是西洋贾宝玉给我的恶影响了”。

从前的论及郭沫若与歌德关系的文章，大都似乎有意回避上面所引这些话，在我看则大可不必。因为，郭沫若对歌德给他的影响的这些恶评，都发表在他厌恶歌德、视歌德为“西洋贾宝玉”的中期，在此前此后显然都不这样看。40年代，他不是因《浮士德》描写的德国与现实的中国非常相似，觉得“里面有好些话好像就是骂蒋介石的”，便以“感到骨肉般的亲谊”译完了它，同时又写了《棠棣之花》、《屈原》等一系列“古事剧”，借古非今吗？解放后，他不是还写了《蔡文姬》，借古颂今吗？他不是欣然承认，屈原“就是我”，“蔡文姬就是我”，不再羞于“借古人的皮毛来说自己的话”了吗？显然郭沫若已改变看法，否则不会知“恶”不弃。所以，我们既不必回避他说的那些话，也不应不加分析地相信它们。

同样，他在《创造十年》中还说过西洋的诗剧“实在是太不自然”，《浮士德》第一部“仅可称为文字游戏之处要在对成以上”，等等，也有些欠允当，我们不可尽信。

除去郭沫若自己谈到的诗剧、历史剧和历史小说外，他的一些现代小说受歌

---

① 该剧收进《女神》时删去了“序语”。

德影响也显而易见。请看《落叶》(1925)和《喀尔美萝姑娘》(1926),不都如《维特》一样用了第一人称的书信体,写的都是爱情悲剧,结尾都是主人公的死或自杀,情调也都缠绵悱恻,也都有着愤世嫉俗的倾向么?当然这两篇小说绝非对《维特》的简单的仿作,不同的地方也很多,如主要情节,前一篇为年轻的日本女护士菊子爱上了中国留学生洪师武——一个"旧式的婚姻制度的牺牲者";后一篇为已婚的男子"我",爱上了一个单纯善良的贫苦少女。但是,不管怎样,《维特》的影响无可否认。

还有郭沫若最早的抒情诗《死的诱惑》(1918)以及稍微晚些的《死》,也可能受了《维特》的影响。这样讲到并不仅仅因为郭沫若当时已经读过《维特》,而是诗中把死看成是"除却许多烦恼"的办法,认为"要得到真正的解脱,还是除非死"的思想,与维特和青年歌德本身的想法,颇为相似。

以上所讲,都是郭沫若受歌德影响较为直接和明显的表现,间接的和不那么明显的影响,恐怕还更多。郭沫若曾经透露自己的一个"秘密",说他少年时代很爱读司各特的历史小说《撒克逊劫后英雄略》(今译《艾凡赫》),认为这本书对他"后来的文学倾向上有决定性的影响"。然而司各特之写历史小说,又是受了歌德的著名历史剧《葛慈·封·伯利欣根》影响。①这就意味着,郭沫若通过司各特,间接受了歌德的影响。又如郭沫若自己承认受过德国表现主义的影响,而表现主义者"有些是崇拜歌德的,特别把歌德的'由内向外'一句话作为了标语",因此郭沫若通过表现主义者,也间接受了歌德的影响。

郭沫若是一位根植于深厚的民族传统文化之中的杰出作家,尽管受歌德多方面的影响,但绝不囿于这些影响;即使在创作中有所学习、借鉴,也并非生搬硬套,而是根据我国的国情和群众的欣赏习惯,进行了创造和发展。正因此,就必须作深入细致的研究,才能进一步弄清包括歌德在内的外国作家对他的影响,而不仅仅局限在他本人所明确指出的几点上。

4. 郭沫若——"中国的歌德"?

1978年6月3日,在郭沫若逝世前不久,"文革"后已恢复中共中央宣传部领导职务的周扬到医院探望他,怀着真诚的敬仰对他说:"你是歌德,但你是社会主义时代的新中国的歌德。"②

---

① 这是英国伯明翰大学教授罗伊·帕斯卡尔(Roy Pascal)的看法,见其所著《狂飙突进运动》一书,德文版,第319页。

② 周扬:《沉痛的怀念》,《人民日报》1978年6月18日。

此时此地，面对重病在床、行将告别人世的郭老，身为中国文艺界最高领导人的周扬讲这样一句话并且允许媒体发表出来，可以断言绝不会没有经过认真而又慎重的考虑。

那么，周扬为什么这样讲？为什么恰恰要以郭老与德国的歌德相比，而不把他比作英国的莎士比亚、法国的雨果、俄罗斯的普希金、印度的泰戈尔，或者比作我们自己的杜甫、李白呢？

看来不会仅仅因为郭老与歌德之间有更多的可比性；更加重要的，恐怕还是在郭老的心目中，歌德原本占据着一个特殊而突出的位置，因此自己能比作歌德，对于他便有了非同一般的意义。周扬长期作为郭老在文艺战线上的战友，显然十分了解他的过去和现在，了解他非凡的人格和各方面的巨大成就，自然也深谙郭老临终前的心愿和心思，所以才会说出这样一句在当时颇令一般人感觉突兀，然而却意蕴丰富、分量沉重的话来。须知，“你是歌德，但你是社会主义时代的新中国的歌德”这么短短的一句话，在周扬意味着一种极其崇高的评价，蕴涵着他以及所有像他一样了解和爱戴郭老的人们最深厚的情感，最真诚的敬意。完全可以想象，从周扬口里听到这个评价，一生奋斗和辛劳之后即将永久安息的郭老定然深感欣慰，不，岂止欣慰，甚至会含笑九泉啊！

为进一步弄清楚周扬为什么会把郭沫若比作歌德，以及笔者为什么讲这样的比拟对郭沫若意味着极其崇高的评价，有必要先简单讲一讲歌德是何许人，讲一讲他这个人到底怎样伟大与非凡。

在人类文明史特别是在西方的思想文化史上，歌德被公认为继但丁和莎士比亚之后最杰出文学家和诗人，而且成就和贡献不仅限于文学，也不只是在自然科学的许多学科有所建树和发现，他同时还是一位影响深远的思想家。歌德以其《浮士德》等一系列的代表作，体现了整个近代西方的精神，即新兴的资本主义精神。歌德学识渊博，多才多艺，贡献卓著，被认为是西方乃至全世界最后一位达芬奇式的“通才”，一位受到恩格斯称赞的意大利文艺复兴时代的“巨人”。

歌德这位“巨人”和“通才”首先是个诗人，可究其实质则应视作一位思想家，一位在人类历史上难得一见的大文豪和大思想家。能与这样的大文豪和大思想家相提并论，无疑是极大的荣耀。全世界有资格享此殊荣者已经不多；在中国，古代只有过大文豪苏轼和诗仙李白，在现代仅只郭老一人。事实上，在我这个以研究、译介歌德为职志者看来，我们真正可以全方位地与歌德相比较的，古往今来唯有郭沫若和苏轼两人而已。

作如是观，并非身为四川人的笔者因有郭老这么位杰出的乡长而倍感光荣，也不是步其研究歌德、译介歌德之后尘的我，自诩为郭老以及业师冯至先生的继承者，而是基于自己长期冷静、理智的思考，也就是讲我不乏历史事实的依据。早在20多年前的1982年，为纪念歌德的150周年忌辰，我便写过一篇题为《郭沫若与歌德》的文章，对两位大诗人、大文豪的方方面面作了虽说粗浅然而比较全面的比较。

既想省事，又不能占太多篇幅，这里只能对该文的相关部分作提纲挈领的说明：

文章第一节题为《歌德翻译家郭沫若》，讲郭老译介歌德的巨大成就和影响，为此特别引用了著名学者戈宝权对他的如下评价："不要说郭老的全部翻译，他就是只译一部歌德的《浮士德》，也就很了不起。"①

第二节题为《郭沫若所认识的歌德》，指出郭老一生对歌德的认识和态度经历了三个时期的变化发展，即从崇拜到蔑视再到敬仰，但归根结底还是感到自己与歌德之间有着"骨肉般的亲谊"，视歌德为自己的楷模。

第三节题为《歌德对郭沫若的影响》，列举了郭老受歌德影响的方方面面，提到他甚至干脆称自己创作的第三阶段为"歌德式的"。

第四节的题名则与眼前这篇论文完全一样，即为《郭沫若——"中国的歌德"》。这一节的内容准备在此转述得详细一些，并且将根据文章发表以后的现实情况以及笔者新的认识，作较多的生发和补充。

先说把郭沫若与歌德相提并论，称郭沫若为"中国的歌德"有怎样的依据？

依据是他们之间太多的相同和相似之处，也即存在着方方面面的可比性——

第一，他俩都是世所罕见的所谓"通才"，都学识渊博，多才多艺，即都同时禀有文学艺术以及社会科学和自然科学等诸方面的天赋和才能。用郭沫若的话讲，他们都是那种"同时向四面八方，立体地发展起去"的伟大的天才和"人中之至人"，②都是那种博大精深，站立在时代思想的高峰之上的大文豪、大学者，即周扬所谓的"文化巨人"。

且看歌德，他不仅作为文学家同时擅长诗歌、戏剧、小说等多种体裁，写出过《少年维特的烦恼》和《浮士德》等流芳百代的杰作，而且在数学、矿物学、植物学和解剖学等学科中，也有过足以载入史册的重要建树和发现。

郭沫若也一样，也同时擅长诗歌、戏剧和小说，也创作出了《女神》、《屈原》等

① 《郭沫若与外国文学的问题》，《郭沫若研究论集》，四川人民出版社1980年版，第307页。

② 请参阅《三叶集》，上海亚东图书馆1920年版，第12—18页。

在国内外有影响的传世佳作，也在除文学之外的历史学、考古学以及书法艺术等方面，取得了举世瞩目的成就。

不同的只是，郭沫若的文学成就显然逊色于歌德；在国内国外，在世界文学史和文化思想史上，还远远没有取得歌德那欧洲"诗坛君王"和"奥林帕斯山上的宙斯"一般至高无上的地位。究其原因，我想主要大概在于郭沫若没有一部《浮士德》，没有一部堪称"300年历史的总结"和"时代精神发展史"的不朽巨著。因此，以诗人歌德比诗人郭沫若，可视为对郭老的极大推崇。说他还没有取得如歌德一般伟大的成就和崇高的地位，但也无损于郭老"新文化运动主将"①和中国现代最杰出的抒情诗人的光辉。因为在中国如果说还有哪位诗人能与歌德相提并论，那他就只能是郭沫若。

第二，郭沫若和歌德都是泛神论者；歌德的泛神论源于荷兰哲学家斯宾诺莎，郭沫若的泛神论源于中国古代的惠施。不同只在歌德终生信奉这一宇宙观；郭沫若却与时俱进，在1924年翻译河上肇的《社会组织与社会革命》以后，逐渐转变成为一位马克思主义者，并且将这一革命的宇宙观和世界观坚持到了自己生命的最后一息。这就是周扬在称他为"中国的歌德"时，要用"社会主义时代的新中国的"加以限定的原因。

第三，郭沫若和歌德都曾参政并任要职，成为了积极的国务活动家。不同只是歌德效力的仅仅为一个封建小朝廷，建树和影响也有限；郭沫若则投身中国伟大的民族解放运动和新民主主义革命，成为了新中国人民政权的重要领导人，为国家、民族乃至全世界的和平民主事业建立了不可磨灭的丰功伟绩。相比起来，歌德作为政治家又有逊于郭沫若远矣，几乎不可同日而语；所以周扬才特别强调郭老是"社会主义时代的新中国的歌德"。

第四，两人同样享有高龄，同样是自己时代所养育和造就的伟大儿子，也都从他们的时代得到了"很大的便利"。②

歌德生活在18世纪下半叶至19世纪30年代，从整个欧洲来讲正是从封建主义过渡到资本主义的大变革时期。他一生或参与或历经或目睹了狂飙突进运动，启蒙运动，法国大革命，拿破仑战争，欧洲大陆的封建复辟，美国的独立战争和建国，法国七月革命，以及英国制造成功第一台火车头，巴拿马运河动工开凿等一系列重大历史事件。尽管在歌德本身所生活的德国，社会环境仍鄙陋如"一个粪

---

① 见周恩来:《我要说的话》，转引自戈宝权《谈郭沫若与外国文学的问题》，载《郭沫若研究论集》。

② 见杨武能译《歌德谈话录》1824年2月25日的谈话，四川文艺出版社2008年版，第40—42页。

堆”,“根本没有一线好转的希望”(恩格斯语),但是因为他高瞻远瞩,放眼世界,所以能看到全球范围内的发展与进步,能与时代同呼吸,所以便写出了《浮士德》这部反映和总结人类历史发展,预示和讴歌人类光明前景的不朽杰作。

同样,郭沫若生活在20世纪的中国,也正值国际国内都处在一系列更加伟大、更加深刻的变革和革命的时期。他冲破封建家庭的束缚,投身到大时代的洪流中,也历经、参与、目睹了辛亥革命,俄国十月革命,第一次世界大战,五四新文化运动,中国共产党成立,北伐战争,抗日战争,解放战争,新中国成立后的社会主义革命和建设,以及原子能的发现和运用,载人宇宙飞船的登月,还有那号称“文化大革命”的十年浩劫,等等。历史给了郭沫若如此丰厚的赐予,对他之成为一位伟大的诗人、学者、思想家和政治家同样是一个“很大的便利”。很难设想,没有这样的便利,不懂得利用这样的便利,他还能写出《女神》、《屈原》等洋溢着时代精神的传世佳作,郭沫若还能成其为郭沫若。

郭沫若和歌德身上的这一共同特点,给了我们一个重要启示:但凡伟大的诗人、作家和思想家,都必然关心祖国乃至人类的命运,注视时代的发展,与人民同呼吸共命运,在思想上走在时代的最前列。作为回报,时代就会将他造就成自己的代言人——伟大的诗人、作家、思想家。

第五,郭沫若和歌德同样出身无温饱之虞的富裕家庭,同样从小得到严父慈母特别是慈母的精心培养、熏陶,因此都早慧好学,都深深植根于自己的民族文化传统中,都富有独立思考精神因而又不囿于传统,都善于在世界文化宝库中广采博取。所有这些,都为他们两人日后成为大文豪和大思想家奠定了坚实的基础。而且后来,在他们努力向目标奋进的坎坷道路上,又都非常幸运地得到了一个个良师益友的鼓励、提携和扶助:在歌德,他们是赫尔德尔、席勒和爱克曼;在郭沫若,他们是他的长兄郭橙杩,是友人宗白华、田汉和“创造社”中的诸多志同道合者,是对他一生发展至关重要的中共领导人周恩来,以及对他的人生和事业多所助益的于立群和郭安娜两位夫人。

郭沫若和歌德这一共同点又告诉我们,要成为伟大作家得具备许多条件;这些条件大多可以靠主观努力去培养和创造,但也有的如家庭出身、教养以及师友的提携,却只能为命运和际遇的偶然所决定。

如此等等,郭沫若与歌德之间可比的相同点以及相异点还很多很多。总之,郭沫若和歌德一样,都是时代、社会、家庭、个人等诸多主客观因素十分幸运地遇合在一起,才得以产生的“天才”。这样的“天才”绝非想他诞生就会诞生,而是百年难得一遇。一个国家一个民族,如果有了这样的“天才”不知珍惜,甚或竟任人去作贱，应该讲十分可悲。在珍惜自己的天才人物这点上，德意志民族可谓一个成熟、聪明、伟大的民族，非常值得我们学习。[①]也许正因为懂得珍惜吧，古往今来，德意志民族向世界贡献的天才也特别多。

写到这里，不禁想到了郭沫若与歌德的又一个共同点，一个笔者此前完全不曾注意然而却极有意思的共同点。那就是我惊讶地发现郭沫若和歌德一样，尽管才能、学识、人格、成就和功绩人所公认，世所崇仰，却仍遭到了虽为少数但却也是形形色色的人们的非难和攻击。正常的、科学的、客观公正的批评和是非功过评说，当然不在此列；我这里讲的只是那种或别有用心或意气用事的所谓评价、批评、批判。

在歌德，生前身后都没少遭受这样的非难、攻击和批判。概括起来讲，它们来自左右两个阵营。

从右的立场攻击歌德者，主要是以教会为代表的封建势力。攻击的原因大致有二：一是歌德信奉泛神论和进化论，虽对原始基督教并无反感却对教会极端厌恶，因此便让一些主教大人斥为否定基督教义的"异教徒"和"上帝亵渎者"；二是歌德在作品里大力张扬人性、人道，主张个性解放、感情自由，特别是一些写男女爱情和婚姻的诗歌小说如《罗马哀歌》以及《少年维特的烦恼》和《亲和力》，等等，都令教会大伤脑筋，因此被骂作"不道德的书"，"该遭天谴的书"。

从左的立场非难、攻击歌德的人更多一些，他们主要是一些作家同行特别是其中的激进民主主义者。他们这样做除了文人相轻、意气用事，还多少含有一些"恨铁不成钢"的意味。文人相轻、意气用事古今中外一个样，本来也挺无聊，就不多说了，只讲"恨铁不成钢"吧。后一类人最著名的代表为激进的民主主义作家伯尔内(Ludwig Börne, 1786—1837)。此人一生批判歌德不遗余力，也因此而出了大名，但他的批判不是遵照文学、道德或宗教的标准；他唯一的标准是政治。他骂歌德"是一个押韵的奴仆"，"是长在德意志躯体上的一个毒瘤"，原因就在歌德长期效力于魏玛公爵，既不赞成他所投身的民主革命，还对德国人反对拿破仑的民族解放战争态度冷淡。也就是说，他把歌德当作一位政治人物来要求；他恨歌德，由于歌德极有才能和威望，但却没有像他一样把才能和威望贡献给革命。海涅因此嘲笑伯尔内是一个"迟到的雅各宾党"，丹麦大批评家勃兰兑斯则断言他对文艺"一窍不通"，德国当代批评家狄茨(W. Dietze)却一针见血地指出：在伯尔内由于

---

① 在德国，因歌德而设的纪念地、博物馆多不胜计，除了魏玛、法兰克福和杜塞尔多夫等城市大而知名的以外，还有许多诸如以《少年维特的烦恼》女主人公命名的"绿蒂之家"这样的小馆。

失望而燃起的仇恨之火后面，其实隐藏着"对歌德的真正的爱"，也就是恨铁不成钢的意思。[①]

到了20世纪，像伯尔内一样从左的立场上批评歌德的人中，最著名者为托马斯·曼的哥哥亨利希·曼。他曾不止一次愤激地表示希望德国人能立一个法，禁止在20年甚至50年内再提歌德的名字和谈论歌德。这位思想进步的大作家如此偏激，原因就在看不惯歌德的名字和诗作常常被达官显贵和形形色色的附庸风雅者滥用。[②]

郭沫若也和歌德一样，在辞世不久之后也遭到了来自不同方面的贬低、非难和攻击。文学界内部夹杂着文人相轻和个人恩怨的意气之争同样不必说了，还有那些靠攻击、贬低名人以成名的文坛丑类表演也不值一说，因为郭老作为中国新文学特别是新诗缔造者的地位，自有历史和广大读者依据作品进行检验和确立，绝非一两篇文章和这个那个排行榜所能改变。我想讲的仍旧是来自左右两方的对郭沫若的政治批判。

从右的方面发起攻击的先锋和主将，显然是西方某些所谓的汉学权威或曰中国通。在这些人眼里，郭沫若显然是个彻彻底底的"异教徒"，因为他不仅信仰马列主义，而且献身反帝反封建的人民革命，而且成为了社会主义中国的领导人，所以绝不允许他是杰出的诗人和作家，更别提大文豪和大思想家了。正所谓两股道上的车，完全走不到一起；奇怪的是有些人就是爱以搭别人的车来显示自己的饱学，并且增添脸上的风光。

其实，对于海内外某些攻击郭沫若的人来说，也是醉翁之意不在酒。他们由于各式各样的原因失意于中国半个多世纪以来的发展现实，不便明明白白地表露出自己的不满、愤怒乃至仇恨，于是只好转个弯儿，寻找一个发泄怒气、怨气的替罪羊和靶子；郭沫若是个易于攻击的文化人，且已经过世，名声和地位又够分量，颜色也正好为他们所讨厌，于是便被选中了，瞄上了不是。只可惜他老人家已无还手之力，不能像歌德在与爱克曼的谈话以及书信中为自己声辩，驳斥对他诸如"不爱国"呀、"不革命"呀、"甘为王公贵族的奴仆"呀等等的指责。[③]

这些人贬低、攻击郭沫若的手法，除了不讲任何道理地把他的名字从排行榜上抹去、挪后，就是在文章中拼命抬高别的这个那个，以达到矮化他的目的；被抬出来与郭沫若比高矮的有诸如胡适啊，张爱玲啊，甚至周作人，等等。这又让人想

① 请参阅高中甫:《歌德接受史——1773—1945》，第59—75页。
② 同上，第186—187页。
③ 参见拙译《歌德谈话录》1824年4月14日、1827年9月26日以及最后的一篇谈话。

起歌德反对者也经常采取的一个伎俩，就是推崇席勒以贬抑歌德。手法伎俩完全相同，只不过胡适、张爱玲特别是曾当过汉奸的周作人够得上席勒的档次吗，又完全是另一个问题。

再说来自左的方面并多少带着点"恨铁不成钢"意味的批判。这样的批判、非难完全可能出自善意，理由主要是：(1)郭沫若在解放后的创作和学术活动过多地迎合政治需要，因而有失水准；(2)他解放后在一些政治运动特别是"文革"中做了违心乃至失格的事，没有了解放前面对反动派的刚正不阿，大义凛然，等等。做如此批判的人就算是出自善意，也就是"恨铁不成钢"，那也不能不说不切实际，求之过苛。亲身经历过这些历史事件的人都应该知道，郭沫若其实经常是身不由己，能挺过来已属不易。再说，创作退步了，在政治风暴中摇摆了、懦弱了、失了格的作家和文化人比比皆是，又何止一个郭沫若。而且，在打倒"四人帮"以后，他不是立刻就站定了脚跟，发出了自己的怒吼雷鸣么！大胆设想一下，他要是没在"文革"之后很快去世，不会也像德国的歌德和中国的巴金老人一样，勇敢地讲出自己心里的真话吗？

说到郭沫若真正的错误缺点，我不由得又想起歌德的两句名言："最伟大的人物总是通过某种弱点/与他们的时代联系在一起。"(《格言与反思》)"善良人在追求中纵然迷惘/却终将意识到有一条正途。"(《浮士德·天上的序幕》)

除了上述的许多共同点，还可以讲郭沫若与歌德都是主要倾向为浪漫主义的作家和诗人，都勇于开拓、自强不息、永不自满，都一生奋斗，一生辛劳，为后世留下了巨大而宝贵的精神财富，对后世的影响至深至大……

郭沫若与歌德的比较就此打住，最后再说说这么比有什么意义。

能比，并不意味着郭沫若在任何方面都和歌德一般地伟大；比的目的，不在证明他俩谁高谁低。这样做的真正目的只有一个，就是找出他们成长和出类拔萃的共同规律，从中获得有益的启示，也以此加深对比较的双方的认识和理解。

至于周扬以郭沫若比歌德，称他为"中国的歌德"，"社会主义时代的新中国的歌德"，可谓含义深广，意蕴之丰富胜过万语千言，千言万语！笔者这篇小文所能阐发、表述的，只是很少、很表皮浅显的一部分。

称郭沫若为"中国的歌德"，除去含义丰富深刻，还有一个不容小视的优越之处，就是这一比拟和称谓的国际性！歌德是德国的，更是世界的，"天下谁人不识君"，整个文明人类鲜有不知道歌德这个名字及其所包含的意义。郭沫若是中国的，也应该是世界的，只要讲他是"中国的歌德"，不必再作解释，世界各国的人便会知道他是怎样一个人，便会想象出他有多么重要的业绩和贡献，想象出他这个人多么杰出、伟大。

但愿我们也像德国人尊重、珍惜歌德一样，尊重、珍惜我们“中国的歌德”郭沫若，以及我们民族自己所有的天才人物和杰出先辈！

四、为大师造像——中国诗人笔下的歌德

1. 宗白华的《题歌德像》

你的一双大眼
笼罩了全世界。
但是也隐隐的透出了
你婴孩的心。

宗白华这一首名为《题歌德像》的短诗，收在他的诗集《流云小诗》中。众所周知，宗白华是我国早期研究和介绍歌德的组织者，郭沫若就是经他帮助、鼓励而成为歌德翻译家的。宗白华自己也翻译过歌德的书信，写过研究歌德的论文，编过有关歌德的文集。他的《题歌德像》这首小诗，虽然只有短短 4 句，却反映了他对歌德的深刻认识，有着十分丰富的内涵，值得我们细细品味。

眼睛，是心灵的明窗；而大诗人歌德，拿宗白华的话来说又“是世界一扇明窗，我们由它窥见了人生生命永恒、幽邃、奇丽、广大的天空”！①诗人、哲人歌德的显著特点和超人之处就在他有明确的宇宙意识——这与他信奉泛神论哲学大概有些关系——，世界、自然、人生、过去、未来全包容在了他明慧的大眼中，博大的胸怀中；他因此才能写出像《浮士德》乃至《普罗米修斯》和《神性》这样气势浩瀚的作品。可是，另一方面，歌德又是一个普通的人、自然的人。这个人尽管受到卑俗的社会环境的限制和影响，不时地表现出一些渺小庸俗，但本质上和整个说来，却保持了一颗像婴孩一般纯真、诚挚的心。正因此，歌德的《一切的峰顶》、《对月》、《竖琴老人歌》等不胜枚举的一系列抒情诗，才那么自然，才那么感人！

在《题歌德像》这首短诗中，宗白华替我们解开了歌德之谜，让我们看清了这位“像自然本身一般复杂”（海涅语）的大诗人的真面目。这个真面目，作为美学家的宗白华在另一种场合，又将它归纳为三个印象：“第一个印象就是歌德生活全体的无穷丰富；第二个印象是他一生中一种奇异的谐和；第三个印象是许多不可思议的矛盾。”②是的，博大深刻与纯真诚挚的和谐统一，这就是我们通过美学家兼诗

---

①② 见《歌德之人生启示》，收宗白华、周辅成编《歌德研究》，中华书局 1936 年版。

人宗白华的眼睛所见之歌德。

2. 冰心的《向往》

在《歌德研究》这部论文集的“编者前言”之前，刊有冰心女士一首题为《向往》的诗：

万有都蕴藏着上帝，
万有都表现着上帝；
你的浓红的信仰之花，
可能容她采撷么？
严肃！
温柔！
自然海中的遨游，
诗人的生活，
不应当这样么？
在“真理”和“自然”里，
挽着“艺术”的婴儿，
活泼自由地走光明的道路。
听——听
天使的进行歌声起了！
先驱者！
可能慢些走——？
时代之栏的内外，
都是“自然”的宠儿呵！
在母亲的爱里，
互相祝福罢！

这首诗是冰心1922年为纪念歌德逝世90周年而作。它同样为歌德画了一幅肖像。这幅像上和宗白华《题歌德像》一诗所描绘的德国大诗人，其精神气质是完全一致的。“万有都蕴藏着上帝”，“万有都表现着上帝”——诗人和艺术家所理解的泛神论莫过于此。既严肃，又温柔，既追求真理，又亲近自然，“挽着‘艺术’的婴儿”在光明的路上前驱，这不就是实现了矛盾的和谐统一的歌德么？这首诗里多了一种强烈真挚的向往之情：女诗人冰心也以自然的宠儿自诩，她要越过“时代之栏”，去追随先驱者歌德的足迹，去采摘他的“浓红的信仰之花”，去像他一样“挽着‘艺术’的婴儿”，活泼自由地在自然之海中遨游。

冰心早期这首很能反映她受歌德影响和她的思想艺术倾向的诗，值得引起冰心的研究者注意。

3. 梁宗岱和他的《诗与真》

我国著名的新诗诗人和译诗家梁宗岱，他在20世纪20年代留学欧洲，不仅与法国大文豪罗曼·罗兰和现代派大诗人保尔·瓦雷里结下了深厚的友谊，也游历过德国，亲近过诗圣歌德。梁宗岱回国后，在1935—1936年，出版了《诗与真》和《诗与真二集》。“这迹近夸张的名字，不用说，是受歌德底自传 Dichtung und Wahrheit 底暗示的”，①梁宗岱直截了当地承认。只不过，歌德所谓的“诗与真”，是指在他这部青年时代的传记中，有以“诗”，有以合乎事物发展规律和逻辑推理的杜撰和虚构，来填补他回忆中的空白，发挥他的想象的成分，也就是存在着“幻想与事实之不可分解之混合，所以两者是对立的”；而对于梁宗岱，它们则是诗人“追求的对象底两面：真是诗底唯一深固的始基，诗是真底最高与最终的实现”。②但是，尽管如此，梁宗岱之写成这两部诗论，或者更确切地讲是比较诗论，是受到了他所无比敬重的“绝世的大诗人”歌德的启发的。而且，启发当不仅仅在题名方面。

梁宗岱的两部比较诗论加在一起篇幅也不大，但其中却有一篇不只是对我们研究歌德的人来说是分量很重的文章；在《李白与歌德》这篇文章里，诗人梁宗岱将中国的诗仙和德国的诗圣作了具体的、恰如其分的比较，十分精辟地指出了他们两人“特别相似”、“而都不是轻微的”两个共同点：“一是他们底艺术手腕，二是他们底宇宙意识”。梁宗岱认为，这第一点，即在艺术手法上的古今东西兼收并蓄和善于创新，从而形成自身多彩多姿、操纵自如的风格，也许还可以讲是一切大诗人所共有的；但强烈的宇宙意识，则是“歌德和李白底不容错认的共同点”。梁宗岱写道：“总之，李白和歌德底宇宙意识同样是直接的、完整的：宇宙底大灵常常像两小无猜的游侣般显现给他们，他们常常和他喁喁私语。所以他们底笔下——无论是一首或一行小诗——常常展示出一个旷邈，深宏，而又单纯，亲切的华严宇宙，像一勺水反映出整个星空底天光云影一样。”

真正是精彩绝伦的至论！读了它再来欣赏《浮士德》的《天上序幕》和全剧的结尾，再来欣赏歌德的两首《漫游者夜歌》以及《普罗米修斯》、《伽尼墨得斯》等短

①② 见《诗与真》《序》。

诗,再来欣赏李白的《日出入行》……我们就会有更加深刻的、新鲜的领悟。梁宗岱本身就是一位杰出的诗人;只有以诗人论诗人,将诗人心目中崇拜的两位更加伟大的诗人相比较,才能在诗学和美学以及思想境界方面达到如此的深度和高度。诗人梁宗岱一如宗白华和冰心,在他的论文中也为歌德画了一幅神采奕奕的天神般庄严的画像。

前面说过,梁宗岱还是一位译诗家。以诗人译诗人,他的翻译大概不重在多,而重在精。他没有,或者说笔者尚未发现他写过关于歌德的诗;但是,他译的为数不多的几首歌德诗首首都很精彩,都能传达出原诗的韵味,让人清楚地见到歌德的精神面貌。梁宗岱最欣赏歌德的《漫游者夜歌》,他在给徐志摩的信中,将它与陶渊明的"结庐在人境"、李白的"长安一片月"、李后主的"帘外雨潺潺"等千古绝唱相提并论,认为它"是作者底灵指偶然从大宇宙的洪钟敲出来的一声逸响,圆融,浑含、久恒……超神入化了"。这里,就让我们聆听一下诗人梁宗岱为中国读者翻译和传唱的《漫游者夜歌》吧:

一切的峰顶
沉静,
一切的树尖
全不见
丝儿风影。
小鸟们在林间无声。
等着吧:俄顷
你也要安静。

读这首译诗,我们仿佛看见年已82岁的白发苍苍的歌德,伫立在伊尔美瑙峰的林海之上,面对着静谧的宇宙,发出了千古浩叹。

1934年,也即《诗与真》问世的前一年,梁宗岱在上海商务印书馆出版过一部译诗集,所用的题名也来自歌德,即上述《漫游者夜歌》的第一行:《一切的峰顶》。解放后,他顶住来自各方面——其中自然少不了那些嫉贤妒能者——的困扰,潜心翻译歌德的《浮士德》,而且已经完成第一部。据他在中山大学的学生回忆,当学生们去访问他,在谈古论今之余,他便搬出一叠底稿,给他们朗诵他翻译的《浮士德》,而他的译文听来是"既'信',又'达',且'雅'"的。[①]可悲的是,他在"十年浩

① 见卢祖品:《悼念梁宗岱老师》,《人民日报》1983年12月5日。

劫”中受到摧残打击,《浮士德》译稿和罗曼·罗兰以及瓦雷里的珍贵信件一起被抄走,焚毁。前两三年,另一位与歌德关系密切的诗人绿原,和我谈起这件事时,不胜感慨,不胜惋惜。当时梁宗岱虽然人还在,已没有心力再完成《浮士德》这部巨著的翻译任务了。以梁宗岱对歌德的深刻理解和他那诗人之笔,倘使他能将《浮士德》译完并且出版,歌德在中国的形象不是会更增加光彩,更好为万千读者所接受么。

4. 冯至及其十四行诗《歌德》

在我国当代诗人中,论与歌德的关系绝不能不谈到冯至。除了郭沫若以外,恐怕就要数冯至与歌德的关系最久远,涉及的方面更多、更广了。

冯至20世纪20年代初期即开始攻德国文学。那时候,他已“满怀激情地读过歌德在狂飙突进时期写的《少年维特之烦恼》”,并且承认,是“郭沫若的《女神》、《星空》和他翻译的《少年维特之烦恼》相继出版,才打开我的眼界,渐渐懂得文艺是什么东西,诗是什么东西”。①

但是,年轻的冯至更多地同情的是海涅、裴多菲以及荷尔德林这些“身世有难言之痛”的诗人;对于“一生享尽荣华的枢密顾问”和“桂冠诗人”歌德,却有些格格不入。1930—1935年,冯至到德国留学,受的主要是象征派诗人里尔克以及浪漫派诗人诺瓦里斯的影响。中年以后,随着阅历的增长、加深,读歌德的作品也更多了,他才真正懂得歌德作为诗人和思想家的伟大。几年前,冯至在《歌德画册里的一个补白》中,以诗一般优美动人和饱含深情的笔调写道:“我逐渐向歌德接近,好像走进难以攀登的深山,每走一程,都要付出一定的气力,但一程过后,便会看到一种奇景:时而丛林茂密,时而绿草如茵,时而奇峰突起,时而溪水潺潺,随时都有新的发现。他很大一部分著作使我从冷淡转为亲切,从忽视转为尊重,从陌生转为略窥堂奥,它给疲倦的行人以树荫、以清泉,给寻求者以智慧,它使人清醒,不丧失勇气。从这方面看,歌德比我们年轻时喜爱的诗人们更为博大,更为健康……”

是的,歌德“更为博大,更为健康”。基于这个认识,冯至与歌德的接近尽管缓慢而艰难,却有着牢固的基础,因此也更加持久。从30年代末开始,他便锲而不舍地研究和介绍歌德。他翻译过歌德的不少抒情诗和长篇小说《维廉·迈斯特的学习时代》,写过不少有关歌德的论文,他在1948年出版了专著《歌德论述》。在

① 见《歌德画册里的一个补白》,《世界文学》1981年第六期;《自传》,收入《冯至选集》第二卷,四川文艺出版社1985年版。

这部篇幅不是很大的专著中，他细致深入地分析了歌德的哲学思想，特别是他的自然哲学和晚年的思想。

也就在冯至脱离里尔克而转向歌德之后不久，他克服了自己10多年连“一首像样子的诗也写不出来”的恼人状况，创作力又萌发和旺盛起来，在1941年一年中就写了27首十四行诗。据一些评论家说，这些诗乃是杰出的诗人冯至最成熟的作品。也许为了感谢给了他以树荫、以清泉、以智慧、以勇气的德国大诗人和大哲人吧，冯至那27首十四行诗中有一首歌德颂：

你生长在平凡的市民的家庭，
你为过许多平凡的事物感叹，
你却写出许多不平凡的讲稿；
你八十年的岁月是那样平静，

好像宇宙在那儿寂寞地运行，
但是不曾有一分一秒的停息，
随时随处都演化出新的生机，
不管风风雨雨，或是日朗天晴。

从沉重的病中换来新的健康，
从绝望的爱里换来新的营养，
你知道飞蛾为什么投向火焰，

蛇为什么脱去旧皮才能生长；
万物都在享用你的那句名言，
它道破一切生的意义：“死与变。”

这首题名《歌德》的十四行诗，不愧诗人兼歌德研究家冯至为德国诗哲画的一幅全身像。它准确、具体、神形兼备，几乎就是“整个儿的歌德”。从宗白华经郭沫若、冰心、梁宗岱到冯至，我们看见在中国诗人笔下，歌德的形象在逐渐变得清晰、丰满。

解放后，特别是1978年以来，冯至继续研究和介绍歌德，发表了一系列重要文章，例如《杜甫与歌德》、《读歌德诗的几点体会》、《海伦娜悲剧分析》，等等，对歌德的认识有了进一步地深入。例如在《杜甫与歌德》一文中，他把歌德的自然哲学、人生哲学与文学创作三者结合起来分析，指出它们全都受着既有扩张又有收缩和不断变化发展这同一自然规律和辩证法则的支配，明确地道出了像世界本身一般复杂难解的德国大诗人的精神特征和本质。1982 年 3 月 22 日，是歌德逝世 150 周年，在北京举行的盛大纪念会上，冯至作题为《更多的光》的长篇报告，指出歌德的伟大就在于"一生追求光明，与外在和内在的黑暗进行斗争"。

作为一位外国文学研究家，冯至显然是以歌德研究为自己"主要任务"的。几年前他受聘主编《中国大百科全书·外国文学》卷，亲自动手撰写的就只有一个条目：《歌德》。在这个长达万言的条目里，他给歌德的生平、思想和创作作出了扼要而精当的评价。1983 年辞去中国社会科学院外国文学研究所的所长职务以后，冯至集中精力写完了一部歌德论集；这部论集集他几十年研究歌德之大成，现已由上海文艺出版社出版。

作为一位诗人，冯至受影响最多的恐怕也是歌德。人们称赞他的诗做到了"融情于理"，誉他为"诗国的哲人"；他的诗那么明朗、深刻，他为人那么沉静、含蓄，这些恐怕都与他长期研究歌德、景仰歌德有关系。

1983 年，联邦德国颁发给他"歌德奖章"。

5. 绿原的《歌德二三事》

在曾经为歌德造像的中国诗人中，最后还必须讲一讲绿原。为纪念歌德逝世 150 周年，他在《诗刊》1982 年 3 月号发表了一首长诗。诗题叫作《歌德二三事》，不必严格要求就可以说名不副实。因为这首诗长达 200 行，我在前面一节中讲过，十足称得上是一篇关于歌德的论文。这篇"论文"的前 4 节，全面地、历史地介绍和分析了歌德的生平、思想和创作，以文学研究的方法论而言，其中心还是作家和作品；而紧接着的 4 节，却用了所谓接受美学的方法，论述了歌德在中国和全世界以及对绿原本人的影响；长诗的最后 3 节，在对什么是"永存的"进行哲学思辨之余，讲了"今天年轻的'歌德'们"应该在哪些方面学习歌德，"才能达到青出于蓝又胜于蓝"，讲了歌德在今天的意义，讲了绿原自己——"一个酷爱诗与真的侏儒"——对于歌德一如既往的景仰。

关于绿原的这首诗，我同意绿原的老友牛汉的意见，是有明显的理念化的倾向。①牛汉还说，绿原写这首诗，"自然不单纯是为了纪念歌德，更表达了作者对于当前诗和现实生活的一些值得思考的看法；而且，作为诗来说，也明显反映了作者

---

① 牛汉：《荆棘和血液——谈绿原的诗》，《文汇》月刊 1982 年第九期。

一贯向前探索的特点”。可是，对于我们以歌德为对象的比较文学研究者，绿原的诗整个都非常有价值。如果说，从宗白华到冯至这前一辈的诗人，都在自己的诗中或虚或实地描绘出了歌德的精神和形象的话，那么，绿原的长诗就是一尊立体的雕塑，它从各个角度，通过种种的衬托和对比，帮助读者更加全面、深刻地认识歌德。因篇幅所限，这里只摘引写到绿原自己的3节，因为它们很好地说明了一位中国的当代诗人，如何受到生活在一个半世纪以前的德国诗人的影响：

——诗人逝世一百年之后
我，一个东方的儿童
才从老师那里第一次
知道这个伟大的名讳
随着年龄和课业的增长
我钦佩他海一样渊博
惊诧他岩石一样宁静
更叹服他的灵感像瀑布一样
一往无前，一泻千里，一去不回
我要永远记住他的
颠扑不破的教诲——
不学玩世不恭的浪漫派
反对朦胧、颓废和感伤
更排斥一切概念的抽象
要从客观世界出发
写得自然，写得明朗
写得完整，写得大方
写得严肃，写得健康
写得妩媚，写得雄壮

我始终不懂得他为什么
会认为世界“无往而不可爱”
我却似乎懂得他为什么
重视一片绿叶胜过一篇文章
直到很晚很晚我才发现
他身上有一个“否定的精灵”

永远催促他
通过“断念”
挣脱自己的皮囊
永远不失败
因为永远不好胜
永远不示弱
因为永远不逞强

这两节写的是过去几十年绿原对歌德的理解和接受。将来呢？诗人回答：

——虽然我，一个酷爱诗与真的侏儒
在短短一生中，仍将有志于景仰——
他这棵参天的大树
(尽管摇不动它的躯干
只能在它的浓荫之下
侥幸拾到一枚两枚熟透的浆果
尝它一口两口，也算满足对它的渴望)
仍将有志于崇敬——
他这颗灿烂的恒星
(尽管看不见以光年计算的距离
只能凭借到达眼前的光华
来遐想寂灭已久的它当年的热量)
我仍将在忙忙碌碌的生涯中
经常抽出几分钟
读他一首两首玲珑剔透的小诗章
不是为了它们出自他的手笔
更不是由于学者们的解说和推荐
仅仅因为我偶然能够
从它们里面隐约读出
我渺小的痛苦、追求和梦想
像儿时用一块凸透镜的破片
从阳光里取得一粒爝火一样

对于绿原，歌德是“参天大树”，是“灿烂的恒星”；在歌德的诗章中，有他的“痛苦、追求和梦想”;——绿原对歌德真可谓一往情深!而且,这样的深情不是一时间的,短暂的,它由来已久。早在1947年,绿原就写过一首并非偶然也叫《诗与真》的诗,①诗中他自称“曾是一个少年浮士德”,“被抛进了伟大的疑惑”,为了解开这疑惑,他决心跟随诗——“这可爱的梅菲斯特”去寻找真理,“即使中途不断受伤”。因此我想说,绿原对于歌德的深情,是来自他坚持不懈地对于诗与真的追求和热爱。

前些年,我只知道绿原是位诗人,不知道他对歌德还很有研究(他发表论文和译文一般用刘半九这个名字)。只是在读了长诗《歌德二三事》和他同年3月在《文汇》月刊上发表的《歌德——文学史上的一颗恒星》以后,才吃了一惊。我发现,在他的文章中,常常不乏独到的见解,但又没有多少学究气,而能够用诗人精炼的语言,把一些深刻的体会明白浅显地讲出来。如在将歌德比作恒星那篇论文里,他称歌德“是文艺复兴以来最后一个世界性的‘通才’”,但又“首先是一位诗人”;说“他的伟大功绩不仅仅在于其个别创作,更在于贯穿在他的所有作品中的个人性格和人生哲学,从最宏伟的《浮士德》到最精致的短诗、哀歌、格言诗等,无不渗透着同样独特的进取精神和同样深刻的哲学思考”。关于《浮士德》的意义和价值,绿原认为在于它启示我们,“不断前进的道路本身才是人生的目标”,“人类最高的成就乃是一种高尚的奋斗,一种永远自强不息的创造性的生活”。不错,这样的意思并非绿原第一个讲;但是,他却讲得更透彻,更深入浅出。何以能如此?大概不外乎绿原本身也是一位诗人,一位长于和惯于进行哲学思考——不知这等不等于“理念化倾向”——的诗人,长期景仰和热爱歌德,勤于在歌德“这棵参天的大树下”拾取“浆果”等原因吧。或许,还有他那曲折坎坷的经历,还有他“文革”后改行在人民文学出版社当编辑,审订出版了一大批歌德的作品,这对他深刻地理解歌德也不会没有帮助。

自称是“一个少年浮士德”的绿原在他译本的“前言”中说:“就其思想性与艺术性一体并存而言,《浮士德》在中国要从‘媒婆’为她披的面纱后面露出真容来,恐怕仍有待于几代翻译家的努力,这是一场真正的接力赛……拙译如能参加奔向《浮士德》真谛的这场接力赛,最后为得鱼忘筌的我国读者所抛弃,译者讲觉得十分光荣。”并且透露:“我在决心翻译这部巨著之前,胡风先生曾经为此多次对我加以勉励。”绿原这段对翻译动机和动力的交待,表现的真正是一种浮士德似的奉献精神;对这位曾无私地帮助笔者的良师益友,我由此又多了一份了解。

---

① 收入绿原的诗集《人之诗》,人民文学出版社1983年版。

景仰歌德、受过歌德影响并且用诗文将这种景仰和影响表现出来的中国诗人，自然不仅仅以上这几位。但仅仅这几位就足以证明，“诗是人类的共同财富”，诗人与诗人之间没有国界，前一个世纪的德国大诗人歌德在现代中国诗人当中同样找到了知己，得到了很好的理解和接受。

五、歌德与我们

1. 歌德与当代中国青年

“青年无歌德！”——“歌德已经死了！”

在德国，在伟大诗人的故乡，人们不时地用诸如此类的语言来说明歌德已经过时，他的作品在读者中，特别是在青年中，已经不流行了。情况确实如此，虽然话说得有些夸张；岂止夸张，在我们中国人听来简直十分刺耳，或者讲已是对圣人的大不敬了。的确，今日一般的德国人只是在上中学的时候还在课本里读一点歌德，就像我们的中学生按规定读李白、杜甫、陶渊明一样。获得诺贝尔文学奖的联邦德国作家伯尔，他在1984年11月曾对一位中国来访者讲过：“有时我认为，外国人（不只是中国人，特别是苏联人，西欧人少一些）比我们德国人更多地研究歌德。我指的不是德国科学家和德语学者，而是德国读者。我很难说，有几个书橱里放着歌德著作的人是真正在读这些书的。”①

正因为如此，歌德在我国当代读者特别是青年中受欢迎的情况，就特别引人注目。在具体介绍和分析这一情况之前，我想模仿德国人的风格，不过并不夸张，先讲两句话：“歌德还活着！”——“青年爱歌德！”

(1) 从读者来信看歌德在中国的接受。

话还是得从半个多世纪前曾经深受我国青年喜爱的那本小书《维特》说起。

1981年年底，在纪念歌德逝世150周年前夕，人民文学出版社和上海译文出版社分别出版了我和侯浚吉前辈重译的《少年维特的烦恼》。书与读者见面之前，我和我的责任编辑绿原曾估计到销路肯定不错；但却万万没有想到，这部在许多人看来已经过了时的书信体小说，竟会大受欢迎，差不多可以讲又引发了一阵小小的“维特热”。到1986年年底，我的译本仅人民文学出版社已重印4次，总印数逾80万册，以致绿原都惊异地说：“这本书也真怪，每次印多少都能卖出去。”②

---

① 《德中论坛》第十一期，第28页。

② 侯浚吉译本总印数已超过100万册；我的译本还收进了两种选集，印数也超过10万册。

书卖出去以后怎样？是不是也像在德国人家里似的仅仅摆在书橱中，成了收藏品？

收藏者固然有之，但肯定不多。近几年，我不断收到一些年轻读者的信，和我谈他们读《维特》的情况和感受。例如，安徽六安市一位孙姓青年来信说："当我一口气读完《维特》伏案思忖时，我为可怜的维特不禁流下了同情的泪水。我仿佛觉得维特就站在我的面前，从他忧愁的面容里，我看出了维特的苦闷和烦恼，从他的思想流露，我看出了维特对人类至洁至纯的感情的憧憬和向往……"这位青年不仅自己读，而且还把《维特》介绍给自己的朋友，于是朋友们"竞相借阅"。又如，湖南衡阳一位姓孙的青年讲："……歌德的《少年维特的烦恼》一书，我一口气读完，并且可以说我从来没有像这样认真地读过小说之类的书籍，因慕歌德之才，故能督促自己一字一句地读，加之先生之译文，诗一般的语言，令人看而不厌，读而不烦，其感情之诚挚，更迫人一时知果而为快(原信措词如此——引者)……"再如湖北省监利县一位姓张的读者写道："我读《维特》已 4 天了，却还只读到 54 页；请不要误会，并不是我读不下去了，而是它的每封信乃至每句话都强烈地震撼了我的心，勾起了我许多心事和往事——对绿蒂和维特有似曾相识之感；书外思索的时间远比读书的时间要多……"类似的来信还有不少，不再摘引。

当代的中国青年仍然如此爱读《维特》这本小说，原因又在哪里呢？仅据我所接触到的一些读者，我想可以这样回答这个问题：首先，是"慕歌德之名"，慕《维特》这部世界名著之名，也受郭沫若曾经译过《维特》，郭译本曾风靡一时这样一些有文学史意义的事实的影响，人们对 60 年后的一个新译本，自然怀着一读为快的好奇心。再者，两个新译本都赶在纪念歌德逝世 150 周年前夕问世，可谓出版得"正是时候"，加之这时刚好放映茅盾名著《子夜》改编成的电影，影片中一再出现那本破旧的郭译《维特》，都为新译本作了再好不过的宣传。其次，正如郭沫若 1942 年在《维特》的《重印感言》中所说，"一本有价值的书，看来总是永远年轻的"，《维特》无论内容或是形式，都仍然能打动读者特别是青年，特别是心性敏感的"文学青年"和在人生的道路上遇到过某些挫折者，他们很容易同情小说主人公，让他的遭遇勾起自己的"许多心事和往事"。拿我援引的 3 位读者来说，前两位在写信时都才 22 岁，都胸怀大志而又不得不在家待业，心里都有一些苦闷，第三位则是一所公社小学的教员，经历丰富得多，文学修养也明显地更高一些。最后，也不必回避，侯浚吉先生的译本和拙译都有了进步，能让当代人包括青年读得下去。总之，原因是多方面的，而分析这些原因，是否能反映出当代读者的心理、青年的心理乃至于某些社会问题，供我们的作家、出版家和社会学家参考呢？我想应该可以。试想一想,一部外国18世纪小说的两种译本三四年间总共发行了近200万册,这个现象难道不令人吃惊,不发人深思么!

青年爱读《维特》,与维特在思想感情上有所共鸣,那么他们由此受到的又是怎样的影响呢?

以我接触到的有限的读者而论,影响并非消极的,他们大多能认识到造成维特不幸的主要是社会原因,大多同情维特但不喜欢他的"软弱",嫌他缺乏"勇敢抗争"的精神。80年代的中国青年毕竟大大前进了一步;这种前进,除去时代的进步和社会的变革所使然,恐怕也得归功数十年来的外国文学工作者的正确引导。

笔者除了直接与读者联系外,还搜集到了发表在报刊上的两篇"读《少年维特的烦恼》书简"。这些书简就有力地说明,消极的影响还完全可能产生,因此引导十分必要。书简之一发表在《八小时内外》1983年第三期,题目叫《让知识美化你的心灵——给小弟的信》,作者是一位时年28岁的教文学的女教师。她写信开导自己因失恋而轻生的"小弟"。信上说:"你提到了维特,是的,维特因爱情破灭而最终自杀。可你知道维特处的是一个怎样黑暗的社会呀,贵族的腐朽,市民的庸俗,等级制的森严,使维特走投无路,只得乞灵于爱情。可他追求的又恰恰是一种没有希望的爱情——绿蒂是有夫之妇,这导致了维特的轻生。追根究底,他是被当时丑恶的社会所逼死的呀!小弟,你不该以此为例……"署名"阿青"的女作者的分析是中肯的;但她的"小弟"真有其人吗,或者只是对一种可能性的设想和模拟——这样的设想并非多余——,对我还是一个问题。

书简之二发表在1982年9月17日和9月24日两期的上海《青年报》上,是上海某中学一个女学生和编辑部的工作人员张玉英的通信。署名"景生"的女中学生在第一封信中告诉编辑同志,她暑假里读了《维特》,"留下了深刻的印象",但"不知怎么,我读完这本书以后,心情也觉得闷郁起来,维特命运的悲剧实在令人同情和悲愤!有时我想,维特的悲剧虽然发生在18世纪的德国,但他的遭遇也许是我们每个青年在人生道路上都可能遇到的"。编辑张玉英分析了我们的时代已与18世纪的德国大不相同,指出"我们应该有着比维特'个性解放'更高的追求",说失败、挫折尽管"是生活中不可避免的,但不一定是每个人都会遇到的"——这话看来有点矛盾——,劝景生在"还没有真正走进生活和社会"之前别"过多地担心和忧虑"。这一组通信题名为《维特的命运与我们的人生》。

在第二封信中,景生具体讲了自己生活中的烦恼:父母体弱多病;哥哥由于是街道工厂工人而受女朋友的家庭歧视,恋爱失败了;自己在学校里又遭同学嫉妒,再想到将来一旦考不上大学会成为社会的"弃儿",等等,因此,她"担心在自己的人生道路上会出现维特的遭遇和悲剧”。她虽然也同意编辑张玉英在回信中对时代和社会的分析，知道“我们新时代的青年应该有比维特‘个性解放’更高的人生追求”，可就不知道目前应该如何摆脱周围的“冷漠气氛”使她产生的烦恼。于是，张玉英又回信给她，劝她对生活中的误会和矛盾，要有“宽广的胸怀和气度”，而“对别人的这种宽广胸怀，往往产生于一个人对人生的不平凡追求”。照张玉英看来，景生想以考上大学来改变自己和家庭的地位，实际上“还没有冲出‘个性解放’的牢笼”！她肯定景生对生活的庸俗和自私现象的厌恶是一种“可贵的正义感”，但认为这还不够，还必须“增加一些生活的责任感”，这样“就能在任何情况下不失去生活的信心”。末了，为勉励景生，抄了这样一段格言：“一个人的真正价值首先决定于他在什么程度上和什么意义上从自我中解放出来。”这一组通信的题名为《应该有比“个性解放”更高的人生追求》。

很难判断编辑张玉英苦口婆心的开导对景生会有多大的说服力。景生的问题是不是追求个性解放，个性解放在1982年的中国，是否已成了“牢笼”和“思想枷锁”，这些问题也不属本文的研究范围。笔者重视景生的信，是因为它提供了一个实际的例证，说明《维特》之类的文学作品之所以产生消极影响，主要原因还在社会本身存在着使人烦恼和厌恶的消极现象和实际问题。碰上了这些问题的敏感青年，再读《维特》便容易产生共鸣和联想。这绝不意味着“消极”和“问题”产生于《维特》，而充其量只能说，《维特》起了“发酵剂”或者“显影剂”的作用，让问题暴露得更明显，像景生那样甚至忍不住投书报社，难道不是更好一些么。于此，我想郑重其事地在文学的思想教育作用、社会批判作用、认识价值和审美价值等之外，再斗胆地加上一个“发酵作用”或者“发泄作用”。这种“发泄作用”在悲剧和《维特》似的小说中是明显的。它不但对于作家存在，如青年歌德自己写完《维特》就从痛苦中得到了解脱，开始了新生活；它对读者也存在，像《子夜》中的吴少奶奶，就以读《维特》来发泄她对自己婚姻的不满和对她真正爱的男人的思念之情。“发泄作用”的大小，或者也可成为评定作品成功与否的标志之一吧。

当然，文学作品应该多式多样；应该首先鼓励多写充满乐观、奋发、向上精神的作品。要想减弱《维特》这类古典作品的“发泄”或“发酵”作用，只保留其认识价值和审美价值，根本的办法在于消除或减少我们社会上实际还存在着的种种封建残余。同时当然还要明确告诉敏感的青年们，早在歌德时代，“维特就已经死了”；歌德自己就不赞成维特，而主张学习浮士德。我们生活中难免有这样那样的挫折、失败乃至黑暗现象，但我们应该有敢于上天入地的浮士德精神，去克服它们，战胜它们；更何况我们今天的社会，更非歌德时代的德国可以同日而语。

可以断言，像景生那样读完《维特》便加重了烦恼和郁闷心情的年轻读者，已经不多。多的倒是因慕歌德和《维特》之名，或出于对文学的爱好来读这本书的。1980年4月，我在《读书》发表了习作《漫话〈维特〉》之后，便收到好几位读者来信。其中河南永城县的孟某来信说："前几天我在《读书》第四期读到你的题为《漫话〈维特〉》的文章。你的文章我看了两遍，并又一字不漏地抄在自己的秀(袖)珍日记本上。现在我很想很想看到这本书，想得到几乎这本书好像是我的救命绳一样。为什么想的这样很呢？我喜爱读书信体小说，并且我正在构思书信体小说……"

(2)《从海里打捞的手稿》。

1982年11月(《维特》新译本已出版)，我又收到一封奇怪的来信："我是个文学青年，手里有一个'重要'的小册子要请您评判，但不知道您的地址。本想请《读书》编辑部转交的，但惟恐遗失。以为事先来信索求地址更稳妥些。小册子题名《从海里打捞的手稿》，叙述的是个文学青年的遭遇……"信上的毛笔字写得工整而有个性，我一下子意识到中国又出现了一部《维特》的仿作，即德国进行文学接受和影响问题研究的学者十分重视的所谓 Wertheriade，便马上复信，表示很乐意拜读这部《从海里打捞的手稿》。以后，随手稿寄来了第二封信。信上说："我承认，我是读了您的大作《漫话〈维特〉》以后才决定写这部小册子的。我以为发这个小册子恰是时候……"哈，原来他尚未读过原著。于是，我在复信提出对他的手稿的意见之前，先寄了《维特》译本和我的硕士论文《论〈维特〉与"维特热"》给他。他又来信说："拙作中的事大多是我的真情实感……"第二年4月，在读完《维特》和收到我提出的意见后，他自认为是作了"一次失败的尝试"，但决心在"时间条件成熟"后要重写《手稿》，而且篇幅将扩大。

这位"文学青年"就是前文讲的那个湖北监利县的小学教师。我与他通信直到1983年4月，后因我工作调动和出国一年多而中断。

《从海里打捞的手稿》尽管只是根据我在《漫话〈维特〉》中的诠释写成，其背景和内容也具有鲜明的现实中国的色彩，但其模仿《维特》这一点仍然十分清楚：全书分三个部分，第一和第三部分构成一个框子，如《维特》中的"小引"和"编者致读者"，讲的是中国的"威廉"谢维凡发现和出版朋友的遗稿的经过。我们的现代"维特"樊伦出身"右派"家庭，很有文学天才。他在G县的文化馆里认识了来自广州的"绿蒂"王静西，与她深深相爱。可是，樊伦先后受到上司——从嫉贤妒能的文化馆长到以权谋私的A市市长——的刁难和打击，受到重名不重实的出版社编辑的歧视和冷淡，文学创作一次又一次地失败了。在他感到前途渺茫，惟恐连累他人的情况下，拒绝了大胆的"绿蒂"和他一起"私奔"上海的建议，结果让"阿尔伯特”——一个由高干子弟变成港商的张某——乘虚而入，把父亲身患重病的“绿蒂”骗到香港去了。绝望与悔恨中，“维特”写出了自己的遭遇和对“绿蒂”的一片痴情，然后将手稿《海梦》装在一个瓶子里投入广州湾，希望它有朝一日能落到“绿蒂”手中……

作者的文笔不错，构思也还可以；只是从整个的思想和情调太低这一点看，恐怕当时是没有任何刊物肯发表的。我直率地提出了修改意见。

《从海里打捞的手稿》的产生，说明中国的文学青年多么仰慕歌德，说明歌德的影响通过几十年的研究者和介绍者而得到广泛传播。同时，《手稿》的内容再次证明《维特》之所以影响一部分青年，甚至还有人去模仿它，主要原因还在我们的社会本身的确存在一些不应存在的问题。如果说，我们正努力解决这些问题，但对它们的存在并不以为怪的话，那么，我们也就不会对今天中国青年仍爱《维特》甚至受它影响，而感到迷惑不解。

维也纳大学汉学系的安柏丽（Brbara Ascher），多年来一直在做一篇研究《维特》在中国的影响和接受问题的博士论文，为此已数次在我国北京、上海以及香港等地搜集资料，据说已发掘到不少东西。前不久，她来信专门了解近几年的情况，提出了我的《维特》译本发行量多少，我有没有收到读者来信或其他反应，以及诸如此类的看似琐屑的问题。这就启发我利用手边已积累起来的丰富资料，尝试以自己理解的接受美学的方法，写下这样一章。

当然，《维特》并不就是歌德；在热爱歌德的当代中国青年中，也不仅仅只有一些无名之辈。

(3) 奥运冠军吴小旋：歌德的话帮助我夺得金牌！

1984 年 8 月 2 日上午 9 时，在美国洛杉矶，来自西子湖畔的杭州姑娘吴小旋以 581 环的优异成绩，夺得了奥运会女子步枪 3×20 比赛的冠军，继 6 名中华男儿之后为祖国赢得了又一枚金牌，成为第一位夺得奥运会金牌的中国女运动员。在事后有关这位巾帼英雄的许多新闻报道中，都突出地提到一个事实，就是有 10 年“射龄”的吴小旋近几年成绩不断提高，1982 年获得过世界锦标赛亚军，在洛杉矶也于几天前先获得了一枚铜牌。但是“吴小旋没有陶醉在成绩之中，她十分欣赏德国大诗人歌德的一句名言：尚未实现的崇高目标比已经达到的目标更为可贵”①……

我举出这一事例，不是想夸大歌德对吴小旋夺得金牌所起的作用；应该讲，她

① 见《人民日报》1984 年 8 月 4 日第三版。

成功的主要原因还在于她是奋发向上的中国当代优秀青年的一员。我只想由此说到一种社会风气。那就是 1978 年人民文学出版社出版了朱光潜先生翻译的《歌德谈话录》,这本书问世后几经重印,随后又得到刘半九(绿原)、程代熙、王观泉乃至刘白羽等名家的评论和推荐,引起了广泛的注意,以致在文学界和报刊杂志中出现援引歌德的风尚,而青年们则喜欢搜集歌德名言,希望从中获得精神力量。这说明青年渴望上进,眼界开阔,把德国的伟大诗人和思想家歌德也视作自己的精神导师。特别是在 1982 年的歌德年,征引歌德蔚然成风。①同年在海德堡举行的"歌德与中国"国际学术讨论会上,我国一位学者谈歌德文艺思想在中国的影响时提到这个情况,一位德国朋友开玩笑地问:"这是不是说,在你们那儿,歌德语录已经代替了毛的语录?"

情况当然并非如此,也不可能和不应当如此。中国人不会再去干"罢黜百家,独尊儒术"的傻事。古今中外的思想家、政治家、科学家、诗人,他们中的佼佼者都可能在某些方面做我们的精神导师;而歌德这位"魏玛的孔夫子",自然也是其中之一。

(4) 电影明星陈冲从《浮士德》获得人生启示。

著名电影演员陈冲,她也是视歌德为精神导师的年轻人中的一个。她读完歌德的《浮士德》后,在读书笔记中写下了长长的感想,结论是:"我获得了一定的名声,但我的努力不应停息。"

1982 年 2 月的南京《青春》杂志,刊登了周惟波和许锦根的报告文学《陈冲》。其中题为《画像与浮士德》的一节,描写了一个叫我看来是既动人又有深意的场面:

> ……一间斗室,白炽灯泡通过灯罩的反射把灯光投射在书桌的玻璃板上,玻璃板又把灯光映射在兄妹俩热情焕发的脸上,红红的。外面寒风凛冽,可陈冲的额角上却渗出了细细的汗珠。这是一个朋友的小小的工作室,房间里到处都是书,一排排,一叠叠。三个人在热烈的讨论宇宙、社会、人生、未来、理想、奋斗,激动得与外面滴水成冰的天气格格不入。"……浮士德在抵挡住了魔鬼对他的种种诱惑后,在事业的最高一刹那说了一声满足,就此倒地而死。这种奋斗至死的精神应该是我们每个人的楷模。奋斗的内容不同,可人都应该有这种精神。在我看来,如果一个人在事业的中途就此满足,停步不前,那么他就失去了在世界上存在的价值,他就是死了。"是说谁呢? 我吗? 陈冲有些坐立不安了,她同意那位朋友的看法……

① 这一年中国社会科学出版社又出版了程代熙、张惠民译的《歌德的格言和感想集》,128 900 册迅速售完。

自此,陈冲和她哥哥就常常争论这个问题,浮士德老博士的身影就常常出现在她眼前,提醒已经获得第三届百花奖“最佳女演员”称号的她不要躺在成功和荣誉的软床上,在事业的途中死去。最后,陈冲毅然决定赴美深造,而且选了一个比较困难的专业。临出国前,人们问她对未来的展望。她深思了一会儿,用《浮士德》中的一句诗回答:“事业是一切,名声是虚幻。”

陈冲和她周围的一群青年——看来也包括报告文学《陈冲》的作者——能如此理解《浮士德》,从《浮士德》中取得精神力量,这是一件十分可喜的事。因为,《浮士德》是一本以难读难懂著称的大书,在文化历史背景相同的欧洲国家已是这样,在中国更加如此。综观百年来歌德在中国的接受史,《浮士德》却只是专家学者研究的对象,除此能理解和喜爱它的只有像张闻天、郭沫若这样在当时十分先进和非凡的年轻人。因此,从陈冲和朋友们热烈讨论《浮士德》的场面,可以看到社会的发展、时代的进步、中国新一代青年的新的精神风貌。

但是,能读完、读懂《浮士德》并有所收获的年轻人毕竟还不多。而且,在喜欢《浮士德》和喜欢《维特》的年轻人之间,我明显地看出了经历、环境以及与此相联系着的文化素养方面的差距。倘使再过一些年,喜欢《浮士德》的青年又有所增加,喜欢《维特》者相应减少,那就说明我们的物质文明和精神文明建设取得了新的成就。而这,可否作为“文学是时代的镜子”的又一解释呢?

《维特》也罢,《谈话录》也罢,《浮士德》也罢,总而言之,歌德的作品在今日的中国青年中是不乏知音的。青年爱歌德,歌德还活着,而且将永远活下去。只不过在不同的人心目中,将有不同的歌德。

2. 当代中国的歌德翻译家

(1) 钱春绮传奇。

在当代中国的歌德译介者中,第一个要谈的是钱春绮。1982 年以来上海译文出版社出版的《浮士德》、《歌德诗集》上下卷两大本,人民文学出版社出版的《歌德抒情诗选》、《歌德叙事诗集》,以及《歌德戏剧集》中的《哀格蒙特》等 3 个重要剧本,都出自他的笔下。除此而外,钱春绮还翻译出版了德语文学作品十数种,而且都是名著精品。当然,钱春绮不只在译介歌德方面贡献卓著,在当代中国的译苑中,似乎也很难找出第二第三个人,像他这样辛勤耕耘,收获丰富。

1986 年第一期的《中国翻译》,曾发表笔者写的《钱春绮传奇》;因为在我国翻译界和知识分子中,他的确算得上一位“奇人”。

早在 20 世纪 60 年代初,在我们学德文的青年中已常提到他的名字,都说他是上海的一位开业医生，不知怎么竟改行做起文学翻译来了。那时候，在我脑子里便时时出现一个戴着金丝眼镜、革履西装、言谈举止派头十足的洋 Doktor（大夫、博士）的形象；他如此精通德语，无疑是长期生活在德国学来的吧。我还猜想，他要么做开业医生赚够了钱，要么家有巨产，不然怎么会扔下手中的铁饭碗，不，金饭碗，来搞文学翻译，过虽说悠哉游哉但却没有保障的文士生活呢……

十年"文革"，百无聊赖之时，朋友们聚在一起常以怀旧的心情谈起昔日翻译界的情况，总免不了提出一个疑问："嗨，上海的钱春绮现在不知怎样了呢？"于是，我想象中又出现一个满脸愁苦的老头，即使不挨批挨斗，也不知该如何捱过那没了稿费而坐吃山空的日子，打发那无所事事的时光啊。

1982 年，我路过上海，顺便以后学的身份登门拜访了钱春绮，才认识了这位"奇人"的庐山真面目，解答了心中的一个个疑问：

他中等个儿，平头，须发俱已斑白，圆脸上架着一副近视眼镜，身着一套洗得褪了色的学生装，讲话时带着浓重的上海人所谓的江北口音，举止洒脱机敏；走在他家所在的南京路上，充其量只会被人当作某家一理发铺的老师傅，或者某所小学堂的老教员，一点没有我想象中的洋大夫派头。

他确曾在一家医院工作，但非开业医生，只是自己觉得"我这个人不善于和人打交道，还是不当医生为好"，加之"从小喜欢做诗，诗做不好，当不了诗人，译译诗聊以自慰吧"。从 1956 年出版《新诗集》开始，他逐渐走上职业翻译这条充满风险的狭窄的道路，"以后便继续翻译其他东西，适应社会的需要"。

他并未出过一天国，"只是在东南医学院学医时念了几天德语"，自谓做文学翻译为"半路出家"。可事实上，他却不仅精通德语、日语、英语，法语也不错，所以翻译和加注时常用其他文种的译本作参考。钱春绮真正是一位土生土长的中国 Doktor。

坐在他那简朴得不能再简朴的居室中，我忍不住问他是怎样熬过"文革"的。"也没啥，"他淡然地说，"咱们中国知识分子有句古训，叫作安贫乐道。你看，靠我老伴的工资有碗稀饭喝，不也就挺过来了么。"我问他有没有受冲击。"哈哈，没怎么样，没怎么样，"他答，"'革命闯将'闯到我家里来，可我一非地主、资本家，二无政治历史问题，再说本身已经躺在地上了（指仅为普通里弄居民——笔者），用不着劳驾他们将我打倒在地，再踏上一只脚。只可惜搬走了我的书籍文稿，已译成的《浮士德》上部卖了废纸，造了纸浆。"

1983 年年初，在北京举行我国的第一届歌德讨论会，我又碰见钱春绮先生，和他谈起他新近出版的《浮士德》和《歌德诗集》，谈起从事翻译工作的苦与乐。我说："我们这些搞翻译的人也是浮士德，一迷上这件事，就像也把灵魂卖给了魔鬼一样，要想停下不干都不行了。"他道:"是的,严格地讲,一切文艺都是梅非斯特,都有不可抗拒的魔力,要我们为它受苦,为它牺牲,不过,受苦和牺牲自会带来乐趣。"

整个讨论会期间,他始终坐在一个不显眼的角落里,一言未发,只是认真阅读别人的发言稿。直到闭会前的最后一次讨论,他才从座位上站起来,对主席鞠了一躬,简单讲了几句话。他讲话的要旨是:在我们东邻日本那么个小国,已出版歌德等重要作家的全集不止一种;而以我国幅员之大,人口之多,历史、文化传统之悠久,迄今竟连一套歌德选集都没有,德语界的同仁真该加倍努力啊。钱春绮这一段以平淡的语调说出的朴实无华的话,在有心人听来当是饱含激情,富有深意。它使我觉得老翻译家仿佛突然敞开了自己的心扉,一切围绕着他的谜好像都解开了,他的所作所为不再是富于神秘色彩的传奇,而是一个恪守"安贫乐道"古训的中国知识分子的本分和本色。自然,他所谓的"道",就是他 30 年来所献身的文学翻译事业;为了追求这个"道",他如同上面讲过的那样受了许多苦,作了许多牺牲;到了 60 多岁的晚年,他还离开子女和老伴独住一处,吃饭也是在亲戚家搭伙,为的是有一个安静的环境,赢得更多的工作时间。如此兢兢业业,孜孜不倦,钱春绮才取得了惊人的成就,出版了数百万字乃至近千万字高质量的译著,才当之无愧地可以被称作是当今中国第一位歌德翻译家。在他身上,我们不仅看到了"安贫乐道"的巨大适应能力、承受能力和乐观精神,也发现了对于事业不懈追求和自强不息的浮士德精神的闪光。

当代中国的《浮士德》译者钱春绮,他本身便是一位中国牌号的浮士德。

(2) 董问樵翻译《浮士德》。

我国另外一种《浮士德》新译本的译者是复旦大学的董问樵教授。除去《浮士德》,他也完成了另外几种重要译著,并且写了不少研究论文,在教学工作中付出了许多心血。如果说,钱春绮介绍歌德的作品是量多而且译风严谨的话——他译诗不只要求达意传神,而且十分注意保持原诗的格律,那么,董问樵则是将研究和翻译结合在一起,在翻译中融进了自己研究的心得,他的《浮士德》译本的序言、题解、注译,都不乏个人独到的见解和新意。一个突出的例子:那在悲剧结尾时引导浮士德升天的"永恒的女性",他认为应该是指"人类历代积累而又促进人类发展的科学文化",①而不是通常认为的慈爱、宽容、和平,是十分耐人寻味的。

以我对他的了解,董问樵也是位具有浮士德精神的人。他 1909 年出生在四川,16 岁入上海同济中学,20 世纪 20 年代留学德国,成了地地道道的洋博士,不

① 见董问樵译《浮士德》,复旦大学出版社 1982 年版,第 694 页注(2)。

过攻的乃是经济学。1958 年，他感到“跟着苏联跑的经济没研究头”，改行从事德国文学的研究、翻译和教学。20 多年来，他翻译出版的著作也有 200 多万字。他的《浮士德》翻译完成于“文革”中。他告诉我说，他在毫无出版希望的时候这样做只是出于对“四人帮”的愤懑和抗议，抗议他们践踏知识和知识分子；因为，悲剧的主人公浮士德就是一位学者，一位知识分子，他上天入地不懈追求的也是对于人生真谛的认识。我相信董教授的话；但我同时还想，他在“四人帮”的文化专制下冒险译《浮士德》，也多半是被文学翻译这个靡非斯托不可抗拒的魔力迷住了，因此作好了准备去为它受苦，为它牺牲吧。

董教授年逾古稀，子女早已成人成材。论年龄，论地位，论家境，他本来都可以心安理得地颐养天年了。可是董教授却不肯躺在已经取得的成就的软床上休息，而对他的学生表示，他要在有生之年，为国内的《浮士德》研究或“浮学”(Faust-Wissenschaft)研究开拓新路，①为促进我国广大读者对《浮士德》的理解和接受作出新的贡献。

除去上述两位老翻译家，还有韩世钟译过歌德的早期戏剧 3 种，侯浚吉译过《少年维特的烦恼》，王克澄、钱鸿嘉译过歌德的中短篇小说。他们同样是有经验的翻译家，而且建树不限于或者说主要不在于翻译歌德，所以也就不再一一介绍。

(3) 我和我的歌德。

从 1980 年以来，我翻译出版了歌德的《少年维特的烦恼》、3 个 Novelle(中短篇小说)，以及一些待出版的诗歌和半部《亲和力》，写了几十篇论述歌德的长短文章。说起成就来，自然是与冯至、钱春绮、董问樵等前辈无法相比。但是，作为当今最年轻的歌德译者——研究者已经有更年轻的——，我的情况多少具有一些代表性和典型性，或许能够更多地反映我国翻译介绍歌德的现状和未来。

和现在我们的大多数中年外国文学翻译者和研究者一样，我是所谓科班出身，也即在大学里学的就是外国语言文学专业。在 1956 年，我之所以投考这个被认为是没出息的第三类文科中的没出息的学科，主要的原因只是走投无路。所幸到了南京大学外文系以后，我很快爱上了自己所学的德国语言文学。从二年级开始，我们就已开始接触包括歌德的名诗《五月歌》、《野玫瑰》、《漫游者的夜歌》在内的文学作品；而到了高年级，商承祖教授、张威廉教授和叶逢植讲师等上的课，在我更是听得津津有味。其中商承祖和张威廉两位，又恰恰是对歌德素有研究的专家。他们在课堂上讲歌德的《浮士德》片断和其他代表作的情景，至今还清晰地留

① 见马庆发：《从〈浮士德〉翻译到〈浮士德〉研究》，《外国文学研究》1983 年第三期。

在我的记忆里。在他们的影响熏陶下，当时我班上已有一位同学立志研究歌德；不巧这位同学毕业时分配去到空军做翻译，研究歌德自然无从谈起。我当时热衷的虽然是翻译一些比较容易的作家的作品，但歌德给我留下的印象却是异常深刻的。除了那位敢于用自己的灵魂与魔鬼打赌的浮士德博士，普罗米修斯的英雄形象也打动了我年轻的心。像“我坐在这儿造人/按照我的模样/造一个像我的族类/去受苦/去哭泣/去享受/去欢乐/可是不尊敬你(指天神宙斯)/像我一样”(《普罗米修斯》)；像“愿人类高贵、善良/乐于助人//因为只有这/使他区别于/我们知道的/所有生灵”(《神性》)，以及诸如此类的充满哲理和铿锵有力的诗句，不仅永远铭记在我心中，给了在充满困苦的生活道路上艰难前行的我以鼓舞和勇气，而且潜移默化地影响了我当时尚在形成的世界观和人生观。

1962年毕业分配到四川外语学院教书，不久之后便开始了文化浩劫，我从事文学翻译的理想遂成为泡影。到了“四人帮”垮台，1978年国家恢复招收研究生，我便以40岁的大龄应考，并蒙冯至先生不弃，将我收到了他的门下。我进了北京中国社会科学院并无院址的研究生院。带着人到中年的紧迫感，我在跟随冯至教授研究歌德的同时，不惧寒暑，不分节假日，在三四年中翻译出版了200多万字的德语文学名著，发表了一些研究文章，在实现自己理想的道路上终于跨出了实实在在的几步。

为什么我跟随冯至教授单单研究歌德，而不是其他呢？

歌德是一位值得研究的世界大文豪；冯至是研究歌德的权威、专家；大学时代，歌德的作品和思想已给我留下深刻印象。除去这些还有一个原因，就是张黎同志告诉我，在他们从东德留学归来时，周扬同志接见他们，勉励他们说，希望他们中间能出几个歌德专家。而放眼我们这个大国的外国文学界，歌德研究可谓后继乏人，能称得上专家者在老一辈中也屈指可数。于是，在填补空白和物以稀为贵的侥幸心理的推动下，我便勉为其难地研究起歌德来。说勉为其难，是因为这个课题在国内外都已成了老古董，实在很难取得新的成果；特别是以搞现当代为时髦的这些年，研究歌德似乎系落伍者的勾当。有时候，我忍不住去摸摸时兴的课题；但总的看来仍旧坚持着，为了歌德而忍受着寂寞之苦。

作为我研究歌德的一个重要副产品，是我翻译了他的《少年维特的烦恼》。1979年，在当时掀起的思想解放运动的大背景下，我动了重译此书的念头。一说出这个“大胆的”想法，便引起几位好心的朋友的异议：德国文学可译的东西多的是，何必去惹那个麻烦！可我没听朋友的劝告，因为，我不愿再听那些只能读译本的爱好文学的青年对我抱怨：《少年维特之烦恼》这本小说读起来真没劲；也不愿看着某些同行拿现在的标准去苛求产生于60年前的郭译本，而决心重译《维特》，以使它在中国赢得新的读者，同时让完成了历史使命的郭译本光荣地进入文学博物馆。感谢人民文学出版社当时的负责人孙绳武等同志慎重而热情地对待我的提议，大胆地给予我以信任；感谢被迫改行当德文编辑的诗人绿原鼓励我，指点我，帮助我，我重译《维特》的工作终于在1980年夏天完成。接过我誊写得清清爽爽的译稿，绿原笑呵呵地说："哈，你又当了一次维特！"说得不错，我们这些搞文学翻译的人，常常是会"进入角色"的。这一来，我们自觉不自觉地从书中吸收的影响，便超过了一般的读者。绿原本人也是熟悉歌德、热爱歌德和深受歌德影响的。每当忆起他坚持在我编的两种选集署上我鲜为人知的名字而不留下他这位责任编辑的一点印记，每当想到他虽经磨难仍不失诚恳和热忱的待人接物，每当想到在坎坷漫长的人生道路上曾经扶持过我、给过我前进的勇气和坚持的力量的众多师友，我耳畔便不由得响起了自己年轻时记诵的歌德诗句："Edel sei der Mensch,/ Hilfreich und gut! / Denn das allein/ Unterscheidet ihn/ Von allen Wesen,/ Die wir kennen."“愿人类高贵、善良、/乐于助人！/因为只有这/使他区别于/我们知道的/所有生灵。"

和老一辈的歌德翻译家和研究家郭沫若、宗白华、冯至等一样，我们这些当代中国的歌德译介者一方面传播着他的作品和思想的影响，一方面也深受其影响。在创造性的劳动中，"去受苦，去哭泣，去享受，去欢乐"，这就是我们共同的追求，共同的命运。

六、歌德在中国接受的新纪元

世纪之交的1999年，适逢歌德诞辰250周年。以此为契机，在中国不仅掀起了研究译介歌德的又一次超过以往任何一次的新高潮，而且开创了歌德在中国接受的新纪元。

其时不但天时地利人和三个条件具备，并且空前优异：20年的改革开放创造了比什么时候都良好的经济、社会、文化环境，出版事业更有了长足的进步发展，一个显著的例子是有权也有钱出版有关歌德著译的出版社，从当初的两三家一下子增加到了数十家甚至上百家，同时研究译介歌德的新一代专家也已经成长、成熟起来。

在此基础上取得了十分喜人的成果。1999年前后出版了一大批研究译介歌德的论著和译著，如我国第一套多卷本的《歌德精品集》(1998年，安徽文艺出版社，杨武能译)；不同的3套多卷本《歌德文集》于1999年同时在人民文学出版社、译文出版社和河北教育出版社推出，在我国的歌德译介史上也属破天荒第一次，其中特别是杨武能和刘硕良为河北教育出版社主编的多达14卷那一套，不仅获得了中国图书奖，还被誉为“囊括了歌德文艺类各种题材的代表作，代表了当今国内歌德译介的最高水平”，实现了郭沫若等前辈把歌德“所有的一切名著杰作”“和盘翻译介绍过来”的百年宏愿，“堪称是歌德译介史上一座超越了前人的巍巍丰碑”。[①]在推出《歌德文集》同时，河北教育出版社还出版了杨武能的《走近歌德》，这部集作者20多年学习研究歌德成果的论文集，是继承发扬其导师冯至的歌德研究的成果总结，也获得了国家级的教育部人文社科成果奖。除了杨武能的译著论著，1999年及其前后还有不少别的有关歌德的著译问世，其中如余匡复的《〈浮士德〉——歌德的精神自传》，就十分有价值和值得重视。

作为进入歌德接受新纪元的重要标志，除了上述多卷本歌德著译的问世，还得说一说1999年昆明的歌德研讨会。如前文已经指出，研讨会邀请了几位德国歌德研究家，如魏玛歌德纪念馆的前馆长舒马赫教授等与会作报告，与中国同行交流切磋，是中国历史上破天荒的第一次真正意义的歌德国际研讨会。会上的学术报告和发言众多，精彩之论不胜枚举，这里只能讲一讲北京大学教授和德语文学界前辈严宝瑜的发言，因为他提出了一个对本书主旨极为重要的“歌德在中国接受三阶段”说。他所谓歌德在中国接受的三个阶段，系指郭沫若阶段、冯至阶段和杨武能阶段。[②]毋庸赘言，某个阶段以其命名的某某人，只是这个阶段的主要代表人物而已，除他之外，例如杨武能阶段，就还有高中甫、余匡复和顾正祥等歌德研究家和翻译家的建树不容忽视。严宝瑜教授之所以选杨武能做代表，应该说是基于继冯至、董问樵、钱春绮之后的歌德研究译介者中，他不仅著译最多而且涉及方方面面，对我国的歌德译介接受有了显著推进，[③]而且成长历程也最具典型意义，标志着我国新一代的歌德专家正式走到了舞台的最前面。[④]

---

① 参见顾正祥：《歌德汉译与研究总目》，编著者引言及相关条目，中央编译出版社2009年版。

② 此事涉及对笔者本人的评价和定位，自己原本不宜多嘴，但又觉得它既与本书主旨紧密相关，又是个严肃的、不应回避的学术问题，因此颇感为难。令人高兴的是2009年2月24日的《中华读书报》，刊发了叶隽博士的《中国的歌德译介与研究现状综述》一文，也认同严宝瑜教授的“三阶段说”。

③ 请参见叶隽：《中国的歌德译介与研究现状综述》。

④ 叶隽博士进一步发展严宝瑜的“三阶段说”，在《中国歌德译介与研究现状综述》一文中写道：“作为第三代歌德研究者的代表人物，杨武能在三个方面都将中国的歌德研究有所推进。一是《歌德与中国》较为全面地梳理了歌德与中国的关系，不管是歌德之认识中国，还是中国之接受歌德，在史料上颇提供了不少重要线索；二是尝试在冯至的研究基础上，有所推进，即通过文本分析加深对歌德的理解，其中尤其值得注意的是‘浮士德研究’；三是以德文撰作《歌德在中国》，使得德语学界有可能了解中国的歌德接受与研究状况。这些方面，可以说他是代表了这代学人的歌德研究成绩的。”

我国进入歌德接受新纪元的另一个重要标志，是我国的歌德研究登上国际舞台，获得国际承认。前述的昆明国际歌德研讨会，是 1982 年海德堡的"歌德与中国·中国与歌德"研讨会之后的一个国际舞台，应该是我们又一次集体登上国际舞台的成功表现。

在德国和欧洲，1999 年是名副其实的歌德年，庆祝和纪念诗人诞辰的活动更是盛大，隆重，精彩。笔者有幸分别应德国歌德学院和魏玛国际歌德协会的邀请，先后出席魏玛的"《浮士德》译者工场"和埃尔福特的"国际歌德翻译研讨会"，作为中国第三代歌德研究译介者的一员，登上更大的国际舞台作了一番表演。[①]在埃尔福特歌德当年会见拿破仑的那个至今仍金碧辉煌的大厅里，我被推选为"《浮士德》译者工场"的 10 多个国家与会者的唯一代表，向"国际歌德翻译研讨会"的更多歌德学者以及国际歌德协会的新老会长，作了汇总发言，在国际范围内为中国的歌德译介和研究赢得了尊重。

鉴于他的《歌德文集》（编著）、《歌德精品集》（译著）、《走近歌德》、《歌德与中国》和 *Goethe in China* 等一大批成果，鉴于他在国际学术会议上的出色表现和在国内外学术界的声望影响，杨武能作为中国第三代歌德研究译介者的代表，受到了歌德的祖国德国的重视和表彰，2000 年获得联邦德国总统授予的德国国家功勋奖章（Bundesverdienstorden），[②]2001 年获得终身成就奖性质的洪堡奖金（Humboldtpreis），成为我国迄今获此国际学术大奖的唯一一位日耳曼学学者。[③]

上述的种种成果和成功，精彩地为歌德在中国接受的新纪元揭开了序幕。揭幕之后的演出，无疑会越来越精彩。这里只能就 21 世纪的头一个 10 年，举几个令笔者兴奋的人物和著作。

2008 年，叶隽博士在同济大学出版社出版《德语文学研究与现代中国》一书，书中也有专章论及歌德在中国的接受。此外叶隽还撰写和发表了大量研究歌德

---

① 详情参见拙文《〈浮士德〉"译场"打工记》，收入许钧、唐谨主编"巴别塔文丛"杨武能著《圆梦初记》，湖北教育出版社 2002 年版。

② 北京德国大使馆举行了庄严隆重的小型授奖仪式和宴会，出席者有德语界前辈北大教授严宝瑜、已故冯至先生的长女冯姚平、中国作协书记处书记吉狄马加、四川大学副校长李志强等学术界、文学界和出版界知名人士。

③ 德国洪堡基金会还颁发有洪堡研究奖学金（Humboldtforschungsstipendium），性质为资助外国优秀博士后研究生在德国深造的助学金，由已获博士学位的年轻科学家自己提出申请，在全球范围内竞选。洪堡奖金（Humboldtpreis）是发给有国际影响的资深科学家的高额奖金，有终身成就奖性质，获得者可长期在德国从事研究工作。此奖金不能自己申请，必须国际上有声望的同行专家提名。杨武能是经德国科隆大学、海德堡大学和美国斯坦福大学的多位权威歌德学家联合提名，然后再通过洪堡基金会的层层筛选、严格审核才获得的。

的文章，并且都见地不凡，如同年《中华读书报》发表的《中国的歌德译介与研究现状综述》一文，性质虽为综述，篇幅也很小，却对歌德在中国的接受作了简略而准确的概述。2010年，他又出版了专著《歌德思想之形成——经典文本体现的古典和谐》，①对歌德在其代表作中表现的西方人文主义思想作了系统而深入的分析，且立论角度和阐述方法新颖。我在为《德语文学研究与现代中国》写的题为《不只是一部学科史……》中说：

> 叶隽博士正是我所期待的有心人和后起之秀，他的著作赶超了我20年前敷衍成书的《歌德与中国》，创造了一个比我更有分量和价值的第一……年轻的叶隽博士之所以能取得这样的成绩，之所以眼界开阔，学养深厚，除了他是一个有心人并作了长期的努力，追本溯源，还得益于他曾就读国内一系列重点学府，并有机会在国内外一些权威学术机构从事研究工作，还有幸得到一位又一位名师的教诲。正是这些优越的、令我辈艳羡的条件，成全他完成了这样一部书。

跟叶隽一样值得我尊敬的还有著名的旅德学人顾正祥教授，以及他2009年出版的卷帙浩繁的《歌德翻译与研究总目》。此书不啻一部以目录索引的体例和形式写就的《歌德在中国》，对拙作《歌德与中国》以及 *Goethe in China* 丰富、翔实、有力的完善和补充，单单序言就堪称“古今中国歌德翻译与研究之总结与回顾”。它不仅索隐钩沉，广采博收，而且敏锐地注意到了国内歌德研究的新成果新进展，例如说“随着改革开放的深入，对歌德的评价也有了较大的转变，对导师的话也提出了质疑。于是，我们的歌德不再蒙垢受辱，不但被称为世界文学的大文豪，而且是大思想家，是‘一位眼观宇宙万物，胸怀全世界和全人类，巍然耸立于天地之间的大哲和精神巨人’（杨武能语）”。

顾正祥教授的《总目》加上叶隽博士的上述著作，我认为已足够使我国歌德研究新纪元的头10年收获不菲，光彩夺目。可尽管如此，我还得讲几个我国歌德研究领域前所未有并令人给予厚望的情况。

一是我这个冯至教授指导培养出来的专攻歌德的硕士研究生，近几年也指导培养了两名研究歌德的博士研究生，不只完成了学术薪火相传的使命，还有了更上层楼、青胜于蓝的可能。两人中的莫光华已经获得学位，所著博士论文《自然研究者歌德》经过修订增补，更名为《歌德与自然》于2010年由外语教学与研究出版

① 《歌德思想之形成——经典文本体现的古典和谐》，中央编译出版社2010年版。

社出版。这是我国百多年来歌德研究的第一部全面探讨自然研究者歌德以及自然哲学的专著，加上莫光华其他相关的著译，已实实在在填补了我国歌德研究的一个空白，也可算新纪元的又一个成果。另外一位贺骥正在做歌德文艺思想方面的题目，有望于 2012 年结业。

二是在四川外语学院成立了我国第一个歌德研究所，由莫光华担任所长。这个新生的研究所尽管十分幼弱，却充满生机活力，一诞生就试着办了一次有国内外专家学者参加的歌德研讨会，邀请了魏玛国际歌德协会会长果尔茨博士(Dr. Golz)和杜塞尔多夫歌德博物馆馆长汉森教授(Prof. Dr. Hansen)赴四川讲学，一开始就打通了国际交流的渠道。

总之，在 21 世纪开局的头 10 年，随着国家各个方面欣欣向荣，文化和经济实力进一步增强，治学环境和条件更加优越，中国的歌德研究、接受也在原有基础上推进了一步，呈现出了过去 100 多年从来不曾有过的兴盛景象。我们的歌德以及我们研究译介歌德的众多先辈宗白华、郭沫若、田汉、杨丙辰、冯至、陈铨、张月超、张威廉、董问樵、钱春绮等先辈若泉下有知，或可感到几分欣慰了。

从 1878 年歌德的名字出现在李凤苞的《使德日记》开始，综观 100 多年来我国社会风云变幻的一个又一个历史时期，都曾有过歌德的影响存在。这影响不仅限于诗人、作家等知识精英阶层，也曾遍及广大知识分子和人民群众。我国不只有鲁迅、马君武、郭沫若、茅盾、田汉、郑振铎、伍光建和巴金(据说他也译过《哀格蒙特》)、冯至、冰心等一大批杰出的作家、诗人、翻译家和歌德发生过关系，就连共产主义者和革命先驱陈独秀、张闻天和瞿秋白也悉心研究过歌德，崇拜过歌德。①至于被周扬同志誉为“社会主义时代的新中国的歌德”的郭沫若，他与歌德的关系更是密切的和多方面的了。歌德的影响不仅限于文学，还表现在社会、政治、意识形

① 不能不提一提，我们现任总理温家宝同样十分喜爱和敬仰歌德：2004 年 5 月 6 日，《国际先驱导报》刊发该报驻柏林记者郑汉根题为《温家宝出访德国的七个瞬间》的报道称：一次对德国经济界的演讲中，温总理说到他对歌德的仰慕。他说，1988 年访问德国时候，特意走访了在法兰克福的歌德故居，对故居里一扇反映歌德童年生活的小窗十分感兴趣。他还特意到歌德多次走过的美因河大桥上逗留。他好几次引用歌德关于友谊的话形容中德关系：“真诚、活跃和富有成果的友谊，应表现在生活目标的一致，表现在我的朋友赞同我的目标，我也赞同他的目标。”他说：“中德关系处于真诚、活跃和富有成果的时期。”他还引用歌德与贝多芬的友谊来说明德中关系。歌德出身富有家庭，而贝多芬出身贫穷。可是这两人建立了真正的友谊……

态乃至经济方面:20世纪二三十年代“维特热”的兴起,《迷娘》随《放下你的鞭子》走上街头参加抗战宣传,“文革”中歌德的受到排斥,改革开放后人们热衷的对象从维特逐步转变为浮士德,市场经济条件下一度泛滥的新“维特热”即《维特》翻译热,等等,所有这些或积极或消极的情景和画面,都将载入我国文化思想史的史册。总之,歌德在我国的影响确实不容忽视;不同时期不同中国人对歌德及其影响的接受,都遵循了同一个原则:结合现实,为我所用。如此一来,歌德在我国地位的升降,影响的消长,人们对他的接受方式和程度的转变,就像一面多棱镜,从一个个侧面清晰而又生动地反映出了我国社会的发展进步,以及社会思想随之而产生的转变。因此,歌德与中国这个题目,永远有可以思考、研究的内容,有更新、增补的方面,可以和值得一代代学人接着做下去。

跋　道路寂寞、漫长而无止境

荒僻苍凉的古道，漫长而崎岖，一个让命运驱赶来这道上的漂泊者，踽踽独行，茫然四顾，胸间难容无尽的寂寥落寞，真恨不得大吼一声，逃往别处的热闹和繁华中去。

蓦然，为寻觅路径，他不期然发现了先行者的足迹，一点点，一行行，时密时疏，此隐彼现，不禁无比欣慰，无限惊喜，忙俯下身去，吹掉历史的厚重尘沙，发现迹印里竟有无数闪光的东西！于是，他眼前出现这条古道昔日人流如织、车水马龙的盛况，便怀着探索和发现的新的热情，继续向前行进。

1978 年，我有幸被当作“人才”，在中国社会科学院研究生院跟导师冯至先生学习研究歌德。面对这个似已过时的老课题，心中的寂寥落寞和上面那个独行者是差不多的。所幸不久之后，在北京图书馆柏林寺分部等处的故纸堆中，不期然翻找出了无数先辈研究、译介以及受歌德影响的珍贵史料，一下子，我像着了迷似的，学习研究都有了新的目标和兴趣。

1982 年，我把丰富的资料加以分析、整理，发表了《歌德与中国现代文学》、《歌德在中国》和《郭沫若与歌德》等不成熟的文章，时逢这位举世崇仰的德国大文豪和大诗人辞世 150 周年，又赶上国内比较文学研究空前地时兴，遂引起了海内外的重视。接着，经过较多扩充和改写，1987 年便已完成书稿，1991 年才诞生了收入三联书店“读书文丛”的《歌德与中国》。

《歌德与中国》这册小书，确系以实证的方法写成，可以归入比较文学所谓的影响研究或接受研究一类。然而，作者敝帚自珍，却主要并不因为它是海内外第一本双向和系统地讲中德文化关系的专著，而是因为它的中国新文学史料价值。在它里面，梁启超、王国维、胡适、陈独秀、鲁迅、郭沫若、茅盾、郑振铎、田汉、宗白华、冰心、巴金、梁宗岱、冯至等中国新文学的缔造者和杰出作家，无不或浓或淡地显现着身影，或重或轻地留下了足迹。

《歌德与中国》的写作和出版，得到众多师长的关怀，季羡林先生称它“非常有意义”，冯至老师说它“写得很好”，我大学时代的业师张威廉教授更赞它“是一部有永久价值的作品”。可是，前辈的鼓励不会叫我失去自知之明。可敬的先行者呵，这本小书要说真有意义和价值，不主要因为里边有着你们闪光的足迹吗！而我，在你们的召唤下，将沿着这条自己已涉足的人烟稀少的路，走下去，走下去。

所幸的是，在研究中国的歌德接受史这条荒僻苍凉、漫长崎岖的道路上，渐渐响起了同行者和后来人的足音。听得出来，这些人年富力强，步伐越来越有力，越来越响亮，可望在不久的将来赶到自己前边去。展望未来，我这个20多年前的踽踽独行者虽已进入古稀之年，仍禁不住心潮澎湃，硬是要陪着他们继续前行，哪怕自己业已步履蹒跚。因为我知道，这是一条没有止境的路，将永远有人数不多的几个不惧艰险的新来者，更健康、快乐、自觉地在这条路上走下去。

2011年11月于成都

附录　歌德生平和创作年表

1749年　8月28日出生在美因河畔法兰克福的一个富裕市民家庭。

1750年　妹妹科尔涅莉诞生。

1755年　开始学习德文、拉丁文、法文、数学以及《圣经》。

1759年　法军占领法兰克福。通过借住他家的一位法国军官接触到法国戏剧。从木偶戏了解了浮士德博士的故事。

1763年　与酒家女格利琴初恋。

1764年　4月3日，德意志民族神圣罗马帝国皇帝在法兰克福举行加冕典礼。

1765年　9月赴莱比锡大学学习法律。

1766年　结识饭店老板的女儿凯特馨·薛恩科普夫，将写给她的情诗结集为《安涅苔》。此为歌德的第一部诗集，但未出版。

1768年　3月与凯特馨中断恋爱关系。6月末重病，不久返回法兰克福养病。

1770年　3月康复，赴斯特拉斯堡继续学习。10月访问塞森海姆的乡村牧师布里昂，与其次女弗莉德里克相爱。结识赫尔德尔，在他指导下搜集民歌。

1771年　创作《塞森海姆之歌》所收抒情诗。8月获博士学位。与弗莉德里克不辞而别，回故乡开律师事务所。作悲剧《铁手骑士葛慈·封·伯利欣根》。狂飙突进运动开始掀起高潮。

1772年　5—9月在威茨拉尔帝国法院实习，与夏绿蒂·布甫(《维特》女主人公的主要原型)相爱。

1773年　《葛慈》出版，开始写《浮士德》初稿。

1774年　2月以4周时间完成书信体小说《少年维特的烦恼》，出版后风靡德国乃至欧洲。同时完成悲剧《克拉维歌》。12月与魏玛公爵第一次见面。

1775年　4月与丽莉·薛纳曼订婚。9月解除婚约。11月应邀前往魏玛。

1776年　开始与施泰因夫人相爱。6月任魏玛公国枢密参事。

1777年　妹妹科尔涅莉病逝。开始写《威廉·迈斯特的戏剧使命》。

1779年　2月开始写诗剧《伊芙根妮在陶里斯》。9月升任枢密顾问。陪公爵前往瑞士，途中于斯图加特见到军校学生席勒。

1780 年 开始写悲剧《塔索》。

1782 年 5 月 25 日父亲病逝。6 月获贵族称号，升任内阁大臣。

1784 年 发现人的腭间骨，为人类系脊椎动物进化提供了证据。热心研究斯宾诺莎的泛神论哲学。

1785 年 完成《威廉·迈斯特的戏剧使命》。

1786 年 旅居意大利。

1787 年 完成诗剧《伊芙根妮在陶里斯》和悲剧《埃格蒙特》。

1788 年 6 月回到魏玛。7 月 12 日在魏玛公园邂逅克莉斯蒂娜·乌尔彼郁丝，不久与她同居。11 月 7 日结识席勒。完成《罗马哀歌》。

1789 年 完成《塔索》。12 月 25 日，儿子奥古斯特出生。法国大革命爆发。

1790 年 完成《植物形变论》。作《威尼斯警句》。发表《浮士德片断》。

1791 年 任新落成的魏玛宫廷总监。

1792 年 8 月随公爵出征法国。12 月返回魏玛。

1793 年 法国建立雅各宾派专政。

1794 年 开始与席勒合作。

1795 年 与席勒合写《温和的讽刺诗》。

1796 年 完成长篇小说《威廉·迈斯特的学习时代》。开始写叙事长诗《赫尔曼与多萝特亚》。

1797 年 续写《浮士德》。与席勒竞作叙事谣曲(Ballade)。

1805 年 席勒逝世。

1806 年 4 月完成《浮士德》第一部。德意志民族神圣罗马帝国覆灭。与克莉斯蒂娜举行婚礼。

1807 年 开始写《威廉·迈斯特的漫游时代》。

1808 年 写长篇小说《亲和力》。9 月 13 日母亲去世。10 月两次会见拿破仑，获拿破仑亲授的荣誉勋位勋章。

1809 年 完成《亲和力》。

1811 年 开始写青年时代的自传《诗与真》，完成第一部。

1812 年 7 月 19 日，于泰布利茨会见贝多芬。《诗与真》第二部完成。

1814 年 读波斯诗人哈菲兹的诗集。8 月结识玛丽安娜·韦勒美尔，与其相恋，开始作《西东合集》。《诗与真》第三部出版。

1815 年 续作《西东合集》。名义上升任魏玛公国宰相。20 卷本科塔版《歌德作品集》第一、第二卷(诗集)问世。

1816年　《意大利游记》第一部出版。6月6日,妻子病逝。

1817年　《意大利游记》第二部问世。

1819年　《西东合集》出版。

1820年　续作《威廉·迈斯特的漫游时代》。

1821年　夏天在玛丽亚温泉结识乌尔莉克·莱维佐夫小姐。

1822年　6月重逢乌尔莉克,萌生对她的爱恋。

1823年　爱克曼访问歌德,任他的私人秘书。7—8月与乌尔莉克重聚。分手后作《玛丽亚温泉哀歌》。

1824年　4月19日,拜伦逝世。

1825年　开始写《浮士德》第二部。

1827年　1月6日,施泰因夫人去世。5—8月,作《中德四季晨昏杂咏》。

1828年　奥古斯特公爵去世。

1829年　8月28日纪念歌德80诞辰,魏玛剧院首演《浮士德》第一部。《威廉·迈斯特的漫游时代》完成。

1830年　法国爆发七月革命。10月29日,独子奥古斯特在罗马去世。

1831年　8月,完成《浮士德》第二部。

1832年　3月22日,在魏玛家中与世长辞。

（王荫祺　辑）

参 考 书 目

田汉、宗白华、郭沫若:《三叶集》,上海亚东图书馆 1920 年版

陈淡如编:《歌德论》,上海,乐华图书公司 1932 年版

张月超:《歌德评传》,上海,神州国光社 1933 年版

周辅成、宗白华编:《歌德之认识》,南京,钟山书店 1933 年版

冯至:《歌德论述》,南京,正中书局 1948 年版

高中甫:《德国的伟大诗人——歌德》,北京出版社 1981 年版

曹让庭、王林:《歌德》,辽宁人民出版社 1982 年版

冯至:《论歌德》,上海文艺出版社 1986 年版

董问樵:《〈浮士德〉研究》,复旦大学出版社 1987 年版

杨武能:《歌德与中国》,三联书店 1991 年版

高中甫:《歌德接受史》,社会科学文献出版社 1993 年版

勃兰兑斯:《十九世纪文学主流》第一分册(张道真译),人民文学出版社 1980 年版

Erich Trunz(Hrsg.): *Goethe Werke*, dtv Hamburger Ausgabe, 1964.

George Lukacs: *Goethe und seine Zeit*, Berlin, 1953.

H. A. Korff: *Geist der Goethezeit*, Berlin, 1957.

Hans Mayer: *Goethe—Ein Versuch ueber den Erfolg*, Suhrkamp Verlag, 1977.

Emil Ludwig: *Goethe*, Paul Zsolnay Verlag, 1931.

Peter Boerner: *Johann Wolfgang Goethe*, Bonn, Inter Nationes, 1983.

Richard Friedenthal: *Goethe—Sein Leben und seine Zeit*, Deutscher Taschenbuch Verlag, 1977.

图书在版编目(CIP)数据

走近歌德 / 杨武能著.—上海:上海社会科学院出版社,2012

(世界历史文化丛书)

ISBN 978-7-5520-0014-6

Ⅰ.①走… Ⅱ.①杨… Ⅲ.①歌德,J.W.V.(1749~1832)—人物研究 ②歌德,J.W.V.(1749~1832)—文学研究 Ⅳ.①K835.165.6②I516.064

中国版本图书馆 CIP 数据核字(2012)第 020473 号

走 近 歌 德

作　　者:杨武能
责任编辑:张广勇
封面设计:闵　敏
出版发行:上海社会科学院出版社
　　　　　上海顺昌路 622 号　邮编 200025
　　　　　电话总机 021-63315900　销售热线 021-53063735
　　　　　http://www.sassp.org.cn　E-mail:sassp@sass.org.cn
经　　销:新华书店
照　　排:南京理工出版信息技术有限公司
印　　刷:上海新文印刷厂
开　　本:710×1010 毫米　1/16 开
印　　张:29
插　　页:2
字　　数:520 千字
版　　次:2012 年 4 月第 1 版　2017 年 8 月第 2 次印刷

ISBN 978-7-5520-0014-6/K·154　　定价:65.00 元